Bücher in Frauenhand

Norbert Furrer

Bücher in Frauenhand

Bibliotheksbesitzerinnen in der Schweiz des 18. Jahrhunderts

Publiziert mit Unterstützung
des Friedrich-Emil-Welti-Fonds (Bern)
der Gesellschaft zu Ober-Gerwern (Bern)

Informationen zum Verlagsprogramm:
www.chronos-verlag.ch

Umschlaggestaltung: Léonore Furrer, unter Verwendung eines undatierten,
Louis Tocqué zugeschriebenen Porträts von Marie Louise Guiguer-Bazin,
Baronne de Prangins (Detail)

ISBN 978-3-0340-1712-1

Für Christine, Léonore, Julie und Pierre

Inhalt

Vorwort

Die vorliegende Studie führt *Des Burgers Buch* weiter, eine vor rund zehn Jahren erschienene Untersuchung zum persönlichen Buchbesitz in der Stadt Bern des 18. Jahrhunderts. Der zeitliche Rahmen bleibt der gleiche, das Thema ist enger gefasst, der betrachtete Raum breiter. Im Fokus stehen Frauenbibliotheken aus der westlichen Eidgenossenschaft. Was das Vorgehen betrifft, greife ich auf Methode, Begriffe und Werkzeuge zurück, die ich zur Erforschung der Stadtberner Buchbesitzer benutzt habe. Die Darstellung des Stoffes folgt ebenfalls, leicht ergänzt, der dabei gewählten Form.

Den Grundstock der hier verwerteten historischen Quellen bilden Nachlass- und Versteigerungsinventare. Ich habe sie zwischen 2000 und 2010 für verschiedene Lehrveranstaltungen gesammelt: am *Institut d'histoire* der Universität Lausanne, am Historischen Institut und am *Centre de formation du Brevet secondaire* der Universität Bern und am *Institut d'histoire* der Universität Neuenburg. Anhand der Inventare von Frauen lässt sich ihr Buchbesitz rekonstruieren, ihr Lektürehorizont skizzieren und ihr Leserinnenprofil erahnen. Im Lauf der Jahre habe ich weitere Quellen zusammengetragen, die Auskunft geben etwa darüber, wie ideale «Frauenzimmer-Bibliotheken» in den Augen (männlicher) Zeitgenossen aussahen, oder auch, wie unterschiedlich Frauen mit Druckwerken umgingen – als Leserinnen, als Subskribentinnen und Käuferinnen, als Verlegerinnen und Händlerinnen, als Verleiherinnen und Donatorinnen von Büchern.

Eine Publikation wie diese ist immer ein Gemeinschaftswerk – der eingereichte Text muss lektoriert, gestaltet, gedruckt, gebunden, verlegt und vertrieben werden. Kein Autor existiert ohne diese Arbeit. Und auch am Manuskript des Buches haben viele mitgewirkt. Ich möchte zuerst allen Studentinnen und Studenten danken, die in meinen Seminaren Handschriften transkribiert, kommentiert und ausgewertet haben, ebenso den Mitarbeitern der besuchten Archive für ihre Hilfsbereitschaft und ihr Fachwissen, namentlich Damien Bregnard, Archivar am Fürstbischöflichen Archiv in Pruntrut, und Raoul Richner, Stadtarchivar in Aarau. Gedankt sei auch den Verantwortlichen der alten Bestände verschiedener Bibliotheken in der Schweiz, besonders der Universitäts- und der Burgerbibliothek Bern, der *Bibliothèque cantonale et universitaire* in Lausanne, der Zentralbibliothek Zürich und der Aargauer Kantonsbibliothek, sodann dem Personal der Herzog August Bibliothek in Wolfenbüttel, deren Gast ich immer wieder sein durfte. Dank schulde ich auch meinen Kollegen, Freunden und Bekannten, die mir mit zahlreichen Hinweisen und Ratschlägen geholfen haben, vor allem den Professoren Jan-Andrea Bernhard und Joachim Eibach sowie Gabriele Ball, Andreas Berger, Urs B. Leu, Felix Müller, Albert Rutz und Timo Trümper. Dafür, dass er meinen Text an so mancher Stelle korrigiert und verbessert hat, danke ich einmal mehr Georg Sütterlin.
Schliesslich danke ich von Herzen meiner Frau Christine und unseren Kindern Léonore, Julie und Pierre für ihre Duldsamkeit, ihren Beistand und ihren Humor. Ihnen ist dieses Buch gewidmet.

I. Annäherung an Leserinnen

Daß aber gelehrter Dames Zahl nicht grösser, kommt allein daher, weilen es ihnen an Occasion, an Bücheren und an Lehr-Meisteren fehlet. (Altmann 1722, 271)[1]

Man trauet den Damen zu wenig zu, wenn man sich Mühe gibt, ihnen alles in einem Säftchen beizubringen, wenn man ihnen alles bezuckert und in Nähebeutelformat behändiget, als ob sie so schwach und hinfällig wären, nichts Größeres als ein Duodez-Bändchen halten zu können. Die Frage: verstehest du auch, was du liesest? wird in der Regel das Duodez-Männchen von Stutzer weit eher als ein edles Weib treffen. Wenngleich die Geistes-Arbeiten der Weiber, sobald sie ins Größere gehen, fürs erste bas-relief sind – sie werden weiter kommen; denn nur wir halten ihren Geist am Gängelbande, um sie nicht allein gehen zu lassen. (Hippel 1792, 243–244)[2]

Therese kam auf sein [Wilhelms] Zimmer und bat um Verzeihung, daß sie ihn störe. «Hier in dem Wandschrank», sagte sie, «steht meine ganze Bibliothek; es sind eher Bücher, die ich nicht wegwerfe, als die ich aufhebe. [...] «Ich kann überhaupt nicht begreifen», fuhr sie fort, «wie man hat glauben können, daß Gott durch Bücher und Geschichten zu uns spreche. Wem die Welt nicht unmittelbar eröffnet, was sie für ein Verhältnis zu ihm hat, wem sein Herz nicht sagt, was er sich und andern schuldig ist, der wird es wohl schwerlich aus Büchern erfahren, die eigentlich nur geschickt sind, unsern Irrtümern Namen zu geben.»
Sie ließ Wilhelmen allein, und er brachte seinen Abend mit Revision der kleinen Bibliothek zu; sie war wirklich bloß durch Zufall zusammengekommen. (Goethe 1795/96, 480–481)

Wer las, und was wurde gelesen [im Zürich des 18. Jahrhunderts]? Von Gelehrten, Schülern und einigen Liebhabern abgesehen, waren es vor allem Frauen, die Zeit und Lust hatten, Bücher zu lesen. (Wysling 1983, 131)

Fragen

Auf den folgenden Seiten wird versucht, Antworten auf drei Fragen zu finden: (1) *Was* und *wie viel* lasen Frauen, (2) *wozu* lasen sie, und (3) *warum* und *wie* lasen Frauen? Ausgangs- und Drehpunkt ist der Buchbesitz von namentlich bekannten Frauen. Im Vordergrund steht das historische Material, mit dem sich dieser Buchbesitz belegen lässt, ergänzt durch andere zeitgenössische Quellen, die auf unterschiedliche Weise den Umgang der Frauen mit Lesestoffen dokumentieren.
Bereits ausgiebig diskutierte Themen in Sachen Frauenlektüre des 18. Jahrhunderts werden nur indirekt angesprochen und am Rande berührt – etwa die frühneuzeitliche *Querelle des femmes,* die (weibliche) Leserevolution um 1800, der Wandel des Bildes und der Rolle der Frauen in der damaligen Gesellschaft.[3]

1 *Bernisches Freytags-Blätlein.* In welchem die Sitten unser Zeiten von der Neuen Gesellschafft untersucht und beschrieben werden. Zweyter Theil. Bern: bey Samuel Küpffer, 1722, S. 271. – Siehe Text 7.3.
2 Siehe Text 7.13.
3 Siehe zum Beispiel Flüchter (2009) 265–271.

(1) Was und wie viel lasen Frauen?

Was, wie viel oder wie oft unsere Vorfahrinnen vor über 200 Jahren *lasen,* wissen wir nur selten.[4] Öfter herausfinden lässt sich, welche «Bücher»[5] Frauen an einem bestimmten Ort und zu einer gewissen Zeit *besassen.* Dann nämlich, wenn Serien[6] von *Nachlass-* oder *Versteigerungsinventaren* archivalisch erhalten und der Forschung zugänglich sind.
Was die Schweiz des 18. Jahrhunderts betrifft, habe ich solche Inventare in sechs öffentlichen Archiven gefunden und ausgewertet: im Staatsarchiv des Kantons Bern (StABE), in den *Archives cantonales vaudoises* (ACVD), den *Archives de la Ville de Lausanne* (AVL), den *Archives de l'ancien Evêché de Bâle* (AAEBS), den *Archives de l'Etat de Neuchâtel* (AENE) und im Stadtarchiv Murten. Als für unser Thema unergiebig erwiesen sich die einschlägigen Quellenbestände in den Staatsarchiven Solothurn und Luzern.[7] Das Durchforsten weiterer kantonaler und städtischer Archive wäre sicher wünschens- und wohl auch lohnenswert.

Die Ausbeute meines Quellenstudiums bilden die Kapitel II und III.[8] Sie präsentieren den Buchbesitz von 167 Frauen – Städterinnen und Dorfbewohnerinnen, Standespersonen und Gemeine, «Welsche» und «Deutsche», Reformierte und Katholikinnen, Begüterte und Mittellose.[9] Er umfasst insgesamt 666 identifizierbare Werke, manche davon mehrbändig.[10] Die Grösse der Bibliotheken schwankt zwischen einem einzigen und 69 Titeln. Man kann die frühneuzeitlichen Privatbibliotheken ihrem Umfang nach unterteilen in: Kleinstbibliotheken (1–10 Titel), kleine Bibliotheken (11–50 Titel), mittlere Bibliotheken (51–300 Titel) und Grossbibliotheken (über 300 Titel).[11] In den Tabellen 2.1–2.3 sind 134 Kleinstbibliotheken von (bernischen) Waadtländerinnen, Bernerinnen (aus Stadt und Landschaft) und Jurassierinnen zusammengestellt.
In den Tabellen 3.1–3.33 sind 33 mittlere, kleine und Kleinstbibliotheken von Frauen aus dem gesamten Untersuchungsgebiet einzeln rekonstruiert.[12]

4 Zum Beispiel im Fall der Berner Burgerin Julie Bondeli dank ihrer Korrespondenz. – Siehe Bondeli (1759–1778) und Tab. 4.1: *Verzeichnis der in der Bibliothek Julie Bondelis vertretenen Autoren.*

5 Der Einfachheit halber verwende ich im Folgendem das Wort «Bücher» gewöhnlich auch für Druckwerke wie Broschüren, Zeitschriften oder Einblattdrucke.

6 Zum historischen Fachbegriff der Serie oder chronologischen Reihe siehe Furrer (2014) 70–74.

7 Im Staatsarchiv Solothurn: die «Ganten und Steigerungen der Stadt Solothurn, Bd. [1–23], 1671–1803; im Staatsarchiv Luzern: die «Ausfallprotokolle (Konkurse) im Amtsgericht Luzern», 1624–1809 (Signaturen: XD 1/1–19).

8 Zur Art und Weise der Darstellung der Bibliotheken siehe Furrer (2012b) 25–28.

9 Siehe auch Tab. 8.1.

10 134 Werke (in Tab. 2.1–3; siehe Tab. 8.1: Kleinstbibliotheken) und 532 Werke (in Tab. 3.1–33; siehe Tab. 8.2).

11 Siehe Furrer (2012b) 25–26; 50, Tabelle 10: *Hierarchie der Privatbibliotheken des 18. Jahrhunderts.*

12 Unter Weglassung des Verzeichnisses der über 80 Werke im Nachlassinventar der Pruntruter Bürgerin Marie Anne L'Hoste geb. Simon († 1742) vom 7. April 1742. Die weltlichen unter ihnen weisen auf einen männlichen Besitzer hin. – Siehe AAEBS, Porrentruy, inventaires et partage, N° 27, «Inventaire des bien[s] deslaissés par Marie Anne Lhote [L'Hoste] née Simon de Porrentruy», vom 7. April 1742, S. [13–14]: «Les Livres de Medecine [...] Les Livres de droit et de notariat [...] Les Livres d'estude [...] Livres de prieres [...] autres Livres curieux». – Beibehalten habe ich den Buchbesitz der Claude Antoinie Chopard geb. Petit (~1647–1739), obschon die von ihr hinterlassenen medizinischen Werke sicher ihrem Ehemann gehörten. Siehe Tabelle 2.3: 28. Juli 1739.

(2) Wozu lasen Frauen?

«Man erwirbt (oder entlehnt) ein Buch aus verschiedenen Gründen: um sich dank ihm in der Gesellschaft zurechtzufinden, um seinen Beruf richtig auszuüben, um sein Wissen zu vermehren, um sich zu ergötzen und zu entspannen oder um Trost zu finden und sich zu erheben. Das Lesen dient der Orientierung (im gesellschaftlichen Raum), der Arbeit, der Bildung, der Unterhaltung oder der Erbauung.»[13] Bei der Rekonstruktion der Bibliotheken in Kapitel III sind die Werke denn auch nach den Funktionen der Lektüre angeordnet (siehe Tabelle 1.1), wobei die Kategorie «Orientierungslektüre» schwach belegt ist[14] und die Kategorie «Arbeitslektüre» unbesetzt bleibt. Die Frauen brauchten ihre Bücher demnach vorab als Bildungs-, Unterhaltungs- oder Erbauungslektüre.[15]

(3) Warum und wie lasen Frauen?

Das entscheidungsbedingte – materielle oder symbolische – Tun des Menschen kennt verschiedene *Modalitäten.* Was Menschen tun, tun sie, weil sie es *können, wollen, dürfen* oder *müssen;* und oft tun sie etwas, *obwohl* sie es *nicht können, wollen, dürfen* oder *müssen.* Die Modalitäten menschlichen Tuns haben ihre Gründe oder Motive und ihre Ursachen; sie werden verbunden mit gesellschaftlichen Vorstellungen betreffend den Wert individueller und kollektiver Handlungen.[16]
Was das Lesen in der Frühen Neuzeit betrifft, sei es das Lesen von Frauen oder Männern, gilt es daher, seine möglichen Modalitäten ins Auge zu fassen. Mit sechs der denkbaren Kombinationen von Können, Wollen, Dürfen und Müssen lassen sich sechs typische Lesemodalitäten unterscheiden (siehe Tabelle 1.2). Demnach wäre bei jeder Buchbesitzerin bzw. Leserin, der wir in der Folge begegnen, zu fragen, ob ihr Lesen ein gegängeltes, sorgloses, widerständiges, ohnmächtiges, freudloses oder behindertes Lesen war. Die in Kapitel II und III benutzten Quellen geben kaum eine Antwort; ich komme auf die Modalitäten des weiblichen Lesens – und Nichtlesens – in Kapitel VIII zurück, um sie dann mit einigen Beispielen zu illustrieren.[17]

Quellen

Die Hauptquelle meiner historischen Spurensuche sind die *Nachlass-* oder *Versteigerungsinventare.*[18] Zu ihnen gesellt sich eine Anzahl Quellen unterschiedlicher Art, die

13 Furrer (2018) 21.

14 Siehe Tab. 3.10, Nr. 1–2; Tab. 3.20, Nr. 1–3; Tab. 3.21, Nr. 1–2; Tab. 3.24, Nr. 1–5; Tab. 3.33, Nr. 1.

15 Die Funktionen der Lektüre lassen sich in den oben erwähnten und in den Abb. 17–21 wiedergegebenen Frauenporträts ablesen oder erahnen.

16 Siehe Furrer (2014) 33.

17 Siehe die Tabellen 8.5 und 8.6.

18 Siehe ihre Auswertungen in den Tabellen 2.1–2.3, 3.1–33 und 5.1. – Die *Versteigerungsinventare* hiessen in Bern «Geltstagsrödel». Siehe deren Präsentation und Quellenkritik in Furrer (2012b) 21–22. – Zur buchgeschichtlichen Forschung mit *Nachlassinventaren* siehe auch Monok (2011) 47–48: «L'inventaire successoral»; Monok (2014) 153–156: «Le dépouillement des inventaires après décès du point de vue de l'histoire du livre».

Nebenaspekte des zentralen Themas der Studie betreffen.[19] Durch eine gründliche Beschäftigung mit diesen Quellen liessen sich einige Aspekte vertiefen. Die folgende Liste von elf Quellengattungen erwähnt für jede Gattung beispielhafte Dokumente, die zum guten Teil weiter unten verwendet oder wiedergegeben werden.[20]

(1) *Subskribenten-Verzeichnisse*
- Das «Verzeichniß der Herren [und Frauen] Subscribenten» von 1785 auf Joseph Ignaz Zimmermanns «Die junge Haushälterinn: Ein Buch für Mütter und Töchter» (Tab. 5.2)

(2) *Briefe*
- Die Briefe der Berner Patrizierin Julie Bondeli[21] (Tab. 4.1)

(3) *Tagebücher*
- Das «Journal de mes actions» der Berner Magistratengattin Henriette Stettler-Herport (Text 7.4)[22]
- Das «Journal» des Barons von Prangins Louis-François Guiguer (1741–1786) und seiner Frau Matilda Guiguer geb. Clevland (1758–1817) aus den Jahren 1771-1786[23]

19 Vgl. Furrer (2012b) 44–46, Tabelle 6: *Typologie der Quellen zum Inhalt von frühneuzeitlichen Privatbibliotheken in der Eidgenossenschaft.*

20 Siehe dazu auch Anderhub (1980); Monok (2011) 36–53: «Typologies»; Monok (2014) 167: «Une typologie des sources d'histoire de la lecture à l'époque moderne».

21 Bondeli (1759–1778).

22 Die im Haus von Henriette und Rudolf Stettler-Herport gemeinsam gepflegte Lektüre fasst Joachim Eibach so zusammen: «Gelesen werden im Familienkreis nicht nur Predigten und Erbauungstexte, sondern auch die Werke von Samuel Richardson, Johann Jakob Scheuchzer, Sophie von La Roche und Friedrich Gottlieb Klopstock.» (Eibach 2022, 64).

23 Guiguer (1771–1786) I–III. – Siehe die Einträge aus der Feder Matilda Guiguers über von ihr gelesene oder ihr vorgelesene Texte und über besuchte oder (in Prangins) inszenierte Theaterstücke in Guiguer (1771–1786) II 15–22, *56,* 64–65, 67–68, 73, 100, 106–107, 116–117, 121–123, 125, 185–186, 192, 266, 268–270, 304, *351,* 367, 424–425, *429,* 434; Bd. III 98–103, *208, 240.* – Fünf Auszüge (ohne Anmerkungen): «Vendredi 11 juin 1779 […] Une lecture continuée de la correspondance du conquerant *Cortez* avec son maitre le conquerant *Charles Quint*. Cette lecture est interessante parceque les lettres ne sont point supposées et qu'elles sont traduites avec fidelité et intelligence. Le soir, autre lecture: un *Eloge*. C'est celui de *Bossuet*. Il me paroit confirmé [confirmer] le jugement porter par nous sur ces ouvrages de d'Alambert.» (Bd. II, S. 56); «Lundi 25 novembre 1782 […] Nous avons repris la lecture de *Don Quichotte*. / Mardi 26 novembre / Lecture de Madame Genlis finie; c'est un *Traité d'éducation* qui est assez vanté. Pour n'avoir point a disputer, nous n'en dirons rien; pourtant un mot: comment ose-t'-on mentir a des enfans & a des jeunes gens avec tout l'artifice d'une scene soutenue pendant trois mois pour les rendre sincere & discret?» (Bd. II, S. 351); «Samedi 27 décembre 1783 […] Lecture du *Mari sentimentale:* on croit bien savoir le nom de l'auteur [François-Marc-Samuel Constant de Rebecque]. Je ne veux parler ni de l'ouvrage ni de celui a qui on l'attribüe parce que il nous paroit que c'est un crime contre la societé ou personne n'est en sureté s'il est permis de mettre au jours des productions dans ce genre qui represente quelques faits notoires *changés et viciés,* melés avec des avantures crées a fantaisies, sans se mettre en peine des chagrins et de l'amertume que l'on peut jetter sur ceux qui sont en but a de pareils traits.» (Bd. II, S. 429); «Dimanche 30 avril 1786 / Monsieur Ducroz et Bazin a diner malgré le gros tems. Monsieur [Charles-David-Samuel de] L'Espinasse a entamé par complaisance et sur parole la lecture de *La Pharsale [de Lucain]*. Le poête latin est celebre; traducteur francois est Monsieur de Marmontel; mais l'opinion recu[e] ayant traité ces vieux diamans en bijoux usés, cette lecture n'est pas de môde. Cependant Lucain remporte la victoire sur l'opinion et Monsieur L'Espinasse sur son auditoire.» (Bd. III, S. 208) ; «Samedi 29 juillet 1786 […] Lecture d'une *Vie de Voltaire;* c'est une brochure toute nouvelle, melanges de faux et de vrai, d'amusant et d'inutile, mais enfin ce sont pourtant quelques anecdotes sur cet etonnant *Voltaire*.» (Bd. III, S. 240). – Siehe auch Viani (2010).

– Das «Journal» der Albertine de Saussure (1766-1841) aus den Jahren 1782–1783[24]
– Die Tagebücher der Anna Maria Preiswerk-Iselin (1758-1840) aus den Jahren 1795 bis 1839[25]

(4) *Hausbücher (zu häuslichen Ausgaben und Einnahmen)*
– Die «Livres de raison» von Henriette Marie de Senarclens, geb. de Sacconay († 1771) für die Jahre 1737–1771[26]

(5) *Reisebeschreibungen*
– Christoph Meiners' «Briefe über die Schweiz» von 1782 (Text 7.9)
– Das anonyme «Journal d'un voyage en Angleterre depuis le 15 avril 1786 jusqu'au retour en Suisse l'onse septembre 1787» (Text 7.10)
– Jacques de Cambrys «Voyage pittoresque en Suisse et en Italie» von 1788 (Text 7.11)
– «Les voyages en Suisse de Madame de la Briche en 1785 et 1788» (Text 7.12)

(6) *Pfarrberichte*[27]
– Die «Seelenregister» der Pfarrer von Gachnang, Johann Heinrich Lavater und Christoph Lavater aus den Jahren 1689 bis 1725[28]
– Der Bericht des Pfarrers von Wiesendangen über den Bücherbesitz seiner Pfarrkinder aus dem Jahr 1709[29]

24 Bibliothèque de Genève, Ms fr. 4453: *Continuation du Journal d'Albertine de Saussure,* 1782–1783, 74 S. Siehe dazu Renevey Fry / Michaëlis (1997) 37–41; ebenso *infra,* Tab. 8.4. – Zu Albertine (Andrienne) Necker-de Saussure (1766–1841), Verfasserin des dreibändigen, ins Deutsche, Englische und Italienische übersetzten Werkes «L'éducation progressive, ou: Etude du cours de la vie» (Paris, 1828–1838), siehe HLS IX 113.

25 Siehe die digitale Edition der Tagebücher (Projektleitung: Prof. Dr. Claudia Opitz-Belakhal) unter www geovistory.org/project/924033/publication/text. – Die Baslerin Anna Maria Preiswerk-Iselin (1758–1840), Tochter des Philosophen und Publizisten Isaak Iselin (1728–1782) und der Helena Forcart, führte zwischen 1795 und 1839 ein Tagebuch, dessen Manuskript ca. 1200 Seiten umfasst und heute im Staatsarchiv Basel-Stadt aufbewahrt wird. – Siehe z. B. die Einträge vom 9. Aug. 1797 in Heft 5, S. 5 (zitiert in Tab. 8.5); vom ?. Febr. 1798, S. 3–4: «Elpizon oder meine Fortdauer nach dem Tode [von Christian Friedrich Sintenis] 10te Betrachtung. In wie fern unser Verlangen nach Fortdauer, als Zusicherung der Fortdauer uns dienen könne? […]»; vom 4. März 1798, S. 10, 13–15; vom 15. Mai 1801 in Heft 9, S. 6–11: «De l'influence des passions sur le bonheur des individus et de Nations [de Germaine de Staël] [/] Ich finde in diesem Buch ein sonderbares Gemisch von tiefen Empfindungen und verwornen Begriffen, es befremdet mich wie das Buch so viel Aufsehns gemacht besonders fält mir das Capitel über die Liebe auf […]», vom 6. Okt. 1801, S. 13.

26 ACVD, PP 1141/67–69: *Livres de raison d'Henriette Marie de Senarclens, née de Sacconay († 1771),* 1737–1756 (67), 1757–1769 (68), 1770–1771 (69). – Henriette Marie de Senarclens bezahlte im November 1744 «p[ou]r un testament» 12 sols (bzw. 10 bz); im Januar 1750 «un almanach» 8 sols (bzw. 4 bz); am 7. Jan. 1766 «la Gasette p[ou]r 1765 p[ou]r ma moitié 3 £ 15 sols (bzw. 37,5 bz); am 14. Jan. 1769 «la Gasete de 1768 cel[le] p[ou]r moy [?] 3 £ 15 sols (bzw. 37,5 bz).

27 Siehe auch Monok (2011) 50–51: «les procès-verbaux des visites pastorales».

28 Siehe Scheurer (2022) 124–125. – «Die Auswertung der Bücherangaben, die Christoph Lavater [1681–1749] im Seelenregister von 1725 bei jeder Familie notierte, zeigt, dass sich unter den gefundenen 21 verschiedenen Büchern sechs befanden, die der pietistischen Strömung zugeordnet werden können. Insgesamt waren von über 341 aufgelisteten Büchern 66 pietistischer Natur. [Anm.] Bei den sechs Büchern, die der pietistischen Strömung zugeordnet werden können, handelt es sich um die ‹Praxis Pietatis› von Bayly (22 Nennungen), das ‹Manuale› von Martin Moller (20), das ‹Paradiesgärtlein› von Johannes Arndt (9), zwei ungenannte Werke von Habermann (9 und 5) sowie um den ‹Seelenschatz› von Christian M. Scrivers (1).»

29 Siehe Wartburg-Ambühl (1981) 129.

– Die «Beschreibung deß wahren Zustandes der Pfarre Ins» durch Pfarrer Johann Jakob Wolff aus dem Jahre 1764[30]

(7) *Belletristik: Theaterstücke, Erzählungen, Romane, Satiren*
- Johann Georg Altmanns Discours «Vom Nutzen und Gefährlichkeit eines wohlstudierten Frauenzimmers» von 1722 (Text 7.3)
- Guillaume Hyacinthe Bougeants «La femme docteur ou la theologie tombée en quenouille: Comedie» von 1730[31]
- Luise Adelgunde Victorie Gottscheds «Die Pietisterey im Fischbein-Rocke; oder die doctormäßige Frau, in einem Lust-Spiele vorgestellet» von 1736[32]
- Ulrich Bräkers «Räisonierendes Baurengespräch, über das Bücher Lesen und den üßerlichen Gottesdienst» von 1777 (Text 7.6)
- Joseph Ignaz Zimmermanns «Die junge Haushälterinn: Ein Buch für Mütter und Töchter» von 1785 (Text 7.8)[33]

(8) *Essayistik: Empfehlungen und Kataloge von Frauenzimmerbibliotheken*
- François Poulain de la Barres «De l'éducation des dames» von 1674 (Text 6.1)
- Bodmers und Breitingers Discours über eine «Bibliotheck der Damen» von 1723 (Text 6.2)
- N. Dupuy La Chapelles «Die Pflichten eines jungen Frauenzimmers» von 1731 (Text 6.3)
- Bodmers und Breitingers Discours über eine «Bibliotheck für die Frauenspersonen» von 1746 (Text 6.4)
- Albrecht von Hallers «Briefe über die wichtigsten Wahrheiten der Offenbarung» von 1772 (Text 6.5)
- Marc Antoine René de Voyers «Bibliothèque historique à l'usage des dames» von 1779 (Text 6.6)
- Johann Georg Heinzmanns «Anleitung zur Bücherkunde in allen Wissenschaften» von 1797 (Text 6.7)
- Johann Adam Bergks «Die Kunst, Bücher zu lesen» von 1799 (Text 6.8)
- Claude François Adrien de Lezay-Marnézias «Plan de lecture pour une jeune dame» von 1800 (Text 6.9)

(9) *Besitzeinträge und Exlibris in Büchern, Supralibros auf Bucheinbänden*
- «Jeane Catherine De Buren / 22.e May 1711.»[34]

30 Siehe Furrer (2020) 16–19. – «Die Weiber [in der Pfarrei Ins] insbesonder sind leich[t]gläubig, hadersüchtig, verläumderisch, woraus viele Unordnungen, Zaubereÿen und öffters Schläge unter ihnen entspringen. Die Männer laßen den Weiberen in diesen Lasteren den Vorzug, obschon diese in der Weinliebe jenen nicht weichen wollen.» (Furrer 2020, 17). – Zu Johann Jakob Wolf (1709–1766), Helfer am Berner Münster 1747–1750, Pfarrer am Münster 1750–1762, Pfarrer von Ins 1762–1766, siehe Werdt 406, Nr. 144; Lohner 33, 38, 496.

31 Liège: chez la Veuve Procureur, au vieux Marché, 1730, [13], 162 S. (in-6). – Zu P. Guillaume Hyacinthe Bougeant SJ (1690–1743), «historien, polygraphe», siehe BUAM V 299–300, DBF VI 1290.

32 Rostock: auf Kosten guter Freunde, 1736, [14], 152 S. (in-8). – Zur Schriftstellerin und Übersetzerin Luise Adelgunde Victorie Gottsched (1713–1762) siehe BUAM XVIII 164–166, ADB IX 504–505, NDB VI 687–688, DBE² IV 72.

33 Siehe auch Tabelle 5.2.

34 Besitzvermerke in David Martin, *Histoire du Vieux et du Nouveau Testament*. Tome premier[–troisieme]. Genève: chez Vincent Miège, libraire, 1706, 3 Bde. (in-12). Exemplar in NB Bern, A 13575; siehe auch

– «Dieses Testament und Psalmen Buoch gehört der in Ehr, Lehr, Zucht, Fleijss und Tugend anwachsenden Jungfrauen, Jungfrau Christina Buolij zu Davos Ao 1760 d[en] 4. Tag. Xbris. Gott, ich will mich zu dir kehren / und dich ewig stets verehren / dich will ich im Glauben fassen / du wirst mich nicht verlassen.»[35]
– «Dieses Testament und Psalmen-Buch gehört der Wohledel gebohrnen, und Tugendsammen Jungfer, Jungfer etc. etc. Anna Margret von Salis. Die Weißheit ist aller Kunstmeister. Denn es ist in ihr der Geist, der verständig ist, helig, rein, klar, sanft, freündlich, frei, wolthätig, leütseelig, vest und gewiß. Vermog alles, siehet alles, überwindet alles und duldet alles; und geth durch alle Geister, wie verständig sie auch sind. Denn sie ist ein Hauch der göttlichen Krafft, und ein Strahl der Herrlichkeit.»[36]

(10) *Donationenbücher*
– «Donatione[n]buch der Bibliothec zu Aarau, 1776[–1786]»[37]

(10) *Kataloge von Buchhändlerinnen*
– Der «Catalogue des Livres d'assortiment rangé par ordre alphabétique, de Magdelaine Eggendorffer, née Boffe, Libraire à Fribourg en Suisse, tenant le commerce de feu son pere» von 1773[38] (siehe Tab. 5.3)
– Der «Catalogue des livres de lecture du Cabinet littéraire de Marianne Mourer» von 1794[39] (siehe Tab. 5.3)

(11) *Ikonografie*
– Julie Bondeli (1732–1778), Brustbild eines unbekannten Künstlers, um 1765[40]
– Anna Maria Holzmann in Zuger Bürgertracht, Hebamme, von Karl Joseph Speck (1729–1798), 1767 (Abb. 18)[41]
– Porträt einer unbekannten Ehefrau, von Emanuel Handmann (1718–1781), 1767 (Abb. 19)[42]
– Marie Louise Guiguer-Bazin, baronne de Prangins (~1717–1778), Louis Tocqué (1696 bis 1772) zugeschrieben, undatiert (Umschlag und Abb. 17)

Tab. 3.15, Nr. 7. – «Johanna Catharina» von Büren wurde am 27. März 1693 als Tochter des Zweihunderters und späteren Landvogts David von Büren (1691–1729 und Johanna Katharina Manuel (1661–1700) in Bern getauft; sie heiratete am 24. April 1713 in Bolligen Philipp Mag(e)ran (1681–1758); «Fr. Johanna Catharina Magran, geb. von Büren, Herr alt Landvogt von Lausanne se[lig] Wittib, alt 71 J[ahre]», starb am 22. März 1764 und wurde am 26. März in Bern begraben (BBB, Burgerliche Taufrodel XI, S. 145, Nr. 4; Burgerliche Eherodel VI, S. 107; Burgerliche Totenrodel I, S. 258, Nr. 29; Rodt I, S, 164–165).

35 «Heimatmuseum Davos, 069.» (Bernhard 2022, 267). Siehe zu weiteren Besitzeinträgen von Bündner Frauen, sowie Ex libris und Supralibros, *ibidem*, S. 263, 266, 280–286.

36 Besitzvermerk in *Das ganze Neue Testament unsers Herren und Heilands Jesu Christi*. Recht grundlich, nach der griechischen Haupt-Sprache verteutschet, mit jeder Capitlen kurzen Summarien und dero richtigen Abtheilungen. Von Neuem mit allem Fleiß wiederum übersehen. Zürich: beÿ David Geßner, 1763, 383, [1] S. (in-8). Exemplar in der Staatsbibliothek zu Berlin (Preußischer Kulturbesitz), Bv 1366.

37 StAAa, II.562a: Donatorenbuch der Stadtbibliothek, 1776–1786, 257 S. – Siehe Tabelle 5.5.

38 Catalogue (1773). – Siehe auch Catalogue (1768): *Catalogue des livres de Jean Charles de Boffe, libraire à Frybourg en Suisse.* [Fribourg], 1768, 70 S.

39 Catalogue (1794).

40 Siehe auch Bondeli (1759–1778) II zw. 688 und 689, Abb. 55; IV 1395.

41 Siehe auch HLS II 341.

42 Siehe auch Furrer (2008) 231, Abb. 198.

- Matilda Clevland (1758–1817), von Johan Joseph Zoffany (1733–1810), 1777 (siehe Guiguer 1771–1786, I zw. 384 und 385, Abb. [14])
- Henriette Stettler-Herport (1738–1805), von Stephan Bildstein (*1751), 1789 (Abb. 20)[43]
- Julie Willading-Boy de la Tour (1751–1826), von Friedrich August Oelenhainz (1745 bis 1804), 1792 (Abb. 22)
- Marie-Thérèse Robert, gen. Madame Geoffrin (1699–1777), von Jean-Marc Nattier (1685-1766), 1738 (siehe Adler/Bollmann 2011, 102)
- Gabrielle Emilie Le Tonnelier de Breteuil, marquise du Châtelet-Laumont (1706-1749), von Maurice Quentin de La Tour (1704–1788), undatiert (siehe Adler/Bollmann 2011, 27)
- Luise Dorothea, Herzogin von Sachsen-Gotha-Altenburg (1710–1767), um 1742/45, (siehe Berger/Raschke 2017, Umschlag)[44]
- Les amusements de la vie privée, von Jean Siméon Chardin (1699–1779), 1746 (siehe Bollmann 2005, 23)
- Madame Adélaïde, von Jean-Etienne Liotard (1702–1789), 1753 (siehe Bollmann 2005, 58, 67–68)
- Jeanne Antoinette Poisson, marquise de Pompadour (1721–1764), von François Boucher (1703–1770), 1756 (siehe Bollmann 2005, 58, 60–61)
- La Lecture, von Pierre-Antoine Baudoin (1723–1768), um 1769 (siehe Bollmann 2005, 23–24)
- La Liseuse, von Jean-Honoré Fragonard (1732–1804), 1770 (siehe Bollmann 2005, 63)
- Anna Amalia von Braunschweig-Wolfenbüttel, Herzogin von Sachsen-Weimar und Eisenach (1739–1807), von Johann Ernst Heinsius (1731–1794), 1772/75 (siehe Bollmann 2005, 64–65)
- Anna Dorothea Therbusch (1721–1782), Selbstbildnis, um 1782 (siehe Adler/Bollmann 2011, 24)
- La Lecture, von Marguerite Gérard (1761–1837), 1795/1800

Forschungen

Die Kulturgeschichte der Frühen Neuzeit hat *die lesende Frau*[45] schon vor Jahrzehnten entdeckt und sie oft in Verbindung mit weiblicher Erziehung und Bildung betrachtet. Ich erwähne ein paar wenige, das 18. Jahrhundert betreffende Studien, auf die später da und dort hingewiesen wird. Rolf Engelsing behandelt in «Der Bürger als Leser: Lesergeschichte in Deutschland, 1500–1800» (Stuttgart, 1974) unter Kapitel 16 *Die Bildung der Frau.*[46] Merry E. Wiesner widmet Kapitel 4 in «Women and Gender in Early Modern Europe» (Cambridge, 2000) dem Thema *Literacy and learning.*[47] *Mädchen: Intellektuelle Bildung und Frömmig-*

43 Siehe auch Furrer (2012b) 481, Abb. 45.

44 Miniaturbildnis, Tempera auf Elfenbein, Georg Andreas Wolfgang d. J. (1703–1745) zugeschrieben. Besitz: Schloss Friedenstein Gotha (Inv.-Nr. Mi76). Auskunft: Dr. Timo Trümper. Siehe auch *Voller Ernst und Wissensdurst: Herzogin Luise Dorothea von Sachsen-Gotha-Altenburg (1710–1767).* Mit einer kommentierten Edition ihres Nachlassinventars. Hg. von Friedegund Freitag und Ute Däberitz. Gotha: Stiftung Schloss Friedenstein, 2017, S. 211.

45 *Die lesende Frau.* Hg. von Gabriela Signori. Wiesbaden, 2009, 475 S.

46 Engelsing (1974) 296–338.

47 Wiesner (2000) 143–174.

keitserziehung, Haushalt und Krankenpflege heisst ein Kapitel in Ulrike Gleixners «Pietismus und Bürgertum: Eine historische Anthropologie der Frömmigkeit – Württemberg 17. bis 19. Jahrhundert» (Göttingen, 2005).[48] Im Sammelband «Die lesende Frau» (Wiesbaden, 2009) ist die Frühe Neuzeit vertreten mit Antje Flüchters Text über *Gelehrte Empfindsamkeit: Sophie La Roche schreibt sich ihren Weg zwischen den Geschlechtern*[49] und Alfred Messerlis Beitrag mit dem Titel *Gebildet, nicht gelehrt: Weibliche Schreib- und Lesepraktiken in den Diskursen vom 18. zum 19. Jahrhundert.*[50]
Eine Passage aus Merry E. Wiesners Studie fasst wichtige Ergebnisse der bisherigen Forschung zusammen und illustriert, wie mir scheint, den gängigen historiografischen Zugriff: «During the sixteenth century, the vast majority of reading material produced was religious, ranging from expensive illustrated Bibles to small collections of psalms or devotional verses to even less expensive pamphlets of religious controversy or saints' lives. From wills and inventories, it appears that women were slightly more likely than men to limit their book ownership to religious works in the sixteenth century, and to works of a pious and devotional nature rather than those of religious controversy; when parents divided their books among their children, daughters usually received fewer and smaller books, and only rarely any that were not religious. The proportion of non-religious books produced increased steadily throughout the seventeenth and eighteenth centuries, so that women were reading a wider variety of materials in 1750 than they were in 1500. How-to manuals and household guides were popular, as were letter-writing manuals, travel reports, translations of classical Greek and Roman authors, and increasingly chivalric romances and books of stories, often produced as small chapbooks with paper covers which made them affordable.»[51]

Was ich hier versuche, ist die Rekonstruktion des Buchbesitzes einer grösseren Zahl von Frauen ohne besonderen Rang und Namen. Sie beruht, wie gesagt, auf Serien von Nachlass- und Versteigerungsinventaren,[52] welche die Rekonstruktion zahlreicher persönlicher Bibliotheken ermöglichen, Einblick in verschiedene soziokulturelle Schichten der Gesellschaft bieten und es erlauben, den sich wandelnden Buchbesitz über längere Zeit aus unveränderter Perspektive zu beobachten. Zu den Inventaren hinzu kommen vereinzelte zufällig aufgelesene oder gezielt gesammelte Stücke unter den oben erwähnten Quellengattungen.

Was die Schweiz betrifft, wurden die «historischen Bibliotheken und Buchsammlungen in Graubünden» bis 1815 dank einem Forschungsprojekt unter Leitung von Jan-Andrea Bernhard und Silvio Margadant systematisch erfasst.[53] In «über 100 Bibliotheken und Büchersammlungen auf dem Gebiet der Drei Bünde [ohne] das ehemalige Untertanengebiet» wiesen etwa 16'000 von rund 68'000 vor 1815 gedruckten Büchern «einen bündnerischen Besitzeintrag vor 1815» aus.[54] Besitzeinträge von *Frauen* trugen gut 9 Prozent davon, das heisst etwa 1500 Bücher – «je nach sozialem Stand waren dies eher religiöse Bücher, oder

48 Gleixner (2005) 300–309.
49 Flüchter (2009).
50 Messerli (2009).
51 Wiesner (2000) 150–151. – Siehe auch Monok (2014).
52 Für unser Thema unergiebig waren in den von mir besuchten Archiven die Bestände an *Testamenten* und *Erbteilungs-Urkunden*.
53 Bernhard (2013), Bernhard (2022) und Bernhard/Margadant (2023).
54 Bernhard (2022) 266, Anm. 17.

eben auch *Belle littérature,* naturwissenschaftliche oder politisch-historische Werke. Dazu gesellten sich hin und wieder Titel der spezifisch für Frauen bestimmten Literatur, wie z. B. *Bibliothèque des Dames* (Amsterdam 1727), *Sur la noblesse et excellence du sexe féminin* (Leiden 1726), *Zeitvertreib vor das schöne Geschlecht* (Frankfurt 1765), *Zerstreute Blätter zur Unterhaltung für Frauenzimmer* (Breslau 1804) etc. Die überwiegende Mehrheit [...] betrifft aber die religiöse Literatur. Es erstaunt darum umso mehr, dass in der geistes- und kulturgeschichtlichen Forschung [...] bis heute Gebets- und Erbauungsbücher nur stiefmütterlich untersucht werden, auch in Bezug auf Frauengeschichte.»[55]

Jan-Andrea Bernhards hier zitierte Studie von 2022 über «Das religiöse Buch als Zeugnis für die Schreibfähigkeit und das Leseinteresse der Bündner Frau im 17. und 18. Jahrhundert» und das 2023 in Chur erscheinende «Handbuch historischer Bibliotheken und Buchsammlungen in Graubünden» ergänzen, wie mir scheint, sehr gut die vorliegende Untersuchung – sowohl hinsichtlich des betrachteten Territoriums als auch wegen des andersartigen Quellenmaterials und teilweise abweichenden methodischen Zugriffs.

Drei meiner früheren Publikationen haben das Thema Frauenbibliotheken bloss gestreift: «Bücher machen Leute: Berner Privatbibliotheken des 18. Jahrhunderts in gesellschaftlicher Perspektive», im Sammelband *Berns goldene Zeit: Das 18. Jahrhundert neu entdeckt;*[56] *Des Burgers Buch: Stadtberner Privatbibliotheken im 18. Jahrhundert*[57] und «Buchbesitz im Waadtländer Jura am Ende des Ancien Régime», ein Beitrag zur Festschrift Alfred Messerli.[58]

An einem Workshop in Bern habe ich 2005 unter dem Titel «Berner und Pruntruter Frauenbibliotheken im Vergleich» einen Vortrag gehalten, der ganz unser jetziges Thema betraf.[59]

Mit diesem ist ein anderes Thema nahe verwandt, das hier jedoch bloss erwähnt werden soll. Gemeint sind die *Bibliotheken von Schweizer Frauenklöstern.*[60] Dank dem vor kurzem erschienenen «Handbuch der Schweizer Klosterbibliotheken»[61] könnten die Bestände der 34 Bibliotheken von Ordensschwestern leicht erforscht werden. Für die meisten dürfte gelten, dass sie bis ins 18. Jahrhundert primär «Lesestoff zur geistlich-religiösen Erbauung der Schwestern» und «Anweisungen zum klösterlichen Leben»[62] enthielten. Was etliche

55 Bernhard (2022) 266.

56 Hg. von André Holenstein in Verbindung mit Daniel Schläppi, Dieter Schnell, Hubert Steinke, Martin Stuber, Andreas Würgler. Redaktion Charlotte Gutscher. Bern, 2008, S. 229–231. – Siehe Furrer (2008).

57 Zürich, 2012, 824 S. – Siehe Furrer (2012b).

58 *Kreuz- und Querzüge: Beiträge zu einer literarischen Anthropologie.* Festschrift Alfred Messerli. Hg. von Harm-Peer Zimmermann, Peter O. Büttner und Bernhard Tschofen. Hannover, 2019, S. 149–165. – Siehe Furrer (2019).

59 «Bodmer und die Zürcher Aufklärung: Ansätze zu einer Neubestimmung». Workshop in der Schweizerischen Landesbibliothek am 4. Februar 2005, organisiert vom Institut für Germanistik der Universität Bern unter Leitung von Prof. Barbara Mahlmann-Bauer.

60 Siehe dazu Marti (2013).

61 Holenstein (2022).

62 «Die Kapuzinerinnenbibliothek Stans besteht primär aus Lesestoff zur geistlich-religiösen Erbauung der Schwestern und aus Anweisungen zum klösterlichen Leben. Daneben nehmen Heiligenbiographien und andere Lebensbeschreibungen einen wichtigen Platz ein. Belletristische Werke und wissenschaftliche Bücher sind in geringem Umfang präsent.» (Holenstein 2022, 410). – Die Bibliothek des Dominikanerinnenklosters Cazis hat «im Bestand mit Druckjahr vor 1800 kaum profane Werke» (Holenstein 2022, 94). «Im Altbestand der Frauenthaler Zisterzienserinnenbibliothek [in Hagendorn] überwiegt aszetische und mystische Literatur (57%). Mit grossem Abstand folgen Breviere, die ca. 10% des Bestands ausmachen. Die restlichen theologischen Sachgebiete (Dogmatik, Liturgie und Biographien, Bibel, Predigten) liegen

nicht davon abhielt, im Jahr 1785 Joseph Ignaz Zimmermanns «Die junge Haushälterin: Ein Buch für Mütter und Töchter» zu subskribieren (siehe Tabelle 5.2).

Gliederung

Lässt man dieses einleitende Kapitel, das Schlusskapitel und den Anhang beiseite, bleiben sechs Kapitel, die den Hauptteil des Buches bilden. Sie lassen sich in drei gleiche Blöcke aufteilen. Der erste Block enthält zum einen die summarischen Rekonstruktionen der Kleinstbibliotheken von Waadtländerinnen, Bernerinnen und Jurassierinnen (Kapitel II), zum andern die separaten Rekonstruktionen von 33 mittleren, kleinen und Kleinstbibliotheken (Kapitel III). Im zweiten Block ist Kapitel IV drei grossen Frauenbibliotheken gewidmet – jene der Berner *Salonnière* Julie Bondeli,[63] der *Marquise de Pompadour*[64] und eines «verheuratheten Frauenzimmers» aus Zürich.[65] Kapitel V handelt von Frauen, die Bücher *kauften, verkauften, verliehen oder verschenkten*.[66] Die beiden Kapitel des dritten Blocks präsentieren zeitgenössische Diskurse und Zeugnisse über ideale «Frauenzimmer-Bibliotheken» (Kapitel VI) und über das Lesen der Frauen und ihren Umgang mit Büchern (Kapitel VII).
Den Abschluss bilden einige zusammenfassende Anmerkungen zu Frauenbibliotheken, Leserinnen und weiblichem Lesen in der Schweiz des 18. Jahrhunderts (Kapitel VIII).
Der Anhang (Kapitel IX) enthält die üblichen Rubriken: Verzeichnisse der benutzten Abkürzungen, der Archivalien, der Primär- und Sekundärliteratur, der Tabellen und Abbildungen des Bandes sowie ein Register.

im Bereich von 3 bis 6%, gefolgt von den profanen Sachgebieten Geschichte, Literatur sowie Technik und Naturwissenschaften (jeweils 1 bis 3%). Alte Zuger Drucke sowohl aszetischen wie auch historischen Inhalts sind im Altbestand in auffallend grosser Zahl vertreten.» (Holenstein 2022, 155). – «Der Buchbestand des Benediktinerinnenklosters St. Gallenberg [in Glattburg] ist zur Hauptsache spiritueller Natur, so u. a. Gebetbücher, Heiligenlegenden, Erbauungs- und Kontemplationsliteratur. [...] Während für die Zeit vor 1800 kaum Bücher mit wissenschaftlich-gelehrten oder profanen Inhalten vorhanden sind, fand in der Folge vermehrt auch weltliche Literatur (Belletristik und Sachbücher zu verschiedenen Themen) Eingang in die Klosterbibliothek.» (Holenstein 2022, 185).

63 Tabelle 4.1.

64 Tabelle 4.2. – Zum Buchbesitz von Königin *Marie-Antoinette* (1755–1793) siehe Lacour (1862) und Lacroix (1863), Bauchart (1884). – Zur ca. 3600 Werke umfassenden Privatbibliothek der *Luise Dorothea, Herzogin von Sachsen-Gotha-Altenburg* (1710–1767) siehe den zeitgenössischen Katalog von Christian Gottfried von Freiesleben in: Forschungsbibliothek Gotha, Chart. B 1234; zu Luise Dorothea siehe auch Raschke (2004), Berger/Raschke (2017), Esprit (2017). – Zur Büchersammlung der Schriftstellerin und Übersetzerin *Luise Adelgunde Victorie Gottsched* (1713–1762) siehe Ball (2006).

65 Tabelle 4.3.

66 Tabellen 5.1–5.5.

Tabelle 1.1: *Die Funktionen der Lektüre in der frühen Neuzeit*[1]

Lebensbereiche		Lektürearten	Funktionen
Verwalten[2]	(1)	Orientierungslektüre[3] informative Lektüre	Vergesellschaftung
Arbeiten	(2)	Arbeitslektüre professionelle Lektüre[4]	Lebenserhaltung, Einkommenssicherung
Lernen	(3)	Bildungslektüre[5] «szientifische» Lektüre	Wissensvermehrung
Spielen	(4)	Unterhaltungslektüre[6] belletristische Lektüre	Lustgewinn, Entspannung
Glauben	(5)	Erbauungslektüre religiöse Lektüre[7]	Gnadenerwerb, Trost

[1] Vgl. Furrer (2012b) 63, Tabelle 17: Funktionen der Lektüre in der frühen Neuzeit.

[2] Das heisst am politisch-gesellschaftlichen Leben teilnehmen – als Verwaltender bzw. Regierender oder als Verwalteter bzw. Regierter.

[3] Oder Verkehrs- oder Ordnungslektüre. Dazu zählen Pflicht- oder verordnete Lektüre (von staatlichen Publikationen: Gesetze, Verordnungen, Anweisungen), Lektüre zur Orientierung im täglichen «Handel und Wandel» und zur Meinungsbildung (Zeitungen, Almanache, Kalender, Regimentsspiegel, Sprach- und Fachwörterbücher).

[4] Oder Berufslektüre.

[5] «Man liest hauptsächlich in zweyen Absichten: entweder um sich zu ergötzen, und zu zerstreuen, oder um sich zu belehren, und zu bessern. Eine jede Lectür ist daher entweder allein, oder vorzüglich unterhaltend, oder sie ist aufklärend für den Verstand, oder bessernd und bildend für Herz und Charakter.» (Meiners 1791a, 26).

[6] Oder «Erholungslektüre». – «Kein Mensch war je so gesund, daß er nicht in gewissen Stunden, oder in gewissen Tagen sich zu ernstlichen Arbeiten unfähig gefühlt hätte; und keiner so glücklich, der nicht oft die Bewegungen, denen er seine Erholungsstunden vorzüglich bestimmt hat, entbehren, und aussetzen müste. Aus beyden Ursachen ist es rathsam, stets unterhaltende Schriften bereit zu haben, womit man entweder trübe Stunden angenehm hinbringen, oder die man auch in die Stelle abgehender Zerstreuungen einschieben kann.» (Meiners 1791a, 43). – Zur Kritik am Begriff «Unterhaltungslektüre» siehe Schenda (1970) 474–476.

[7] Oder Erbauliche Lektüre: Lesen der Heiligen Schrift, von Belehrungs- und Erbauungsschriften, Gebets-, Gesangs- und Andachtsbüchern.

Tabelle 1.2: *Die Modalitäten des frühneuzeitlichen Lesens*

	Handlungsmodalitäten[1]				Modalitäten des Lesens
	können[2]	wollen[3]	dürfen[4]	müssen[5]	
(1)	+	+	+	+	gegängeltes Lesen[6]
(2)	+	+	+	–	sorgloses Lesen[7]
(3)	+	+	–	–	widerständiges Lesen[8]
(4)	+	–	+	+	ohnmächtiges Lesen[9]
(5)	+	–	+	–	freudloses Lesen[10]
(6)	+	–	–	–	behindertes Lesen[11]

\+ können, wollen, dürfen, müssen

– *nicht* wollen, *nicht* dürfen, *nicht* müssen

[1] Zu den «Handlungsmodalitäten» siehe Furrer (2014) 33, 35, Tab. 6. – Theoretisch wären 48 verschiedene Kombinationen der vier Handlungsmodalitäten möglich.

[2] Vermögen, fähig sein.

[3] Wünschen, begehren, mögen.

[4] Wagen, berechtigt sein.

[5] Sollen, gezwungen sein, verpflichtet sein.

[6] Folgsames, untertäniges, unterwürfiges, frageloses Lesen.

[7] Unbeschwertes, unbekümmertes, befreites, freies Lesen.

[8] Rebellisches, unbotmässiges, «unanständiges», heimliches, verborgenes Lesen.

[9] Auferlegtes, erzwungenes, verpflichtetes Lesen.

[10] Lustloses, unwilliges, ungewolltes, gelangweiltes Lesen.

[11] Verhindertes, verweigertes, eingebildetes, imaginäres Lesen.

II. Kleinstbibliotheken von Frauen

Tabelle 2.1: Kleinstbibliotheken von Waadtländerinnen, 1696–1797

Name, Vorname / Lebensdaten Herkunft[1] / Beruf	Bücherbestände	Quelle Datum
Françoise PRESSET († 1696)[2] Lausanne	Une pratique de pieté[3] un testament Des psaumes[4]	AVL, Chavannes D 533, f. 5: 14. 11. 1696
Marguerite REVEYGÉ (~1653–1698)[5] Lausanne	Une bible / Les consolations contre les frayeurs de la mort[6] / La pratique de pieté / Le traitté de la devotion[7] / Le voyage de betel[8] / Le livre des pseaumes	AVL, Chavannes D 533, f. 27–27v: 20. 6. 1698
Elizabeth DETRY († 1709)[9] Lausanne	[Lewis BAYLY] La pratique de pieté, gastée	AVL, Chavannes D 533, f. 106v: 30. 1. 1709
N. N. CHARPENTIER († 1710)[10] Lausanne	une Bible	AVL, Chavannes D 533, f. 126: 24. 5. 1710

[1] Wohnhaft oder beheimatet.

[2] «Inventaire des effects de feu Françoise Presset, pris par ordre de Mes honnorés Seig[neu]rs du Conseil par Mons[ieu]r le Banderet Bergier le 14e 9bre 1696».

[3] Lewis BAYLY, *La pratique de pieté, qui adresse le chretien au chemin qu'il doit tenir pour plaire à Dieu.* Traduite de l'anglois, de M. Louys Bayle [...] par Jean Vernuilh. B. Dix-septième édition françoise, tellement reveuë et corrigée qu'elle peut passer pour une nouvelle version. Genève: Chouet, 1691, [10] Bl., 664 S., [3] Bl. (in-12). – Englischer Originaltitel: *The Practice of Pietie.* – Zu Lewis Bayly (~1575–1632), «bishop of Bangor and devotional writer», siehe BUAM III 611, BBKL I 434, ODNB IV 462–463; zu Jean Verneuil / Vernulius (~1583–1647), «traducteur», siehe IBF 3226.

[4] Les trois livres «remis à Daniel Presset heritier».

[5] «Inventaire des effects delaissés par feue Dem[oise]lle Marguerite Reverge de Die en Dauphiné pris par Mes-s[ieu]rs Bourgmaistre & Banderet de St. Laurent le 20e Juin 1698.». – «Demoiselle Reveygé, Aveugle de Die en Dauphiné, aagée de quarante cinq ans, est decedée le quatroziesme juin 1698 et na esté enterrée le 15 au si-metiere [sic] de St. François.» (ACVD, Eb 71/42bis: Registre des décès des réfugiés français à Lausanne. Dès 1689 à 1710: Copie dactylographiée du «Registre pour les enterrements des réfugiés à Lauzane comancé ce 7e apvril 1689» (déposé aux AVL), S. 69).

[6] Charles DRELINCOURT, *Les consolations de l'âme fidèle contre les frayeurs de la mort.* Avec les dispositions & les préparations nécessaires pour bien mourir. Nouvelle édition, reveuë & corrigée. Lausanne: chez David Gentil, imprimeur & marchand libraire, 1701, [23], 820 S. (in-8). – Erstausgabe: Charenton, 1651. [38], 785, [1] S. (in-4). – Zu Charles Drelincourt *alias* Philalèthe (1595–1669), «ecclésiastique protestant», siehe BUAM XII 19, DBF XI 741, IBF 1087.

[7] Pierre JURIEU, *Traité de la dévotion.* Quevilly, 1675, 219 S. – Zu Pierre Jurieu (1637–1713), «pasteur et professeur de théologie», siehe BUAM XXII 159–161, DBF XVIII 1040–1041, DGS 802–803.

[8] Jean de FOCQUENBERGUES, *Le voyage de Bethel: Où sont representez les devoirs de l'âme fidele, en allant au Temple, & en retournant.* Avec les prieres & meditations pour ouïr salutairement la parole de Dieu, & participer dignement à la Sainte Cene du Seigneur. [...]. Avec les pseaumes qui se chantent les jours de la celebration d'icelle. Le tout reveu, corrigé & augmenté du tableau du sacrement de la Ste Cene. Paris, Nîmes, 1679, 320 S. (in-12). Erstausgabe: Charenton, 1659, 48 S. (in-8). – Zu Jean de Focquenbergues (erw. 1636–1653), «pasteur», siehe DBF XIV 162–163.

[9] «[...] Inventaire des Effects d'honn[or]ée Elizabet[h] Detry, decedée chez Abr[ah]am Frey».

[10] «Inventaire des Effects de la vefve du s[ieu]r Pierre Charpentier, lesquels estoyent à sa maison de Cugy, pris [...] le 24e May 1710». – «Du 27 febvr. 1718 / Sieur Pierre Charpentier, habitant, aagée d'environ trente quatre ans, mort aujourdhuy et enseveli le 1. mars 1718 au cimetiere de St. François» (ACVD, Eb 71/43: Registre de décès [i. e. sépultures] de la paroisse réformée de Lausanne, 1709–1720, S. 144, Nr. 40).

N. N. LE NAIN († 1712)[11] Lausanne	Item une Bible	AVL, Chavannes D 533, f. 136: 10. 12. 1712
N. N. LA CROIX (~1635–1715)[12] Lausanne	un Nouveau Testament	AVL, Chavannes D 533, f. 157: 24. 7. 1717
Louise ZWYGART *geb.* Portelettre (~1687–1720)[13] Lausanne	quinze livres tant françois qu'allemands	AVL, Chavannes D 533, f. 180v: 18. 12. 1720
Françoise DU SIEUR (~1671–1721)[14] Lausanne	Item une Bible Item des Pseaumes	AVL, Chavannes D 533, f. 183v: 27. 2. 1721
Jeanne RAPHAËL *geb.* Cailler (~1684–1721)[15] Lausanne [boutiquière]	quelques vieux livres de peu de valleur	AVL, Chavannes D 533, f. 188: 5. 11. 1721
Jeanne DELISLE *geb.* Pascal (~1645–1721)[16] Lausanne	une Bible	AVL, Chavannes D 533, f. 200v: 6.–7. 8. 1723
Esther DE PRAROMAND (~1650–1728)[17] Lausanne	des Pseaumes reliés en vaud / trois Coutumiers / un livre intitulé Traitté de la Concorde Ecclesiastique des Protestants[18] / un dit intitulé l'art de vivre content[19] / deux petits livres de priere	AVL, Chavannes D 534, f. 31: 9.–10. 6. 1728

[11] «[...] Inventaire des effets delaissés par feue Le Nain le 10e Xbre 1712».

[12] «Inventaire des effects delaissés par feu Mad[emoise]lle La Croix ce 24e Juillet 1717». – «Mad[am]e La Croix, veuve, Refugiée, morte aggée d'environ 80 ans, ensevelie au cimetierere de St. François» (ACVD, Eb 71/43: Registre de décès de la paroisse réformée de Lausanne, 1709–1720, S. 105, Nr. 137).

[13] «Inventaire des effects delaissés par Louyse Portelettre vefve de P[ier]re Zvigard [Zwygart], pris [...] le 18e Xbre 1720». – «Du 19e Xbre 1720] / Louyse Portelettre, vefve de M[aît]re Jean Pierre Tzvygar, Tonnelier, habi[ante], aagée de trente trois ans, ensevelie aux cloestres» (ACVD, Eb 71/44: Registre de décès de la paroisse réformée de Lausanne, 1720–1736, S. 19, Nr. 269).

[14] «Inventaire des effects delaissés par Dlle Françoise Du Sieur». – «Du 30e [Janvier 1721] / Dlle Françoise Du Sieur, de la Rochelle, habit[ante], aagée de cinquante ans, ensevelie au cemetiere de la Magdeleine» (ACVD, Eb 71/44: Registre de décès de la paroisse réformée de Lausanne, 1720–1736, S. 21, Nr. 14).

[15] «[...] inventaire des effets delaissés par Jeanne Cailler femme de Jean Raphael». – «Du 1er 9bre 1721 / Jeane Cailler, femme de Jean Raphael, habit[ante], aagée de environ trente sept ans, ensevelie en St François» (ACVD, Eb 71/44: Registre de décès de la paroisse réformée de Lausanne, 1720–1736, S. 31, Nr. 127).

[16] «Inventaire des effects delaissés par Madame la vefve de Mr, l'ancien s[ecrétai]re Ballival Delisle pris les 6e et 7e aoust [1723]». – «Du 4e Aoust [1723] / D[am]e Jeane Pascal, vefve de Monsieur l'ancien s[ecrétai]re Delisle, aagée d'env[iron] 76 ans, ensevelie au cemetiere des Cloitres» (ACVD, Eb 71/44: Registre de décès de la paroisse réformée de Lausanne, 1720–1736, S. 59, Nr. 90).

[17] «Du 9e Juin 1728 / [...] inventaire des effets delaissés par Mad[emoise]lle Esther De Praromand». – «Du 54 [Juin 1728] / N[oble] & vertueuse Dlle Esther Depraroman citoyenne de cette ville, aagée de septante huict ans, ensevelie sous la Magdelaine» (ACVD, Eb 71/44: Registre de décès de la paroisse réformée de Lausanne, 1720–1736, S. 150, Nr. 77).

[18] [Antoine TEISSIER], *Traité de la concorde ecclesiastique des protestants: Dans lequel on fait voir que la difference des sentimens qu'il y peut avoir entr'eux ne doit point empécher leur réünion.* Amsterdam, 1687, [6], 143, [1] S. (in-12). – Zu Antoine Teissier (1632–1712), «journaliste, historien, traducteur», siehe BUAM XLV 99–101, HLS XII 229.

[19] [Richard ALLESTREE], *L'art de vivre content.* Par l'autheur de la pratique des vertus chretiennes. Traduit de l'anglois. Amsterdam, 1707, [4], 250, [1] S. (in-12). – Englische Originalausgabe: *The Art of Contentment.* Oxford, [1675], [8], 214, [2] S. (in-8). – Zu Richard Allestree (1621/ 1622–1681), «Church of England clergyman», siehe BUAM I 591–592, ODNB I 842–844.

Anne DESAUSSURE *geb.* Locher (~1657–1729)[20] Lausanne	une Bible un Livre intitulé les imitations de Christ[21]	AVL, Chavannes D 534, f. 37v: 18. 3. 1729
Marguerite MONTHERON *geb.* Chaule (~1669–1729)[22] Lausanne	des pseaumes une Bible la prattique de pietté	AVL, Chavannes D 534, f. 57: 9. 11. 1729
Bénigne PEUDECHAIR *geb.* Carran (~1650–1730)[23] Lausanne	Un livre intitulé l'heritage du ciel, avec une lunete dedans[24] / Un petit livre de memoire contenant plusieurs quitances [...]	AVL, Chavannes D 534, f. 80v: 22. 2. 1730
Marie VULLY (~1670–1730)[25] Lausanne	La sainte Bible	AVL, Chavannes D 534, f. 91: 24.–27. 3. 1730
Anne BOULY (~1668–1733)[26] Lausanne	Item une bible impression de Geneve de 1678[27] / Item un Testament / Item le second tome des sermons de Mr. Morus[28]	AVL, Chavannes D 534, f. 100: 24. 2. 1733

[20] «Du 18e Mars 1729 / [...] inventaire des effets delaissés par feu Madame la vefve de Mr. François Elie Desaussure, née Locher [...]». – «Du 12 [mai 1729] / D[am]e Anne Locher, vefve de Mr. François Elie Desaussure, ensevelie aux Cloitres, aagée d'environ septante deux ans» (ACVDS, Eb 71/44: Registre de décès de la paroisse réformée de Lausanne, 1720–1736, S. 164, Nr. 53).

[21] [THOMAS von Kempen], *Kempis commun, ou: Les quatre livres de l'imitation de Jesus-Christ.* Partie traduits, partie paraphrasés selon le sens interieur & mistique, pour l'édification commune de tous les chrêtiens qui desirent de s'avancer dans le solide de la pieté. Bern: chez Daniel Tschiffeli, 1714, [64], [1], 513, [15] S. (in-12). – Lateinischer Originaltitel: *Tractatus de imitatione Christi.* – Zum Mystiker Thomas Hemerken (Malleolus) von Kempen / Thomas a Kempis (1379/80–1471) siehe BUAM XXII 286–291, DSAM XV 817–826, LTK X 144–145, Aa IV 37–38, DBE² X 11, Jaumann 651–652.

[22] «Du 9e Novembre 1729 / [...] inventaire des effets delaissés par feu Margueritte Chaule vefve du s[ieu]r Henry Montheron, habitante à Lausanne». – «Du 7e [9bre 1729] / Marguerite, vefve de Henry Monteron habit[ant] en cette ville, aagée de soixante ans, ensevelye en St. Pierre» (ACVD, Eb 71/44: Registre de décès [i. e. sépultures] de la paroisse réformée de Lausanne, 1720–1736, S. 179, Nr. 189).

[23] «Du 23e feb[rier] 1730 / [...] inventaire des effects [de feu Mlle Benigne Carran, veuve de feu le s[ieu]r Jaques Peudechair]». – «Du [1er feb. 1730] / Dlle Benigne Carran veuve de Mr. Jaques Peudechair, cit[oyenne] en cette ville, aagée d'environ huictante ans, ensevelie au cimentiere de St. Pierre» (ACVD, Eb 71/44: Registre de décès de la paroisse réformée de Lausanne, 1720–1736, S. 190, Nr. 66).

[24] Timothy ROGERS, *L'heritage du ciel, ou: Titres et documents produits par le fidele pour verifier que le Royaume des cieux luy appartient.* Traduit de l'anglois de Timothée Rogers, ministre de la parole de Dieu en Essex Amsterdam, 1703, [2], 107, [1] S. (in-8). – Englische Originalausgabe: *Righteous Mans Evidences for Heaven, or: A Treatise shewing how every one, while he lives here, may certainly know what shall become of him after his departure out of this life.* The twelfth edition. London, 1629, [12], 217, [1] S. (in-12). Erstausgabe: 1618. – Zu Timothy Rogers (1589–1655), «Church of England clergyman», siehe ODNB XLVII 586–587.

[25] «Du 24e [au 27e] Mars 1730 / [...] dans la maison de Marie Vully, au faux bourg du Chesne, pour prendre Inventaire des effects qu'elle a delaissés». – «Du 22e [mars 1730] / Marie Vully de Villard le Terroir, aagée de soixante ans, ensevelie au cemetiere de St. François» (ACVD, Eb 71/44: Registre de décès de la paroisse réformée de Lausanne, 1720–1736, S. 197, Nr. 135).

[26] «Du 24e Fevrier 1733 / Inventaire des meubles et effets de Mad[emoise]lle Bouly. – «Du [16e febvrier 1733] / Dlle Anne Bouly, Refugiée, aagée de septante cinq ans, ensevelye au cemetiere de St. François» (ACVD, Eb 71/44: Registre de décès de la paroisse réformée de Lausanne, 1720–1736, S. 256, Nr. 52).

[27] *La Sainte Bible, qui contient l'Ancien et le Nouveau Testament, c'est-à-dire: L'Ancienne et la Nouvelle Alliance.* Le tout reveu et conferé sur les textes hébreux & grecs par les pasteurs & professeurs de l'Eglise de Genève; avec les indices & les figures necessaires pour l'instruction du lecteur. [...]. Genève: chez Jean Anthoine Chouët, 1678, [10], 542, [44], 91, [1], 162, [22] Bl. (in-2). – Zu Clément Marot (1496–1544), «poète», siehe BUAM XXVII 240–244, LR 444–445, IBF 2249; zu Théodore de Bèze / Theodor Beza (1519–1605), «réformateur», siehe Leu III 325–331, BUAM IV 428–435, Montet I 55–60, DBF VI 381–382, EP 113–114, Jaumann 97, HLS II 375–376.

[28] Alexander MORE, *Sermons sur les sections du catechisme des Eglises reformées de France, et sur sur divers textes choisis de l'Ecriture Sainte.* Prononcés par Monsieur Morus. Deuzième partie. Genève: chez Samuel de

Jeanne Marie BOVEY *geb.* Duruz († 1733)[29] Lausanne	quelques petits livres de prieres et pseaumes vieux	AVL, Chavannes D 534, f. 104: 8. 4. 1733
Louyse CHRESTIEN *geb.* Hürzeler (~1675–1739)[30] Lausanne	Item trois mauvaises cassettes, et une Bible	AVL, Chavannes D 534, f. 125v: 16. 4. 1739
Anne DE MOLIÈRE *geb.* Malvieux (~1700–1740)[31] Lausanne	Item la saincte bible Item des Pseaumes	AVL, Chavannes D 534, f. 151v: 13.–14. 7. 1740
Elizabeth BERNARD *geb.* Durant (~1669–1741)[32] Lausanne	Deux Pseaumes sans musique, Avec de vieux Livres de devotion, au nombre de dix et huit	AVL, Chavannes D 534, f. 169v: 29. 9. 1741
Louise TARSON *geb.* Boutillier (~1648–1741)[33] Lausanne	une Bible / un Testament et / un livre de consolation contre les frayeurs de la mort[34]	AVL, Chavannes D 535, f. 1: 12. 1. 1742

Tournes, 1695, [2], 670 S. (in-8). – Zu Alexander More (1616–1670), «Reformed church minister and writer», siehe ODNB XXXIX 32–33.

[29] «Du 8e Avril 1733 / Monsieur le Banderet de la Palud avec le s[ecretai]re ont pris inventaire des effets de feu la vefve du Sr. Jean Jaques Bovey en presence su sieur Jean David Bovey fils de la deffunte et de Mr. Jacob Secretan ainsy que curatteur magistralement estably du Sr. Jacob David Bovey, absent du Pays, autre fils de la d[it]e vefve Bovey». – «Du [29e May 1731 / Mre Jean Jacques Bovey de Cheseaux, aagé de soixante ans, ensevely sous la Magdelaine» (ACVD, Eb 71/44: Registre de décès de la paroisse réformée de Lausanne, 1720 bis 1736, S. 223, Nr. 103). – «Le 28 [aoust 1699] Marc Bovey, fils de honn[ête] Jean Jaques Bovey de Rougemont et de Jeanne Marie DuRuz, habitans à Lauzan[ne] est né et a esté presenté au St. Bapt[ême] par Monsr. Marc Gaudard [...]; «Le 8 [mars 1701] Jean Pierre Bovey, fils de Jehan Jaques Bovey de Rougemont & de Jeane Marie DuRuz sa femme, a esté presenté au St. baptesme»; «Le 26 [Juin 1702] Jean David Bovey, fils de Jean Jaques Bovey de Rougemont et de Jeane Du Rut sa femme est né et a été pres[enté] au St. Bapteme»; «15 [Janvier 1704] Jacob David Bovey, fils de Jean Jaques Bovey de Rougemont & de Jeane Marie DuRuz sa femme» wurde am 15. Januar 1704 in Lausanne getauft; «Abraham Bovey, fils de Jean Jaques Bovey et de Jeane Marie Duruth sa femme» wurde am 16. Juli 1707 in Lausanne getauft (ACVD, Eb 71/5: Registre de baptêmes de la paroisse réformée de Lausanne, 1688–1723, S. 135, Nr. [3]; S. 155, Nr. [3]; S. 179, Nr. [2]; S. 193, Nr. [10]; S. 277, Nr. [10]).

[30] «Du 16e Avril 1739 / Inventaire des Effects delaissez par Honnorée Louyse Chretien, née Heurtzeller [Hürzeler]. [En marge]: Chrestien». – «Du 11eme [Apvril 1739] / Louyse Chretien aagée de 64 ans [ensevelie] au cloitre» (ACVD, Eb 71/45: Registre de décès de la paroisse réformée de Lausanne, 1737–1763, S. 39, Nr. 73).

[31] «Du 13e Juillet 1740. Continué par les mesmes le 14 d[udit]. [...] Inventaire des biens, meubles, effects, delaissés par la D[emoise]lle la veuve du d[it] S[ieu]r [Pierre] Malvieux, à la requisition du S[ieu]r Salgues agissant au nom de Mr. Le capitaine Malvieux. Par devant lesquels ont comparus [...] Le sieur Moliere agissant tant à son nom, que de son enfant, issu de feu la Dlle sa femme, fille de feux les dits mariés Malvieux [...]». – «Du 2e Juillet 1740 / Anne Malvieux, femme de Vincent De Moliere, agée d'env[iron] 40 ans, ensevelie à la Magdeleine» (ACVD, Eb 71/45: Registre de décès de la paroisse réformée de Lausanne, 1737–1763, S. 61, Nr. 120).

[32] «Inventaire des Meubles et Effets delaissez par feu Mad[am]e Elizabeth Bernard, pris par Messieurs Banderet de Bourg, contrôleur, et le secretaire David Louys Vullyamod, au nom de Monsieur le secretaire Secretan, le 26e 7bre 1741, en presence de Mr. Favre, Apoticaire, de Dlle son Epouse, fille de la ditte deffunte, et du Sieur Dejus, Perruquier.» – «Du 4eme [Septembre 1741] / Isabeau Durand, veufve de feu Mr. Jean Bernard, agée d'env[iron] 72 ans, ensevelie à la Magdeleine» (ACVD, Eb 71/45: Registre de décès de la paroisse réformée de Lausanne, 1737–1763, S. 78, Nr. 119).

[33] «Inventaire des biens et effets de feu Dlle Louyze Boutellier, vefve de Monsieur André Terson, habit[ant] à Lausanne». – «Du 20e [Xbre 1741] / Dlle Louise Boutillier, vefve de Mr. Tarson, agée d'env[iron] 93 ans, ensevelie aux Cloitres» (ACVD, Eb 71/45: Registre de décès de la paroisse réformée de Lausanne, 1737–1763, S. 82, Nr. 150).

[34] Charles DRELINCOURT, *Les consolations de l'ame fidele, contre les frayeurs de la mort.* Avec les dispositions & les préparations nécessaires pour bien mourir. Nouvelle édition corrigée pour la pureté du langage, & où l'on a mis les paßages de l'Ecriture Sainte selon la revision qu'on en a faite depuis peu. Genève: chez Pierre

Nymphe DE VALOTTE (~1671–1742)[35] Lausanne	une Bible / autre livre intitulé la mort des justes[36] / une 30[ain]e d'autres volumes de livres sur differents sujets	AVL, Chavannes D 535, f. 6: 16. 1. 1742
Doucette DE PREZ (~1693–1743)[37] Nyon	une Bible in quarto douze batz (3 fl.) des psaumes en gros caractères & en nouvelle version 3 batz (9 s.) l'examen de soi même par Mr. Claude[38] deux batz (6 s.)	ACVD, Bim 84, S. 10: 10. 4. 1743[39]
Elisabeth CALAS *geb.* Richard († 1743)[40] Nyon	une Bible in folio, un écu (7 fl. 6 s.) quelques vieux livres, non évalués	ACVD, Bim 86, S. 65: 14. 4. 1743[41]
Judith GENET (~1703–1743) Lausanne[42]	Dans un petit sac: Plusieurs vieux Livres de peu de valleur	AVL, Chavannes D 535, f. 35v: 14. 10. 1743

Jaquier, 1718, [14], 788, [5] S. (in-8). – Erstausgabe: Charenton, 1651. [38], 785, [1] S. (in-4). – Zu Charles Drelincourt *alias* Philalèthe (1595–1669) siehe *supra,* Anm. 6.

35 «Inventaire des biens et effets delaissés par feu Dlle Nymphe Devalette». – «Du 14 [Janvier 1742] / Mad[emoise]lle Nimphe de Valotte, agée d'env[iron] 71 ans, ensevelie en St. François» (ACVD, Eb 71/45: Registre de décès de la paroisse réformée de Lausanne, 1737–1763, S. 84, Nr. 15).

36 Jean de LA PLACETTE, *La mort des justes, ou: La maniere de bien mourir.* Tome I[–II]. Troisième edition considerablement augmentée. Den Haag, 1729, 2 Bde. (in-12). Erstausgabe: Amsterdam, 1695, XX, 533 S. (in-12). – Zu Jean La Placette (1639–1718), «théologien protestant, moraliste», siehe BUAM XXXV 10–11, DBF XIX 878–879.

37 «Du samedi cinquieme Janvier mille sept cens quarante trois, après midi. / Noble Dlle Doucette De Prez, Refugiée à Nyon de Crassier sur France, etant decedée aujourdhuy a Nyon environ les deux heures après midi dans la maison de Noble & Genereux Jaques Delaflechere, assesseur Baillival, & ancien Banderet de cette ville, il en a fait donner part peu après […].». – «Mlle Doucette De Prex venuë du pays de Gex, a été enterrée le d[iman]che 6 Janv[ie]r 1743, âgée d'environ 50 ans, p[eu]t être.» (ACVD, Eb 91/7: Registre de décès de la paroisse réformée de Nyon, 1727–1805, S. 40, Nr. [7]).

38 Jean CLAUDE, *L'examen de soi-meme, pour bien se preparer à la communion […].* Nouvelle édition, à laquelle on a joint les pseaumes de la dernière revision, qui se chantent les jours de cene, aussi bien que des cantiques spirituels sur les principales solemnitez des chrétiens. Amsterdam, 1730, 244, 68 S. (in-12). – Seconde edition, reveue & augmentée par l'auteur. Bretigny, [1681], 152 S. (in-12); spätere Ausgaben: Lausanne: chez Grasset et compagnie, 1771, [4], 119, [2], 57 S. (in-12); Paris, 1882, IX, 152 S. (in-8). – Zu Jean Claude (1619 bis 1687), «théologien protestant, écrivain, ecclésiastique», siehe BUAM VIII 627–629, DBF VIII 1378–1379.

39 Siehe auch ACVD, Bim 14, S. 448(–449): «Du samedi, 2e mars 1743: étans assemblés Mrs. le chastelain Cornillet & Jurez à l'ord[inair]e. Compart noble & … Jaques Delaflechere assesseur B[aillival] & ancien Banderet de cette ville, expose à cette N. Justice, qu'ayant remarqué que le testament du feu Mad[emoise]lle Doucette de Prez sa cousine germaine, homologué ceans le 16e fev[ri]er dernier, l'institue heritier des biens qui se trouvent de la maison du dèposant, où elle est morte […].»

40 «Femme du sieur Antoine Calas, habitant de la ville de Nyon, marchand». – «Le Sr. Anthoine Calas march[an]d habitant ici, fils du Sr. Jean Calaz de la Bastide en Languedoc, s'etant fait annoncer ici avec Dlle Elizabeth Richard, fille de feu le Sr. Simeon Richard, citoyenne de Geneve, veuve du Sr. Jean Jaques Machon, aussi citoyen de Geneve, et y ayant eu quelques opp[ositi]ons à l[eu]r mariage de la part du fr[èr]e de la d[ite] Dlle et du V[énéra]ble Consistoire de Geneve, il a été ensuite benit et consommé le lundi 5 Xbre 1735 par moi et l[eu]rs annonces publiées en 9bre ded[ite] année.» (ACVD, Eb 91/4: Registre de mariages de la paroisse réformée de Nyon, 1729–1761, S. 25).

41 Siehe auch ACVD, Bim 14, S. 457(–458): «[Du samedi 27e avril 1743] Se presente le Sr. Antoine Calas marchand habitant en cette ville, expose que Dieu ayant retiré de lui, feu D[emoisel]le Elizabeth Richard son épouse, le 14e du courant […].»

42 «feuë Mad[emoise]lle Judith Genet, fille de feu Monsieur le Ministre Genet». – «25e 7bre 1743 / La fille de Monsieur le Ministre [Pierre-Joseph] Genet, [âgée] d'environ 40 ans, ensevelie à la Cité» (ACVD, Eb 71/45: Registre de décès de la paroisse réformée de Lausanne, 1737–1763, S. 116, Nr. 175). – Pierre-Joseph Genet war *diacre* in Lutry 1709–1713 und *pasteur* von Rougemont 1713–1735. Siehe Mottaz II 176, 568.

Marie BARRE *geb.* Coudougnan (~1677–1745)[43] Lausanne	huict livres de differents genres & Espèces	AVL, Chavannes D 535, f. 69: 30. 12. 1745
Elizabeth JORDAN (~1673–1746)[44] Lausanne	une Bible, des pseaumes & un Testament	AVL, Chavannes D 535, f. 79: 26. 11. 1746
Louise MONGIN *geb.* Poulet (~1672–1747)[45] Lausanne	Dans une petite cassette: [...] cinq livres de devotion	AVL, Chavannes D 535, f. 100v: 4. 8. 1747
Susanne MEYER *geb.* Paschoud (1710–1747)[46] Lausanne	Item une Bible en deux Tomes, des Pseaumes	AVL, Chavannes D 535, f. 110v: 27. 12. 1747
Louise CHEVALLIER (1710–1748)[47] Lausanne	Dans un Tiroir: Des pseaumes à crochets d'argent	AVL, Chavannes D 535, f. 128: 3. 7. 1748
Sabine DU PLAN *geb.* Muller (~1679–1749)[48] Lausanne	1 Pseaume avec des crochets d'argent Entretiens d'une ame devotte avec son Dieu[49]	AVL, Chavannes D 535, f. 144v: 24. 3. 1749
Jeanne Antoinette PLACE *geb.* Place (1715–1754)[50] Lausanne	Un petit Pseaume	AVL, Chavannes D 535, f. 228v: 28. 8. 1754

[43] «Mad[e] la veuve Barre née Coudoug[n]an». – «Du 23[e] Xbre 1745 / Dame Marie Condougnan, veuve de M. Barre, doct. medecin françois, refugiée à Lausanne, aagée d'environ 68 ans, ensevelie au cimetiere de St Pierre» (ACVD, Eb 71/45: Registre de décès de la paroisse réformée de Lausanne, 1737–1763, S. 145, Nr. 165).

[44] «feu Mad[emoise]lle Elizabeth Jordan». – «Du 27[e] [9bre 1746] / Mad[emoise]lle Elizabeth Jordan, aagée d'environ 73 ans, ensevelie au cimetiere de St. Pierre» (ACVD, Eb 71/45: Registre de décès de la paroisse réformée de Lausanne, 1737–1763, S. 162, Nr. 202).

[45] «inventaire des biens delaissés par la Dem[oise]lle Louise Poulet, veuve du sieur Pierre Philippe Mongin, decedée dans la ditte maison [de feu Mons[ieu]r Poulet], et suivant le Brevet consiliaire du 25[e] Juin 1747». – «Du 29[e] [Avril 1747] / Dlle Louise Poulet, veuve du Sr. Mongin, françois, refugié à Geneve, fille de feu Sr. Josué Poulet, originaire de Chalons sur Saone, decedée dans cette ville dans la maison de Mad[emoise]lle la veuve du Sr. Jean François Poulet en son vivant orfevre aud[it] Lausanne, ruë de Bourg, paroisse de St. François, aagée d'environ 75 ans, ensevelie au cimetiere de St. François» (ACVD, Eb 71/45: Registre de décès de la paroisse réformée de Lausanne, 1737–1763, S. 172, Nr. 99).

[46] «Inventaire des Biens et effets délaissés par la Dem[oise]lle Susanne Paschoud, veuve de feu le S[ieu]r Jean Samuel Meyer de Killdorff [Kirchdorf], Baliage de Thoune [i. e. Landgericht Seftigen]». – «Du 23[e] [Xbre 1747] / La femme du S[ieu]r Meyer, née Paschoud, aagée d'environ 37 ans. Ensevelie au cimetière de St. François» (ACVD, Eb 71/45: Registre de décès de la paroisse réformée de Lausanne, 1737–1763, S. 185, Nr. 267). «Susanne Pachoud, fille d'Abraham Estienne Pachoud, et de Jeane Elizabeth Champrenaud, sa femme» wurde am 23. Okt. 1710 in Lausanne getauft (ACVD, Eb 71/5: Registre de baptêmes de la paroisse réformée de Lausanne, 1688–1723, S. 313, Nr. [9]).

[47] «inventaire des biens de la Dem[oise]lle Louise Chevallier». – «Louise Chevallier, fille de Gabriel Chevallier et d'Anthoinette Chesne, sa femme» wurde am 27. April 1710 in Lausanne getauft (ACVD, Eb 71/5: Registre de baptêmes de la paroisse réformée de Lausanne, 1688–1723, S. 308, Nr. [19]).

[48] «Inventaire des Effects de Madame Du Plan dressé le 24[e] Mars 1749». – «Du 20[e] Juin 1749 / Mad[am]e Sabine Muller, veuve Duplan, aagée de 70, decedée hier à 7 heures du matin, ensevelie au cimetière de St. François» (ACVD, Eb 71/45: Registre de décès de la paroisse réformée de Lausanne, 1737–1763, S. 212, Nr. 79).

[49] [George Willem, *graaf* van KNIPHAUSEN], *Entretiens solitaires d'une ame dévote avec son Dieu.* Cinquième edition, revue & corrigée. Genève: Chez Jean Gallay imprimeur, 1747, VI, [2], 480, [3] S. (in-12). – Erstausgabe: Amsterdam, 1694, 2 Bde. (in-8). – Zu George Willem, *graaf* van Kniphuauen, *heer* van Nienoort en Vredewold / George Guillaume, *comte* van Kniphausen (1635–1709), «vertaler», siehe Aa[1] X 267, BIB 1099.

[50] «feue Jeane Toinette Place, femme du Sr. Jean Jaques Place, Herault à Lausanne». – «Jeanne Toinette, femme du S[ieu]r Place, Herault, aagée de 40 ans, ensevelie au cimetière de la Madelaine» (ACVD, Eb 71/45, S. 294, Nr. 117). – «Jeanne Anthoine, fille du S[ieu]r Samuel Place et d'h[onnê]te Jeane Robin, sa femme» wurde am 7. Jan. 1715 in Lausanne getauft (ACVD, Eb 71/5, S. 366, Nr. [6]).

Marguerite RICHARD *geb.* Arnaud (~1694–1754)[51] Lausanne	Une Bible avec les reflexions apart / Le traité de la paix de l'ame par Mr. Dumoulin en 2 tomes[52] / L'Histoire Ecclesiastique des Eglises vaudoises par Mr. Gilles[53] / La Pratique des vertus chretienne[s][54]	AVL, Chavannes D 535, f. 238v: 18.–27. 12. 1754
Marie Madelaine MOURGUE (~1693–1755)[55] Lausanne	La Bible, en deux Tom. *in folio* par Des Marets[56] / Une Bible, *in fol.* de Geneve / des Pseaumes *în quarto* / Vingtun volumes de Livres de Devotion / Trente volumes de Livres Historiques de differentes espêces	AVL, Chavannes D 535, f. 269v, 270v: 11. 4. 1755
Hélène BOUTAN *geb.* Christophle (~1675–1755)[57] Lausanne	Des Psaumes a crochet[s] d'argent, quelques Livres de peu de valeur	AVL, Chavannes D 535, f. 286: 12. 9. 1755
Jeanne JOYET *geb.* Meyer (~1683–1755)[58] Lausanne	Un Psaume a musique, crochet d'arg[en]t couvert de peau de veau noir	AVL, Chavannes D 535, f. 287v: 2. 2. 1756

[51] «Du 18e [au 27 e] Xbre 1754. Inventaire des meubles, Biens et effets delaissés par feu Mad[emoise]lle Marguerite Arnaud veuve de Mons[ieu]r Pierre Richard, decedée en cette ville le 12e 9bre dernier.» *(Quelle,* S. 234v). – «du 13e dudit [9bre 1754] / Dlle Margueritte Arnaud veuve du Sr. Pierre Richard, tanneur, agée d'environ 60 ans, ensevelie au cimetière de St. François.» (ACVD, Eb 71/45, S. 299, Nr. 178).

[52] Pierre DUMOULIN, *Traité de la paix de l'ame, et du contentement d'esprit.* Avec une semaine de meditations & de prieres, & une preparation pour la Ste. Cene. Nouvelle edition, dans laquelle on a entierement changé les termes & les tours d'expression surannez. Amsterdam, 1729, [10], 587, [5] S. (in-8). – Zu Pierre Du Moulin oder Dumoulin (1600–1684), «théologien», siehe BUAM XXX 305–307, DBF XII 305–307, IBF³ 1491.

[53] Pierre GILLES, *Histoire ecclesiastique des églises reformées: Recueillies en quelques valées de Piedmont, & circonvoisines, autrefois appelées églises vaudoises, commençant dès l'an 1160 de nostre Seigneur, & finissant en l'an mil six cents quarante trois.* Avec deux indices, l'un des sommaires des chapitres, avec la designation des années, & l'autre est un indice tres-ample des matieres contenues en ladite histoire. Genève: pour Jean de Tournes, imprimeur ordinaire de la Republique & Academie, 1644, [17], 569, [45] S. (in-4). – Identische Auflage: Genève: par Jaques Remondet, 1655. – Zu Pierre Gilles (* 1571), «historien ecclésiastique, pasteur de l'Eglise Reformée de la Tour», siehe IBF 1468.

[54] [Richard ALLESTREE], *La pratique des vertus chretiennes, ou: Tous les devoirs des hommes.* Avec les devotions particulieres, pour diverses occasions ordinaires & extraordinaires. Traduit de l'anglois. Quatrieme édition françoise, mise en meilleur ordre, & beaucoup plus correcte que les précédentes. Livre nécessaire dans chaque famille. Lausanne, Genéve: chez Marc-Michel Bousquet & Comp., 1737, XLII, 592 S. (in-8). – Englische Originalausgabe: *The Practice of Christian Graces, or: The Whole Duty of Man.* Laid down in a plaine and familiar way for the use of all, but especially the meanest reader: divided into XVII chapters, one whereof being read every Lords day, the whole may be read over thrice in the year; with private devotions for several occasions. London, 1658, [26], 652, [1] S. (in-8). – Zum mutmasslichen Verfasser Richard Allestree (1621/22 bis 1681), «Church of England clergyman», siehe ODNB I 842–844.

[55] «Du 11e Avril 1755. [Inventaire des biens et effets délaissés par] feu Mad[emoise]lle Marie Madelaine Mourgue» *(Quelle,* f. 267). – «dud. jour [26e mars 1755] / Dlle Marie Madelaine Mourgue aagée de 62 ans, ensevelie au cimetière de St. François.» (ACVD, Eb 71/45, S. 308, Nr. 77).

[56] *La Sainte Bible: Qui contient le Vieux et le Nouveau Testament.* Edition nouvelle, faite sur la version de Genève, reveüe & corrigée, enrichie outre les anciennes notes, de toutes celles de la Bible flamande, de la pluspart de celle de M. [Jean] Diodati [...]. Le tout disposé en cet ordre par les soins de Samuel des Marets [...]. Amsterdam, 1669, [42], 366, [2], 162, [4], 202, 70 Bl. (in-2). – Zu Samuel Desmarets oder Des Marets / Maresius (1599–1673), théologien protestant», «predikant, rechts-geleerde» siehe BUAM XI 205–206, Aa V 60–64, DBF X 1447–1448, IBF 1026, BIB 1301; zu Jean – oder Giovanni – Diodati (1576–1649), «théologien, diplomate et traducteur», siehe BUAM XI 386–387, Montet I 239–240, EP 418–419, HLS III 737.

[57] «Dlle Elêne Christophle, veuve de François Boutan». – «Du 27e dudit [Aoust 1755] / Helène Christophle, veuve de Mr. François Boutan, aagée d'environ 85 ans, ensevie au cimetière de St. François» (ACVD, Eb 71/45, S. 315, Nr. 166).

[58] «Dlle veuve du Sr. David Joyet à la Citté dessous». – «du 27e dit [Xbre 1755] / Jeanne Meyer, veuve de David Joyet, aagée de 72 ans, ensevelie à la Cité» (ACVD, Eb 71/45, S. 321, Nr. 243).

Elisabeth RAFFIN *geb.* Vigne (~1670–1757)[59] Lausanne	Deux ou trois livres de Devotion	AVL, Chavannes D 536, f. 11v: 13. 5. 1757
Claudine de ST. FERIOL (~1680–1757)[60] Lausanne	Une boette a poudre dans lequel [sic] il y a quelques livres de dévotion	AVL, Chavannes D 536, F. 12v: 25. 5. 1757
Madeleine BEYLON *geb.* Vigne (~1682–1758)[61] Lausanne	Une Bible Un Testament	AVL, Chavannes D 536, f. 119v: 22.–27. 12. 1758
Marguerite RELLER (~1697–1762)[62] Lausanne / «servante»	Trois livres de prières	AVL, Chavannes D 536, f. 242: 9. 10. 1762
Jeanne Pauline SECHAUD *geb.* Bally († 1763)[63] Sullens / Lausanne	Des pseaumes à crochets d'argent, relié en chagrin	AVL, Chavannes D 537, f. 3: 17. 3. 1763
Marguerite MERCIER *geb.* Clavel († 1763)[64] Penthéréaz / Lausanne	Un testament, & quelques autres livres	AVL, Chavannes D 537, f. 14: 16. 4. 1763
Louise Claudine PERRIN *geb.* Fornay (1724–1763)[65] Lausanne	Des pseaumes à crochet d'argent	AVL, Chavannes D 537, f. 24v: 16. 11. 1763
Marguerite DOXAT *geb.* von Graffenried (1685–1763)[66] Lausanne	Des Pseaumes, à crochets d'argent	AVL, Chavannes D 537, f. 35: 5. 1. 1764

[59] «feue Elisabeth Huc [i. e. Vigne], veuve Raffin». – «Du 22e dudit [Avril 1757] / Le veuve Raffin, née Vigne, du Languedoc, aagée de 87 ans, ensevelie au cimetière de St. François» (ACVD, Eb 71/45: Registre de décès de la paroisse réformée de Lausanne, 1737–1763, S. 342, Nr. 69).

[60] «Mademoiselle de St. Feriol». – «Dudit 16 [May 1757 / Mad[oise]lle Claudine de St. Fereol, originaire de Montelimar, aagée de 77 ans, ensevelie au cimetière de la Madelaine» (ACVD, Eb 71/45: Registre de décès de la paroisse réformée de Lausanne, 1737–1763, S. 343, Nr. 81).

[61] «[…] où feue Dlle Magdeleine Vigne vefve de feu le Sr. Mathieu Beylon est decedée le 30e du mois [de novembre] passé». – «Du 30 dit [Novembre 1758] / La veuve Beylon, née Vigne, aagée d'environ 76 ans, ensevelie au cimetière de St. Pierre» (ACVD, Eb 71/45, 1737–1763, S. 365, Nr. 147).

[62] «Marguerite Reller, en son vivant servante chez la ditte Dlle Pagezy». – «Du 30me dit [Sept. 1762] / Marguerite Reller, de Gessenay [i. e. Gsteig], âgée de soixante cinq ans, ensevelie au cimetière de St. François» (ACVD, Eb 71/45: Registre de décès de la paroisse réformée de Lausanne, 1737–1763, S. 450, Nr. 155).

[63] «Inventaire des biens delaissés par [la deffunte] Dlle Jeanne Pauline Sechaud, née Bally, de Sulens […] chez [son époux] le sieur Louis Sechaud».

[64] «honn[or]ée Margueritte Clavel, veuve d'hon[orable] Jean David Mercier, de Penthéréaz, décédée»

[65] «Inventaire des biens, meubles, et effets délaissés par deffunte Louise Claudine Forney, femme du sieur Isaâc François Perrin». – «Du 29e dit [Septembre 1763] / Claudine, femme de François Perrin, agée de 39 ans, ensevelie au cimetière de St. François» (ACVD, Eb 71/45: Registre de décès de la paroisse réformée de Lausanne, 1737–1763, S. 469, Nr. 108). – «Louyse Claudine Fornay, fille de Samuel Fornay et de Jeane Louyse Bourguoz [i. e. Bourgoz], sa femme» wurde am 15. Sept. 1724 in Lausanne getauft (ACVD, Eb 71/6: Registre de baptêmes de la paroisse réformée de Lausanne, 1724–1757, S. 8, Nr. 139).

[66] «Inventaire des Meubles & Effets délaissés par Madame Doxa[t] née De Grafenried, pris le 5me Janvier 1764». – «Du 24e dit [Décembre 1763] / Madame Margueritte De Graffenried, femme de feu Mr. [Benjamin] Doxat, agée de septante neuf ans, ensevelie aux Cloitres de la Cité» (ACVD, Eb 71/46: Registre de décès de la paroisse réformée de Lausanne, 1763–1781, f. 2, Nr. 146). – «Margaretha» von Graffenried wurde am 15. Juli 1685 als Tochter von «Hr. Christoffel von Graffenried [und] Fr. Regina Tscharner» in Bern getauft (BBB, Burgerliche Taufrodel X, S. 475, Nr. 4); sie heirate 1704 Benjamin Doxat aus Yverdon (Rodt II, S. 210–211, Nr. 65). – Zum Magistraten und Kolonisten Christoph von Graffenried (1661–1743) siehe Leu IX 984, HLS V 588, DBE^2 IV 97.

Marie d'YVERDON (~1687–1765)[67] Lausanne	Une Bible, & quelques autres livres de dévotions	AVL, Chavannes D 537, f. 79v: 22. 1. 1765
Susanne RAMUS *geb.* Roulet (~1698–1765)[68] Lausanne	Une Vie[i]lle Bible / Un Livre de raison Les Avantures de Telemaque[69] Un Nouveau testament en petit caractère Un Nouveau Testament, avec les Pseaumes reliés en chagrin, avec des crochets d'argent dans un etuy Plusieurs vieux Livres de peû de valleur qui ne valent pas la peine d'etre inventorisés en detail	AVL, Chavannes D 537, f. 83v, 87: 14.–17. 5. 1765
Françoise FALCONNIER *geb.* Chambridon (~1695–1765)[70] Lausanne	Une bible avec trois livres de pieté	AVL, Chavannes D 537, f. 104: 17. 6. 1765
Anne Jacqueline DONY *geb.* Buvelot (1707–1767)[71] Morges	trois vieux livres un livre blanc un Pseaume à crochet d'argent [...] 4 livres	ACVD, Bik 590, S. 2, 3: 1. 5. 1767
Henriette GUIBERT *geb.* Rossier († 1768)[72] Morges	Un Pseaume à crochet d'argent [...] / 1 alfabette [...] / 1 bible & un Testament / Deux Psaumes / 13 petit[s] livre[s]	ACVD, Bik 590, S. 149, 151, 152: 25.–28. 5. 1768
Marion GENEROUX *geb.* Viret († 1768)[73] Morges	1 Bible Sainte, *reclamée par David Vincent*	ACVD, Bik 590, S. 160: 12. 7. 1768

[67] «Du 22e Janvier 1765 / Inventaire des biens delaissés par feue D[emoisel]le Marie D'Eyverdun». – «Dudit jour [18e Janvier 1765] / Mademoiselle Marie D'Eyverdun, âgée de septante sept ans, ensevelie au cimetière de la Madeleine» (ACVD, Eb 71/46: Registre de décès de la paroisse réformée de Lausanne, 1763–1781, f. 10v, Nr. 7).

[68] «Inventaire des biens délaissés par «feüe D[emoisel]le Susanne Roulet, veuve du S[ieu]r Abra[ha]m Ramus [~1700–1765]. Du 14me [au 17[e]] May 1765.» *(Quelle,* f. 82v). – «Du 27[e] dit [avril 1765] / Mad[emoise]lle Susanne Roulet, veuve de feu Mr. Abram Ramus agée de soixante & sept ans, ensevelie au cimetiere de la Madeleine» (ACVD, Eb 71/46: Registre de décès de la paroisse réformée de Lausanne, 1763–1781, f. 14, Nr. 70). «Du 22 dit [avril 1765] / Mr. Abram Ramus agé de soixante & cinq ans, enseveli au cimetière de la Madeleine» (ACVD, Eb 71/46, f. 14v, Nr. 63).

[69] François de Salignac de la Mothe-FÉNELON, *Les avantures de Telemaque, fils d'Ulysse.* Nouvelle édition cy-devant revue & corrigée, augmentée d'une table genealogique de Telemaque & des remarques morales. Paris, 1723, XXXIII, 405 [i. e. 505], 13 S. (in-8). – Erstausgabe: Den Haag, 1699–1700, 2 Bde. (in-12). – Zu François de Salignac de la Mothe-Fénelon (1651–1715), «archevêque, homme de lettres», siehe BUAM XIV 285–302, DBF XIII 982–987, DGS 580–582.

[70] «Inventaire de[feue] Françoise Chambridon, veuve de Philippe Falconnier». – «Dudit Jour [8me Juin 1765] / Françoise, veuve de Philippe Falconnier, âgée de septante ans, ensevelie au cimetière de la Madeleine» (ACVD, Eb 71/46: Registre de décès de la paroisse réformée de Lausanne, 1763–1781, f. 16, Nr. 99).

[71] «Le 27e 8bre 1767 / Par ordre de la Noble Justice Mr. le Justicier Dautun et le clerg du curial se sont transportéz à Danges & ont pris l'inventaire suivant chez la veuve de Jean Daniel Rossier [...]». – «Delle Anne Dony née Buvelot [ensevelie] le 14 avril 1767» (ACVD, Eb 86/5: Registre de décès de la paroisse réformée de Morges, 1697–1782, S. 117, Nr. [17]). – «Anne Jacqueline, fille du Sr. Jean Buvelot, [marchand], et d'h[onno]rée [Suzanne] Thonnenin [baptisée] le 29[e] 8bre [1707]» (ACVD, Eb 86/4: Registre de baptêmes de la paroisse réformée de Morges, 1700–1741, S. 32, Nr. 34).

[72] «Née Rossier, femme de Fr[ançois] Guibert.». – «Henriette Guibert née Rossier [ensevelie] le 27 may 1768» (ACVD, Eb 86/5: Registre de décès de la paroisse réformée de Morges, 1697–1782, S. 118, Nr. [20]).

[73] «[Ensevelie le] 14 Juillet 1768 Marion Generoux née Viret» (ACVD, Eb 86/5: Registre de décès de la paroisse réformée de Morges, 1697–1782, S. 118, Nr. [25]).

N. N. DAUTUN *geb.* Alamand († 1768)[74] Morges	Un Psaume à crochet d'argent marqué P A	ACVD, Bik 590, S. 175: 25. 7. 1768
Jeanne Marguerite VANEY († 1768)[75] Morges	un Pseaume / un dit a l'usage des luteriens[76] / un Exemplaire intitulé Emanuel[77] / Deux livres de prieres	ACVD, Bik 590, S. 232: 29. 9. 1768
Louise BONNARD (1725?–1768?)[78] Morges	un Pseaume	ACVD, Bik 590, S. 239: 30. 9. 1768
Anne MAURICE (1690?–1768)[79] Morges	Un herbier in 12° et 3 livres de Médecine dont un Manuscrit	ACVD, Bik 590, S. 266: 13. 12. 1768
Françoise FRANÇOIS (~1709–1769)[80] Lausanne	Un[e] S[ain]t[e] Bible	AVL, Chavannes D 537, f. 227: 4. 4. 1769
Marie EMERY *geb.* Bonfils († 1769)[81] Lausanne	Une Bible, un Pseaume, & quelques vieux livres de pieté	AVL, Chavannes D 537, f. 231: 8. 5. 1769

[74] Veuve de Monsieur le Just[cier Jean François] Dautun. – «Mme Dautun née Alamand» [ensevelie] le 25 juillet 1768» (ACVD, Eb 86/5: Registre de décès de la paroisse réformée de Morges, 1697–1782, S. 118, Nr. [27]). «Mr. Jean François Dautun. Justicier et des 24 à Morges, agé de 60 ans, mort le 14[e] 9bre 1787; inhumé le 16[e] du d[i]t mois» (ACVD, Eb 86/9: Registre de décès de la paroisse réformée de Morges, 1782–1821, S. 34, Nr. 33). – «Jaques [sic] François Louÿs, fils d'Egr[ège] Mr. Claude Dautun […] et d'h[onno]rée Jeanne Catt» wurde am 27. Juli 1726 in Morges getauft (ACVD, Eb 86/4: Registre de baptêmes de la paroisse réformée de Morges, 1700–1741, S. 138, Nr. 38). – Zur Goldschmiedefamilie Dautun «aus dem Languedoc, die sich zuerst in Morges, dann auch an anderen Orten in der Schweiz niederliess», siehe HLS III 591.

[75] «[Ensevelie le] 9 septembre 1768 Marguerite Vannay» (ACVD, Eb 86/5: Registre de décès de la paroisse réformée de Morges, 1697–1782, S. 119, Nr. [16]).

[76] *Die Psalmen Davids*. Durch D. Martin Luther verdeutschet. Mit den Abtheilungen der Versicul nach dem hebräischen Text, samt einem nützlichen Register. Frankfurt a. M., 1756, 102, [1] S. (in-8). – Zum Reformator Martin Luther (1483–1546) siehe Leu XII 397–399, BUAM XXV 448–461, LR 430–431, EP 921–922, Jaumann 421–423, NDB XV 549–561, DBE[2] VI 634–635.

[77] Philippe LE NOIR, *Emanuel, ou paraphrase évangélique, comprenant l'histoire & la doctrine des quatre Evangiles de Jesus-Christ Nostre-Seigneur: Poème chrétien divisé en quinze livres*. Sur l'édition corrigée & augmentée par l'auteur. Amsterdam, 1729, 268 S. (in-8). – Erstausgabe: 1657. – Seconde édition corrigée & augmentée par l'autheur. Paris, 1658, [12], 273 S. (in-8) – Zu Philippe Le Noir, *seigneur* de Crevain (1623–1691), «pasteur, poète, historien», siehe DBF XXI 348–349.

[78] «l'Inventaire de feu Louise Bonnard, femme du Sr Henry». – Eine «Louyse Marguerite fille de Mre. Bernard Bonard, et de Marie Françoise Baud [a été bâptisée] le 18e août 1725» (ACVD, Eb 86/4: Registre de baptêmes de la paroisse réformée de Morges, 1700–1741, S. 131, Nr. 38). – Eine «Anne Louÿse fille de Jean Gabriel Bonard le jeune et d'Adrienne Bonard [a été bâptisée] le 29 [Xbre 1716]» (ACVD, Eb 86/4: Registre de baptêmes de la paroisse réformée de Morges, 1700–1741, S. 75, Nr. 56).

[79] Oder: Mauris. – «Monsieur Etienne Matthieu étant venu reclamer l'héritage de Mad[emoise]lle Anne Maurice […]» (S. 264). – «[Ensevelie le] 2 octobre 1768 Mlle Anne Mauris» (ACVD, Eb 86/5, S. 120, Nr. [2]). – Eine «Anne fille de Jean Moris, cordonnier refugié, et de J[e]ane Crepin [a été bâptisée] le 11[e] Juillet 1690» (ACVD, Eb 86/3: Registre de baptêmes de la paroisse réformée de Morges, 1653–1699, S. 238, Nr. [2]).

[80] «Du 4me Avril 1769 / Inventaire des biens delaissés par [feue] D[emoisel]le Françoise François.» – «Du 27me dit [Mars 1769] / Dlle Françoise François, citoyenne de Lausanne, décedée le 25me à l'age de soixante ans, ensevelie aujourd'huy au cimetière de la Cité, sous les cloitres» (ACVD, Eb 71/46, f. 65, Nr. 61).

[81] «Du 8e May 1769 / Inventaire des biens delaissés par D[emoisel]le Marie Bonfils, veuve du s[ieur] Jean Emery». – «3e Fevrier 1744 / Jean Emery habitant a fait enregistrer et benir som mariage ici avec Marie Bonfils, apres avoir produit son billet d'armes signé Milot et ses annonces de Lausanne aussi signées avec le consentement de Mrs. de la Chambre des Refugiés» (ACVD, Eb 71/13, S. 66, Nr. 4). – «Du 23e dudit [aoust 1748]. Mre. Jean Emeri, charpentier, aagé de 61 ans, enseveli au cimetière de St. François» (ACVD, Eb 71/45, S. 200, Nr. 173).

Marguerite GIRARD (~1727–1771)[82] Lausanne	Des Pseaumes à crochets d'argent	AVL, Chavannes D 537, f. 253: 13. 3. 1771
Susanne PILLIARD *geb.* De Lespinasse (1718–1772)[83] Lausanne	Une Grande Bible / Des Pseaumes, reliés en chagrin, avec leur Etuy, de carton / Un livre de Cantiques / un dit, de Sonnets[84]	AVL, Chavannes D 537, f. 268: 15. 4. 1772
Antoinette DUPLAN (~1694–1774)[85] Lausanne	Une vieille Bible Des Pseaumes à crochets, d'argent	AVL, Chavannes D 537, f. 298, 298v: 10. 2. 1774
Marthe NOIR *geb.* Rey (~1711–1774)[86] Lausanne	Une Bible	AVL, Chavannes D 537, f. 304: 28. 6. 1774
N. N. ARCHAMBAUD *geb.* Chanson († 1775)[87] Lausanne	Des Pseaumes à crochets d'argent	AVL, Chavannes D 537, f. 312v: 19. 1. 1775
Catherine GARNACHON *geb.* Marchand († 1776?)[88] Yverdon / vendeuse de vin[89]	5 Livres de prieres	ACVD, Bit 88, S. 6: 8. 1. 1776

[82] «Inventaire des Biens, Meubles, & effets, appartenants à la succession de Deffunte honn[or]ée Margueritte Girard [décedée en cette ville depuis peu de jours], pris le 13e Mars 1771.» – «Du 11e dit [Mars 1771] / Marguerite Girard, de Die, en Dauphiné, décedée à l'age de quarante quatre ans, ensevelie au cimetière de St. François» (ACVD, Eb 71/46: Registre de décès de la paroisse réformée de Lausanne, 1763–1781, f. 85v, Nr. 29).

[83] «Du 15me Avril 1772 / Inventaire des biens, meubles, et effets de la succession de feu[e] Mad[am]e la veuve de Mr. le chatelain Pilliard [née Delepinasse]». – «Du 9me dit [Avril 1772] / Susanne De Lespinasse, veuve de Monsieur Pilliard, châtelain de Lucens, âgée d'environ cinquante trois ans, ensevelie au cimetière de la Madeleine» (ACVD, Eb 71/46, f. 108, Nr. 45). «Susanne De l'Espinasse, fille de Marc Anthoine De l'Espinasse, et de Susanne Peneuere, sa femme» wurde am 2. Okt. 1718 in Lausanne getauft (ACVD, Eb 71/5, S. 410, Nr. [5]).

[84] Laurent DRELINCOURT, *Sonnets chrétiens sur divers sujets.* Avec les pseaumes penitentiaux du même auteur. Nouvelle édition revue & corrigée [...]. Amsterdam, 1766, [14], 184 S. (in-8). – Erstausgabe: La Rochelle, 1678, [10], 171 S. (in-12). – Zu Laurent Drelincourt (1625–1680), «pasteur et poète», siehe BUAM XII 19–20.

[85] «Inventaire des Biens, Meubles et effets de feu[e] D[emoise]lle Antoinette Duplan, fille de feu Mr. Jaques Duplan [habitant en cette ville (de Lausanne)]. Du 10e Fevrier 1774.» – «Du 2e fevrier 1774 / Dlle Antoinette Duplan, Françoise Refugiée, âgée d'environ huitante ans, ensevelie au cimetière de St. François» (ACVD, Eb 71/46: Registre de décès de la paroisse réformée de Lausanne, 1763–1781, f. 140v, Nr. 19).

[86] «Du 28e Juin 1774 / Inventaire des Biens, Meubles, et effets délaissés par feu[e] Marthe Rey, veuve du s[ieu]r Louïs Noir [de la Direction française et habitant à Lausanne]». – «Du 19e dit [Juin 1774] / Marthe Rey, veuve de Louis Noir, de Chatillon, en Dauphiné, habitant en cette ville, âgée de soixante trois ans, ensevelie au cimetière de St. François» (ACVD, Eb 71/46, 1763–1781, f. 144v, Nr. 81).

[87] «Inventaire des Biens, Meubles et effets de feu[e] Mad[am]e la veuve Archambaud née Chanson [par elle délaissés et légués à Made. Rose Badel, femme de Monsr. Benedict Branchuz, de Genève] Du 19e Janvier 1775.» – «9bre 29 1747 / Mr. Clement Archambeau, habitant, medecin, venu de France, a fait enregistrer ses promesses avec Mad[emois]elle la veuve de feu Mr. Paul Font, aussi habitante, apres avoir produit ses annonces signées de Mrs. de la Chambre [des Réfugiés] signées Echabaud secretaire et de Mr. Le Pasteur De Crausaz» (ACVD, Eb 71/13, S. 132, Nr. 42). – Eine «J[e]ane Françoise Chanson, fille de Mr. Jean Pierre Chanson & de Dem[oisel]le ... Langin» wurde am 9. Sept. 1703 in Morges getauft (ACVD, Eb 86/4: Registre de baptêmes de la paroisse réformée de Morges, 1700–1741, S. 21, Nr. 58).

[88] Veuve de Pierre Louis Garnachon. – Le mariage entre «Jean [i. e. Pierre] Louïs Garnichon de Motiers Travers au Comté de Neuchatel habitant à Yverdon [et] Catherine Marchand, de la Mothe, Balliage d' Yverdon», publié le 27 Xbre 1761, «a été béni dans l'Eglise d'Yverdon [...] le 27 Janvier 1762» (ACVD, Eb 141/16: Registre de mariages de la paroisse réformée d'Yverdon, 1750–1809, S. 62, 65). – Der Ehe zwischen «Pierre Louïs Garnachon de Motier Travers, habitant à Yverdon, et de sa femme Catherine Marchand de Vugelles» entsprossen: Jeanne Louise (≈ 9. Sept. 1763); François Louis und Salomon (≈ 10. Febr. 1765); Rose (≈ 14. Mai 1767); Anne Susanne (≈ 12. Jan. 1769). Siehe ACVD, Eb 141/12: Registre de baptêmes de la paroisse réformée d'Yverdon, 1755–1773, S. 133, Nr. [3]; S. 161, Nr. [3, 4]; S. 194, Nr. [2]; S. 222, Nr. [1].

[89] de son époux, au « Vaisseau couronné ».

Jeanne (Elisabeth) BUGNOUX (1695–1779)[90] Bière[91]	Deux Testaments de Religion Un Catechsime d'Osterval[d][92] Un grand Catechisme de Berne[93] Un dit de Superville[94]	ACVD, Bib 354, S. [30]: 28. 3. 1776
Judith VANNEY († 1776)[95] Renens / Lausanne	Une S[ain]te Bible	AVL, Chavannes D 537, f. 344: 15. 11. 1776
Marguerite DES TALLENTS *geb.* Marius († 1778)[96] Lausanne	Vingt quatre volumes de Livres impairs Le magazin des Enfants & des Adolescentes[97] Six vieux Livres	AVL, Chavannes D 538, f. 29: 30. 9. 1778
Marianne PLACE († 1780)[98] Saint-Cierges / Lausanne	Un Pseaume à crochets d'argent	AVL, Chavannes D 538, f. 59: 11. 3. 1780
Anne VIRET *geb.* Thyvent († 1780)[99] Villars-Tiercelin / Lausanne	Une Bible [...] Un Pseaume	AVL, Chavannes D 538, f. 66v: 24. 4. 1780

[90] «Du 28e Mars 1776. Inventaire des meubles et Effets délaissés par feu Jeanne Bugnoux, morte ce matin» *(Quelle,* S. 25). – «Bière 20eme Aoust 1779 / Jeanne Bugnoux est morte le 18 Aoust 1779. Ensevelie le 20eme agée d'environ 83 ans» (ACVD, Eb 16/7: Registre de décès de la paroisse réformée de Bière, 1747–1806, S. 87). – «Biere / Jeanne Elizabeth, fille de Pierre Marc Bougnou et de Pernette Monthoux, sa femme, a eté presentée au St. bapt[ême] par [...] le 2me mars 1695» (ACVD, Eb 16/2: Registre de baptêmes de la paroisse réformée de Bière, 1637–1704, S. 166, Nr. [2]). – Oder: «Biere / Jeanne Françoise, fille de Isaac François Bugnod et de Jeanne Burnier, sa femme, a eté presentée au St. bapt[ême] par Jean Bugnod le 8me Janv[ier] 1699» (ACVD, Eb 16/2: Registre de baptêmes de la paroisse réformée de Bière, 1637–1704, S. 178, Nr. [4]).

[91] Zum Dorf Bière – in der Berner Landvogtei Aubonne – siehe HAS 64, HLS II 262, 414.

[92] Jean-Frédéric OSTERVALD, *Catéchisme, ou: Instruction dans la religion chrétienne.* Dernière édition revûë & corrigée par l'auteur, Genève: chez P. Pellet & fils, impr., 1768, [22], 249 S. (in-8). – Zu Jean-Frédéric Ostervald (1663–1747), «théologien, prédicateur protestant», siehe Leu XIV 330–332, Holzhalb IV 407, BUAM LXXVI 132–133, EP 1111, HLS IX 491.

[93] *Catéchisme de Heidelberg.* Avec une courte explication par demandes & par réponses, adjoûtée à chaque article pour lever les principales difficultez, et pour étendre d'avantage les matières les plus importantes. Quatrième édition, augmentée & corrigée. Bern: dans l'Imprimerie de Leurs Excellences, chez Wagner & Muller, 1733, 380 S. (in-8).

[94] Daniel de SUPERVILLE, *Les véritez et les devoirs de la religion chrétienne, ou: Catéchisme pour l'instruction de la jeunesse.* Dernière édition revue, corrigée & augmentée par l'auteur d'un abregé à l'usage des plus petits enfans. Lausanne: [s. n.], 1760, [16], 295, 48 S. (in-8). – Zum Gebrauch des Werkes in den Schulen Waadt siehe Panchaud (1952) 164–166. – Zu Daniel de Superville (1657–1728), «théologien protestant», siehe *ibidem,* 164 Anm. 1, IBF 3061.

[95] «Inventaire des Biens, Meubles et effets de la succession de Deffunte Judith Vanney, de Renens, habitante à Lausanne».

[96] «Du 30e 7bre 1778 / [...] l'Inventaire des Biens, Meubles, & effets de la succession de Deffunte Dame Marguerite Marius, femme divorcée de feu Mr. le curial Louis Daniel Des Tallents, citoÿen de cette ville [de Lausanne]».

[97] Marie LE PRINCE DE BEAUMONT, *Magazin des enfans, ou: Dialogues entre une sage gouvernante & plusieurs de ses élèves de la première distinction [...].* Tome premier[–quatrième]. Den Haag, Leiden, 1762, 4 Bde. (in-12); Marie LE PRINCE DE BEAUMONT, *Magazin des adolescentes, ou: Dialogues entre une sage gouvernantes, et plusieurs de ses élèves de la première distinction.* Tome I[–IV]. Den Haag; Lausanne: chez François Grasset, [1761], 4 Bde. (in-12). – Zu Marie Le Prince de Beaumont (1711–1780), «écrivain, moraliste, institutrice», voir BUAM XXIV 224–228, IBF 219, 2083.

[98] «Inventaire des Biens, Meubles & effets de Deffunte honnorée Marianne [décedée dernièrement en cette ville de Lausanne] f[ille de] feu sieur Sebastien Place, de St. Cierge, du 11e Mars 1780.»

[99] «Du 24e Avril 1780 / [...] dans la maison de deffunte honn[or]ée Anne Thyvent, femme de Nicolas Viret, de Villars Tiercelin, habitant à Lausanne, pour proceder à la prise d'Inventaire des Biens, Meubles et effets de sa succession».

(Jeanne) Judith Bellon *geb.* Morellon (1729–1780)[100] Bière[101]	Une grande et Ste Bible, Edition de 1746[102] des almanach[s][103]	ACVD, Bib 354, S. 60, 62: 24. 11. 1780
Susanne de Mezières *geb.* Chabaud (~1712–1782)[104] Lausanne	Une Bible d'Ostervald, en 2 volumes[105] Un Pseaume couvert de chagrin	AVL, Chavannes D 538, f. 99, 100v: 11. 1. 1782
Catherine Bruit (~1702–1781)[106] Morges / «tailleuse p. dames»	Quatre livres de piété (16 sols)	ACVD, Bik 595, *sub dato,* S. [3]: 23. 1. 1782[107]
Camille Roux *geb.* Bézon († 1783)[108] Yverdon	une douzaine de vieux livres	ACVD, Bit 117, S. 35: 17. 11. 1783

[100] «Inventaire et aposement des sceaux sur les des Effets de feu honorée Judith Morelon, veuve de feu le Sr. Conseiller Jean Etienne Bellon de Bière» vom 24. Nov. 1780 *(Quelle,* S. 44). – «Bière le 26eme 9bre 1781 / Judit Morellon, veuve du S[ieu]r Conseiller Belon, est morte le 26eme 9bre 1780. Agée d'environ 52 ans» (ACVD, Eb 16/7: Registre de décès de la paroisse réformée de Bière, 1747–1806, S. 89). – «Jeanne Judith, fille de David Morellon et Anne Mayor sa femme a esté présentée au St. Bapt[ême] [...] le 27 mars 1729» (ACVD, Eb 16/4: Registre de baptêmes de la paroisse réformée de Bière, 1719–1753, S. 58, Nr. [6]).

[101] Zum Dorf Bière – in der Berner Landvogtei Aubonne – siehe HAS 64, HLS II 262, 414.

[102] «dans le Buffet de sapin». – *La Sainte Bible du Vieux et du Nouveau Testament.* Suivant la version ordinaire des Eglises reformées, revuë sur les originaux, et retouchée dans le langage. Avec des préfaces particulieres sur chacun des livres de l'Ecriture sainte, tirées de la Bible de Mr. [David] Martin. Nouvelle édition revuë et corrigée, par Samuel Scholl, pasteur de l'Eglise françoise de Bienne. Bienne, Yverdon-les-Bains: chés Jean Christoph Heilmann, imprimeur et Jean Jaques Neubrand, libraire, 1746, [7], 750, 130; [4], 244; 48 S. (in-4). – Zu David Martin (1639–1721), «théologien protestant», siehe BUAM XXVII 306–308, Panchaud (1952) 148, 186–187, 233; zu Samuel Scholl (1703–1774), «Pfarrer der Französischen Kirch zu Biel [1745 bis 1769], [Übersetzer] von Englischen Schrifften des D. Clark, Doddridge, &c. A. 1741, 1745 und 1759 in 8vò und in 12mò», siehe Leu XVI 456, HBLS VI 237, DIJU *sub nomine.*

[103] «La cassette de sapin indiquée ci-devant sous article 3e, dans laquelle il y a deux petittes Boittes dans l'une des quittances et l'autre vide, item de papier blanc, des almanach[s], comptes de marchands [...]».

[104] «Inventaire des Biens, Meubles & effets, appartenants à la succession de Deffuncte Dame veuve [de] Mezières, habitante à Lausanne, pris [...] en conséquence du déliberé consiliaire du 11e Janvier 1782.» – «Dudit Jour [Jeudi 3e Janvier 1782] / Susanne Chabaud, veuve du Sr. [Jean Georges de] Mezières, de Paudex, habit[ant] à Lausanne, décedée à l'age de septante ans, a été ensevelie au cimetière de St. Pierre» (ACVD, Eb 71/47: Registre de décès de la paroisse réformée de Lausanne, 1781–1793, f. 4v, Nr. 3). – «Ethienne George, né aujour d[it] [7[e] avril 1747], fils de Mr. Jean George de Mézières dit Mirabel de Paudex, habitant à Lausanne, et de sa femme Mad[emois]elle Susanne Chabaud [...]»; «Olympe Françoise Aimée, fille de M. Jean George De Mezieres, Proselyte originaire d'Avignon, marchand, Bourgeois de Paudex, habitant à Lausanne, et de Me. Susanne Chabaud, originaire de Milhaud en Rouergue, est née le 7[e] Aoust [1748] et sera batisée aujoudhui [11e aoust] à l'Eglise Saint François par Monsieur le Pasteur Polier [...]» (ACVD, Eb 71/6: Registre de baptêmes de la paroisse réformée de Lausanne, 1724–1757, S. 346, Nr. 66; S. 374, Nr. 113).

[105] *La Sainte Bible, qui contient le Vieux et le Nouveau Testament.* Revue & corrigée sur le texte hébreu & grec par les pasteurs & les professeurs de l'Eglise de Genève. Avec les argumens et les réflexions sur les chapitres de l'Ecriture sainte & des notes par J[ean]-F[rédéric] Ostervald. Nouvelle édition, revue, corrigée, & augmentée. Neuchâtel: de l'imprimerie d' Abraham Boyve et compagnie, 1744, 2 Bde. (in-2). – Bd. 1: [4], VIII, [2], 707 S.; Bd. 2: 276, 366, 145, [1] S.

[106] «Catherine Bruit, tailleuse pour les dames, bourgeoise de Morges, demeurant à Morges, est morte le 5 octobre 1781, âgée de 79 ans et a été ensevelie le 7 du dit mois» (ACVD, Eb 85/5: Registre de décès de la paroisse réformée de Morges, 1697–1782, S. 178, Nr. 35).

[107] «Inventaire des effets de [feue] Mad[emoise]lle Caton Bruit, 23 janvier 1782».

[108] «née Bézon, veuve du Sieur Pierre Roux d'Yverdon, décédée le 13 septembre 1783. – Siehe die «Déclaration testamentaire d'honnorée Cami[le] Bezon veûve du sieur Pierre Roux d'Yverdon, relatée en justice audit Yverdon le Lundi 22[e] 7bre 1783, et homologuée le 29e du dit mois»», in ACVD, Bg 120/6: Yverdon: homologations de testaments, 1773–1790, S. 248–250. – «[Ensevelie le] 15 septembre 1783 Camille Roux née Bèzon, d'Yverdon» (ACVD, Eb 141/18: Registre de décès de la paroisse réformée d'Yverdon, 1778–1807, S. 29, Nr. [13]).

Anne COMBES *geb.* Rieusset (1711–1785)[109] Lausanne	26 Livres, tant de Pieté qu'autres, et une Bible	AVL, Chavannes D 538, f. 158v: 12. 2. 1784
Anne Marguerite FAVROD *geb.* Mistralis (~1736–1784)[110] Lausanne	Un Pseaume à crochets d'argent	AVL, Chavannes D 538, f. 178: 15. 4. 1784
Anne-Françoise D'HENNEZEL *geb.* Vuarney (1702–1786)[111] Yverdon	un Pseaumes à crochets d'arg[en]t	ACVD, Bit 64, S. 7: 12. 12. 1786
Elizabeth MORIER (~1724–1787)[112] Lausanne	Des Pseaumes à crochets d'argent Trois Livres de Pieté	AVL, Chavannes D 539, f. 7v: 5. 5. 1787
Françoise VUARNEY (1728? –1787)[113] Yverdon	un livre de Pseaumes a crochets d'argent	ACVD, Bit 69/1, S. 9: 24. 9. 1787
Jeanne GUEX *geb.* Serex († 1787)[114] Lutry / Lausanne	Des Pseaumes à crochets d'argent	AVL, Chavannes D 539, f. 20: 18. 12. 1787
Marie DES CHAMPS (~1706–1789)[115] Lausanne	La Bible de Martin, en 2 volumes[116] 2 Livres de sermons 1 vieux Dictionnaire François et latin[117]	AVL, Chavannes D 539, f. 60v: 24. 4. 1789

[109] «Inventaire des effets de Dame Anne Rieusset veuve de Mr. le Ministre Jean Combes. Du 12me Fevrier 1784» *(Quelle,* S. 156). – «1711 / 20 décembre / Anne fille de Jean Rieusset et de Jeanne Cavallier sa femme» (ACVD, Eb 71/5: Registre de baptêmes de la paroisse réformée de Lausanne, 1688–1723, S. 329). – «Du 6me dit [fevrier 1784] / D[ame] Anne Rieusset, veuve de Mr. le ministre Jean Combes, François Réfugié, habitant en cette ville, est décedée le 4e fevrier courant, à l'age d'environ septante quatre ans, sera inhumée le 6e dit, au cimetiere de St Pierre.» (ACVD, Eb 71/47: Registre de décès de la paroisse réformée de Lausanne, 1781–1793, f. 66v, Nr. 32).

[110] «Inventaire des Biens, Meubles et effets de Deffuncte D[am]e Favrod née Mistralis [...] Du 15e Avril 1784.» «Du dit Jour [10me Avril 1784 / D[am]e Esther Marguerite Mistraly, veuve du Sieur Jaques Samuël Favrod, de Vevey, habitante en cette Ville, est décedée le 9 [me] avril 1784 à l'age de quarante huit années, sera inhumée le 12[e] dit, au cimetière de la Madeleine» (ACVD, Eb 71/47, f. 71v, Nr. 76).

[111] «femme du Noble Seigneur d'Essert, d'Yverdon». – «[enselvelie] Le 15 [Aoust 1786] Mad[am]e Anne Françoise d'Ennezel née Warnay» (ACVD, Eb 141/18: Registre de décès de la paroisse réformée d'Yverdon, 1778–1807, S. 42, Nr. [12]). – Le mariage entre «Christophle François d'Hennezel et Françoise Vuarney, tous deux Bourgeois d' Yverdon» a été «publié les 30 Mai et le 13[e] Juin 1779.» (ACVD, Eb 141/16: Registre de mariages de la paroisse réformée d'Yverdon, 1750–1809, S. 146). – «Anne-Françoise, fille de Mr. Thobie Warney, conseiller, bourgeois d'Yverdun, a esté batizée le 9e dudit [octobre 1702] [...]. Ex[édié] un extrait par ordre du conseil du 17e mars 1731» (ACVD, Eb 141/9: Registre de baptêmes de la paroisse réformée d'Yverdon, 1710–1719, S. 37, Nr. [3]).

[112] «Inventaire des Biens de la succession de [deffunte] Elizabeth Mourier. Du 5[e] Mai 1787.» – «Du 2[e] dit [Mai 1787] / Elizabeth Morier, de la nouvelle corporation êtablie par LL. EEces, habitante en cette Ville, est décedée le 1[er] cour[an]t, à l'age de soixante trois ans; inhumée au cimetière de la Madeleine» (ACVD, Eb 71/47: Registre de décès de la paroisse réformée de Lausanne, 1781–1793, f. 143v, Nr. 89).

[113] «Marie Françoise Warney, fille de Monsieur Samuel Nicolas Warney d'Yverdon et de Madame Anne Marie Roguin son épouse, a été baptizée le 3e Avril 1728» (ACVD, Eb 141/11: Registre de baptêmes de la paroisse réformée d'Yverdon, 1728–1754, S. 5, Nr. [2]).

[114] «Du 18e Décembre 1787 / [...] honnorée Jeanne Serex, veuve du sieur Jean Jaques Guex, de Lutry».

[115] «Inventaire des Biens de la succession de Deffuncte Dame Marie Des Champs veuve de [François] habitante à Lausanne. Du 24e Avril 1789» *(Quelle,* f. 58v). – «Dudit jour [18 avril 1789] / D[am]e Marie Deschamps, veuve de François refugié, demeurant à Lausanne, est décédée le 15e courant, à l'âge de huitante trois ans, inhumée le 18e dit, au cimetiere de la Madeleine.» (ACVD, Eb 71/47, f. 189v, Nr. 86).

[116] «donnée par la défunte à son fruitier Pierre G[u]isolon».

[117] *Dictionnaire nouveau françois-latin.* Plus ample et plus exact, que ceux qui ont paru jusques à present. Sur les memoires des principaux autheurs, composé par les R. P. P. P. Tachard, Bouhours, Commire, & Gaudin,

	1 dit Geographique[118]	
	3 Livres de Pieté	
Jeanne Marie Esther VUAGNIÈRES *geb.* Milliard (1709–1790)[119] Lausanne	Une vieille Bible, des Pseaumes, & un autre livre	AVL, Chavannes D 539, f. 105: 22. 1. 1790
(Jeanne) Louise DAYOUX *geb.* Mayor (1705–1790)[120] Bière[121]	Une grande Bible d'Osterval[d] avec les reflexions[122] *aux prétentions à Rose Lagnel*	ACVD, Bib 355, *sub dato,* S. [73]: 17. 12. 1790
Jeanne BERNEY *geb.* Guignard (1719–1791)[123] Groinroud (L'Abbaye)[124]	Neuf Livres de piété	ACVD, Bih 65/12, S. 3: 13. 1. 1792

de la Compagnie de Jesus, & reveu par les plus sçavans de leur Societé. Pour l'usage de Monseigneur le duc de Bourgogne. Paris, 1692, [6] Bl., 719 S. (in-4). – Zu P. Guy Tachard SJ (1648–1712), «mathématicien, missionnaire et diplomate», siehe BUAM XLIV 361–363, IBF 3068; zu P. Dominique Bouhours SJ (1628–1702), «polémiste, grammairien, auteur d'ouvrages de spiritualité», siehe BUAM V 307–310, DBF VI 1308–1309, DSAM I 1896, DGS 219–220; zu P. Jean Commire SJ (1625–1702), «poète latin», siehe BUAM IX 364–365, DBF IX 401; zu P. Jean Gaudin SJ (1617–~1689), «grammairien», siehe BUAM XVI 573, IBF 1411.

118 Laurence ECHARD, *Dictionnaire géographique-portatif, ou: Description des royaumes, provinces, villes, patriarchats, evéchés, duchés, comté, marquisats, villes impériales et [h]anséatiques [...].* Traduit de l'anglois sur la treizième édition de Laurent Echard [Laurence Echard]. Avec des additions & des corrections considérables par Vosgien, Chanoine de Vaucouleurs [i. e. Jean-Baptiste Ladvocat]. Nouvelle édition revue, corrigée & augmentée de la Géographie ancienne. Paris, 1779, VIII, 840 S. (in-8). – Englische Originalausgabe: *A Most Compleat Compendium of Geography.* London, 1691, 206 S. (in-12). – Zu Laurence Echard (1671–1730), «historian», siehe ODNB XVII 641–644; zu Jean-Baptiste Ladvocat (1709–1765), «hébraïsant et polygraphe», siehe BUAM XXIII 99–102, DBF XIX 92.

119 «Inventaire des Meubles et effets de la Deffuncte Jeanne Marie Milliard, veuve de Jean Pierre Vuagnières, décedée au Fauxbourg d'Etraz étant à l'assistance de la Bourse des habitants». – «Du 17e dit [Janvier 1790] / Jean Marie Meillard, veuve de Jean Pierre Vuagnières, de Ruaire, & de Fey, habitant en cette Ville, décedée le 15e, à l'age de quatre vingt[s] ans, a été ensevelie le 17e du courant au cimetière de St. Pierre» (ACVD, Eb 71/47: Registre de décès de la paroisse réformée de Lausanne, 1781–1793, f. 201v, Nr. 10). – «Jeane Marie Esther Milliard, fille de Jean Estienne Milliard, et de Jeane Françoise Oudy, sa feemme» wurde am 30. August 1709 in Lausanne getauft» (ACVD, Eb 71/5: Registre de baptêmes de la paroisse réformée de Lausanne, 1688–1723, S. 301, Nr. [10]).

120 «Du 17e Xe 1790. / Mons. le chatelain Mayor ayant apris la mort de Madame la Lieutenante [Jeanne] Louïse Mayor, veuve de Mr. le lieutenant Dayoux de ce lieu [Bière], arrivée dans la nuit dernière, il s'est transporté avec le s[ieu]r juré Jotterand dans sa maison d'habitation pour y proceder à l'aposement des scellés & prise d'Inventaire selon la loy.» (S. [73]). – «Du 18 Xbre 1790 / Madame la veuve du s[ieu]r Lieutenant Jaques Dayoux, née Mayor, morte le 17, ensevelie le 19, agée de 86 ans.» (ACVD, Eb 16/7: Registre de décès de la paroisse réformée de Bière, 1747–1806, S. 100, Nr. [15]). – «Jeanne Louise, fille de Jean François Mayor et d'Elizabeth Convers, a eté presenté[e] au St. Bapt. [...] le 19e may 1705.» (ACVD, Eb 16/3: Registre de baptêmes de la paroisse réformée de Bière, 1704–1718, S. 5, Nr. [4]).

121 Zum Dorf Bière – in der Berner Landvogtei Aubonne – siehe HAS 64, HLS II 262, 414.

122 *La Sainte Bible, qui contient le Vieux et le Nouveau Testament.* Revue & corrigée sur le texte hébreu & grec par les pasteurs & les professeurs de l'Eglise de Genève. Avec les argumens et les réflexions sur les chapitres de l'Ecriture sainte & des notes par J[ean]-F[rédéric] Ostervald. Nouvelle édition, revue, corrigée, & augmentée. Neuchâtel: de l'imprimerie d'Abrahman Boyve et compagnie, 1744, 2 Bde. (in-2).

123 «Guignard, Jeanne, née Guignard, veuve d'Enoch Berney [* 1718], des Bioux, morte le 17e d'avril 1791, a été ensevelie le 19e, agée de 72 ans.». (ACVD, Eb 1/3: Registre de décès de la paroisse réformée de L'Abbaye, 1728–1821, S. 142, Nr. [3]). – «Mars 1719 / Jeane Madelaine, fille de Abraham Isaac Guignard de l'Abaye, a esté baptisée le 5 Mars [...].» (ACVD, Eb 1/2: Registre de baptêmes de la paroisse réformée de L'Abbaye, 1696–1768, S. 66, Nr. [2]). – Siehe auch Furrer (2019) 152, 157.

124 Zum Weiler Groinroud des Dorfs L'Abbaye – in der Berner Landvogtei Romainmôtier – siehe HAS 64, HLS I 50, HLS II 262.

Susanne Elizabeth PERNET *geb.* Bolle (~1712–1792)[125] Lausanne	Des Pseaumes vieux	AVL, Chavannes D 539, f. 148: 17. 3. 1792
Marie (Marguerite) MATHIEU (1726–1792)[126] Lausanne	Une Bible, avec les Reflexions	AVL, Chavannes D 539, f. 154: 19. 5. 1792
Esther FAVEY *geb.* Duperrex (~1712–1792)[127] Morges	Les psaumes de David (8 sols) La Sainte Bible (3 £ à 20 sols) Deux livres de piété, ensembles (4 sols)	ACVD, Bik 598, *sub dato,* S. [4]: 16. 6. 1792[128]
Anne Catherine PERRIER *geb.* Ancel (1730–1797)[129] Yverdon	une Bible divers livres de pieté	ACVD, Bit 137, S. 55: 2. 7. 1792
Judith ROCHAT *geb.* Hobler (1723–1792)[130] Morges	Une Ste Bible / Six grands Livres 147 volumes de divers auteurs, surtout classiques &ra / 20 dits	ACVD, Bik 598, *sub dato,* S. [4]: 4. 1. 1793

125 «Du 17e Mars 1792 / Inventaire des effets de la succession de [Susanne Elizabeth Bolle] la veuve de Jean Pernet, agrégée à la novelle Corporation établie par Leurs Excellences]». – «Dudit Jour [5e Mars 1792] / Susanne Elizabeth Bolle, veuve de Jean Sebastien Pernet, agregé à la nouvelle corporation êtablie par LL. EE., hab[itan]t en cette Ville, décedée à l'age d'environ quatre vingt[s] ans, a été ensevelie au cimetière de St. François» (ACVD, Eb 71/47: Registre de décès de la paroisse réformée de Lausanne, 1781–1793, S. 249, Nr. 43). – Eine «Susanne *Charlotte* Bole, fille de Samuel Bole, et de Benigne Leyvraz, sa femme» wurde am 13. Sept. 1710 in Lausanne getauft (ACVD, Eb 71/5: Registre de baptêmes de la paroisse réformée de Lausanne, 1688 bis 1723, S. 312, Nr. [9]).

126 «Inventaire des Effets de la succession de Deffuncte Marie Matthieu, de la Corporation françoise de la ville de Lausanne, pris le 19e May 1792.» – «Du 19e Mars 1792 / Marie Margueritte, fille de feu S[ieu]r Etienne Mathieu, de la Corporation Françoise de Lausanne, est décedée le 18e courant, à l'age de 64 ans, inhumée le 20e dit, au cimetière de St. François» (ACVD, Eb 71/47: Registre de décès de la paroisse réformée de Lausanne, 1781–1793, S. 250v, Nr. 58). – «Marie Marguerite Mathieu, fille d'Estienne Matthieu et de Toinette Pascal sa femme» wurde am 31. Okt. 1726 in Lausanne getauft (ACVD, Eb 71/6: Registre de baptêmes de la paroisse réformée de Lausanne, 1724–1757, S. 28, Nr. 160).

127 «Esther Favey née Duperrex, veuve de François, bourgeois d'Eclépens et demeurant à Morges, morte le 3 mai 1792 à l'âge de 80 ans» (ACVD, Eb 86/9: Registre de décès de la paroisse réformée de Morges, 1782–1821, S. 56, Nr. 26).

128 «Inventaire et taxe des biens et effets délaissés par feu[e] la veuve Favey, 16 juin 1792».

129 «veuve du sieur Emanuël Perrier». – «Anne Catherine Ancel, fille de Samuel Ancel d'Yverdon et de Susanne Fivaz sa femme, a été baptizée le 31eme 7bre 1730. Parr. Mr. François Christin et Mr. Isâc Haldimand Lieutenant de Montagny; Marr. MesDlles Catherine Favre et Anne Doxat (ACVD, Eb 141/11: Registre de baptêmes de la paroisse réformée d'Yverdon, 1728–1754, S. 50, Nr. [3]). – «[Mariage entre] Emanuël fils de feu Gabriel Perrier et Anne Caterine f[ille de] feu Pierre Samuel Ancel, tous deux Bourgeois d'Yverdon. [Bans publiés] le 9 8bre, le 16 & le 23 8bre 1785» (ACVD, Eb 141/16: Registre de mariages de la paroisse réformée d'Yverdon, 1750–1809, S. 167). – «Ensevelie le 23eme Mars 1797: Nanette Ancel, veuve d'Emanuel Perrier, agée de 68 ans» (ACVD, Eb 141/18: Registre de décès de la paroisse réformée d'Yverdon, 1778–1807, S. 85). – «Anne Catherine Ancel, fille de Samuel Ancel d'Yverdon, et de Susanne Clivaz, sa femme, a été baptizée le 31e 7bre 1730» (ACVD, Eb 141/11: Registre de baptêmes de la paroisse réformée d'Yverdon, 1728–1754, S. 50, Nr. [3]).

130 «Du 4e Janvier 1793 / Suivant le délibéré de la Noble Justice du 29e 9bre 1792 Monsieur le Justicier Régis l'ainé et le Greffier se sont transportés dans l'apartement de défunte Dame veuve Rochat née Hobler pour completter l'Inventaire des ses Biens déjà commencé le jour de sa mort 24e Juillet 1792». – «D[am]e Judith Rochat, née Hobler, veuve de St. Jean David Sigismond Rochat, Bourgeois du Lieu en la vallée du Lac de Joux & M[aît]re Horloger à Morges, morte le vingtquatrieme Juillet, mille sept cent quatrevingt douze, agée de 68 ans & 9 mois, a eté ensevelie le 26e dudit mois.» (ACVD, Eb 86/9: Registre de décès de la paroisse réformée de Morges, 1782–1821, S. 56, Nr. 31). – «Judith fille de Sr. Pierre André Hobler et d'h. Marie Buvelot [a été bâptisée] le 22e Xbre [1723]» (ACVD, Eb 86/4: Registre de baptêmes de la paroisse réformée de Morges, 1700–1741, S. 120, Nr. 54).

Marie PERRONET (~1735–1793)[131] Château-d'Œx / Lausanne	La S[ain]te Bible avec les réfléxions en 3 volumes (4 £)[132] Des Pseaumes (1 £) Trois Dictionnaires anglois (2 £)[133] Un grand livre anglois et treize dits petits (2 £) Un volume des avantures de Telemaque in 4° avec les Estampes[134] (8 £) 4 volumes de divers ouvrages (2 £)	Chavannes D 539, f. 168v: 27. 11. 1793
Lizette FIVAZ (1735?–1794)[135] Payerne «contrepointière»	1 Pseaumes	ACVD, Bit 113, S. 5: 16. 2. 1795
Jeanne Marguerite GARTLING *geb.* Mottet († 1795)[136] Chevroux[137]	Avis au peuple [sur sa santé] en 4 vol.[138]	ACVD, Bit 114, S. 18: 18. 1. 1796
Marie Elizabeth GRELET (~1723–1796)[139] Lausanne	quelques livres y compris un atlas	AVL, Chavannes D 539, f. 197: 20. 7. 1796

[131] «Inventaire des Biens, Meubles et effets de la succession de Deffunte Dem[soise]lle Marie Perronet, de Château d'Oex, habit[ant]e à Lausanne, commencé le 27e 9bre 1793» *(Quelle,* f. 166). – «Du 31me dit [8bre 1793] / Dlle Marie, ffeu Mr. Jean Perronet, Bourgeois de Château d'Oex, et de deffuncte D[am]e Esther Divorne, sa femme, décedée à Lausanne, où elle êtoit domiciliée, le 27e du courant, à l'age de cinquante huit ans, a été ensevelie le 1er 9bre [con]secutif, au cimetière de St. Laurent» (ACVD, Eb 71/48: Registre de décès de la paroisse réformée de Lausanne, 1793–1803, f. 11, Nr. 290).

[132] Livre (suisse) zu 10 Batzen.

[133] Vielleicht: Abel BOYER, *Dictionnaire royal : françois-anglois et anglois-françois.* Tiré des meilleurs auteurs qui ont écrit dans ces deux langues – *The Royal Dictionary, English and French, and French and English [...].* Nouvelle édition, revue, corrigée & augmentée d'un grand nombre de mots, de phrases tant angloises que françoises, & de tous les termes de marine usités dans l'une & l'autre langue. Lyon, 1780, 2 Bde. (in-4). – Erstausgabe: London, 1699. – Zu Abel Boyer (1667?–1729), «lexicographer and journalist», siehe BUAM V 423, ODNB VII 61–64.

[134] François de Salignac de la Mothe-FÉNELON, *Les aventures de Télémaque, fils d'Ulysse.* Nouvelle édition, corrigée plus exactement que toutes les précédentes, & enrichie de figures en taille-douce. Tome premier[–second]. Lausanne: chez Franç. Grasset & Comp., 1790, 2 Bde. (in-12). – Bd. 1: XLVIII, 416 S.; Bd. 2: 384 S. Erstausgabe: Den Haag, 1699–1700, 2 Bde. (in-12). – Zu François de Salignac de la Mothe-Fénelon (1651 bis 1715) siehe *supra,* Anm. 69.

[135] «Lisette Fivaz de Payerne [ensevelie] le 7 août 1794» (ACVD, Eb 141/18: Registre de décès de la paroisse réformée d'Yverdon, 1778–1807, S. 66, Nr. [13]). Eine «Elizabeth Salomé enfant donné[e] par Marguerite Fivat à Jean Abraham Borem de Gessenay a esté baptizée le susdit jour [le 2e Aoust 1735]. Parr[ain] Le Père & marr[aine] Dlle Elizabeth Salomé Fivat.» (ACVD, Eb 103/4: Registre de baptêmes de la paroisse réformée de Payerne, 1697–1736, S. 315, Nr. [3]).

[136] «Jeanne Marguerite Guärthling, née Mottet», verstorben am 24. April 1795.

[137] Zum Dorf Chevroux – in der Berner Landvogtei Payerne – siehe HAS 64, HLS II 262, HLS III 339.

[138] Samuel Auguste André David TISSOT, *Avis au peuple sur sa santé.* Dixieme edition originale, revue & augmentée par l'auteur; exactement conférée sur l'edition de Paris de 1782, où l'on a corrigée des fautes très-essentielles. Tome premier[–second]. Lausanne: chez François Grasset & comp., lib. & imp. et chez les principaux libraires de l'Europe, 1792, 2 Bde. (in-12). Erstausgabe: Lausanne: aux dépens de François Grasset, 1761, XI, 570 S. (in-12). – Zu Samuel Auguste André David Tissot (1728–1797), «médecin», siehe Leu XVIII 187 bis 188, Holzhalb VI 59–61, BUAM XLVI 136–138, Montet II 566–568, HLS XII 398–399.

[139] «Du 20e Juilett 1796 / [...] Deffunte D[emoisel]le Marie Elizabeth Grelet». – «Du 4e dit [Juillet 1796] / D[emoisel]le Marie Elizabeth Grelet, de la nouvelle corporation établie par LL. EE., habitante à Lausanne, decedée le 2e du courant à l'age de septante trois ans, inhumée le 4e dit au cimetière de St. Laurent» (ACVD, Eb 71/48: Registre de décès de la paroisse réformée de Lausanne, 1793–1803, f. 63v, Nr. 152).

Louise TRACHSEL *geb.* Marty (~1731–1796)[140] Lausanne	Une Bible […] Un livre de prieres en allemand	AVL, Chavannes D 539, f. 198v: 31. 8. 1796
Susanne JUAT *geb.* Bourgeois († 1797)[141] Cheseaux / Lausanne	Un Psaume à crochet[s] d'argent	AVL, Chavannes D 539, f. 213v: 27. 11. 1797

Quellen: ACVD, Bib [Cours de justice diverses du district d'Aubonne] 353–355; Bih [Cours de justice diverses du district de la Vallée de Joux] 65/1–17; Bik [Cours de justice diverses du district de Morges] 590–598; Bim [Cours de justice diverses du district de Nyon] 84, 86; Bit [Cours de justice diverses du district d'Yverdon] 58–137, 217, 246, 252, 455–488. – AVL, Chavannes D 533–539: Inventaires de biens faits sur ordre du Conseil, 1694–1798.

140 «Du 31e Aout 1796 / […] deffunte honnorée Louïse Marty, veuve du s[ieu]r Philippe Trachsel». – «Du 5e Aoust 1796 / Louïse Marty, veuve de Philippe Trachsel, de Watenville [Wattenwil BE], décedée le 3e du courant, à l'age de soixante cinq ans, inhumée le 5e dit au cimetière de St. Laurent» (ACVD, Eb 71/48 : Registre de décès de la paroisse réformée de Lausanne, 1793–1803, f. 65v, Nr. 171).

141 «Inventaire des meubles et effets de deffunte hon[nor]ée Susanne née Bourgeois, veuve d'Abra[ha]m Juat de Cheseaux, vivante habitant à Lausanne. Du 27e Novembre 1797.»

Tabelle 2.2: Kleinstbibliotheken von Bernerinnen, 1718–1796[1]

Vorname, Name (Lebensdaten) Herkunft[2] / Beruf	Bücherbestände (Wert in Batzen)[3]	Signatur im StABE Datum[4]
Elisabeth NÖTIGER *geb.* Fellenberg (1659–1737)[5] Bern	1 in Pergament eingebundene Bibel (20 bz)	B IX 1416, Nr. 26, S. [4]: «Bücher» 29. März 1718
Elisabetha ARCHER *geb.* Schär (* 1667)[6] Bern	1 Hauß postil in folio[7] 1 Schatzkamer Heil. Schrifft[8] 1 Tomus der Herbornischen Bibel[9] 1 Schreib-Buch in folio [zusammen] (25 bz)	B IX 1417, Nr. 12, S. 7 3. Dez. 1722

[1] Für die die Bibliotheken der Stadtbernerinnen vgl. Furrer (2012) 79–105. – Hinzuzufügen wäre aus dem Jahr 1802 «1 Psalmenbuch mit silbernen Schlößlein» (zu 6 £ versteigert), im Besitz von Catharina Imhof geb. Leu (~1734–1802). Siehe StABE, B IX 1497, Nr. 7 (Geltstag vom 26. Febr. 1802), S. 14; Bern B XIII 536: Burgerliche Totenrodel II, S. 147, Nr. 1; Furrer (2018) 9, Anm. 3.

[2] Ortschaften ohne Kantons- oder Länderbezeichnung – AG, VD, D – liegen im heutigen Kanton Bern.

[3] 1 Berner Krone (V) = 3 1/3 Berner Pfund (lb) = 25 Berner Batzen (bz) = 100 Berner Kreuzer (xr). Siehe dazu Körner/Furrer/Bartlome (2001) 81, Furrer (2011b) 24.

[4] Datum der Gutheissung, Bestätigung («corroboration») des Rodels durch die Obrigkeiten.

[5] «Wittfrauw und Burgerin der Statt Bern». – «Frauw Elisabeth Fellenberg» starb am 24. Dezember 1737 in Bern (StABE, Bern B XIII 535: Burgerliche Totenrodel I, S. 69, Nr. 2426). – Am 13. Juni 1690 heiratete «Nöthinger, Simon, Predikant zu Bolligen» daselbst eine «Elsbeth Fellenberg» (BBB, Burgerliche Eherodel V, S. 271). – «Elisabeth» Fellenberg wurde am 11. März 1659 als Tochter von «Hr. Jacob Fellenberg [und] Fr. Maria Koler in Bern getauft (StABE, Bern B XIII 525: Burgerliche Taufrodel IX, S. 62, Nr. 9. – Zu Sim(e)on Nötiger (1658–1726), Pfarrer von Bolligen 1690–1695, Pfarrer von Worb 1695–1699, Helfer am Berner Münster 1699–1706, Pfarrer am Münster 1706–1718, Dekan 1718–1726, siehe StABE, Bern B XIII 525: Burgerliche Taufrodel IX, S. 58, Nr. 4; Werdt 249, Nr. 20; Lohner (1862) 30, 33, 38, 70, 160.

[6] «weiland Hrn. Jacob Archers sel. Wittib». – «Elßbeth» Schär wurde am 19. Mai 1667 als Tochter des Schiffmanns «M[eiste]r Abraham Schär und der Barbara Mader in Bern getauft (BBB, Burgerliche Taufrodel IX, S. 341, Nr. 4). Sie heiratete am 1. Juli 1692 Jakob Archer (* 1662) in Bolligen (BBB, Burgerliche Eherodel V, S. 289). – Eine «Fr. Archerin am Thor unter dem Stalden» starb am 22. Dez. 1723 und wurde am 24. Dez. in Bern begraben (StABE, Bern B XIII 535: Burgerliche Totenrodel I, S. 17, Nr. 621).

[7] Martin LUTHER, *Hauspostill uber die Sontags und der fürnemesten Feste Evangelien, durch das gantze Jar.* Auffs new zugericht, und in Druck geben. [Jean], 1579, [3], 164, 222, 65, [8] Bl. (in-2). – Zum Reformator Martin Luther (1483–1546) siehe Leu XII 397–399, BUAM XXV 448–461, LR 430–431, EP 921–922, Jaumann 421–423, NDB XV 549–561, DBE² VI 634–635.

[8] Lucas STOECKLE, *H. Göttlicher Schrift Schatzkammer, oder: Teutsche Biblische Concordantzen,* Herborn, 1606, [6] Bl., 731 S., [1] gef. Bl. (in-4). – Zum Theologen Lucas Stoeckle (erw. 1596–1610), «der heiligen Schrift Doctor und Pfarherr zu Newhausen, in Churfürstlicher Pfaltz gelegen», siehe DBI 3447.

[9] Johannes MELCHIOR, *Kinder-Bibel, oder: Kurtzer Außzug der nöthigsten und nützlichsten Geschichte, Sprüchen und Geheimnüssen auß allen Büchern der Heiligen Schrifft [...].* Nun zum zweyten mal gedruckt, vermehrt und von vielen Druckfehlern gesäubert. Herborn, 1705, 2 Bde. (in-8). – Bd. 1: [24], 264 S; Bd. 2: 115, [5] S. – Erstausgabe: Herborn, 1688, 2 Bde. (in-8). – Zum reformierten Kanzelredner und Dogmatiker Johann Melchior / Johannes Melchioris (1646–1689) siehe ADB XXI 291–292, DBI 2294.

Margaritha BUCHER *geb.* Fels (1708–1748)[10] Bern	Plutarchus[11] (10 bz) Ein Kräüterbuch[12] (30 bz) 20 unterschidenliche Büchli (20 bz)	B IX 1421, Nr. 16, S. 6 22. Juni 1741
Ester LUGINBÜHL *geb.* Sutermeister (~1700–1741) Langnau i. E.[13] / Bern	Eine wohl conditionirte Bibel (30 bz)	B IX 1422, Nr. 2, S. 7 25. Januar 1742
[Anna] Catharyna HEGGI *geb.* Schaub (* 1686)[14] [Bern]	Hadamiry Underweisung, wie junge Fürsten etc. instruiert werden sollen[15] (1 bz) Sprüngli Geheimnus der Gottseligkeit[16] (2 bz) Ernesty Andreae lautere Milch[17] (1 bz)	B IX 1422, Nr. 13, S. 6: «An Bücheren» 7. Februar 1743

[10] «Burgerin der Statt Bärn». Margaritha Fels wurde am 25. Mai 1708 als Tochter des «Franz Rudolff Felß» und der Susanna Dorothea von Erlach in Bern getauft (BBB, Burgerliche Taufrodel XI, S. 605, Nr. 5). «Fr. Margaretha Bucher, geb. Fels» starb am 16. Januar 1748 in Bern (BBB, Burgerliche Totenrodel I, S. 144, Nr. 5).

[11] Zum griechischen Philosophen und Historiker Plutarchos / Plutarch (~45–~125) siehe DNP IX 1159–1175.

[12] [Theodor ZWINGER d. J.], *Theatrum botanicum, das ist: Neu vollkommenes Kräuter-Buch, worinnen allerhand Erdgewächse der Bäumen, Stauden und Kräutern, welche in allen vier Theilen der Welt, sonderlich aber in Europa herfür kommen [...].* Erstens zwar an das Tagliecht gegeben von Herren Bernhard Verzascha. Anjetzo aber in eine gantz neue Ordnung gebracht, auch mehr als umb die Helffte vermehret und verbessert durch Theodorum Zvingerum [...]. Basel: gedruckt und verlegt durch Jacob Bertsche, 1696, [8], 995, [53] S. (in-2). Zum Mediziner und Naturwissenschaftler Theodor Zwinger d. J. (1658–1724) siehe Leu XX 570–578, BUAM LII 523–524, ADB XLV 547, DBE[2] X 911, HLS XIII 911; zum Arzt, Pädagogen und Botaniker Friedrich Zwinger (1707–1776) siehe HLS XIII 910.

[13] «Gelts-Tag Rodul Ester Suter Meister sel. deß außgetrettenen Franz Ludwig Lugibühls deß Schneiders von Langnau Eheweib». – «Frantz Ludwig» Luginbühl wurde am 9. April 1697 «zu Bern» als Sohn von «Christian Lugenbül u[nd] Margret Schramberger» getauft (StABE, K Langnau 7: Taufrodel, 1697–1725, S. 8, Nr. [6]). – «Frantz Ludwig Lugenbühl v[on] Langnau [und] Ester Sutermeister von Zoffingen» wurde «den 18. Jan. [1728] zu Bern eine eheliche Tochter, nahmnes Johanna Catharina» getauft; «Franz Ludwig Lugibühl v[on] L[angnau] [und] Ester Sutermeister» wurde «den 28. Apr[il] [1736] zu Bern eine ehe[liche] «Margaritha Ester» getauft (StaBE, K Langnau 8: Taufrodel, 1726–1744, S. 39, Nr. [6]; S. 192, Nr. [8]). – Zum Dorf Langnau im Emmental siehe HLS VII 643–645.

[14] «Meister Emanuel Heggin († 1741), deß Strümpfwäbers sel. hinderlassene Wittib». Emanuel Heggi und «Anna Kathrina Schaub, von Büren» heirateten am 17. Oktober 1710 in Bern (BBB, Burgerliche Eherodel VI, S. 97). – «Anna Catharina» Schaub wurde am 30. Mai 1686 als Tochter von «Johan Heinrich Schaub [und] Anna Catharina Frutig» in Büren getauft (StABE, K Büren 4: Taufrodel, 1684–1723, S. 13, Nr. [2]). – «Hr. Emannuel Heggi, Strümpfwäber» starb am 11. September 1741 in Bern (StABE, Bern B XIII 535: Burgerliche Totenrodel I, S. 87, Nr. 2920).

[15] Reinhardus HADAMARIUS [i. e. Reinhard LORICH], *Wie iunge fursten und grosser herren kind rechtschaffen instruirt und unterwisen [...] mögen werden.* Marburg, 1537, 487 S. (in-8). Reprint: Zschopau, 1884; Leipzig, 1973. – Zum evangelischen Pfarrer, Theologen und Dichter Reinhard Lorich (1500–1564) siehe DBI[3] 3557.

[16] Samuel SPRÜNGLI, *Das grosse in dem heil[igen] Abendmahl verborgene Geheimnuß der Gottseligkeit von Jesu Christi dem Gecreutzigten.* In catechetischer Lehr-Arth auff eine süsse und einfaltige Weise eröffnet und allen Heils-begierigen Seelen zur gemeinen Erbauung ans Tage-Liecht gestellet. Mit einem Anhang schöner, auserlesener, zum rechten Gebrauch des Heil. Abendmahls dienender Gebätteren. Bern: Samuel Küpffer, 1726, [84], 318, [2] S. (in-8). – Zu Samuel Sprüngli (1687–1771), Pfarrer in St. Stephan 1720–1737, in Kölliken AG 1737–1770, in Eriswil 1770–1771, siehe Leu XVII 439, Holzhalb V 582; Werdt 332, Nr. 226; Lohner (1862) 308, 619, HBLS VI 483. – Siehe Furrer (2012) 457, Abb. 22.

[17] Ernst ANDREAE, *Die vernünfftige lautere Milch vor die jetztgeborene Kindlein.* Zum andern Mahl auffgeleget und in vielen Orthen vermehret. Bern: Georg Sonnleitner, 1651, [23] Bl., 331 S., [2] Bl. (in-8). – Frühere Ausgabe: Bremen, 1645, [46], 279 S. (in-8) (in-8); weitere Ausgabe: Bern, 1663. – Zum reformierten Theologen und Pfarrer Ernst – oder Ernestus – Andreae (1604–1652) siehe DBI 72.

Johanna KÄNZI *geb.* Mader (1668–1743)[18] [Bern]	1 Bibel (10 bz)	B IX 1422, Nr. 17, S. 7 4. Mai 1743
Catharina SCHÄGG *geb.* «Bäcklin» († 1751)[19] [Bern]	Ein Psalmen Buch (11,25 bz)	B IX 1445, Nr. 5, S. 5 11. Juni 1751
Anna RYSER *geb.* Ruch († 1756?)[20] Kaltenherberge[21]	Ein Paradeis gärtlein[22] (5 bz) / Ein Psalmenbuch (5 bz) / Ein Testament (4 bz) Ein Manuali,[23] und ein Lustgärtli[24] (2 bz)	Bez Trachselwald A 1003, Nr. 10, S. [3–4] 8. April 1756
N. N. EYEN Bümpliz / Bern	1 Bibel (30 bz) / 1 Psalmenbuch (5 bz) etwelch alte Bücher (3 bz) / 1 anderes Buch (1 bz) / noch ein paar andere (2,5 bz)	B IX 1447, Nr. 3, S. 5, 9 3. Dez. 1757
[Christina] DÜNZ *geb.* Mäder (1705–1758)[25] Bern	1 Bibel in fol. (50 bz) Lut[h]ers Gesang Buch[26] samt Testam[en]t (15 bz)	B IX 1447, Nr. 12, S. 18 18. Sept. 1758

[18] «Gelts-Tag Rodull über der verstorbenen Johana Mader M[ei]st[e]r. Abraham Känzigs des Deken sel. Wittib, hinterlassene Effecten». – Johanna Mader wurde am 12. August 1668 als Tochter des «Johann Rudolff» Mader und der Dorothea Habold in Bern getauft (BBB, Burgerliche Taufrodel IX, S. 378, Nr. 2). «Frauw Johanna Känzi geb. Mader alt 75 Jahr» starb am 26. Februar 1743 und wurde am 27. Februar in Bern begraben (StABE, Bern B XIII 535: Burgerliche Totenrodel I, S. 94, Nr. 3110).

[19] «Geltstag-Rodel über der ohnlängst allhier verstorbenen Catharina Schägg, gebohrne Bäcklin verlaßenes Vermögen und Schulden».

[20] «Gelts-Tag-Rodel über der unlangst verstorbenen Anna Ruch, weiland Niclaus Rÿsers hinterlaßene Wittib, beÿ Leben geseßen in der Kalten Herberig Grichts Affoltern, hinterlaßenes Vermögen und Schulden, gehaltenen Gelts-Tag [...]».

[21] Zum Weiler Kaltenherberge der Gemeinde Roggwil in der «Landvogtei Aarwangen» siehe HAS 60, HLS II, 261, HLS X 388–389.

[22] Johann ARNDT, *Paradies-Gärtlein geistreicher Gebeter in Liedern.* Dritter Druck, von M. Philipp Friedrich Hiller, Pfarrern zu Steinheim am Albuch. Tübingen, 1751, [14], 667, [29] S. (in-8). – Erstausgabe unter dem Titel: *Paradiß Gärtlein, voller christlicher Tugenden [...].* Magdeburg, 1612, [28] Bl., 638 S., [2] Bl. (in-8). – Zum lutherischen Pfarrer und Erbauungsschriftsteller Johann Arndt (1555–1621) siehe BUAM II 512–513, ADB I 548–552, NDB I 360–361, Jaumann 45–46, DBE² I 217, FNID I 146–157; zum evangelischen Theologen und Liederdichter Philipp Friedrich Hiller (1699–1769) siehe ADB XII 425–426, NDB IX 151–152, DBE² IV 853.

[23] Vielleicht: Martin MOLLER, *Manuale de præparatione ad mortem: Heylsahme und sehr nützliche Betrachtung, wie ein Mensch christlich leben, und seeliglich sterben sol.* Vorgestellet von Martino Mollero [...]. Deme beygefügt Morgen- und Abend-Gebeter, nebst schönen Sprüchen Krancke und Sterbende vorzusprechen, wie auch einige neue geistliche Lieder. Frankfurt a. M., Leipzig, 1727, [15], 264 S. (in-8). Zahlreiche Ausgaben bis 1863. – Erstausgabe: [Görlitz], 1593, [53] S., 154 Bl., [9] S. (in-8). – Zum Kirchenliederdichter Martin Moller (1547–1606) siehe ADB XXII 128, NDB XVIII 1.

[24] Matthäus WIESER, *Biblisches Lust-Gärtlein: Darinnen schöne Sprüche und geistliche Rätzel, aus allen Büchern der gantzen Heiligen Schrifft des Alten und Neuen Testaments zu finden.* Zur Anreitzung und Lust zum Biebel-Lesen für die Jugend aufgesetzet. Jetzo aufs neue nicht nur allein mit höchstem Fleiß übersehen, sondern auch mit vielen nützlichen Fragen vermehret. Nürnberg, 1732, [30] Bl. (in-8). – Erstausgabe: Freiberg, 1682, 80 S. (in-8). – Zum Liederdichter Matthäus Wieser (1617–1678) siehe DBI 3856.

[25] «M[ei]st[e]r Anthoni Dünzen deß Schneiders sel. Wittib». – «Frauw Christina Dünz, geb. Mäder, v[on] Brienz, alt 48 [i. e. 52] jahr» starb am 5. März 1758 und wurde am 8. März in Bern begraben (StABE, Bern B XIII 535: Burgerliche Totenrodel I, S. 167, Nr. 5036); «M[eiste]r Anthoni Düntz, der Schneider, alt 48 jahr» starb am 9. Juni 1752 und wurde am 11. Juni in Bern begraben (StABE, Bern B XIII 535: Burgerliche Totenrodel I, S. 141, Nr. 4372). – Christina Mäder wurde am 13. Dez. 1705 als Tochter von «Ullrich Mäder [und] Christina Riedi» in Brienz getauft (StABE, K Brienz 4: Taufrodel, 1644–1711, S. 269, Nr. [4]).

[26] Martin LUTHER, *Vollständiges Marburger Gesang-Buch zur Übung der Gottseligkeit, worinnen 615 auserlesene Trost-reiche Psalmen und Gesängen Herrn D. Martin Luthers und anderen Gottseliger Lehrer ordentlich in XII Theile verfasset und mit nöthigen Registern versehen.* Mit erbaulichen Morgen-, Abend-, Buß-, Beicht- und Communion-Gebätlein vermehrt. Marburg, 1750, 1044, 32 S.

Madlena ZYBACH *geb.* Karlen (* ~1690)[27] Grindelwald[28]	Ein Zollikoffer[29] / Ein Testament / Ein Psalmenbuch / Ein Übung der Gottseligkeit[30] / Ein Eins und alles[31] / Ein Manuali / Ein Blumen Kränzli[32] 1 Kleines Büchli.	Bez Interlaken A 577, Nr. 2, S. 14 11. Dez. 1758
Christina FUHRIMANN Leimiswil[33]	Die Glaubenswag[34] (1,25 bz) 1 Körbli samt etwelchen kleinen Büchlenen (3 bz)	Bez Aarwangen A 358, Nr. [3], S. [8] 30. Juni 1764

27 «Gelts-Tag Rodell über Madlena Karlen, Bartholome Zÿbachs sel. Wittib in Grindelwald, samtliches Vermögen und Schulden [...] coll. 11. Decemb[er] 1758». – Ein «Baltzi» Zybach wurde am 12. Jan. 1690 als Sohn von «Peter Zibach [und] Drini Stoller in Grindelwald getauft (StABE, K Grindelwald 5: Taufrodel, 1667 bis 1706, S. 193, Nr. [2]). – «Bartlome Zÿbach [und] Madleni Karlen» liessen am 24. Dez. 1716 in Grindelwald eine«Catharina» taufen; dieselben liessen am 12. Juli 1722 einen «Hans», am 4. Aug. 1726 eine Maria und am 16. Juli 1730 ein «Michel» taufen (StABE, K Grindelwald 6: Taufrodel, 1707–1755, S. 68, Nr. [1]; S. 95, Nr. [6]; S. 119, Nr. [5], S. 141, Nr. [7]).

28 Zum Dorf Grindelwald in der «Landvogtei Interlaken» siehe HAS 60, HLS II, 261, HLS V 709 –710.

29 Johannes ZOLLIKOFER, *Neu-eröffneter himmlischer Weyhrauch-Schatz, oder: Vollständiges Gebätt-Buch.* Auff allerhand Zeiten, Anligen und Personen gerichtet, darbey ein genugsamer Unterricht vom Gebrauch des Heil. Abendmahls, Besuchung der Krancken, sammt behörigen Gebätten. Auß den aller-berühmtesten englisch- und frantzösischen Theologis übersetzt und zusammen gezogen. Zum öfftern übersehen, und mit vielen Gebätten, Reimen und Gesängen vermehrt von Friederich Battier, weiland Pfarrern bey St. Alban in Basel. Basel: bey Emanuel und Joh. Rudolff Thurneysen, Gebrüdern, 1743, [28], 772, [12] S. (in-8). – Erstausgabe: Basel: in Verlag Emanuel und Hans Georg Koenigen, 1691, [28], 760, [8] S. (in-8). – Zum Pfarrer Johannes Zollikofer (1633–1692) siehe Leu XX 151–152, HBLS VII 676; zum Hebräisten und Pfarrer (Johann) Friedrich Battier (1658–1722) siehe Leu II 277–279, HBLS II 45.

30 Johann CRÜGER, *Praxis pietatis melica, das ist: Ubung der Gottseligkeit.* In christlichen und trostreichen Gesängen, Hrn Doctor. Martini Lutheri fürnemlich, wie auch anderer seiner getreuen Nachfolger, und reiner evangelischer Lehre Bekenner ordentlich zusammen gebracht; und jetzo mit den neuesten, schönsten und trostreichsten Liedern biß 1316 vermehret. Auch zur Beförderung des sowohl Kirchen- als Privat-Gottesdienstes die nöthigsten mit zahlreichen beygesetzten bißhero gebräuchlichen und vielen schönen neuen Melodien angeordnet. [...] Nebst Johann Habermanns vermehrtem Gebet-Buche. Editio XLIII. Berlin, 1733, [48], 1316, [1], 122, [2] S. (in-12). – Erstausgabe: Berlin, 1653, [14], 953, [15] S. (in-12). – Über vierzig Ausgaben bis 1736. – Zum Komponisten und Musiktheoretiker Johann Crüger (1598–1663) siehe ADB IV 623–624, NDB III 428–429, BBKL I 1172–1174, DBE[2] II 450; zum lutherischen Theologen und Hebraisten Johann Habermann / Johannes Avenarius (1516–1590) siehe ADB I 699, NDB I 467, DBE[2] I 284.

31 Johann Jacob HALLER, *Eins und Alles, oder: Anweisung, was ein rechtschaffener Christ auff der Pilger-Straß diser Welt allermeist und eintzig soll suchen, darbey er alles findet, was ihn hier zeitlich und dort ewig vernügen, erfrewen und sälig machen kan.* Sammt angehencktem Spiegel, wie ein wahrer Christ vor Gott und der Welt lebt und thut. Allen wahren Christen, insonders meinen Pfarrkindern zu desto deutlicher Unterweisung und Anwachung in dem Reich Jesu Christi, in Frag und Antwort fürgestellt durch Johann Jacob Haller, Prediger Göttlichen Worts bey einer Christenlichen Gemeind zu Lyß. Burgdorf; gedruckt zu Basel, 1695, [14], 222 S. (in-8). – Erstausgabe: Basel, 1692, [12], 222 S. (in-8); «A. 1692. Eins und Alles zu Bern [i. e. Basel] in 8° und noch dreymahl, und letstlich A. 1703 in Druk gegeben» (Leu IX 451). – Siehe Furrer (2012) 453, Abb. 18. – Zum Pfarrer Johann Jacob Haller (~1655–1717), siehe Leu IX 451.

32 Vielleicht: *Anmuthiger Blumen-Krantz aus dem Garten der Gemeinde Gottes: In sich fassend allerhand göttliche Gnaden- und Liebes-Würckungen, ausgedruckt in geistlichen lieblichen Liedern.* Zum Dienst der Liebhabere des Lobes Gottes gesamlet. [s. l.], 1712, 757 S. (in-8).

33 Zum Dorf Leimiswil in der «Landvogtei Aarwangen» siehe HAS 60, HLS II, 261, HLS VII 759.

34 Stephan GABRIEL, *Glaubens-Waag, nach der Richtschnur des Heil. Worts Gottes gerichtet.* Mit welcher die wahre Evangelische Religion gegen der widerwärtig-Päbstlichen gehalten und abgewogen, zugleich aber auch erwisen wird, was massen das Gewicht der ewig-göttlichen Wahrheit bey der Evangelischen und nicht bey der jetzigen Päpstlichen Kirchen bestehe. Zürich: bey Joh. Heinrich Bürckli, 1738, 208 S. (in-8). – Deutsche Erstausgabe: Basel: bey Georg Decker, 1648, [14], 319 S. (in-12), weitere Ausgaben in den Jahren 1707, 1712, 1715, 1716, 1722, 1735, 1757. – Zum reformierten Theologen, Pfarrer und Dekan Stephan – oder Stef(f)an – Gabriel (1565–1638) siehe Leu VIII 2, HLS V 54, DBE[2] III 652.

Margaretha SCHMID *geb.* Gruner (1716–1778)[35] [Bern]	1 Buch (1 bz) 1 Buch (0,5 bz)	B IX 1450, Nr. 1, S. 6, 11 25. August 1764
Anna Maria GUNNIER *geb.* Wernli[36] Thalheim AG[37]	Ein Psalmenbuch mit Silber beschlagen (80 bz) / Eine folio Bibel (51 bz) / Übung der Gottseligkeit[38] (5,5 bz)	B IX 1488, Nr. 13, S. 8 8. Juni 1767
[Maria Magdalena] ZEENDER *geb.* Zeender (~1702–1767)[39] Bern	1 Bibel in fol. (28 bz)	B IX 1547, Nr. 9, S. 5 19. Nov. 1767
Maria STAUFFER (1718–1771)[40] Bern Näherin	1 Neues Testament (6 bz) / Arndts wahres Christenthum[41] (10 bz) / Bachofen[42] (5 bz) / 1 Bättbuch (7 bz) / Jeremias Dicken vom guten Gewissen[43] (2 bz)	B IX 1530, Nr. 5, S. 11, 12 11. Juli 1771

[35] «Fr. Margreta Schmid, geborne Grunner alt 62 Jahr» starb am 17. Oktober 1778 und wurde am 20. Oktober in Bern begraben (StABE, Bern B XIII 536: Burgerliche Totenrodel II, S. 7, Nr. 73). – «Margaritha» Gruner wurde am 29. Okt. 1716 als Tochter von «Herr David Gruner, *Marchand Banquier,* [und] Frau Johanna Maria Malacrida» in Bern getauft (StABE, Bern B XIII 528: Burgerliche Taufrodel, 1712–1729, S. 160, Nr. 3). – Zu David Gruner (1686–1764) siehe HLS V 766.

[36] «gebohrner Wernli von Thalheim [AG], M[ei]st[e]r Ludwig Gunniers des Mezgers sel. Wittib».

[37] Zum Dorf Thalheim in der bernischen «Landvogtei Schenkenberg» siehe Leu XVIII 70–71, HLS XII 302.

[38] Karl Heinrich von BOGATZKY, *Die Übung der Gottseligkeit in allerley geistlichen Liedern.* Zur allgemeinen Erbauung dem Druck überlassen. Halle, 1750, [24], 614, [14] S. (in-8). – Zweyte vermehrte Auflage. Halle, 1755, [22], 380, [4] S. (in-12). – Zum evangelischen Theologen und Erbauungsschriftsteller Karl Heinrich von Bogatzky (1690–1754) siehe ADB III 37–39, NDB II 414–415, DBE I 640.

[39] «Fr. Stadt Lieutenantin Zeender, alt 65 [Jahre], starb am 20. Juli 1767 (BBB, Burgerliche Totenrodel I, 1719 bis 1772, S. 282, Nr. 38). – «H. Frantz David Zeender [und] Fr. M. Magdalena Zeender» liessen am 26. Jan. 1727 «zu Ins» eine Rosa Elisabeth taufen; «H. Frantz David Zeender, Specierer, [und] Fr. Maria Magdalena Zeender» liessen am 6. Sept. 1728 in Bern einen «Frantz David» (* 31. 8. 1728), am 13. Okt. 1732 einen «Samuel Frantz» (* 6. 10. 1732), am 22. Juli 1734 eine Maria Magdalena taufen; «H. Frantz David Zeender, Lieutenant [und] Fr. Maria Magdalena Zeender» liessen am 24. Dez. 1736 einen Sigmund Gabriel (* 14. 12. 1736) taufen; «H. Frantz David Zehnder, Houptman, [und] Fr. Maria Magdalena Zehnder» liessen am 13. Febr. 1741 eine Johanna Salome taufen; «Hr. Frantz David Zeender, Statt Leutenant [und] Fr. Maria Magdalena Zeender» liessen am 25. April 1745 einen David Daniel (* 24. 4. 1745) taufen (StABE, Bern B XIII 528: Burgerliche Taufrodel XII, S. 420, Nr. 7; S. 468, Nr. 4; Bern B XIII 529: Burgerliche Taufrodel XIII, S. 94, Nr. 1; S. 153, Nr. 5; S. 232, Nr. 2; S. 381, Nr. 1; S. 509, Nr. 3). – «Herr Franz [David] Zehender von Bern und Jgfr. Maria Maga[lena] Zehender auch von Bern, crafft eines Scheins vom E[hrenden] Ober-Chorgricht, cœlebs cum cœlibe» heirateten am 12. Nov. 1725 in Ins (StABE, K Ins 8: Eherodel, 1711–1741, S. 21). – «Frantz David» Zeender wurde am 22. Juni 1700 als Sohn von «Hr. Frantz Ludwig Zeender [und] Fr. Maria Madle Gatschet» in Bern getauft (Bern B XIII 527: Burgerliche Taufrodel XI, S. 371, Nr. 1).

[40] Johanna Maria Martha Stauffer wurde am 11. März 1718 als Tochter des Glasers Johann Friderich Stauffer und der Maria Leemann in Bern getauft (BBB, Burgerliche Taufrodel XII, S. 195, Nr. 6). Sie starb am 14. April 1771 im Alter von 53 Jahren und wurde am 16. April in Bern begraben (BBB, Burgerliche Totenrodel I, S. 302, Nr. 22). – Vgl. Furrer (2008) 230.

[41] Johann ARNDT, *Samtliche sechs geistreiche Bücher vom wahren Christenthum, das ist: Von heilsamer Busse, hertzlicher Reue und Leyd über die Sünde, wahrem Glauben, auch heil. Leben und Wandel der rechten wahren Christen.* Neue Auflag mit Figuren. Samt richtigen Anmerckungen, kräfftigen Gebättern über alle Capitel, und einem sechsfachen Register. Zürich: getruckt in Bürgklischer Truckerey, 1766, [18], 1348 S. (in-8).

[42] Johann Kaspar BACHOFEN, *Musicalisches Halleluja, oder schöne und geistreiche Gesänge.* Mit neuen und anmuthigen Melodeyen begleitet, und zur Aufmunterung zum Lob Gottes in Truck übergeben. 8. und privilegierte Auflage. Zürich, 1767, 880 S. – Erstausgabe: Zürich, 1727, 476 S. – Zum Komponisten Johann Caspar Bachofen (1695–1755) siehe DBE^2 I 310, HLS I 642.

[43] Jeremiah DYKE, *Gut Gewissen, oder: Guldener Gewissens-Sonnenzeiger, in welchem die Natur-Mittel, Kennzeichen, Nutzen und Nothwendigkeit eines guten Gewissens als eines christlichen Lebenzeiger sehr herzlich und schön vorgeschrieben und deutlich vorgestellet worden.* Vormals in Englischer Spraach beschriben,

Christina WADLI (1734–1794) Bremgarten bei Bern[44] Kellermagd	1 ganze Bibel (51 bz) / 2 Theil Schweizer Lieder[45] (7,5 bz) / 1 Neües Testament (2 bz) / 1 anderes Buch (1,5 bz) / 1 Psalmen Buch (3 bz)	B IX 1539, Nr. 4 + B IX 1452, Nr. 18, S. 11, 12, 13 20. August 1773
Susanna SCHINDLER (1710–1778)[46] Niederwichtrach[47] / Bern	1 Bibel, u[nd] 1 Predigt Buch (15 bz)	B IX 1454, Nr. 16 + B IX 1527, Nr. 11, S. 6 23. Mai 1778
Maria MEYER *geb.* Dünki (~1727–1778)[48] Pizy VD[49] / Bern	Zollikofers Bättbuch[50] (5 bz) / 1 alte Bibel (11,5 bz) / das neüe Testament (7,5 bz) / 1 Buch (1 bz) / 1 Psalmenbuch (3 bz) / 1 Bättbuch (3 bz)	B IX 1454, Nr. 18, S. 12–13 15. August 1778
[Marie Louise] WERNIER *geb.* Creaturaz (1716–1786)[51] Moudon VD / Bern	alte Bücher (15 bz)	B IX 1542, Nr. 4, S. 18 17. Februar 1787

hernach ins Hochteutsche ubersetzt, von newem ubersehen [...] und zum zweyten Druck [...] verfertiget, mit einem Anhang Paulus und Judas [...] auß Robert Harris [...] gezogen und ubersetzt von Johann Christoph Salbachen. Bern: Sonnleitner, 1671, [16], 246 S, [16], 108 S. (in-8). – Deutsche Erstausgabe: Hanau, 1664, 358, [2] S. (in-12). – Englische Originalausgabe: *Good Conscience, or: A Treatise Shewing the Nature, Means, Marks, Menefit, and Necessitie Thereof.* The second edition corrected. London, 1624, [24], 330 S. (in-8). – Zu Jeremiah Dyke (1584–1639), «Church of England clergyman», siehe ODNB XVII 497–498; zum reformierten Theologen und Übersetzer Johann Christoph Salbach oder Saalbach (~1640–1706) siehe ADB XXX 199–200, DBI[3] 4940.

44 «aus der Herrschafft Reichenbach, Kirchhöre Bremgarten». – Eine «Waadli, Christina, Wittib, von Zollikofen, 60 Jahr» alt, starb am 22. September 1794 und wurde am 24. Sept. in Bremgarten begraben» (K Bremgarten 12: Totenrodel, 1752–1806, S. 180). – Ein «Wadle, Jacob, aus der Herrschafft Reichenbach» heiratete am 21. Febr. 1755 in Bremgarten» eine «Christina Meßerli, von Amsoltingen» (K Bremgarten 9: Eherodel, 1752–1807, S. 230).

45 [Johann Caspar LAVATER], *Schweizerlieder.* Von einem Mitgliede der helvetischen Gesellschafft zu Schinznach. Zweyte vermehrte verbesserte Auflage: Bern: Beat Ludwig Walthard, 1767, 171 S., [3] Bl. (in-8). – Enthält: Buch 1: Historische Lieder; Buch 2: Patriotische Lieder. – Zum reformierten Theologen und Schriftsteller Johann Caspar Lavater (1741–1801) siehe Holzhalb III 464–470, ADB XVIII 783–794, NDB XIII 746 bis 750, DBE[2] VI 290–291, HLS VII 716–717.

46 «Susanna Schindler, von Wichtrach, alt 69 Jahre», starb am 20. Jan. 1778 und wurde am 22. Jan. in Bern begraben (StABE, Bern B XIII 567: Ausburger-Totenrodel II, 1778–1800, S. 3, Nr. 9). – «Susanna» Schindler wurde am 14. Dez. 1710 als Tochter von «Christen Schindler [und] Elsbeth Berger» in Wichtrach getauft (K Wichtrach 4: Taufrodel, 1708–1755, S. 12, Nr. 78).

47 Zum Dorf Niederwichtrach in der «Landgericht Konolfingen» siehe Leu XIX 409–410, HAS 60, HLS II, 261, HLS IX 262–263.

48 Witwe des Strumpfwebers Johannes Meyer selig. – «Maria Meyer, geb. Dünki, von Pizÿ, alt 51 Jahr», starb am 22. März 1778 und wurde am 25. März in Bern begraben» (StABE, Bern B XIII 567: Ausburger Totenrodel II, 1778–1800, S. 5, Nr. 38).

49 Zum Dorf Pizy in der Berner Landvogtei Aubonne siehe Leu XIV 563, HAS 64, HLS II 262, HLS IX 757.

50 Johannes ZOLLIKOFER, *Neueröffneter himmlischer Weyhrauch-Schatz, oder: Vollständiges Gebätt-Buch.* Auff allerhand Zeiten, Anligen und Personen gerichtet, darbey ein genugsamer Unterricht vom Gebrauch des Heiligen Abendmahls, Besuchung der Krancken, sammt behörigen Gebätten. Nebst einem Anhange geistlicher Liedern und Gesängen. Aus den allerberühmtesten englisch- und frantzösischen Theologis übersetzt und zusammen gezogen. Basel: bey Emanuel Thurneysen, 1772, [32], 760, [8] S. (in-8).

51 «Frau Goldschmiedin». – Marie Creatura, von Moudon, heiratete am 1. November 1748 den Goldschmied Samuel Niclaus Wernier (* 1714) in Muri (BBB, Burgerliche Eherodel VI, S. 339; Burgerliche Taufrodel XII, S. 92, Nr. 4). Sie starb am 17. August 1786 im Alter von 71 Jahren und wurde am 19. August in Bern begraben (BBB, Burgerliche Totenrodel III, S. 55, Nr. 43). – «Marie Louyse, fille de Maitre Abraham Isaac Creaturaz, bourgeois de Moudon, et de sa femme Susanne Gros[s]man[n], aussi de Moudon» wurde am 9. August 1716 in Moudon grtauft (ACVD, Eb 88/7: Registre de baptêmes de la paroisse réformée de Moudon, 1711 bis 1729, S. 49, Nr. [4]).

Margareth GALLEY *geb.* Bock (~1710–1788)[52] Murten FR[53]	Zweÿ Psalmenbücher und ein anders Buch (1 bz)	StdtA Murten, I.A., IV/30c, Nr. 206, S. 17 18. Mai 1789
Christina TRAFFELET *geb.* Werren (1747–1789)[54] Vinelz / BE	1 Buch (3 bz) 1 Kinderbibel[55] (5 bz) 1 Grandmere [grammaire] (1,5 bz)	B IX 1537, Nr. 7, S. 9 2. Dez. 1789
Maria SENN *geb.* Brack (~1751–1796)[56] Densbüren AG[57] / Bern Wäscherin	1 Bibel und 5 andere Bücher (30 bz)	B IX 1461, Nr. 19 + B IX 1522, Nr. 4, S. 8 6. Nov. 1796

Quellen: StABE, B IX 1416–1461: *Geltstagsrödel für Geltstage im Bezirk der Stadt und des Stadtgerichts Bern,* 1700–1797; B IX 1463–1548: *Geltstagsrödel (in Einzelstücken, in alphabetischer Folge der Geltstager),* 2. Hälfte des 17. Jhs. bis 1831; Bez. Aarwangen A 358: Geltstagsrödel des ehemaligen Amts Aarwangen, Bd. 14, 1763–1764; Bez Interlaken A 577: Geltstagsrödel des Amts Interlaken, 1757–1772; Bez Oberhasli A 162: Geltstagsrödel des Amts Oberhasli, 1739–1790; Bez Trachselwald A 1003: Geltstagsakten und -rödel [Trachselwald], Bd. [13], 1755–1759.

[52] «Margaretha Bock, Meister Jacob Galleÿ deß Schumachers und Nachtwächters hinterlaßene Wittib von Murten». – «Demenach auf das den 3ten *Decembris* 1788 erfolgte Absterben der Margaretha Bock, Mstr. Jacob Galleÿ deß Schuhmachers und Nachtwächters hinterlaßene Wittib von Murten, weder der Spital zu Murten als testamentlich eingesezter Haubterb, noch der Erblaßerin *abintestat* Erben die Erbschafft annehmen wollen [...].» *(Quelle,* S. 1). – «[Hans] Jakob Galeÿ, Siegrist (?), geb. den [2]1 7br. 1710», starb am 28. April 1780 und wurde am 30. April in Murten begraben; «Margr. Galeÿ geb. Bo[c]k, 78 Jahr [alt]», starb am 20. Nov. 1788 und wurde am 22. Nov. in Murten begraben (StAFR, RP 260: Sterberegister der deutschsprachigen reformierten Kirchgemeinde Murten, 1748–1816, S. 75, Nr. 9; S. 95, Nr. [4]). – «Hans Jacob» Galley wurde am 21. Sept. 1710 als Sohn von «Jacob Galey [und] Maria Hurni» in Murten getauft (StAFR, RP 247: Taufregister der deutschsprachigen reformierten Kirchgemeinde Murten, 1697–1738, S. 152, Nr. [4]).

[53] Zu Murten siehe HLS IX 21–23.

[54] Wittwe des Rudolf Trafelet (von Vinelz) selig. – «Christina Trafilet, Kellermagd, von Vinelz, 42 J[ahre]» alt, starb am 26. Mai 1789 und wurde am 28. Mai in Bern begraben» (StABE, Bern B XIII 567: Ausburger-Totenrodel II, 1778–1800, S. 129, Nr. 90).

[55] [Abraham KYBURZ], *Catechetische Kinder-Bibel, oder: Heilige Kirchen und Bibel-Historien.* In einem ordentlichen Zusammenhang, nebst einfaltigen Rand-Fragen reichlichen Lehren und gottseligen Betrachtungen sonderlich zum Dienst und Nutzen der lieben Jugend heraus gegeben von einem aufrichtigen Kinder-Freund [i. e. Abraham Kyburz]. Bernstadt [i. e. Bern]: Joh. Bondeli seel. Wittib, [dann] Zürich: Bürckli, 1744–1745, 2 Bde. (in-8). – Bd. 1: Bestehend in LXXXII Historien Alten Testaments, 416 S.; Bd. 2: Bestehend in LXXXI Historien Neuen Testaments, 486 S. – Zum Pfarrer und Feldprediger Abraham Kyburz (1700–1765) siehe Holzhalb III 424, Guggisberg (1958) 774, HLS VII 535. – Siehe Furrer (2012) 460, Abb. 25.

[56] «Geltstags Rodel über das Vermögen und die Schulden der in Bern verstorbenen Wittwe Maria Senn von Dentschbüren gebohrnen Brack». – «Maria Senn, von Asp, Kirch[gemeinde] Dentschbüren, Wäscherin, 45 [Jahre]» alt, starb am 22. Nov. 1796 und und wurde am 25. Nov. in Bern begraben (StABE, Bern B XIII 567: Ausburger-Totenrodel II, 1778–1800, S. 229, Nr. 198).

[57] Zum Dorf Densbüren in der bernischen «Landvogtei Schenkenberg» siehe Leu VI 55–56, HAS 54, HLS II 263, HLS III 647–648.

Tabelle 2.3: Kleinstbibliotheken von Jurassierinnen, 1710–1780

Name, Vorname (Lebensdaten) Beruf	Bücherbestände	Quelle (AAEBS)[1] Datum
(Anne) Marguerite BABÉ *geb.* Simon († 1710)[2]	Un libvre in 8vo en françois intitulé le nouveau testament	Porrentruy, inventaires et partage, N° 18, S. [8]: 11. 7. 1710
Jeanne STOUFF *geb.* Passier (~1664–1714)[3]	Une vie des saincts[4] et la famille saincte[5] Il y a une huictaine de petits libvres declassés, et autres, qui sont de fort petite valeur.	*Ibidem,* N° 18, S. 14: 20. 6. 1714
Jeanne Hélène L'HOSTE *geb.* Pallain (~1655–1715)[6]	La vie des saincts en un tome Le chemin roÿal de la croix en 3 tomes[7] L'importance du salut[8] Introduction a la vie devote de S[aint]	*Ibidem,* N° 19, S. [15]: «Les libvres» 25. 10. 1715

[1] Die in den Beständen chronologisch geordneten Inventare sind nicht einzeln numeriert.

[2] «Inventaire de Anne Marguerite Simon femme d'honnorable homme Henry Babé». – «Margarita Simon uxor Joannis Henrici Babé habitantis et Lanionis obiit die quarta Julii millesimi septingentesimi decimi sepultaque fuit in Sancti Petri.» (ACJU, Registre de décès de la paroisse de Porrentruy, 1694–1753, *sub dato).*

[3] «Inventaire de dame Jeanne Passier, épouse de feu le sieur George Guillaume St[o]uff [† 1701], vivant Bandelier de Porrentruy». – «Domina Joanna Passier uxor defuncti homini Guillelmi Stuff [...] urbis Bruntruti obiit die decimâ sextâ Junii anni millesimi septingentesimi decimi quarti sepultaque fuit in cementerio Sancti Petri, ita testor erat quinquaginta circiter annoreum.» (ACJU, Registre de décès de la paroisse de Porrentruy, 1694–1753, *sub dato).*

[4] [Nicolas FONTAINE], *La vie des saints, pour tous les jours de l'année.* Augmentée de tous les saints nouvellement canonizez; l'éloge de leur vertu principale, tiré de l'Ecriture Sainte & des Peres de l'Eglise; la pratique de cette vertu, une maxime, & la priere pour chaque saint; où les fideles trouveront l'idée de la vie chrêtienne. Avec des tables tres-utiles pour les predicateurs. Par M. G. D. M. docteur en theologie. Tome premier[–IV]. Paris, 1688, 4 Bde. (in-8). – Erstausgabe: Paris, 1678, 3 Bde. (in-8). – Mehrere Ausgaben bis 1714. – Zu Nicolas Fontaine, *dit* Fontaine des Loges (1625–1709), «auteur de biographies et d'œuvres de spiritualité, traducteur», siehe BUAM XV 177–179, DBF XIV 299–300, DSAM V 672–680.

[5] P. Jean CORDIER SJ, *La famille sainte: Où il est traicté des devoirs de toutes les personnes qui composent une famille.* Derniere edition, reveuë, corrigée, & augmentée d'une table des principales matieres. Lyon, 1678, [12], 666, [22] S. (in-8). – Erstausgabe: Lyon, 1662, [36], 880 S. (in-8); weitere Ausgaben bis 1700. – Zu P. Jean Cordier SJ (1599–1673), «écrivain religieux», siehe DBF IX 632, DSAM II 2324–2325.

[6] «Inventaire de Jeanne Helene Pallain, vefve de feu Jean François L'hoste». – «Joanna Helena Pallain vidua defuncti Joanni Francisci L'hote sexagetimum circiter ætatis annum agens, sacramentisque Ecclesiæ munita obiit die decimâ tertiâ octobris anni millesimi septingentesimi decimi quinti sepultaque fuit die sequenti in cementerio Sancti Petri.» (ACJU, Registre de décès de la paroisse de Porrentruy, 1694–1753, *sub dato).* – «A Pourrentry ce vingtcinquiesme jour du mois d'octobre, de l'an mil septcent et quinze en la maison de Jacques Fleurÿ Perruquier bourgeois audit Pourrentruy, où est decedée fuê Jeanne Helene Pallain, vefve de feu Jean Francois L'Hoste vivant bourgeois de ladite ville, située en la grande rue, inventaire et description a esté faitte des biens tant meubles, que immeubles delaissés par ladite Jeanne Helene.» *(Quelle,* S. 1).

[7] Benedictus van HAEFTEN, *Le chemin royal de la croix.* Composé par Dom Benoist Hæften d'Ustrech; traduit de latin en françois [...] par le R. P. Didac. Troisieme edition revue et augmentée. Lyon, 1677, 3 Bde. (in-16). Lateinisch Originalausgabe: *Regia via crucis.* Antwerpen, 1635, XL, 404, [24] S. (in-8). – Zu Benedictus van Haeften oder van Haaften (1588–1648), «proost van Afflighem», siehe Aa III 14, BIB 824.

[8] [P. René RAPIN SJ], *L'importance du salut.* Paris, 1676, [10], 247, [2] S. (in-12). – Zu P. René Rapin / Renatus Rapinus SJ (1620–1687), «littérateur», siehe BUAM XXXVII 91–96, DSAM XIII 119–121.

	François de Sales[9] advis pour bien vivre par le R. P. Claude de Ligendes en un tome in 8[v]o[10] Methode pour aÿmer, et servir la saincte vierge du R. P. Alexis de Saloz en 1 tome in 8vo[11] le chemin asseuré du Paradis par le mesme autheur de Saloz en un tome in 4to[12] Un autre petit libvre de service spirituel	
Marguerite PASSAN *geb.* Comman († 1722)[13]	L'histoire de l'origine et progrès de nôtre dame des hermites in 8vo.[14] Item le bouquet de Myrre de l'amante sacrée in 8vo majori.[15] Item l'estat de la France in 8vo[16]	*Ibidem,* N° 20, S. [19]: 21. 9. 1722

[9] FRANÇOIS de Sales, *Introduction à la vie devote.* Edition nouvelle, revûe par le R. P. J. Brignon, de la Compagnie de Jesus, & augmentée d'un exercice spirituel durant la Sainte Messe. Bruxelles, 1709, [28], 418, [2] S. (in-8). – Zu saint François de Sales / Hl. Franz von Sales (1567–1622) siehe BUAM XL 143–154, DBF XIV 1071–1078, DGS 617–621, HLS X 648; zu P. Jean Brignon SJ (1626/27–1712), «théologien, traducteur», siehe BUAM V 605–606, DBF VII 312, DSAM I 1958–1959.

[10] P. Claude de LINGENDES SJ, *Quelques advis pour bien vivre selon Dieu.* Enrichis d'une table des matieres. Quatrieme edition. Paris, 1668, 300, [20] S. (in-8). – Erstausgabe: Paris, 1660. – Zu P. Claude de Lingendes SJ (1591–1660), «prédicateur», siehe BUAM XXIV 517, DSAM IX 856–857.

[11] P. ALESSIO da Salò OFMCap, *Methode admirable pour aymer, servir et honorer la glorieuse Vierge Marie nostre advocate.* Avec les exercices pratiquables, confirmés par les apparitions faites à ses devots. Traduite de l'italien de R. P. Alexis [Segala] de Salo, predicateur capucin, par un religieux du même ordre. Edition recente, corrigée par *** de plusieurs & notables manquemens & d'une infinité de fautes. [...]. Dijon, 1666, [22], 472, [8] S. (in-12). – Italienische Originalausgabe: *Arte mirabile per amare, servire, & honorare la gloriosa Vergine Maria.* Con li essercitii praticabili, confirmati da lei nelle apparitioni fatte a' suoi divoti. [...]. In quest' ultima impressione accresciuta & di molti essercitii & mirablili essempii adornata. Milano, 1611, [21], 288, 112, [6] S. (in-12). Erstausgabe: Brescia, 1608. – Zu P. Alessio da Salò *(conte* Segala) OFMCap (1558–1628), «autore di scritti e trattati ascetici e devozionali», siehe DSAM I 306–307, DBIT II 244–245.

[12] P. ALESSIO da Salò OFMCap, *Le chemin assuré de paradis, enseigné par N. Seigneur Jesus-Christ, en ses paroles: Si quelqu'un veut venir apres moy, qu'il renonce à soy-méme, & porte sa Croix, & me suive.* Lyon, 1674, [12], 542 S. (in-8). – Italienische Originalausgabe: *Via sicura del paradiso, insegnataci da Giesu Christo N. Sig. In quelle parole: Si quis vult venire post me, abneget semet ipsum, & tollat Crucem suam, & sequatur me.* [...]. Nuovamente posta in luce, e di vaghe figure ornata. Brescia, 1617, [68], 807, [1] S. (in-12).

[13] «[Inventaire des biens] de fuë Marguerite Coman la belle sœur et femme de Jacques Passan».

[14] Claude JACQUET, *Histoire de l'origine, du progres, et de l'etat present de la S[ain]te Chapel[l]e, située dans l'illustre Abbaie des Ermites, ou d'Einsidlen de l'ordre de S. Benoit, en Suisse, consacrée visiblement par Jesus Christ, et par lui dediée à l'honneur de son Immaculée Mere: tres renommée par son antiquité, par sa dignité, & par ses miracles.* Dressée par Reverend Sieur Messire Claude Jacquet de Pontarlier, prêtre, docteur en droit canon, & ancien chanoine de l'illustre Chapitre de l'Eglise metropolitaine de Besançon. Seconde édition, reveuë par l'auteur, & augmentée de nouveaux miracles, & d'autres choses remarquables. Einsiedeln: par Jean Henri Ebersbach, 1699, [28], 557, [3] S. (in-8). – Erstausgabe: Einsiedeln: par Joseph Reymann, 1686, [38], 495 S. (in-8). – Siehe Benziger (1912) 261–262, Nr. 130; S. 265, Nr. 222. – Zu Claude Jacquet (1624 bis 1710), «docteur ès SS. Canons, chanoine de l'Illustre Chapitre de l'Eglise metropolitaine de Besançon», siehe Benziger (1912) 261, Anm. 7.

[15] Etienne MOLINIER, *Le bouquet de myrrhe de l'amante sacrée: Composé des douleurs de la passion de N. S. Jesus-Christ, recueillie des quatre evangelistes.* Dedié à Messieurs les Penitens Noirs de Saincte Croix de Tolose. Par E. Molinier Tolosain. Toulouse, 1643, [36], 778 S. (in-8). – Erstausgabe: Toulouse, 1637, [28], 778 S. (in-8). – Zu Etienne Molinier (~1580–1647), «prédicateur, poète», siehe BUAM XXIX 325–326, DSAM X 1483–1484.

[16] Nicolas BESONGNE, *L'estat de la France.* Nouvellement corrigé & mis en meilleur ordre, où l'on voit de suite tous les officiers de la Courône, avec leurs armoiries. Ensemble les noms des officiers de la Maison du

Anne-Marie Rouge *geb.* Saulnier († 1723)[17]	un livre de vie des Saints	*Ibidem,* N° 21, S. [5]: 8. 11. 1723
Marie-Ursule Münch *geb.* Grand Richard (1678–1726)[18]	La vie des Saints et plusieurs autres livres spirituels	*Ibidem,* N° 22, S. [24]: 26. 5. 1726
Jeanne Baptiste Niegean geb. Rossignolat (~1648–1728)[19]	La vie des Saints L'écriture sainte d'autres [livres] de droits avec différents signes Nieje[h]an	*Ibidem,* N° 23, S. [33]: 7. 9. 1728
Claude Antoinie Chopard *geb.* Petit (~1647–1739)[20]	1 volume in octavo de livres de medecine / item deux autres auteurs in 4[to] de medecine / item dix autres livres in 8[vo] de peu de consequence / item differentes theses de medecine et autres[21]	*Ibidem,* N° 26, S. [12]: 28. 7. 1739
Marie Marthe Quiquerez *geb.* Frossard (~1650–1742)[22]	L'imitation de Jésus Le père Voirol en 3 tomes Le journal des Saints en 3 tomes[23] Les travaux de Jesus en 2 tomes[24]	*Ibidem,* N° 27, S. [10]: «Les livres»: 27. 4. 1742

Roy, & le quartier de leur service: avec leurs gages & priviléges, & l'explication des fonctions de leurs charges. Comme aussi des officiers des Maisons Royales, de la Reine & de Monsieur &c. Avec plusieurs traittez particuliers. Le tout enrichy d'un grand nombre de figures, & dedié au Roy. Paris, 1661, [36], 739, [3] S. (in-12). Weitere Ausgaben, z. B.: Paris, 1669, 2 Bde. (in-12); Paris, 1698, 3 Bde. (in-8). – Zu Nicolas Besongne oder Besoigne († 1697), «écrivain héraldique», siehe IBF 295.

[17] «Inventaire et description des biens appartenant à Dame Anne-Marie Saulnière [Saulnier], veuve de feu le seigneur Jean Rouge vivant bourgeois de la ville de Porrentruy».

[18] «[Inventaire des biens de] Dame Marie-Ursule Minch [Muench], née Grand Richard».– «D[omi]na Maria Ursula Grandrichard uxor Dominici Münch urbis senatoris ætatis quadraginta septorum annorum et octo mensium in communione sanctæ matris ecclesiæ animam Deo reddidit, anno millesimo septingentesimo vigesimo sexto die decimâ mensis Maji, cujus corpus die immediate sequenti sepultum est in Ecclesia S. Petri [...].» (ACJU, Registre de décès de la paroisse de Porrentruy, 1694–1753, *sub dato).*

[19] «[...] testament de fuë Jeanne Baptiste Rossignolet» *(Quelle,* S. [1]). – «Joanna Baptista Niegean nata Rossignolat ætatis octoginta circiter in communione sanctæ matris ecclesiæ animam Deo reddidit, anno millesimo septingentesimo vigesimo octavo die ultimâ mensis Augusti, cujus corpus primâ septembris sepultum est in choro S. Michaëlis sub num. 24» (ACJU, Registre de décès de la paroisse de Porrentruy, 1694–1753, *sub dato).*

[20] «Inventaire de dame Claude Antoinie Petit femme de Mr. Le D[octeu]r et M[aît]reb[our]geois Choppard de dato 29a Julii 1729». – «Domina Claudia Antonia Petit vidua domini Joannis Georgii Chopay, Medicinæ Doctoris et urbis Consulis, ætatis nonaginta et aliquot annorum in communione S. Matris Ecclesiæ animam Deo reddidit anno millesimo septingentesimo trigesimo nono die vigesima quinta mensis Julii, cujus corpus dies vigesima sexta sepulta [sic] fuit in Ecclesia S. Petri » (ACJU, Registre de S. décès de la paroisse de Porrentruy, 1694–1753, *sub dato).*

[21] Die medizinischen Werke gehörten sicher ihrem Ehemann, *docteur et maîtrebourgeois.*

[22] «[Inventaire des biens] de la défunte Marthe Quiquerez». – «Maria Martha Frossard uxor Petri Francisci Quiquerez civis, ætatis circiter nonaginta duorum annorum in communione Sanctâ matris Ecclesiæ animam Deo reddidit die duodecimâ mensis aprilis anni millesimi septingentesimi quadragesimi secundi, cujus corpus postridie sepultum fuit in cœmeterio Ecclesiæ Sancti Petri.» (ACJU, Registre de S. décès de la paroisse de Porrentruy, 1694–1753, *sub dato).*

[23] P. Jean-Etienne Grosez SJ, *Le Journal des saints, ou: Meditations pour tous les jours de l'année.* Avec un abregé de la vie des saints. Premiere[–troisieme] partie. Liège, 1728, 3 Bde. (in-8). – Erstausgabe: Lyon, 1670. Zu P. Jean-Etienne Grosez SJ (1642–1718), «écrivain religieux», siehe DBF XVI 1326, DSAM VI 1056–1057.

[24] Vielleicht : P. Thomé de Andrada OSAD, *Les travaux ou souffrances de Nostre-Seigneur Jésus-Christ.* Ouvrage écrit en espagnol par le R. Père Thomas de Jésus [...] et traduit en françois par le père Cyprien de Sainte Angélique [...]. Deuxième édition. Lyon, 1693, 3 Bde. (in-12). – Portugiesische Originalausgabe: *Os trabalhos de Jesus.* Lisboa (Lissabon), 1602–1609, 2 Bde. – Zu P. Thomé – oder Thomas – (de Jésus de) Andrada OSAD (1529 bis 1582), «agostinho», siehe BUAM II 118, DSAM XV 830–833, IBE 228; zu P.

	la maison Rustique[25] La police [?] quelques autres vieux livres de peu de consequance	
Marie Marguerite DE SYSLER *geb.* Gigon († 1750)[26]	60 volumes de differente façon et de peu de consequnce	*Ibidem,* N° 29, S. [3]: 11. 7. 1750
Marie Hélène QUELOZ *geb.* Jacolet (~1695–1760)[27]	des livres de prieres au nombre de dix	*Ibidem,* N° 31, S. [21]: 12. 5. 1760
Françoise L'HOSTE *geb.* Goetschy (~1719–1763)[28]	Six livres de differentes sortes à prier	*Ibidem,* N° 32, S. [2]: 13. 5. 1763
Marie Ursule CUENIN *geb.* Guinens (~1700–1765)[29]	dix livres de pieté	*Ibidem,* N° 32, S. [11]: 28. 2. 1765
Marie Claire Humair *geb.* Lintz († 1766)[30]	Plusieurs livres renfermés dans un petit coffre, la plus grande partie à l'usage des ecoliers, ÿ compris quelques cahiers, mercures etc. le tout de peu de valeur	Delémont, inventaires et partages, N° 6, S. [7–8]: 19. 8. 1766

Cyprien de Sainte Angélique OSAD (erw. 1674–1686), «professeur de théologie, traducteur», fehlen biografische Artikel.

[25] Louis LIGER, *La nouvelle maison rustique, ou: Economie generale de tous les biens de campagne, la nouvelle manière de les entretenir & de les multiplier.* Troisième édition, reuve, corrigée, augmentée, mise en meilleur ordre, et enrichie de figures en taille-douce, par M*** [i. e. H. Besnier]. Paris, 1749, 2 Bde. (in-4). – Erstausgabe unter dem Titel: *Oeconomie generale de la campagne, ou: La nouvelle maison rustique.* Paris, 1700, 2 Bde. (in-4). – Zu Sur Louis Liger (1658–1717), «agronome», siehe BUAM XXII 473–475, IBF 2130.

[26] «Inventaire des bien[s] de Marie Marguerite de Sysler née Gigon [vivante bourgeoise] de Porrentry».

[27] «epouse de Pier[r]e Francois Quelat [Queloz] du Conseil de ville de Porrentruy». – «Maria Helena Jacolet, uxor D[omi]ni Petri Francisci Guelat, urbis senatori, ætatis sexaginta quinque circiter annorum in communione s[anc]tæ matris Ecclesiæ animam Deo reddidit die vigesimâ mensis aprilis anni millesimi septingentesimi sexagesimi cujus corpus postridie sepultum fuit in Ecclesiâ s[anc]ti Petri [...].» (ACJU, Registre de décès de la paroisse de Porrentruy, 1754–1792, *sub dato).*

[28] Françoise Köetschi [Goetschy *ou* Goetschi]: «vivant femme de Christoph L'hoste Bourgeois de Pourrentruÿ». – «Maria Francisca Kötzchy uxor Christiophori L'Hoste civis, ætatis quadraginta quatuor circiter annorum in communione s[anc]tæ matris Ecclesiæ animam Deo reddidit die vigesimâ sextâ mensis aprilis anni millesimi septingentesimi sexagesimi tertii, cujus corpus postridie sepultum fuit in Ecclesiâ s[anc]ti Petri.» (ACJU, Registre de décès de la paroisse de Porrentruy, 1754–1792, *sub dato).*

[29] «Inventaire des biens de Marie Ursule Guinantz [Guinens *ou* Guinans], feme de Joseph Cuenin des douze notables et tuillier à Porrentruy». – «Maria Ursula Guinens uxor Josephi Cuenin civis, ætatis sexaginta quinque circiter annorum in communione s[anc]tæ matris Ecclesiæ animam Deo reddidit die decimâ septimâ mensis februarii anni millesimi septingentesimi sexagesimi quinti, cujus corpus postridie sepultum fuit in cœmeterio Ecclesiæ s[anc]ti Germani.» (ACJU, Registre de décès de la paroisse de Porrentruy, 1754–1792, *sub dato).*

[30] «Inventaire des bien[s] delaissé[s] par Marie Claire née Lintz, veuve Huma[i]rd de Delémont, après la mort de Marie Claire Lintz, veuve de Baptiste Humaird bourgeois à Delémont». – «Hon. Maria Clara Linz vidua quondam hon. Johannis Baptistæ Humair civis, o[min]bus sacramentis munita, si[li]cè in D[omi]no obiit 9[na] Maii et iacet in novo cemeterio.» (ACJU, Registre de décès de la paroisse de Delémont, 1697–1769, S. 18a).

Catherine VAUTIER *geb.* Petignat (~1717–1770)[31]	la confrérie du très saint sacrement[32] dedicatio deipare virgini lauretane[33] le théâtre de Pierre Corneille[34] Joachimi Hoppii examen institutionum imperialium[35]	Porrentruy, inventaires et partage, N° 33, S. [6]: 25. 1. 1771
Jeanne Hélène PETITRICHARD *geb.* Zeller († 1772)[36]	deux livres de prières	*Ibidem,* N° 33, S. [2]: 18. 10. 1772[37]
Marie Hélène CARNAT (~1705–1775)[38]	40 livres de très peu de valleure	*Ibidem,* N° 34, S. [13]: 18. 12. 1775[39]

[31] «[Inventaire des biens] de Catherine Vautier née Petitat [i.e. Petignat?], la dite Vautier tante, décédée un peu avant Noël». – «Catharina Vautier nata Petignat annos nata circiter quinquaginta tres in communione s[anc]tæ matris ecclesiæ obiit die decimâ septimâ mensis decembris anni millesimi septingentesimi septuagesimi, cujus corpus postridie sepultum est in cœmeterio s[anc]ti Germani.» (ACJU, Registre de décès de la paroisse de Porrentruy, 1754–1792, *sub dato).*

[32] P. J. MARGOET OP, *La confrerie du trés-saint sacrement de l'autel: Les motifs de son institution, les devoirs des confreres & les indulgences.* Ensemble un traité instructif sur la sainte messe& sur la manière pour la bien entendre; avec une explication de ses cérémonies, & des habits sacerdotaux. Par le R. P. J. Margoet des FF. Précheurs du couvent de Toulouse. Toulouse, 1731, 287, [10] S. (in-12). – Zu P. J. Margoet OP (erw. 1731), «écrivain religieux», fehlen biografische Artikel.

[33] Vielleicht: P. Louis RICHEOME SJ, *Peregrinus lauretanus, votum deiparæ virgini nuncupatum exsolvens.* Diversis piis meditationibus, ac christianis institutionibus, ut præsenti instituto accommodatis, ita cuilibet pietatis studioso utilibus ac necessariis, refertus. Nunc recens A. F. Ioanne Haickstein Cartusiæ Coloniensis Alumno, ex idiomate gallico in latinum conversus. Köln, 1612, [17], 642, [12] S. (in-8). – Französische Originalausgabe: *Le pelerin de Lorete, vœu à la glorieuse Vierge Marie, Mere de Dieu.* Pour Monseigneur le Dauphin. Bordeaux, 1604, [14], 984 S. (in-8). – Zu P. Louis Richeome SJ (1544–1625), «auteur spirituel», siehe DSAM XIII 659–663, IBF 2816; zum Übersetzer P. Johann Haickstein OCart (erw. 1612) fehlen biografische Artikel.

[34] Pierre CORNEILLE, *Le théatre (de Pierre Corneille).* Nouvelle édition. Paris, 1759, 6 Bde. (in-8). – Zu Pierre Corneille (1606–1684), «auteur dramatique», siehe BUAM IX 608–623, DBF IX 679–680, DGS 408–411.

[35] Joachim HOPPE, *Examen institutionum imperialium.* In quo et prima rudimenta, & solidiora fundamenta, typorum diversitate distincta ex ipsis textibus perspicue ostenduntur. Accessit memoriale actionum omnium, quotquot in jure occurrunt. In gratiam cupidæ LL. juventutits publici juri factum. Frankfurt a. O., 1750, [22], 656, [90] S. (in-12). – Erstausgabe: Danzig, 1684, [20], 660 [i. e. 658] S. (in-12). – Zum Juristen Joachim Hoppe oder Hoop / Hoppius (1656–1712) siehe DBI 1535.

[36] «femme de Jean François Petitrichard bourgeois de Pourrentruy décédé[e] le 29e. 7bre dernier 1772».

[37] «images / 3 images à quadres noirs / un miroir / 4 images noir[e]s plus petites / 2 petites à quadre doré / une petite ardoise / un poupon Jesus de cire».

[38] «Inventaire des biens delaissée par Marie Helaine Carnat, fillie [sic] de Jean Guillaume Carnat, Bourgeois en cette ville [de Pourrentruy] etant decedé et ayant lais[s] plusieurs heritiers». – «Joanna Helena Carnat septuaginta circiter annos in communione s[anc]tæ matris Ecclesiæ animam deo reddidit die decimâ quartâ Decembris anni millesimi septingentesimi septuagesimi quinti, cujus corpus postridie sepultum est in Ecclesiâ s[anc]ti Petri.» (ACJU, Registre de décès de la paroisse de Porrentruy, 1754–1792, *sub dato).*

[39] «[14] Les images / une image representante Nôtre Seigneur en croix cadre brun / une representante Nôtre Dame des anonciades avec un cadre doré / un cadre representant un abbé de Marbach / un autre moÿen representant la Ste Vierge et lenfant Jesus / une autre de St. Imier cadre noire / 6 autres [...] de peu de valleure / deux crucifix / deux petites cadre[s] ve[r]nit jeaune representnantes Ste Claire et l'autre la Ste Vierge / deux autres cadre[s] vernit jeaune et blanc / deux petites cadre[s] plonb vernit jeaune de lempereur et de la raine d'ongrie / 60 images de pargemin et papier de diferans saints et saintes sans cadre / 3 autre[s] cadre[s] noire[s] et une jeaune petites».

Marie Thérèse BOICHAT[40] (1728–1780)[41] «couturière»	La vie des Saints en deux tomes neuf livres de lecture et de prieres	*Ibidem,* N° 35, S. [4]: 27. 1. 1780

Quellen: Archives de l'ancien Evêché de Bâle (AAEBS), Porrentruy, inventaires et partage, N°s 15 bis 29.

[40] «Maria Theresia filia Antonii Josephi Boichat, et Mariæ Theresiæ Schwendiman conjugum nata duodecimâ baptizata fuit die decimâ tertiâ, mensis Novembris, anni millesimi septingentesimi vigesimi octavi, ejus susceptores fuerunt Franciscus Ignatius Schwendiman Lucernensis Helvetus, et Maria Helena Noblat.» (ACJU, Registre de baptêmes de la paroisse de Porrentruy, 1699–1741, *sub dato).* – «fille de feu le Sieur Antoine Joseph Boichat, vivant Conseiller au Magistrat de la ville de Pourrentruy, decedée le 27e janvier 1780». – «Maria Theresia Boichat civis, annos nata circiter quinquaginta in communione s[anc]tæ Matris Ecclesiæ animam deo reddidit die vigesimâ septimâ januarii anni Millesimi septingentesimi octogesimi, cujus corpus postridie sepultum est in cœmeterio s[anc]ti Petri.» (ACJU, Registre de décès de la paroisse de Porrentruy, 1754–1792, *sub dato).* – «Testament de Anne Marie et Marie Therese fille de defunt Monsieur Antoine Joseph Boichat vivant conseiller au Magistrat de la ville de Porrentruy» in AAEBS, Porrentruy, Testaments 8: 14 février 1777.

[41] Siehe Richard (1983) 107.

III. Mittlere, kleine und Kleinstbibliotheken von Frauen

Tabelle 3.1: *Bibliothek der Lausanner Refugiantin Susanne Delafourcade geb. Demainville († 1707)*[1] *anhand ihres Nachlassinventars vom 7.–10. Januar 1708*

Nr.	Titel im Inventar	Beschreibung der Werke
	Bildungslektüre	
1	Lettres du S[ieu]r Dauzoux	Pierre DAUZOU, *Recueil de plusieurs lettres écrites de la prison royale de Lyon, par Pierre Dauzou, pendant l'espace de plus d'un an qu'il a été detenu dans ladite prison pour la profession de l'Evangile à quelques-uns de ses amis refugiés à Lausanne avec les réponces qui lui ont été faites*. Cologne [i. e. Lausanne?], 1697, 88 S. (in-8).[2]
2	Lettres portugaises traduittes en françois	[Gabriel-Joseph (de La Vergne, *comte)* de GUILLERAGUES], *Lettres portugaises avec les responces*. Traduites en françois. Lyon, 1674, [2], 116 S. (in-12).[3]
3	La morale de L'evangille	Richard LUCAS, *La morale de l'Evangile: Où l'on traite de la nature de la vertu chrêtienne, des motifs qui nous y doivent porter, & des remèdes contre les tentations*. Traduit de l'anglois de Monsieur Lucas, ministre de l'Eglise de S. Etienne à Londres. Amsterdam, 1686, [9], 346 S. (in-12).[4]
	Unterhaltungslektüre	
4	La fugitive ressucitée	*La fugitive ressucitée: Nouvelle galante et historique*. Genève: chez Jean-Louïs Du-Four, 1688, [6], 128 S. (in-12).
5	Mercure de 9bre 1697	*Mercure historique et politique: Contenant l'état present de l'Europe, ce qui se passe dans toutes les Cours, l'interêt des Princes, leurs brigues, & generalement tout ce qu'il y a de curieux pour le Mois de Novembre 1697*. Le tout accompagné de reflexions politiques sur chaque Etat. Den Haag, 1697, S. 575–690 (in-12).[5]
6	Un autre livre intitulé Clitie	[Jean de PRÉCHAC], *Clitie: Nouvelle*. Suivant la copie, imprimée. Paris, 1680, 206 S. (in-12).[6]

[1] «Le 22 decembre 1707 est decedée Madame de Lafourcade, et a esté ensevelie le 24 au cimetiere de Saint François» (ACVD, Eb 71/42bis: Registre de décès des réfugiés français à Lausanne. Dès 1689 à 1710: Copie dactylographiée du «Registre pour les enterrements des réfugiés à Lauzane comancé ce 7e apvril 1689» (déposé aux AVL), S. 119).

[2] Zu Pierre Dauzou (erw. 1695), «protestant», siehe IBF 923.

[3] Erstausgabe: Paris, 1669, 62 S. (in-6). – Zum anonymen Verfasser des fiktiven – angeblich aus dem Portugiesischen übersetzten – Briefwechsels einer portugiesischen Nonne an einen französischen Offizier, Gabriel-Joseph de La Vergne, *comte* de Guilleragues (1628–1685), «journaliste, diplomate et écrivain», siehe BUAM XIX 165–166, DBF XVII 231–232, IBF 1597.

[4] Englischer Originaltitel: *Practical Christianity* (1677). – Zu Richard Lucas (1648/49–1715), «Church of England clergyman», siehe ODNB XXXIV 688–689.

[5] Erschienen: Parma [i. e. Den Haag], [dann] Den Haag, 1686–1782, 12 Bde. (in-12).

[6] Zum mutmasslichen Verfasser Jean *sieur* de Préchac (1647–1720), «auteur de romans d'aventure, de nouvelles historiques, d'histoires galantes et de contes de fées», fehlen biografische Artikel.

7	La S[ain]te Bible	*La Sainte Bible, qui contient le Vieux et le Nouveau Testament, c'est-à-dire: L'Ancienne et la Nouvelle Alliance.* Le tout reveu et conferé sur les textes hébreu & grec, par les pasteurs & professeurs de l'Eglise de Genève; avec les indices nécessaires pour l'instruction du lecteur. Genève: chez Samuel de Tournes, 1685, [12], 454 [i. e. 455]; 100; 133, [22]; 80 Bl. (in-4).[7]
8	Les pseaumes de David	*Les psaumes de David en vers françois.* Aprouvés par les pasteurs et professeurs de l'église et de l'académie de Genève. Nouvelle édition, revuë, et où la musique a été très-exactement corrigée. Genève: chez Fabri & Barrillot, 1707, 500, [16] S. (in-24).[8]
9	Les Pseaumes de David en Allemand avec des agrafes d'arg[ent]	*Psalmen Davids, mit gewohnlichen Reimen und Melodien.* Samt beygesetztem Biblischem Text. Nach deß Herrn Piscatoris Verteutschung. Denen die üblichste Fäst- und Kirchen-Gesäng beygefügt sind. Durchauß mit zwo Haupt-Stimmen, darunter der Baß zu mercklichem Vortheil, mit Ziffern gezeichnet worden. Bern: bey Jacob Anthoni Vulpio, 1702, [7], 462 S. (in-12).[9]
10	Nouvelles predi[c]tions de la destinée des princes	*Nouvelles predictions de la destinée des princes et Etats du monde.* Traduit de l'italien par C. L. D. – *Voorseggingen van het besluyt der vorsten en staten vande werelt.* Uit het Italiaens vertaelt door C. L. D. Venezia, 1688, [2], 107 S. (in-12).[10]
11	La pratique de pieté	Lewis BAYLY, *La pratique de pieté: Adressant le chrestien au chemin qu'il doit tenir pour plaire à Dieu.* Escrite en anglois par Lovys Bayle, docteur en théologie [...]. Traduite en françois par Jean Vernuilh, B. sur la dernière édition. Onzième édition françoise, reveuë & corrigée de nouveau. Amsterdam, 1659, [6] Bl., 407 S. (in-12).[11]
12	Les Consolations contre les frayeurs de la mort par Monsr Drelincourt	Charles DRELINCOURT, *Les consolations de l'âme fidèle contre les frayeurs de la mort.* Avec les dispositions & les préparations nécessaires pour bien mourir. Nouvelle édition, reveuë & corrigée. Lausanne: chez David Gentil, imprimeur & marchand libraire, 1701, [23], 820 S. (in-8).[12]

[7] Zu Jean – oder Giovanni – Diodati (1576–1649), «théologien», «professore de teologia, professore di lingua ebraica, traduttore», siehe BUAM XI 386–387, Montet I 239–240, EP 418–419, HLS III III 737.

[8] Andere Möglichkeit, z. B.: *Les psaumes de David en vers françois.* Revûs de nouveau sur les présedentes [sic] éditions, et approuvé[s] par les pasteurs & professeurs de l'Eglise & de l'Académie de Genève. Basel: [Johann Jacob] Genath [d. J.], 1707, 322 S. (in-8).

[9] Zum reformierten Theologen Johann(es) Piscator / Piscatorius (1546–1625) siehe Leu XIV 561, ADB XXVI 180–181, HBLS V 445, DBE[2] VII 851.

[10] Erstausgabe unter dem Titel: *Predictions sur la destinée de plusieurs princes des Estats du monde.* Antwerpen, 1684, 48 S. (in-12).

[11] Englische Originalausgabe: *The Practice of Pietie* (2. Ausgabe: 1612; das Jahr der Erstausgabe ist unbekannt). – Zu Lewis Bayly (~1575–1632), «bishop of Bangor and devotional writer», siehe BUAM III 611, BBKL I 434, ODNB IV 462–463; zu Jean Verneuil / Vernulius (~1583–1647), «traducteur», siehe IBF 3226.

[12] Erstausgabe: Charenton, 1651. [38], 785, [1] S. (in-4). – Zu Charles (Ier) Drelincourt alias Philalèthe (1595 bis 1669), «ecclésiastique protestant», siehe BUAM XII 19, DBF XI 741, IBF 1087.

13	Le Seneque chrestien	Joseph Hall, *Le Seneque chrestien, ou: Vœux et meditations divines et morales (de Monsieur Joseph Hall, docteur en theologie, doyen de Wigorne, & depuis evesque d'Exeter, & en apres evesque de Norwich)*. Le tout traduit no[u]vellement d'anglois en françois par Theodore Jaquemot, Genevois. Genéve: pour Pierre Chouet, 1663, [34], 288, [29] S. (in-12).[13]
14	Un petit Livre de prieres et meditations chrestiennes	Michel LE FAUCHEUR, *Prieres et meditations chrestiennes*. Derniere edition. Reveuës & augmentées de nouveau. Charenton, [1649], [9], 312 S. (in-12).[14]
	Unbestimmt	
15	Un vieux testam[en]t	
16	deux Livres de L['h]istoire de ta [?] filette	
17	Un autre petit Livre de prieres	
18	Un paquet de vieux Livres de peu de valleur	

Quelle: AVL, Chavannes D 533, f. 95–102 : «[...] inventaire des Effects delaissés par feu D[emoise]lle Susanne Demainvielle de la ville d'Ortet [Orthez] en Bearne, vefve de Noble Joseph Delafoucade, decedée en cette ville sans Enfans», vom 7.–10. Januar 1708, f. 100v–101: «Livres».

[13] Zu Joseph Hall (1574–1656), «religious writer and satirist», siehe BUAM XIX 329, ODNB XXIV 633–638; zu Théodore Jaquemot (1597–1676), «traducteur», siehe Leu X 527, Montet II 6–8, IBF 1751.

[14] Unauffindbare Erstausgabe: Genève, 1635 (in-2); weitere Ausgaben: Charenton, 1662, XII, 216 S. (in-12); Saumur, 1684, 373 S. (in-8). – Zu Michel Le Faucheur / Falcarius (1585–1657), «prédicateur protestant», siehe Montet I 51–52, DBF XX 682–683, IBF 2021.

Tabelle 3.2: *Bibliothek der Pruntruter Bürgerin Marie Barbe Niejehan, geb. Chay († 1710)*[1] *anhand ihres Nachlassinventars vom 28. September 1710*

Nr.	Titel im Inventar	Beschreibung der Werke
	Bildungslektüre	
1	L'abomination du Calvinisme par Rouvray	Jean-Louis ROUVRAY, *L'abomination du calvinisme*. Tome I [seul paru]. Paris [i. e. Fribourg]: par un François sans peur [i. e. Guillaume Darbellay], 1650, [34], 589, [2] S. (in-4).[2]
	Erbauungslektüre	
2	Une bible en françois	*La Sainte Bible françoise*. Selon la vulgaire latine reveuë par le commandement du pape Sixte V et imprimée de l'authorité de Clement VIII. Avec sommaires sur chaque livre du Nouveau Testament extraicts des annales du cardinal Baronius. Plus les moyens pour discerner les bibles françoises catholiques d'avec les huguenotes. Et l'explication des passages de l'Escriture selon le sens des Peres qui ont vescu avant & durant les quatre premiers conciles œcumeniques. Par Pierre Frizon, penitencier, et chanoine de l'Eglise de Reims. Premiere édition. Illustrée & ornée d'un grand nombre de figures en taille-douce [...]. Avec des tables tres-amples. Paris, 1621, [8], 583, [5], 512 [i. e. 868], [90], [53] S. (in-2).[3]
3	meditations de Beuvelet en deux petits tomes	Mathieu BEUVELET, *Meditations sur les principales veritez chrétiennes, et ecclesiastiques, pour tous les dimanches, festes, et autres jours de l'année*. Avec cinquante & une meditations, pour servir de sujet aux conferences spirituelles qui se font dans le cours de l'année. Composées pour l'usage du seminaire établi par Monseigneur l'Archevêque de Paris, en l'Eglise paroissiale de S. Nicolas de Chardonnet [...]. Derniere édition revûë, corrigée & augmentée, avec les tables des matieres, à la fin de chaque volume. Ouvrage tres-utile, non seulement aux communautez & seminaires ecclesiastiques, à toutes sortes de clercs beneficiers ou non, seculiers ou reguliers, mais encore à toutes sortes de laïques pour y connoître la grandeur de leur état, pour en prendre l'esprit & les maximes, pour s'instruire de la nature & du merite de chaque ordre, des dispositions pour les recevoir, et des moïens de s'acquiter dignement des fonctions qui y sont annexées. Enrichi à la marge de passages choisis de l'Ecri ture, des Conciles, & des Peres. [Tome I–]III. Lyon, 1690, 3 Bde. (in-4).[4]

[1] «Inventaire de feue Marie Barbe Chay femme d'honnorable homme Wilhelm Niegean [Niejehan] bourgeois».

[2] Zu Jean-Louis Rouvray († 1651), «médecin, théologien protestant converti au catholicisme», siehe HBLS V 726

[3] Zu Pierre (II) Frizon (~1588–1651), «historien», siehe BUAM XVI 88–89, DBF XIV 1317, IBF 135.

[4] Bd. 1: [22], 358, [10] S.; Bd. 2: [14], 367, [13] S.; Bd. 3: [6], 228, [8] S. – Erstausgabe: Paris, 1653; mehrere Ausgaben bis 1832. – Zu Mat(t)hieu Beuvelet (1622?–1657), «écrivain religieux», siehe DSAM I 1587.

4	Le chrestien predestiné	P. Antoine de BOISSIEU SJ, *Le chrétien prédestiné par la dévotion à Marie, mère de Dieu: Divisé en trois parties*. Lyon, 1686, [20], 905 S. (in-8).[5]
5	La saincte voye de la croix	Henri-Marie BOUDON, *Les saintes voyes de la croix: Où il est traité de plusieurs peines interieures, & exterieures, & des moyens d'en faire un usage chrestien*. Lyon, 1685, [13], 315, [2] S. (in-12).[6]
6	Les devotes occupations	*Les dévotes occupations des pensionnaires de sainte Ursule*. [...]. Revu, corrigé et augmenté de nouveau. Lyon, 1663, [...] S. (in-12).[7]

Quelle: AAEBS, Porrentruy, inventaires et partage, N° 18: «Inventaire des bien[s] de Marie Barbe née Chaÿ femme de Wielhelm Niegean de Porrentruy», S. [4]: «Les Libvres».[8]

[5] Zu P. Antoine de Boissieu SJ (1623–1691), «prédicateur, auteur de nombreux traités de dévotion, traducteur», siehe DBF VI 850, DSAM I 1758.

[6] Erstausgabe: Paris, 1671, 328 S. (in-12); mehrere Ausgaben bis 1876. – Zu Henri-Marie Boudon (1624 bis 1702), «mystique», siehe BUAM V 285, DBF VI 1265–1266, DSAM I 1887–1893.

[7] «Si les premières éditions des *Dévotes occupations des pensionnaires de Sainte-Ursule de Lyon* remontent aux années 1640, les trois quarts de nos éditions ‹à l'usage des ursulines› sont postérieures à 1740: c'est à cette date que la production devient réellement massive, en plus d'être mieux conservée et mieux repérables.» (Chapron 2012, 27).

[8] «L'an mil sept cent et dix, et le vingthuictiesme jour du mois de septembre, par devant Mons[ieu]r Jean George Quiqueré Mayre de la ville de Pourrentruy et [J. G. Simon] le Greffier de la dite ville soubscript, a esté procedé à l'inventaire, et description des biens retrouvés apres la mort de feue Marie Barbe Chay femme d'honnorable homme Wilhelm Niegean bourgeois audit Pourrentry, qui estoient communs entre elles, et sondit mary.» (Quelle S. 1).

Tabelle 3.3: *Bibliothek der Delsberger Bürgerin Anne Marguerite Roy geb. André († 1711)*[1] *anhand ihres Nachlassinventars vom 10. Juli 1711*

Nr.	Titel im Inventar	Beschreibung der Werke[2]
1	Les pensées chretiennes doubles	[P. Dominique BOUHOURS SJ], *Pensées chrestiennes pour tous les jours du mois*. Nouvellement reveües & augmentée. Lyon, 1697, [7], 138, [6] S. (in-12).[3]
	[Les pensées chretiennes]	P. Dominique BOUHOURS SJ, *Pensées chrétiennes pour tous les jours du mois*. Neuvième édition. Paris, 1675, XX, 160, [2] S. (in-32).
2	La vie de Ste Therese avec figures, impression de Grenobles	[Claudine BRUNAND], *La vie de la séraphique mère Sainte Térèse de Jésus, fondatrice des carmes déchaussez et des carmélites déchausssées: En figures et en vers françois*. Avec un abrégé de l'histoire, une réflexion morale et une résolution chrétienne sur chaque figure. [2e édition] reveuë, augmentée et corrigée. Grenoble, 1678, [12], 386, [10] S., 55 Taf. (in-8).[4]
3	Les heures de N. D. des Hermites	* Claude JACQUET, *Heures de Nostre Dame des Ermites: Contenans les exercices de la journée, de la confession & communion, les prieres des confréries du Rosaire, & du Mont-Carmel, pour diverses necessités, & pour obtenir une heureuse mort*. Dressées par Rev. Sieur Messire Claude Jacquet de Pontarlier, prètre docteur en droit, ancien chanoine de l'église metropolitaine de Besançon. *Sixième* [!] édition. Einsiedeln: par [Adam] Rupert Schedler [Schädler], *1716* [!], [33], 437, [6] S. (in-12).[5]
4	Elevation de l'ame à J. C.	[Sœur Jacqueline LE VAILLANT OSB], *Devotes elevations de l'ame chrestienne, et religieuse, vers N. S. Jesus-Christ*. En forme de meditations, ou pensées, sur les mysteres de nostre redemption; avec des prieres pour se preparer au Saint Sacrement de penitence, & à la reception de l'adorable sacrement de l'Eucharistie. Composées par une religieuse

[1] «D[omi]na Anna Margareta Andrè uxor honor. Jo. Germani Roy senatoris, sacram[entis] rità et pià munita in D[omi]no obiit 4[a] Julii 1711. Jacet in novo monumento iuxta columnum versus meridionalis.» (ACJU, Registre de décès de la paroisse de Delémont, 1697–1769, S. 13a).

[2] Zweifelhafte oder «behelfsmässige» Identifizierungen von Werken sind mit einem Sternchen (*) versehen.

[3] Erstausgabe: Paris, Cramoisy, 1669. – Älteste bekannte Ausgabe: Quatrième edition. Louvain, 1672, [10], 176, [3] S. (in-12); zahlreiche Ausgaben und Übersetzungen bis ins 20. Jahrhundert. – Zu P. Dominique Bouhours SJ (1628–1702), «polémiste, grammairien, auteur d'ouvrages de spiritualité», siehe BUAM V 307–310, DBF VI 1308–1309, DSAM I 1896, DGS 219–220.

[4] Erstausgabe: Lyon, 1670, [13], 386, [12] S. (in-8). – Zu Claudine Brunand (1630–1674), «graveuse héraldique, dessinatrice», siehe DBF VII 519.

[5] Eine frühere Auflage dieser einschlägigen Ausgabe konnte nicht gefunden werden. – Ältere Ausgabe unter dem Titel: *Exercice spirituel extrait des Heures dressées à l'honneur de Notre Dame des Ermites*. Par R. Sieur Messire Claude Jacquet ancien Chanoine de Besançon. Contenant les prieres d'une Ame devote, qui desire serieusement son salut. Solothurn: aux depens de Charles François Haberer marchand libraire à Zug, 1659, [6], 324 S. (in-12). – Zahlreiche Ausgaben bis 1835. – Zu Claude Jacquet (1624–1710), «docteur ès SS. Canons, chanoine de l'Illustre Chapitre de l'Eglise Metropolitaine de Besançon», siehe Benziger (1912) 261, Anm. 7.

		benedictine; et dediées à la Reyne. Paris, 1640, [14], 319, [1] S. (in-12).[6]
5	Le combat spirituel	[P. Lorenzo SCUPOLI OTheat], *Le combat spirituel*. Reveu, & augmenté par les RR. Peres Theatins. Derniere edition, en laquelle est adjousté le Testament de l'Ame à Dieu, & autres sainctes pensées. Dedié à Monseigneur de Geneve. Lyon, 1644, [46], 551 S. (in-8).[7]
6	L'Imitation de Jesus Christ	[THOMAS von Kempen], *De l'imitation de Jesus-Christ*. Traduction nouvelle, avec les notes d'Horstius. Par Monsieur l'Abbé de Bellegarde. Dedié à Monsieur le duc de Bourgogne. Paris, 1698, [14], L, 448, [16] S. (in-12).[8]
7	La vie et doctrine de J. Christ	*La vie et doctrine de Notre-Seigneur Jésus-Christ: Tirée des quatre évangélistes et fidèlement exprimée par leurs pures paroles*. Caen, 1659, [...] S. (in-8).
	Unbestimmt	
	et autres vieux livres latins et françois	

Quelle: AAEBS, Delémont, inventaires et partages, N° 3: «Inventaire et description sommaire de tous et singuliers les biens meubles, immeubles et de chaques effets appartenants à feuë Dame Anne Marguerite André, femme du sieur Jean Germain Roy, du Conseil de Delémont, accusés ce jour d'huy le 10e juillet l'an du salut courant 1711», S. [19]: «Les Livres».

6 Zu *Sœur* Jacqueline Le Vaillant OSB (erw. 1640) fehlen biografische Artikel.

7 Italienische Originalausgabe: *Combattimento spirituale*. Ordinato da un servo di Dio, et di nuovo in questa seconda impressione dall'istesso ampliato. Venezia, 1589, 128, [4] S. (in-12). Lateinischer Titel: *Certamen spirituale*. – Zu P. Lorenzo Scupoli OTheat (1530–1610), siehe BUAM XLI 395–396, DSAM XIV 467–484, DBIT XCI 692–694.

8 «Cette traduction, qui a eu près de 50 éditions, parut pour la première fois en 1641». (Quérard 1821–1864, IV 286–287). – Lateinische Originalausgabe: *Tractatus de ymitatione Christi*. Cum tractatulo de meditatione cordis. Nürnberg, 1492, [6], 182 Bl. (in-8). – Zum Mystiker Thomas Hemerken (Malleolus) von Kempen / Thomas a Kempis (1379/80–1471) siehe BUAM XXII 286–291, DSAM XV 817–826, LTK X 144–145, Aa IV 37–38, DBE[2] X 11, Jaumann 651–652; zu Jean-Baptiste Morvan, *abbé* de Bellegarde (1648–1734), «écrivain ecclésiastique», siehe BUAM IV 102, IBF 236; zum römisch-katholischen Theologen Jacob Merlo-Horstius (1597–1644) siehe BUAM XX 580–581, ADB XXI 447.

Tabelle 3.4: *Bibliothek der Pruntruter Bürgerin Anne Marguerite Chay, geb. Hartmann († 1712)*[1] *anhand ihres Nachlassinventars vom 8. Oktober 1712*

Nr.	Titel im Inventar	Beschreibung der Werke[2]
	Bildungslektüre	
1	Ars metrica	[P. Laurent de CELLIÈRES SJ], *Ars metrica, sive: Ars condendorum eleganter versuum*. Ab uno é Societate Jesu. Editio novissima, pririobus auctior et emendatior. Lyon, 1680, [10], 320 S. (in-12).[3]
2	Le Quinte Curce	Quintus CURTIUS RUFUS, *(Quinte-Curce:) Da vie et des actions d'Alexandre le Grand.* De la traduction de Monsieur de Vaugelas. Quatriéme édition. Sur une nouvelle copie de l'auteur, qui a esté trouvée depuis la première, & seconde impression. Avec les supplémens de Jean Freinshemius sur Quinte-Curse. Traduits par feu Monsieur Du Ryer. Paris, 1678, [20], 626 S (in-12).[4]
3	Dialecticæ legalis libri 5e en un tome	Christoph HEGENDORFF, *Dialecticæ legalis libri quinque, recogniti.* Antwerpen, 1534, 74 Bl., [3] S. (in-8).[5]
	Unterhaltungslektüre	
4	Les fleurs des histoires	N. N. HAYTON, *Les fleurs des histoires de la terre d'Orient: Divisées en cinq parties*. Lyon, 1585, 217 [i. e. 235], [5] S. (in-8).[6]
5	Histoire d'Heliodore	HELIODOROS ‹aus Emesa›, *L'histoire ethiopique d'Heliodore: Contenant dix livres, traittant des loyalles & pudiques amours de Theagenes Thessallien, & Chariclea Ethiopienne*. Traduite

[1] «Margarita Hartman uxor Joannis Baptistæ Chay obiit die vigesima septima Augusti anni millesimi septingentesimi duodecimi sepultaque est in cemeterio sancti Petri.» (ACJU, Registre de décès de la paroisse de Porrentruy, 1694–1753, *sub dato)*. – «A Pourrentry le huictiesme iour du mois d'octobre de l'an 1712, par devant Monsi[ieu]r Jean George Quiqueré Mayre de la ville de Pourrentry, et le Greffier soubscript [J. G. Simon] Inventaire, et description a esté faitte des biens tant meubles, que immeubles retreuvés apres la mort de fuê Anne Marguerite Hartman, femme d'honn[orable] homme Jean Baptiste Chay, clavier et bourgeois de ladite ville, qui ont esté communs, et ont appartenu audit Jean Baptiste pour les deux tiers, et à ladite Anne Marguerite pour le tier[s] suivant la coustume [...]» (Quelle, S. 1).

[2] Zweifelhafte oder «behelfsmässige» Identifizierungen von Werken sind mit einem Sternchen (*) versehen.

[3] Erstausgabe: Luzern: typis Godofredi Hautt, 1664, [4], 151 S. (in-12). – Zahlreiche Ausgaben bis 1755. – Zu P. Laurent de Cellières SJ (1630–1721), «poète spirituel», siehe DBF VIII 42, IBF 636.

[4] Lateinischer Originaltitel: *De rebus gestis Alexandri Magni libri decem.* – Zum römischen Rhetor Quintus Curtius Rufus (wahrsch. Mitte 1. Jh. n. Chr.) siehe DNP III 248–249. – Zu Claude Favre, *baron de* Pérouges, *seigneur* de Vaugelas (1585–1650), «académicien et grammairien», siehe BUAM XLVIII 20–23, DGS 1569 bis 1570; zum Philologen und Bibliothekar Johannes (Caspar) Freinsheim (1608–1660) siehe BUAM XVI 15–17, ADB VII 348–349, DBE[2] III 484; zu Pierre Du Ryer (1605–1656/58), «auteur dramatique, traducteur», siehe BUAM XII 387 bis 389, DBF XII 837–838, IBF 1184.

[5] Erstausgabe: Leipzig, 1531, [120] Bl. (in-8). – Zum humanistischen Dichter, lutherischen Theologen und Juristen Christoph Hegendorff oder Hegendorfer / Christophorus Hegendorffinus (1500–1540) siehe ADB XI 274, NDB VIII 227–228, LR 326.

[6] Ältere Ausgabe: Paris, [1517], [94] Bl. (in-8). – Zu *frère* Hayton / Héthoum l'Historien (~1235–~1314) fehlen biografische Artikel.

		de grec en françois, par Maistre J[acques] Amiot, conseiller du Roy, & grand aumonier de France, & de nouveau reveuë, corrigée & augmentée sur un ancien exemplaire escrit à la main, par le translateur, où est declaré au vray qui en a esté le premier autheur. Divisé en vingt-neuf chapitres ou sommaires, outre les precedentes impressions. Par le sieur [Vital] d'Audiguier. Paris, 1626, [15], 699 S. (in-8).[7]
6	Le Mercure françois en 1 tome de … des Roys	*Le mercure françois, ou: La suitte de l'histoire de la paix.* […]. Paris, 1611–1648, 25 Bde. (in-8).
7	Les Epistres d'Ovide	Publius OVIDIUS NASO, *Les epistres et toutes les elegies amoureuses d'Ovide.* Traduites en vers françois. Paris, 1676, [10], 222, [2] S. (in-12).[8]
8	Lusus allegorici	P. Pierre-Juste SAUTEL SJ, *Lusus poetici allegorici, sive: Elegiæ oblectandis animis et moribus informandis accommodatæ.* In tres libros, aut decurias distributæ. München, 1689, [4], 178, [6] S. (in-12).[9]
9	Le Virgile	* Paul SCARRON, *Le Virgile travesty en vers burlesques.* Dedié à la Reine. Lyon, 1697, [22], 637 S. (in-12).[10]
	Erbauungslektüre	
10	Les Evangiles en 1 tome	* *Les Evangiles pour les dimanches et les principales fêtes.* Avec une explication par demande & par réponse, un abregé de l'Ecriture Sainte & une explication de l'oraison mentale. Troisième édition, revuë & augmentée. Premiere[–seconde] partie. Paris, Liège, 1700, 2 Bde. (in-12).[11]
11	L'Abbregé de la vie des saincts	P. Amable BONNEFONS SJ, *L'année chrestienne, ou: L'abregé de la vie des saincts.* En faveur des personnes devotes, qui veulent vivre sainctement. Huictiesme edition, reveuë & augmentée. Paris, 1647, [422] S. (in-24).[12]
12	Le bouquet sacré	P. Jean BOUCHER OFMCap, *Le bouquet sacré, ou: Le voyage de la Terre Sainte.* Composé des roses du Calvaire, des lys de Bethléem, & des hyacintes d'Olivet. Derniere édition. Rouen, [1698], [12], 472, [8] S. (in-8).[13]
13	La Paradis ouvert à Philagie	P. Paul Boursier de BARRY SJ, *Le paradis ouvert à Philagie, par cent devotions à la mere de Dieu.* Aisées à practiquer aux jours de ses festes, & octaves qui se rencontrent à châque mois

[7] Zum Autor des Romans *Aithiopiká* Heliodoros ‹aus Emesa› oder ‹Emesenus› (3. Jh. N. Chr.?) siehe DNP V 289–291, BIA 419; zu Jacques Amyot (1513–1593), «èvêque, traducteur, grand aumônier de France», siehe BUAM II 77–80, DBF II 751–761, IBF 55; zu Vital d'Audiguier, *seigneur* de la Ménor (1569–1624?), «poète, romancier, traducteur, historien», siehe BUAM III 25, DBF IV 402–405.

[8] Zum römischen Dichter Publius Ovidius Naso / Ovid (43 v. Chr.–17 n. Chr.) siehe DNP IX 110–119.

[9] Erstausgabe: Lyon, 1656, [4] Bl., 178 S, [3] Bl. (in-12). – Zahlreiche Ausgaben bis 1763. – Zu P. Pierre-Juste Sautel SJ (1613–1662), «poète latin», siehe BUAM XL 479, IBF^3 3800.

[10] Erstausgabe: Paris, 1648, 2 Bde. (in-4). – Zu Paul Scarron (1610–1660), «poète et romancier», siehe BUAM XLI 42–48, DGS 1414–1415.

[11] Bd. 1: [22], 24, 435, [4] S.; Bd. 2: 367, [4] S.

[12] Älteste bekannte Ausgabe unter dem Titel: *L'année chrestienne […].* Seconde edition. Paris, 1640, [200] Bl. (in-16). – Zu P. Amable Bonnefons SJ (1600–1653), «auteur d'une multitude d'ouvrages spirituels», siehe DBF VI 1001, DSAM I 1859–1860.

[13] Erstausgabe: 1613; zahlreiche Auflagen bis 1755. – Zu P. Jean Boucher OFMCap (†1631), «prédicateur, voyageur, poète», siehe BUAM V 270–271, DBF VI 1207, IBF 410.

		de l'année. Augmenté d'une douzaine de faveurs memorables de la mere de Dieu envers ses devots. Lyon, 1681, [10], 492, [31] S. (in-12).[14]
14	Les sept trompettes	[P. Bartolomeo CAMBI ‹DA SALUTIO› OFMObs], *Les sept trompettes, pour reveiller les pecheurs et les porter à faire penitence*. Par le R. P. [Barthelemy] Solutive, recollet. Traduites de l'italien en françois par le R. P. F. C. Joüie, religieux du même ordre. Avec une instruction pour méditer sur les effusions du sang de Nôtre Seigneur. Lyon, [1695], [14], 462, [4] S. (in-12).[15]
15	Un tome de la vie des saincts	[Nicolas FONTAINE], *La vie des saints, pour tous les jours de l'année*. Augmentée de tous les saints nouvellement canonizez; l'éloge de leur vertu principale, tiré de l'Ecriture Sainte & des Peres de l'Eglise; la pratique de cette vertu, une maxime, & la priere pour chaque saint; où les fideles trouveront l'idée de la vie chrêtienne. Avec des tables tres-utiles pour les predicateurs. Par M. G. D. M. docteur en theologie. Tome premier[–IV]. Paris, 1688, 4 Bde. (in-8).[16]
16	Heures dediées à nostre Dame des Hermites	* *Heures dediées à l'honneur de Nostre Dame des Ermites*. Contenant les exercices du matin & du soir, et l'entretien durant la messe en latin & en françois, le 7. pseaumes de la pénitence, et la méthode de se bien confesser & communier [...]. Baden: chez Jos. Louis Baldinger, *1733*, [16], 344 S. (in-12).[17]
17	Le Mystere sacré de nostre Redemption	Polycarpe de LA RIVIÈRE, *Le mistere sacré de nostre redemption: Contenant en trois parties, la mort & passion de Jesus Christ*. II. partie [...]. Lyon, 1621, [14], 1006 S. (in-8).[18]
18	Histoire de la vie de nostre seigneur	[Nicolas LE TOURNEUX], *Histoire de la vie de Nostre Seigneur Jesus-Christ*. Nouvelle édition. Paris, Bruxelles, [1689], [70], 305, [55] S. (in-12).[19]

[14] Erstausgabe: Lyon, 1636, [16], 392, [22] S. (in-12). – Zahlreiche Ausgaben bis 1681. – Zu P. Paul (Boursier) de Barry oder Barri SJ (1587–1661), «théologien, écrivain ascétique», siehe BUAM III 431, DBF V 635, DSAM I 1252–1255.

[15] Italienische Originalausgabe: *Le sette trombe per [r]isvegliare il peccatore a penitenza, et il di lui conforto per rallegrarlo dallo spaventevole udito suono di esse*. Operetta molto utilissima, & di notabile proposito per la salute dell'anime de' peccatori, e peccatrici. Composta dal R. P. F. Bartolomeo da Saluthio, M. osservante riformato. Venezia, Bassano, [1612], 528 S. (in-12). – Französische Erstausgabe: Paris, 1620, [22], 1612, [10] S. (in-12). – Weitere Ausgaben bis 1815. – Zu P. Bartolomeo Cambi ‹da Salutio› OFMObs (1558–1617), «predicatore, autore di opere spirituali», siehe DSAM I 1264–1266, DBIT XVII 96–92; zu P. Charles Jouye OFMObs (erw. 1620), «traducteur», fehlen biografische Artikel.

[16] Bd. 1: [32], 564, [14] S.; Bd. 2: [2], 800, [10] S.; Bd. 3: [5], 906, [10] S.; Bd. 4: [4], 830, [10] S. – Erstausgabe: Paris, 1678, 3 Bde. (in-8). – Mehrere Ausgaben bis 1714. – Zu Nicolas Fontaine, *dit* Fontaine des Loges (1625–1709), «auteur de biographies et d'œuvres de spiritualité, traducteur», siehe BUAM XV 177 bis 179, DBF XIV 299–300, DSAM V 672–680.

[17] Eine frühere, einschlägige Auflage der Ausgabe konnte nicht gefunden werden. – Siehe aber: *Calendrier moderne et perpetuel, duquel est faite mention dans les heures dediées à Notre Dames des Ermites: Contenant les sentences, dont la pratique nous fera infailliblement inscrire au nombre des saints*. Einsiedeln: par Jean Henri Ebersbach, 1704, 116 S. (in-16).

[18] Einziger bekannter Teil. – Zu Polycarpe de La Rivière († ~1640), «savant», siehe IBF 1937.

[19] Erstausgabe: Paris, 1678, [...], 337 S. (in-12). – Mehrere Ausgaben bis 1717; z. B. Septième édition, revûë & corrigée. Bruxelles, 1699, 64, 272, [12] S. (in-12). – Zu Nicolas Le Tourneux (1640–1686), «prêtre, théologien», siehe BUAM XXIV 346–347, DSAM IX 727–729, DBF XXII 385–387.

19	Le Paradis des prieres	P. LUIS DE GRANADA OP, *Le paradis des prières du R. P. F. Louys de Grenade*. Recueilly en latin des œuvres spirituelles d'iceluy, et d'autres auteurs graves et devots, par M. Isselt, Allemand, et mis en nostre langue par F. François Bourdon, celestin de Paris. Dernière édition. Paris, 1621, 429 Bl. (in-12).[20]
20	Le Pensés y bien	[Philippe de MORNAY], *Le livre de pensez y bien: Contenant le moyen court, facile & asseuré de se sauver*. Dedié à la jeunesse, & à tous ceux qui desirent de jouïr de l'heureuse éternité. Augmenté de quantité de beaux mots & de la philosophie de vray chrestien. Avec l'adoration de la Croix, tiré du l'Es-clavage de Jesus, & de la Vierge. Lyon, 1673, 347 S. (in-8).[21]
21	Martyrologium Basiliense	*Martyrologium Basiliense*. Iuxta Romanum ad novam kalendarii rationem, & ecclesiasticæ historiæ veritatem restitutum. Iacobi Christophori epicscopi Basiliens[is] iussu editum. Freiburg i. Br., 1584, [18], 297, [5] S. (in-8).[22]
22	Selectæ orationes Panegyricæ PP. societ[atis] Jesu	*Selectæ orationes panegyricæ patrum societis Jesu*. Tomus primus[–secundus]. [Hg. P. Antoine Verjus SJ]. Augsburg, Dillingen, 1696, 2 Bde. (in-12).[23]
23	La source de devotion par Jacque Jeaune	* *Les sources de la vraye et de la fausse devotion: Où l'on découvre le fond de la nouvelle spiritualité, & son opposition à celle de saint François de Sales*. Mons / Bergen, 1699, [4], 200, [4] S. (in-6).[24]
	Unbestimmt	
24	Un dictionaire	
	avec quelques autres libvres, qui ne sont de consequence	

Quelle: AAEBS, Porrentruy, inventaires et partages, N° 18: «Inventaire des biens d'Anne Marguerite [Hartmann], fem[me] de Jean Baptiste Chaÿ», vom 8. Oktober 1712, S. [5–6]: «Les Libvres».

[20] Ältere französische Ausgabe: Seconde édition reveue, corrigée, & augmentée. Paris, 1599, [20], 444 Bl. (in-12). – Zu *Fray* Luis de Granada OP (1504–1588), «escritor, teólogo, tratadista, predicador, humanista», siehe BUAM XVIII 442–445, DSAM 1043–1054, DBES XXXI 311–315; zu Michäel – oder Mich(i)el – van Isselt (1550–1597), «priester, geschiedschrijver», siehe BUAM XXI 301, Aa IV 13–14, BIB 1003; zu P. François Bourdon OSBCoel (erw. ~1600), «traducteur», fehlen biografische Artikel.

[21] Erstausgabe: Troyes, [1650], [...] S. (in-24). – Weitere Ausgaben, z. B.: Paris, 1658, 255, [1] S. (in-32); Liège, 1665, 288 S. (in-18); Lyon, 1690, [2] Bl., 347 S. (in-12). – Zum «Hugenottenpapst» Philippe de Mornay, *seigneur* du Plessis-Marly oder Du Plessis-Mornay (1549–1623), «homme d'Etat, diplomate, théologien protestant», siehe BUAM XXX 194–202, LTK III 494, DGS 509–510.

[22] Zum Fürstbischof von Basel Jakob Christoph Blarer von Wartensee (1542–1608) siehe Leu IV 120, HLS II 478–479.

[23] Bd. 1: 467 S.; Bd. 2: 348 S. – Erstausgabe: Lyon, 1667, 2 Bde. (in-12). – Zu P. Antoine Verjus SJ (1632 bis 1706), «missionnaire», siehe BUAM XLVIII 214–215, IBF 3222.

[24] Erstausgabe: [s. l.], 1698, [4], 177, [3] S. (in-12). – Zum heiligen François de Sales / Franz von Sales (1567–1622) siehe DBF XIV 1071–1078, DGS 617–621.

Tabelle 3.5: *Bibliothek der Lausannerin Marie Morlot geb. Depraroman (1650–1724)*[1] *anhand ihres Nachlassinventars vom 24. Januar 1724*

Nr.	Titel im Inventar	Beschreibung der Werke
	Bildungslektüre	
1	les memoires de Mr. de Rabuttin	Roger de BUSSY-RABUTIN, *Les memoires de Messire Roger de Rabutin comte de Bussy, lieutenant general des armées du Roy, et mestre de camp general de la cavalerie legere*. Tome premier[–second]. Amsterdam, 1721, 2 Bde. (in-12).[2]
2	Quinte Curse en François	Quintus CURTIUS RUFUS, *(Quinte Curce) De la vie et des actions d'Alexandre le Grand.* De la traduction de Vaugelas, avec le latin à côté. Derniere edition. Avec les supplemens de Jean Freinshemius, traduits par feu Monsieur Du Ryer. Tome premier[–second]. Paris, 1716, [12], 913, [31] S. (in-8).[3]
3	Centurie[s] de Nostradamus	Michel de NOSTREDAME, *Les vrayes centuries et propheties de Maistre Michel Nostradamus*. Où se void representé tout ce qui s'est passé, tant en France, Espagne, Italie, Allemagne, Angleterre, qu'autres parties du monde. Revûë & corrigées suivant les premieres editions imprimées à Paris, Rouen, Lyon, Avignon, Troyes, Hollande, & autres. Avec la vie de l'autheur. Et plusieurs de ces centuries expliquées par un sçavant de ce temps. Rouen, 1710, [33], 216 S. (in-12).[4]
4	la vie de Mahomet	Humphrey PRIDEAUX, *La vie de l'imposteur Mahomet*. Recueille des auteurs arabes, persans, hebreux, caldaïques, grecs & latins. Avec un abrégé chronologique qui marque le tems où ils ont vecu, l'origine & le caractère de leurs écrits. Traduit de l'anglais par Daniel de Larroque. Paris, 1699, 320 S. (in-8).[5]

[1] «Marie Dep[r]aroman, veuve de feu Mr. Morlot de Berne, aagée d'environ septante huit ans, enseveli[e] en St. Pierre» starb am 21. Januar 1724 (ACVD, Eb 71/44: Registre de décès [i. e. sépultures] de la paroisse réformée de Lausanne, 1720–1736, S. 67, Nr. 14). – «Marie, fille d'André de P[r]aroman & de D[ame] Anne le Marlet» wurde am 25. Okt. 1650 in Lausanne getauft (ACVD, Eb 71/3: Registre de baptêmes de la paroisse réformée de Lausanne, 1641–1662, S. 115, Nr. [1]).

[2] Bd. 1: [2], 458, [22] S.; Bd. 2: 400, [19] S. – Zu Roger de Bussy-Rabutin / Roger de Rabutin, *comte* de Bussy (1618–1693), «officier, homme de lettres», siehe BUAM VI 374–377, DGS 252–253.

[3] 2 Teile in 1 Bd. – Lateinischer Originaltitel: *De rebus gestis Alexandri Magni*. – Zum römischen Rhetor Quintus Curtius Rufus (wahrscheinlich Mitte 1. Jh. n. Chr.) siehe DNP III 248–249; zu Claude Favre, *baron de* Pérouges, *seigneur* de Vaugelas (1585–1650), «académicien et grammairien», siehe BUAM XLVIII 20–23, DGS 1569–1570; zum Philologen und Bibliothekar Johannes (Caspar) Freinsheim (1608–1660) siehe BUAM XVI 15–17, ADB VII 348–349, DBE[2] III 484; zu Pierre Du Ryer (1605–1656/58), «auteur dramatique, traducteur», siehe BUAM XII 387 bis 389, DBF XII 837–838, IBF 1184.

[4] Zu Michel de Nostredame, *gen.* Nostradamus (1503–1566), «apoticaire, médecin et astrologue», siehe BUAM XXXI 400–402, IBF 2499.

[5] Englische Originalausgabe: *The True Nature of Imposture Fully Displayed in the Life of Mahomet*. With a discourse annexed, for the vindicating of Christianity from the charge; offered to the consideration of the deists of the present age. London, 1697, XXVIII, 192 S. (in-8). – Zu Humphrey Prideaux (1648–1724), «dean of Norwich and author», siehe BUAM XXXVI 81–83, ODNB XLV 341–342.

5	les Exillez tome 4me	Marie-Catherine de VILLEDIEU, *Les exilez de la cour d'Auguste*. Premiere[–quatrième] partie. Par Me de Ville-Dieu. Paris, 1673, 4 Bde. (in-12).[6]
	Erbauungslektüre	
6	une vie[i]lle Bible	*La Sainte Bible.* Interpretee par Jean Diodati. Genève: [chez Pierre Aubert], 1644, [2], 754, 302, 176, 401, [i. e. 405], [87] S. (in-2).[7]
7	un livre de Devotion intitullé nouvelles observations sur le symbole de la foy	Jean d'ESPAGNE, *Nouvelles observations sur le symbole de la foy*. Qui est la première des parties de la doctrine chrétienne preschées sur le catéchisme des Eglises françoises par Jean Despagne, ministre du Saint Evangile. Genève: par J. Ant. & Samuel De Tournes, 1671, [14], 200 S. (in-12).[8]
8	un autre dit les erreurs populaires	Jean d'ESPAGNE, *Les erreurs populaires dans les poincts généraux, qui concernent l'intelligence de la religion, rapportez à leurs causes, & compris en diverses observations*. Genève: par J. Ant. & Samuel De Tournes, 1671, [18], 204 S. (in-12).

Quelle: AVL, Chavannes D 533, f. 212–212: «Du 24e Janvier 1724 / inventaire des effets delaissés par Madame Marie Morlot née Depraroman».

[6] Bd. 1: [...] S.; Bd. 2: [...] S.; Bd. 3: 113 S.; Bd. 4: 96 S. – Weitere – einbändige – Ausgaben: Bruxelles, 1675, 311 S. (in-12); Utrecht, 1684, 488 S. (in-12); Amsterdam, 1695, 496 S. (in-12); Leiden, 1703, 513 S. (in-12). – Zu Marie-Catherine (Hortense) de Chaste de Chalon, *née* Desjardins, *dite* Mme de Villedieu (1631 bis 1683), «femme de lettres», siehe BUAM XLIX 6–9, DGS 1600–1601.

[7] Zu Giovanni / Jean Diodati (1576–1649), «théologien», «professore de teologia, professore di lingua ebraica, traduttore», voir EP 418–419, HLS III 737, IBF 1060, IBI 1297.

[8] Erstausgabe: London, 1647, [15], 206, [22] S. (in-8). – Zu Jean d'Espagne (1591–1659), «théologien protestant», siehe BUAM XIII 316–317, DBF XII 1488, IBF 1221.

Tabelle 3.6: *Bibliothek der Pruntruter Bürgerin Anne Marie Keller geb. Buthod (1694–1733)*[1] *anhand ihres Nachlassinventars vom 10. Juli 1733*

Nr.	Titel im Inventar	Beschreibung der Werke[2]
	Bildungslektüre	
1	un livre des regles d'arithmetique	* François BARRÊME, *L'arithmétique du Sr Barrême, ou: Le livre facile pour apprendre l'arithmétique de soy-même, & sans maître*. Augmenté dans cette nouvelle édition de plus de 190 pages ou règles différentes. Paris, 1716, [18], 398, [64] S. (in-12).[3]
	Erbauungslektüre	
2	le vieux et nouveau testament	* [Nicolas FONTAINE], *L'histoire du Vieux et du Nouveau Testament: Représentée avec des figures et explications edifiantes, tirées des SS. Peres*. Dédiée à Monseigneur le Dauphin. Par le Sieur de Royaumont, prieur de Sombreval [i. e. Nicolas Fontaine]. Nouvelle édition. Paris, 1712, [14], 552 S. (in-4).[4]
3	le nouveau testament	*Le Nouveau Testament de Notre Seigneur Jesus-Christ*. Traduit en françois, avec des notes litterales pour en faciliter l'intelligence [par François Philippe Mesenguy]. Paris, 1729, [4], 574, [2] S. (in-12).[5]
4	les evangiles et epitres pour toute l'année	*Les epistres et evangiles pour toute l'année*. Imprimées par ordre de Monseigneur l'evêque & comte de Chalon, pair de France, et approuvées par son Eminence Monseigneur le cardinal de Noailles, archevêque de Paris. Tome premier[–second]. Paris, 1705, 2 Bde. (in-12).[6]

[1] «Anna Maria filia legitima Bartholomæi Bitaud mercatoris, et uxoris eius Mariæ Claræ Ebelman baptizata est die decimâ-nonâ mensis Februarii anni Millesimi sexcentesimi nonagesimi quarti, quam è sacris fontibus levârunt Jacobus Bitau[d] frater prefati Bartholomæi, et Maria Rossè uxor Andreæ Bitaud civis et mercatoris, et præfatorum Bitauds fratris.» (ACJU, Registre de baptêmes de la paroisse de Porrentruy, 1665–1699, *sub dato)*. – «Anna Maria Buthod uxor Franscisci Humberti Kelleri civis ætatis triginta novem annorum et trium mensium in communione sanctæ matris Ecclesiæ Deo animam reddidit anno millesimo septingentesimo trigesimi tertio die vigesimâ octavâ mensis Maji, ejus corpus die trigesimâ sepultum est ante dictam baptismorum Ecclesiæ S. Petri.» (ACJU, Registre de décès de la paroisse de Porrentruy, 1694–1753, *sub dato).*

[2] Zweifelhafte oder «behelfsmässige» Identifizierungen von Werken sind mit einem Sternchen (*) versehen.

[3] Erstausgabe: Paris, 1672, [37], 199, [9] S. (in-12). – Zu François Barrême (1638–1703), «arithméticien», siehe BUAM III 417, DBF V 581–582.

[4] Erstausgabe: Paris, 1670, 569, [5] S. (in-12). – Zahlreiche Ausgaben bis 1812. – Zum mutmasslichen Verfasser, Nicolas Fontaine, *dit* Fontaine des Loges (1625–1709), «auteur de biographies et d'œuvres de spiritualité, traducteur», siehe BUAM XV 177–179, DBF XIV 299–300, DSAM V 672–680; zum möglichen Mitverfasser, Louis-Isaac Le Maistre de Sacy oder de Saci (1613–1684), «confesseur de Port-Royal, écrivain», siehe BUAM XXXIX 455–458, DBF XX 1465–1466.

[5] Zum *abbé* François Philippe Mesenguy oder Mesengui (1677–1763), «théologien», siehe BUAM XXVIII 405–406, DSAM X 1067–1069.

[6] Bd. 1: [16], 616 S.; Bd. 2: [12], 602, [2] S. – Zu Louis-Antoine de Noailles (1651–1729), «cardinal et archevêque», siehe BUAM XXXI 305–309, IBF 2491.

5	le bouquet sacré	P. Jean BOUCHER OFMCap, *Le bouquet sacré ou le voyage de la Terre Sainte: Composé des roses du Calvaire, des lys de Bethléem, & des hiacinthes d'Olivet.* Derniere edition corrigée. Rouen, 1722, [16], 166 [i. e. 666], [6] S. (in-12).[7]
6	l'innocence reconnue	P. René de CERIZIERS SJ, *L'innocence reconnue.* Vue & corrigée par Monsieur l'abbé Richard, censeur royal. Derniere edition. Troyes, [1723], 79, [1] S. (in-8).[8]
7	Deux anges conducteurs garnis de fermoires d'argent	[Jacques CORET], *L'ange conducteur dans la dévotion chrétienne, reduite en pratique en faveur des âmes dévotes.* Avec l'instruction des riches indulgences dont jouissent les personnes congrégées dans la Confrairie de l'Ange Gardien, érigée en la chapelle des religieuses de sainte Ursule. Derniere édition corrigée. Cologne, 1709, [12], 380, [4], 72 S. (in-8).[9]
8	Maximes chretiennes	P. Jean CRASSET SJ, *Maximes chrétiennes pour tous les jours du mois.* Fribourg / Freiburg i. Ü.: chez Innocent Theod. Hautt, 1731, 220, 298 S. (in-12).[10]
9	les delices de l'Esprit	Jean DESMARETS DE SAINT-SORLIN, *Les delices de l'esprit: Entretiens sur la divinité, sur la religion, et autres sujets.* Dedié aux beaux esprits. Paris, 1689, [8], 568 S. (in-12).[11]
10	Entretient [sic] avec Jesus	[P. Jean-Paul DUSAULT OSB], *Entretiens avec Jesus-Christ dans le Tres-Saint Sacrement de l'Autel.* Par un religieux benedictin de la congregation de Saint Maur. Contenant des exercices pour s'approcher dignement des divins mysteres, & pour rendre divers devoirs au Trés-Saint Sacrement, &c. Quatrième edition, revûë, corrigée & augmentée. Toulouse, 1717, 472, [8] S. (in-12).[12]
11	la morale chretienne	[Pierre FLORIOT], *Morale chrétienne: Rapportée aux instructions que Jésus Christ nous a données dans l'oraison dominicale.* Septieme édition revue, corrigée & augmentée. Paris, 1709, 1111 S. (in-4).[13]

[7] Erste bekannte Ausgabe unter dem Titel: *Le bouquet sacré composé des roses du Calvaire [...] & de plusieurs autres belles pensées de la terre Saincte.* Fidellement recueillies l'an 1611 & 1612. Reveu, corrigé, et augmenté de nouveau. Seconde édition. Le Mans, 1616, [15], 681, [15] S. (in-8). Zahlreiche Auflagen bis zur Mitte des 18. Jahrhunderts. – Zu P. Jean Boucher OFMCap (†1631), «prédicateur, voyageur, poète», siehe BUAM V 270–271, DBF VI 1207, IBF 410.

[8] Erstausgabe unter dem Titel: *L'innocence reconnue, ou: La vie de Ste Geneviève de Brabant* (1634). – Zu P. René de Ceriziers oder Cerisier SJ (1609–1662), «théologien et historien», siehe BUAM VII 539–540, DBF VIII 63.

[9] Erstausgabe: Liège, [1681], 427, [5] S. (in-8). Mehrere Ausgaben bis 1816; z. B. Lille, 1774, 444 S. (in-8). – Zu P. Jacques Coret SJ (1631–1721), «auteur d'ouvrages ascétiques et de biographies édifiantes», siehe BUAM IX 583, DBF IX 650, DSAM II/2 2326–2327.

[10] Zu P. Jean Crasset SJ (1618–1692), «théologien, auteur d'un grand nombre d'ouvrages ascétiques», siehe BUAM X 190, DBF IX 1172–1173, DSAM II 2511–2520.

[11] Erstausgabe unter dem Titel: *Les delices de l'esprit: Dialogues.* [...]. Divisez en quatre parties. Paris, 1658, [20], 125, [8]; 63, [6]; [16], 195, [13]; [13], 241, [26], 75, [8] (in-4). – Letzte Ausgabe: Paris, 1718, [22], 592 S. (in-12). – Zu Jean Desmarets – oder Desmarests – de Saint-Sorlin (1595–1676), «mystique, poète», siehe BUAM XI 203–205, DBF X 1449–1451, DSAM III 624–629.

[12] Erstausgabe: Toulouse, 1701, 5 Bde. (in-12). – Mehrere Ausgaben bis 1835. – Zu P. Jean-Paul Dusault oder Du Saudt OSB (1650–1724), «théologien, auteur d'ouvrages de spiritualité», siehe DBF XII 846, DSAM III 1842–1843.

[13] Erstausgabe: Paris, 1672, [16], 1020, [2] S. (in-4). – Zahlreiche Ausgaben bis 1741. – Zu Pierre Floriot (1604–1691), «ecclésiastique», siehe BUAM XV 98–99, DBF XIV 113, DSAM V 512–514.

12	Heures dediées à Mad. la Duchesse d'Orleans	*Heures dediées à Madame la duchesse d'Orleans: Contenant l'exercice du matin & du soir, l'entretien de la sainte messe, les oraisons pour la confession & communion, avec le rosaire, les allegresses, l'obsecro, l'oraison des trente jours, l'office de la Vierge, & l'office des morts & plusieurs autres, les pseaumes penitentiaux, les hymnes de l'année, & plusieurs litanies*. Paris, 1683, 405, [3] S. (in-12).
13	la vie et passion de N. S. Jesus Christ	*Histoire de la vie et passion de nostre sauveur Jesus Christ*. Avec les figures, et quelques reflections sur les principaux mysteres. Paris, [1693], 58 Taf.
14	le[s] quatres [sic] fins dernières de l'homme	[Gabriele INCHINO], *Les quatre fins dernieres de l'homme, scavoir: De la mort, du jugement dernier, des peines d'enfer, et des joyes du paradis*. Plus la querelle de l'ame damnée avec son corps, en forme de dialogue. Traduit en françois par F. Jean de Chartenay [...]. Troyes, [1680], [135] S. (in-8).[14]
15	le pedagogue chrestien	P. Philippe d'OUTREMAN SJ, *Le pédagogue chrêtien, ou: La manière de vivre saintement*. Par le P. Philippe d'Outreman, de la Compagnie de Jesus. Revû, corrigé tout de nouveau, & mis en meilleur françois par le P. [Jean] Brignon, de la même compagnie. Derniere édition. A l'usage des missionnaires de la même Compagnie de Jesus. Lyon, 1721, [14], 572, [35] S. (in-12).[15]
16	les stations garnies de fermoires d'argent	P. Adrien PARVILLIERS SJ, *Les stations de Jerusalem, pour servir d'entretien sur la passion de N. S. Jesus-Christ*. Par le R. P. [Adrien] Parvilliers, de la compagnie de Jésus, qui a vérifié le tout sur les lieux. Nouvelle édition, augmentée d'un dialogue sur l'oraison mentale. Lyon, 1713, [2], 210, [6] S. (in-8).[16]
17	l'imitation de Jesus	[THOMAS von Kempen], *De l'imitation de Jesus-Christ*. Traduction nouvelle, avec les notes d'Horstius. Par Monsieur l'Abbé de Bellegarde. Dedié à Monsieur le duc de Bourgogne. Paris, 1698, [14], L, 448, [16] S. (in-12).[17]
18	l'imitation de Jesus	[THOMAS von Kempen], *L'imitation de Jesus-Christ*. Traduite et paraphrasée en vers françois par Pierre Corneille, conseiller du Roy. Edition nouvelle retouchée par l'auteur avant sa mort. Bruxelles, 1723, [22], 440 S. (in-8).[18]

[14] Italienische Originalausgabe: *Prediche sopra i quattro novissimi*. [...]. Venezia, 1593, [14], 448 S. (in-4). – Zu Gabriele Inchino († 1608), «canonico regolare lateranense», siehe DSAM VII/2 1641, IBI^3 1899.

[15] Erstausgabe: Mons, 1625. – Zu P. Philippe / Philippus d'Outreman SJ (1585–1652), «prédicateur, écrivain ecclésiastique», siehe DSAM XI 1068–1069, BIB 1515; zu P. Jean Brignon SJ (1626/27–1712), «théologien, traducteur de l'italien, de l'espagnol et du latin d'une prodigieuse quantité d'ouvrages de doctrine ou de piété», siehe BUAM V 605–606, DBF VII 312, DSAM I 1958–1959, IBF 495.

[16] 4e édition. Blois, 1674, 76 S. (in-16). – Zahlreiche Ausgaben bis weit ins 19. Jh. und Übersetzungen in verschiedene Sprachen. – Zu P. Adrien Parvilliers SJ (1619–1678), «écrivain religieux, missionnaire», siehe DASM XII/1 272–273, IBF 2559.

[17] «Cette traduction, qui a eu près de 50 éditions, parut pour la première fois en 1641». (Quérard 1821–1864, IV 286–287). – Lateinische Originalausgabe: *De imitatione Christi*. [Nürnberg], 1492, [8], 182, [2] Bl. (in-8). Zum Mystiker Thomas Hemerken (Malleolus) von Kempen / Thomas a Kempis (1379/80–1471) siehe BUAM XXII 286–291, Aa IV 37–38, DSAM XV 817–826, LTK X 144–145, Jaumann 651–652; zu Jean-Baptiste Morvan, *abbé* de Bellegarde (1648–1734), «écrivain ecclésiastique», siehe BUAM IV 102, IBF 236; zum katholischen Theologen Jacob Merlo-Horstius (1597–1644) siehe BUAM XX 580–581, ADB XXI 447.

[18] Zu Pierre Corneille (1606–1684), «auteur dramatique», siehe BUAM IX 608–623, DBF IX 679–680, DGS 408–411.

19	souffrances de Jesus en deux tomes	P. THOMÉ de Andrada OSAD, *Les souffrances de Notre Seigneur Jesus-Christ*. Ouvrage écrit en portugais par le Pere Thomas de Jesus, de l'Ordre des Hermites de saint Augustin. Et traduit en françois par le P. G[illes] Alleaume, de la Compagnie de Jesus. Tome premier[–quatrieme]. Nouvelle édition, revûë & corrigée. Bruxelles, 1739, 4 Teile in 2 Bden. (in-12).[19]
20	la vie des trois Marie[s]	[P. Jean de VENETTE OCarm], *La vie des trois Maries, de leur[s] mères, de leurs enfans et de leurs maris*. Nouvellement reveue [...] par un vénérable docteur en théologie. Troyes, [s. d.], 236, [...] S. (in-8).[20]
21	la trompette du ciel	Antoine YVAN, *La trompette du ciel qui reveille les pecheurs, et qui les excite à se convertir*. Avec les citations des textes de l'Ecriture Sainte. Recüeillies du V. P. A. Yvan, prêtre, & instituteur des religieuses de Nôtre-Dame de la Misericorde. Divisée en trois parties. Par Gil[lles] Gondon [...]. Lyon, 1702, [22], 573 S. (in-12).[21]
	Unbestimmt	
22	l'histoire de la Bible	
23	la vie de Saint Antoine[22]	
24	la vie et miracles de St. Meinrad	

Quelle: AAEBS, Porrentruy, inventaires et partages, N° 24: «Inventaire de feu Anne Marie Buthod», vom 10. Juli 1733, S. [38–39]: «Les livres».

[19] Bd. 1: 506 S.; Bd. 2: 440 S. – Portugiesische Originalausgabe: *Os trabalhos de Jesus*. Lisboa (Lissabon), 1602–1609, 2 Bde. – Zu P. Thomé – oder Thomas – (de Jésus de) Andrada OSAD (1529–1582), «agostinho», siehe BUAM II 118, DSAM XV 830–833, IBE 228; zu P. Gilles Alleaume SJ (1641–1706), «traducteur», siehe DBF III 144–145.

[20] Ältere Ausgaben: Lyon, 1523, [176] S. (in-4); Rouen, 1534, [260] S. (in-4); Paris, [1550], [247] S. (in-4). – Zu P. Jean (Fillons) de Venette OCarm (~1307–1369), «religieux, chroniqueur», siehe BUAM XLVIII 132–134, IBF 3215.

[21] Älteste bekannte Ausgabe: Lyon, 1667, [24], 629, [5] S. (in-12). – Zu Antoine Yvan (1576–1653), «religieux, fondateur de l'ordre des religieuses de la Miséricorde», siehe BUAM LI 540–541, IBF 3303; zum *abbé* Gilles Gondon (erw. 1662), «prêtre, docteur en theologie, doyen de l'Eglise collegiale de Rosternen», fehlen biografische Artikel.

[22] Vielleicht: *Abbregé et sommaire de la vie et miracles de Saint Antoine de Padoüe, insigne et signalé predicateur de l'ordre des freres mineurs et advocat ou patron singulier aupres de Dieu*. Pour retrouver les choses perdues ou egarées. Antwerpen, 1648, 158 S. (in-12).

Tabelle 3.7: *Bibliothek der Einwohnerin von Nyon Andrienne Portaz geb. Demartines (~1686–1743)*[1] *anhand ihres Nachlassinventars vom 5., 14. und 17. September 1743*

Nr.	Titel im Inventar	Beschreibung der Werke[2]
	Bildungslektüre	
1	Le chevalier de Grammont	Anthony HAMILTON, *Mémoires de la vie du Comte de Grammont, contenant particulièrement l'histoire amoureuse de la cour d'Angleterre sous le règne de Charles II.* Nouvelle édition, corrigée & augmentée d'un discours préliminaire du même auteur. Den Haag, 1731, XXII, 407 S. (in-12).[3]
2	Les tomes un & deux des memoires d'Etat par Mr. de Cheverny	Philippe HURAULT, *Memoires d'Estat sous le regne des roys Henry troisieme et Henry IV.* Par Monsieur de Cheverny, grand chancelier de France. Premiere[–seconde] partie. Den Haag, 1669, 2 Bde. (in-12).[4]
	Unterhaltungslektüre	
3	Le grondeur comedie	[David-Augustin de BRUEYS], *Le grondeur: Comedie.* Par Mr. [Jean de Bigot] Palaprat. Den Haag, 1694, 81 S. (in-12).[5]
4	Les tomes 3, 4 & 5 de D. Quixotte	Miguel de CERVANTES SAAVEDRA, *Histoire de l'admirable don Quixotte de la Manche.* Traduite de l'espagnol de Michel de Cervantes. Nouvelle édition, revûë, corrigée & augmentée. Tome premier[VI & dernier]. Paris, 1722, 6 Bde. (in-12).[6]
5	Un volume de journées	* Madeleine Angélique Poisson de GOMEZ, *Les journées amusantes: Dediées au Roy.* Par Madame de Gomez. Troisième édition, revue, corrigée & enrichie de figures en taille-douce. Amsterdam, 1736, 8 Bde. (klein in-8).[7]

[1] Witwe des am 9. August 1743 verstorbenen Benjamin Portaz, «citoyen de Lausanne et capitaine de dragons au service du roi d'Espagne» (Quelle, S. 1). – «MaD[am]e Andrienne Portaz née Demartines agée d'environ autant [i. e. 57 ans] et morte le vendredi 19 aout 1743» (ACVD, Eb 91/1: Registre des décès de la paroisse réformée de Nyon, 1727–1805, S. 42).

[2] Zweifelhafte oder «behelfsmässige» Identifizierungen von Werken sind mit einem Sternchen (*) versehen.

[3] Erstausgabe: Cologne [i. e. Rotterdam], 1713, IV, 426, [2] S. (in-12). Zahlreiche Ausgaben bis ins 19. Jh. – Zu Anthony Hamilton (1644/45?–1719), «courtier and author», siehe BUAM XIX 360–362, ODNB XXIV 766–768.

[4] Bd. 1: [6], 404 S.; Bd. 2: 434 S. – Erstausgabe: Paris, 1636, 2 Bde. (in-4); weitere Ausgabe: Den Haag, 1669, 2 Bde. (in-12). – Zu Philippe (II) Hurault, *comte* de Cheverny oder Chiverny (1528–1599), «grand chancelier de France», siehe BUAM VIII 413–415, DBF XVIII 67–69.

[5] Erstausgabe: [s. l.], 1691, XIV, 118 S. (in-12). Weitere Ausgaben bis ins 19. Jh. – Zum mutmasslichen Verfasser, David-Augustin de Brueys (1640–1723), «théologien et écrivain dramatique», siehe BUAM VI 88–89, DBF VII 475–476; zum angeblichen Verfasser, Jean (de Bigot) Palaprat (1650–1721), «auteur dramatique, poète», siehe BUAM XXXII 397–398, IBF 2541.

[6] Bd. 1: [13], 440 S.; Bd. 2: [3], 432 S.; Bd. 3: [6], 442 S.; Bd. 4: [7], 532 S.; Bd. 5 (Continuation de l'Histoire [...]): [5], 482 S.; Bd. 6: [6], 501, [3] S. – Spanische Originalausgabe: *El ingenioso hidalgo Don Quijote de la Mancha.* Valencia, 1605, [32], 768 S. (in-8). – Zu Miguel de Cervantes Saavedra (1547–1616), «écrivain espagnol», siehe BUAM VII 548–554, DGS 289, DBES XIII 298–308.

[7] Erstausgabe: Paris, 1724, 4 Bde. (in-8), – Zu Madeleine Angélique Poisson de Gomez (1684–1770), «femme écrivain», siehe BUAM XVIII 46–47, IBF 1503.

6	Les contes de la Fontaine en vers	Jean de LA FONTAINE, *Contes et nouvelles en vers*. Nouvelle édition corrigée, augmentée, & enrichie de tailles-douces dessinées par Mr. Romain de Hooge. Tome premier[–second]. Amsterdam, 1732, 2 Bde. (in-8).[8]
7	Le mercure galant decembre 1678	*Le Mercure galant*. Paris, 1678–1699, 24 Bde. (in-8).
8	Les metamorphoses d'Ovide en vieux langage	Publius OVIDIUS NASO, *Les métamorphoses*. Avec des explications à la fin de chaque fable. Traduction nouvelle par M. l'abbé de Bellegarde. Paris. 1701, [14], 542, [10], [6] 529 S. (in-8).[9]
9	Le tome troisiéme du recueil des opera &c.	*Recueil général des opéras, représentés par l'Académie Royale de musique depuis son établissement*. Paris, 1703–1746, 16 Bde. (in-8).[10]
10	le tome second du roman comique	Paul SCARRON, *Le roman comique*. Premiere[–Seconde] Partie. Paris, 1727, 2 Bde. (in-8).[11]
11	Le tome second de Virgile travesti	Paul SCARRON, *Le Virgile travesti en vers burlesques*. Tome premier[–III]. Paris, 1726–1730, 3 Bde. (in-12).[12]
12	Traitté de l'immortalité de l'ame par Theophile	[Théophile de VIAU], *Les œuvres de Theophile, divisées en trois parties*. Première partie contenant: L'immortalité de l'ame avec plusieurs autres pieces; la seconde: les Tragedies; et la troisiesme: Les pièces qu'il a faictes pendant sa prison. [Préface et pièces de vers de Georges de Scudéry]. Dernière édition. Rouen, 1651, [10], 324, 164, 181 S. (in-8).[13]
	Erbauungslektüre	
13	La Ste. Bible in folio, par Diodati	*La Sainte Bible*. Interpretée par Jean Diodati. Genève: chez Pierre Aubert, 1644, [2] Bl., 754, 302, 176, 401, [i. e. 405] S. (in-2).[14]
14	Livre de psaumes revûs par Mr. Conrart	*Le livre des psaumes, en vers françois*. Retouchez sur l'ancienne version de Cl[ément] Marot et de Théodore de Bèze par feu M. [Valentin] Conrart. Amsterdam, 1686, [28], 394 S. (in-12).[15]

[8] Bd. 1: [12], 240, [2] S.; Bd. 2: [6], 285, [1] S. – Zu Jean de La Fontaine (1621–1695), «poète», siehe BUAM XXIII 123–136, DBF XIX 198–201, DGS 817–819; zu Romeyn de Hooghe (1645–1708), «etser, tekenaar, karikaturist, schilder, iconograf, goudsmid, advocaat, schrijver van historisch-politiek werk», siehe BUAM XX 536, Aa[1] VIII 1138–1142, BIB 953.

[9] Zum römischen Dichter Publius Ovidius Naso (43 v. Chr.–17 n. Chr.) siehe DNP IX 110–119.

[10] Reprint: Genève, 1971, 3 Bde.

[11] Bd. 1: [8], 290 S.; Bd. 2: [2], 295 S. – Erstausgabe: Paris, 1651–1657, 2 Bde. (in-8). – Zu Paul Scarron (1610–1660), «poète et romancier», siehe BUAM XLI 42–48, DGS 1414–1415.

[12] Bd. 1: [19], 360 S.; Bd. 2: [6], 303 S.; Bd. 3 (La suite du Virgile travesti. Tome III): [24], 181, [18] S. – Erstausgabe: Paris, 1648–1653, 2 Bde. (in-4).

[13] Erstausgabe: Paris, 1621, [20], 204; 180 S. (in-8). – Zu Théophile de Viau oder Viaud (1590–1626), «poète», siehe BUAM XLV336–342, DGS 1587–1588.

[14] Zu Jean – oder Giovanni – Diodati (1576–1649), «théologien», «professore de teologia, professore di lingua ebraica, traduttore», siehe BUAM XI 386–387, Montet I 239–240, EP 418–419, HLS III III 737.

[15] Erstausgabe: Genève: chez Jean Pictet, 1678, [150] Bl. (in-12). – Zu Clément Marot (1496–1544), «poète», siehe BUAM XXVII 240–244, LR 444–445; zu Théodore de Bèze / Theodor Beza (1519–1605), «réformateur», siehe Leu III 325–331, BUAM IV 428–435, Montet I 55–60, DBF VI 381–382, EP 113–114, Jaumann 97, HLS II 375–376; zu Valentin Conrart oder Conrard (1603–1675), «homme de lettres, poète», siehe BUAM IX 446–447, DBF IX 484–485, IBF 805.

15	Des psaumes en nouvelle version couverture de chagrin à crochets d'argent[16]	*Les Psaumes de David, à quatre parties, mis en vers françois.* Revus et approuvez par les vénérables classes du Pays de Vaud, et augmentez des cantiques sacrez, pour les principales solennitez des chrétiens, et sur divers autres sujets. Avec une nouvelle Instruction pour apprendre facilement la musique des psaumes. Bern: dans l'imprimerie de LL. EE., 1721, [16], 551, [33] S. (in-12).
16	Paraphrase des psaumes par Godeau	Antoine GODEAU, *Paraphrase des pseaumes de David en vers françois.* Amsterdam 1676, [20], 504, [10] S. (in-12).[17]
17	un nouveau testam[en]t	*Le Nouveau Testament de notre Seigneur Jesus-Christ.* Traduction nouvelle revûë & approuvée par les pasteurs & les professeurs de l'Eglise & de l'Académie de Geneve. Genève: chez Fabri & Barrillot, 1726, [4], 720 S. (in-4).
18	l'histoire de la Bible avec des explications par Royaumont	[Nicolas FONTAINE], *L'histoire du Vieux et du Nouveau Testament.* Représentée avec des figures & des explications édifiantes, tirées des saints pères pour regler les mœurs dans toute sorte de conditions. Par feu Monsieur [Louis-Isaac] Le Maistre de Sacy, sous le nom du Sieur de Royaumont, prieur de Sombreval [i. e. Nicolas Fontaine]. Nouvelle édition. Paris, 1723, [16], 548, [2] S. (in-2).[18]
19	l'imitation de Jesus Christ	[THOMAS von Kempen], *Kempis commun, ou: Les IV livres de l'imitation de Jesus-Christ.* Traduits pour l'edification commune de tous les chrétiens qui desirent de s'avancer dans le solide de la pieté. Sixième edition, corrigée de nouveau, avec une préface de Mr. P. Poiret. Basel: chés Jean Rodolphe Im-Hoff, 1737, [1], [80], 439 S. (in-8).[19]
20	un livre de prieres p[ou]r tous les jours de la semaine par B. Pictet	Bénédict PICTET, *Prières pour tous les jours de la semaine, et sur divers sujets.* Nouvelle édition, corrigée & augmentée. Amsterdam, 1733, 193 [i. e. 281] S. (in-12).[20]

Quelle: ACVD, Bim 88: «Inventaire des biens & effects de feu Madame la capitaine [Andrienne] Portaz née Demartines decedée le 9e aout 1743», vom 5., 14., 17. September 1743, S. 11, 28–30.

[16] *Quelle,* S. 11.

[17] Erstausgabe: [s. l], 1655, [34], 440, [6] S. (in 12). – Zu Antoine Godeau (1605–1672), «prélat et littérateur», siehe BUAM XVII 542–545, DBF XVI 425–427.

[18] Erstausgabe: Paris, 1670, [20], 578 p. (in-4). – Zu Nicolas Fontaine, *dit* Fontaine des Loges (1625–1709), «auteur de biographies et d'œuvres de spiritualité, traducteur», siehe BUAM XV 177–179, DBF XIV 299 bis 300, DSAM V 672–680; zu Louis-Isaac Le Maistre de Sacy oder de Saci (1613–1684), «confesseur de Port-Royal, écrivain», siehe BUAM XXXIX 455–458, DBF XX 1465–1466.

[19] Lateinische Originalausgabe: *Tractatus de ymitatione Christi.* Cum tractatulo de meditatione cordis. [Nürnberg], 1492, [6], 182 Bl. (in-8). – Zum Mystiker Thomas Hemerken (Malleolus) von Kempen / Thomas a Kempis (1379/80–1471) siehe BUAM XXII 286–291, DSAM XV 817–826, LTK X 144–145, Aa IV 37–38, DBE^{2} X 11, Jaumann 651–652; zu Pierre Poiret (1646–1719), «théologien protestant, mystique, philosophe», siehe BUAM XXXV 144–147, IBF 2671.

[20] Ältere Ausgabe unter dem Titel: *Prières pour les jours de Sainte Cène, de Noël, de Pâques, de Pentecôte, et de septembre, & pour les jours de jeûne.* Nouvelle édition, corrigée & augmentée. Genève: pour Louys Durant, 1708, [2], 150, [5] S. (in-12). – Siehe auch Panchaud (1952) 192–193. – Zu Bénédict Pictet (1655–1724), «théologien protestant», siehe Leu XIV 547–550, BUAM XXXIV 290–291, Montet II 292–294, EP 1155, HLS IX 726.

Tabelle 3.8: *Bibliothek Pruntruter Bürgerin Anne Salomé Cartier geb. Buthod († 1754)*[1] *anhand ihres Nachlassinventars vom 2. April 1754*

Nr.	Titel im Inventar	Beschreibung der Werke
	Bildungslektüre	
	(1) Theologie	
1	un livre intitulé tuba catechetica à R. P. Antonio Ardia è Societate Jesu augustæ Vendelicorum	P. Giovanni Antonio ARDIA SJ, *Tuba catechetica, id est: Explicatio doctrinæ christianæ.* A R. P. Antonio Ardia, è Societate Jesu italice primun edita, et in III partes divisa. Quarum prima continet instructiones de dignitate, & obligatione christiani, &c. &c. Cum quinque sermonibus in quinque ferias sextas Quadragesimæ. Secunda de decem praeceptis. Tertia de septem sacramentis. Postmodùm autem, quia tam omnibus animarum pastoribus, quàm aliis Christi fidelibus summè utilis est, à quodam religioso cisterciensi in latinum versa. Augsburg, 1736, [14], 611, [30] S. (in-4).[2]
2	Elementa theologiæ moralis P. Antonio Huetlin Societatis Jesu theologiæ moralis professore ordinario Bruntruti	Jean Georges BRIEFFER, *Elementa theologiæ moralis seu damnatarum propositionum ad theologiam morum spectantium succincta declaratio.* Unà cum positionibus theologicis quas Mense Augusto in episcopali lyceo bruntrutano Societatis Jesu, præside P. Antonio Hüetlin Societatis Jesu, Theologiæ Moralis Professore Ordinario, defendendas suscepit Ornatissimus ac Doctissimus D. Joannes Georgius Brieffer Eschensis Rauracus, Theologiæ Moralis ac SS. Canonum Candidatus. Porrentruy: typis Viduæ Petri-Francisci Cuchot, 1749, [6], VI, [4], 222, [10] S. (in-8).[3]
3	Medula theologiæ moralis ab Hermano Busenbaum Societatis Jesu et S. S. theo[logiæ] licentiato mediolani	P. Hermann BUSENBAUM SJ, *Medulla theologiæ moralis.* Facili ac perspicuâ methodo resolvens casus conscientiæ, ex variis probatisque authoribus concinnata. Cum triplici indice capitum & dubiorum, rerum & verborum, atque authorum, præsertim recentiorum, in indice rerum citatorum, & ad calcem libri ordine alphabetico positorum, à R. P. Herm. Busenbaum, è Societate Jesu, SS. theologiæ licentiato. Editio novissima denuò recognita, & quampluribus additamentis, prout paginâ sequenti indicator, locupletior reddita. Köln, 1742, [22], 848, [48] S. (in-8).[4]

[1] «née Buthod».

[2] Italienische Originalausgabe: *Tromba catechistica, cioè: Spiegazione della dottrina cristiana, divisa in tre parti.* Napoli, 1712–1713, 3 Bde. (in-4). – Zu P. Giovanni Antonio Ardia SJ (1652/54–1724), «teologo», siehe IBI 170.

[3] Zu Jean Georges / Joannes Georgius Brieffer (1712–1783), «théologien, curé» siehe DIJU *sub nomine;* zum Missionar, Moraltheologen und Kirchenrechtler P. Anton Hütlin SJ (1700–1761) siehe DBI 1564.

[4] Erstausgabe: Münster, 1650, [38], 840, [40] S. (in-12). – Das Werk erlebte über 200 Auflagen bis 1776. – Zum Theologen und «Moralcasuisten» P. Hermann Busenbaum SJ (1600–1668) siehe BUAM VI 368–369, ADB III 646–648, NDB III 69, DBE[2] II 247.

4	un livre intitulé Jacobi Gretscheri Societatis Jesu sacræ theologiæ in accademia Ingolstdiensi professoris de cruce christi, Rebusque ad eam pertinentibus Lugduni	P. Jakob GRETSER SJ, *De cruce Christi, rebusque ad eam pertinentibus libri quatuor.* In quorum Primo agitur tum de ipsa Cruce, in qua Dominus passus est, tum de eius adiunctis; in Secundo, de imaginibus crucis Dominicæ; in Tertio, de signo eiusdem Crucis; in Quarto, de Cruce spirituali. Ingolstadt, 1598, [26], 403, 192, [26] S. (in-4).[5]
	(2) Varia	
5	un autre livre intitulé de contractibus et restitutione tractatus authore Martino Bonacina sacerdote moralis theologiæ professore Lugduni	Martino BONACINA, *De contractibus et restitutione tractatus, in quo difficultates, ac quæstiones fere omnes ad conscientiæ praxim, & plurimæ ad externum iudiciate forum pertinentes, brevi compendio exponuntur.* Editio postrema pluribus mendis quibus revera scarebat, et expurgata, & emendata. Lyon, 1622, [8], 724, [42] S. (in-4).[6]
6	la maison rustique	Louis LIGER, *La nouvelle maison rustique, ou: Economie generale de tous les biens de campagne, la manière de les entretenir & de les multiplier.* Donnée ci-devant au public par le sieur Liger. Sixieme édition, augmentée considérablement, & mise en meilleur ordre [...] et enrichie de figures en taille-douce. Paris, 1749, 2 Bde. (in-4).[7]
7	L'histoire de l'origine, du progrès et l'état present de la S. chapelle des Ermites	Claude JACQUET, *Histoire de l'origine, progres, et de l'etat present de la Ste. Chapelle située dans l'Abbaye des Ermites ou d'Einsidlen, de l'ordre de S. Benoit en Suisse, consacrée visiblement par Jesus Christ, et par luy dediée à l'honneur de sa Mere Immaculée, tres renommée par son antiquité, par sa dignité, & par ses miracles.* Dressée cy-devant par Monsieur Claude Jaquet [de Pontarlier], docteur en droit canon & chanoine de la Metropolitaine de Besançon. A present augmentée d'un grand nombre de nouveaux miracles par un Religieux de la dite Abbaye. Quatrieme édition. Einsiedeln: par Jean Eberhard Kälin, 1740, [3], 617, [5] S. (in-8).[8]
8	un petit livre intitulé definitiones philosophicæ	Jean THIERRY, *Definitiones philosophicæ, in scholis celebriores, quarum scientia & usu philosophiæ Tyrones ut plurimum adiuvari possunt.* A R. D. Joanne Thierry SS. theologiæ doctore & philosophiæ professore collectæ, in

[5] Weitere Ausgaben: Ingolstadt, 1600–1605, 3 Bde. (in-4); Ingolstadt, 1608, 2 Bde. (in-4). – Zum Theologen, Späthumanisten und Dramatiker P. Jakob oder Jacob Gretser SJ (1562–1625) siehe BUAM XVIII 458–459, ADB IX 644–645, NDB VII 51–53, DBE^2 IV 131.

[6] Erstausgabe: Milano, 1619, [8], 839, [57] S. (in-4). – Zu Martino Bonacina (1585–1631), «teologo, giurista», siehe BUAM V 79, DBIT XI 466–468, IBI 516.

[7] Bd. 1: [16], 1004, [20] S., [11] Taf.; Bd. 2: [6], 9922, [12] S., [22] Taf. – Erstausgabe unter dem Titel: *Œconomie generale de la campagne, ou: Nouvelle maison rustique.* Paris, 1700, 2 Bde. (in-4). – Zum Louis Liger (1658–1717), «agronome», siehe BUAM XXIV 473–475, IBF 2130.

[8] Siehe Abb. 15a–b. – Erstausgabe: Einsiedeln: par Joseph Reymann, 1686, [38], 495 S. (in-8); Seconde édition, reveuë par l'auteur, & augmentée de nouveaux miracles, & d'autres choses remarquables. Einsiedeln: par Jean Henri Ebersbach, 1699, [28], 557, [3] S. (in-8). – Siehe Benziger (1912) 261–262, Nr. 130; S. 265, Nr. 222. – Zu Claude Jacquet (1624–1710), «docteur ès SS. Canons, chanoine de l'Illustre Chapitre de l'Eglise Metropolitaine de Besançon», siehe *ibidem,* 261, Anm. 7.

gratiam philosophiæ candidatorum. Trnava (Tyrnau), 1736, 149 S. (in-12).[9]

Erbauungslektüre

9	quatre breviaires bisontins suivant les quatre saisons de l'année, avec un diurnal	*Breviarium bisuntinum: Pars æstivalis.* Ill[ustrissi]mi ac R[e-verendissi]mi Domini D. Francisci de Grammont Archiep[is-co]pi Bisuntini S. R. I. principis authoritate recognitum et editum. Besançon, 1712, [32], XVI, 516, CXXX S. (in-12).[10]
10	la vie des Saints	[Nicolas FONTAINE], *La vie des saints pour tous les jours de l'année.* Tirée des meilleurs & des plus fideles auteurs. Avec la vie de Nostre Seigneur Jesus-Christ, & des reflexions chrestiennes sur la vie de chaque saint. Nouvelle édition revûë, corrigée & augmentée. Divisée en quatre tomes. Tome premier[–quatrième]. Paris, 1714, 4 Bde. (in-8).[11]
11	exercices de la vie chretienne à Besançon	[Pierre-Hubert HUMBERT], *Exercices de la vie chrétienne, où l'on donne des instructions abrégées pour remplir tous les devoirs de la religion.* Recueillis par les prêtres missionnaires, & imprimés par l'ordre de Monseigneur l'Archevêque de Besançon, pour l'usage de son diocése. Besançon, 1750, [6], 528, [8] S. (in-12).[12]
12	le S. devoir du veritable chretien à Einsidelen	*Le saint devoir du veritable chretien de l'oraison vocale: Contenant les priéres du matin & du soir, la dévotion pour la semaine, la préparation pour la confession & communion, l'entretien durant la sainte messe, les offices, vespres, hymnes, & proses de l'Eglise, & autres diverses priéres.* Einsiedeln: dans la princiere Abbaye par Jean-Everhard Kälin, 1751, 320 S. (in-12).
13	une imitation de Jesus christ à Paris	[THOMAS von Kempen], *L'Imitation de Jésus-Christ.* Traduite par le R. P. A[ntoine] G[irard] de la Compagnie de Jésus. Paris, 1730, XXIV, 432 S. (in-16).[13]

Manuskripte

14	trois livres ecrits intitulés disputationes phisicæ in très libros Vesuntione[14]	

[9] Erstausgabe: Pin, 1634, [...] S. (in-24); zahlreiche Ausgaben bis 1736. – Zu Jean Thierry (~1600–~1660), «prédicateur, docteur en droit», siehe BUAM XLV 414, IBF 3107.

[10] 1. Pars hyemalis; 2. Pars verna; 3. Pars æstiva; 4. Pars autumnalis.

[11] Bd. 1: [20], 191, 706 S.; Bd. 2: [12], 742 S.; Bd. 3: [10], 754 S.; Bd. 4: [8], 784 S. – Erstausgabe: Paris, 1678, 3 Bde. (in-8). – Zu Nicolas Fontaine, *dit* Fontaine des Loges (1625–1709), «auteur de biographies et d'œuvres de spiritualité, traducteur», siehe BUAM XV 177–179, DBF XIV 299–300, DSAM V 672–680.

[12] Cinquième édition, revue, corrigée [...]. Besançon, 1839, IX, 348 S. (in-16). – Zum *abbé* Pierre-Hubert Humbert (1686–1778), «prédicateur, écrivain ecclésiastique», siehe BUAM XXI 48–49, IBF 1709.

[13] «Cette traduction, qui a eu près de 50 éditions, parut pour la première fois en 1641». (Quérard 1821–1864, IV 286–287). Lateinische Originalausgabe: *Tractatus de ymitatione Christi.* Cum tractatulo de meditatione cordis. [Nürnberg], 1492, [6], 182 Bl. (in-8). – Zum Mystiker Thomas Hemerken (Malleolus) von Kempen / Thomas a Kempis (1379/80–1471) siehe BUAM XXII 286–291, DSAM XV 817–826, LTK X 144–145, Aa IV 37–38, DBE^2 X 11, Jaumann 651–652; zu P. Antoine Girard SJ (1603/04–1679/80), «écrivain religieux, traducteur», siehe BUAM XVII 446–447, DBF XVI 141–142, IBF 1475.

[14] Vesuntio, Vesontio: Besançon.

15 un livre ecrit à la main
intitulé commentarius de
corpore naturali liber
friburgi Briscoiæ[15]

Quelle: AAEBS, Porrentruy, inventaires et partages, N° 30: «Inventaire des biens delaissés par feu Dame Anne Salomé Cartier née Buthod», vom 2. April 1754, S. [21]: «Ensuivent les livres».[16]

[15] Friburgum in Briscovia: Freiburg im Breisgau.

[16] «L'an mi lsept cent cinquante quatre le deuxième jour du mois d'Avril en vertu d'un gracieux decret ou apointement de Cour intervenue sur la requête du Sieur Jacques Cartier du Conseil de la ville de Pourentruy et inspecteur des Bureaux de peages de Son Altesse Monsieur et Prince l'Evêque de Basle et de Demoiselle Marie Anne Cartier sa fille de l'assistance et autorité du Sieur Dominique Nizot le fils marchand de cette ville en date … par lequel il leur est permis de proceder à la confection de l'inventaire et description des biens et effets meubles, immeubles delaissés après le decés de feue Dame Anne Salomé Cartier née Buthod dudit Pourentruy.» (Quelle, S. 1).

Tabelle 3.9: *Bibliothek der Madlena Thuli geb. Steudler (1716–1784) von Hasliberg*[1] *anhand ihres Geltstagsrodels vom 8. April 1755*

Nr.	Titel im Inventar	Beschreibung der Werke[2]	Wert (bz)
	Bildungslektüre		
1	1 Büechli Heil Brunen genant	Hans Jakob ZIEGLER, *Heil-Brunnen, das ist: Beschreibung deß köstlichen warmen Gesund-Bads, bey Schintznacht, an dem Aren-Fluß, ohnfern der Statt Brug in dem Aergew, in der Mächtigen H[erren] von Bern Landschafft gelegen.* Deme beygefügt seynd die mineralischen Proben dieses Wassers, sampt seinen fürtrefflichen Kräfften und Würckungen. Zusammen verfasset von Jacob Ziegler, in Zürich. Zürich: bey Hans-Caspar Hardtmeyer zu finden, 1663, 20 S. (in-4).[3]	2
	Erbauungslektüre		
2	1 Bibli	*Biblia, das ist: Die gantze Heilige Schrifft, Alten und Neuen Testaments.* Aus Hebreischer und Griechischer Sprach in welcher sie anfangs von den Propheten und Aposteln geschrieben nach der Übersetzung Johannis Piscatoris [...]. Mit beygefügten und vermehrten Erklärungen [...] von neuem ausgefertiget (unter allergnädigstem Privilegio und Vorschub deß Hohen Standes) von einer Ehrwürdigen Convent Loblicher Stadt Bern. Bern: in der Obern Druckerey, verlegt und gedruckt von Emanuel Hortinus, 1736, [10], 521, 440, 132; 336 S. (in-2).[4]	90
3	Ein Psalmen Buch darinn die Biblisch[en] Psalter	*Vierstimmiges Psalmbuch, das ist: Dr. Ambrosii Lobwassers Psalmen Davids.* Mit Verbesserung der undeutlichen Redensarten, samt neuen Festgesängen [...] wobey eine kurze musikalische Unterweisung, samt etlichen schönen Gebätten zu finden. Transponiert durch Johann Ulrich Sulzberger. Bern: Hoch-Oberkeitliche Druckerey, 1752, [16], 647, 167 S. (in-8).[5]	12,5

[1] «Geltstag-Rechnung über der auß dem Land getretenen Madlena Stüdler, Hans Thulis sel. hinterlassenen Wittib [...] coll. 8. Aprill 1755». – «Magdalena Thuli, geb. Steüdler, eine Witwe zu Willigen, 78½ Jahr» alt, starb am 18. Juli 1784 (K Meiringen 23: Totenrodel, 1767–1824, S. 71, Nr. 77). – Zum Dorf Hasliberg in der «Landschaft Oberhasli» siehe HAS 60, HLS II, 261, HLS VI 125–126.

[2] Zweifelhafte oder «behelfsmässige» Identifizierungen von Werken sind mit einem Sternchen (*) versehen.

[3] Zum Zürcher Stadtarzt Hans Jakob Ziegler (1638/40–1683) siehe Leu XX 91–92, HLS XIII 706.

[4] Zum reformierten Theologen Johann(es) Piscator oder Piscatorius (1546–1625) siehe Leu XIV 561, ADB XXVI 180–181, HBLS V 445, DBE[2] VII 851.

[5] Zum Komponisten und Musikdirektor Johann Ulrich Sulzberger (1638–1701) siehe Leu XVII 741, HBLS VI 603, Guggisberg (1958) 334.

4	1 Catechismi Familaris	Philippe LE NOIR, *Catechismus familiaris*. Mit gantz kurtzen Fragen und Antworten, zum Dienst der jungen Kindern. Erstlich in Frantzösisch mit Approbation gedruckt, beschrieben von Herrn Philip Le Noir, britannischen Predigern in Blain. Anjetzo aber wegen seiner Fürtrefflichkeit auß der frantzösischen in die teutsche Sprache übergesetzet durch Benjamin Mimard, Dienern deß Worts Gottes. Bern: bey Georg Sonnleitner, 1677, 91, [2] S. (in-12).[6]	1
5	1 Blumen Krantz	* *Anmuthiger Blumen-Krantz aus dem Garten der Gemeinde Gottes: In sich fassend allerhand göttliche Gnaden- und Liebes-Würckungen, ausgedruckt in geistlichen lieblichen Liedern*. Zum Dienst der Liebhabere des Lobes Gottes gesamlet. [s. l.], 1712, 757 S. (in-8).	4
6	Ein Buch daß wahre Christenthumb	Johann ARNDT, *Samtliche sechs geistreiche Bücher vom wahren Christenthum, das ist: Von heilsamer Busse, hertzlicher Reue und Leyd über die Sünde, wahrem Glauben, auch heil. Leben und Wandel der rechten wahren Christen*. Neue Auflag mit Figuren, samt richtigen Anmerckungen, kräfftigen Gebättern über alle Capitel, und einem sechsfachen Register. Zürich: getruckt in Bürgklischer Truckerey, 1753, [18], 1352 S. (in-8).[7]	30
7	1 Buch Haber Mandli	* Johann HABERMANN, *Neu-vermehrtes und vollständiges Gebeth- und Hand-Buch: In welchem christliche Gebethe auf alle Tage in der Wochen, zu allen Zeiten, in allerley geistlichen und leiblichen, gemeinen und besondern Nöthen und Anliegen, zu sprechen, befindlich*. Mit einer besondern Vorrede gestellet von Ludwig He[i]nrich Schlossern, gewesenen Evangel. Prediger in Franckfurt am Mayn. Frankfurt a. M., 1738, [12], 376, [14] S. (in-8).[8]	9
8	1 Buch Manuali	* Martin MOLLER, *Manuale de præparatione ad mortem: Heylsahme und sehr nützliche Betrachtung, wie ein Mensch christlich leben, und seeliglich sterben sol*. Vorgestellet von Martino Mollero [...]. Deme beygefügt Morgen- und Abend-Gebeter, nebst schönen Sprüchen Krancke und Sterbende	6

[6] Französische Originalausgabe: *Catechisme familier par demandes & réponses extrêmement courtes, pour l'usage des petis enfans*. Avec approbation. Sixiéme edition. Genève: pour Jean Antoine Chouët, 1683, 48 S. (in-12). – Zu Philippe Le Noir, *seigneur* de Crevain (1623–1691), «pasteur, poète, historien», siehe DBF XXI 348–349; zu Benjamin Mimard (erw. 1661–1677), «pasteur et traducteur»; originaire d'Yverdon, pasteur de l'église française de Mulhouse 1661–1663, fehlen biografische Artikel.

[7] Zum lutherischen Pfarrer und Erbauungsschriftsteller Johann Arndt (1555–1621) siehe BUAM II 512–513, ADB I 548–552, NDB I 360–361, DBE[2] I 217.

[8] Erstausgabe unter dem Titel: *Christliche Gebet für alle Not und Stende der gantzen Christenheit, ausgeteilet auff alle Tag in der Wochen zu sprechen*. [...]. [Nürnberg], 1567, [151] Bl., [1] S. – Zahllose Ausgaben bis ins 19. Jahrhundert. – Zum lutherischen Theologen und Hebraisten Johann Habermann / Johannes Avenarius (1516–1590) siehe ADB I 699, NDB I 467, DBE[2] I 284; zum Kirchenliederdichter Ludwig Heinrich Schlosser (1663–1723) siehe ADB XXXI 548–550.

		vorzusprechen, wie auch einige neue geistliche Lieder. Frankfurt a. M., Leipzig, 1727, [15], 264 S. (in-8).[9]	
9	1 Lust Gärtli	* [Matthäus WIESER], *Biblisches Lust-Gärtlein: Darinnen schöne Sprüche und geistliche Rätzel, aus allen Büchern der gantzen Heiligen Schrifft des Alten und Neuen Testaments zu finden.* Zur Anreitzung und Lust zum Bibel-Lesen für die Jugend aufgesetzet, von Mattheo Wiesern, Ex[ulanten]. Jetzo aufs Neue übersehen nicht nur mit höchstem Fleiß übersehen, sondernauch mit vielen nützlichen Fragen vermehret. Nürnberg, 1732, [30] Bl. (in-8).[10]	5

Quelle: StABE, Bez Oberhasli[11] A 162, Nr. 12: «Geltstag-Rechnung über der auß dem Land getrettenen Madlena Steüdler, Hans Thulis se[lig] hinterlaßenen Wittib, annoch zurück gelaßenen, und verhandenen Mittlen und Schulden, also unter dem *Præsidio* und *Direction* Mswhren Landtamman Caspar Moors zu Oberhasle auff dem Landr Hauß verführt und *colllociert* worden d[en] 8ten April 1755 [...]. Bescheint: Issac Zopffi *Not[arius]* / Gelts Rechnungs Schreiber», S. 5, 7.

[9] Zahlreiche Ausgaben bis 1863. – Erstausgabe: [Görlitz], 1593, [53] S., 154 Bl., [9] S. (in-8). – Zum Kirchenliederdichter Martin Moller (1547–1606) siehe ADB XXII 128, NDB XVIII 1.

[10] Erstausgabe: Freiberg, 1682, 80 S. (in-8). – Zum Liederdichter Matthäus Wieser (1617–1678) siehe DBI 3856.

[11] Zur «Landschaft Oberhasli» (im Ancien Régime) siehe HAS 60, HLS II 261, HLS IX 324.

Tabelle 3.10: *Bibliothek der Einwohnerin von Lausanne Eleonor Felix geb. de Bergier d'Alançon (~1675–1745)*[1] *anhand ihres Nachlassinventars vom 23. April und 15. Mai 1756*

Nr.	Titel im Inventar	Beschreibung der Werke
	Orientierungslektüre	
1	Liste generale des poste[s] de France	Pierre Marc de Voyer de Paulmy d'ARGENSON, *Liste générale des postes de France.* Dressée par ordre de Monseigneur Marc Pierre de Voyer de Paulmy, comte Dargenson [...]. Paris, 1753, [1], 76 S., 1 Taf. (in-12).[2]
2	L'office & pratique du notaire	Etienne CORROZET, *L'office et pratique des notaires: Contenant les divers contracts et actes plus notables, dépendans dudit office, ausquels chacun, selon son sujet a esté adjousté plusieurs décisions et arrests de la Cour intervenus sur l'exécution et en conséquence d'iceux.* Augmenté de plusieurs transactions sur différentes & notables questions. Seconde édition. Paris, 1658, mehrfache Paginierung (in-8).[3]
	Bildungslektüre	
	(1) Theologie	
3	de l'Excellence de la Religion par Jaques Bernard deux vol. in 8[tavo] Relié proprement en veau	Jacques BERNARD, *Traité de l'excellence de la religion.* Avec quatre discours: I. Sur l'amour de Dieu; II. Sur l'amour des ennemis; III. Sur le martyre; IV. Sur le mensonge. Nouvelle édition, augmentée de la vie de l'auteur. Tome premier[–second]. Amsterdam, 1744, 2 Bde. (in-8).[4]
4	Remarques morales et politiques	[Dirk van BRONKHORST], *Remarques morales et politiques.* Paris, 1650, [12], 381, [3] S. (in-12).[5]

[1] «Du 8[e] dudit [Juillet 1745] / Madame Eleonor de Bergier, aagée de plus de 70 ans, originaire de la ville d'Orange, habitante en cette ville de Lausanne depuis plus[ieu]rs années, fille de feu Messire De Bergier en son vivant seig[neu]r d'Alançon, & premier President au Parlement dud[it] Orange, & veuve de Mons[ieur] Moyze Felix, quand il vivoit docteur es droit, & avocat aud[it] Parlement, est decedée audit Lausanne la nuit du 6[e] au 7[e] Juillet 1745, & son corps inhumé le 8[e] dud[it] au cimetière de l'Eglise de S[ain]t François dud[it] Lausanne.» (ACV, Eb 71/45: Registre de décès [i. e. sépultures] de la paroisse réformée de Lausanne, 1737 bis 1763, S. 140, Nr. 104). – «Du 15e Aoust [1743] / Monsieur Moyse Felix ancien avocat au Parlement d'Orange, aagé d'environ 68 ans, est decedé le dit jour à Lausanne, environ les neuf heures du soir, et son corps a été inhumé au simetiere [sic] de S[ain]t François le 17e Aoust.» (ACV, Eb 71/45: Registre de décès [i. e. sépultures] de la paroisse réformée de Lausanne, 1737–1763, S. 115, Nr. 153).

[2] Erschienen 1708–1786. – Zu Pierre Marc – oder Marc Pierre – de Voyer de Paulmy *comte* d'Argenson (1696 bis 1764), «ministre de guerre», siehe Viguerie 1450–1451.

[3] 2 Teile in 1 Bd. – Erstausgabe: Paris, 1639, 543 S. (in-8). – Zu Etienne Corrozet (erw. 1639) fehlen biografische Artikel.

[4] Bd. 1: LIV, S. 1–432; Bd. 2: S. 433–819, [6] S. – Erstausgabe unter dem Titel: *De l'excellence de la religion.* A quoi on a joint quatre discours. Amsterdam, 1714, 2 Bde. (in-8). – Zu Jacques Bernard (1658–1718), «ecclésiastique protestant, journaliste», siehe BUAM IV 290–291, DBF VI 59, IBF[3] 358.

[5] Edition antérieure: *Remarques morales et politiques.* Recueillies et composées par Theodore de Bronckhorst, Battobourg [i. e. Diederik van Batenburg], et d'Anholt. Utrecht, 1646, [6] Bl., 404 S. (in-8). – Zu Dirk – oder Theodorus – van Bron(c)khorst († 1574), «krijgsman», siehe Aa[1] II 1407–1408, BIB 283.

5	La vie de Notre Seigneur par Butigny	Pierre BUTINI, *Histoire de la vie de Jesus-Christ, ou: Paraphrase harmonique des quatre Evangiles*. Par feu Mr. Pierre Butini, ministre de S. Ev. Tome premier[–second]. Genève: chez Fabri & Barrillot, 1710, 2 Bde. (in-8).[6]
6	Caractère[s] tirés de l'Ecriture Sainte	*Caractères tirés de l'Ecriture sainte, et appliqués aux mœurs de ce siècle*. Troisième édition revûë & corrigée. Paris, Bruxelles, [1724], [2], 330, [13] S. (in-12).[7]
7	Chambrun sur le retablissement de la Principauté d'Orange	Jacques Pineton de CHAMBRUN, *Les larmes de Jaques Pineton de Chambrun, pasteur de la maison de Son Altesse Sérénissime, de l'église d'Orange, & professeur en théologie, qui contiennent les persécutions arrivées aux églises de la principauté d'Orange, depuis l'an 1660, la chûte & le relèvement de l'auteur*. Avec le rétablissement de S. Pierre en son apostolat, ou sermon sur les paroles de Nôtre Seigneur Jesus-Christ selon S. Jean ch. XXI, N. 15. Den Haag, 1726, 396 S. (in-12).[8]
8	Les plaintes des Protestans opprimés	[Jean CLAUDE], *Les plaintes des protestans, cruellement opprimez dans le royaume de France*. Par M. Claude. Nouvelle édition, augmentée d'une préface, contenant des réflexions sur la durée de la persécution, & sur l'état présent des reformez en France. Cologne [i. e. Amsterdam?]: chez Pierre Marteau, 1713, CLXVI, [2], 126, [2] S. (in-8).[9]
9	Responce du [sic?] Livre de Mons[ieu]r de Meaux	[Jean CLAUDE], *Réponse au livre de Monsieur l'évesque de Meaux [Jacques Bénigne Bossuet], intitulé Conférence avec M. [Jean] Claude: Divisée en II parties*. Charenton, 1683, LVIII, 657 S. (in-8).[10]
10	Entretiens de Cleandre et d'Eudoxe sur les lettres Provinciales 2 vol. en veau	P. Gabriel DANIEL SJ, *Entretiens de Cleandre et d'Eudoxe sur les lettres aux provinciales*. Dixième édition. Avec quelques piéces qui ont du rapport à la mesme matiére. Cologne [i. e. Rouen]: chez Pierre Marteau, à l'Arbre-sec, 1697, [8], 474 S. (in-12).[11]
11	Lettres de Charles de Drelincourt au Landgrave &c.	Charles DRELINCOURT, *Trois lettres de Monsieur Drelincourt à Monseigneur le prince Ernest, landgrave de Hesse*. Seconde édition, reveuë par l'auteur. Genève: pour Jean Ant[oine] & Samuel De Tournes, 1665, [8], 218 S. (in-8).[12]

[6] Bd. 1: 568 S.; Bd. 2: 614 S. – Zu Pierre Butini (1678–1706), «ecclésiastique», siehe BUAM VI 587–588, Montet I 106, IBF 542.

[7] Erstausgabe: Paris, 1698, 463 S. (in-12).

[8] Erstausgabe: Den Haag, 1688, 256 S. (in-8). – Zu Jacques (III) Pineton de Chambrun (1637–1689), «ecclésiastique protestant», siehe DBF VIII 271–272, IBF 2652.

[9] Erstausgabe: Cologne [i. e. Amsterdam]: chez Pierre Marteau, 1686, 192 S. (in-12). – Zu Jean Claude (1619 bis 1687), «théologien protestant, écrivain, ecclésiastique», siehe BUAM VIII 627–629, DBF VIII 1378–1379.

[10] Andere Ausgabe unter dem Titel: *Réponse au livre de Monsieur de Meaux intitulé Conférence avec Monsieur Claude: Divisée en deux parties*. Den Haag, 1683, 426 S. (in-8).

[11] Andere Ausgabe unter dem Titel: *Réponse aux lettres provinciales de L. de Montalte [i. e. Blaise Pascal], ou: Entretiens de Cleandre et d'Eudoxe*. Nouvelle édition. Den Haag, 1716, [4], 404 S. (in-12). – Zu P. Gabriel Daniel SJ (1649–1728), «historien», siehe BUAM X 511–512, DBF X 111–112, IBF 903.

[12] Erstausgabe: Genève: et se vand à Charenton, 1664, [6], 148 S. (in-8). – Zu Charles (Ier) Drelincourt alias Philalèthe (1595–1669), «ecclésiastique protestant», siehe BUAM XII 19, DBF XI 741, IBF 1087.

12	Refflexions ancien[n]es et nouvelles sur l'Eucaristie	[Henri DU QUESNE], *Réflexions anciennes et nouvelles sur l'eucaristie*. Genève: chez Fabri & Barrillot libraires, 1718, XXVI, [2], 420 S. (in-12).[13]
13	Traittés et lettres de Mr de Gombaud	Jean-Ogier de GOMBAULD, *Traitez et lettres, touchant la religion*. Avec ses sonnets chrestiens. Amsterdam, 1678, 282 S. (in-12).[14]
14	Preservatif contre le changement de Religion	[Pierre JURIEU], *Préservatif contre le changement de religion, ou: Idée juste & véritable de la religion catholique romaine opposée aux portraits flattez que l'on en fait, et particulièrement à celui de Monsieur de Condom*. Amsterdam, 1717, 254 S. (in-12).[15]
15	de langes histoire de la Bible 3 vol. en 8° en veau	Claude de LANGES, *Histoire du Vieux et du Nouveau Testament, par demandes, & par réponces: Avec des reflexions morales*. Par feu Monsr. De Langes. Premier[–troisieme] Tome. Genève: chez Cramer & Perachon, 1718, 3 Bde. (in-8).[16]
16	L'histoire du Vieux & du Nouveau Testament par Mart[in] 3 volume[s]	David MARTIN, *Histoire du Vieux et du Nouveau Testament*. Tome premier[–troisieme]. Genève: chez Vincent Miege libraire, 1707, 3 Bde. (in-12).[17]
17	Les Refflextions de Mr Ostervald en quarton	Jean Frédéric OSTERVALD, *Argumens et réflexions sur les livres et sur les chapitres de la Sainte Bible*. Nouvelle édition corrigée & augmentée, suivant la nouvelle version de la Bible de Mr. Ostervald, pasteur de l'Eglise de Neuchâtel. Neuchâtel: chez Abraham Boyve et comp., 1747, [14], 612 S. (in-4).[18]
18	Pajon remarques sur l'advertissement pastoral	Claude PAJON, *Remarques sur l'avertissement pastoral*. Avec une rélation de ce qui se passa au consistoire d'Orléans, assemblé à Bionne, quand il y fut signifié; une lettre de l'auteur à Messieurs du clergé de France, & une réponse à quelques difficultez que l'on fait ordinairement aux protestans. Sur l'édition d'Amsterdam, [s. l.], 1731, [8], XXXIII, 217, [2] S. (in-12).[19]
19	Benedict Pictet verité de la Religion Protestante 2 vol. en carton	Benedict PICTET, *La théologie chrétienne, et la science du salut, ou: L'exposition des veritez que Dieu a révélées aux hommes dans la Sainte Ecriture*. Avec la refutation des erreurs contraires à ces véritez, l'histoire de la plûpart de ces erreurs, les sentimens des Anciens Péres, & un abregé de ce qu'il y a de plus considerable dans l'histoire ecclésiastique. Nouvelle édition corrigée & augmentée. Tome

[13] Zu Henri *marquis* Du Quesne oder Duquesne (1652–1722), «officier de marine, réfugié protestant», siehe DBF XII 627–628, IBF 1171.

[14] Erstausgabe: Amsterdam, 1669, [14], 245 [i. e. 247], [1] S. (in-12); weitere Ausgaben: Amsterdam, 1671, 245 S. (in-12); Amsterdam, 1676, 226 S. (in-12). – Zu Jean-Ogier de Gombau(l)d (1576–1666), «poète», siehe BUAM XVIII 39–40, DBF XVI 528, IBF 1502.

[15] Erstausgabe: Den Haag, [1681], 358 S. (in-12). – Zu Pierre Jurieu (1637–1713), «pasteur et professeur de théologie», siehe BUAM XXII 159–161, DBF XVIII 1040–1041, DGS 802–803, Kamen 165.

[16] Bd. 1: [6], 291 S.; Bd. 2: 400 S.; Bd. 3: 368 S. – Zu Claude de Langes (erw. 1718) fehlen biografische Artikel.

[17] Bd. 1: [26], 467 S.; Bd. 2: [10], 452 S.; Bd. 3: [22], 487 S. – Erstausgabe: Enrichie de plus de quatre cens figures en taille-douce, &c. Antwerpen, 1700, 2 Bde. (in-2).

[18] Zu Jean-Frédéric Ostervald (1663–1747), «théologien, prédicateur protestant», siehe Leu XIV 330–332, Holzhalb IV 407, BUAM LXXVI 132–133, EP 1111, HLS IX 491.

[19] Erstausgabe: Amsterdam, 1685, 188, [1] S. (in-12). – Zu Claude Pajon (1626–1685), «théologien», siehe BUAM XXXII 392–393.

Nr.	Eintrag	Identifikation
		premier[–second]. Genève: imprimé pour l'autheur, 1708, 2 Bde. (in-4).[20]
20	Responce a plusieurs lettres sur des matiere[s] de Religion	*Reponse à plusieurs lettres sur des matieres de religion [de Daliés de la Tour, Lebret Prevôt de l'Eglise Cathedrale de Montauban, & de deux Anonymes]*. Amsterdam, 1700, 32, 24, 138 S. (in-8).
21	Les œuvres du Docteur Scherlock traduit de l'anglois en 4 vol. grand in 8^{tavo}	William SHERLOCK, *De la mort*. Par Guillaume Sherlock, docteur en theologie [...]. Traduit de l'anglois par David Mazel, ministre du S. Evangile. Nouvelle édition revûe & corrigée. Amsterdam, 1712, [8], 262, [2] S. (in-8).[21] William SHERLOCK, *Du Jugement dernier*. Traduit de l'anglois par David Mazel, ministre du S. Evangile. Nouvelle édition revûe & corrigée. Amsterdam, 1712, [6], 412, [4] S. (in-8).[22] William SHERLOCK, *Preservatif contre le papisme*. Divisée en deux parties [...]. Traduit de l'anglois. Den Haag, 1721, [12], 332 S. (in-8).[23] William SHERLOCK, *Traité sur la providence*. Traduit de l'anglois. Den Haag, 1721, [12], 462 S. (in-8).[24]
22	Reponse et deffence des deux lettres au sujet d'un miracle	[Jacob VERNET], *Suite de la réponse aux deux lettres de Genève, concernant le miracle publié à Paris le 10 août 1725, ou: Refutation de la défense de ces mêmes lettres*. Par un docteur de la Sorbonne du diocèse de Genève. [s. l.], 1728, 96 S. (in-8).[25]
	(2) Geschichte	
23	Les Lettrs Juifves en 7 vol. en carton	Jean-Baptiste de Boyer d'ARGENS, *Lettres juives, ou: Correspondance philosophique, historique & critique, entre un Juif voyageur à Paris, & ses correspondans en divers endroits*. Tome premier[–septieme]. Nouvelle édition. Lausanne, Genève: chez Marc-Michel Bousquet & Compagnie, 1738–1739, 7 Bde. (in-8).[26]

[20] Bd. 1: [56], 687 S.; Bd. 2: [4], 775 S. – Französische Erstausgabe: Amsterdam, 1702, 2 Bde. (in-4). – Nouvelle édition corrigée & augmentée d'un troisiéme tome. Genève: chez Cramer, Perachon & Cramer fils, 1721, 3 Bde. (in-4). – Bd. 1: [56], 780 S.; Bd. 2: [4], 820, [3] S.; Bd. 3: [5], 196 S. – Lateinische Originalausgabe: *Theologia christiana, ex puris S. S. literarum hausta*. Genève: sumptibus Cramer & Perachon, 1696, 2 Bde. (in-8). – Zu Benedict Pictet (1655–1724), «pasteur, professeur de théologie», siehe BUAM XXXIV 290–291, Montet II 292–294, EP 1155, HLS IX 726.

[21] Englische Originalausgabe: *A Practical Discourse Concerning Death*. London, 1689, [7], 353 [i. e. 352] S. (in-8). – Zu William Sherlock (1639/40–1707), «Church of England clergyman and religious controversialist», siehe ODNB L 324–326.

[22] Englische Originalausgabe: *A Practical Discourse Concerning a Future Judgement*. London, 1692, [6], 541, [3] S. (in-8).

[23] Englische Originalausgabe: *A Preservative Against Popery: Being some Plain Directions to Unlearned Protestants, how to Dispute with Romish Priests*. London, 1688, [2], 90, [6], 91, [2] S. (in-4).

[24] Englische Originalausgabe: *A Discourse Concerning the Divine Providence*. London, 1694, [8], 394, [2] S. (in-4).

[25] Zu (Jean) Jacob Vernet (1698–1789), «théologien protestant», siehe Leu XVIII 497–500, Holzhalb VI 163 bis 165, BUAM XLVIII 239–242, Montet II 608–611, HLS XII 824.

[26] Bd. 1: [6], 256 S.; Bd. 2: [12], 267 S.; Bd. 3: [6], 283 S.; Bd. 4: XXIV, 283 S.; Bd. 5: XX, 291 S.; Bd. 6: XVI, 324 S.; Bd. 7 (Supplement ou Tome septieme des Lettres juives): XXVII, 453 S. – Zu Jean-Baptiste de Boyer, *marquis* d'Argens (1704–1771), «officier militaire, écrivain», siehe BUAM II 409–411, DBF III 522 bis 525, Viguerie 718–719.

24	Un de l'histoire de Mazarin	Antoine AUBÉRY, *L'histoire du cardinal Mazarin*. Tome premier[–troisième]. Nouvelle édition. Amsterdam, 1718, 3 Bde. (in-12).[27]
25	Etat present de l'Eglise Gallicane	Jacques BASNAGE (DE BEAUVAL), *L'état présent de l'Eglise gallicane contenant divers cas de conscience sur ses divisions*. Avec un examen critique des erreurs & de la conduite de Clément XI. Amsterdam, 1719, [40], 358, 10 S. (in-12).[28]
26	Bossuet sur l'histoire universelle	Jacques-Benigne BOSSUET, *Discours sur l'histoire universelle, à Monseigneur le Dauphin,* Pour expliquer la suite de la religion, & les changemens des empires Tome premier[–cinquième]. Nouvelle édition. Amsterdam, 1734, 4 Bde. (in-12).[29]
27	Janiçon Passe par tout de l'Egl[ise] Romaine	Antonio GAVIN, *Le passe-par-tout de l'Eglise Romaine, ou: Histoire des tromperies des prêtres et des moines en Espagne*. Par Antoine Gavin, ci-devant prêtre séculier de l'Eglise Romaine à Saragosse, & depuis 1715 ministre de l'Eglise Anglicane. Traduit de l'anglois par Mr. [François Michel] Janiçon. [Tome I–III]. London, 1726–1727, 3 Bde. (in-12).[30]
28	Memoire de la vie de Madame	[Charles-Claude GENEST], *Mémoire sur la vie et les vertus de feue Madame la princesse électorale Louise palatine de Bavière, vingt-quatrième abbesse de l'abbaye roïale de Maubuisson, décédée le 11 février 1709*. Paris, 1709, 46 S. (in-12).[31]
29	Methode facile pour apprendre l'histoire d'Angleterre	[Simon GUEULLETTE], *Méthode facile pour apprendre l'histoire d'Angleterre.* Nouvelle édition corrigée, augmentée, et continuée jusqu'à la fin du règne du roy Guillaume III. Amsterdam, 1706, 343 [i. e. 334], [26] S., 1 Taf. (in-12).[32]
30	Plantier verité de la Rell[igion] chretienne en veau	[Jacques PLANTIER], *Reflexions sur l'histoire des Juifs: I. Sur la ruine de leur république & le Messie; II. Sur l'incrédulité de ce peuple; III. Sur les incrédules en général*. Pour servir de preuves à la vérité de la religion chrétienne. Avec un abrégé préliminaire de l'histoire des Juifs, depuis qu'ils tombérent sous la domination des Romains, jusqu'à la ruine entiére de leur république, et une description abrégée de leur schisme,

[27] Bd. 1: [21], 412, [4] S.; Bd. 2: [2], 573 S.; Bd. 3: [3], 382 S. – Erstausgabe: Paris, 1688, 2 Bde. (in-12); weitere Ausgaben: Paris, 1695, 2 Bde. (in-12); Amsterdam, 1751, 4 Bde. (in-8). – Zu Antoine Aubéry (1616 bis 1695), «historien», «écrivain laborieux», siehe BUAM III 5–7, DBF IV 98–100.

[28] Anderer Titel des gleichen Werks: *L'état présent de l'Eglise gallicane, sous le reigne de Louis XIV et sous la minorité du roi Louis XV*. – Zu Jacques Basnage de Beauval (1653–1723), «pasteur, controversiste, historien et homme politique», siehe BUAM III 493–495, DBF V 734–736.

[29] Bd. 1: 382 S.; Bd. 2: 371 S.; Bd. 3 (Continuation de l'Histoire universelle): 474 S.; Bd. 4: 528 S.; Bd. 5: 488 [i. e. 480] S. – Erstausgabe: Paris, 1681 561 S. (in-8). – Zu Jacques-Bénigne Bossuet (1627–1704), «évêque de Meaux, théologien, philosophe, historien, orateur», siehe BUAM V 225–246, DBF VI 1152–1156, DGS 215–217.

[30] Bd. 1: [30], 417 S.; Bd. 2: [20], 473, [5] S.; Bd. 3: XV, [1], 511, [2] S. – Englische Originalausgabe: *A Master-Key to Popery: Containing I. A Discovery of the most secret Practices of the Secular, and Regular Romish Priestes in their Auricular Confession; [...]*. Dublin, 1724, XXIII, VII, [1], 366 S. (in-4). – Zu Antonio Gavin (erw. 1716–1726), «Church of England clergyman and religious controversialist», siehe ODNB XXI 656–657; zu François Michel Janiçon (1674–1730), «littérateur», siehe BUAM XXI 392, DBF XVIII 425–426.

[31] Zum *abbé* Charles-Claude Genest (1639–1719), «poète, auteur dramatique», siehe BUAM XVII 67–68, DBF XV 1008–1009, IBF 1437.

[32] Erstausgabe: Amsterdam, 1698, [36], 292, [8] S., 1 Taf. (in-12). – Zu Simon Gueullette († 1699), «historien», BUAM XIX 37, IBF 1579.

		& de leurs sectes. Pour servir d'eclaircissemens à ces réflexions. Tome premier[–second]. Genève: chez Fabri & Barrillot, 1721, 2 Bde. (in-12).[33]
31	histoire des variations de l'Eglise Galicane	Jean-Baptiste RENOULT, *Histoire des variations de l'Eglise Gallicane: En forme de lettres écrites à Mr. de Meaux [Bossuet] pour servir de reponse, par voye de recrimination à son livre des Variations des Protestans*. Ouvrage où l'on fait voir les principaux changemens qui sont arrivez en France, en matiere de religion, depuis St. Irenée Evêque de Lion dans le second siècle, jusqu'au regne de Louis XIV. Par J. B. Renoult. Seconde édition. Utrecht, 1710, 342 S. (in-8).[34]
32	Un Livre Italien sur l'origine de l'inquisition	P. Paolo SARPI OSM, *Historia dell'origine, forma, leggi, ed uso dell'ufficio dell'inquisizione nella città, e dominio di Venetia*. Venezia, 1687, 216 S. (in-8).[35]
33	Lettres du Chevalier Temple 2 vol.	William TEMPLE, *Lettres de Mr. le chevalier Guill[aume] Temple, et autres ministres d'Etat, tant en Angleterre que dans les Païs etrangers: Contenant une relation de ce qui s'est passé de plus considerable dans la chrétienté depuis l'année 1665 jusqu'à celle de 1672*. Revûës par le chevalier Guillaume Temple quelque tems avant sa mort; & publiées par Jonathan Swift [...]. Traduites de l'anglois. Tome I[–II]. Den Haag, 1711, 2 Bde. (in-8).[36]
34	L'histoire de Charles douze	VOLTAIRE, *Histoire de Charles XII roi de Suède*. Nouvelle édition, revuë, corrigée & augmentée. Tome premier[–second]. Berlin, 1752, XXIV, 404 S. (in-12).[37]

(3) Varia

35	La fortune des Gens de qualité	Jacques de CAILLIÈRES, *La fortune des gens de qualité, et des gentils-hommes particuliers, enseignant l'art de vivre à la Cour, suivant les maximes de la politique & de la morale*. Paris, 1680, [12], 347 S. (in-12).[38]
36	un [tome] du Philosophe francois	P. René de CERISIERS SJ, *Le philosophe françois*. Par le sieur de Ceriziers [...]. Tome I[–II]. Cinquième édition reveuë & augmentée. Paris, 1658, 2 Bde. (in-12).[39]

[33] Bd. 1: LXVII, [6], 400 S.; Bd. 2: [6], 418, [1] S. – Zu Jacques Plantier (1680–1750), «écrivain religieux», siehe IBF 2663.

[34] Erstausgabe: Amsterdam, 1703, [3] Bl., 342 S., [9] Bl. (in-8). – Zu Jean-Baptiste Renoult (*~1664), «théologien protestant», siehe IBF 2794.

[35] Erstausgabe: *Discorso dell'origine, forma, leggi, ed uso dell'ufficio dell'inquisitione nella città, e dominio di Venetia*. [Venezia], 1638, [4], 158 S. (in-4). – Zu P. Paolo Sarpi OSM (1552–1623), «professore di teologia e di filosofia, consigliere di stato, storico», siehe EI XXX 877–879, Kamen 264–265.

[36] Bd. 1: [10], 470 S.; Bd. 2: 384 S. – Englische Originalausgabe: *Letters Written by Sir William Temple during his being Ambassador at The Hague, to the Earl of Arlington and Sir John Trevor, Secretaries of State to K[ing] Charles II [...]*. London, 1699, [8], 216 S. (in-8). – Französische Erstausgabe: Den Haag, 1700, 2 Bde. (in-12). – Zu *Sir* William Temple, *baronet* (1628–1699), «diplomat and author», siehe BUAM XLV 116–123, ODNB LIV 84–89, Kamen (2002) 288.

[37] Erstausgabe: Basel [i. e. London?], 1731, 2 Bde. (in-12). – Zu François Marie Arouet, *dit* Voltaire (1694 bis 1778), «philosophe, écrivain», siehe BUAM XLIX 464–512, Viguerie 1446–1449, Kamen (2002) 307.

[38] Erstausgabe unter dem Titel: *Traitté de la fortune des gens de qualité [...]*. Paris, 1657, 467, 12 S. (in-12). – Zu Jacques de Caillières oder Callières († 1697), «maréchal, gouverneur, écrivain», siehe BUAM VI 545, DBF VII 903, IBF 557.

37	Lettres du Chevallier de Marié [sic], 2 vol. en veau	Antoine Gombaud de MÉRÉ, *Lettres de Monsieur le chevalier de Méré*. Tome premier[–second]. Paris, 1689, 2 Bde. (in-12).[40]
	Unterhaltungslektüre	
38	Un Tome de Rabutin	Roger de BUSSY-RABUTIN, *Histoire amoureuse des Gaules*. Par le Comte de Bussi Rabutin. Tome I[–V]. Paris, 1754, 5 Bde. (in-12).[41]
39	2 Tom[es] de Thelemaque	François de Salignac de la Mothe-FÉNELON, *Les aventures de Télémaque, fils d'Ulysse*. London, 1738, 2 Bde. (in-8).[42]
40	Un Tome des Causes celebres; en tout neuf volume[s] dans un Paquet	François GAYOT DE PITAVAL, *Causes célèbres et intéressantes, avec les jugemens qui les ont décidées*. Den Haag, 1747–1751, 22 Bde. (in-8).[43]
41	Les Odes d'Horace avec traduction françoise	Quintus HORATIUS FLACCUS, *Traduction nouvelle des odes d'Horace, et de ses autres ouvrages*. Par le Révérend Père [Jacques] Tarteron, de la Compagnie de Jesus. Paris, 1704, [6], 252 S. (in-12).[44]
42	Un Tome de Molière	MOLIÈRE, *Œuvres*. Nouvelle édition. Tome premier[–huitième]. Paris, 1749, 8 Bde. (in-12).[45]
43	2 Tome[s] de Scarron	Paul SCARRON, *Le roman comique*. Premiere[–seconde] partie. Paris, 1697, 2 Bde. (in-12).[46]
	Erbauungslektüre	
	(1) Heilige Schrift	
44	La s[ain]te Bible in folio Edition de Geneve avec son foureau	*La Sainte Bible, qui contient le Vieux et le Nouveau Testament, c'est-à-dire l'Ancienne et la Nouvelle Alliance*. Le tout revû & conferé sur les textes hébreux & grecs, par les pasteurs & les professeurs de l'Eglise de Genève. Genève: chez Fabri & Barrillot, 1723, XII, 848, 116, 252, 96 S. (in-2).

[39] Bd. 1: [8], 426, [6] S.; Bd. 2: [12], 506, [2] S. – Erstausgabe: Paris, 1643, 3 Bde. (in-12). – Zu P. René de Cerisiers ou Ceriziers SJ (1603–1662), «traducteur, historien, ecclésiastique», siehe BUAM VII 539–540, DBF VIII 63, IBF 638.

[40] Bd. 1: [6], 360 S.; Bd. 2: [9], S. 361–710, [2] S. – Erstausgabe: Paris, 1682, 2 Bde. (in-12). – Zu Antoine Gombaud, *chevalier* de Méré (1610–1684), «écrivain», siehe DGS 1017–1018.

[41] Bd. 1: [8], XIV, 390 S.; Bd. 2: 486 S.; Bd. 3: 317 S.; Bd. 4: [1], 272 S.; Bd. 5: [1], 354 S. – Erstausgabe: Liège, [1665], 208 S., [1] Bl. (in-12). – Zu Roger de Bussy-Rabutin / Roger de Rabutin, *comte* de Bussy (1618–1693), «officier, homme de lettres», siehe BUAM VI 374–377, DGS 252–253.

[42] Bd. 1: XL, 301 S.; Bd. 2: 294 S. – Erstausgabe: Den Haag, 1699–1700, 2 Bde. (in-12). – Nouvelle édition corrigée plus exactement que toutes les précédentes, & enrichie de figures en taille-douce. Lausanne: chez François Grasset, 1762, 2 Bde. (in-12). – Zu François de Salignac de la Mothe-Fénelon (1651–1715), «prélat et écrivain», siehe BUAM XIV 285–302, DBF XIII 982–987, DGS 580–582.

[43] Zahlreiche Ausgaben im Laufe des 18. Jahrhunderts. – Zu François Gayot de Pitaval (1673–1743), «homme de loi, homme de lettres», siehe BUAM XVI 617–618, IBF 1430.

[44] Zweisprachige Ausgabe. – Lateinischer Originaltitel: *Carmina*. – Zum römischen Dichter Quintus Horatius Flaccus / Horaz (65–8 v. Chr.) siehe DNP V 720–727; zu P. Jacques Tarteron SJ (1644–1720), «professeur de rhétorique et traducteur», siehe BUAM XLIV 577–578.

[45] Bd. 1: LIII, [3], 303 S.; Bd. 2: 320 S.; Bd. 3: 316 S.; Bd. 4: 368 S.; Bd. 5: 304 [i. e. 306] S.; Bd. 6: 276 S.; Bd. 7: 263 S.; Bd. 8: 284 S. – Zu Jean-Baptiste Poquelin, *dit* Molière (1622–1673), «comédien et dramaturge», siehe BUAM XXIX 301–315, DGS 1041–1044.

[46] Bd. 1: [8], 291 S.; Bd. 2: 289 S. – Erstausgabe: Paris, 1651–1657, 2 Bde. (in-8). – Zu Paul Scarron (1610 bis 1660), «poète et romancier», siehe BUAM XLI 42–48, DGS 1414–1415.

45	Une Bible françoise de Martin	*La Sainte Bible, qui contient le Vieux et le Nouveau Testament.* Revue sur les originaux, et retouchée dans le langage; avec des parallèles et des sommaires par David Martin, ministre du S. Evangile à Utrecht. Nouvelle édition, revue et corrigée par Pierre Roques, pasteur de l'Eglise françoise de Basle. Basel: chés Jean Rodolphe Im-Hoff, imprimé par Sam. Aug. de la Carrière, 1744, [5], 804; 148, 262 S. (in-8).[47]
46	Une Edition de la S[ain]te Bible in quarto: relié[e] en veau	*La Sainte Bible, qui contient le Vieux et le Nouveau Testament, c'est à dire l'Ancienne et la Nouvelle Alliance.* Le tout reveu et conféré sur les textes hebreux & grecs, par les pasteurs & professeurs de l'Eglise de Geneve. Avec les indices & les figures nécessaires pour l'instruction du lecteur. On a ajouté en cette dernière édition les Psaumes de David, mis en vers françois. Genève: chez J. A. Cramer & P. Perachon, 1712, [16] S., 542, 162 Bl., [3], [41], [91] S. (in-4).
47	Des Psaumes avec crochet d'argent[48]	*Les Psaumes de David, à quatre parties, mis en vers françois.* Revus et approuvez par les Vénérables Classes du Pays de Vaud, et augmentez des cantiques sacrez, pour les principales solennitez des chrétiens, et sur divers autres sujets. Avec une nouvelle instruction pour apprendre facilement la musique des psaumes. Bern: dans l'imprimerie de LL. EE., 1721, [16], 551, [33] S. (in-12).
48	Des Psaumes avec gros caractères	*Les Psaumes de David, mis en vers.* Nouvelle édition, revûe & corrigée exactement. Avec les Cantiques sacrez pour les principales solemnitez des chrêtiens, & sur divers autres sujets. Et une nouvelle instruction pour apprendre facilement la musique des psaumes. Bern: dans l'Imprimerie de Leurs Excellence, 1751, [10], 619, [21], 44 S. (in-12).
49	Les Psaumes de David en vers françois	*Les Psaumes de David, à quatre parties, mis en vers françois.* Revus et approuvez par les Vénérables Classes du Pays de Vaud, et augmentez des Cantiques sacrez, pour les Principales solennitez des chrétiens, et sur divers autres sujets. Avec une nouvelle Instruction pour apprendre facilement la Musique des Psaumes. Bern: dans l'imprimerie de LL. EE., 1721, [16], 551, [33] S. (in-12).
50	Les Pseaumes en prose, Latin & francois	*Les pseaumes de David, et les cantiques de l'Eglise: En latin & en françois.* Avec des arguments, des paraphrases, et des notes. Par M. Macé chef-cier & curé de Sainte Opportune. Tirez du commentaire latin de M. Ferrand. Dédié à Monseigneur l'Archevesque de Paris. Paris, 1706, [30], 597, [18] S. (in-12).
51	Le Testament de l'Enfant en deux volumes relié en veau	*Le Nouveau Testament de Notre Seigneur Jesus-Christ.* Traduit en françois sur l'original grec. Avec des notes literales, pour éclaircir le texte. Par Mrs. de Beausobre et Lenfant. Tome premier[–second]. Nouvelle édition, faite sur un exemplaire revu, corrigé & augmenté par les auteurs. Amsterdam, 1741, 2 Bde. (in-4).[49]

[47] Erstausgabe: Amsterdam, 1712, 3 Bde. (in-8). – Zu David Martin (1639–1721), «théologien protestant», siehe BUAM XXVII 306–308; zu Pierre Roques (1685–1748), «théologien protestant», siehe BUAM XXXVIII 576.
[48] *Quelle,* f. 312v und f. 320.
[49] Bd. 1: [12], CCCVIII, 485 S.; Bd. 2: LVI, 712 S. – Erstausgabe: Amsterdam, 1718, 2 Bde. (in-4). – Zu Isaac de Beausobre (1659–1738), «pasteur et théologien», siehe BUAM III 653–655, EP 104; zu Jacques Lenfant (1661–1728), «théologien», siehe BUAM XXIV 82–83, DBF XXI 280–281.

(2) Predigten

52	Sermons sur la conjuration de Berne	Elie BERTRAND und Johann Georg ALTMANN, *Trois sermons prononcés à Berne, à l'occasion de l'heureuse découverte d'une conspiration contre l'Etat.* Deux dans l'église françoise, par Elie Bertrand, pasteur; et l'autre dans l'église cathédrale, par Mr. J. G. Altmann. Lausanne: chez Marc-Mic[hel] Bousquet & Comp., 1749, [2], 125 S. (in-8).[50]
53	Sermons de Butiny 2 vol. en veau	Pierre BUTINI, *Sermons sur divers textes de l'Ecriture sainte.* Par feu Mr. P. Butini, ministre du S[aint] E[vangile]. Genève: chez Fabri & Barrillot, 1708, 2 Bde. (in-12).[51]
54	Sermon sur la prosperité des nations	*Les causes de la prospérité et de la chute des nations, ou: Sermon sur ces paroles des Proverbes de Salomon, chap. XIV, v. 34: La Justice éléve une Nation; mais le péché est l'opprobre des Peuples.* Lausanne: chez Marc-Michel Bousquet & Comp., 1738, 63 S. (in-8).
55	Sermons de Daillé 3 vol. in 8vo en parchemin	Jean DAILLÉ, *Sermons sur l'epistre de l'apotre Saint Paul aux Colossiens.* Premiere[–troisiesme] partie. Seconde édition reveuë & corrigée par l'auteur. Genève: pour Pierre Chouët, 1662, 3 Bde. (in-8).[52]
56	Sermons de Fabry deux volume[s] in 8° carton	Gabriel FABRI, *Sermons sur diverses matières importantes.* Tome premier[–second]. Genève: chez Fabri & Barrillot, 1713, 2 Bde. (in-8).[53]
57	un vol. des Sermons de Jacquelot	Isaac JAQUELOT, *Sermons sur divers textes de l'Ecriture Sainte.* Prononcez devant Sa Majesté, le Roi de Prusse, par feu M. Jacquelot, Ministre du St Evangile. Tome premier[–second]. Genève: chez Emanuel du Villard, 1750, 2 Bde. (in-12).[54]
	Prières, consolations, devoirs chrétiens	
58	La pratique des vertus cretièn[n]es	[Richard ALLESTREE], *La pratique des vertus chretiennes, ou: Tous les devoirs des hommes.* Avec les devotions particulieres, pour diverses occasions ordinaires & extraordinaires. Traduit de l'anglois [par Melle Durel]. Cinquieme édition françoise, mise en meilleur ordre, & beaucoup plus correcte que les précédentes. Lausanne: chez Marc-Mich[el] Bousquet & Comp., 1745, XLII, 592 S. (in-12).[55]

[50] Zu Elie Bertrand (1712–1790), «pasteur, théologien, naturaliste, conseiller intime», siehe Holzhalb I 236 bis 238, BUAM IV 377, Montet I 51–52, HLS II 334; zum evangelischen Theologen und Philologen Johann Georg Altmann (1695–1758) siehe Leu I 159–163, Holzhalb I 40–41, ADB I 371, HLS I 278, DBE^2 I 132.

[51] Bd. 1: [14], 339 S.; Bd. 2: [8], 360 S. – Seconde édition revûë, corrigée, et augmentée. Genève: chez Barrillot et fils, 1736, 2 Bde. (in-8). – Zu Pierre Butini (1678–1706), «ecclésiastique», siehe BUAM VI 587–588, Montet I 106, IBF 542.

[52] Bd. 1: [11], 557 S.; Bd. 2: [11], 552 S.; Bd. 3: [8], 653, [1] S. – Erstausgabe: Genève: pour Pierre Chouët, 1662, 3 Bde. (in-8). – Zu Jean Daillé / Dalaeus (1594–1670), «théologien protestant», siehe BUAM X 435–436, DBF IX 1498, IBF 891.

[53] Bd. 1: [4], 352, [2] S.; Bd. 2: S. 372 S. – Zu Gabriel Fabri (* 1711), «pasteur à Genève», siehe IBF 1241.

[54] Bd. 1: XII, 412 S.; Bd. 2: [6], [...] S. – Erstausgabe: Genève: chez Du Villard & Jaquier, 1724, 2 Bde. (in-12). – Zu Isaac Jaquelot (1647–1708), «théologien protestant», siehe BUAM XXI 404–405.

[55] Englische Originalausgabe unter dem Titel: *The Practice of Christian Graces, or: The Whole Duty of Man.* Laid down in a plaine and familiar way for the use of all, but especially the meanest reader: divided into XVII chapters, one whereof being read every Lords Day, the whole may be read over thrice in the year; with

59	Bonnes et saintes pensées ou voiage de Bethel	Pierre ALLIX, *Bonnes et saintes pensées et maximes du vray chretien pour tous les jours du mois*. Par Mr. P. Allix. Derniere édition, reveües, & augmentées. Où on à joint dans cette edition [Jean de FOCQUENBERGUES], *Le voyage de Beth-El* avec les preparations, prieres & meditations pour participer dignement à la Sainte Cêne, & les pseaumes qui se chantent les jours de la celebration d'icelle, divisé en trois tomes. Tome premier[–III]. Halle, 1700, 78, [2]; 58, [5]; [1], 166; 48 S. (in-12).[56]
60	La felicité de la vie avenir traduit de l'anglois	[COISMART], *De la félicité de la vie à venir*. Traduit de l'anglois. Genéve: chez Vincent Miege, 1703, [7], 233, [2] S. (in-12).[57]
61	Derelincourt consolation R[elié] en veau	Charles DRELINCOURT, *Les consolations de l'âme fidèle contre les frayeurs de la mort*. Avec les dispositions & les préparations nécessaires pour bien mourir. Nouvelle édition corrigée pour la pureté du langage, & où l'on a mis les passages de «L'Ecriture sainte» selon la révision qu'on en a faite depuis peu. Genève: chez Pierre Jaquier, 1718, [16], 788, [5] S. (in-8).[58]
62	L'Echele de Jacob, ou priere et exercices de pieté	Brian DUPPA, *L'echelle de Jacob, ou: Traité de la priere qui en comprend la nécessité, l'utilité, & les modéles, dans les principales occasions*. Traduit de l'anglois, de Bryan Duppa Evêque de Winchester. Genève: par Louis Durant, 1710, [10], 165 S. (in-12).[59]
63	Instruction d'un Pere a son fils	N. DUPUY LA CHAPELLE, *Instruction d'un père à son fils, sur la manière de se conduire dans le monde*. Paris, 1730, [10], XX, [4], 513, [7] S. (in-12).[60]
64	Le faut mourir in 8tavô	Jacques JACQUES, *Le faut-mourir et les excuses inutiles qu'on apporte à cette necessité*. Augmenté de l'avocat nouvellement marié, et des pensées sur l'éternité. Le tout en vers burlesques. Lyon, 1684, 502 S. (in-8).[61]
65	Precis de la morale chretien[n]e par la Placette	Jean LA PLACETTE, *La morale chretienne abregée, et reduite à ses principaux devoirs*. Nouvelle édition. Tome premier

private devotions for several occasions. London, 1658, [26], 652, [1] S. (in-8). – Zu Richard Allestree (1621/22 bis 1681), «Church of England clergyman», siehe BUAM I 591–592, ODNB I 842–844.

[56] Erstausgabe von Pierre Allix' Werk: Quevilly, 1677, [8], 110, [2] S. (in-12). – Erstausgabe von Jean de Focquenbergues' Werk, das bis 1766 zahlreiche Ausgaben erlebte, unter dem Titel: *Le voyage de Beth-El, où sont representez les devoirs de l'âme fidèle, en allant au temple et en retournant [...]*. Charenton, 1659, 48 S. (in-8). – Zu Pierre Allix (1641–1717), «pasteur protestant et écrivain», voir BUAM I 596–597, DBF II 225–227; zu Jean de Focquenbergues (erw. 1636–1653), «pasteur», siehe DBF XIV 162–163.

[57] Erstausgabe unter dem Titel: *De la félicité de la vie à venir et des moyens pour y parvenir*. Traduit de l'anglois. Amsterdam, 1700, [4], 132, [2]; [1], [30], 228, [6] S. (in-8). – Zu Coismart (erw. 1700) fehlen biografische Artikel.

[58] Charenton, Paris, 1651, [36], 785 S. (in-4); weitere Ausgabe, z. B.: Genéve: chez Pierre Pellet, 1749, 574 S. (in-8). – Zu Charles (Ier) Drelincourt alias Philalèthe (1595–1669), «ecclésiastique protestant», siehe BUAM XII 19, DBF XI 741.

[59] Englische Originalausgabe: *Holy Rules and Helps to Devotion: Both in Prayer and Practice*. London, 1673, [12], 138, [2], 94, [8] S. (in-12). – Andere französische Ausgabe: *Traité de la prière*. Utrecht, 1689, XVI, 206 S. (in-12). – Zu Brian Duppa (1588–1662), «bishop of Westminster», siehe BUAM XII 302, ODNB XVII 374.

[60] Zu N. Dupuy La Chapelle (erw. 1730) fehlen biografische Artikel.

[61] Erstausgabe: Lyon, 1644, 255 S. (in-8). – Zu Jacques Jacques (1610–nach 1684) «poète burlesque», siehe BUAM XX1 372–373, DBF XVIII 318, IBF 1737.

		[et second]. Genève: chez Jean-Antoine Fabri, 1731, 2 Bde. (in-12).[62]
66	Lucas morale de l'Evang[ile] 1 vol 8° en veau	Richard LUCAS, *La morale de l'Evangile, où l'on traite de la nature de la vertu chrêtienne, des motifs qui nous y doivent porter, & des remédes contre les tentations, des méditations avant la prière*. Traduite de l'anglois de Monsieur Lucas [...]. Quatriéme édition revuë & corrigée. Amsterdam, 1721, [4], 342, [2] S. (in-8).[63]
67	Kenpris [i. e. Kempis] imitation de Jesus Christ	THOMAS von Kempen, *Kempis commun, ou: Les quatre livres de l'imitation de Jésus-Christ*. Partie traduits, partie paraphrasés selon le sens interieur & mistique, pour l'édification commune de tous les Chrêtiens qui desirent de s'avancer dans le solide de la pieté. Bern: chez Daniel Tschiffeli, 1714, LXVI, [66], 513, [15] S. (in-12).[64]
	Unbestimmt	
68	Un Grand Livre manuscrit en façon de diction[n]aire	
69	Table chronologique reduitte en Livret	

Quelle: AVL, Chavannes D 535, f. 308v–322: «Inventaire des biens, meubles et effets de feu Mademoiselle Eleonor de Bergier d'Alançon, veuve de Moïse Felix, dressé du 23 avril au 15 mai 1756»; f. 312v: Des Psaumes à crochet d'argent, f. 318: Les Pseaumes en prose, Latin & francois; f. 319v: Une Bible françoise de Martin; f. 320–321v: «Les Livres».

[62] Bd. 1: XVI, 410, [6] S.; Bd. 2: 441, [5] S. – Erstausgabe: Amsterdam, 1695, [16], 558 S. (in-12). – Zu Jean La Placette (1639–1718), «théologien protestant, moraliste», siehe BUAM XXXV 10–11, DBF XIX 878–879.

[63] Englische Originalausgabe: *Practical Christianity, or: An Account of the Holinesse which the Gospel Enjoyns, with the Motives to it, and the Remedies it proposes against Temptations*. With a prayer concluding each distinct head. London, 1677, [6], 299 [i. e. 307], [4] S. (in-8). – Andere französische Ausgaben: Amsterdam, 1659, 238 S. (in-12); Neuchâtel: chés Jean Pistorius, 1692, [10], 364 S. (in-12). – Zu Richard Lucas (1648/49–1715), «Church of England clergyman», siehe ODNB XXXIV 688–689.

[64] Lateinische Originalausgabe: *Tractatus de ymitatione Christi*. Cum tractatulo de meditatione cordis. [Nürnberg], 1492, [6], 182 Bl. (in-8). – Zum Mystiker Thomas Hemerken (Malleolus) von Kempen / Thomas a Kempis (1379/80–1471) siehe BUAM XXII 286–291, DSAM XV 817–826, LTK X 144–145, Aa IV 37–38, DBE² X 11, Jaumann 651–652.

Tabelle 3.11: *Bibliothek der Einwohnerin von Lausanne Jeanne Esther Aubelay (~1684–1758)*[1] *anhand ihres Nachlassinventars vom 3. April 1758*

Nr.	Titel im Inventar	Beschreibung der Werke
	Bildungslektüre	
1	Calvin A. M. les Jesuites	[Jean Pierre POLIER DE BOTTENS], *Jean Calvin ou son apologie contre les accusations de Jesuites.* Du Port-Royal [i. e. Niederlande], 1661, 474, [12] S. (in-4).[2]
	Erbaungslektüre	
2	Une grosse Bible et les reflexions	*La Sainte Bible, qui contient le Vieux et le Nouveau Testament.* Revuë & corrigée sur le texte hébreu & grec, par les pasteurs & les professeurs de l'Eglise de Genève, avec les argumens et les reflexions sur les chapitres de l'Ecriture Sainte & des notes, par J[ean]-F[rédéric] Ostervald, pasteur de l'eglise de Neuchâtel. Nouvelle édition, revüe, corrigée & augmentée. Neuchâtel: de l'imprimerie d'Abraham Boyve et Compagnie, 1744, VIII, [2], 707, [1], 276, 145, [1] S.; 366 S. (in-2).[3]
3	Un Testament	*Le Nouveau Testament, c'est-à-dire: La Nouvelle Alliance de notre seigneur Jesus-Christ.* Nouvelle édition. Revue sur le texte de Mr. [David] Martin. Amsterdam, 1730, 494 S. (in-12).[4]
4	les Commandements de l'evangile	*Recueil des commandemens de l'Evangile.* Avec une preface necessaire par S[amuel] Koenig. Halle, 1707, 79 S. (in-8).[5]
5	les larmes de Jaques Pineton	Jacques Pineton de CHAMBRUN, *Les larmes de Jaques Pineton de Chambrun, pasteur de la maison de Son Altesse Sérénissime, de l'Eglise d'Orange, & professeur en théologie, qui contiennent les persécutions arrivées aux Eglises de la Principauté d'Orange, depuis l'an 1660, la chûte & le relévement de l'auteur.* Avec le rétablissement de S. Pierre en son apostolat, ou sermon sur les paroles de Nôtre Seigneur Jesus-Christ selon S. Jean ch. XXI, v. 15. Jouxte la copie. Den Haag, 1739, 396 S. (in-12).[6]

[1] «dudit jour [3e Avril 1758] / Esther Obeley [Aubelay] de Crissier, aagé de 74 ans. Ensevelie au cimetières de S[ain]t François» (ACVD, Eb 71/45: Registre de décès [i. e. sépultures] de la paroisse réformée de Lausanne, 1737–1763, S. 358, Nr. 69).

[2] Zu Jean Pierre Polier de Bottens (nach 1591–1673), magistrat, auteur d'ouvrages religieux, siehe HLS IX 796; zu Jean Calvin (1509–1564), «réformateur», siehe Leu V 21–29, BUAM VI 574–584, Montet I 110–117, DBF VII 939–942, LR 137, HLS III 176–178, EP 172–173.

[3] Zu Jean-Frédéric Ostervald (1663–1747), «théologien, prédicateur protestant», siehe Leu XIV 330–332, Holzhalb IV 407, EP 1111, HLS IX 491.

[4] Zum pietistischen Theologen, Orientalisten und Mathematiker Samuel König (1671–1750) siehe Leu XI 158 bis 160, BUAM XX 523–524, HLS VII 357–358.

[5] Zu David Martin (1639–1721), «théologien protestant», siehe BUAM XXVII 306–308, Panchaud (1952) 148, 186–187, 233.

[6] Erstausgabe: Den Haag, 1688, 256 S. (in-8). – Zu Jacques (III) Pineton de Chambrun (1637–1689), «ecclésiastique protestant», siehe DBF VIII 271–272, IBF 2652.

6	Consolation contre la mort	Charles DRELINCOURT, *Les consolations de l'ame fidèle contre les frayeurs de la mort.* Avec les dispositions & les préparations nécessaires pour bien mourir. Nouvelle édition, revuë, corrigée, & augmentée des dernières heures de l'auteur, & des plus beaux versets de Pseaumes qui conviennent aux malades & aux mourants. Genève: chez Pierre Pellet, imprimeur, 1749, 574 S. (in-8).[7]
7	le Voyage de Bethel	[Jean de FOCQUENBERGUES], *Le voyage de Beth-El, avec des meditations et des prieres pour se préparer à la Sainte Cene.* Ensemble les Pseaumes qui se chantent les jours de communion. Derniere édition revuë & corrigée. Utrecht, 1741, [1], 212 S. (in-8).[8]
8	la mort des justes	Jean de LA PLACETTE, *La mort des justes, ou: La maniere de bien mourir.* Tome I[–II]. Troisième édition considerablement augmentée. Den Haag, 1729, 2 Bde. (in-8).[9]

Quelle: Chavannes D 536, f. 104v–106v: Inventaire des effets de Jeanne Ester Obeley pris par ordre de Monsieur le Baron de Bercher le 3 avril 1758, f. 105v.

[7] Erstausgabe: Charenton, Paris, 1651, [36], 785 S. (in-4). – Zu Charles (Ier) Drelincourt alias Philalèthe (1595 bis 1669), «écrivain et pasteur», siehe BUAM XII 19, DBF XI 741.

[8] Erstausgabe: Charenton, 1659, 48 S. (in-8). – Zahlreiche Ausgaben bis 1759. – Zu Jean de Focquenbergues (erw. 1636–1653), «pasteur», siehe DBF XIV 162–163.

[9] Bd. 1: XVI, 276 S.; Bd. 2: XII, 291 S. – Erstausgabe: Amsterdam, 1695, [20], 533, [7] S. (in-12). – Zu Jean La Placette (1639–1718), «théologien protestant, moraliste, surnommé le *Nicole* des protestants», siehe BUAM XXXV 10–11, DBF XIX 878–879.

Tabelle 3.12: *Bibliothek der Einwohnerin von Lausanne Jeanne Louise Laurent geb. Chretien (1698–1760)*[1] *anhand ihres Nachlassinventars vom 10. bis 12. Mai 1760*

Nr.	Titel im Inventar	Beschreibung der Werke[2]
	Bildungslektüre	
1	le Theatre du monde	Pierre BOAISTUAU, *Le theatre du monde, representant par un ample discours les miseres humaines.* Composé en latin par P. Boisteau surnommé Launay natif de Bretaigne; & traduit par luy mesme en françois, puis en allemand par Laurentius Rotmundus de Sangal, & nouvellement en italien par Jean de Tournes. Avec un brief discours de l'excellence de l'homme. Le tout bien reveu & corrigé en ceste derniere impression, & enrichi d'un tres-ample indice. [Genève]: par Jean de Tourne, 1619, [2], 1071, [36] S. (in-12).[3]
2	Deux tomes de l'histoire des Juifs	Flavius JOSEPHUS, *Histoire des Juifs.* Ecrite par Flavius Joseph, sous le titre de Antiquitez judaïques, traduite sur l'original grec revû sur divers manuscrits, par Monsieur Arnaud d'Andilly. Nouvelle édition, enrichie d'un grand nombre de figures en taille-douce, inventées par R. van Orley, contenant les anciennes ceremonies des Juifs. Tome premier[–troisieme]. Bruxelles, 1738, 5 Bde. (in-8).[4]
3	Un livre de Paraphrase sur les Actes des Apotres	[P. Louis RICLOT OSB], *Commencement de l'histoire de l'Eglise, ou: Paraphrase sur les Actes des Apôtres.* Avec le texte latin à la marge et des notes tirées des Pères et des meilleurs commentateurs. Par un religieux bénédictin de la congrégation de saint Vanne et de saint Hydulphe. Paris, 1738, 2 Bde. (in-12).[5]
4	Reformation de la Suisse par Monsieur Ruchat en quatre tomes	Abraham RUCHAT, *Histoire de la Réformation de la Suisse, où l'on voit tout ce qui s'est passé de plus remarquable, depuis l'an 1516 jusqu'en l'an 1556, dans les Eglises des XIII Cantons, & des Etats Confederez, qui composent avec eux le L[ouable] Corps Helvetique.* Tome premier[–sixieme].

[1] «Du 1er May 1760 / Louise Chretien veuve Laurent agée de 61 ans et seveli à la Cité» (ACVD, Eb 71/45: Registre de décès [i. e. sépultures] de la paroisse réformée de Lausanne, 1737–1763, S. 392, Nr. 58). – «Le 28 [août 1698] Jeanne Louyse fille de Pierre Chretien d'Andersheim balliage de ... et concierge [et sonneur en 1700] à Laus[anne], et d'honn[orée] Marie Ange de Mulhousen a esté p[rése]ntée par Monsr. Seigneux et Monsr. Jean Louy Duteil de Laus[anne] et Madame Louyse Seigneux et Mad. Jeanne Judiht [sic] Crausaz.» (ACVD, Eb 71/5: Registre de baptêmes de la paroisse réformée de Lausanne, 1688–1723, S. 120, Nr. 4).

[2] Zweifelhafte oder «behelfsmässige» Identifizierungen von Werken sind mit einem Sternchen (*) versehen.

[3] Erstausgabe: *Le Theatre du monde, ou il est faict un ample discours des miseres humaines.* Composé en latin par P. Boaistuau, puis traduct par luy mesme en françois. Avec un brief discours de l'excellence & dignité humaine de l'homme. Paris, 1561, 127 Bl. (in-16) – Zu Pierre Boaistuau (~1520–1566), «écrivain», siehe BUAM IV 604–605, DBF VI 735; zum Arzt und Übersetzer Laurenz Rothmund (1573–1603) siehe Leu XV 466, HBLS V 720.

[4] Bd. 1: XXIV, 523, [17] S.; Bd. 2: 516, [24] S.; Bd. 3: 389, [85] S. – Zum jüdisch-hellenischen Historiker Flavius Josephus / Iosephos Flavios (37/38–~100) siehe DNP V 1089–1091.

[5] Zu P. Louis Riclot OSB (erw. 1718–1738), «théologien», fehlen biografische Artikel.

		Genève: chez Marc-Michel Bousquet et Comp., 1727–1728, 6 Bde. (in-12).[6]
5	Discour[s] sur les moeurs	[Joseph Addison und Richard Steele], *Le mentor moderne, ou: Discours sur les mœurs du siècle.* Traduits de l'anglois du Guardian de Mrs. Addisson, Steele, & autres auteurs du Spectateur [par Justus van Effen]. Tome premier[–troisieme]. Basel: chez Jean Brandmuller & Fils, 1737, 3 Bde. (in-8).[7]
	Erbauungslektüre	
6	La Ste Bible	*La Sainte Bible, qui contient le Vieux et le Nouveau Testament.* Revuë & corrigée sur le texte hébreu & grec, par les pasteurs & les professeurs de l'Eglise de Genève, avec les argumens et les reflexions sur les chapitres de l'Ecriture Sainte & des notes, par J[ean]-F[rédéric] Ostervald, pasteur de l'eglise de Neuchâtel. Nouvelle édition, revüe, corrigée & augmentée. Neuchâtel: de l'imprimerie d'Abraham Boyve et Compagnie, 1744, VIII, [2], 707, [1], 276, 145, [1] S., [2] Taf.; 366 S, [2] Taf. (in-2).[8]
7	Un pseaume à la nouvelle version	*Les Psaumes de David, à quatre parties, mis en vers françois.* Revus et approuvez par les Vénérables Classes du Pays de Vaud, et augmentez des Cantiques sacrez, pour les principales solennitez des chrétiens, et sur divers autres sujets. Avec une nouvelle instruction pour apprendre facilement la musique des psaumes. Bern: dans l'imprimerie de LL. EE., 1721, [16], 551, [33] S. (in-12).[9]
8	Un livre de pseaumes à crochets d'argent couvert de chagrin	*Le livre des Psaumes.* Traduit en françois sur l'original hébreu par Théodore Crinsoz. Yverdon: chez Jean Jaques Genath, 1729, VIII, 230, [1] S. (in-4).[10]
9	Un cathechisme de Superville	Daniel de Superville, *Les véritez et les devoirs de la religion chrétienne, ou: Catéchisme pour l'instruction de la jeunesse.* Genève: chez P[ierre] Pellet, imprimeur, 1747, 288 S. (in-8).[11]

[6] Bd. 1: XXVIII, [6], LXXXIV, 514, [4] S.; Bd. 2: 546, [2] S.; Bd. 3: 533, [3] S.; Bd. 4: 497, [3] S.; Bd. 5: 721, [1] S.; Bd. 6: 684 S. – Zweite Ausgabe: Genève: chez Henri-Albert Gosse, & Comp., 1740, 6 Bde. (in-12). – Zu Abraham Ruchat (1680–1750), «historien, pasteur, professeur», siehe Leu XV 499–500, BUAM XXXIX 252–254, Montet II 428–430, Furrer (2002) I 436, HLS X 510.

[7] Bd. 1: [12], 446 S.; Bd. 2: 334 S.; Bd. 3: 315 S. – Seconde édition revue, corrigée et augmentée d'une table générale des matières. Amsterdam, 1727, 4 Teile in 2 Bden. (in-12). – Englische Originalausgabe: *The Englishman* (1713–1714, 1715). – Zu Joseph Addison (1672–1719), «writer and politician», siehe ODNB I 321–329; zu *sir* Richard Steele (1672–1729), «writer and politician», siehe ODNB LII 358–364; zu Justus van Effen (1684–1735), «privé-onderwijzer, gezantschapssecretaris, commies van de staatsmagazijnen, zedenschrijver», siehe Aa II 10–11, BIB 608.

[8] Zu Jean-Frédéric Ostervald (1663–1747), «théologien, prédicateur protestant», siehe Leu XIV 330–332, Holzhalb IV 407, EP 1111, HLS IX 491.

[9] Siehe Panchaud (1952) 189.

[10] Zu Théodore Crinsoz de Bionnens (1690–1766) siehe Montet I 214–215, Furrer (2002) I 427, HLS III 536

[11] Erstausgabe: Rotterdam, 1706, [17], 374, [2] S. (in-8). – Mehrere Ausgaben bis 1779. – Zum Gebrauch des Werks in den Waadtländer Schulen siehe Panchaud (1952) 164–166; zu Daniel de Superville (1657–1728), «théologien protestant», siehe *ibidem,* S. 164, Anm. 1.

10	Un livre de cantiques	[Benedict PICTET], *Cantiques sacrez, pour les principales solemnitez des chretiens, et sur divers autres sujets.* Nouvelle édition augmentée. Avec la musique toute au long. Genève: chez Fabri & Barrillot, 1735, 214, [2] S. (in-12).[12]
11	La communion devote	Jean LA PLACETTE, *La communion dévote, ou: La maniere de participer saintement et utilement à l'eucharistie.* Seconde édition. Berlin, 1696, [14], 480 S. (in-8).[13]
12	Deux livres de sermons	* Philip DODDRIDGE, *Quatre sermons sur l'éducation religieuse des enfans.* Traduit de l'anglois [par Jean-François Boisot]. Avec une preface par Mr. D[avid] Some. Lausanne: chez Jean Zimmerli imprimeur, 1746, VII, VIII, 150 S. (in-8).[14]
13		* James FOSTER, *Sermons sur divers sujets.* Traduction de l'anglois, sur la troisième édition [par Jean-Nicolas-Sébastien Allamand]. Tome I. Leiden, 1739, XXII, 326, [20] S. (in-8).[15]
14	Quatre petits livres de prières	* [Jean de FOCQUENBERGUES], *Le voyage de Beth-El, avec des meditations et des prieres pour se préparer à la Sainte Cene.* Ensemble les Pseaumes qui se chantent les jours de communion. Derniere édition revuë & corrigée. Utrecht, 1741, [1], 212 S. (in-8).[16]
15		* *Liturgie pour les protestans de France, ou: Prières pour célébrer le service divin dans les familles des fidèles privés de l'exercice public de leur religion.* A l'usage des protestans de ce royaume. Amsterdam, 1758, 328 S. (in-8).
16		* Jean-Rodolphe OSTERVALD, *La nourriture de l'ame, ou: Recueil de prieres pour tous les jours de la semaine, pour les principales fetes de l'année & sur les différens sujets interessans.* Tant pour les personnes qui sont en santé, que pour celles qui sont visitées par la maladie, ou qui se voënt aux portes de la mort. On trouvera aussi une harmonie de la passion, qui renferme les lectures convenables pour chacun des jours de la Semaine Sainte. [...]. Seconde édition revue et corrigée. Basel: chés Jean Rodolphe Im-Hof, 1756, [14], 588 S. (in-8).[17]

[12] Deuxième édition. Genève, 1705, 36 S. (in-12). – Zu Bénédict Pictet (1655–1724), «théologien protestant», siehe Leu XIV 547–550, BUAM XXXIV 290–291, Montet II 292–294, EP 1155, HLS IX 726.

[13] Erstausgabe: Amsterdam, 1600. – Zu Jean La Placette (1639–1718), «théologien protestant, moraliste, surnommé le *Nicole* des protestants», siehe BUAM XXXV 10–11, DBF XIX 878–879.

[14] Englische Originalausgabe: *Sermons on the Religious Education of Children.* With a recommendatory preface by the Reverend Mr. D. Some. London, 1732, XVI, 152 S. (in-16). – Zu Philip Doddridge (1702–1751), «Independent minister and writer», siehe BUAM XI 461–462, ODNB XVI 405–412; Zu Jean-François Boisot (*~1710), «pasteur à Ollon 1744–1749» siehe ACVD, ZC 4/2; Mottaz II 344; zu David Some (erw. 1746) fehlen biografische Artikel.

[15] Einzig erschienener. Band. – Englische Originalausgabe: *Sermons on the following subjects [...].* London, 1733, [4], 442 S. (in-8). – Zu James Foster (1697–1753), «preacher and General Baptist minister», siehe BUAM XV 318–320, ODNB XX 505–506; zu Jean-Nicolas-Sébastien Allamand (1713–1787), «physician et naturaliste», siehe Holzhalb I 27–28, Montet I 8–9, Furrer (2002) I 421, HLS I 187–188.

[16] Erstausgabe: Charenton, 1659, 48 S. (in-8). – Zahlreiche Ausgaben bis 1759; z. B. Genève: chez Louys Lambert, 1717, [4] Bl., 192, 88 S. (in-12). – Zu Jean de Focquenbergues (erw. 1636–1653), «pasteur», siehe DBF XIV 162–163.

[17] Erstausgabe: Lausanne: chez Isaac Hignou & Comp., imprimeurs, 1740, 507 S. (in-8). – Zahlreiche Auflagen bis 1858. – Zu Jean-Rodolphe Ostervald (1687–1763), théologien neuchâtelois et pasteur à Bâle, siehe Leu XIV 332–333, Holzhalb V 407, HBLS V 362.

17		* Bénédict PICTET, *Prières pour tous les jours de la semaine, et sur divers sujets*. Nouvelle édition, corrigée & augmentée. Lausanne: chez Jean Zimmerli, 1746, 183, [9] S. (in-12).[18]
18	Quatre livres de pieté	* John BUNYAN, *Le voyage du chrétien vers l'éternité bienheureuse, où l'on void représentés, sous diverses images ingénieuses, les divers états, les progrès, & l'heureuse fin d'une âme chrétienne qui cherche Dieu*. Par Jean Bunian, Ministre anglois. Avec figures. Première partie. Basel: chez Jean Pistorius, 1728, [8], 334 S. (in-12).[19]
19		* Philip DODDRIDGE, *Les commencemens et les progrès de la vraie piété, ou: Exposition des différens états, dans lesquels un chrétien peut se trouver par rapport au salut*. Avec des meditations ou des prières, convenables au sujet de chaque chapitre. Traduit de l'anglois par J[ean] S[cipion] Vernede, pasteur de l'Eglise Wallonne de Mastricht. Basel: chés Jean Rodolf Im-Hof, 1754, 24, 559 S. (in-8).[20]
20		* Pierre DU MOULIN, *Traité de la paix de l'âme et du contentement de l'esprit*. Avec une semaine de méditations et de prières, & une préparation pour la S[ain]te Cène. Nouvelle édition dans laquelle on a entièrement changé les termes & les tours d'expression surannez. Amsterdam, 1729, [7] Bl., 587, [1] S., [2] Bl. (in-8).[21]
21		* Pierre JURIEU, *Traité de la dévotion*. Vingt-deuxième & dernière édition. Den Haag, 1726, 448 S. (in-12).[22]
22	Maximes des Chretiens	[Pierre ALLIX], *Les maximes du vray chrétien*. Charenton, 1678, [4], 100 S. (in-12).[23]
23	La pratique de la pieté	Lewis BAYLY, *La pratique de pieté, qui adresse le chretien au chemin qu'il doit tenir pour plaire à Dieu*. Traduite de l'anglois, de M. Louys Bayle [...] par Jean Vernuilh. B. Dix-septième édition françoise, tellement reveuë & corrigée qu'elle peut passer pour une nouvelle version. Genève: Chouet, 1691, [10] Bl., 664, [3] Bl. (in-12).[24]

[18] Ältere Ausgabe unter dem Titel: *Prières pour les jours de Sainte Cène, de Noël, de Pâques, de Pentecôte, et de septembre, & pour les jours de jeûne*. Nouvelle édition, corrigée & augmentée. Genève: pour Louys Durant, 1708, [2], 150, [5] S. (in-12). – Siehe auch Panchaud (1952) 192–193. – Zu Bénédict Pictet (1655–1724) siehe *supra*, Anm. 12.

[19] Originalausgabe: *The Pilgrimm's Progress from this World, to that which is to Come [...]*. The second edition, with additions. London, 1678, 276 S. – Zahlreiche Ausgaben und Übersetzungen in verschieden Sprachen. – Zu John Bunyan (1628–1688), «author», siehe BUAM VI 268, DGS 249–250, ODNB VIII 702–711, Kamen 46–47.

[20] Andere Ausgabe: Nouvelle edition, revue par le traducteur. Biel/Bienne: chés Jean Christoph Heilmann, 1754, 25, 574 S. (in-8). – Englische Originalausgabe: *The Rise and Progress of Religion in the Soul*. London, 1744, XX, 340 S. (in-8). – Zu Philippe Doddridge (1702–1751) siehe *supra*, Anm. 14.

[21] Erstausgabe (?): Sedan, 1660, 448 S. (in-4). – Zu Pierre Du Moulin oder Dumoulin (1600–1684), «théologien», siehe BUAM XXX 305–307, DBF XII 305–307, IBF^3 1491.

[22] Erstausgabe: Quevilly, 1675, [12], 219, [1] S. (in-12). – Zu Pierre Jurieu (1637–1713), «pasteur et professeur de théologie», siehe BUAM XXII 159–161, DBF XVIII 1040–1041, DGS 802–803.

[23] Zu Pierre Allix (1641–1717), «pasteur protestant et écrivain», siehe BUAM I 596–597, DBF II 225–227.

[24] Französische Erstausgabe: Genève: Chouët, 1625, 641 S. (in-12) – Englische Originalausgabe: *The Practice of Pietie* (2. Ausgabe: 1612; das Jahr der Erstausgabe ist unbekannt). – Zu Lewis Bayly (~1575–1632), «bishop

24	l'Examen de soy meme	Jean CLAUDE, *L'examen de soi-même, pour bien se preparer à la communion.* Nouvelle édition, à laquelle on a joint les Pseaumes de la derniere revision, qui se chantent les jours de Cene, aussi bien que des cantiques spirituels sur les principales solemnitez des chrétiens. Amsterdam, 1730, [4], 244, 66, [3] S. (in-12).[25]
25	Consolation contre les frayeurs de la mort	Charles DRELINCOURT, *Les consolations de l'ame fidèle contre les frayeurs de la mort.* Avec les dispositions & les préparations nécessaires pour bien mourir. Nouvelle édition, revuë, corrigée, & augmentée des dernières heures de l'autheur, & des plus beaux versets de Pseaumes qui conviennent aux malades & aux mourants. Genève: chez Pierre Pellet, imprimeur, 1749, 574 S. (in-8).[26]
26	Les oeuvres de Monsieur Duplessis	Claude DUPLESSIS, *Œuvres (de Mr. Dulessis, ancien avocat au Parlement): Divisées en deux volumes.* Quatrième édition, reveue, corrigée et considerablement augmentée. Avec des notes de M. M. [Claude] Berroyer & de [Eusèbe-Jacob de] Lauriere, avocats au même Parlement. Tome premier[–second]. Paris, 1726–1728, 2 Bde. (in-2).[27]
27	L'armure complette du Chretien	William GOUGE, *Panoplia tou theou – L'armure complette de Dieu, ou: Assortiment spirituel du soldat chrestien que Dieu lui a donné pour se defendre contre les assauts de Satan.* Par Guillaume Gouge [...]. [Traduit de l'anglais par David Le Clerc]. Genève: pour Jaques Chouët, 1643, [608] S. (in-4).[28]
28	Contemplation sur les passages de l'Ancien Testament	Joseph HALL, *Contemplations sur l'histoire de l'Ancien Testament.* Tirées de l'anglois de M. Joseph Hall, docteur en theologie, & doyen de Wigorne. Par Théodore Jaquemot G[enevois]. Nouvellement reveuës & corrigées. Premiere [à troisiesme] partie. Genève: pour Pierre Chouët, 1661, 252, [1]; 321, [2]; 322, [2] S. (in-12).[29]

of Bangor and devotional writer», siehe BUAM III 611, BBKL I 434, ODNB IV 462–463; zu Jean Verneuil / Vernulius (~1583–1647), «traducteur», siehe IBF 3226.

[25] Erste bekannte Ausgaben: *L'examen de soy-mesme pour bien se preparer à la Communion.* Par Mr. Claude. Seconde édition, reveüe, & augmentée par l'auteur. Bretigny: chez Marc Grand, [1681], 152 S. (in-12); Seconde édition, reveue, & corrigée par l'auteur. Charenton, 1682, [5], 96 S. (in-12). – Zu Jean Claude (1619 bis 1687), «philosophe et théologien», siehe BUAM VIII 627–629, DBF VIII 1378–1379.

[26] Erstausgabe: Charenton, Paris, 1651, [36], 785 S. (in-4). – Zu Charles (Ier) Drelincourt alias Philalèthe (1595–1669), «écrivain et pasteur», siehe BUAM XII 19, DBF XI 741.

[27] Erstausgabe: Paris, 1704. – Bd. 1 (1726): Traités sur la coutume de Paris: [30], 978.; Bd. 2 (1728): Traité des matières criminelles [...]: [18], 114, [2], 258, [2], 401, [3], 248 S. – Siehe auch: Cinquieme édition [...]. Tome premier[–second]. Paris, 1754, [22], 978, [2] S. (in-2). – Zu Claude Duplessis († 1683), «jurisconsulte», siehe BUAM XII 291, DBF XII 393; zu Claude Berroyer (1655–1735), «avocat au parlement de Paris», siehe BUAM IV 340; zu Eusèbe-Jacob de Laurière (1659–1728), «jurisconsulte, poète», siehe DBF XIX 1443–1444.

[28] Englische Originalausgabe: *Panoplia tou Theou – The Whole Armor of God, or: The Spirituall Furniture which God hath Provided to Keepe Safe every Christian Souldier from all the Assaults of Satan.* [...]. London, 1616, [20], 523, [17] S. (in-4). (Erstausgabe: 1615). – Zu William Gouge (1578–1653), «Church of England clergyman and author», siehe BUAM XVIII 172–173, ODNB XXIII 36–39; zu David Le Clerc (1591–1654), «pasteur, professeur d'hébreu, auteur de plusieurs pièces de vers latins, grecs et hébreux, traducteur», siehe Leu V 336–337, BUAM XXIII 512, Montet II 39, HBLS IV639. – David Le Clerc «war über das etliche mal *Rector* dortiger [Genfer] *Academie* und verstuhnde nebst seiner Mutter-Sprach auch die Hebräische, Chaldäische, Griechische, Lateinische, Deutsche, Engelländische, Spanische und Italienische Sprachen» (Leu V 337).

[29] Englische Originalausgabe: *Contemplations upon the Historie of the old Testament.* The seventh volume. In two bookes. London, 1623, [8], 516 S. (in-8). – Französische Erstausgabe: Genève: chez Pierre Aubert, impri-

29	Moyens pour parvenir à la felicité	*Moyens pour parvenir à la félicité, ou: Réflexions importantes qu'un chrétien doit faire, pendant tout le cours de sa vie & sur tout au commencement d'une nouvelle année.* Traduit de l'anglois. Amsterdam, 1710, 330 S. (in-12).[30]
30	La conversion de Dieu	François MURAT, *La conversion à Dieu sur Joël 2 v. 13. «Retournez à l'Eternel vostre Dieu», ou: Deux exhortations à repentance, faites en temps de J[e]usne, au commencement de ces derniers troubles, & dépuis augmentées.* Esquelles sont marquez les plus notables evenemens d'iceux. Item, des prieres au commencement & fin desdites exhorations, & sur le sujet d'icelles. Le tout au langage des Sainctes Escritures, avec des annotations en la marge, pour l'esclaircissement de l'ordre & de quelques termes ou passages. Genève: par Paul Marceau, 1623, [20], 289 S. (in-8).[31]

Quelle: AVL, Chavannes D 536: f. 162–178: «Inventaire des biens de feu Louise Chretien veuve Laurent. Du 10e [au 12e] May 1760»; f. 169–169v: «Livres».

meur nordinaire de la Republique & Academie, 1628, 225 [i. e. 252] S. (in-12). – Zu Joseph Hall (1574 bis 1656), «religious writer and satirist», siehe BUAM XIX 329, ODNB XXIV 633–638.

[30] Erstausgabe: Amsterdam, 1700, [4], 132, [2]; [32], 228, [6] S. (in-8)

[31] Zu François Murat († 1649), «ecclésiatique protestant», siehe IBF³ 3156.

Tabelle 3.13: *Bibliothek der Pruntruter Bürgerin Marie Françoise Simon († 1761)*[1] *anhand ihres Nachlassinventars vom 21. Januar 1761*

Nr.	Titel im Inventar	Beschreibung der Werke
	Bildungslektüre	
1	Cathechismes [sic] des peuples vol. 4	*Le catechiste des peuples de la campagne et des villes: Contenant des instructions [...].* Nouvelle edition, revûë, corrigée & augmentée de nouveau. Tome premier[–quatrième]. Lyon, 1702–1706, 4 Bde. (in-12).[2]
2	Histoire de la bible [vol.] 1	[P. Maximilian DUFRÈNE SJ], *Introduction à la connoissance de l'histoire, ou bien: Méthode courte & aisée d'apprendre l'histoire à la jeunesse catholique – Rudimenta historica, sive: Brevis, facilísque methodus juventutem orthodoxam notitiâ historicâ imbuendi.* Pro gymnasiis societatis Jesu in Germaniæ Superioris Provincia. Tome 1 [seul paru]: *Historiæ biblicæ – De l'histoire de la Bible.* Porrentruy: apud Petrum Franciscum Cuchot, celsissimi principis typographum, 1727, [16], 279, [7] S. (in-8).[3]
3	la Morale chretienne [vol.] 1	Jean LA PLACETTE, *La morale chretienne abregée, et reduite à ses principaux devoirs.* Nouvelle edition. Tome premier[–second]. Genéve: chez Jean-Antoine Fabri, 1731, 2 Bde. (in-12).[4]
	Unterhaltungslektüre	
4	Histoire[s] tragique[s] vol. 1	Matteo BANDELLO, *Les histoires tragiques, extraictes de œuvres italiennes de Bandel [Matteo Bandello], & mises en langue françoise.* Par François de Belle-Forest, Comingeois. Devisé en sept livres. Œuvre tres-agreable pour le contentement des plus curieux, & beaux esprits de ce temps. Tome premier[–quatriesme]. Lyon, 1616, 4 Bde. (in-16).[5]

[1] «de Porrentruy Bourgeoise de cette ville de Porrentruy».

[2] Bd. 1 (1706): [8], 383, [9] S.; Bd. 2 (1706): [2], 386, [8] S.; Bd. 3 (1702): 350, [8] S.; Bd. 4 (1703): 465, [11] S. Erstausgabe: Lyon, 1699, 4 Teile in 2 Bden. (in-12); zahlreiche weitere Ausgaben bis 1864.

[3] Lateinische Erstausgabe unter dem Titel *Rudimenta historica*: Augsburg, 1727–1730, 6 Bde. (in-12). – Zum Historiker und aszetischen Schriftsteller P. Maximilian Dufrène SJ (1688–1768) siehe DSAM III 1756–1757, LTK III 481.

[4] Bd. 1: XVI, 410, [6] S.; Bd. 2: 441, [5] S. – Erstausgabe: Amsterdam, 1695, [8], 391, [4] S. (in-12). – Zu Jean La Placette (1639–1718), «théologien protestant, moraliste, surnommé le *Nicole* des protestants», siehe BUAM XXXV 10–11, DBF XIX 878–879, DSAM IX 256–257.

[5] Bd. 1: 437 Bl., [4] S.; Bd. 2: 878, [2] S.; Bd. 3: [...] S.; Bd. 4: 875, [4] S. – Erstausgabe unter dem Titel: *XVIII histoires tragiques.* Extraictes de œuvres italiennes de Bandel [Matteo Bandello] & mises en langue françoise, les six premières par Pierre Boisteau [Boaistuau] surnommé Launay, natif de Bretaigne, les douze suivan[te]s par Franç[ois] de Belle Forest, Comingeois. Torino, 1570, 436, [3] S. (in-16). Lyon, 1578, 3 Bde. (in-8). – Zu Matteo Bandello (1485–1562), «novellista», siehe BUAM III 303–304, DBIT V 667–673, LR 68; zu François de Belleforest (1530–1583), «historien», siehe BUAM IV 99–101, DBF V 1327–1328; zu Pierre Boaistuau oder Boistuau, *dit* Launay (~1520–1566), «homme de lettres», siehe BUAM IV 604–605, DBF VI 735, IBF 348.

5	Pseaumes de David [vol.] 1	*Les pseaumes de David.* Mis en rime françoise par Clément Marot et Théodore de Bèze. Nouvellement corrigés et augmenté des cantiques sacrez [...]. Bern: dans l'Imprimerie de LL. EE., 1730, [12], 511, [5] S. (in-12).[6]
6	instruction spirituelle [vol.] 1	Louis de BLOIS, *Instruction spirituelle, et pensées consolantes, pour les ames affligées, ou timides, ou scrupuleuses.* Traduites du latin [...]; avec quelques sentimens d'une ame pénitente. Nouvelle édition, augmentée d'une addition à l'instruction spirituelle sur la préparation à la mort, par le père J[ean] Brignon, de la compagnie de Jésus. Paris, 1752, 262, [2], LXXV, 5 S. (in-12).[7]
7	une vie des Saints	[Laurent BLONDEL], *Les vies des saints pour tous les jours de l'année.* Avec l'histoire des mystères de Notre-Seigneur. Nouvelle édition, augmentée à la fin de chaque vie, de différentes pratiques & prières, tirées des principales actions des saints [par Claude-Pierre GOUJET, François Philippe MESENGUY und François ROUSSEL]. Tome premier[–second]. Paris, 1734, 2 Bde. (in-4).[8]
8	Bouquet sacrés vol. 1	P. Jean BOUCHER OFMCap, *Le bouquet sacré composé des plus belles fleurs de la Terre Sainte.* Derniere édition, plus correcte & mise en meilleur ordre que les précédentes. Lyon, [1755], [14], 438, [4] S. (in-12).[9]
9	Traité de la conscience [vol.] 1	[Jean FRAIN DU TREMBLAY], *Traité de la conscience: Où l'on découvre les véritables marques ausquelles tous les chrétiens, qui sont séparez de l'Eglise, peuvent connoître que ce n'est pas par les mouvemens de leur conscience qu'ils tiennent à leurs erreurs, & qu'ils s'opiniatrent dans leurs schismes.* Paris, 1724, [4], 371, [4] S. (in-12).[10]
10	introduction à la vie devote vol. 1	FRANÇOIS de Sales, *Introduction à la vie devote (de Saint François de Sales, evesque et prince de Geneve, fondateur de l'ordre de la visitation de Sainte Marie).* Nouvelle edition.

[6] Zu Clément Marot (1496–1544), «poète», siehe BUAM XXVII 240–244, LR 444–445, IBF 2249; zu Théodore de Bèze / Theodor Beza (1519–1605), «réformateur», siehe Leu III 325–331, BUAM IV 428–435, Montet I 55–60, DBF VI 381–382, EP 113–114, Jaumann 97, HLS II 375–376.

[7] Originaltitel: *Institutio spiritualis.* – Zu Louis de Blois, *gen.* Blosius (1506–1566), «écrivain mystique», siehe BUAM IV 597, DBF VI 688. – Zu P. Jean Brignon SJ (1626–1712), «théologien, traducteur de l'italien, de l'espagnol et du latin d'une prodigieuse quantité d'ouvrages de doctrine ou de piété», siehe BUAM V 605 bis 606, DBF VII 312, DSAM I 1958–1959.

[8] Bd. 1: 604 S.; Bd. 2: 515, [1] S. – Erstausgabe des Werks unter dem Titel: [Laurent BLONDEL], *Les vies des saints pour chaque jour de l'année, tirées des auteurs originaux.* Avec une priere à la fin de chaque vie, & un martyrologe. Paris, 1722, VII, [1] S., 1590 Sp. (in-4). – Zum *abbé* Laurent Blondel (1671–1740), «éducateur, hagiographe, auteur de quelques livres de spiritualié», siehe BUAM IV 594, DBF VI 702 ; zum *abbé* Claude-Pierre Goujet (1697–1767), «historien», «l'un des écrivains les plus laborieux du XVIIIe siècle», siehe BUAM XVIII 176–179, DBF XVI 723–724, IBF 1516; zum *abbé* François Philippe Mesenguy oder Mesengui (1677 bis 1763), «théologien», siehe BUAM XXVIII 405–406, DSAM X 1067–1069, IBF 2333; zu François Roussel († 1759) fehlen biografische Artikel.

[9] Seconde édition, reveu, corrigé, et augmenté de nouveau. Rouen, 1616, [...] S. (in-8). Zahlreiche Auflagen bis zur Mitte des 18. Jahrhunderts. – Zu P. Jean Boucher OFMCap (†1631), «prédicateur, voyageur, poéte», siehe BUAM V 270–271, DBF VI 1207, IBF 410.

[10] Zu Jean Frain *seigneur* du Tremblay (1641–1724), «écrivain», siehe BUAM XV 424–425, DBF XIV 927.

		Revue par le R. P. J[ean] Brignon de la compagnie de Jesus, & augmentée d'un exercice spirituel durant la Sainte Messe. Nancy, 1750, 560 S. (in-12).[11]
11	2 [vol.] Tableaux de la penitence T. 1	Antoine GODEAU, *Les tableaux de la penitence.* Par Messire Antoine Godeau, Evêque de Vence. Nouvelle édition enrichie de 24 figures en taille douce. Tome premier[–second]. Lyon, 1742, 2 Bde. (in-12).[12]
12	les Stations des Jerusalem T. 1	P. Adrien PARVILLIERS SJ, *Les stations de Jerusalem, pour servir d'entretiens sur la passion de N. S. Jesus-Christ.* Nouvelle édition, augmentée d'un dialogue sur l'oraison mentale. Lyon, 1755, 298, [6] S. (in-12).[13]
13	Combat spirituel [vol.] 1	[P. Lorenzo SCUPOLI OTheat], *Le combat spirituel.* Traduit de l'italien, et augmenté de la paix de l'ame, & du bonheur d'un cœur qui meurt à lui-même, pour vivre à Dieu. Par le Pere J[ean] Brignon, de la compagnie de Jesus. Nouvelle edition revue & corrigée. Paris, 1756, 376, [8] S. (in-12).[14]
14	Immitation de Jesus vol. 1	[THOMAS von Kempen], *Kempis commun, ou: les IV livres de l'imitation de Jesus-Christ.* Traduits pour l'edification commune de tous les chrétiens qui desirent de s'avancer dans le solide de la pieté. Sixième edition, corrigée de nouveau, avec une préface de Mr. P. Poiret. Basel: chés Jean Rodolph Im-Hoff, 1737, [80], 439 S., [4] Taf. (in-12).[15]
15	les souffrances de Jesus vol. 4 in octavo	P. THOMÉ de Andrada OSAD, *Les souffrances de Notre-Seigneur Jesus-Christ.* Ouvrage écrit en portugais par le Pere Thomas de Jesus, de l'Ordre des Hermites de Saint Augustin; et traduit en françois par le Pere G[illes] Alléaume, de la Compagnie de Jesus. Nouvelle édition, revue & corrigée. Tome premier[–quatrieme]. Lyon, 1760, 4 Bde. (in-12).[16]

Quelle: AAEBS, Porrentruy, inventaires et partage, N° 31: «Inventaire des bien[s] deslaissés par Marie Françoise Simon de Porrentry», vom 21. Januar 1761, S. [5]: «Livres».[17]

[11] Erstausgabe: Lyon, 1608. – Zum heiligen François de Sales / Franz von Sales (1567–1622) siehe DBF XIV 1071–1078, DGS 617–621; zu P. Jean Brignon SJ (1626–1712) siehe *supra,* Anm. 7.

[12] Bd. 1: [18], 290, [2] S.; Bd. 2: 281, [7] S. – Erstausgabe: Paris, 1654, [12], 586, [2] S. (in-4). – Zu Antoine Godeau (1605–1672), «prélat et littérateur», siehe BUAM XVII 542–545, DBF XVI 425–427.

[13] 4e édition. Blois, 1674, 76 S. (in-16). – Zahlreiche Ausgaben bis weit ins 19. Jh. – Zu P. Adrien Parvilliers SJ (1619–1678), «écrivain religieux, missionnaire», siehe DASM XII/1 272–273.

[14] Italienische Originalausgabe: *Combattimento spirituale.* Ordinato da un servo di Dio, et di nuovo in questa seconda impressione dall'istesso ampliato. Venezia, 1589, 128, [4] S. (in-12). Lateinischer Titel: *Certamen spirituale.* – Zu P. Lorenzo Scupoli OTheat (1530–1610), siehe BUAM XLI 395–396, DSAM XIV 467–484, DBIT XCI 692–694; zu P. Jean Brignon SJ (1626–1712) siehe *supra,* Anm. 7.

[15] Zum Augustinermönch und Schriftsteller Thomas – Hemerken (Malleolus) – von Kempen (1379/80–1471) siehe BUAM XXII 286–291, DSAM XV 817–826, LTK X 144–145, DBE^{2} X 11, Jaumann 651–652; zu Pierre Poiret (1646–1719), «théologien protestant, mystique, philosophe», siehe BUAM XXXV 144–147, DSAM XII/2 1831–1836.

[16] Bd. 1: [16], 340 S.; Bd. 2: 220 S.; Bd. 3: 328, [4] S.; Bd. 4: 226, [6] S. – Portugiesische Originalausgabe: *Os trabalhos de Jesus.* Lisboa (Lissabon), 1602–1609, 2 Bde. – Zu P. Thomé – oder Thomas – (de Jésus de) Andrada OSAD (1529–1582), «agostinho», siehe BUAM II 118, DSAM XV 830–833, IBE 228; zu P. Gilles Alleaume SJ (1641–1706), «traducteur», siehe DBF II 145–146.

[17] «Aujourd'huy vingt et un Janvier Mil sept cent soixante cinq, le soussigné notaire juré s'est transporté [...] dans la maison de feü Marie Françoise Simon vivante Bourgeoise de cette ville de Porrentruy pour faire inventaire des biens par icelle delaissés [...].» (Quelle, S. 1)

Tabelle 3.14: *Bibliothek der Pruntruter Bürgerin Jeanne Ignace Faivre, geb. Triponez (~1696–1761)*[1] *anhand ihres Nachlassinventars vom 5. März 1761*

Nr.	Titel im Inventar	Beschreibung der Werke[2]
	Bildungslektüre	
1	Compte fait de monsieur Baréme	François BARRÊME, *Compte-fait de Barrême: Tarif général dédié à Monsieur Desmaretz, ministre d'Etat et controlleur général des finances*. Paris, 1710, [537], 86 S. (in-8).[3]
2	Tractatus de Jure limitum per Beck	Johann Jodocus BECK, *Tractatus de jure limitum: Vom Recht der Gränzen und Marksteine*. Worinnen von Setzung der Gränz-, Mark- und Gütter-Steinen, deren Bezeichnung, Beschreibung, Erhaltung, Veränderung, Præscription, Beweiß, denen Mitteln, wordurch die Gränz-Strittigkeiten gehoben und erörtert werden können, ingleichen von Bezieh- und Besichtigung der Gränzen und Markungen, auch was dabey zu beobachten, von Straffen dererjenigen, so die Markstein verrucken und ausreissen, von denen Feldmessern, ihrem Amt und Bestraffung, dann wie die Felder, geometrice zu messen und abzutheilen seyn, u. a. m. kürzlich, doch gründlich und deutlich gehandelt, und alles durchgehends mit vielen Præjudiciis, Decionibus & Responsis illustrirt und bestärket wird. Deme pro Supplemento noch beygefügt zu finden: I. Formul eines Fluhr- und Markungs-Buchs [...]. II. Herrn Ahasveri Fritschii sehr nützlicher und in das Teutsche übersezter Tractat Von Fluhr-Recht. Denen Richtern, Amtleuthen, Untergängern, Landschiedern, Feldmessern, und sonsten jedermänniglich zum täglichen Gebrauch und Nutzen, mit einem hierzu dienlichen Register versehen, heraus gegeben von Joh. Jodoco Beck, JCto. [...]. Nunmehro bey dieser dritten Auflage von denen vorigen Druck-Fehlern gereiniget, und um ein merkliches vermehret. Nürnberg, Frankfurt a. M., 1739, [12], 352, 136, [35] S. (in-4).[4]
3	la guerre suisse	* Gaius Iulius CAESAR, *La guerre des Suisses*. Traduite du I. livre des commentaires de Jule Cesar par Louys XIV Dieu-

[1] «de Porrentruy Bourgeoise de cette ville de Porrentruy». – «Joanna Ignatia Triponé, vidua Petri Josephi Faivre, ætatis sexaginta quinque circiter annorum in communione s[anc]tæ matris Ecclesiæ animam Deo reddidit die duodecimâ mensis martii anni millesimi septingentesimi sexagesimi primi, cujus corpus postridie sepultum fuit in cœmeterio Ecclesiæ s[an]ti Germani.» (ACJU, Registre de décès de la paroisse de Porrentruy, 1754–1792, *sub dato*). – «Petrus Josephus filius Josephi Faivre ex Courdemêche ex una parte et Joanna Ignatia Triponé ex Valoreille vidua Michaelis Landwin in altera parte [...] matrimonium in Ecclesia Sancti Petri celebrarunt die primâ martii anni millesimi septingentesimi quadragesimi quinti [...].» (ACJU, Registre de mariages de la paroisse de Porrentruy, 1741–1788, *sub dato*)

[2] Zweifelhafte oder «behelfsmässige» Identifizierungen von Werken sind mit einem Sternchen (*) versehen.

[3] Erstausgabe: Paris, 1708, [...], 79 S. (in-6). – Zu Jean-Nicolas Barrême (1687–1742/56), «financier», siehe DBF V 582; zu Nicolas Desmarets (1648–1721), «contrôleur général et ministre», siehe BUAM X 520–521, DGS 465–466.

[4] Erstausgabe: Nürnberg, Frankfurt a. M., 1723, [8], 172, 154, [26] S. (in-4). – Zum Juristen Johann Jodocus Beck (1684–1744) siehe BUAM IV 21.

		donné, roy de France & de Navarre. Paris, 1651, 18 S., [4] Taf. (in-2).[5]
4	l'Histoire d'Espagne	* Juan de FERRERAS Y GARCÍA, *Histoire générale d'Espagne.* Traduite de l'espagnol de Jean de Ferreras; enrichie de notes historiques & critiques, de vignettes en taille-douce, & de cartes géographiques. Par M. d'Hermilly. Tome I[–dixième]. Paris, 1742–1751, 10 Bde. (in-4).[6]
5	Traité de geometrie par Monsr. le Clerc	Sébastien LE CLERC, *Traité de geométrie theorique et pratique à l'usage des artistes.* Paris, 1744, XVI, 231, [9] S. (in-4).[7]
6	un livre allemand pour le jardinage	* *Wohlbewährtes Garten-Buch: Worinnen nicht nur von vielen seltenen Geheimnissen sondern auch von den Pflanzen, Blumen, und andern Garten-Gewächsen, auch der Baum-Zucht, von allerhand ordinären, wie auch besonders von Zwerg-Bäumen nützliche Anzeige und gründliche Nachricht ertheilet wird.* Von Isidorus Anthophilus. Aus dem Französischen übersetzt, und mit Kupfern versehen. Luzern,Strassburg: gedruckt auf Kösten guter Freunde, 1758, [4], 370, [6] S. (in-8).[8]
	Unterhaltungslektüre	
7	Marie Anne Comédie	* Marie-Anne BARBIER, *Le faucon: Comédie.* Paris, 1719, 47, [1] S. (in-12).[9]
8	le Diable Boiteux	Alain-René LE SAGE, *Le diable boiteux.* Nouvelle édition corrigée, refondue & ornée de figures. Tome premier[–second]. London, 1758, 2 Bde. (in-12).[10]
9	œuvre[s] de Racine [?]	Jean RACINE, *Œuvres.* Tome premier[–troisième]. Nouvelle édition augmentée de diverses pièces & de remarques &c. Amsterdam, 1743, 3 Bde. (in-12).[11]
10	Virgile	Publius VERGILIUS MARO, *Les œuvres de Virgile.* Traduites en françois. Le texte vis-à-vis la traduction. Avec des remarques, par M. l'Abbé Des Fontaines. Tome premier[–quatrième]. Paris, 1743, 4 Bde. (in-8).[12]

[5] Lateinischer Originaltitel: *Commentarii de bello Gallico.* – Zum römischen Feldherrn und Staatsmann Gaius Iulius Caesar (100–44 v. Chr.) siehe DNP II 908–923; zum Louis XIV (1638/1643–1715), «roi de France et de Navarre», siehe DGS 900–909.

[6] Bd. 1: 10, 38, CXXXIX, [1], 507, [1] S.; Bd. 2: 62, [2], LXV, [1], 744, [1] S.; Bd. 3: XLIII, [1], LVIII, [2], 582, [1] S.; Bd. 4: 36, LXIX, [1], 609 S.; Bd. 5: 31, LVI, 592, [1] S.; Bd. 6: 39, [1], LV, [1], 696 S.; Bd. 7: 24, [2], LXI, [1], 632, [1] S.; Bd. 8: 8, [2], LXI, [1], 683 S.; Bd. 9: 20, L, 682 S. Bd. 10: [2], XLVI, 419, [1], 120, 91 S. – Originalausgabe: *Synopsis historica chronologica de España* [ab Bd. 3: *Historia de España]*. Madrid, 1700–1727, 16 Bde. (in-4). – Zu Juan de Ferreras y García (1652–1735), «bibliotecario, historiador y teólogo», siehe BUAM XIV 423–426, DESP XIX 832–835; zu Vaquette d'Hermilly (1705–1778), «militaire, censeur royal, traducteur» siehe BUAM XX 264–265, DBF XVII 1093–1094.

[7] Erstausgabe unter dem Titel: *Traité de geometrie.* Paris, 1690, [2], 229 S. (in-8). Weitere Ausgaben: Paris, 1774, 1784. – Zu Sébastien Le Clerc (1637–1714), «dessinateur et graveur», siehe BUAM XXIII 510–511, DBF XX 460–463, DGS 842–843.

[8] Isidorus Anthophilus (erw. 1758) ist ein nicht entschlüsseltes Pseudonym.

[9] Zu Marie-Anne Barbier (1670–1742), «auteur dramatique», siehe BUAM III 349–350, DBF V 334–335.

[10] Bd. 1: [10], 228 S.; Bd. 2: 220, [2] S. – Anonyme Erstausgabe: Amsterdam, 1707, [6], 348, [4] S. (in-12). – Zu Alain-René Le Sage (1668–1747), «romancier et dramaturge», siehe BUAM XXIV 252–264, DGS 860–861.

[11] Bd. 1: XL, 428 S.; Bd. 2: 482 S.; Bd. 3: [2], 428 S. – Zu Jean Racine (1639–1699), «dramaturge et poète», siehe BUAM XXXVI 497, DGS 1293–1296.

[12] Bd. 1: [6], LXVI, 447, [3] S.; Bd. 2: LV, [1], 368 S.; Bd. 3: 448, [1] S.; Bd. 4: 508, [5] S. – Zum römischen Dichter Publius Vergilius Maro / Vergil (70–19 v. Chr.) siehe DNP XII/2 42–60; Zu P. Pierre-François Guyot Desfontaines SJ (1685–1745), «critique, historien, traducteur», siehe BUAM XI 169–171, DBF X 1341–1342.

Erbauungslektüre

11	la bible	*La Saincte Bible: Contenant le Vieux et Nouveau Testament.* Traduite en françois par les theologiens de l'université de Louvain. Avec les concordances des lieux & passages controversez de l'Ecriture Sainte. Finalement reveuë, corrigée, & enrichie de figures en taille-douce. Paris, 1683, [10], 976, [64] S. (in-2).[13]
12	les Evangiles 1 tom. 8vo	* *Collectes, Epîtres et Evangiles pour tous les jours de l'année selon le missel romain et à l'usage du diocèse de Vienne.* Le tout divisé en 4 parties en 2 tomes avec une instruction pour la messe. Tome premier[–second]. Wien, 1737, 4 Bde (in-8).[14]

Unbestimmt

13	Nemesis traitant la geographie	
	Cinquant[e] et un livres intitulés differament	

Quelle: AAEBS, Porrentruy, inventaires et partage, N° 31, S. [3]: 5. März 1761.

[13] Andere Ausgabe: *La Sainte Bible [...].* Lyon, 1690, 1122, [64] S. (in-2).
[14] Bd. 1/1: [6], XXXII, 430, [2] S.; Bd. 1/2: 315, [3] S.; Bd. 2/3: XXXII, 205, [2] S.; Bd. 2/4: 674, [6] S.

Tabelle 3.15: *Bibliothek der Einwohnerin von Yverdon (Madeleine) Marie Comer († 1761)*[1] *anhand ihres Nachlassinventars vom 23. Juni 1761*

Nr.	Titel im Inventar	Beschreibung der Werke[2]
1	1 Grande Bible	*La Sainte Bible, qui contient le Vieux et le Nouveau Testament, c'est-à-dire l'Ancienne et la Nouvelle Alliance.* Le tout revû & conferé sur les textes hébreux & grecs, par les pasteurs & les professeurs de l'Eglise de Genève. Genève: chez Fabri & Barillot, 1723, XII, 848, 116, 252, 96 S. (in-2).[3]
2	1 psaume en gros Caractere[s]	*Les Psaumes de David, mis en vers.* Nouvelle édition, revûe & corrigée exactement. Avec les cantiques sacrez pour les principales solemnitez des chrêtiens, & sur divers autres sujets. Et une nouvelle instruction pour apprendre facilement la musique des psaumes. Bern: dans l'Imprimerie de Leurs Excellence, 1751, [10], 619, [21], 44 S. (in-12).
3	1 dit [psaume] avec des crochets d'argent	*Le livre des Psaumes.* Traduit en françois sur l'original hébreu par Théodore Crinsoz. Yverdon: chez Jean Jaques Genath, 1729, VIII, 230, [2] S. (in-4).[4]
4	1 Testament	*Le Nouveau Testament de Notre Seigneur Jesus-Christ.* Traduction nouvelle, revûë & approuvée par les pasteurs & les professeurs de l'Eglise & de l'Académie de Genève. Genève: chez Perachon & Cramer, 1726, [4], 720 S. (in-4).
5	Tresor de l'ame chretienne	* Jérôme BELON, *Le thresor de l'ame chrestienne.* Paris, 1608, 234 Bl. (in-8).
6	1 livre des sermons de Jean Clode	Jean-Jacques CLAUDE, *Sermons sur divers textes de l'Ecriture sainte.* Par Mr. Jean Jacques Claude, pasteur de l'Eglise françoise de Londres. Genève: chez Du Villard & Jaquier, 1724, XXVIII, 398, [4] S. (in-8).[5]
7	3 L'histoire de la Bible en 3 tômes	* David MARTIN, *Histoire du Vieux et du Nouveau Testament.* Tome premier[troisieme]. Genève: chez Vincent Miège, libraire, 1706, 3 Bde. (in-12).[6]
	plusieurs autres petit[s] livres	

[1] Siehe das «Testament de Mad[emoisel]le Marie Comer demeurante à Yverdon» vom 3. Mai 1759, in ACVD, Bg 120/5: Yverdon: homologations de testaments, 1759–1773, S. 68–71; «Codile» vom 8. Mai 1761, *ibidem*, S. 72–[74]. – Die Sterberegister fehlen; ein Taufdatum in den Yverdoner Taufregistern konnte nicht gefunden werden.

[2] Zweifelhafte oder «behelfsmässige» Identifizierungen von Werken sind mit einem Sternchen (*) versehen.

[3] Cf. Panchaud (1952) 186. – Zu Jean Calvin (1509–1564), «réformateur», siehe Leu V 21–29, BUAM VI 574–584, Montet I 110–117, DBF VII 939–942, LR 137, HLS III 176–178, EP 172–173.

[4] Zu Théodore Crinsoz *seigneur* de Bionnens (1690–1766), «pasteur et orientliste», siehe Furrer (2002) I 427, HLS III 536.

[5] Erstausgabe: Amsterdam, 1713, XL, 428, [12] S. (in-8). – Zu Jean-Jacques Claude (erw. 1713), «ecclésiastique protestant», siehe IBF 753.

[6] Bd. 1: [26], 467 S.; Bd. 2: [9], 452 S.; Bd. 3: [22], 487 S. – Erstausgabe: Amsterdam, 1700, 2 Bde. (in-2). – Zu David Martin (1639–1721), «théologien protestant», siehe BUAM XXVII 306–308.

Quelle: ACVD, Bit 59: «Copie de l'Inventaire Juridique du 23e Juin 1761.[7] / Inventaire des Biens de feu la Demoiselle Magdelaine Marie Comer, decedée dans cette ville le 16e May dernier 1761, pris par le Curial d'Yverdon en presence de Messieurs Antoine Vial & Theodore Chabanel, ce dernier Conseiller de Demoiselle Lisete Vial & Monsieur Isaac Albert Mieville», S. 7.

[7] Siehe Bit 217, (48, [2] S.), S. 7.

Tabelle 3.16: *Bibliothek der Einwohnerin von Lausanne Anne Barbe Desplands geb. Bosset (~1702–1762)*[1] *anhand des Nachlassinventars vom 22. Mai 1762*

Nr.	Titel im Inventar	Beschreibung der Werke
	Bildungslektüre	
1	L'Histoire Poetique	P. Pierre GAUTRUCHE SJ, *L'histoire poetique, pour l'intelligence des poetes et des auteurs anciens.* Derniere édition. Amsterdam, 1723, 302, [30] S. (in-12).[2]
2	l'Histoire des Juifs, par Joseph, 5 volumes	Flavius JOSEPHUS, *Histoire des Juifs: Ecrite par Flavius Josephus, sous le titre de Antiquitez judaiques.* Traduite sur l'original grec revû sur divers manuscrits, par Monsieur [Robert] Arnaud d'Andilly. Nouvelle édition, enrichi d'un grand nombre de figures en taille-douce, inventée par R. van Orley, contenant les anciennes ceremonies des Juifs. Tome premier [à cinquieme]. Bruxelles, 1738, 5 Bde. (in-8).[3]
3	Geometrie de Pratique 1 volume	Jacques OZANAM, *La geométrie pratique, contenant la trigonometrie theorique & pratique, la longimetrie, la planimetrie, & la stereometrie.* Avec un petit traité de l'arithmetique par geometrie. Nouvelle édition revue, corrigée & augmentée. Paris, 1736, [8], 308, [10] S., [8] Taf. (in-12).[4]
4	Pensées de Mr. Pascal, 1 vol.	Blaise PASCAL, *Pensées (de M. Pascal) sur la religion, et sur quelques autres sujets.* Edition nouvelle, augmentée de beaucoup de pensées, de la vie de l'autheur & quelques dissertations. Amsterdam, 1750, 50, [52], 226, [14], 128 S. (in-12).[5]
5	l'Histoire des Juifs, par Prideau, 5 volumes	Humphrey PRIDEAUX, *Histoire des Juifs et des peuples voisins, depuis la décadence des royaumes d'Israël & de Juda jusqu'à la mort de Jesus-Christ.* Traduite de l'anglois. Tome I[–V]. Suivant la copie imprimée à Amsterdam. [Basel]: aux depens de J. L. Brandmuller, 1724–1725, 5 Bde. (in-8).[6]

[1] «Du 24e [février 1762] / Madame la veuve de Mr. le Ministre Des Plans, née Bosset, agée de 60, ensevelie au cimetière de la Cité» (ACVD, Eb 71/45: Registre de décès [i. e. sépultures] de la paroisse réformée de Lausanne, 1737–1763, S. 437, Nr. 41). – «Jean David Desplands, fils de Jean Jaques Desplands, Bourgeois d'Aubonne et de Rougemont, pasteur des Eglises de Rances et de Valleyres, et d'Anne Barbe fille de feu Monsieur Jean Conrard Bosset, Bourgeois de la Neuveville a été baptisé le 1er de Juin 1731 [...]» (ACVD, Eb 113/3: Registre de baptêmes de la paroisse réformée de Rances, 1715–1741, S. 88, Nr. [3]).

[2] Erste bekannte Ausgabe: Sixième édition, plus exacte que les précédente. Caen, 1673, 232, [22] S. (in-12). – Zahlreiche Ausgaben bis: Nouvelle édition, reveüe & corrigée. Paris, 1735, [4] Bl., 245 S., [1] Bl. (in-12). – Zu P. Pierre Gautruche oder Gaultruche SJ (1602–1681), «savant, professeur», siehe BUAM XVI 605–606, DBF XV 861–862, IBF 1426.

[3] Bd. 1: XXIV, 523, [17] S.; Bd. 2: 555, [38] S.; Bd. 3: 389, [85] S.; Bd. 4: [...] S.; Bd. 5: [...] S. – Lateinischer Titel: *Antiquitates judaicæ.* – Zum jüdisch-hellenischen Historiker Flavius Josephus / Iosephos Flavios (37/38–~100) siehe DNP V 1089–1091; zu Robert Arnauld d'Andilly (1588/89–1674), «homme de loi, hagiographe, écrivain», siehe BUAM II 498–499, DBF III 878–883, IBF 93.

[4] Erstausgabe: Paris, 1684, [2], 296, [12] S. (in-12). – Zu Jacques Ozanam (1640–1717), «mathématicien», siehe BUAM XXXII 317–319, IBF 2530.

[5] Erstausgabe: Paris, 1670, 334 S. (in-8). – Zu Blaise Pascal (1623–1662), «mathématicien, physicien, philosophe», siehe BUAM XXXIII 46–78, DGS 1157–1160.

[6] Bd. 1 (1725): 460 S.; Bd. 2 (1725): 578 S.; Bd. 3 (1724): XXII, 500 S.; Bd. 4 (1724): 396 S.; Bd. 5 (1725): *319, [71] S.* – Englische Originalausgabe: *The Old and New Testament Connected, in the History of the Jews*

Unterhaltungslektüre

6	Le Spectateur 1 volume	[Joseph ADDISON et Richard STEELE], *Le Spectateur, ou: Le Socrate moderne, où l'on voit un portrait naïf des mœurs de ce siècle.* Traduit de l'anglois. Amsterdam, 1714–1750, 7 Bde. (in-12).[7]
7	Oeuvres de Boileau 4 volumes	Nicolas BOILEAU-DESPRÉAUX, *Oeuvres (de Mr. Boileau Despréaux).* Avec des éclaircissemens historiques, donnez par lui-même. Nouvelle édition, revuë & corrigée exactement. Tome premier[–quatrieme]. Genève: chez Fabri & Barrillot, 1724, 4 Bde. (in-12).[8]
8	Le Babillard, 1 vol.	Richard STEELE, *Le Babillard, ou: le Nouvelliste philosophe.* Traduit de l'anglois par A[rmand] D[e] L[a] C[hapelle]. Tome premier[–second]. Suivant l'édition d'Amsterdam. Basel: chez Jean Brandmuller & fils, 1737, 2 Bde. (in-8).[9]

Erbauungslektüre

9	Une Bible de Martin	*La Sainte Bible, qui contient le Vieux et le Nouveau Testament.* Revûe sur les originaux et retouchée dans le langage, avec de petites notes par feu Mr. David Martin. Nouvelle édition, revûe et corrigée. Basel: chés Jean Rodolphe Im-Hoff, 1736, [52], 940, 190, 496 S. (in-4).[10]
10	La Pratique des vertus chretiennes	[Richard ALLESTREE], *La pratique des vertus chretiennes, ou: Tous les devoirs des hommes.* Avec les devotions particulieres, pour diverses occasions ordinaires & extraordinaires. Traduit de l'anglois [par Melle Durel]. Sixieme édition françoise, mise en meilleur ordre, & beaucoup plus correcte que les précédentes. Livre nécessaire dans chaque famille. Lausanne: chez Sigismond D'Arnay, 1759, XLII, 592 S. (in-12).[11]

and Neighbouring Nations: From the Declension of the Kingdoms of Israel and Judah, to the Time of Christ. London 1716–1718, 2 Bde. (in-8). – Zu Humphrey Prideaux (1648–1724), «dean of Norwich and author», siehe BUAM XXXVI 81–83, ODNB XLV 341–342.

[7] Englische Originalausgabe: *The Spectator*. Nr. 1 (1711) – Nr. 635 (1714). London, [~1760], 8 Bde. – Die Redaktoren der Zeitschrift waren Joseph Addison und Richard Steele. – Zu Joseph Addison (1672–1719), «writer and politician», siehe BUAM I 201–209, ODNB I 321–329; zu *Sir* Richard Steele (1672–1729), «writer and politician», siehe BUAM XLIII 484–491, ODNB LII 358–364.

[8] Bd. 1: XLVII, 288 S.; Bd. 2: [4], 487, [1] S.; Bd. 3: [4], 462, [2] S.; Bd. 4: [4], 438, [4] S. – Zu Nicolas Boileau-Despréaux oder Boileau, *dit* Despréaux (1636–1711), «poète et poéticien», siehe BUAM V 6–14, DBF VI 794–795, DGS 207–209.

[9] Bd. 1: [13], 384, [18] S.; Bd. 2: [6], 380, [12] S. – Englische Originalausgabe: *The Tatler*. London, 1709–1711, Nr. 1–330. – Zu *Sir* Richard Steele (1672–1729) siehe *supra,* Anm. 7; zu Armand Boisbeleau de La Chapelle (1676–1746), «théologien protestant, traducteur», siehe BUAM XXIII 49–50, DBF IBF 1848. – Andere Möglichkeit: Louis de BOISSY, *Le Babillard: Comédie en un acte et en vers.* Paris, 1760, 28 S. (in-8). Zu Louis de Boissy (1694–1758), «auteur dramatique», siehe BUAM V 31–32, DBF VI 863.

[10] Zu David Martin (1639–1721), «théologien protestant», siehe BUAM XXVII 306–308.

[11] Englische Originalausgabe unter dem Titel: *The Practice of Christian Graces, or: The Whole Duty of Man.* Laid down in a plaine and familiar way for the use of all, but especially the meanest reader: divided into XVII chapters, one whereof being read every Lords Day, the whole may be read over thrice in the year; with private devotions for several occasions. London, 1658, [26], 652, [1] S. (in-8). – Zu Richard Allestree (1621/22–1681), «Church of England clergyman», siehe BUAM I 591–592, ODNB I 842–844.

11	Les Stances de l'Abbé Tetux	Jacques TESTU, *Stances chrêtiennes, sur divers passages de l'Ecriture Sainte et des Peres.* Par Mr. l'abbé Testu. De l'Academie Françoise. Basel: chez Jean Pistorius, 1728, [4], 308, [18] S. (in-12).[12]
12	Sermon[s] de Tillotson 1 vol.	John TILLOTSON, *Sermons sur diverses matieres importantes.* Traduit de l'anglois par Jean Barbeyrac [...]. Tome premier [à septieme]. Amsterdam, 1744, 7 Bde. (in-8).[13]

Quelle: AVL, Chavannes D 536, f. 228–232v: «[Inventaire des biens meubles et effets de] Madame la veuve de Monsieur le Ministre [Jean-Jaques] Des Plans [Desplands].[14] Du 22e May 1762»; f. 232–232v.

[12] Erstausgabe: Paris, 1669, [8], 134, [10] S. (in-8). – Zum Jacques Testu, *abbé* de Belval (1626–1706), «poète», siehe BUAM XLV 212–213, IBF 3093.

[13] Bd. 1: LXXI, [1], 399 S.; Bd. 2: XLVIII, 390 S.; Bd. 3: XX, [4], 432 S.; Bd. 4: LVI, [4], 321 S.; Bd. 5: XII, 415, [4] S.; Bd. 6: XXXVI, 471, [1] S.; Bd. 7: XXVIII, [4], 475 S. – Zu John Tillotson (1630–1694), «archbishop of Canterbury», siehe BUAM XLVI 65–67, ODNB LIV 701–800; zu Jean Barbeyrac (1674–1744), «juriste», siehe BUAM III 345–346, DBF V 297–298, HLS I 717–718.

[14] Jean-Jaques Desplands, pasteur in Rances 1731–1747. Siehe Mottaz II 510. – «Mons[ieu]r le Ministre Desplans [enseveli] le 14e Mars [1747]» (ACVD, Eb 113/4: Registre de décès de la paroisse réformée de Rances, 1728–1821, S. 20, Nr. 9).

Tabelle 3.17: *Bibliothek der Anna Gaberell geb. Käch von Altavilla*[1] *anhand ihres Geltstagsrodels vom 20. Juni 1763*

Nr.	Titel im Inventar	Beschreibung der Werke	Wert (bz)
1	1 Bibel in 2 Bändt	*Biblia, das ist: Die gantze Heilige Schrifft, Alten und Neuen Testaments.* Aus Hebreischer und Griechischer Sprach in welcher sie Anfangs von den Propheten und Aposteln geschrieben nach der Übersetzung Johannis Piscatoris [...]. Mit beygefügten und vermehrten Erklärungen [...] von neuem ausgefertiget (unter allergnädigstem Privilegio und Vorschub deß Hohen Standes) von einer Ehrwürdigen Convent Loblicher Stadt Bern. Bern: in der Obern Druckerey, verlegt und gedruckt von Emanuel Hortinus, 1736, [10], 521, 440, 132; 336 S. (in-2).[2]	134
2	1 alt Psalmen Buch	*Vier-Stimmiges Psalmenbuch, das ist: Dr. Ambr. Lobwassers Psalmen Davids.* Transponiert durch Johann-Ulrich Sultzberger, Weyland Direct. Mus. und Zinkenisten Lobl. Statt Bern. Mit Verbesserung der undeutlichen Redens-Arten, sammt Fest-Gesängen. Aus Hoch-Oberkeitlichem Befehl und Approbation. Worbey eine kurze Musicalische Unterweisung, sammt etlichen schönen Gebätten enthalten. Cum Gratia & Privil[egio] Magist[ratus] Bernensis. Bern: in Hoch-Oberkeitl. Truckerey, 1738, [19], 581, [5], 63, [17] S. (in-12).[3]	3
3	1 Dito	*Einstimmiges Psalmenbuch, das ist Dr. Ambrosii Lobwassers Psalmen Davids.* Transponiert durch Johann-Ulrich Sulzberger [...]. Mit Verbeßerung der undeutlichen Redens-Arten, und neuen Fest-Gesängen. Worbey eine kurze Musi-calische Unterweisung, sammt etlichen schönen Gebätten enthalten. Bern: in Hoch-Oberkeitl. Druckerey, [1756], [XV], 479, [4] S. (in-8).	3
4	1 Testament	*Das Neue Testament Unsers Herren und Heylands Jesu Christi.* Sambt beygefügten Summarien und Concordanzen über ein jedes Capitel. Verteutscht durch Johann Piscator. Bern: In Hoch-Oberkeitlicher Truckerey bey Wagner und Müller, 1733, [12], 908 S. (in-8).	10

[1] Zum Dorf Altavilla, franz. «Hauteville, [/] Ein gros Dorf, Kirch und Pfarr (welche von dem Rath zu Freyburg bestellt wird:) in dem Amt Corbers [Corbières] und dem Decanat von H. Creuz in dem Gebiet der Stadt Freyburg», siehe Leu IX 514, HLS I 251.

[2] Zum reformierten Theologen Johann(es) Piscator oder Piscatorius (1546–1625) siehe Leu XIV 561, ADB XXVI 180–181, HBLS V 445, DBE[2] VII 851.

[3] Zum Psalmendichter und Übersetzer Ambrosius Lobwasser (1515–1585) siehe ADB XIX 56–58, NDB XIV 740–741, DBE[2] VI 497; zum Komponisten und Musikdirektor Johann Ulrich Sulzberger (1638–1701) siehe Leu XVII 741, HBLS VI 603, Guggisberg (1958) 334.

5	1 Lieder Buch	*Auserlesene und geistreiche Fest-, Buß- und Abendmahl-Gesänge zum Gebrauch der Bernerischen Kirche, die nach alten und neuen Singweisen können gesungen werden.* Cum Gratiâ & Privilegiô Magistratûs bernensis. Bern: in Hoch-Oberkeitlicher Druckerey, 1756, 107, [21] S. (in-8).[4]	7
6	1 Dito	*Auserlesene und geistreiche Fest-, Buß- und Abendmahl-Gesänge zum Gebrauch der Bernerischen Kirche [...].* Cum Gratia & Privilegio Magistratûs bernensis. Bern: in Hoch-Oberkeitlicher Druckerey, 1762, 107, [21] S. (in-8).	10,5
7	1 Dito	*Auserlesene und geistreiche Fest-, Buß- und Abendmahl-Gesänge zum Gebrauch der Bernerischen Kirche [...].* Cum Gratiâ & Privilegiô Magistratûs bernensis. Bern: in Hoch-Oberkeitlicher Druckerey, 1753, [2], 161, [27] S. (in-12).	5,25
8	1 Buch Lust Gärtli genant	Matthäus WIESER, *Biblisches Lust-Gärtlein: Darinnen schöne Sprüche und geistliche Rätzel, aus allen Büchern der gantzen heiligen Schrift des Alten und Neuen Testaments zu finden.* Zur Anreitzung und Lust zum Biebel-Lesen für die Jugend aufgesetzt, von Mattheo Wiesern, Ex[ulanten]. Itzo aufs neue übersehen, und mit etlichen biblischen Fragen vermehret. Prenzlau, 1760, 64 S. (in-8).[5]	3,5
9	1 Buch Kreütz Schul genant	Valentin WUDRIAN, *Schola crucis tessera christianorum, das ist: (Val. Wudrians) Creutz-Schule, oder ein ausführlicher christlicher Unterricht von dem lieben Creutz [...].* Aus Gottes Wort und etlicher berühmter Kirchen-Lehrer Trost-Schrifften zusammen getragen. Nördlingen, 1754, 776 S. (in-12).[6]	5,5
	Unbestimmt		
10	1 Wörter Buch		2,25
11	1 altes Büchlein		1
	2 Bücher		9

Quelle: Stadtarchiv Murten, I[nneres] A[rchiv], IV/30c, Nr. 135: «Geltstag-Rodel der Anna Kech, Wilhelm Gab[e]rel[l]s Ehefrauwen, von Altavilla, vom 20ten & 24ten Juny 1763», S. 16–17.[7]

[4] Erstausgabe: Bern: in Hoch-Oberkeitlicher Druckerey, 1751, [169] S. (in-8).

[5] Erstausgabe: Freiberg, 1682, 80 S. (in-8). – Zum Liederdichter Matthäus Wieser (1617–1678) siehe DBI 3856.

[6] Erstausgabe: Hamburg, 1627. – Zum Prediger, Kantor und Philologen Valentin Wudrian d. Ä. (1584–1625) siehe DBI 3939. Als Verfasser wird auch Lorenz Langermann genannt. Zum asketischen Schriftsteller Lorenz Langermann (1556–1620) siehe ADB XVII 683, DBI 2033.

[7] «Über Anna Kech [Käch], Wilhelm Gabrels [Gaberell] Ehefrauwen, von Altavilla, Vermögen, und Schulden, ist der unterrichtlich erkente, und hochoberkeitlich ratificirte Geltstag, vermog *Rescipt,* vom 29ten Aprilis, den 19ten Maÿ, durch alle dreÿ Einschreibungen, und den 20ten Juny, durch die *Collocation,* alles 1763 verführt, und zu Endt gebracht worden [...]. Passirt vor E. E. Rath, den 24ten Juny 1763. Attest. Fr. Schmid Not. & Geltstag Schreiber» (S. 1). – «Willhelm Gabarell von Altenvillen, gestorben [am 30. Juni 1749] im 72ten Jahr Alters» (StAFR, RP 260: Sterberegister der deutschsprachigen reformierten Kirchgemeinde Murten, 1748–1816, S. 4, Nr. 30). – Zu Anna Käch konnten in den Pfarrbüchern keine Eintragungen gefunden werden.

Tabelle 3.18: *Bibliothek der Pruntruter Bürgerin Marie Barbe Voisard geb. Fromaigeat (~1717–1767)*[1] *anhand ihres Nachlassinventars vom 21. Juli 1767*

Nr.	Titel im Inventar	Beschreibung der Werke[2]
	Bildungslektüre	
1	la vie de don Arman Jean le Bouteillier de Rancé	Jacques MARSOLLIER, *La vie de dom Armand-Jean Le Bouthillier de Rancé, abbé regulier et reformateur du monastere de la Trappe, de l'Etroite Observance de Cisteaux.* Par M. l'abbé de Marsollier, chanoine de l'église cathedrale d'Uzés. Paris, 1703, [38], 336, 350, LVI S. (in-4).[3]
2	la vie de St François de Sale[s]	Jacques MARSOLLIER, *La vie de Saint François de Sales, évêque et prince de Geneve.* Tome premier[–second]. Sixieme édition. Paris, 1757, 2 Bde. (in-12).[4]
3	les histoire[s] d'Anne d'Autriche	Françoise Bertaud de MOTTEVILLE, *Mémoires pour servir à l'histoire d'Anne d'Autriche, épouse de Louis XIII, roi de France.* Nouvelle édition revue, corrigée & augmentée de notes & du portrait de la reine. Amsterdam, 1750, 6 Bde. (in-8).[5]
4	memoire de ce qui s'est passé dans la cretienté	William TEMPLE, *Mémoires de ce qui s'est passé dans la chrétienté, depuis le commencement de la guerre en 1672 jusqu'à la paix conclue en 1679.* Traduit de l'anglois. 2e édition. Amsterdam, 1708, 439 S. (in-8).[6]
	Erbaungslektüre	
5	un autre livre contenant les prieres du matin et du soir	[Jacques CORET], *L'ange conducteur: Contenant les prières du matin & du soir, prières pendant la sainte messe, pratique pour la confession & communion; & les sept pseaumes de la pénitence.* Avec les offices & litanies de tous les jours de la sémaine sans renvois; les offices de S. Joseph & de sainte Anne; les vêpres du dimanche, & complies pour toute l'année, & plusieurs belles oraisons. Paris, [1755], [14], 389, [3] S. (in-12).[7]

[1] «Inventaire de tous les biens de la seconde femme de Jean Pierre Voisard [Marie Barbe Fromaigeat]». – «Maria Barbara Voisard nata Fromageat, annos nata circiter quinquaginta in co[mmunio[n]e s[anc]tæ matris ecclesiæ animam deo reddidit die primâ julii anni millesimi septingentesimi sexagesimi septimi, cujus corpus postridie sepultum fuit in cœmeterio s[an]ti Petri.» (ACJU, Registre de décès de la paroisse de Porrentruy, 1754–1792, *sub dato).*

[2] Zweifelhafte oder «behelfsmässige» Identifizierungen von Werken sind mit einem Sternchen (*) versehen.

[3] Andere Ausgabe: Paris, 1703, 2 Bde. (in-12). – Bd. 1: [38], 460 S.; Bd. 2: [10], 478, LXXV, [9] S. – Zu Jacques Marsollier (1647–1724), «historien» siehe IBF 2253.

[4] Bd. 1: XII, 564 S.; Bd. 2: 477, [3] S. – Erstausgabe: Paris, 1700, 2 Bde. (in-12).

[5] Erstausgabe: Amsterdam, 1723, 5 Bde. (in-12). – Zu Françoise Bertaud, *dame* de Motteville (1621–1689), «mémorialiste», siehe BUAM XXX 290–293, DGS 1066.

[6] Englische Originalausgabe: *Memoirs of what Past in Christendom, from the War begun 1672 to the Peace Concluded 1679.* The third edition. London, 1693, [6], 392 S. (in-8). – Erste französische Ausgabe: Den Haag, 1692, [12], 445 S. (in-12). Zahlreiche weitere Ausgaben bis 1854. – Zu *Sir* William Temple, *baronet* (1628 bis 1699), «diplomat and author», siehe BUAM XLV 116–123, ODNB LIV 84–89, Kamen (2002) 288.

[7] Erstausgabe: Liège, [1681], 427, [5] S. (in-8). Mehrere Ausgaben bis 1816; z. B. Lille, 1774, 444 S. (in-8). – Zu P. Jacques Coret SJ (1631–1721), «auteur d'ouvrages de piété et de biographies édifiantes», siehe BUAM IX 583, DBF IX 650, DSAM II/2 2326–2327, IBF 818.

6	l'entretien avec Jesus Christ	P. Jean-Paul DUSAULT OSB, *Entretiens avec Jesus-Christ dans le très s[aint] sacrement de l'autel, contenant divers exercices de piété pour honorer ce divin mystere, & pour s'en approcher dignement.* Nouvelle edition, plus correcte & plus ample que les précédentes. Paris, 1759, IV, 24, 511 S. (in-12).[8]
7	instruction des devoirs du c[h]reti[e]n	* *Exercices de la vie chrétienne, où l'on donne des instructions abrégées pour remplir tous les devoirs de la religion.* Recueillis par les prêtres missionnaires, & imprimés par ordre de Monseigneur l'archevêque de Besançon, pour l'usage de son diocése. Besançon, 1750, [6], 528, [8] S. (in-12).
8	histoire de la Ste Bible	[Nicolas FONTAINE], *L'histoire du Vieux et du Nouveau Testament.* Représentée avec des figures et des explications édifiantes, tirées des saints Peres pour regler les mœurs dans toute sorte de conditions. Par feu Monsieur Le Maistre de Sacy, sous le nom du Sieur de Royaumont, prieur de Sombreval [i. e. Nicolas Fontaine]. Paris, 1752, [16], 552 S. (in-4).[9]
9	la vie des Saints	[Nicolas FONTAINE], *La vie des saints pour tous les jours de l'année.* Tirée des meilleurs & des plus fideles auteurs. Avec la vie de Nostre Seigneur Jesus-Christ, & des reflexions chrestiennes sur la vie de chaque saint, Nouvelle édition, revûë, corrigée & augmentée. Divisée en quatre tomes. Tome premier[–quatrième]. Paris, 1714, 4 Bde. (in-8).[10]
10	l'école de la croix	[Johann Baptist (Joseph) von LERCHENFELD], *Ecole de la croix, ou: Sept discours sur les sept paroles de Jesus-Christ en croix.* [Traduit de l'allemand par Ferdinand Raspieler]. [Porrentruy], 1744, [8], 395, [8] S. (in-8).[11]
11	une autre [histoire] contenant des prières en forme de meditation	* [P. Pasquier QUESNEL Or], *Prieres chrêtiennes en forme de meditations sur tous les mysteres de Notre-Seigneur, de la sainte Vierge, & sur les dimanches & les fêtes de l'année.* Tome premier[–Seconde partie]. Nouvelle edition, revûë, corrigée & augmentée par l'auteur des Prieres pour les enfans sur la lecture de l'Ecriture Sainte. Paris, 1731, 2 Bde. (in-12).[12]

[8] Erstausgabe: Toulouse, 1701, 5 Bde. (in-12). – Mehrere Ausgaben bis 1835, zum Beispiel: Cinquième edition, revûë, corrigée et augmentée. Toulouse, 1702, 472, [4] S. (in-12) ; Nouvelle édition, plus correcte & plus ample que les précedentes. Toulouse, 1729, [12], 452 S. (in-12). – Zu P. Jean-Paul Dusault oder Du Saudt OSB (1650–1724), «théologien, auteur d'ouvrages de spiritualité», siehe DBF XII 846, DSAM III 1842–1843.

[9] Erstausgabe: Paris, 1670, [20], 578 S. (in-4); weitere Ausgaben: Paris, 1688, 1712, 1723. – Zu Nicolas Fontaine, *dit* Fontaine des Loges (1625–1709), «auteur de biographies et d'œuvres de spiritualité, traducteur», siehe BUAM XV 177–179, DBF XIV 299–300, DSAM V 672–680.

[10] Bd. 1: [20], 191, 706 S.; Bd. 2: [12], 742 S.; Bd. 3: [10], 754 S.; Bd. 4: [8], 784 S. – Erstausgabe: Paris, 1679, 5 Bde.

[11] Deutsche Originalausgabe: *Creutz-Schuel, das ist: Siben anmüthige in Geistreich- und Eyfer-vollen Discursen verfaßte Predigen uber die siben Wort unseres Heylands Jesu Christi an dem heiligen Creutz, als von einer Cantzel abgesprochen juxta sensum S. Augustini: Crux Christi cathedra est magistri docentis, in sermone de passione Domini.* Mit welchen er uns lehret: Die Lieb der Feind, die Flucht der Sünden, die Weis den Himmel mit Disma zu erlangen; Mariæ Schutz und Zuflucht, den Durst nach dem ewigen Leben, die Ergebung in den Willen Gottes, und die Weis seelig zu werden. [Augsburg], 1739, 197 S. – Zum Bischof von Regensburg und Freising Johann Baptist (Joseph) *Freiherr* von Lerchenfeld (erw. 1695) siehe DBI 2091; zu Ferdinand Raspieler (1696–1762), «théologiern, curé, patoisant», siehe DIJU, *sub nomine.*

[12] Bd. 1: 465, [3] S.; Bd. 2: [4], 487, [20] S. – Erstausgabe: Paris, 1688, 312 S. (in-4). Zahlreiche Ausgaben bis 1758. – Zu P. Pasquier Quesnel Or (1634–1719), «théologien janséniste», siehe BUAM XXXVI 399–403, DSAM XII/2 2732–2746, LTK VIII 585–586, DGS 1288–1289.

12	Jesus Christ enseignant les homes	P. Jean-Baptiste SAINT-JURE SJ, *Le maistre Jesus-Christ enseignant les hommes: Où sont rapportées les paroles qu'il a proferées de sa divine bouche pour leur instruction.* Lyon, 1679, [36], 323 S. (in-12).[13]

Quelle: AAEBS, Porrentruy, inventaires et partage, N° 32: «Inventaire de Marie Barbe Fromaigeat», vom 21. Juli 1767, S. [23]: «Les livres».[14]

[13] Erstausgabe: Paris, 1649, [34], 407 S. (in-12); spätere Ausgabe: Avignon, 1853, 358 S. (in-18). – Zu P. Jean-Baptiste Saint-Jure oder Saint-Juré SJ (1588–1657), «écrivain religieux», siehe BUAM XXXIX 603–604, DSAM XIV 154–163, LTK IX 77–78.

[14] «Le 21 juillet 1767 la seconde fêmme de Jean Pierre Voisard [Marie Barbe Fromaigeat] étant decedée les S[ieu]rs maire et greffier se sont transportés au domicile du dit Voisard pour proceder à un inventaire de touts les biens qui se sont trouvé[s] existans après la mort de sa femme […].» *(Quelle,* S. 1). – Jean Pierre Voisard ist Mitunterzeichner des Inventars (Quelle, S. [24]).

Tabelle 3.19: *Bibliothek der Einwohnerin von Lausanne Madeleine Susanne Marie de Saint George (~1721–1769)*[1] *anhand ihres Nachlassinventars vom 1. April 1769*

Nr.	Titel im Inventar	Beschreibung der Werke[2]
	Bildungslektüre	
1	Voyages au Tour du monde, 6 vol.	George ANSON, *Voyage au tour du monde, fait dans les années 1740, 41, 42, 43 & 44.* Orné de cartes & de figures en taille-douce. Traduit de l'anglois par Elias de Joncourt]. Seconde édition. Tome premier[–quatrieme]. Paris, 1764, 4 Bde. (in-12).[3]
2	Logique de M[onsieu]r De Crousaz, 2 vol.	Jean-Pierre de CROUSAZ, *Logique, ou: Système abregé de reflexions qui peuvent contribuer à la netteté & à l'étendue de nos connaissances.* Seconde edition revue & corrigée par l'auteur. Tome premier[–second]. Amsterdam, 1737, 2 Bde. (in-8).[4]
3	La Preuve de l'existence de Dieu, 1 vol.	* William DERHAM, *Theologie astronomique, ou: Demonstration de l'existence et des attributs de Dieu, par l'examen et la description des cieux.* Enrichie de figures. Par Guillaume Derham [...]. Traduite de l'anglois sur la cinquième édition. Zürich: chez Heidegguer & compagnie, 1760, [28], 287 S., [3] Taf. (in-8).[5]
4	Les Devoirs de l'homme & du citoÿen, 2 vol.	Samuel von PUFENDORF, *Les devoirs de l'homme et du citoyen, tels qu'ils lui sont prescrits par la loi naturelle.* Traduits du latin du baron de Puffendorff, par Jean Barbeyrac [...]. Nouvelle édition. Tome premier[–second]. Amsterdam, Leipzig, 1756, 2 Bde. (in-12).[6]

[1] Sie belegte «en son vivant» eine Wohnung «dans la maison de Madame la veuve de Monsieur le Doÿen Decrousaz, size en cette ville, à la Ruë de St. Etienne». (f. 223v). – «Du 23me dit [mars 1769] / Très Noble & Très Puissante Dame Madeleine Susanne Marie De S. George, domiciliée en cette ville, décedée le 21me à l'age d'environ quarante huit ans, inhumée le 25e dans le choeur de l'Eglise de la Cité» (ACVD, Eb 71/46: Registre des décès de la paroisse réformée de Lausanne, 1768–1781, S. 65, Nr. 58).

[2] Zweifelhafte oder «behelfsmässige» Identifizierungen von Werken sind mit einem Sternchen (*) versehen.

[3] Bd. 1: XXXIV, [4], 268 S.; Bd. 2: 194 S.; Bd. 3: 227 S.; Bd. 4: 300, 28 S. – Andere mehrbändige Ausgabe: Paris, 1750, 3 Teile in 4 Bden. (in-12). – Englische Originalausgabe: *A Voyage round the World, in the Years MDCCXL, I, II, III, IV.* London, 1748, [17] Bl., 417 S., [43] Bl. (in-4). – Zu *baron* George Anson (1697 bis 1752), «naval officer and politician», siehe BUAM II 238–241, ODNB II 260–266; zu Elie de Joncourt (1707 bis ~1775), «traducteur, philosophe, ecclésiastique protestant», siehe BUAM LXIII 209–210, IBF 1778.

[4] Bd. 1: XL, 326 S.; Bd. 2: 214, [26] S. – Erstausgabe unter dem Titel: *Nouvel essai de logique [...].* Amsterdam, 1712, 2 Bde. (in-8). – Zu Jean-Pierre de Crousaz (1663–1750), «philosophe et mathématicien», siehe Leu VI 38–42, Montet 216–218, HLS III 543.

[5] Englische Originalausgabe: *Astro-Theology, or: A Demonstration of the Being and Attributes of God, from a Survey of the Heavens [1715].* The fifth edition. London, 1726, [16], LVI, [8], 246, [10] S. (in-8). – Zu William Derham (1657–1735), «Church of England clergyman and natural philosopher», siehe BUAM XI 123–124, ODNB XV 871–872.

[6] Bd. 1: LXVIII, [4], 428 S.; Bd. 2: 427 S. – Lateinische Originalausgabe: *De officio hominis et civis secundum legem naturalem libri duo.* – Zum Juristen Samuel *Freiherr* von Pufendorf (1632–1694) siehe BUAM XXXVI 283–289, ADB XXVI 701–708, BBKL VII 1064–1066, NDB XI 3–5, DGS 1278, Kamen 246–247, DBE[2] VIII 108, Jaumann 537–539.

5	De l'Immortalité de l'ame, 1 vol.	William SHERLOCK, *De l'immortalité de l'ame, et de la vie éternelle*. Par Guillaume Sherlock, docteur en théologie, doyen de St. Paul, maître du Temple, & chapelain ordinaire de Sa Majesté. Traduit de l'anglois [par de Marmande]. Nouvelle edition. Amsterdam, 1755, [4], 432 S. (in-8).[7]
	Unterhaltungslektüre	
6	Un Almanach, de Paris, 1766	*Almanach des muses, contenant un choix des meilleures pièces de poésies fugitives*. 1ère–69e année. Paris, 1765–1833, 69 Bde. (in-12).
7	Mentor moderne 3 vol.	[Joseph ADDISON und Richard STEELE], *Le mentor moderne, ou: Discours sur les mœurs du siècle*. Traduits de l'anglois du Guardian de Mrs. Addisson, Steele, et autres auteurs du Spectateur [par Justus van Effen]. Tome premier[–troisieme]. Den Haag, 1723, 3 Bde. (in-12).[8]
8	Spectateur, 6 vol.	[Joseph ADDISON und Richard STEELE], *Le Spectateur, ou: Le Socrate moderne, où l'on voit un portrait naïf des mœurs de ce siècle*. Traduit de l'anglois. Tome premier[–septième]. Amsterdam, Leipzig, 1754, 7 Bde. (in-12).[9]
9	Oeuvres de Théatre de Crebillon, 2 vol.	Claude Prosper Jolyot de CRÉBILLON, *Les œuvres de Monsieur de Crébillon*. Nouvelle édition. Tome premier[–second]. Paris, 1743, 2 Bde. (in-12).[10]
10	Oeuvres d'Homère, 6 vol.	HOMEROS, *[Les œuvres] d'Homere*. Traduites en françois par Madame Dacier. Avec un supplément. En sept [sic] volumes. Quatrieme édition revûe, corrigée & augmentée de nouvelles remarques de Me. Dacier elle-même. Enrichie de figures par Picart Le Romain. Amsterdam, 1731, 6 Bde. (in-12).[11]
11	Le Conte du Tonneau, 2 vol.	[Jonathan SWIFT], *Le conte du tonneau: Contenant tout ce que les arts & les sciences ont de plus sublime et de plus misterieux*. Avec plusieurs autres piéces très-curieuses. Traduit de l'anglois [par Justus van Effen]. Nouvelle edition revûë & corrigée. Tome premier[–second]. Den Haag, 1741, 2 Bde. (in-12).[12]

[7] Englische Originalausgabe: *A Discourse Concerning the Happiness of Good Men, and the Punishment of the Wicked, in the Next World*. London, 1704, [8], 592 S. (in-8). – Erste französische Ausgabe: Amsterdam, 1708, [8], 563 S. (in-8). – Zu William Sherlock (1639/40–1707), «Church of England clergyman and religious controversialist», siehe ODNB L 324–326.

[8] Bd. 1: XX, 566 S.; Bd. 2: 426 S.; Bd. 3: 384 S. – Englische Originalausgabe: *The Spectator* (London, 1711/1712, 1714). – Zu Joseph Addison (1672–1719), «writer and politician», siehe BUAM I 201–209, ODNB I 321–329; zu *Sir* Richard Steele (1672–1729), «writer and politician», siehe BUAM XLIII 484–491, ODNB LII 358–364.

[9] Bd. 1: XII, 572 S.; Bd. 2: VIII, 550 S.; Bd. 3: VIII, 550 S.; Bd. 4: [4], 536 S.; Bd. 5: 538 S.; Bd. 6: IV, 520 S.; Bd. 7: 536 S. – Erstausgabe (mit Neuausgaben): Amsterdam, 1714–1726, 6 Bde. (in-12).

[10] Bd. 1: [4], 341, [3] S.; Bd. 2: [10], 314 S. – Zu Claude Prosper Jolyot de Crébillon (1674–1762), «romancier», siehe BUAM X 214–216, DBF IX 1179–1180, Viguerie 886–887.

[11] L'Iliade (Bd. 1): [6], CXXIII, [1], 266 [i. e. 300] S.; L'Iliade (Bd. 2): 389 S.; L'Iliade (Bd. 3): 382 S.; L'Odyssée (Bd. 1): 299 S.; L'Odyssée (Bd. 2): 348 S.; L'Odyssée (Bd. 3): 333 S. – Zum griechischen Dichter Homeros / Homer (8. Jh. v. Chr.) siehe DNP V 686–699; zu Anne Dacier, *née* Lefèvre (~1651–1720), «traductrice», siehe BUAM X 423–426, DBF IX 1463–1464, DGS 443–444, IBF 888.

[12] Bd. 1: [16], 300, [14] S.; Bd. 2: [12], 286, [10] S. – Englische Originalausgabe: *A Tale of a Tub: Written for the Universal Improvement of Mankind [...]*. Third edition corrected. London, 1704, VIII, 322 S. (in-8). – Zu Jonathan Swift (1667–1745), «dean, satirist», siehe BUAM XLIV 283–287, ODNB LIII 465–479; zu Justus

12	Une Bible, de poche	*La Sainte Bible, qui contient le Vieux et le Nouveau Testament.* Revue sur les originaux, et retouchée dans le langage; avec des parallèles et des sommaires par David Martin, ministre du S. Evangile à Utrecht. Nouvelle édition, revue et corrigée par Pierre Roques, pasteur de l'Eglise Françoise de Basle. Basel: chés Jean Rodolphe Im-Hoff, libraire, 1760, [6], 804, 148, [2], 262 S. (in-8).[13]
13	Communion devôte, 2 vol.	Jean LA PLACETTE, *La communion devote, ou: La maniere de participer saintement & utilement à l'Eucharistie.* Avec la résolution des cas de conscience, qui ont rapport à cette matiere. Neuvieme edition. Amsterdam, 1746, [16], 267, [1]; 206, [10] S. (in-8).[14]
14	Deux Liturgies Angloises	*La liturgie angloise, ou: Le livre des prières publiques, de l'administration des sacremens, & autres ordres & cérémonies de l'église d'Angleterre.* Nouvellement traduit en françois par l'ordonnance de sa Majesté de la Grande Bretagne. London, 1715, 218, 277 [i. e. 177], [152] S. (in-12).
15	[Liturgie anglaise]	*The Book of Common Prayer, and Administration of the Sacraments, and Other Rites and Ceremonies of the Church: According to the use of the Church of England.* Together with the Psalter of Psalms of David, pointed as they are to be sung or said in churches. Cambridge, 1759, [336] S. (in-12).
16	Sermons de Jaquelot, 1 vol.	Isaac JAQUELOT, *Sermons sur divers textes de l'Ecriture sainte, prononcés devant Sa Majesté le Roi de Prusse.* Par feu M. Jaquelot, ministre du St. Evangile. Tome premier[–second]. Genève: chez Emanuel du Villard, 1750, 2 Bde. (in-12).[15]
17	Sermons de Cherloc, 2 vol.	William SHERLOCK, *Sermons sur divers textes importants de l'Ecriture sainte.* Traduits de l'anglois par Elie de Joncourt, pasteur de l'Eglise Françoise de Bois-le-Duc. Tome premier[–second]. Den Haag, 1724, 2 Bde. (in-8).[16]

van Effen (1684–1735) «privé-onderwijzer, gezantschapssecretaris, commies van de staatsmagazijnen, zedenschrijver», siehe BUAM XII 551–553, Aa II 10–11, BIB 608.

[13] Zu David Martin (1639–1721), «théologien protestant», siehe BUAM XXVII 306–308; zu Pierre Roques (1685–1748), «théologien protestant», siehe BUAM XXXVIII 576, IBF[3] 3681.

[14] Siehe auch: Huitiéme edition revûe, corrigée par l'auteur dans tout le corps de l'ouvrage, & augmentée d'une seconde partie: et particulierement de la résolution des cas de conscience, qui ont rapport à cette matiere. Amsterdam, 1746, [14], 248; 200, [4] S. (in-8). – Erstausgabe: Amsterdam, 1695, [14], 368, [1] S. (in-12). – Zu Jean La Placette (1639–1718), «théologien protestant, moraliste surnommé le *Nicole* des protestants», siehe BUAM XXXV 10–11, DBF XIX 878–879.

[15] Bd. 1: XII, 412 S.; Bd. 2: [6], 408 S. – Erstausgabe: Genève: chez Du Villard & Jaquier, 1724, 2 Bde. (in-12); weitere Ausgaben: Genève: chez Emanuel du Villard, 1756, 3 Bde. (in-12); Genève: chez Emanuel du Villard, 1758, 2 Bde. (in-12); Genève: chez Emanuel du Villard, 1774, 2 Bde. (in-12); Nouvelle édition. Lausanne: chez Jean Mourer, 1781, 2 Bde. (in-12). – Zu Isaac Jaquelot (1647–1708), «théologien protestant», siehe BUAM XXI 404–405, IBF 1751.

[16] Bd. 1: [8], 395 S.; Bd. 2: [2], 401, [1] S. – Englische Originalausgabe: *Sermons Preach'd upon Several Occasions: Some of which were never before Printed.* London, 1700, [8], 550 S. (in-8). – Zu William Sherlock (1639/40–1707), «Church of England clergyman and religious controversialist», siehe *supra,* Anm. 7.

18	Devotion Particulière, 1 vol.	*Dévotion particulière pour les femmes enceintes*. Dédié à la reyne. Paris, 1665, 228 S. (in-).[17]

Quelle: AVL, Chavannes D 537, f. 223v–225v: «Inventaire des biens, meubles et effets de la succession de feu la Noble D[emoise]lle Madeleine Susanne Marie De S[ain]t George. Le 1er Avril 1769», f. 225–225v: «Livres».

[17] Reprint: Dijon, 1869.

Tabelle 3.20: *Bibliothek der Pruntruter Bürgerin Marie Marguerite Choulat geb. Münch (1687–1769)*[1] *anhand ihres Nachlassinventars vom 20. November 1769*

Nr.	Titel im Inventar	Beschreibung der Werke[2]
	Orientierungslektüre	
1	un petit atlas	Gilles ROBERT DE VAUGONDY, *Nouvel atlas portatif.* Destiné principalement pour l'instruction de la jeunesse, & précédé d'un discours sur l'étude de la géographie. Paris, 1762, 9 S., 54 Taf. (in-4).[3]
2	abrégé de l'almanach militaire	* *Almanach militaire: Contenant la liste générale des troupes de France sur pied en janvier 1757, les différens quartiers & garnisons qu'elle occupent.* Avec les noms & rang des régimens, tant françois qu'étrangers [...]. Augmenté des prières pendant la messe & de l'office du Dieu des armées. [s. l.], 1757, VI, S. 50–100 (in-16).
3	Instructions pastorales	*Recueil des mandemens et instructions pastorales de Messeigneurs les archevêques et évêques de France, pour l'acceptation de la constitution de N. S. Père le Pape Clément XI du 8 septembre 1713 contre le livre intitulé: Le Nouveau Testament, en françois avec des réflexions morales sur chaque verset.* Paris, 1725, [6], 575, [8] S. (in-4).
	Bildungslektüre	
4	histoire d'al[l]emagne	Joseph BARRÉ, *Histoire générale d'Allemagne.* Par le P. Barre, chanoine régulier de sainte Geneviève, & chancelier de l'université de Paris. Tome I[–X]. Paris, 1748, 11 Bde. (in-4).[4]
5	Histoire du peuple de Dieu. 10 volumes	P. Joseph Isaac BERRUYER SJ, *Histoire du peuple de Dieu, depuis son origine jusqu'à la naissance du Messie.* Tirée des seuls livres saints, ou le texte sacré des livres de l'Ancien Testament, réduit en un corps d'histoire. Nouvelle édition, corrigée et augmentée. Premier âge, Tome I[–Septième âge, Tome X]. Paris, 1742, 10 Bde. (in-12).[5]

[1] «Marguareta filia legitima Claus sive Nicolai Minck ex loco Hirsingen et uxoris eius Marguareta Liderin casu his Bruntruti in nundinis nata baptizata fuit die tertiâ mensis Martii anni Millesimi sexcentesimi octogesimi septimi, quam è sacris fontibus levârunt Fridericus Minck faber ferrarius et civis Bruntruti et Marguareta.» (ACJU, Registre de baptêmes de la paroisse de Porrentruy, 1665–1699, *sub dato).* – «D[omin]a Maria Margarita Choullat nata Münk, ad minus octogenaria in communione s[anc]tæ matris ecclesiæ animam deo reddidit die decimâ quartâ novembris anni millesimi septingentesimi sexagesimi noni, cujus corpus postridie sepultum est in ecclesiâ s[an]ti Petri.» (ACJU, Registre de décès de la paroisse de Porrentruy, 1754–1792, *sub dato).*

[2] Zweifelhafte oder «behelfsmässige» Identifizierungen von Werken sind mit einem Sternchen (*) versehen.

[3] Zu Gilles Robert de Vaugondy (1723–1786), «géographe», siehe BUAM XXXVIII 215–218.

[4] Bd. 1: [6], XXXIII, [3], 612, 12, [20] S.; Bd. 2: [1], 644, IX, [21] S.; Bd. 3: [4], 684, VIII, [23] S.; Bd. 4: [2], 708, [32] S.; Bd. 5: [2], 776, [3], XI, [31] S.; Bd. 6: [3], 868, 4, [28] S.; Bd. 7: [2], 784, [35] S.; Bd. 8/1: [1] S., S. 786–1128, 344, II, [40] S.; Bd. 8/2: [1]S., S. 346–1004, XI, [33] S.; Bd. 9: [2], 896, [30] S.; Bd. 10: [2], 938, [38] S. – Zu Joseph Barré oder Barre (1692–1764), «ecclésiastique, historien», siehe BUAM III 410 bis 411, DBF V 570–571, IBF 182.

[5] Bd. 1: CXX, 450, XXXIII S.; Bd. 2: XII, 516, XXXVI S.; Bd. 3: XV, 502, XXX S., [1] Taf.; Bd. 4: XX, 357, [22] S.; Bd. 5: VIII, 344, XVI, [8] S.; Bd. 6: XXIII, 526 S.; Bd. 7: VIII, 437, XXIV S., [1] Taf.; Bd. 8:

6	Comentarius in codicem	Johann BRUNNEMANN, *Commentarius in codicem Justinianeum.* Quo singulæ leges et authenticæ breviter & succinctè explicantur, quæstiones in academiis & foro frequentatæ resolvuntur, axiomata ab interpretis subindex proposita examinantur, & alia ex ipsis textibus notabilia eruuntur, quæque alias ad analysin pertinent, per compendium quasi dilucidè traduntur. [...] Opus theoretico-practicum, cui præter indicem rerum et verborum locupletissimum accessit ex ejusdem autoris commentario ad Pandectas [...]. Editio novissima, ab innumeris mendis repurgata, novis ac necessariis additionibus, ut & summariis denuo largiter aucta. Tomus primus [et secundus]. Cologny, 1754, [8], 1083, [112] S. (in-2).[6]
7	Caji julii caesaris	Gaius Iulius CAESAR, *Commentarii de bello gallico et civili.* Cum utriusque supplementis ab A[ulo] Hirtio vel Oppio adiectis [...]. Accedunt indices rerum et verborum. Editio nova revisa. Leipzig, 1736, [13], 743, [82] S. (in-8).[7]
8	Antiquités de la ville de Nime	[Charles CAUMETTE], *Eclaircissemens des antiquités de la ville de Nismes.* Par Monsieur *** Avocat de la même ville. Tarascon, Nîmes, 1746, 64 S. (in-4).[8]
9	oraisons catilines	Marcus Tullius CICERO, *Traduction des oraisons (de Ciceron) contre Catilina.* Par M. l'Abbé [François] De Maucroix. Avec le texte et des remarques. Paris, 1710, 239 S. (in-12).[9]
10	aristip[p]e moderne	N. N. DENESLE, *L'Aristippe moderne, ou: Réflexions sur les mœurs du siécle.* Liège, Frankfurt a. M., 1757, XIII, [1], 216 S. (in-8).[10]
11	instruction d'un père à son fils	N. DUPUY LA CHAPELLE, *Instruction d'un pere à son fils, sur la maniere de se conduire dans le monde.* Par M. Du Puy, ci-devant secretaire au Traité de la Paix de Riswik. Basel: chez le fils de feu J. Rodolfe Tourneisen, 1759, XXI, [3], 514 S. (in-12).[11]
12	L'homme de cour	P. Baltasar GRACIÁN Y MORALES SJ, *L'homme de cour.* Traduit & commenté par le sieur Amelot de la Houssaie, ci-devant Secrétaire de l'Ambassade de France à Venise. Rotterdam, 1728, DVIII, 372 S. (in-12).[12]

XII, 336, XV S.; Bd. 9: XII, 386, XXII S.; Bd. 10: XXIV, 560, XXXVI, [4] S. – Erstausgabe der *Première partie: L'Ancien-Testament.* Paris, 1728, 7 Bde (in-4). – Zu P. Joseph Isaac – oder Isaac Joseph – Berruyer SJ (1681–1758), «écrivain ecclésiastique», siehe BUAM IV 340–342, DBF VI 147–148, IBF 275.

[6] Erstausgabe unter dem Titel *Commentarius in duodecim libros codicis Iustinianei.* Leipzig, 1663, [16], 1012, [118] S. (in-2). – Zum evangelischen Theologen und Juristen Johannes Brunnemann (1608–1672) siehe BUAM VI 124, ADB III 445–446, NDB XIII 736–738, DBE^2 II 132.

[7] Zum römischen Feldherrn und Staatsmann Gaius Iulius Caesar (100–44 v. Chr.) siehe DNP II 908–923.

[8] Erstausgabe: Tarascon, Nîmes, 1743, 70 [i. e. 74], [1] S., IV Taf. (in-8). Weitere Ausgaben: 1766, 1775, 1777, 1781, 1785, 1790. – Zu Charles Caumette († 1747) fehlen biografische Artikel.

[9] Zum römischen Redner, Politiker und Schriftsteller Marcus Tullius Cicero (106–43 v. Chr.) siehe DNP II 1191–1202; zum *abbé* François de Maucroix (1619–1708), «poéte, traducteur», siehe BUAM XXVII 493–495, IBF 2289.

[10] Erstausgabe: Amsterdam, 1738, XIV, 314 S. (in-12). – Zu N. N. Denesle († 1767), «éditeur, écrivain», siehe BUAM XI 71, DBF X 1019, IBF 993.

[11] Erstausgabe: Paris, 1730, [10], XX, [4], 513, [7] S. (in-12). Weitere Ausgaben: Paris, 1750, [10], XX, [4], 502, [2] S. (in-12); Paris, 1762, XIX, [3], 481, [3] S. (in-12); Basel: chez Jean Schweighauser, 1770, XXI, [3], 514 S. (in-12). Übersetzung ins Deutsche (1760). – Zu N. Dupuy La Chapelle fehlen biografische Artikel.

[12] Spanischer Originaltitel: *Oráculo manual y arte de prudencia* (1647). – Zu P. Baltasar Gracián y Morales SJ (1601–1658), «escritor», siehe BUAM XVIII 250–252, DGS 672–673, Kamen (2002) 132, DBES XXIV

13	Histoire de la decad[e]nce	*Histoire de la decadence de la France prouvée par sa conduite*. Cologne [i. e. Rotterdam?]: chez Pierre Marteau [i. e. Reinier Leers?], 1687, 223 S. (in-12).[13]
14	L'homme cont[e]nt	Jean Puget de LA SERRE, *L'homme content, enseignant l'art de bien vivre*. Où les plus belles maximes de la morale sont représentées par divers exemples historiques, qui peuvent servir à conduire nos passions, à pratiquer la vertu, & fuir les vices. Nouvelle édition. Liège, 1764, X, 238, [2] S. (in-12).[14]
15	deux volumes du traité du vra[i] mérite	Charles-François-Nicolas LE MAÎTRE DE CLAVILLE, *Traité du vrai mérite de l'homme,* considéré dans tous les âges et dans toutes les conditions: avec des principes d'éducation, propres à former les jeunes gens à la vertu. Paris, 1740, 2 Bde. (in-12).[15]
16	cursus philosophicus	Pierre LE MONNIER, *Cursus philosophicus ad scholarum usum accomodatus*. Authore Petro Lemonnier, philosophiæ professore emerito, in universitate studii Parisiensis, in collegio Harcuriano. Cum figuris. Tomus primus[–sextus]. Paris, 1750, 6 Bde. (in-12).[16]
17	L'espion du grand Seigneur	Gian Paolo MARANA, *L'espion du Grand-Seigneur, et ses relations secretes envoyées à Constantinople: Contenant les évenements les plus considerables arrivés pendant la vie de Louis le Grand*. Traduit de l'arabe par le sieur Jean-Paul Marana. Amsterdam, 1696, [24], 415, [9] S. (in-12).[17]
18	monita	Richard MEAD, *Monita et præcepta medica*. Auctore Richardo Mead [...]. London, 1751, [8], 152 S. (in-8).[18]
19	remarque des ouvrages	* [Nicolas PRADON], *Nouvelles remarques, sur tous les ouvrages du sieur D*** [i. e. Nicolas Boileau-Despréaux]: Epître à Alcandre*. Den Haag [i. e. Rouen], 1685, 114 S. (in-12).[19]
20	Maison rustique	Jean Antoine Brûletout de PRÉFONTAINE, *Maison rustique, à l'usage des habitans de la partie de la France équinoxiale,*

542–547; zu Nicolas – oder Abraham-Nicolas – Amelot de la Houssaye (1634–1706), «écrivain et traducteur», siehe BUAM II 36–37, DBF II 622–624.

[13] Politische Streitschrift.

[14] Erstausgabe unter dem Titel: *La vie heureuse ou l'homme contant [sic]*. Paris, [1658], [20], 277 S. (in-8). Zahlreiche Ausgaben unter verschiedenen Titeln bis 1764. – Zu Jean Puget de La Serre (~1600–1665), «écrivain aussi médiocre que fécond», siehe BUAM XLII 88–90.

[15] Bd. 1: [3] Bl., 359, [1] S.; Bd. 2: [4] Bl., 380, [4] S. – Zu Charles-François-Nicolas Le Maître, *sieur* de Claville (~1670–1740), «écrivain, moraliste», siehe BUAM XXIV 39–40, DBF XX 1489–1490, IBF 2056.

[16] Bd. 1: [10], 430, [4] S.; Bd. 2: 189, [5] S.; Bd. 3: 370, [3], [1] S.; 8 Taf.; Bd. 4: 538, [1], [2] S., 8 Taf.; Bd. 5: 475, [1], [3] S., 9 Taf.; Bd. 6: 340, [3], [1] S., 4 Taf. – Zu Pierre Le Monnier (1675–1757), «mathématicien, astronome et philosophe», siehe BUAM XXIV 62, DBF XXI 194.

[17] Französische Erstausgabe: Paris, 1684–1686, 2 Bde. (in-12). – Italienische Originalausgabe: *L'esploratore turco e le di lui relazioni segrete alla Porta ottomana scoperte in Parigi nel regno di Luiggi il Grande*. Tradotte dall'arabo in italiano da Gian Paolo Marana, e dall'italiano in francese da***. Tomo primo. Paris, 1684 [...] S. (in-12). – Zu Gian – oder Giovanni – Paolo Marana (1642–1693), «scrittore, storico», siehe BUAM XXVI 555–556, DBIT LXIX 408–412, IBI 2160; zum mutmasslichen Übersetzer François Pidou de Saint-Olon (1646–1720), «diplomate, écrivain et traducteur», siehe BUAM XXXIV 292–293, IBF[3] 3385.

[18] Andere Ausgabe: London, 1751, XII, 272 S. (in-16). – Zu Richard Mead (1673–1754), «physician and collector of books and art», siehe BUAM XXVIII 42–44, ODNB XXXVII 636–642.

[19] Zu Nicolas Pradon (1632–1698), «poète dramatique», siehe BUAM XXXVI 2–6, IBF 2706; zu Nicolas Boileau-Despréaux oder Boileau, *dit* Despréaux (1636–1711), «poète et poéticien», siehe BUAM V 6–14, DBF VI 794–795, DGS 207–209.

connue sous le nom de Cayenne. Par M. de Préfontaine, ancien habitant, chevalier de l'ordre de Saint-Louis, commandant de la partie du Nord de la Guyane. Paris, 1763, [2], 211, [4] S., VII Taf. (in-8).[20]

21 histoire de grégoire — P. Denis de SAINTE-MARTHE OSB, *Histoire de S. Grégoire le Grand, pape et docteur de l'Eglise*. Tirée principalement de ses ouvrages. Rouen, 1697, [40], 618, [28] S. (in-4).[21]

Unterhaltungslektüre

22 let[t]re de voyer — * [René Louis de Voyer de Paulmy d'ARGENSON], *Lettre de Mr. le marquis d'Argenson à Mr. Van Hoey, écrite à Versailles le 9 de janvier 1746*. [s. l.], 1746, 8 S. (in-4).[22]

23 les égarements — Claude Prosper Jolyot de CRÉBILLON, *Les égaremens du cœur et de l'esprit, ou: Mémoires de Mr. de Meilcour*. Den Haag, 1738–1739, 3 Bde. (in-12).[23]

24 les av[e]ntures de Telemack — François de Salignac de la Mothe-FÉNELON, *Les aventures de Télémaque fils d'Ulysse*. Auxquelles on a joint des remarques nécessaires pour l'intelligence de ce poëme allégorique. Nouvelle édition corrigée plus exactement que toutes les précédentes, & enrichie de figures en taille-douce. Tome premier[–second]. Lausanne: chez François Grasset, l'aîné, 1762, (in-12).[24]

25 Le th[éâ]tre italien — Evaristo GHERARDI, *Le theatre italien de Gherardi, ou: Le recueil general de toutes les comedies & scénes françoises jouées par les Comediens Italiens du Roi, pendant tout le temps qu'ils ont été au service*. Enrichi d'estampes en taille douce à la tête de chaque comedie, & des airs gravés-notés à la fin de chaque volume. Tome premier[–sixième]. Edition nouvelle revue avec beaucoup d'exactitude. Paris, 1741, 6 Bde. (in-8).[25]

26 les caractères de Téophraste — Jean de LA BRUYÈRE, *Les caractères de Théophraste, avec les caractères ou les mœurs de ce siècle*. Nouvelle édition augmentée de quelques notes sur ces deux ouvrages, et de la défense de La Bruyère et de ses caractères par M. Coste. Tome premier[–second]. Paris, 1755, 2 Bde. (in-8).[26]

27 Mercure fran[çai]s — *Mercure de France: Dédié au Roy*. Paris, 1721–1791, 141 Bde. (in-12).

[20] Zu Jean Antoine Brûletout, *chevalier* de Préfontaine († 1787) fehlen biografische Artikel.

[21] Zu P. Denis de Sainte-Marthe OSB (1650–1725), «historien, théologien», siehe BUAM XXXIX 557–558, IBF 2941.

[22] Zu René Louis de Voyer de Paulmy, *marquis* d'Argenson, *dit* d'Argenson la Bête (1694–1757), «homme politique, administrateur, écrivain», siehe BUAM XLIX 566–571, Viguerie 1450, IBF 85.

[23] Bd. 1: [20], 184 S.; Bd. 2: [4], 140 S.; Bd. 3: [4], 176 S. – Ältere Ausgabe: Paris, 1736–1738, 3 Bde. (in-12). Zu Claude Prosper Jolyot de Crébillon (1707–1777), «romancier», siehe BUAM X 214–216, DBF IX 1179, Trousson (1993) 3–7, Viguerie 886–887.

[24] Bd. 1: XLIV, 395 S.; Bd. 2: 374 S. – Erstausgabe: Suivant la copie de Paris. Den Haag, 1699, [2], 208 S. (in-12). – Zu François de Salignac de la Mothe-Fénelon (1651–1715), «archevêque, homme de lettres», siehe BUAM XIV 285–302, DBF XIII 982–987, DGS 580–582, IBF 1270.

[25] Bd. 1: [22], 588, [4] S.; Bd. 2: 510 S.; Bd. 3: 560, 4 S.; Bd. 4: 557, 16 S.; Bd. 5: 518, [2], 16 S.; Bd. 6: 647, 32 S. – Erstausgabe: Paris, 1694, [8], 264 S.; S. 245–545; [3] S. (in-12). – Zu Evaristo Gherardi (1663/70 bis 1700), «attore», siehe DBIT LIII 548–550, IBI 1676.

[26] Bd. 1: LX, [2], 424 S.; Bd. 2: [2], 492, [8] S. – Zu Jean de La Bruyère (1645–1696), «moraliste», siehe BUAM VI 175–179, DGS 810-812.

28	d[é]votion [à] St Joseph	P. Paul de BARRY SJ, *La devotion à S. Joseph, le plus aymé, et le plus aymable de tous les saincts, apres Jesus, & Marie.* Avec l'assistance miraculeuse qu'il rend à ses devots, & à ceux qui le reclament. Derniere édition. Lyon, 1654, [22], 294 S. (in-12).[27]
29	Jesus maria joseph	Jean BLANLO, *Jesus, Marie, Joseph: L'enfance chrestienne, qui est une participation de l'esprit & de la grace du divin Enfant Jesus Verbe Incarné.* Composée par Me Jean Blanlo, sousdiacre, bachelier en theologie, & ancien professeur de philosophie au college des Grassins. Avec une sainte enfance, qui contient diverses considerations, pratiques & meditations pour honorer le saint Enfant Jesus Verbe Incarné. Paris, 1665, [12], 151, [6], 156 S. (in-12).[28]
30	Instruction[s] spirituelles	[P. Jean-Pierre de CAUSSADE SJ], *Instructions spirituelles, en forme de dialogues, sur les divers états d'oraison, suivant la doctrine de M. Bossuet, evesque de Meaux.* Par un P[ère] de la Compagnie de Jesus, docteur en théologie. Perpignan, 1741, [12], 413, [1] S. (in-8).[29]
31	lapis angularis	* P. Dominicus GINCK OSB, *Lapis probatus angularis Mariæ – Bewährter Eck- und Gnaden-Stein Mariæ, das ist: Gründlich-wahrhaffter und umständlicher Entwurff und Beschreibung der wunderthätigen heiligen Wallstatt zu U. Lieben Frauen im Stein.* Samt derselben eigentlicher Ursprung, Aufnahm, und Fortpflantzung, wie auch authentischer Verfassung vielfältiger Miraclen, Wunderwercken, Gnaden auch hochschätzbahren Gut[t]haten, so die allmächige Gütigkeit Gottes durch treue Vorbitt Mariä seiner hochwertesten Mutter, in ermeltem Gnaden-Ort gewürckt, und ertheilt hat, auf ein neues aufgelegt. Zu finden in dem Gotts-Hauß Maria Stein. [Mariastein], 1751, [3], 645, [11] S. (in-8).[30]

[27] Erstausgabe: Lyon, 1639, 22, 295 S. (in-12). – Lateinische Übersetzung: *Alimenta pietatis erga S. Iosephum Iesu Christi nutritium post Iesum et Mariam divorum amabilissimum.* Galliæ subministrata a R. P. Paulo de Barry societatis Jesu sacerdote. Nunc Latio quoque illata a P. Adamo Schirmbeckh eiusdem societatis. München, 1650, [18], 301, [3] S. (in-12). – Zu P. Paul (Boursier) de Barry oder Barri SJ (1587–1661), «théologien, écrivain ascétique», siehe BUAM III 431, DBF V 635, DSAM I 1252–1255; zum Übersetzer P. Adam Schirmbeck SJ (1613–1683) siehe DBI 3091.

[28] Zu Jean Blanlo (1617–1657), «écrivain ecclésisatique», siehe VI 638, DSAM I 1722–1723.

[29] Weitere Ausgabe: Perpignan, 1758, VI, 156 S. (in-18). – Zu P. Jean-Pierre de Caussade SJ (1675–1751), «un des grands auteurs mystiques de son temps», siehe DBF VII 1470–1471, DSAM II 354–370. – Oder : P. Jean CRASSET SJ, *Instructions spirituelles pour la guerison & la consolation des malades.* Paris, 1680, 2 Bde. (in-12). – Bd. 1: [22], 440 S.; Bd. 2 (Instructions spirituelles pour la consolation des malades. Seconde partie): [10], 433, [1] S. – Zu P. Jean Crasset SJ (1618–1692), «théologien, auteur d'un grand nombre d'ouvrages ascétiques», siehe BUAM X 190, DBF IX 1172–1173, DSAM II 2511–2520, LTK III 72.

[30] Erstausgabe unter dem Titel: *Lapis probatus angularis Mariæ – Bewährter Eck- und Gnaden-Stein Mariæ, das ist: Grund-wahrhaffter, umständlicher Entwurff, und Beschreibung der wunderthätigen weitberümten heiligen Wallstadt zu unser lieben Frawen im Stein in Eydgnoßisch-Solothurner Herrschafft gelegen; wie auch derselben eygentlicher Ursprung, Auffnahm, und Fortpflantzung, samt authentischer Verfassung vielfältiger Miraclen, Wunder-Wercken, Gnaden, auch hochschätzbaren Wol- und Gutthaten, so die Allmächig- und Gutigkeit Gottes durch trewe Vorbitt Mariæ seiner hochwehrtesten Mutter in ermeltem gnadenreichen Ort gewürckt und ertheilt hat.* Verfaßt und beschrieben durch den ehrwürdigen P. Dominicum Glinck, Capitularen des Gottshauß daselbsten, S. Benedicts Ordens. Porrentruy: bey Jacob Bruder, zu finden daselbsten und bey U. L. Fr.

32 le chemain de la croix
P. Benedictus van Haeften OSB, *Le chemin royal de la croix*. Composé par Dom Benoit Hæften d'Ustrech, prévôt du monastere reformé d'Afflighen de l'ordre de S. Benoit. Traduit de latin en françois [...] par le R. Didac, religieux de l'Observance de S. François son confesseur. Enrichi de quarante figures en taille-douce. Derniere édition, revue, corrigée & augmentée. Tome premier[–troisième]. Lyon, [1700], [14], 158; 209; 137, [5] S. (in-12).[31]

33 Veritable esprit
[P. Jacques Philippe Lallemant SJ], *Le veritable esprit des nouveaux disciples de S. Augustin: Lettres d'un abbé licentié de Sorbonne à un vicaire general d'un diocese des Pays-Bas*. Seconde édition, revûe & augmentée. Tome premier[–troisième]. Bruxelles, 1709, 4 Bde. (in-8).[32]

34 calendarium novum
[P. János Nadasi SJ], *Calendarium novum ad bene moriendum perquam utile: Tabulæ breviarii Romani respndens*. Denuo emendatiùs editum. Cum facultate superiorum. München, 1749, 304 S. (in-24).[33]

35 L'office de la semaine sainte
L'office de la semaine sainte, selon le missel & bréviaire romain. Avec la concordance du missel, & du bréviaire de Paris, de la traduction de M[ichel] de Marolles, abbé de Villeloin; ensemble l'explication des sacrés mystères, représentés par les cérémonies de cet ordre, par frère Daniel de Cigongné, de l'Ordre de saint François. Lyon, 1761, [4], IV, 748, 64 S. (in-8).[34]

36 Les règles de la congregation
* *Règles de la congrégation de la Sainte Vierge établie dans les séminaires des chanoines réguliers*. Paris, 1715, [...] S. (in-8).

37 s[c]ience de mourire
La science de bien mourir, ou: Les preparations à la mort. Avec des divers actes de vertu: La methode de recevoir les SS. Sacrements; le testament spirituel; la journée du malade; les saintes affections à Jesus-Christ crucifié, &c. et la recommandation de l'ame. Dediée à tous les amans d'une bonne mort. Troisiéme édition revûë & augmentée. Porrentruy: chez Jacques Frere, 1702, 144 S. (in-12).[35]

Stein, 1693, [10], 676, [4] S. (in-8). – Zum Kloster-Geschichtsschreiber P. Dominicus Ginck SJ (erw. 1693) fehlen biografische Artikel.

[31] Lateinisch Originalausgabe: *Regia via crucis*. Antwerpen, 1635, XL, 404, [24] S. (in-8). – Französische Erstausgabe: Paris, 1651. – Zu Benedictus van Haeften oder van Haaften (1588–1648), «proost van Afflighem», siehe Aa III 14, BIB 824.

[32] Bd. 1: 310, [10] S.; Bd. 2: 291, [13] S.; Bd. 3: 343, [5] S.; Bd. 4 (Suite du veritable esprit [...]): [2], 540, [15] S. – Erstausgabe: Bruxelles, 1705, 3 Bde. (in-12). – Zu P. Jacques Philippe Lallemant SJ (1660–1748), «écrivain religieux», «champion de l'antijansénisme», siehe BUAM XXIII 233–234, DBF XIX 421–422, IBF 1893.

[33] Erstausgaben: Herbipoli primò excusum, recusum. München, 1668, [8], 323 S. (in-24). Editio altera. Würzburg, 1668, [8], 250 S. (in-16). Zahlreiche Ausgaben bis 1766. – Zu P. János Nádasi SJ (1613–1679), «auteur de beaucoup d'ouvrages ascétiques», siehe BUAM XXX 523–524, DSAM XI 16–18.

[34] Anonyme Erstausgabe unter dem Titel: *L'office de la semaine sainte, françois et latin: Contenant le texte & les rubriques du messel & du bréviaire romains*. Avec plusieurs saintes prières de l'Eglise, et une table à la fin, des mots & cérémonies difficiles à entendre. Par le sieur A. D. P. D. E. T. Lyon, 1657, [16], 820 S. (in-12). – Zum *abbé* Michel de Marolles (1600–1681), «traducteur», siehe BUAM XXVII 232–235, IBF 2248; zu P. Daniel de Cigongné OFM (erw. 1662) fehlen biografische Artikel.

[35] Seconde édition, revue et augmentée. Porrentruy: chez Jacques Frere, 1696, 144 S. (in-12).

38	Instruction du penittant	P. Paolo SEGNERI SJ, *L'instruction du penitent, ou: La methode pratique pour se bien confesser*. Composée en italien par le R. P. Paul Segneri, de la Compagnie de Jesus. Avec un petit traité pour s'approcher dignement de la sainte communion. Traduits en françois, par Dom Loüis de la Grange, religieux & theologal de l'Abbaye Royale de saint Vaast d'Arras. Troisième édition. Lyon, 1730, [22], 450, [5] S. (in-12).[36]
39	L'imitation de [J]esus	[THOMAS von Kempen], *L'imitation de Jesus-Christ*. Traduction nouvelle. Avec des réflexions, des pratiques, & des prieres à la fin de chaque chapitre, et une récapitulation ou analyse à la fin de chaque livre, pour en rendre la lecture plus utile. Paris, 1743, XXIV, 600 S. (in-12).[37]

Quelle: AAEBS, Porrentruy, inventaires et partage, N° 32: «Inventaire des bien[s] deslaissés par Marie Marguerithe Choullat de Porrentruy», vom 20. November 1769, S. [43–45]: «Les livres».[38]

[36] Italienische Originalausgabe: *Il penitente istruito a' ben confessarsi. Operetta spirituale, da cui ciascuno può apprender il modo certo di ritornar in gratia del suo Signore, & di mantenervisi*. Lucca, [zw. 1650 und 1669?], 158 S. (in-12. – Zu P. Paolo Segneri SJ (1624–1694), «scrittore, oratore», siehe BUAM XLI 449–451, DSAM XIV 519–522, LTK IX 427–428, DBIT XCI 751–754, IBI 3200; zu Louis de La Grange (erw. ~1695), «traducteur», fehlen biografische Artikel.

[37] Lateinische Originalausgabe: *Tractatus de ymitatione Christi*. Cum tractatulo de meditatione cordis. [Nürnberg], 1492, [6], 182 Bl. (in-8). – Zum Mystiker Thomas Hemerken (Malleolus) von Kempen / Thomas a Kempis (1379/80–1471) siehe BUAM XXII 286–291, DSAM XV 817–826, LTK X 144–145, Aa IV 37–38, DBE² X 11, Jaumann 651–652.

[38] «Du 20 9bre 1769 / au domicile de feû Madame Marie Margeurithe [sic] Choullat décedé[e] dans le courant de la semaine derniere, les maire et greffier se seroient transporté[s] au dit domicile pour y faire la publication de la declaration de derniere volonté de feû la ditte Dame ensuitte de quoy ont procedé à la revuë de l'inventaire d[r]essé après la mort de feu Mr. Pierre François Choullat en presence de toutes les parties interessés [...].» *(Quelle*, S. 1).

Tabelle 3.21: *Bibliothek der Pruntruter Bürgerin Marie Claire L'Hoste geb. Plumey (~1716–1771)*[1] *anhand ihres Nachlassinventars vom 22. Januar 1773*

Nr.	Titel im Inventar	Beschreibung der Werke
	Orientierungslektüre	
1	compte fait de Bareme	François BARRÊME, *Les comptes-faits, ou: Le tarif general de touttes les monnoyes.* Paris, 1755, [456], 108, [3] S. (in-12).[2]
2	instruction sur les conventions	François Joseph Mamaert de JUSSIEU DE MONTLUEL, *Instruction facile sur les conventions, ou: Notions simples sur les divers engagemens qu'on peut prendre dans la société & sur leurs suites.* Ouvrage utile aux gens d'affaires, bourgeois, négociants, & à tous chefs de famille, et aux jeunes gens qui se destinent au Palais. Seconde édition, revue, corrigée & augmentée. Lyon, 1760, [2], 417, [21] S. (in-12).[3]
	Bildungslektüre	
3	histoire de la guerre des juifs	Flavius JOSEPHUS, *Histoire de la guerre des Juifs contre les Romains.* Ecrite par Flavius Joseph. Et sa vie par lui-même. [...]. Traduit sur l'original grec revû sur divers manuscrits, par Monsieur Arnauld d'Andilly. Nouvelle édition, enrichie d'un grand nombre de figures en taille-douce, inventées par R. van Orley. Tome premier[–second]. Bruxelles, 1738, 2 Bde. (in-8).[4]
	Erbauungslektüre	
4	Sermonts du père Cheminet [sic] 1 tome	P. Timoléon CHEMINAIS DE MONTAIGU SJ, *Sermons du pere Cheminais, de la compagnie de Jesus.* Tome premier[–cinquième]. Nouvelle édition. Paris, 1730–1737, 5 Bde. (in-12).[5]
5	La morale chretiene	[Pierre FLORIOT], *Morale chretienne, rapportée aux instructions que Jesus-Christ nous a données dans l'oraison dominicale: Celui-ci est mon Fils bien-aimé, dans lequel j'ai mis*

[1] «Maria Clara Plumey vidua L'Hoste, annos nata circiter quinquaginta quinque subitaniâ morte abrepta est die vigesimâ tertiâ decembris anni Millesimi septingentesimi septuagesimi secundi, cujus corpus postridie sepultum est in cœmeterio s[an]ti Petri.» (ACJU, Registre de décès de la paroisse de Porrentruy, 1754–1792, *sub dato).*

[2] Erstausgabe unter dem Titel: *Les livres des tarifs où, sans plume et sans peine, on trouve les comptes faits* (Paris, 1669). – Zu François Barrême (1638–1703), «arithméticien», siehe BUAM III 417, DBF V 581–582.

[3] Erstausgabe: Paris, 1760, 421 S. (in-12); weitere Ausgaben 1773 und 1779. – Zu François Joseph Mamaert de Jussieu de Montluel (1729–1797), «juriste et homme de lettres», siehe IBF 1803.

[4] Bd. 1 LXXXIV, [8], 358, [17] S.; Bd. 2 (mit dem Untertitel: *Réponse à Appion, martyre des Machabées)*: 555, [38] S. – Lateinischer Titel: *De bello judaico.* – Zum jüdisch-hellenischen Historiker Flavius Josephus / Iosephos Flavios (37/38–100) siehe BUAM XXII 31–35, DNP V 1089–1091; zu Robert Arnauld d'Andilly (1588/89–1674), «homme de loi, hagiographe, écrivain», siehe BUAM II 498–499, DBF III 878–883, IBF 93.

[5] Bd. 1: [13], 456 S.; Bd. 2: [1], 460 S.; Bd. 3: [2], 448, [4] S.; Bd. 4: [12], 370 S.; Bd. 5: 268 [i. e. 368], [5] S. Erstausgabe: Paris, 1690, 2 Bde. (in-12). – Zahlreiche Ausgaben bis 1829. – Zu P. Timoléon Cheminais de Montaigu SJ (1652–1689), «écrivain ecclésiastique», siehe BUAM VIII 323–324, DBF VIII 973.

		toute mon afection; écoutez-le. Math. 17.5. Nouvelle édition. Tome premier[–second]. Bruxelles, 1741, 2 Bde. (in-12).[6]
6	Sermont du careme	P. Jean de La Roche OrJMI, *Sermons (du pere de La Roche, prêtre de l'Oratoire de Jesus) pour le carême.* Tome premier [à troisième]. Paris, 1735, 3 Bde, (in-12).[7]
7	reflexions pour tous les jours du mois	*Reflexions d'une ame penitente pour tous les jours du mois, sur le pseaume,* Misere mei, Deus, &c. *et elevations d'une ame à Dieu, sur le pseaume,* Benedic anima mea, &c. Avec des reglemens spirituels pour les personnes engagées dans le monde, & l'ordinaire de la messe, en latin & en françois. Par un celebre pénitent. Avec figures. Paris, 1722, [10], 48, [1], 164, 232, 82, [2] S. (in-12).[8]

Quelle: AAEBS, Porrentruy, inventaires et partage, N° 33: «Inventaire des biens de feû[e] la veuve L'Hote né[e] Plume, de Porrentruy», vom 22. Januar 1773, S. [5]: «Viennent les livres».[9]

[6] Bd. 1: [12], 296 S.; Bd. 2: XXXVI, 528 S. – Erstausgabe: Paris, 1672, [16], 1020, [2] S. (in-4). – Zahlreiche Ausgaben bis 1741. – Zu Pierre Floriot (1604–1691), «ecclésiastique», siehe BUAM XV 98–99, DBF XIV 113, DSAM V 512–514, IBF 1303.

[7] Bd. 1: 477, [3] S.; Bd. 2: 476, [4] S.; Bd. 3: 489 S. – Erstausgabe: Paris, 1725, 3 Bde. (in-12). – Vier Ausgaben bis 1753. – Zu P. Jean de La Roche OrJMI (1656–1711), «prédicateur», siehe IBF 1940.

[8] Erstausgabe: *Reflexions d'une ame penitente pour tous les jours du mois.* Par le Reverend Père **** Professeur en theologie, de l'Ordre des FF. Prêcheurs. [s. l.], 1705, 95, [1] S. (in-12). – Nouvelle édition. Paris, 1764, [...] S. (in-18).

[9] «Au domicil[e] de la veuve [de] feu Jean André Gigandet Bourgeois en cette ville où est décédé[e] le 23 X^{bre} dernier la veuve du S[ieu]r conseiller de ville [Jean Conrad] L'hoste née Plumé le present inventaire a été dressé en presence des maire et greffier, du S[ieu]r conseiller et trésorier Jolliat assistant au nom de la soeure [sic] de la defunte Marie Catherine Plumé du present à Vienne en Autriche [...].» *(Quelle,* S. 1).

Tabelle 3.22: *Bibliothek der Lausanner Bürgerin Elizabeth Levade geb. Mercier (1736–1774)*[1] *anhand ihres Nachlassinventars vom 4./5. November 1774*

Nr.	Titel im Inventar	Beschreibung der Werke[2]
	Bildungslektüre	
1	Traitté de la vérité de la Religion chrétienne en 2 volumes	Jacques ABBADIE, *Traité de la vérité de la religion chrétienne, où l'on établit la religion chrétienne par ses propres caracteres.* Tome premier[–troisieme]. Lyon, 1763, 3 Bde. (in-8).[3]
2	Sept volumes de Médecine pratique, reliés en veau	John ALLEN, *Abbrégé de toute la médicine pratique: Où l'on trouve les sentimens des plus habiles médecins sur les maladies, de leurs causes, & sur leurs remèdes.* Avec plusieurs observations importantes. Ouvrage publié ci-devant, tant en latin, qu'en anglois, par M. J. Allen, médecin anglois. Quatrieme édition, revûë, corrigée, mise dans un meilleur ordre, & augmentée de quantité de piéces & d'articles intéressans pour la pratique médicinale, & chirurgicale. Par M. Boudon, docteur en médecine. Tome premier[–VII]. Paris, 1752, 7 Bde. (in-12).[4]
3	L'abrêgé de l'Histoire Poëtique	[Jean FOUGEREUX DE GRANDBOIS], *Abregé de l'histoire poëtique, ou: Introduction à la mythologie, par demandes & par réponses, pour faciliter l'intelligence de la religion des anciens Grecs & Romains.* Nouvelle édition revuë, corrigée & augmentée. Genève: chez Pierre Pellet, imprimeur, 1758, 191 S. (in-12).[5]

[1] «Du 25e dit [octobre 1774] / Dame Elizabeth Mercier, veuve de Mr. Barthelémy Levade, de Lausanne, agée d'environ quarante ans, ensevelie au cimetière de la Madeleine» (ACVD, Eb 71/46: Registre de décès de la paroisse réformée de Lausanne, 1768–1781, f. 149v, Nr. 146). – «19 Aoust 1736 / Elizabeth, fille de Marc Benedict Mercier et de Françoise Meliquet, sa femme. Parr[ain]: Pierre Meliquet; marr[aine]: Elizabeth Gerbez» (ACVD, Eb 71/6: Registre de baptêmes de la paroisse réformée de Lausanne, 1724–1757, f. 151, Nr. 138). – «Du 20[e] dit [avril 1772] / Mr. Barthelemy Abram Louis, fils de Mr. Cyprien Louis Levade, Bourgeois de cette ville, & de Mad[am]e Judith Genevois, son Epouse, baptizé le 6[e] Juin 1739, décedé en ditte ville le 17[e] avril 1772, et ensevely le 20[e] dudit mois d'avril au cimetière de St. François.» (ACVD, Eb 71/46: Registre de décès de la paroisse réformée de Lausanne, 1768–1781, f. 109, Nr. 52).

[2] Zweifelhafte oder «behelfsmässige» Identifizierungen von Werken sind mit einem Sternchen (*) versehen.

[3] Bd. 1: 509, [6] S.; Bd. 2: 444, [4] S.; Bd. 3: 447, [7] S. – Erstausgabe: Rotterdam, 1684, 2 Bde. (in-8). – Zahlreiche Ausgaben bis 1771. – Zu Jacques Abbadie (1654–1727), «ministre et écrivain protestant», siehe BUAM I 31–33, DBF I 45–46.

[4] Bd. 1: XXIV, 515 S.; Bd. 2: IV, 498 S.; Bd. 3: IV, 544 S.; Bd. 4: VIII, 548 S.; Bd. 5: VIII, 183 [i. e. 583] S.; Bd. 6 (Suite de l'abbrégé): IV, 444 S.; Bd. 7 (Suite de l'abbrégé): VI, [2], 419, [1] S. – Lateinische Originalausgabe: *Synopsis universæ medicinæ practicæ, sive: Doctissimorum virorum de morbis eorumque causis ac remediis judicia.* Praxi & observationibus confirmata & nonnihil aucta. London, 1719, [8], 422, [10] S. (in-8). – Zu John Allen (~1660–1741), «physician», siehe ODNB I 801; zu Thomas Sydenham (1624–1689), «physician», siehe BUAM XLIV 295–298, ODNB LIII 535–542; zu B. Boudon (erw. 1752), «médecin», fehlen biografische Artikel.

[5] Erstausgabe: Genève: chez Pierre Pellet, 1750, 143 S. (in-12). – Weitere Ausgaben: Lausanne: chez Marc Michel Martin, 1774, 191 S. (in-8); [Les Verrières]: de l'impr. De Jérémie Vuitel, 1786, 128 S. (in-8); Neuchâtel: [s. n.]. 1790, 144 S. (in-8); Lausanne, 1795, 1815. – Zu Jean Fougereux de Grandbois (erw. 1750), «régent au Collège de Genève de 1732 à 1763», fehlen biografische Artikel.

4	Méthode pour apprendre l'histoire Romaine[6]	[N. N. de FOURCROY], *Methode pour apprendre facilement l'histoire romaine*. Avec une chronologie du regne des empereurs, & un abregé des coûtumes des Romains. Cinquième édition, corrigée & augmentée. Bruxelles, 1739, [8], 344 S., 1 Taf. (in-8).[7]
5	Deux volumes de Géographie	* Johann HÜBNER d. J., *La géographie universelle, où l'on donne une idée abrégée des quatre parties du monde et des différens lieux qu'elles renferment*. Nouvelle édition, revue & augmentée de quantité d'articles nouveaux & des divers changemens arrivés jusqu'en 1761. Tome I[–VI]. Basel: chés Jean Rodolphe Im-Hof, 1761, 6 Bde. (in-8).[8]
6	Principes de la Grammaire française	Pierre RESTAUT, *Principes généraux et raisonnés de la grammaire françoise*. Avec des observations sur l'orthographe, les accents, la ponctuation, & la prononciation; et un abregé des regles de la versification françoise. Dixieme édition. Paris, 1767, XXIV, 501, [3] S. (in-12).[9]
	Erbauungslektüre	
7	Le nouveau testament	*Le Nouveau Testament de nôtre Seigneur Jesus Christ*. Traduit en françois par Mrs de Beausobre et Lenfant. – *Das Neue Testament Unsers Herrn und Heilandes Jesu Christi*. Verdeutscht von D. Martin Luthern. Basel: gedruckt und verlegt bey Joh. Heinrich Decker, Lobl. Universität Buchdrucker, 1746, [5], 806 [i. e. 809], [1] S. (in-8).[10]

Quelle: AVL, Chavannes D 537: Inventaires de biens faits sur ordre du Conseil, 1763–1777, f. 305 bis 310: «Inventaire des biens, meubles et effets de deffunte Dame Elizabeth Mercier [1736–1774] veuve de Mr. Barthelémy Lavade [i. e. Levade]. Du 4[me] [au 5[me]] 9[bre] 1774», f. 309.

[6] Randbemerkung: «Réclamé par Mr. le secret[ai]re Bergier».

[7] Erstausgabe: Bruxelles, 1694, 309 S. (in-12). – Zum *abbé* de Fourcroy (erw. 1694), «historien» fehlen biografische Artikel.

[8] Bd. 1: [10] Bl., 466, [30] S.; Bd. 2: 528, [30] S.; Bd. 3: 526, [31] S.; Bd. 4: 624, [30] S.; Bd. 5: 550, [38] S.; Bd. 6: 478, [31] S. –. Übersetzung der deutschen Ausgabe von 1745: *Vollständige Geographie*. Fünfte neue und vermehrte Auflage. Hamburg, 1745, 3 Bde. (in-8). – Französische Erstausgabe: Basel: chez Jean Rodolphe Im-Hoff, 1746, 6 Bde. (in-8); weitere französische Ausgaben: *La géographie universelle, où l'on donne une idée exacte des quatre parties du monde, et des différens lieux qu'elles renferment*. Nouvelle édition, revûë & augmentée [...] jusqu'à la fin de l'année 1756. [Traduction par J.-J. Duvernoy]. Basel: chés Jean Rodolphe Im-Hof, 1757, 4 Bde. (in-8). – Zum Juristen Johann Hübner d. J. (1703–1758) siehe BUAM XXI 8, ADB XIII 268, DBI 1557.

[9] Erstausgabe: 1730. – Nouvelle édition corrigée & augmentée. Paris, 1732, [4], XX, 552, [2] S. (in-12). – Zu Pierre Restaut (1696–1764), «grammairien», siehe BUAM XXXVII 390–391; Chaurand (1999) 259, 335, 405, 464, 771.

[10] Zu Isaac de Beausobre (1659–1738), «pasteur et théologien», siehe BUAM III 653–655, EP 104; zu Jacques Lenfant (166–1728), «théologien», siehe BUAM XXIV 82–83, DBF XXI 280–281; zum Reformator Martin Luther (1483–1546) siehe Leu XII 397–399, BUAM XXV 448–461, LR 430–431, EP 921–922, Jaumann 421–423, NDB XV 549–561, DBE[2] VI 634–635.

Tabelle 3.23: *Bibliothek der Pruntruter Bürgerin Marie Barbe Rossé (1706–1777)*[1] *anhand ihres Nachlassinventars vom 8. Januar 1778*

Nr.	Titel im Inventar	Beschreibung der Werke
	Bildungslektüre	
1	Basilea sacra	[P. Claude SUDAN SJ], *Basilea sacra, sive: Episcopatus et episcoporum Basileensium origo ac series.* Reverendissimo, et illustrissimo principi Ioanni Conrado [...] dicata, consecrata. Cum facultate Superiorum. Porrentruy: ex typographia episcopali, apud Ioan-nem Henricum Straubhaar, 1658, [22], 427, [13] S. (in-8).[2]
	Erbauungslektüre	
2	Biblia sacra in folio minori	*Biblia sacra vulgatæ editionis: Sixti V. et Clementis VIII. Pontif. Max. auctoritate recognita uberrimus prolegomenis dogmaticis, et chronologicis illustrata.* In hac novissima editione adcedunt singulis capitibus notationes temporum et quibusdam difficilioribus locis breves animadversiones chronologicæ, ac dogmaticæ. Cum locupletissimis indicibus quinque, et pluribus tabulis æneis selectissimis. Tomus primus[–secundus]. Venezia, 1768, 2 Bde. (in-2).[3]
3	le nouveau testament [in] octavo	*Le Nouveau Testament de Notre Seigneur Jesus-Christ.* Traduit en françois, avec des notes littérales pour en faciliter l'intelligence par M. [François Philippe] Mesenguy. Paris, 1775, XXVIII, 579 S. (in-8).[4]
4	confrerie du S^{t}. sacrement	*Confrérie du S. Sacrement érigée en l'église de S. Pierre de la ville de Porrentruy.* Porrentruy: chez les héritières de P.-F. Cuchot, [1761?], 144 S. (in-12).

[1] «Maria Barbara filia legitima Joannis Germani Rosel civis et uxoris eius Elisabethæ Schellehorn baptizata fuit vigesima Martii anni millesimi septingentesimi sexti quam è sacris fontibus levârunt D[omi]nus Stephanus Thomas urbus locum tenens et mercator et Maria Barbara Delavelle uxor Nicolai Pallain civis.» (ACJU, Registre de baptêmes de la paroisse de Porrentruy, 1699–1741, *sub dato).* – «Demoiselle Marie Barbe Rossé Bourgeoise en cette ville [de Porrentruy] décédé[e] le premier du courant [mois de janvier] ». – «Maria Barbara Rosset annos nata circiter septuaginta in communione s[anc]tæ matris ecclesiæ animam deo reddidit die trigesimâ primâ Decembris anni Millesimi septingentesimi septuagesimi septimi, cujus corpus postridie sepultum est in cœmeterio sti. Petri.» (ACJU, Registre de décès de la paroisse de Porrentruy, 1754–1792, *sub dato). –* «Demoiselle Marie Barbe Rossé Bourgeoise en cette ville [de Porrentruy] etante décédé[e] le premier du courant et son testament fait reciproquement avec sa soeure Sophie ayant eté ouvert et publié le 4 de ce mois par le quel il conste que l'une et l'autre testatrice instituë[nt] pour son heritier Ignace Rossé Bourgeois et Maistre cordonnier en cette ville, les maire et gréffier considerans que la ditte Sophie Rossé est actuellement en enfance et par là hors d'etat de se gouverner ni ses biens [...] ont trouvé necessaire en premier lieu de dresser un inventaire exacte de tous les Biens qui se trouvent dans leur maison appartenans tant à la defunte qu'à celle qui existe encor pour le cas échant pouvoir se servir du dit inventaire [...].» *(Quelle,* S. 1).

[2] Zu P. Claude Sudan SJ (~1578–1655), «historien», siehe HBLS VI 597.

[3] Bd. 1: LXVIII, 403 S.; Bd. 2: 356 S. – Erstausgabe: Roma, 1592.

[4] Andere Ausgabe: Paris, 1764, IV, XXIV, 642, [2] S. (in-12). – Zum *abbé* François Philippe Mesenguy oder Mesengui (1677–1763), «théologien», siehe BUAM XXVIII 405–406, DSAM X 1067–1069.

5a	2. l'ange conducteur	[Jacques CORET], *L'ange conducteur: Contenant les prières du matin & du soir, prières pendant la sainte messe, pratique pour la confession & communion; & les sept pseaumes de la pénitence.* Avec les offices & litanies de tous les jours de la sémaine [sic] sans renvois; les offices de S. Joseph & de sainte Anne; les vêpres du dimanche, & complies pour toute l'année, & plusieurs belles oraisons. Paris, [1755], [14], 389, [3] S. (in-12).[5]
5b		[P. Jacques CORET SJ], *L'ange conducteur dans la dévotion chrétienne, réduite en pratique en faveur des âmes dévotes [...].* Lille, 1774, 444 S. (in-8).
6	la devotion au sacré cœur de jesus.	[P. Jean CROISET SJ], *La dévotion au Sacré-Cœur de Notre-Seigneur Jésus-Christ, avec la Bulle de N. S. P. le pape Clément XI en faveur de cette même dévotion.* Où on a ajouté une Pratique de dévotion pour honorer le Sacré-Cœur de la très-sainte Vierge Marie, et l'Abrégé de la vie de sœur Marguerite-Marie Alacoque, [...] avec les offices de la Divine Providence et de la Divine Miséricorde, tirez de l'Ecriture Sainte. Nouvelle édition. Paris, 1725, VIII, 519, 48 S. (in-12).[6]
7	les œuvres du R[évérend] P[ère] Louis de Grenade in folio	LUIS DE GRANADA, *Les œuvres spirituelles (du R. P. Louis de Grenade de l'ordre de S. Dominique): Divisées en quatre parties.* [...]. Traduites de nouveau en françois par Mr. Girard, conseiller du Roy en ses conseils. Paris, 1690, [18], 1049, [35] S. (in-2).[7]
8	l'imitation de Jesus [in] octavo	[THOMAS von Kempen], *De l'imitation de Jesus-Christ.* Traduite par le R. P. A[ntoine] G[irard] de la compagnie de Jesus. Nouvelle édition, revuë & corrigée. Paris, 1750, [10], 359 S. (in-12).[8]

Quelle: AAEBS, Porrentruy, inventaires et partage, N° 34: «Inventaire des bien[s] de Marie Barbe Rossé de Porrentruy», vom 8. Januar 1778, S. [11]: «Les Livres».[9]

[5] Erstausgabe unter dem Titel: *L'Ange conducteur dans la dévotion chrétienne, réduite en pratique en faveur des ames dévotes.* Avec l'instruction des riches avantages dont jouissent les personnes associées dans la Confrairie de l'Ange Gardien. Liège, [1746], 432 S. (in-12). – Zu P. Jacques Coret SJ (1631–1721), «auteur d'ouvrages de piété et de biographies édifiantes», siehe BUAM IX 583, DBF IX 650, DSAM II/2 2326–2327.

[6] Neun weitere Auflagen dieser Ausgabe in den Jahren 1734, 1741 (3), 1753, 1757, 1771, 1823, 1827. – Älteste bekannte Ausgabe: *La dévotion au Sacré Cœur de N. S. Jésus Christ.* Nouvelle édition. Lyon, 1691, 512, 110 S. – Das Werk erfuhr mindestens achtzehn Ausgaben bis 1895. – Zu P. Jean Croiset SJ (1656–1738), «théologien», siehe BUAM X 286–287, DBF IX 1262–1263, DSAM II/2 2557 bis 2560, LTK III 98.

[7] Spanischer Titel: *Obras.* – Erste französische Ausgabe: Paris, 1623, [...], 2304 Sp., [20] S. (in-2). – Spätere Ausgabe: Wien, 1772, 2 Bde. (in-8). – Zu *Fray* Luis de Granada OP (1504–1588), «escritor, teólogo, tratadista, predicador, humanista», siehe BUAM XVIII 442–445, DSAM IX 1043–1054, DBES XXXI 311–315; zu Guillaume Girard († 1663), «écrivain et traducteur», siehe BUAM XVII 445, DBF XVI 150–151.

[8] «Cette traduction, qui a eu près de 50 éditions, parut pour la première fois en 1641». (Quérard IV 286–287). Andere Ausgabe, z. B.: *L'imitation de Jesus-Christ.* Traduite par M***. Paris, 1764, [4], XXIV, 422, [10] S. (in-12). – Lateinische Originalausgabe: *Tractatus de ymitatione Christi.* Cum tractatulo de meditatione cordis. [Nürnberg], 1492, [6], 182 Bl. (in-8). – Zum Mystiker Thomas Hemerken (Malleolus) von Kempen / Thomas a Kempis (1379/80–1471) siehe BUAM XXII 286–291, DSAM XV 817–826, LTK X 144–145, Aa IV 37–38, DBE^2 X 11, Jaumann 651–652; zu P. Antoine Girard SJ (1603/04–1679/80), «écrivain religieux, traducteur», siehe BUAM XVII 446–447, DBF XVI 141–142, IBF 1475.

[9] Siehe auch Marie Barbe Rossé's Testament in AAEBS, Porrentruy, Testaments 8: 13 mai 1777.

Tabelle 3.24: *Bibliothek der Marie Louise Guiguer geb. Bazin (~1717–1778),*[1] *Witwe von Jean-Georges Guiguer (1707–1770),*[2] *Baron von Prangins, anhand ihres Nachlassinventars vom 3. bis 8. Juni 1778*

Nr.	Titel im Inventar	Beschreibung der Werke[3]
	Orientierungslektüre	
1a	Quelques almanacs de differens endroits [in-8]	* *Almanac pour l'année [...]. Désignant les observations astrologiques sur chaque mois, & le changement de l'air.* Comme aussi les principales foires de la Suisse, &c. Exactement calculé au méridien de la Ville & République de Beren, & des pays circonvoisins. Contenant enfin l'état de la République de Berne. Bern: chez Rud. Albert Haller, [dann] chez Emanuel Hortin, [1770–1797], 28 Bde. (in-12).
1b		* *Almanach de Gotha contenant diverses connoissances curieuses et utiles pour l'année MDCCLXXV.* Gotha, 1775, [24] Bl., 66 S., [8] Bl., 135 S., [13] Taf., [1] Faltbl. (in-16).[4]
1c		* *Almanach nouveau: les plaisirs de la société, ou: Recueil de chansons de table, vaudeville badin & divertissant.* Dédié à tout le monde pour la présente année. Paris, 1775, 72 S. (in-8).
1d		* *Almanach des muses, contenant un choix des meilleures pièces de poésies fugitives.* 1ère–69e année. Paris, 1765–1833, 69 Bde. (in-12).
2	Courier de l'Europe, 1777 [in-8]	*Courier de l'Europe: Gazette anglo-françoise.* Continuée sur un nouveau plan le premier novembre M.DCC.LXXVI. Volume premier[–trentieme]. London, 1776–1791, 30 Bde. (in-4).
3	Boÿer Dict[ionnai]r[e] Anglois [in-4]	Abel Boyer, *Dictionnaire royal anglois-françois et françois-anglois.* Tiré des meilleurs auteurs qui ont écrit dans ces deux langues. Nouvelle édition revue, corrigée, & augmentée considérablement; avec une dissertation sur la prosodie françoise, par Mr. De la S. R. – *The Royal Dictionary, English and French, and French and English.* Extracted from the writings

[1] «1778 / Dame Guiguer née Bazin, Baronne de Prangins, morte le 30e May, agée de 61 ans» (ACVD, Eb 91/1: Registre de décès de la paroisse réformée de Nyon, 1727–1805, S. 103). – In Guiguer (1771–1786, I 34, Anm. 13) steht 1722 als Geburtsjahr. – «Du second mariage de Jean-Georges Guiguer avec Marie Louise Bazin [vers 1755] est né Charles Guiguer (1757-1825), officier aux Gardes suisses. Louis-François Guiguer (1714–1786), fils du premier mariage de Jean-Georges, succède à son père comme baron de Prangins.» (Schoulepnikoff 1991, 14). – Siehe das Louis Tocqué (1696–1772) zugeschriebene Porträt von Marie Louise Guiguer-Bazin in Abb. 17 und in Guiguer (1771–1786) I zw. 192/193, Abb. [7]. – Zur Zuschreibung siehe Viani (2007) 6–7. – Der Rücken des Buches, das Marie Louise Guiguer-Bazin geöffnet in der linken Hand hält, trägt auf dem Rücken den Namen «Bouffler[s]». Es handelt sich vielleicht um: Stansilas Jean de Boufflers, *Œuvres de M. le chevalier de Boufflers.* Den Haag, 1772, 144 S. (in-12). – Zu Stansilas Jean de Boufflers, *marquis* de Remiencourt (1738–1815), «militaire philosophe et mondain», siehe DBF VI 1283–1286, Viguerie 778–779.

[2] «Jean-Georges Guiguer (1707–1770), est le fils de Georges-Tobie Guiguer (1672–1752), banquier à Londres et frère de Louis Guiguer (1675–1747), et de Suzanne Leti.» (Schoulepnikoff 1991, 14); siehe auch Guiguer (1771–1786) III 19. – Siehe sein Louis Tocqué (1696–1772) zugeschriebene Porträt in Guiguer (1771–1786) I zw. 192/193, Abb. [6].

[3] Zweifelhafte oder «behelfsmässige» Identifizierungen von Werken sind mit einem Sternchen (*) versehen.

[4] Erschienen ab 1763.

		of the best authors in both languages. The newe edition revised, corrected, and the most richly amplified. Lyon, 1756, 2 Bde. (in-4).[5]
4	Halma, Dict[ionnai]r[e] Holl. et François (2 vol.) [in-4]	François HALMA, *Le grand dictionnaire françois & flamand.* Composé sur le modèle des dictionnaires de l'Académie françoise, de Furetière, de Richelet, de Pomey, de Tachard, & de Danet. Revue, corrigée & augmentée de près de öa moitié. Quatrième édition. – *Het groot frans en nederduitsch woordenboek.* Opgesteld naar het voorbeeld der woordenboeken van het koninglyk genootschaap, Furetière [...]. Overzien, verbeterd en omtrent de helft vermeerderd. Vierde druk. Amsterdam, Utrecht, 1729–1733, 2 Bde. (in-4).[6]
5	Dictionnaire de Richelet (3 vol.) [in-2]	Pierre RICHELET, *Dictionnaire de la langue françoise, ancienne et moderne.* Augmentée de plusieurs remarques importantes sur la langue françoise, additions d'histoire, de grammaire, de critique, de jurisprudence, et d'une liste alphabétique des auteurs et des livres citez dans ce dictionnaire. Nouvelle édition corrigée & augmentée d'un grand nombre d'articles. Tome premier[–troisième]. Basel: chez Jean Brandmuller, 1735, 3 Bde. (in-2).[7]

Bildungslektüre

(1) Geschichte

6	Comm[entaires] de Cæsar [in-8]	Gaius Iulius CÆSAR, *Les commentaires de César.* Nouvelle édition revue, corrigée et augmentée de notes historiques et géographiques, et d'une carte nouvelle de la Gaule & du plan d'Alise, par Mr. Danville. Tome premier[–second]. Amsterdam, Leipzig, 1763, 2 Bde. (in-8).[8]
7	Quintecurse [in-8]	[Quintus CURTIUS RUFUS], *(Quinte-Curce,) De la vie et des actions d'Alexandre le Grand.* De la traduction de Mr. de Vaugelas. Sixième édition, sur une nouvelle copie de l'auteur, qui a été trouvée depuis la première & seconde impression. Avec les supplémens de Jean Freinshemius sur Quinte-Curse, traduits par feu Monsieur Du Ryer. Lyon, 1761, [36], 540 S. (in-8).[9]

[5] Bd. 1: [2], XX, 564, [3] S.; Bd. 2: VIII, 658, [4] S. – Erstausgabe: Den Haag, 1702, 2 Bde. (in-4). – Zu Abel Boyer (1667?–1729), «lexicographer and journalist», siehe BUAM V 423, ODNB VII 61–64.

[6] Bd. 1 (1733): [4], 1088 S.; Bd. 2 (1729: Tweede druk): [12], 1005 S. – Erstausgabe: Amsterdam, Utrecht, 1686, [4] Bl., 727 S. (in-4). – Cinquième édition, revue avec soin, corrigée, & déerechef considerablement augmentée. Leiden, Utrecht, 1758–1761, 2 Bde. (in-4). – Zu François Halma (1653–1722), «boekhandelaar, letterkundige, geschiedkundige», siehe Aa III 35–36, BIB 835.

[7] Bd. 1: [34], 788 S.; Bd. 2: 554 S.; Bd. 3: 747 S. – Erstausgabe unter dem Titel: *Dictionnaire françois: Contenant les mots et les choses, plusieurs nouvelles remarques sur la langue françoise [...].* Genève: chez Jean Herman Widerhold, 1680, [15], 88, [1], 480; 560 S. (in-4). – Zu (César) Pierre Richelet (1631–1698), «grammairien», siehe BUAM XXXV 612, IBF 2815.

[8] Bd. 1: XX, 407 S.; Bd. 2: 432 S. – Zu Gaius Iulius Caesar (100–44 v. Chr.) siehe DNP II 908–923.

[9] Lateinischer Originaltitel: *De rebus gestis Alexandri Magni libri decem.* Siehe z. B die lateinische Ausgabe: Paris, 1757, XV, 557 S. (in-8). – Zum römischen Rhetor Quintus Curtius Rufus (wahrsch. Mitte 1. Jh. n. Chr.), Verfasser einer *Geschichte Alexanders des Grossen* in 10 Bänden, von denen die letzten 8 vollständig erhalten sind, siehe DNP III 248–249. – Zu Claude Favre, *baron* de Pérouges, *seigneur* de Vaugelas (1585–1650), «académicien et grammairien», siehe BUAM XLVIII 20–23, DGS 1569–1570; zum Philologen und Bibliothekar

8	Precis de l'Hist[oi]r[e] d'Angleterre par Litthelon [i. e. Lyttelton] (2 vol.) [in-8]	[Oliver GOLDSMITH], *Précis philosophique et politique de l'histoire d'Angleterre, depuis l'invasion des Romains jusqu'en 1763.* Dans une suite de lettres, écrites par un lord à son fils. Ouvrage traduit de l'Anglois [par Jean Baptiste Laboreau]. Tome premier[–second]. London, 1776, 2 Bde. (in-12).[10]
9	Cornelius Nepos [in-8]	Cornelius NEPOS, *De vita excellentium imperatorum.* Ex recognitione Steph. And. Philippe. Paris, 1754, 24, 342, [2] S. (klein in-8).[11]
10	Suetone [in-8]	Caius SUETONIUS Tranquillus, *Histoire des douze Césars de Suétone.* Traduite par Henri Ophellot de La Pause [i. e. Jean-Baptiste-Claude Isoard, *dit* Delisle de Sales]. Avec des mêlanges philosophiques & des notes. Tome premier[–quatrième]. Paris, 1771, 4 Bde. (in-8).[12]

(2) Geografie

11	Atlas [in-2]	Nicolas de FER, *L'altas curieux, ou: Le monde, représenté dans des cartes générales et particulières du ciel et de la terre.* Paris, 1705, 296 Taf. (in-2).[13]
12	Discription du Cap de Bonne Esperance (3 vol.) [in-8]	Peter KOLB, *Description du cap de Bonne-Espérance: Où l'on trouve tout ce qui concerne l'histoire-naturelle du pays; la religion, les mœurs & les usages des Hottentots; et l'établissement des Hollandois.* Tirée des mémoires de Mr. Pierre Kolbe, maitre ès arts, dressés pendant un séjours de dix années dans cette colonie, où il avoit été envoyé pour faire des observations astronomiques & physiques. Tome premier[–troisième]. Amsterdam, 1741, 3 Bde. (in-8).[14]

Johannes (Caspar) Freinsheim (1608–1660) siehe BUAM XVI 15–17, ADB VII 348–349, DBE[2] III 484; zu Pierre Du Ryer (1605–1656/58), «auteur dramatique, traducteur», siehe BUAM XII 387– 389, DBF XII 837–838, IBF 1184.

[10] Bd. 1: X, [2], 503 S.; Bd. 2: [1], 487 S. – Englische Originalausgabe: *An History of England.* In a series of letters from a nobleman to his son. London, 1764, 2 Bde. (in-12). – Zu Oliver Goldsmith (1728?–1774), «author», siehe BUAM XVIII 18–26, ODNB XXII 690–698. – George Lyttelton ist der Verfasser von: *The History of the Life of King Henry the Second, and of the Age in Which he Lives [...].* To which is prefixed a history of the revolutions of England from the death of Edward the Confessor to the birth of Henry the Second. London, 1761–1771, 4 Bde. (in-4). – Zu *Lord* George Lyttelton (1709–1773), «politician and writer», siehe BUAM XXV 552–556, ODNB XXXIV 959–963.

[11] Zum römischen Historiker Cornelius Nepos (~100–25 v. Chr.) siehe DNP VIII 839–840; zu Etienne-André Philippe de Prétot (~1708–1787), «écrivain pédagogique», siehe IBF 2628.

[12] Bd. 1: CXXI, 390 S.; Bd. 2: [4], 522 S.; Bd. 3: 528 S.; Bd. 4: [3], 383, 86, [4] S. – Lateinischer Titel: *De vita duodecim Cæsarum, libri XII.* – Zum römischen Schriftsteller Caius Suetonius Tranquillus / Sueton (~70 –~130) siehe DNP XI 1084–1088; zu Jean-Baptiste-Claude Isoard oder Izouard, *dit* Delisle de Sales, *alias* Henri Ophellot de La Pause (1739/43–1816), «philosophe, historien », siehe BUAM XXIV 561–564, DBF X 846–847, IBF 976.

[13] Zu Nicolas de Fer (1646–1720), «géographe», siehe BUAM XIV 308–309, DBF XIII 1001–1002.

[14] Bd. 1: [12], 370, [1] S., [9] Taf.; Bd. 2: [14], 228 S., [14] Taf.; Bd. 3: [16], 280 S., [14] Taf. – Deutsche Originalausgabe: *Caput Bonae Spei hodiernum, das ist: Vollständige Beschreibung des africanischen Vorgebürges der Guten Hofnung, worinnen in dreyen Theilen abgehandlet wird wie es heut zu Tage nach seiner Situation und Eigenschaft aussiehet; ingleichen was ein Natur-Forscher in den dreyen Reichen der Natur daselbst findet; wie nicht weniger was die eigenen Einwohner die Hottentotten vor seltsame Sitten und Gebräuche haben; und endlich alles, was die Europaeischen daselbst gestifteten Colonien anbetrift.* Nürnberg, 1719, 846 S. – Zum Pädagogen und Ethnologen Peter Kolb (1675–1726) siehe BUAM XXII 532–534, ADB XVI 460–461, DBE[2] V 833.

13	Geographie d'Ostervald [in-8]	[Frédéric Samuel OSTERVALD], *Cours de géographie élémentaire*. Par M. F[rédéric] O[stervald] B[anneret] à N[euchâtel]. Nouvelle édition corrigée. Yverdon: [s. n.], 1767, 128 S. (in-12).[15]
	(3) Philosophie, Erziehung	
14	Education phisique [in-8]	Jacques BALLEXSERD, *Dissertation sur l'éducation physique des enfans, depuis leur naissance jusqu'à l'âge de puberté*. Ouvrage qui a remporté le Prix le 21 mai 1762, à la Société Hollandoise des Sciences. Par M. Ballexserd, Citoyen de Genève. Yverdon: [Fortuné-Barthélemy de Félice], 1763, [14], 238 S. (in-8).[16]
15	Ciceron de Amiticia [in-8]	Marcus Tullius CICERO, *Lælius, sive: De amicitia dialogus*. Ad T. P[omponium] Atticum. Ex recensione J. G. Grævii. Paris, 1749, 110 S. (in-).[17]
16	Ciceron Oraisons [in-8]	Marcus Tullius CICERO, *Les oraisons (de Ciceron)*. Traduites en françois, sur la nouvelle édition d'Hollande 1724. Avec des remarques. Par M. [François Joseph Bourgoing] de Villefore. Tome premier[–huitième]. Paris, 1732, S. (in-8).[18]
17	Discrip[tion] philosophique [in-8]	[François HEMSTERHUIS], *Description philosophique du caractère de feu Mr. F[rans] Fagel*. [s. l.], 1773, 28 S. (in-8).[19]
18	Education de Lock[e] [in-8]	John LOCKE, *De l'éducation des enfans*. Traduit de l'Anglois de M. Locke par M. Coste. 7e édition. Amsterdam, 1776, XX, 477 S. (in-8).[20]
	(4) Sprache	
19	Grandmere de Gottsched [in-8]	Johann Christoph GOTTSCHED, *Le maître allemand, ou nouvelle grammaire allemande méthodique et raisonnée:*

[15] Frühere Ausgabe unter dem Titel: *Géographie historique avec un cours de géographie élémentaire*. Seconde édition corrigée. Tome I[–II]. Bern: chez Abrah[am] Wagner fils, 1761, 2 Bde. (in-12). – 4e édition, soigneusement revue, corrigée & augmentée par l'auteur. Neuchâtel: de l'imprim[erie] de la Société Typographique, 1774, 108 S. (in-12). – Zu Frédéric Samuel Ostervald (1713–1795), «magistrat, éditeur, géographe», siehe HLS IX 491.

[16] Erstausgabe: Paris, 1762, 238 S. (in-8). – Zu Jacques Ballexserd (1726–1774), «médecin», siehe HBLS I 547, NBG IV 300.

[17] Zum römischen Redner, Politiker und Schriftsteller Marcus Tullius Cicero (106–43 v. Chr.) siehe DNP II 1191–1202; zum Philologen und Historiker Johann Georg Gräve / Graevius (1632–1703) siehe BUAM XVII 258–261, Aa^{1} VII 353–358, ADB IX 612–613, BIB 781, DBE^{2} IV 89.

[18] Bd. 1: LI, [1], 404 S.; Bd. 2: 447, [1] S.; Bd. 3: 398, [2] S.; Bd. 4: 382, [2] S.; Bd. 5: XLVIII, 359, [1] S.; Bd. 6: 397, [1] S.; Bd. 7: 403, [5] S.; Bd. 8: 450, [56] S. – Zu Joseph-François Bourgoing de Villefore (1652–1737), «historien», siehe BUAM XLI 9–10.

[19] Niederländische Übersetzung: *Wysgeerige afbeelding van het caracter van wylen den heer F. Fagel*. Uit het fransch vertaald. Den Haag, 1773, 12 S. (in-4). – Zu François – oder Franciscus – Hemsterhuis oder Hemsteruys (1720–1790), «filosof, kunstliefhebber, schrijver over kunst», siehe BUAM XX 45–46, Aa III 167–168, BIB 883, NBG XXIII 908–911; zu Frans – oder François – Fagel (1740–1773), «rechtsgeleerde, kunstliefhebber », siehe BUAM XIV 91, Aa^{1} VI 23–245, BIB 650.

[20] Erstausgabe: Amsterdam, 1695, 412 S. (in-8). – Englische Originalausgabe: *Some Thoughts Concerning Education*. London, 1693, 273 S. (in-8). – Zu John Locke (1632–1704), «philosopher », siehe BUAM XXIV 609–616, ODNB XII 27–36; zu Pierre Coste (1668–1747), «traducteur et rédacteur», siehe BUAM X 55–56, DBF IX 805–806, IBF 831.

		composée sur le modèle des meilleurs auteurs de nos jours, et principalement sur celui de Mr. le Prof. Gottsched. Nouvelle édition augmentée et corrigée. Strasbourg, 1760, 552 S. (in-8).[21]
20	Grandmere Hollandoise [in-8]	Philippe LA GRUE, *Grammaire hollandoise, contenant tout ce qui est nécessaire pour apprendre facilement, & en peu de tems, à lire, parler & écrire correctement en cette langue.* Nouvelle édition, corrigée & augmentée considérablement par un habile grammairien, & revue par Guillaume Sewel. Amsterdam, 1762, [2], 423 S. (in-8).[22]
21	Grandmere Angloise [in-8]	Guy MIÈGE et Abel BOYER, *Grammaire angloise-françoise, contenant une méthode claire & facile pour acquérir en peu de temps l'usage de l'anglois.* Troisième édition, corrigée, réformée, & augmentée par M. Mather Flint. Paris, 1761, VIII, 421, [3] S. (in-8).[23]

(5) Varia

22	Chirurgie de Goulard [in-8]	Thomas GOULARD, *Œuvres de chirurgie.* Tome premier [à second]. Montpellier, 1770, 2 Bde. (in-12).[24]
23	La cuisiniere [in-8]	N. N. MENON, *La cuisiniere bourgeoise, suivie de l'office à l'usage de tous ceux qui se mêlent de dépenses de maisons, contenant la maniere de dissequer, connoître & servir toutes sortes de viandes.* Troisième édition, beaucoup augmentée. Paris, 1750, 440 S. (in-8).[25]
24	Discription des Bains de Leuck [in-8]	François Xavier NATERER, *Description & analyse des eaux minerales des bains de Loeche en Valais, de leurs sources, effets & usages.* Par François Xavier Naterer M. D. Traduit de l'allemand par Mr. Scholl, conseiller de la ville de Bienne, docteur en médecine. Avec permission des Superieurs. Sion: dans l'imprimerie du Magistrat, chez Sebastien Naterer, 1770, [4], 151, [1] S. (in-8).[26]
25	Osanam élements d'algebre (2 vol.) [in-8]	Jacques OZANAM, *Nouveaux élémens d'algèbre, ou: Principes généraux, pour résoudre toutes sortes de problêmes de mathé-*

[21] Erstausgabe: Leipzig, 1748, [...] S. (in-8). – Zum Literaturreformer, Dichter und Poetiker Johann Christoph Gottsched (1700–1766) siehe BUAM XVIII 159–164, ADB IX 497–508, NDB VI 686–687, DBE² IV 71–72.

[22] Erstausgabe: *Grammaire flamande, contenant des règles solides, & les vrays fondemens dont on a besoin pour bien pouvoir lire, parler & escrire cette langue.* Ouvrage très utile & necessaire, principalement pour les François, & autres étrangers, qui auront envie d'apprendre ce langage. Le tout composé & mis en bon ordre. Amsterdam, 1684, 231 S. (in-8). – Zu Philippe La Grue (erw. 1684), «grammairien», fehlen biografische Artikel; zu Willem Sewel oder Zewel / Guillaume Sewel (1653–1720), «taalkundige, geschiedkundige, samensteller van en woordenboek», siehe BUAM XLII 193–194, Aa VI 198–199, BIB 1824.

[23] Zu Guy Miège oder Miege (1644–nach 1718), getauft in Lausanne, «author and lexicographer», siehe ODNB XXXVIII 93–94, BBI 2052.

[24] Bd. 1: X, 278 S.; Bd. 2: 327, [8] S. – Erstausgabe: Pézenas, Montpellier, 1763, 2 Bde. (in-12). – Zu Thomas Goulard (1720/24–1784/90), «chirurgien», siehe DBF 736–737, IBF 1517.

[25] Erstausgabe: 1746. – Zu N. N. Menon (erw. 1745–1765), «écrivain culinaire» siehe IBF 2320.

[26] Deutsche Originalausgabe: *Beschreibung der Mineral-Wässer, des Leucker-Bades, samt dessen Ursprung, Wirkungen, und Gebrauch.* Heraus gegeben von Franz Xaver Naterer M. D. Mit Genehmhaltung der Oberen. Sion: in Hoch-Obrigkeitlicher Buchdruckerey bey Sebastian Naterer, 1769, [14], 164, [11] S., [1] Faltbl. (in-8). – Zum Arzt Franz Xaver Nat(t)erer (erw. 1769) fehlen biografische Artikel; zum Arzt und Magistraten Friedrich Salomon Scholl (1708–1771) siehe Leu XVI 456, Holzhalb IV 310, HBLS VI 237, DIJU *sub nomine.*

		matiques. Première[–seconde] partie. Amsterdam, 1702, [12], 272 S.; [12] S., S. 273–668. (in-8).[27]
26	Dictionnaire de [Valmont de] Bomare (12 vol.) [in-8]	Jacques Christophe VALMONT DE BOMARE, *Dictionnaire raisonné universel d'histoire naturelle.* Edition augmentée par l'auteur. Avec plusieurs articles nouveaux & un grand nombre d'additions sur l'histoire naturelle, la médecine, l'économie domestique & champêtre les arts & les métiers; fournies par Mrs. [Albert de] Haller [...], [Jacques] Deleuze [...], [Maximilien-Nicolas] Bourgeois [...]. Tome premier[–douzieme]. Yverdon: [F.-B. de Félice], 1768–1769, 12 Bde. (in-8).[28]
	Unterhaltungslektüre	
27	Spectateur Hollandois – manque la 6ᵉ partie (6 vol.) [in-8]	[Joseph ADDISON et Richard STEELE], *Le spectateur, ou le Socrate moderne: Où l'on voit un portrait naïf des mœurs de ce siècle.* Traduits de l'anglois. Tome premier[–huitieme]. Amsterdam, Leipzig, 1766–1750, 8 Bde. (in-12).[29]
28	Thevenon de Bertrand [in-8]	Elie BERTRAND, *Le Thévenon, ou: Les journées de la montagne.* Neuchâtel: [s. n.], 1777, 489 S. (in-8).[30]
29	8 Tomm[es] Proverbes Dragmatiques [sic] (4 vol.)	[Louis CARROGIS dit CARMONTELLE], *Proverbes dramatiques.* Tome premier[–huitieme]. Paris, 1771–1774, 8 Bde. (in-8).[31]
30	Fables en 3 Langues [in-8]	*Favole scelte – Auserlesene Fabeln – Fables choisies.* Tradotte dall'idioma francese nell'italiano per il signor de Veneroni maestro delle sudette lingue a Parigi, e poi da quelle nel tedesco, per il signore Baldassaro Nickisch, maestro di lingue in Augusta; il tutto arricchito di figure a ciascuna favola, a fruttuosa ricreatione della gioventù amatrice delle lingue & arti – Traduites du françois en italien par le sieur [Giovanni] Veneroni, et puis en allemand par Mr. Balthasar Nickisch; le tout enrichi de figures à chaque fable, au profit & à la récréation de la jeunesse aimant les langues & les arts – Aus dem

[27] Zu Jacques Ozanam (1640–1717), «mathématicien», siehe BUAM XXXII 317–319, IBF 2530.

[28] Bd. 1: XXIV, 587 S.; Bd. 2: 584 S.; Bd. 3: 526 S.; Bd. 4: 620 S.; Bd. 5: 589 S.; Bd. 6: 562 S.; Bd. 7: 500 S.; Bd. 8: 565 S.; Bd. 9: 576 S.; Bd. 10: 538 S.; Bd. 11: 640 S.; Bd. 12: 640 S. – Erstausgabe: Paris, 1764, 5 Bde. – Zu Jacques Christophe Valmont de Bomare (1731–1807), «naturaliste», siehe BUAM XLVII 394–396, IBF 3188.

[29] Bd. 1 (1768): [2], XIV, 456, [32] S.; Bd. 2 (1768): XII, 474, [29] S.; Bd. 3 (1746): XII, 475 S.; Bd. 4 (1746): [4], 475 S.; Bd. 5 (1766): [2], 446, [18] S.; Bd. 6 (1767): [2], 476 S.; Bd. 7 (1750): 472 S.; Bd. 8 (1768): [2], 423, [12] S. – Englische Originalausgabe: *The Spectator.* Nr. 1 (1711) – Nr. 635 (1714). London, [~1760], 8 Bde. – Zu Joseph Addison (1672–1719), «writer and politician», siehe BUAM I 201–209, ODNB I 321 bis 329; zu *Sir* Richard Steele (1672–1729), «writer and politician», siehe BUAM XLIII 484–491, ODNB LII 358–364; zu Justus van Effen (1684–1735) «privé-onderwijzer, gezantschapssecretaris, commies van de staatsmagazijnen, zedenschrijver», siehe Aa II 10–11, BIB 608.

[30] Nouvelle édition, revue, corrigée & augmentée. Neuchâtel: de l'imprimerie de la Société Typographique, 1780, 2 Bde. (in-8). – Deutsche Übersetzung: *Der Thevenon, oder: Die Sommertage auf dem Gebirge, in vermischten Betrachtungen und moralischen Erzählungen.* Aus dem Französischen. Leipzig, 1778, 373 [i. e. 367], [1] S. (in-8). – Zu Elie Bertrand (1712–1790), «pasteur, théologien, naturaliste, conseiller intime», siehe Holzhalb I 236–238, BUAM IV 377, Montet I 51–52, HLS II 334.

[31] Bd. 1 (1773): XIII, 351 S.; Bd. 2 (1774): 363, [1] S.; Bd. 3 (1774): 343 S.; Bd. 4 (1774): 172 S.; Bd. 5 (1773): 326, [1] S.; Bd. 6 (1773): 365, [1] S.; Bd. 7 (1771): 323, [2] S.; Bd. 8 (Amsterdam, Paris, 1771): 67, [2] S. – Erstausgabe: Paris, 1768–1773, 6 Bde. (in-8). – Zu Louis Carrogis, *dit* Carmontelle (1717–1806), «auteur dramatique, peintre, graveur», siehe BUAM VII 167–168, DBF VII 1170–1171, IBF 592.

		Französischen in das Italienische [...] und dann [...] ins Teutsche übersetzt [...]. Augsburg, 1777, [13], 1127, 63 S. (in-8).[32]
31	4 Tom[es] Fables de la Fontaine (2 vol.) [in-8]	Jean de La FONTAINE, *Fables choisies, mises en vers*. Nouvelle édition, imprimée et ornée de figures en taille douce d'après l'édition de Paris. Tome premier[–quatrieme et dernier]. Dresden, 1757–1766, 4 Bde. (in-8).[33]
32	Lecture pour les Enfants [in-8]	*Lectures pour les enfans, ou: Choix de petits contes également propres à les amuser & à leur faire aimer la vertu.* Nouvelle édition, corrigée & augmentée. [Première–]Seconde partie. Neuchâtel: chez Samuel Fauche, imprimeur-libraire du Roi; [dann] Genève: chez Isac Bardin, libraire, 1777–1778, 2 Bde. (in-12).[34]
33	Le Virgile travestis [sic] (2 vol.) [in-8]	Paul SCARRON, *Le Virgile travesti en vers burlesques*. Tome premier[–second]. Paris, 1734, 2 Bde. (in-12).[35]
34	Virgile [in-8]	Publius VERGILIUS Maro, *Les œuvres de Virgile*. Traduites en françois par M. l'abbé [Pierre-François Guyot] Des Fontaines, avec des notes tirées des meilleurs auteurs. Nouvelle édition. Amsterdam, 1775, 2 Bde. (in-8).[36]
35	Oeuvres de Voltaire [in-8]	VOLTAIRE, *Collection complette des œuvres (de M. de Voltaire)*. Tome premier[–dix-septième]. Genève: [Cramer], 1756, 17 Bde. (in-8).[37]
36	La Henriade [in-8]	VOLTAIRE, *La Henriade, en dix chants.* Précédée, accompagnée, & suivie de toutes les pièces rélatives à ce poëme & à la poësie épique en général. Nouvelle édition, revue, augmentée et exactement corrigée. Lausanne: chez François Grasset & Comp., 1771, XXXVI, 366, [24] S. (in-8).
	Erbauungslektüre	
37	La Bible d'Ostervald [in-2]	*La Sainte Bible, qui contient le Vieux et le Nouveau Testament, c'est-à-dire l'Ancienne et la Nouvelle Alliance.* Revuë & corrigée sur le texte hebreu & grec par les pasteurs & les professeurs de l'Eglise de Geneve; avec les nouveaux argumens & les nouvelles réflexions sur châque chapitre de l'Ecriture Sainte par J[ean] F[rédéric] Ostervald. Amsterdam, Rotterdam, 1724, XI, [1], 760, 279 S. (in-2).[38]

[32] Erstausgabe: Augsburg, [3] Bl., 104 S., 48 Taf. – Zu Jean Vigneron / Giovanni Veneroni (1642–1708), «grammairien», siehe BUAM XLVIII 131–132, IBF 3245.

[33] Bd. 1: LVI, 120 S., [60] Taf.; Bd. 2: VIII, 126 S., [64] Taf.; Bd. 3: XII, 150 S., [67] Taf.; Bd. 4: VIII, 215 S., [57] Taf. – Zu Jean de la Fontaine (1621–1695), «poète», siehe BUAM XXIII 123–136, DBF 198–201, DGS 817–819.

[34] Bd. 1: 180 S.; Bd. 2: [4], 236 S. – Erstausgabe: Paris, 1775, [2] Bl., 212 S. (in-8); andere Ausgabe: Den Haag, 1776–1778, 4 Bde. (in-12).

[35] Bd. 1: [19], 360 S.; Bd. 2: [6], 303 S. – Erstausgabe: Paris, 1648–1653, 2 Bde. (in-4). – Zu Paul Scarron (1610–1660), «poète et romancier », siehe BUAM XLI 42–48, DGS 1414–1415.

[36] Bd. 1: VIII, 401 S.; Bd. 2: 435 S. – Zum römischen Dichter Publius Vergilius Maro (70–19 v. Chr.) siehe DNP XII/2 42–60; Zu P. Pierre-François Guyot Desfontaines SJ (1685–1745), «critique, historien, traducteur», siehe BUAM XI 169–171, DBF X 1341–1342.

[37] Zu François Marie Arouet, *dit* Voltaire (1694–1778), «philosophe, écrivain», siehe BUAM XLIX 464–512, Viguerie 1446–1449, Kamen (2002) 307.

[38] Zu Jean-Frédéric Ostervald (1663–1747), «théologien, prédicateur protestant», siehe Leu XIV 330–332, Holzhalb IV 407, EP 1111, HLS IX 491.

38	D[i]te [in-2]	*La Sainte Bible, qui contient le Vieux et le Nouveau Testament.* Revue & corrigée sur le texte hébreu & grec par les pasteurs & les professeurs de l'Eglise de Genève. Avec les argumens et les réflexions sur les chapitres de l'Ecriture sainte & des notes par J[ean]-F[rédéric] Ostervald. Nouvelle édition, revue, corrigée, & augmentée. Neuchâtel: de l'imprimerie d'Abraham Boyve et compagnie, 1744, 2 Bde. (in-2).[39]
39	Bible Angloise [in-8]	*The Holy Bible, Containing the Old Testament and the New.* Newly translated out of the original tongues, and with the former translations diligently compared and revised, by His Majesty's special command. Appointed to be read in churches. London, 1763, [1026] S. (in-...).
40	Odes sacr[é]es ou Pseaumes en vers François [in-8]	*Odes sacrées, ou: Les pseaumes de David, en vers françois.* Traduction nouvelle par divers auteurs. [Editées par Jean-Laurent Garcin de Cottens]. Bern: chez la Société Typographique, 1764, XXXII, 448 S. (in-8).[40]
41	Pseaumes en musique [in-8]	*Les psaumes de David, en vers françois.* Révûs & approuvés par les pasteurs et les professeurs de l'Eglise & de l'Academie de Genève. Lausanne: chez Jean Zimmerli, 1764, VIII, 640, [7] S. (in-8).
42	Schulte[n]s Proverbe[s] sur Salomon [in-4]	Albert SCHULTENS, *Les Proverbes de Salomon.* Traduits du latin par les auteurs de la traduction de Job [i. e. Jean Nicolas Sébastien Allamand, Isaac Sacrelaire et Elie de Joncourt]. Leiden, 1752, 138 S. (in-4).[41]
43	Nouveau Testament (2 vol.) [in-4]	*Le Nouveau Testament de Notre Seigneur Jesus-Christ.* Nouvelle édition, reuve et corrigée. Traduit en françois sur l'original grec avec des notes litérales pour éclaircir le texte par Mrs. [Isaac] de Beausobre et [Jacques] Lenfant. Lausanne: chez François Grasset, 1760, 2 Bde. (in-4).[42]
44	Barneau sur le No[u]v[eau] Test[ament] (2 vol.) [in-4]	* *Le Nouveau Testament de Notre-Seigneur Jesus-Christ.* Traduit selon la Vulgate [par Matthieu de Barneville]. Enrichi d'amples concordances ou citations de l'Ecriture sur presque chacun des versets, augmentée d'une table historique & géographique, & d'une table très-abondante des matieres, et orné de cartes géographiques. Nouvelle edition. Paris, 1735, 2 Bde. (in-8).[43]
45	Le nouv[eau Testament] en Hollandois [in-8]	*Het Nieuwe Testament ofte alle boeken des nieuwen verbondts onses Heeren Jesu Christi.* Door last van de Heeren Staten Generaal. Dordrecht, [372] S. (in-12).

[39] Bd. 1: [4], VIII, [2], 707 S.; Bd. 2: 276, 366, 145, [1] S. – Andere Ausgaben: Neuchâtel: chez Samuel Fauche, libraire, & Compagnie; imprimé chez Jean Frédéric Hugi, 1764, [2], VII, [1], 980, 130, 366 S. (in-2); Cinquième édition soigneusement revue & corrigée. Lausanne: de l'imprimerie de la Société typographique; Jean Pierre Heubach, 1777, [4], 548, 212, 114, 274 S. (in-2).

[40] «Contient les 150 psaumes de David, sans musique et une table détaillée de ses auteurs.» – Zu Jean-Laurent Garcin, *seigneur* de Cottens (1733–1781), «pasteur, poète, littérateur, naturaliste», siehe Montet I 332–333, HLS V 94.

[41] Zu Albert Schultens (1686–1750), «hoogleraar Oosterse talen, hoogleraar Hebreeuwsw oudheden», siehe BUAM XLI 250–253, Aa VI 164–165, BIB 1805.

[42] Bd. 1: [6] Bl., LXIV, 490 S.; Bd. 2: XL, 719 S. – Zu Jacques Lenfant (1661–1728), «historien et théologien», siehe BUAM XXIV 82–83, DBF XXI 280–281; zu Isaac de Beausobre (1659–1738), «pasteur et théologien protestant», siehe BUAM III 653–655, DBF V 1181–1182, EP 104.

[43] Bd. 1: LX [i. e. XL], 488 S.; Bd. 2: 439, [2] S., [2] Taf. – Zum *abbé* Matthieu de Barneville (1656–1738) fehlen biografische Artikel.

46	Liturgie Angloise [in-8]	*La Liturgie angloise, ou: Le Livre des prieres publiques, de l'administration des sacremens, & autres ordres & ceremonies de l'Eglise d'Angleterre.* Nouvellement traduit en françois [par Pierre Delaune] par l'ordonnance de sa Majesté de la Grande Bretaigne. London, 1616, [544] S. (in-4).[44]
47	Liturgie Angloise, et Françoise [in-8]	*La liturgie angloise, ou: Le livre des prières publiques, de l'administration des sacremens, & autres ordres & cérémonies de l'église d'Angleterre.* Nouvellement traduit en françois par l'ordonnance de sa Majesté de la Grande Bretaigne. London, 1715, 218, 277 [i. e. 177], [152] S. (in-12).[45]
48	Liturgie [in-8]	*Liturgie pour les protestans de France, ou: Prières pour célébrer le service divin dans les familles des fidèles privés de l'exercice public de leur religion.* A l'usage des protestans de ce royaume. Amsterdam, 1758, 328 S. (in-8).
49	6 Tomm[es] Sermons de Chatelain (3 vol.) [in-8]	Henri Abraham CHATELAIN, *Sermons sur divers textes de l'Ecriture sainte.* Tome premier[–sixieme]. Amsterdam, 1758–1760, 6 Bde. (in-8).[46]
50	Verité des Miracles [in-4]	Louis-Basile CARRÉ DE MONTGERON, *La vérité des miracles operés par l'intercession de M. [François] de Paris, demontrée contre M. l'archevêque de Sens [Jean Joseph Languet de La Villeneuve de Gergy].* Ouvrage dédié au Roy. Troisième édition. Köln [i. e. Amsterdam], 1739, LXIV, [4], 480, 252 S. (in-4).[47]
51	Les devoirs des communians [in-8]	Jean-Rodolphe OSTERVALD, *Les devoirs des communians.* Par J. Rod. Ostervald, Pasteur de l'Eglise Françoise de Basle. Seconde edition revüe & corrigée. Basel: chés les Heritiers de Jean Pistorius, 1745, [12], 340 S. (in-8).[48]
52	La nourriture de l'ame par Ostervald [in-8]	Jean-Rodolphe OSTERVALD, *La nourriture de l'âme, ou: Recueil de prieres, reflexions, & lectures, rélatives aux divers etats, besoins, et devoirs du chretien; principalement en cas de maladie.* Edition tout-à-fait nouvelle. Rotterdam, 1768, [14], 492 S. (in-8).[49]

[44] Englische Originalausgabe: *The Booke of Common Prayer and Administracion oft he Sacramentes, and other Rites and Ceremonies of the Churche.* After the use of the Churche of England. London, 1549, [10], VII, VII–LIX, [3], LXI–CXXXIIII, [3], XXXVII Bl. (in-2). – Zu Pierre Delaune (1599–1618), «traducteur», fehlen biografische Artikel.

[45] Originaltitel: *Book of Common Prayer.*

[46] Bd. 1: [8], 343 S.; Bd. 2: [6], 335 S.; Bd. 3: [8], 328 S.; Bd. 4: [8], 332 S.; Bd. 5: [4], 299 S.; Bd. 6: [4], 299 S. – Erstausgabe: Amsterdam, 1744, 6 Bde. (in-8). Andere Ausgabe: Lausanne: chez la Société Typographique, 1775, 6 Bde. (in-12). – Zu Henri Abraham Châtelain (1684–1743), «pasteur de l'Eglise Walonne d'Amsterdam», siehe DBF VIII 787.

[47] Zu Louis-Basile Carré de Montgeron (1686–1754), «magistrat janséniste», siehe BUAM XXXIX 563–565, DBF VII 1234–1235.

[48] Erstausgabe: Basel: chez les Heritiers de J. Pistorius, 1744, [12], 340, [5] S. (in-8). – Zahlreiche Ausgaben bis 1823; zum Beispiel: Cinquième édition, revuë & corrigée. Lausanne: chez Abr. Louis Tarin Impr., 1765, [9], 236, [4] S. (in-12). – Zu Jean-Rodolphe Ostervald (1687–1763), théologien neuchâtelois et pasteur à Bâle, siehe Leu XIV 332–333, Holzhalb V 407, HBLS V 362.

[49] Erstausgabe unter dem Titel: *La nourriture de l'âme, ou: Recueil de prières pour tous les jours de la semaine.* Lausanne: [s. n.], 1740, 624 S. (in-8); Seconde édition revue et corrigée. Basel: chés Jean Rodolphe Im-Hof, libraire, 1756, [14], 72; [8], 588 S. (in-8). – Zahlreiche Ausgaben bis 1858.

53	5 Tom[es] Instruction chretienne (3 vol.) [in-8]	[Jacob VERNET], *Instruction chrétienne.* Tome premier [à cinquième]. Aux dépens d'une Société de Gens de Lettres. La Neuveville: de l'Imprimerie de J. J. Marolf, 1754, 5 Bde. (in-8).[50]
	Unbestimmt	
54	Mots latin[s] [in-8]	

Quelle: ACVD, Bim 2066: «Inventaire des Effets de Dame Marie Louise Bazin, veuve de Nob[le] et Gén[éreux] Jean George Guiguer Baron de Prangins, décédée à Nion le 30e May, et inhumée à Prangins le 2e Juin 1778», dressé du 3 au 8 juin 1778, S. 18–19.[51]

[50] Bd. 1: [2], 344, [6] S.; Bd. 2: [2], 473, [8] S.; Bd. 3: [8], 512, [1] S.; Bd. 4: 360, [6] S.; Bd. 5: 278 [i. e. 266], [4] S. – Identische Erstausgabe: La Neuveville: de l'Imprimerie de J. J. Marolf, 1751–1754, 5 Bde. (in-8). – Troisieme édition. Retouchée et augmentée par l'auteur. Tome premier[–cinquieme]. Lausanne: chez Jean Pierre Heubach. 1771, 5 Bde. (in-12). – Zu (Jean) Jacob Vernet (1698–1789), «théologien protestant», siehe Leu XVIII 497–500, Holzhalb VI 163–165, Montet II 608–611, HLS XII 824.

[51] Siehe auch Guiguer (1771–1786) I 441, Anm. 1262; II 129.

Tabelle 3.25: *Bibliothek der Elsbeth Baumgartner geb. Bieri (~1733–1785)*[1] *von Rüderswil*[2] *anhand von Isaak Baumgartners Geltstagsrodel vom März 1779*

Nr.	Titel im Inventar	Beschreibung der Werke[3]	Wert
	Heilige Schrift		
1	1 Bernbibel, gute	*Biblia, das ist: Die gantze Heilige Schrifft, Alten und Neuen Testaments.* Aus hebreischer und griechischer Sprach, in welcher sie Anfangs von den Propheten und Aposteln geschrieben, nach der Ubersetzung Johannis Piscatoris, weiland Prof. der H. Schrifft in Herborn. Mit beygefügten und vermehrten Erklärungen der tunckelen Geschichten, Schatten- und Sinnbildern, Rätzeln, Gleichnussen, göttlichen Träumen, Gesichtern, prophetischen Redens-Arten, Anweisungen der Erfüllungen, wie auch geistlichen Nutz-Anwendungen auf jedes Capitel, von neuem ausgefertiget (unter allergnädigstem Privilegio und Vorschub deß Hohen Standes,) von einem Ehrwürdigen Convent Loblicher Stadt Bern. Bern: in der Obern Druckerey, verlegt und gedruckt von Emanuel Hortinus, 1736, [7], 521, [1], 440, 132; 336 S. (in-2).[4]	60
2	1 beschlagenes vier stimmiges Psalmbuch	*Vierstimmiges Psalmbuch, das ist: Dr. Ambrosii Lobwassers Psalmen Davids.* Transponiert durch Johann Ulrich Sultzberger, Direct. Mus. und Zinkenist Lobl. Stadt Bern. Mit Verbesserung der undeutlichen Redensarten, samt Festgesängen. Bern: in Hoch-Oberkeitlicher Druckerey, 1763, XIV, 652 S. (in-8).[5]	15
3	1 unbeschlagenes dito.	*Vier-Stimmiges Psalmenbuch, das ist: D. Ambr. Lobwassers Psalmen Davids.* Transponiert durch Johann-Ulrich Sultzberger, Weyland Direct. Mus. und Zinkenisten Lobl. Statt Bern. Aus Hoch-Oberkeitlichem Befehl und Approbation. Worbey eine kurze Musicalische Unterweisung, sammt etlichen	7,5

[1] «Elsbeth Baumgartner alt 52 Jahr» starb 52jährig am 19. April 1785 in Rüderswil (StABE, K Rüderswil 24: Totenrodel, 1766–1795, S. 39). – «den 4 Xbris [1767] sind zu Rüderswÿl ehlich eingesegnet worden Isak Baumgartner v[on] Rüderswÿl mit Elsbeth Bieri von Sumißwald» (StABE, K Rüderswil 16: Eherodel, 1745–1782, S. 36). – Die Ehe blieb anscheinend kinderlos (keine Einträge in StABE, K Rüderswil 7: Taufrodel der Kirchgemeinde Rüderswil, 1761–1790). – «Isaac Baumgartner ein Wittwer von hier wohnhafft auf dem Klaperplaz seines Alters im 80. Jahr» starb am 13. Mai 1799 in Rüderswil (StABE, K Rüderswil 25: Totenrodel, 1796–1850, S. 12). – Weder von Elsbeth Bieri noch von Isaak Baumgartner konnte ein Taufeintrag gefunden werden.

[2] Zum Dorf Rüderswil in der «Landvogtei Signau» siehe siehe HAS 60, HLS II, 261, HLS X 515.

[3] Zweifelhafte oder «behelfsmässige» Identifizierungen von Werken sind mit einem Sternchen (*) versehen.

[4] Zum reformierten Theologen Johann(es) Piscator oder Piscatorius (1546–1625) siehe Leu XIV 561, ADB XXVI 180–181, HBLS V 445, DBE[2] VII 851.

[5] Siehe Panchaud (1952) 229. – Zum Psalmendichter und Übersetzer Ambrosius Lobwasser (1515–1585) siehe ADB XIX 56–58, NDB XIV 740–741, DBE[2] VI 497; zum Musikdirektor und Komponisten Johann Ulrich Sulzberger (1638–1701) siehe HBLS VI 603, Guggisberg (1958) 334.

		schönen Gebätten enthalten. Cum Gratia & Privil. Magist[ratus] Bernensis. Bern: in Hoch-Oberkeitl. Truckerey, 1746, [19], 581, [5], 63, [15] S. (in-12).	
	Katechismus		
4	1 Fragenbuch	* Christoph STÄHELIN, *Catechetischer Hauß-Schatz, oder: Erklärung des Heidelbergischen Catechismi, durch Frag und Antwort.* Samt derselben Kurz-Anwendung, durch Überzeugung, Prüffung, Aufmunterung, Vermahnung, Trost und daraus gezogenen Debatten. Erster[–anderer] Theil. Fünffte Auflage. Basel: bey Emanuel Thurneysen, 1771, [17], 540, [2], 416 S. (in-8).[6]	2
	Lieder und Gebete		
5	die Christ[lich]e Wanderschaft	[Hieronymus ANNONI], *Die christliche Wanderschaft, vorgestellt in einem geistlichen Pilger-Lied, oder: Reim-Gespräche, zwischen Christian und Gamaliel.* Vierte Auflage. Basel: gedruckt bey Daniel Eckenstein, 1754, 32 S. (in-8).[7]	1
6	1 Paradis gärtlein	Johann ARNDT, *Geistreiches Paradies-Gärtlein, voller christlicher Tugenden, wie dieselbe durch andächtige, lehrhaffte und tröstliche Gebete in die Seele zu pflantzen.* Biel: in der Heilmannischen Buchhandlung, 1766, [14], 491, [5] S. (in-8).[8]	3
7	1 Festgesang büchlein	*Auserlesene und geistreiche Fest-, Buß- und Abendmahl-Gesänge zum Gebrauch der Bernerischen Kirche, die nach alten und neuen Singweisen können gesungen werden.* Cum Gratiâ & Privilegiô Magistratûs Bernensis. Kostet ungebunden zwey Batzen. Bern: in Hoch-Oberkeitlicher Druckerey, 1760, [3], 161, [27] S. (in-12).[9]	2,5

[6] Bd. 1: [32], 527 S.; Bd. 2: 416 S. – Erstausgabe: St. Gallen, 1720. Weitere Ausgaben: Zürich: Hanke, [1724], 2 Bde. (in-8); Basel: Thurneysen, 1728, 2 Bde. (in-8); fünf Auflagen bis 1786. – Erstausgabe des Heidelberger Katechismus: *Catechismus, oder: Christlicher Underricht, wie der in Kirchen und Schulen der Churfürstlichen Pfaltz getrieben wirdt.* Heidelberg, 1563, 94 [i. e. 95], [1] S. (in-8). – Zum Pfarrer und Schriftsteller Christoph Stähelin (1665–1727) siehe Leu XVII 486–487, HBLS VI 492, DBI 3385.

[7] Enthält Noten zum Lied. – Erstausgabe: Basel: gedruckt bey Daniel Eckenstein, 1748, 22, [2] S. (in-8). – Zum Pietisten, Theologen und Liederdichter Hieronymus Annoni (1697–1770) siehe ADB I 475, DBE² I 182, HLS I 355.

[8] Gebetbuch. – Erstausgabe unter dem Titel: *Paradiß Gärtlein, voller christlicher Tugenden [...].* Magdeburg, 1612, [28] Bl., 638 S., [2] Bl. (in-8). – Zum lutherischen Pfarrer und Erbauungsschriftsteller Johann Arndt (1555–1621) siehe BUAM II 512–513, ADB I 548–552, NDB I 360–361, Jaumann 45–46, DBE² I 217, FNID I 146–157.

[9] S. [1–2]: Register; S. [3–27]: *Erweckende und kräftige Gebeter für verschieden Uemstände [sic] des Lebens, und ins besondre zu einem heiligen Genusse des gesegneten Mahles des Liebe unsers Erlösers.* Andere Ausgabe des gleichen Jahres: *Auserlesene und geistreiche Fest-, Buß-, Abendmal-Gesänge, zum Gebrauch der Bernerischen Kirche.* Mit einer nach dem General-Baß gerichteten zweystimmigen Partitur versehen von J[ohann] M[artin] SPIESS. Bern: In Hoch-Oberkeitliche Druckerey, 1753, 186, [2] S. – Zum Komponisten und Münsterorganisten in Bern Johann Martin Spiess (1696–1772) siehe Guggisberg (1958) 516, 517. – Zu den in zahlreichen Auflagen erschienenen *Festliedern* bzw. *-gesägnen* siehe Schneider (1905) 148–151.

8	Bernerlieder büchlein	*Auserlesene und geistreiche Fest-, Buß- und Abendmahl-Gesänge, zum Gebrauch der Bernerischen Kirche [...].* Bern: in Hoch-Oberkeitl. Druckerey, 1770, [4], 160, [27] S. (in-8).	4
9	Starks tägl[iche]s Handbuch	Johann Friedrich STARCK, *Tägliches Hand-Buch in guten und bösen Tagen, enthaltend Aufmunterungen, Gebete und Lieder zum Gebrauche gesunder, betrübter, kranker und sterbender Christen.* 34., einzig rechtmäßige Original-Ausgabe. Mit der Lebensbeschreibung des seligen Verfassers von M. Johann Jacob Stack. Frankfurt a. M., 1776, XXXII, 696, 77 S. (in-8).[10]	7,5
	Betrachtungen, Sprüche		
10	1 Himmelsleiter	P. Nicolas FRIZON SJ, *Himmels-Leiter, oder: Betrachtungen für eine acht-tägige Versammlung und Erneuerung des Geists.* Nach der Weise und Ordnung, welche der Heil. Ignatius in seinem Exercitien-Büchlein vorgeschrieben hat. Erstlich aufgerichtet und in französicher Sprach vorgestellt durch P. Nicolaum Frizon, der Societät Jesu, Nachmahlen in der teutschen durch einen andern gemeldter Societät Priestern herausgegeben. Mit Erlaubnus der Oberen. Augsburg, 1730, 270, [6] S. (in-8).[11]	5
11	1 Lustgärtlein	Matthäus WIESER, *Biblisches Lust-Gärtlein, darinnen schöne Sprüche und geistliche Rätzel, aus allen Büchern der gantzen heiligen Schrift des Alten und Neuen Testaments zu finden.* Zur Anreitzung und Lust zum Biebel-Lesen für die Jugend aufgesetzt. Itzo aufs neue übersehen, und mit etlichen biblischen Fragen vermehret. Prenzlau, 1760, 64 S. (in-8).[12]	2,5

Quelle: StABE, Bez Trachselwald[13] A 1008: «Geltstag-Rodel über Isaac Baumgartners von Rüderwÿl, wohnhaft auf dem Klapperplatz, des Gerichts Rahnflüh und der Kirchhöre Rüderswÿl Vermögen und Schulden [...] Angeruffen den 10ten, Erkennt den 18ten, Inventorisiert und geschätzt den 19ten Mertz 1779; 1te[r] und 2ter Geltstag samt Steigerung den 7ten Aprillis, 3ter dito den 7ten May 1779; der Collocation den 11ten Hornung 1780», S. 9: «Vermögen I. Freÿes 2° An überlaßenen Effecten an [Christen Jörg im Bentzenberg] den Vogt des Geltstagers Ehefrau», [Bücher].[14]

[10] Zum lutherischen Theologen, Liederdichter und Erbauungsschriftsteller Johann Friedrich Starck (1680 bis 1756) siehe ADB XXXV 463–465, NDB XXV 65, BBKL IX 1223–1225, DBE[2] IX 606.

[11] Französische Originalausgabe: *Nouvel abregé des Méditations du P. Louis du Pont [de la Puente], ou: L'art de méditer réduit en pratique, pour occuper facilement & saintement les ames tous les jours de l'année.* Châlons, 1712, 4 Bde. (in-12). – Zu P. Nicolas Frizon SJ (1649–1737), «poète» siehe BUAM XVI 89–91, DBF XIV 1315–1316.

[12] Erbauungsliteratur. – Erstausgabe: St. Annaberg, 1719, 88 [i. e. 80] S. (in-8). – Zum Dichter geistlicher Bergmannslieder Matthäus Wieser (1617–1678) siehe DBI 6387.

[13] Zur «Landvogtei Trachselwald» (im Ancien Régime) siehe HAS 60, HLS II 261, HLS XII 450–451.

[14] «N. B. Seyen alle [Bücher] der Frau und von Ihr angeschaft».

Tabelle 3.26: *Bibliothek der Pruntruter Bürgerin (Anne) Marie Claire Keller (1717–1781)*[1] *anhand ihres Nachlassinventars vom 9. November 1781*

Nr.	Titel im Inventar	Beschreibung der Werke[2]
1	un Ange Conducteur tous petit	[Jacques CORET], *L'ange conducteur contenant les prières du matin & du soir; prières pendant la Sainte Messe, pratique pour la confession & communion, & les sept pseaumes de la pénitence.* Avec les offices & litanies de tous les jours de la sémaine sans renvois; les offices de S. Joseph & de sainte Anne; les vêpres du dimanche, & le complies pour toute l'année, & plusieurs belles oraisons. Paris, [1755], [14], 389, [3] S. (in-12).[3]
2	plus un livre des miracle[s] de notre dame des hermite[s]	Claude JACQUET, *Miracles arrivés par l'intercession de Notre-Dame, honorée en sa s[ainte] chapelle visiblement consacrée par Jesus-Christ, dans l'illustre abaie des Hermites de l'ordre de S. Benoît, en la Suisse.* Tirés de l'histoire de cette abaie, dressée en françois par R. S. Messire Claude Jacquet, prêtre, docteur ès SS. canons, chanoine de l'illustre chapitre de l'Eglise metropolitaine de Besançon, qui les a fait reduire en cette forme, pour la plus grande commodité des pelerins. Einsiedeln: par Joseph Reymann, 1686, [34], 326, [7] S. (in-12).[4]
3	plus un autre petit [livre] de méditation	* P. Pierre MÉDAILHE SJ, *Meditations sur les évangiles de l'anné et pour les festes de Notre-Seigneur, de la Ste. Vierge et des saints.* Par le R. P. Pierre Medaille, de la Compagnie de Jesus. Tulle, 1758, 323, [4], XVI S. (in-12).[5]
4	plus un livre du bon usage des pauvres	* Jean-Baptiste THIERS, *L'avocat des pauvres: Qui fait voir l'obligation qu'ont les beneficiers de faire un bon usage des biens de l'Eglise, & d'en assister les pauvres.* Paris, 1679, [16], 470, [8] S. (in-12).[6]

[1] «Anna Maria Clara filia legitima Francisci Humberti Keller civis, et Annæ Mariæ Buthoz uxoris eius baptizata fuit die quintâ Junii anni millesimi septingentesimi decimi septimi, cujus susceptores fuerunt D[omi]nus Joannes Franciscus Keller, et D[omi]na Maria Clara Buthoz, ita testor.» (ACJU, Registre de baptêmes de la paroisse de Porrentruy, 1699–1741, *sub dato).* – «Dominella Maria Clara Keller sexaginta sex circiter annos nata in communione s[anc]tæ matris ecclesiæ animam deo reddidit die nonâ Novembris anni Millesimi septingentesimi octogesimi primi, cujus corpus postridie sepultum est in cœmeterio s[an]ti Petri.» (ACJU, Registre de décès de la paroisse de Porrentruy, 1754–1792, *sub dato).*

[2] Zweifelhafte oder «behelfsmässige» Identifizierungen von Werken sind mit einem Sternchen (*) versehen.

[3] Erstausgabe unter dem Titel: *L'Ange conducteur dans la dévotion chrétienne, réduite en pratique en faveur des ames dévotes.* Avec l'instruction des riches avantages dont jouissent les personnes associées dans la Confrairie de l'Ange Gardien. Liège, [1746], 432 S. (in-12). – Zu P. Jacques Coret SJ (1631–1721), «auteur d'ouvrages de piété et de biographies édifiantes», siehe BUAM IX 583, DBF IX 650, DSAM II/2 2326–2327, IBF 818.

[4] Zu Claude Jacquet (1624–1710), «docteur ès SS. Canons, chanoine de l'Illustre Chapitre de l'Eglise metropolitaine de Besançon», siehe Benziger (1912) 261, Anm. 7.

[5] Erstausgabe: Toulouse, 1704, [20], 284, [4] S. (in-12). Zahlreiche Ausgaben – z. B. Paris, 1709, XXXVI, 552 S. (in-12); Nancy, 1750, 490, [13] S. (in-12) – bis 1876. – Zu P. Pierre Médailhe oder Médaille SJ (1636–1709), «écrivain ecclésiastique», siehe DSAM X 890–891, IBF 2308.

[6] Erstausgabe: Paris, 1676, [16], 470, [8] S. (in-12); letzte Ausgabe: Lyon, 1693, 520 S. (in-12). – Zu Jean-Baptiste Thiers (1636–1703), «théologien», siehe DSAM XV 697–705, LTK X 106.

5	item Les souffrance de jesus en deux tomme[s]	P. THOMAS ‹de Jésus› de Andrada OSAD, *Les souffrances de Notre-Seigneur Jesus-Christ.* Ouvrage écrit en portugais par le Père Thomas de Jesus, de l'ordre des Hermites de saint Augustin. Et traduit en françois par le Pere G[illes] Alleaume, de la compagnie de Jesus. Tome premier[–quatrième]. Nouvelle édition, revuë & corrigée. Lyon, 1754, 4 Bde. (in-12).[7]
	Unbestimmt	
6	plus un Livre des Evangile[s]	
	Autres [livres] de differantes prieres	

Quelle: AAEBS, Porrentruy, inventaires et partage, N° 35: «Inventaire fait au plus juste et suivan[t] notre consiance de notre sœur Marie Claire Keller désédez [sic] le 9 de 9bre 1781». S. [6]: «Livre[s]».

[7] Bd. 1: [14], 391, [4] S.; Bd. 2: 262 [i. e. 252] S.; Bd. 3: [2], 370 S.; Bd. 4: [2], 264 S. – Portugiesische Originalausgabe: *Os trabalhos de Jesus.* Lisboa (Lissabon), 1602–1609, 2 Bde. – Zu P. Thomé – oder Thomas – (de Jésus de) Andrada OSAD (1529–1582), «agostinho», siehe BUAM II 118, DSAM XV 830–833, IBE 228; zu P. Gilles Alleaume SJ (1641–1706), «traducteur», siehe DBF III 144–145.

Tabelle 3.27: *Bibliothek der Einwohnerin von Lausanne Othille Ogiez geb. Bovet (~1712–1782)*[1] *anhand ihres Nachlassinventars vom 15. April bis zum 11. Mai 1782*

Nr.	Titel im Inventar	Beschreibung der Werk4
	Bildungslektüre	
1	Methode abrégée de la Géographie	[A. LE FRANÇOIS], *Méthode abrégée et facile pour apprendre la géographie où l'on décrit la forme du gouvernement de chaque pays, ses qualités, les mœurs de ses habitans & ce qu'il y a de plus remarquable.* Avec un abrégé de la sphère, & une table des longitudes & latitudes des principales villes. Nouvelle édition, revûe, corrigée & augmentée. Paris, 1741, [33], 457, [23] S.[2]
2	La Politique du clergé de France	Pierre JURIEU, *La politique du clergé de France, avec les derniers efforts de l'innocence affligée, ou: Entretiens curieux de deux catholiques romains, l'un parisien & l'autre provincial, sur les moyens dont on se sert aujourd'huy, pour destruire la religion protestante dans ce royaume.* Derniere edition reveuë, corrigée & augmentée de la lettre de Mr. Spon au P. La Chaise [sur l'antiquité de la religion réformée], du projet pour la réünion des deux religions, des remarques sur le projet, & plusieurs autres lettres. Amsterdam, 1682, 283; [4], 239 S. (in-12).[3]
3	Exposition succincte de l'origine et des progrès du Peuple qu'on appelle les Quakers ou Trembleurs	William PENN, *Exposition succincte de l'origine et des progrès du peuple qu'on appelle les quakers ou les trembleurs, où l'on déclare ingénument leur principe fondamental, leur doctrine, leur culte, leur ministère, et leur discipline.* Avec un abrégé des précédentes oeconomies ou dispensations de Dieu au monde, par voie d'introduction. A quoi l'on a ajouté un des témoignages rendus à la lumière, par George Fox.[4] Le tout traduit de l'anglois par Claude Gay. London, 1764, IV, 109, [1] S. (in-8).[5]

[1] «1738 / Juin 2 / [en marge] Ogiez Jean François Augés [sic] a fait enregistrer son mariage avec Othille Bovet» (ACV, Eb 71/3: Registre des mariages de la paroisse réformée d Lausanne, 1718–1759, S. 32). – «Du 17e Avril 1782 / Othille Bovet, femme divorcée d'un nommé Ogiez, qui étoit agregé à la Direction françoise de cette ville, decedée à l'age d'environ septante ans, a été ensevelie au cimetière de la Cité.» (ACVD, Eb 71/47: Registre des décès de la paroisse réformée de Lausanne, 1781–1793, S. 12, Nr. 85).

[2] Andere Ausgabe: Paris, 1751, XX, 560 S. – Zu A. Le François (erw. 1741) fehlen biografische Artikel.

[3] Älteste Ausgaben: [s. l.]: [s. n.], 1681, 252 S. (in-12); Cologne [i. e. Niederlande?]: chez Pierre Marteau, 1681, 252 S. (in-12); Den Haag, 1681, 414 S. (in-12). – Andere Ausgaben: Den Haag, 1682, 376 S. (in-12); Troisième edition, reveuë [...]. Den Haag, 1682, 377 S. (in-12). – Zu Pierre Jurieu (1637–1713), «pasteur et professeur de théologie», siehe BUAM XXII 159–161, DBF XVIII 1040–1041, DGS 802–803, Kamen 165; zu Jacob Spon (1647–1685), «médecin, archéologue», siehe HBLS VI 479.

[4] *Instruction pour tous ceux qui voudront connaître le chemin du Royaume.*

[5] Englische Originalausgaben: William PENN, *Brief Account of the Rise and Progress of the People Called Quakers, in which their Fundamental Principle, Doctrines, Worship, Ministry, and Discipline, are Plainly Declared.* With a summary relation of the former dispensations of God in the world. London, 1695, 158 S. (in-12); George FOX, *To all that would know the Way of the Kingdom, whether they be in Forms, without Forms, or got above all Forms.* A direction to turn your minds within, where the voice of the true God is to be heard [...]. [London], 1654, 15 S. (in-4).– Zu William Penn (1644–1718), «Quaker leader and founder of Penn-

4	Examen de l'origénisme	[Abraham RUCHAT], *Examen de l'origénisme, ou: Réponse à un livre nouveau, intitué «Sentimens différens de quelques théologiens sur l'état des âmes séparées des corps, en quatorze lettres»*. Lausanne: chez Jean Zimmerli, 1733, 132 S. (in-12).[6]
	Erbauungslektüre	
5	Un Livre de Psaumes en Hebreu et en Latin	*S¯efer tehill¯im – Liber psalmorum: Hebraice*. Cum versione latina Santis Pagnini. Basel: typis Joh. Lud. Brandmülleri, 1726, [452] S. (in-12).[7]
6	Cathechisme de Berne	*Petit catéchisme d'Heidelberg, ou: Instruction chrétienne*, Nouvelle édition corrigée. Bern: [s. n.], 1775, 71 S. (in-12).[8]
7	La Lithurgie pour le service Divin dans la Principauté de Neufchatel et Vallangin	[Jean-Frédéric OSTERVALD], *La liturgie, ou: La manière de célébrer le service divin, comme elle est établie dans les Eglises de la Principauté de Neuchâtel et Valengin*. Nouvelle édition, augmentée de quelques prières, collectes & cantiques. Neuchâtel: de l'Imprimerie de la Société Typographique, 1772, XVI, 152 S. (in-4).[9]
8	Liturgie des Ecôles de charité	[Georges II POLIER DE BOTTENS], *La liturgie des écoles de charité de Lausanne, ou: Le service divin qui s'y fait chaque jour*. Lausanne: aux fraix de la Société charitable, chez Antoine Chapuis imprimeur, 1747, XVI, 307 S. (in-8).[10]
9	Le Chrêtien [i. e. chemin] pour aller à Christ	Jakob BÖHME, *Le chemin pour aller à Christ: Compris en neuf petits traités, reduits ici en huit*. Traduit de l'allemand. Berlin, 1722, [8], 438, [2] S. (in-16).[11]

sylvania», siehe BUAM XXXIII 308–313, ODNB XLIII 557–566, Kamen 234–235; zu George Fox (1624–1691), «a founder of the Religious Society of Friends (Quakers)», siehe BUAM XV 398–402, ODNB XX 637–646, Kamen 116–117. Zu Claude Gay (1707?–1786), «traducteur, fehlen biografische Artikel.

[6] Zu Abraham Ruchat (1680–1750), «historien, pasteur, professeur», siehe Leu XV 499–500, BUAM XXXIX 252–254, Montet II 428–430, HLS X 510; zu Marie Huber (1695–1753), «théoligienne, philosophe», siehe BUAM XXI 3–4, EP 703, HLS VI 509.

[7] Zu P. Sante Pagnini OP (1470–1536), «biblista», siehe BUAM XXXII 372–374, EI XXV 930, DBIT LXXX 333. – Seine «Veteris et Novi Testamenti transalatio» erschien 1527 in Lyon.

[8] Ältere Ausgaben: *Petit catéchisme d'Heidelberg ou instruction chrétienne*. Nouvelle édition corrigée, Bern: de l'imprimerie de Leurs Excellences, 1759, 72 S. (in-12); *Catéchisme de Heidelberg*, Avec une courte explication par demandes & par réponses, adjoûtée à chaque article pour lever les principales difficultez, et pour étendre d'avantage les matières les plus importantes. Quatrième édition, augmentée & corrigée. Bern: dans l'Imprimerie de Leurs Excellences, chez Wagner & Muller, 1733, 380 S. (in-8).

[9] Andere Ausgabe: Neuchâtel: de l'Imprimerie de la Société Typographique, 1772, XXII, 221 S. (in-8). – Erstausgabe: *La liturgie [...] de la Principauté de Neufchatel et Vallangin*. Basel: chez Jean Pistorius, 1713, [24], 124, [2] S. (in-4). – Zu Jean-Frédéric Ostervald (1663–1747), «théologien, prédicateur protestant», siehe Leu XIV 330–332, Holzhalb IV 407, EP 1111, HLS IX 491.

[10] Spätere Ausgabe: Lausanne: chez Henri Vincent, 1789, XVI, 280 S. (in-8). – Zu Georges(-Pierre) II Polier de Bottens / Polerius (1675–1759), «orientaliste, fondateur des Ecoles de charité», siehe Leu XIV 607, Montet II 313, HLS IX 795.

[11] Deutsche Originalausgabe: *Der Weg zu Christo: Verfasset in neun Büchlein*. Gestellet aus göttlichem Erkänntnüß. Amsterdam, 1715, 272 S. (in-8). – Zu Jakob Böhme (1575–1624), «Schuhmacher, Theosoph», siehe BUAM IV 650–651, ADB III 65–72, NDB II 388–390, LR 99–100, DBE^2 I 774, Kamen 32.

10	Voÿage de Chrêtien vers l'Eternité	John BUNYAN, *Le voyage du chrétien vers l'éternité bienheureuse, où l'on void représentés, sous diverses images ingénieuses, les divers états, les progrès, & l'heureuse fin d'une âme chrétienne qui cherche Dieu.* Traduit de l'anglois. Sixième édition revue & corrigée, enrichie de figures en taille douce. Rotterdam, 1764, 336 S. (in-8).[12]
11	Le mistère de la croix de Jésus Christ	[DOUZETEMPS], *Mystere de la croix affligeante & consolante, mortifiante & vivifiante, humiliante & triomphante, de Jesus Christ et de ses membres.* Ecrit au milieu de la Croix au dedans & au dehors. Par un disciple de la Croix de Jesus. Achevé le 12 d'août 1732. On y a adjouté quelques poesies latines sur divers sujets, composées aussi dans la solitude de Sonnenstein. Homburg, 1732, 270, [2] S. (in-8).[13]
12a	Un Tome des Lettres chrêtiennes et spirituelles sur divers objets	[Jeanne-Marie Bouvier de la Motte GUYON et François de Salignac de la Mothe-FENELON], *Lettres chrétiennes et spirituelles sur divers sujets qui regardent la vie intérieure, ou l'esprit du vrai christianisme.* Nouvelle édition, enrichie de la correspondance secrette de M. de Fénelon avec l'auteur. Tome premier[–cinquieme]. London [i. e. Lausanne]: [Antoine Chapuis], 1767–1768, 5 Bde. (in-12).[14]
12b	Trois Tomes de Lettres chrêtiennes et spirituelles sur differents sujets	
13	Moÿen court et très facile pour faire oraison	[Jeanne-Marie Bouvier de la Motte GUYON], *Moien court & très-facile de faire oraison, que tous peuvent pratiquer très-aisément & ar[r]iver par là dans peu de tems à une haute perfection.* Avec ap[p]robation & permission. Nouvelle édition par B. S. J. London, [1690], 134 S. (in-8).
14	Les opuscules spirituelles [sic] de Madame Delamothe Guÿon, 2^{d} volume	Jeanne-Marie Bouvier de la Motte GUYON, *Les opuscules spirituels (de Madame J. M. B. de la Mothe Guion).* Nouvelle edition, corrigée & augmentée. Cologne [i. e. Niederlande?]: chez Jean de la Pierre, 1720, 56, [4], 559 S. (in-8).[15]
15	Trois Tomes de la vie de Mad^{e} Delamotte Guÿon	Jeanne-Marie Bouvier de la Motte GUYON, *La vie de Madame J. M. B. de La Mothe Guion, écrite par elle-même.* Cologne [i. e. Niederlande?]: chez Jean de la Pierre, 1720, 3 Bde. (in-8).[16]

[12] Andere Ausgabe: Basel: chez Jean Pistorius, 1728, [8], 334 S. (in-12). – Originalausgabe: *The Pilgrimm's Progress from this World, to that which is to Come [...].* The second edition, with additions. London, 1678, 276 S. – Zahlreiche Ausgaben und Übersetzungen in verschieden Sprachen. – Zu John Bunyan (1628–1688), «author», siehe BUAM VI 268, DGS 249–250, ODNB VIII 702–711, Kamen 46–47.

[13] «Douzetemps» ist das Pseudonym eines unbekannten Verfassers. – Weitere Ausgabe. Lausanne: chez François Grasset et Comp., 1791, XXIV, 390 S. (in-8).

[14] Bd. 1: XLVI, 694 S.; Bd. 2: 623 S.; Bd. 3: IX, 636 S.; Bd. 4: XVI, 624 S.; Bd. 5: CLX, 630 S. – Erstausgabe: Cologne [i. e. Niederlande?]: chez Jean de la Pierre, 1717–1718, 4 Bde. (in-8). – Zu Jeanne-Marie Bouvier de la Motte, *dame* Guyon (1648–1717), «auteur spirituel et mystique», siehe BUAM XIX 249–255, DBF XVII 411–412, DGS 699–701, Kamen 137–138; zu François de Salignac de la Mothe-Fénelon (1651–1715), «prélat et écrivain», siehe BUAM XIV 285–302, DBF XIII 982–987, DGS 580–582, Kamen 110.

[15] Frühere Ausgabe unter dem Titel: *Opuscules spirituels.* Nouvelle édition, augmentée de son rare traité des torrents, qui n'avoit pas encore vû le jour, & d'une préface generale touchant sa personne, sa doctrine, & les oppostions qu'on leur a suscitées. Cologne [i. e. Niederlande?]: chez Jean de la Pierre, 1704, 64, [8], 532, [2] S.

[16] Bd. 1: XLVIII, 296 S.; Bd. 2: XII, 274 S.; Bd. 3: XII, 298 S.

Unbestimmt

Deux autres vieux Livres, dont le Titre & plusieurs feuillets sont enlevés

---

Quelle: AVL, Chavannes D 538, f. 130–135: «Inventaire des Effets délaissés par la veuve Ogier [i. e. Ogiez], née Bovet, morte à la Bar[r]e le 15e Avril 1782, [du 15 avril au 11 mai 1782]»; f. 132v bis 133: «Plus sont audit Buffet les Livres suivants», f. 134v–135: «Une petite corbeille dans laquelle il y a».

Tabelle 3.28: *Bibliothek der Pruntruterin Jeanne Baptiste Quenat (~1730–1782)*[1] *von Bressaucourt anhand ihres Nachlassinventars vom 31. Mai 1782*

Nr.	Titel im Inventar	Beschreibung der Werke
1	l'ame sur le calvaire	[P. Barthélemy BAUDRAN SJ], *L'ame sur le calvaire, trouvant au pied de la Croix la consolation dans ses peines.* Avec des prieres, des pratiques & des histoires sur différents sujets. Lyon, 1772, XII, 414, [6] S. (in-12).[2]
2	abregé de la vie de S[t]. François Xavier	P. Etienne BINET SJ, *L'abbrégé de la vie admirable de S[aint] François Xavier, de la Compagnie de Jésus, surnommé l'Apostre des Indes.* Paris, 1622, 144 S. (in-12).[3]
3	instruction spirituelle	Louis de BLOIS, *Instruction spirituelle, et pensées consolantes, pour les ames affligées, ou timides, ou scrupuleuses.* Traduites du latin [...]; avec quelques sentimens d'une ame pénitente. Nouvelle édition, augmentée d'une addition à l'instruction spirituelle sur la préparation à la mort, par le père J[ean] Brignon, de la compagnie de Jésus. Paris, 1752, 262, [2], LXXV, 5 S. (in-12).[4]
4	Dieu inconnu	Henri Marie BOUDON, *Dieu inconnu.* Paris, 1757, [28], 253, [7] S. (in-12).[5]
5	vie de S[te] Frémiot	Louise-Françoise de BUSSY-RABUTIN, *Abbregé de la vie de sainte Jeanne-Françoise Frémiot de Chantal, fondatrice et première supérieure de l'institut des religieuses de la Visitation Sainte Marie.* Paris, 1772, 84, 10, 8, 7 S. (in-12).[6]
6	l'ange cond[uct]eure [sic]	Jacques CORET, *L'ange conducteur dans la devotion chretienne, reduite en pratique en faveur des ames devotes.* Avec l'instruction des grandes indulgences dont jouissent les personnes assoiffées dans la Confrerie de l'Ange Gardien. Nouvelle édition, corrigée & augmentée de l'Office de la Sainte Vierge, avec les vêpres & complies des dimanches, hymnes & vêpres des fêtes de l'année, en latin & en françois, & [...] prieres & oraisons. Lyon, 1769, 540 S. (in-12).[7]

[1] «Joanna Baptista Guenat oriunda ex Bresaucour et hic manens annos nata quinquaginta duos in communione s[anc]tæ matris Ecclesiæ animam deo reddidit die vigesimâ sextâ Maii anni Millesimi septingentesimi octogesimi secundi, cujus corpus postridie sepultum est in cœmeterio s[an]ti Petri.» (ACJU, Registre de décès de la paroisse de Porrentruy, 1754–1792, *sub dato).*

[2] Erstausgabe: Lyon, 1772, [12], 414 S. (in-12). Mehrere Ausgaben bis 1847. – Zu P. Barthélemy Baudran oder Baudrand SJ (1701–1787), «écrivain religieux», siehe DBF V 888, IBF 201.

[3] Zu P. Etienne Binet SJ (1569–1639), «écrivain religieux», siehe BUAM IV 498–499, DBF VI 494–495.

[4] Originaltitel: *Institutio spiritualis.* – Zu Louis de Blois, *gen.* Blosius (1506–1566), «écrivain mystique», siehe BUAM IV 597, DBF VI 688. – Zu P. Jean Brignon SJ (1620–1712), «théologien, traducteur», siehe BUAM V 605–606, DBF VII 312.

[5] Erstausgabe: Paris, Bruxelles, 1699, [18], 189, [3] S. (in-12). – Zu Henri Marie Boudon (1624–1702), «théologien, écrivain religieux», siehe BUAM V 285, DBF VI 1265–1266, DSAM I 1887–1893.

[6] Erstausgabe unter dem Titel: *La vie en abregé de madame de Chantal [...].* Paris, 1697. – Zu Louise-Françoise de Bussy-Rabutin, *marquise* de Cologny – *plus tard* de la Rivière (1642–1716), «femme de lettres», siehe BUAM VI 377–378, IBF 542.

[7] Erstausgabe: Liège, [1681], 427, [5] S. (in-8). Mehrere Ausgaben bis 1816; z. B. Lille, 1774, 444 S. (in-8). – Zu P. Jacques Coret SJ (1631–1721), «auteur d'ouvrages de piété et de biographies édifiantes», siehe BUAM IX 583, DBF IX 650, DSAM II/2 2326–2327, IBF 818.

7	meditations sur les plus importantes verités du salut	Noël COURBON, *Reflexions chrétiennes sur les plus importantes veritez du salut, en forme de meditations pour chaque jour du mois*. Avec une methode facile pour les retraites des gens du monde. Paris, 1700, [2], 212 S. (in-12).[8]
8	la devotion du sacré cœur	[P. Jean CROISET SJ], *La dévotion au Sacré-Cœur de Notre-Seigneur Jésus-Christ, avec la bulle de N. S. P. le pape Clément XI en faveur de cette même dévotion, où on a ajouté une Pratique de dévotion pour honorer le Sacré-Cœur de la très-sainte vierge Marie, et l'abrégé de la vie de sœur Marguerite-Marie Alacoque, [...] avec les offices de la Divine Providence et de la Divine Miséricorde, tirez de l'Ecriture Sainte.* Nouvelle édition. Paris, 1725, VIII, 519, 48 S. (in-12).[9]
9	retraite spirituelle pour un jour de chaque mois 2 tomes	P. Jean CROISET SJ, *Retraite spirituelle pour un jour de chaque mois*. Avec les reflexions chrétiennes sur divers sujets de morale, utiles à toutes sortes de personnes, & particulièrement à celles qui font la retraite spirituelle un jour chaque mois. Nouvelle édition, revûe & corrigée. Tome premier[–second]. Lyon, 1755, 2 Bde. (in-12).[10]
10	methode pratique pour converser avec Dieu	P. Antoine FRANC SJ, *Methode pratique pour converser avec Dieu*. Quinzième édition. Lyon, 1777, [20], 544 S. (in-12).[11]
11	la Regle du $3^{i[è]me}$ ordre	FRANÇESCO d'Assisi, *La règle du troisième ordre de S[aint] François [d'Assise], appelé ordre de la pénitence, institué par ce grand patriarche pour toutes personnes séculières vivantes dans leurs propres maisons.* Avec une explication sur la même règle par le P. Léonard [de Paris OSFCap]. Nouvelle édition revue et augmentée, par un religieux du même ordre de la province de Normandie. Paris, 1770, XXXII, 352 S. (in-12).[12]
12	les epitres spirituelles de S^{t}: François de Sale[s]	FRANÇOIS de Sales, *Les epistres spirituelles (de saint François de Sales evesque et prince de Geneve, fondateur de l'ordre des Religieuses de la Visitation de Sainte Marie): Divisées en sept livres*. Tome premier[–second]. Recueillies par Messire Louis de Sales, Prevost de l'Eglise de Geneve. Paris, 1676, 2 Bde. (in-12).[13]

[8] Zum *abbé* Noël Courbon (~1650—~1710), «écrivain ecclésiastique», siehe DBF IX 948–949.

[9] Älteste bekannte Ausgabe: *La dévotion au Sacré Cœur de N. S. Jésus Christ.* Nouvelle édition. Lyon, 1691, 512–110 S. – Neun weitere Auflagen dieser Ausgabe in den Jahren 1734, 1741 (3), 1753, 1757, 1771, 1823, 1827. Das Werk erfuhr insgesamt mindestens achtzehn Ausgaben bzw. Auflagen bis 1895. – Zu P. Jean Croiset SJ (1656–1738), «théologien», siehe BUAM X 286–287, DBF IX 1262–1263, DSAM II/2 2557–2560, LTK III 98.

[10] Bd. 1: [12], 616, [8] S.; Bd. 2: [6], 696 S. – Erstausgabe: Lyon, 1694, XVI, 488 S. (in-12). – Mehrere Neuausgaben im Lauf des 18. Jahrhunderts.

[11] Erstausgabe: Avignon, 1721. – Zahlreiche Ausgaben bis 1831, z. B. Quatrième édition, augmentée de plusieurs sortes d'aspirations tirées de l'Ecriture, & mises en forme d'entretien. Nancy, 1738, [16], 315, [37] S. (in-8). – Zu P. Antoine Franc SJ (1669–1744), «écrivain religieux», siehe DBF XIV 937–938.

[12] Ältere Ausgabe: Paris, 1678, 477 S. (in-12). – Zum heiligen Francesco d'Assisi / Franz von Assisi (1181/1182–1226) siehe BUAM XV 452–457, DBIT XLIX 664–681; zu P. Léonard de Paris OSFCap (erw. 1770) fehlen biografische Artikel.

[13] Bd. 1: [10], 746, [21] S.; Bd. 2: 808, [30] S. – Ältere Ausgabe: *Les épistres spirituelles.* [...] recueillies par Messire Louys De Sales. Paris, 1622, 2 Bde. (in-8). – Zum heiligen François de Sales / Franz von Sales (1567 bis 1622) siehe DBF XIV 1071–1078, DGS 617–621; zu Louis de Sales († 1625), «prévôt de l'Eglise de Genève», fehlen biografische Artikel.

13	Sentimens de la vie interieure	[P. Jérôme de GONNELIEU SJ], *Sentimens de la vie interieure pour se recueillir en Dieu.* Avec un reglement d'une vie chrétienne, & des sentiments de respect sur la presence de Dieu. Sixième édition, augmentée des meditations sur le Pater. Paris, 1706, 198, [6] S. (in-16).[14]
14	journal des Saints 3 volumes	P. Jean-Etienne GROSEZ SJ, *Le Journal des saints, ou: Meditations pour tous les jours de l'année.* Avec un abregé de la vie des saints. Premiere[–troisieme] partie. Liège, 1728, 3 Bde. (in-8).[15]
15	pensé[es] sur les plus importantes veritée [sic] de la religion	[Pierre-Hubert HUMBERT], *Pensées sur les plus importantes vérités de la religion, et sur les principaux devoirs du christianisme.* Par un ecclésiastique du diocèse de Besançon. Septième édition. Fribourg: chez B[éat] Louis Piller, 1776, 400, [8] S. (in-12).[16]
16	lettres spirituelles sur la passion [sic] interieure	[P. Ambroise de LOMBEZ OFMCap], *Lettres spirituelles sur la paix intérieure, et autres sujets de piété.* Par l'auteur du Traité de la Paix intérieure. Nouvelle édition revûë & augmentée. Paris, 1774, X, [2], 368, [4] S. (in-12).[17]
17	meditation sur les evangiles	P. Pierre MÉDAILHE SJ, *Meditations sur les évangiles de l'année et pour les festes de Notre-Seigneur, de la Ste. Vierge et des saints.* Par le R. P. Pierre Medaille, de la Compagnie de Jesus. Tulle, 1758, 323, [4], XVI S. (in-12).[18]
18	conduite chretien[n]e	P. François NEPVEU SJ, *Conduite chretienne, ou reglement des principales actions & des principaux devoirs de la vie chrétienne.* Nancy, 1721, [10], 302 S. (in-8).[19]
19	pensé[es] ou reflexion[s] chretien[n]e[s]	P. François NEPVEU SJ, *Pensées ou reflexions chrétiennes pour tous les jours de l'année.* Nouvelle édition, revûë & corrigée. Tome I[–IV]. Paris, 1721, 4 Bde. (in-12).[20]
20	pensé[e]s ou reflexions chretien[n]es 2 volumes	P. François NEPVEU SJ, *Pensées ou réflexions chrétiennes, pour tous les jours de l'année.* Dernière édition, revûë & corrigée. Tome premier[–quatrième]. Lyon, 1758, 4 Bde. (in-12).[21]

[14] Erstausgabe unbekannt. – Nouvelle edition, reveuë, corrigée, & augmentée. Lyon, 1679, 3 Bde. (in-12). – Zu P. Jérôme de Gonnelieu SJ (1640–1715), «prédicateur, auteur d'ouvrages de spiritualité ignatienne», siehe BUAM XVIII 67–68, DBF XVI 579, IBF 1501.

[15] Bd. 1: [24], 311 S.; Bd. 2: [12], 324 S.; Bd. 3: [12], 336 S. – «C'était un recueil anonyme de feuilles volantes comportant des éléments de méditation empruntés à la vie du saint de chaque jour, souvent réédité.» – Erstausgabe: Lyon, 1670; mehrere Ausgaben, z. B. Lyon, 1723, 3 Bde. (in-12); Toulouse, 1761, 3 Bde. (in-12). – Zu P. Jean-Etienne Grosez SJ (1642–1718), «écrivain religieux», siehe DBF XVI 1326, DSAM VI 1056–1057.

[16] Erstausgabe: Besançon, 1742. – Mehrere Ausgaben bis 1844. – Zum *abbé* Pierre-Hubert Humbert (1686 bis 1778), «prédicateur, écrivain ecclésiastique», siehe BUAM XXI 48–49, DSAM VII/1 1116–1118, IBF^3 2224.

[17] Erstausgabe: Paris, 1766, X, [2], 368, [4] S. (in-12). – Zu P. Ambroise de Lombez OFMCap (1708–1778), «écrivain ecclésiastique», siehe DSAM I 430–432.

[18] Erstausgabe: Toulouse, 1704, [20], 284, [4] S. (in-12). Zahlreiche Ausgaben – z. B. Paris, 1709, XXXVI, 552 S. (in-12); Nancy, 1750, 490, [13] S. (in-12) – bis 1876. – Zu P. Pierre Médailhe oder Médaille SJ (1638 bis 1709), «écrivain ecclésiastique», siehe DSAM X 890–891.

[19] Erstausgabe: Paris, 1704, [18], 470 S. (in-12). Weitere Ausgabe: Paris, 1740, [...], 470 S. (in-12). – Zu P. François Nepveu SJ (1639–1707), «écrivain ascétique», siehe BUAM XXXI 67, IBF 2475.

[20] Bd. 1: [22], 389, [7] S.; Bd. 2: 408, [10] S.; Bd. 3: [6], 459 S.; Bd. 4: [8], 467, [49] S. – Seconde edition, revûë & corrigée. Paris, 1699, 4 Bde. (in-12).

[21] Bd. 1: [26], 389, [7] S.; Bd. 2: [6], 411 S.; Bd. 3: [6], 458, [1] S.; Bd. 4: [8], 467, [37] S. – Spätere Ausgabe: Derniere édition revue & corrigée. Tome premier[–troisième]. Lyon, 1772, 3 Bde. (in-12). – «Elles ont eu au moins dix éditions; trad. en latin, Munich, 1709, et en italien, Venise, 1715.» (BUAM XXXI 67).

21	consideration[s] en forme de meditation[s]	*Réflexions, ou, considérations en forme de méditations pour tous les jours du mois*. Nouvelle édition. Besançon, 1773, 284, IV S.[22]
22	pratique de pieté a l'usage des personnes associé[e]s à la Bonne mort	*Reglemens et pratiques de piété pour les associés de la Congrégation de la bonne mort, erigée sous le titre & sous la protection de Jésus agonisant, & de sa très-douloureuse mère, dans l'église de la Compagnie de Jésus à Fribourg en Suisse l'an 1764.* Troisieme édition. [Fribourg]: chez B[éat-] L[ouis] Piller, 1776, 71, [1] S. (in-12).[23]
23	l'imitation de Jesus Christ	[THOMAS von Kempen], *De l'imitation de Jesus-Christ.* Traduction nouvelle, plus ample que toutes les précédentes. Avec les notes d'Horstius. Par Monsieur l'abbé [Jean-Baptiste Morvan] de Bellegarde. Sixième édition, revue & corrigée de nouveau. Paris, 1764, XLVIII, 345, [3] S. (in-16).[24]

Quelle: Porrentruy, inventaires et partage, N° 35: «[Inventaire des biens de] Jean[n]e Baptiste Quenat de Bresaucour [Bressaucourt] étante décédé[e] en cette ville [de Porrentruy] le 26 du present mois», vom 31. Mai 1782, S. [10–11]: «les livres».[25]

[22] Erstausgabe unbekannt. – Mehrere Ausgaben bis 1844.

[23] Erstausgabe unbekannt. – Weitere Ausgaben bis 1825.

[24] Lateinische Originalausgabe: *De imitatione Christi*. [Nürnberg], 1492, [8], 182, [2] Bl. (in-8). – Zum Mystiker Thomas Hemerken (Malleolus) von Kempen / Thomas a Kempis (1379/80–1471) siehe BUAM XXII 286–291, Aa IV 37–38, DSAM XV 817–826, LTK X 144–145, Jaumann 651–652; zu Jean-Baptiste Morvan, *abbé* de Bellegarde (1648–1734), «écrivain ecclésiastique», siehe BUAM IV 102, IBF 236.

[25] Das Testament der Jeanne Baptiste Quenat findet sich in AAEBS, Porrentruy, Testaments 8: 20 avril 1782.

Tabelle 3.29: *Bibliothek der Einwohnerin von Auvernier Marianne Valker*[1] *anhand ihres Versteigerungsinventars vom 17. Juni 1784*

Nr.	Titel im Inventar	Beschreibung der Werke[2]	Wert (bz)[3]
	Bildungslektüre		
1	2 volumes du Philosophe chrêtien	Jean Henri Samuel FORMEY, *Le philosophe chrétien.* Troisième édition, revue & augmentée. Tome premier[–quatrième]. Leiden, Lyon, Göttingen 1755–1758, 4 Bde. (in-8).[4]	16
2	La politique du clergé de Fr[an]ce	Pierre JURIEU, *La politique du clergé de France, avec les derniers efforts de l'innocence affligée, ou: Entretiens curieux de deux catholiques romains, l'un parisien & l'autre provincial, sur les moyens dont on se sert aujourd'huy, pour destruire la religion protestante dans ce royaume.* Derniere edition reveuë, corrigée & augmentée de la lettre de Mr. Spon au P. La Chaise [sur l'antiquité de la religion réformée], du projet pour la réünion des deux religions, des remarques sur le projet, & plusieurs autres lettres. Amsterdam, 1682, 283; [4], 239 S. (in-12).[5]	7
3	Traitté du vrai mérite	Charles François Nicolas LE MAITRE DE CLAVILLE, *Traité du vrai mérite de l'homme, considéré dans tous les ages & dans toutes les conditions.* Avec des principes d'education, propres à former les jeunes gens à la vertu. Nouvelle édition revuë, corrigée & considérablement augmentée par l'auteur. Tome premier[–second]. Frankfurt a. M., 1739, 2 Bde. (in-8).[6]	7

[1] «demeurant à Auvernier». – Zu Marianne Valker finden sich in den Pfarrbüchern von Auvernier keine Einträge. – Zu Auvernier «oder Avernach, ein groß Dorff in der Pfarr *Colombier* an dem Neu[en]burger-See, in der Meyerey *de la Côte,* in der «Meyerey *de la Côte,* in der *Souverainitet* Neu[en]burg», siehe Leu I 399, HAS 62, HLS I 617–618.

[2] Zweifelhafte oder «behelfsmässige» Identifizierungen von Werken sind mit einem Sternchen (*) versehen.

[3] Der Wert der Bücher ist in der Quelle in *francs / livres de Neuchâtel* (£) zu 20 *sols* à 12 *deniers* angegeben. Der *franc* galt 10 *batz* (bz). Siehe Körner/Furrer/Bartlome (2001) 213.

[4] Bd. 1: [6], XXIV, 447 S.; Bd. 2: [2], 392 S.; Bd. 3: [2], 462, [2] S.; Bd. 4: [2], 458 S. – Erstausgabe: Leiden, Göttingen, 1750–1757, 4 Bde. (in-12). – Zum reformierten Theologen, Philosophen und Schriftsteller Jean Henri Samuel – oder Johann Heinrich Samuel – Formey (1711–1797), «homme de lettres, philosophe», siehe BUAM XV 270–273, DBF XIV 489–491, DBE[2] III 420.

[5] Älteste Ausgaben: [s. l.]: [s. n.], 1681, 252 S. (in-12); Cologne [i. e. Niederlande?]: chez Pierre Marteau, 1681, 252 S. (in-12); Den Haag, 1681, 414 S. (in-12). – Andere Ausgaben: Den Haag, 1682, 376 S. (in-12); Troisième edition, reveuë [...]. Den Haag, 1682, 377 S. (in-12). – Zu Pierre Jurieu (1637–1713), «pasteur et professeur de théologie», siehe BUAM XXII 159–161, DBF XVIII 1040–1041, DGS 802–803, Kamen 165; zu Jacob Spon (1647–1685), «médecin, archéologue», siehe HBLS VI 479.

[6] Bd. 1: [60], 188 S.; Bd. 2: 263 S. – Erstausgabe: Paris, 1737, 3 Bde. (in-12). – Andere Ausgaben: Frankfurt a. M., 1755, 2 Bde. (in-8); Paris, 1761, 2 Bde. (in-12). – Zu Charles-François-Nicolas Le Maître, *sieur* de Claville (~1670–1740), «écrivain, moraliste», siehe BUAM XXIV 39–40, DBF XX 1489–1490, IBF 2056.

4	4 volumes delices de la Suisse	[Abraham RUCHAT, Abraham STANYAN, Johann Georg ALTMANN und Michael WACHSMUTH], *L'état et les délices de la Suisse, ou: Description helvétique historique et géographique*. Nouvelle édition corrigée & considérablement augmentée, par plusieurs auteurs celebres. Enrichi de figure en taille-douce & de cartes géographiques, en IV volumes. Tome premier[–quatrième]. Basel: chez Emanuel Tourneisen, 1764, 4 Bde. (in-12).[7]	44
5	Les moeurs 1 vol.	[François Vincent TOUSSAINT], *Les mœurs*. Nouvelle édition revue & corrigée. Amsterdam [i. e. Lausanne]: aux dépens de la compagnie [i. e. François Grasset], 1760, [3], 398 S. (in-12).[8]	7
	Unterhaltungslektüre		
6	Bibliotheque des Dames 2 vol.	*La bibliothèque des dames, ou: Choix de pièces nouvelles, instructives & amusantes, en prose & en vers*. Amsterdam, 1764, 2 Bde. (in-16).[9]	13
7	2 volumes Boileau	Nicolas BOILEAU-DESPRÉAUX, *Œuvres choisies (de Boileau Despréaux)*. Tome premier[–second]. Amsterdam, Lyon, 1777, 2 Bde. (in-8).[10]	21
8	2 vol. des Ouillères	Antoinette Du Ligier de la Garde DES HOULIÈRES und Antoinette-Thérèse DES HOULIÈRES, *Œuvres choisies de Madame et de Mademoiselle Deshoulières*. Londres [i. e. Paris], 1780, 2 Bde. (in-12).[11]	[11]
9	un Dict[ionnair]e	[Honoré LACOMBE DE PREZEL et al.], *Dictionnaire d'anecdotes, de traits singuliers et caractéristiques, historiettes, bons mots, naïvetés, saillies, reparties ingenieuses, &c. &c. &c*. Paris, 1766, VIII, 702 S. (in-8).[12]	[11]
10	Le marquis [i. e. La marquise] de Lambert	Anne-Thérèse de Marguenat de Courcelles de LAMBERT, *Œuvres (de Madame la marquise de Lambert)*. Rassemblées pour la première fois. On y a joint diverses pieces qui n'ont pas encore	14

[7] Bd. 1: XXIV, [2], 459 S., [5] Taf.; Bd. 2: [6], 462 S., [15] Taf.; Bd. 3: [6], 364 S., [12] Taf.; Bd. 4: [8], 431, [8] S., [4] Taf. – Erstausgabe unter dem Titel: *L'etat et les delices de la Suisse, en forme de relation critique*. Par plusieurs auteurs célébres. [...] en IV volumes. Amsterdam, 1730, 4 Bde. (in-12). – Zu Abraham Ruchat (1680–1750), «historien, pasteur, professeur», siehe Leu XV 499–500, BUAM XXXIX 252–254, Montet II 428–430, HLS X 510; zu Abraham Stanyan (1669–1732), «diplomatist», siehe ODNB LII 270–272, HLS XI 816; zum evangelischen Theologen und Philologen Johann Georg Altmann (1695–1758) siehe Leu I 159–163, Holzhalb I 40–41, ADB I 371, NDB I 226, HLS I 278, DBE^2 I 132; zum Kupferstecher Michael Wachsmuth (1705–1775) siehe SKL III 408, HBLS VII 342, BLSK 1089.

[8] Erstausgabe: Amsterdam [i. e. Lausanne: Bousquet], 1748, XXXVIII, 390 S. (in-12). – Zu François Vincent Toussaint (1715–1772), «littérateur, philosophe», siehe Viguerie 1411–1412.

[9] Bd. 1: IV, 208 S.; Bd. 2: S. [209]–408.

[10] Bd. 1: 204 S.; Bd. 2: 168 S. – Zu Nicolas Boileau-Despréaux oder Boileau, *dit* Despréaux (1636–1711), «poète et poéticien», siehe BUAM V 6–14, DBF VI 794–795, DGS 207–209.

[11] Bd. 1: XII, 108 S.; Bd. 2: 107 S. – Zu Antoinette Du Ligier de la Garde, *Mme* Des Houlières ou Deshoulières (1638–1694), «femme de lettres», siehe BUAM XI 184–188, DBF X 1387–1389, DGS 464; zu Antoinette-Thérèse Des Houlières (1659–1718), «poétesse», siehe BUAM XI 188–189, DBF X 1389.

[12] Zu Honoré Lacombe – oder La Combe – de Prezel (1725—1789), «compilateur», siehe BUAM XXIII 57 bis 58, IBF 1853.

		paru, avec un abregé de sa vie. Lausanne: chez Marc-Michel Bousquet & compagnie, 1747, XXII, 455 S. (in-12).[13]	
11	3 vol. Molières [sic]	MOLIÈRE, *Les œuvres (de Monsieur de Molière): Divisées en trois tomes*. Nouvelle edition reveue, corrigée et augmentée de l'explication des mots et des phrases les plus difficiles. Jena, 1752–1761, 3 Bde. (in-12).[14]	21
12	Histoire galante des Rois de Fr[an]ce	* [Claude VANEL], *Galanteries des rois de France, depuis le commencement de la monarchie*. Nouvelle édition, enrichie de figures en taille-douce, & augmentée des amours des rois de France sous plusieurs races, tirées de l'Histoire de la ville de Paris, par Mr. Henri Sauval, avocat au Parlement. Tome premier[–second]. Paris, 1731, 2 Bde. (in-8).[15]	17
	Erbauungslektüre		
13	La Ste Bible	*La Sainte Bible, qui contient le Vieux et le Nouveau Testament.* Revue et corrigée sur le texte hébreu et grec, par les pasteurs et les professeurs de l'Eglise de Genève, avec les argumens et les réflexions sur les chapitres de l'Ecriture sainte et des notes par J. F. Ostervald. Nouvelle édition, revue, corrigée et augmentée. Neuchâtel: de l'imprimerie d'Abraham Boyve et compagnie, 1744, 2 Bde. (in-2).[16]	84
	Unbestimmt		
	4 volumes livres p[ou]r comptant		42
	4 volumes livres		35
	5 livres p[ou]r content		21

Quelle: AENE, Archives judiciaires: La Côte, N° 74: Montes, 1748–1822, *sub dato* (17. 6. 1784), (17 S.) S. 15, 16.[17]

[13] Zu Anne-Thérèse de Marguenat de Courcelles, *marquise* de Lambert (1647–1733), «femme de lettres», siehe BUAM XXIII 262–263, DGS 822, Viguerie 1082, DBF XIX 501–503. – Siehe Text 6.9.

[14] Bd. 1: CXII, 512 S.; Bd. 2: 696 S.; Bd. 3: 740 S. – Zu Jean-Baptiste Poquelin, *dit* Molière (1622–1673), «comédien et dramaturge», siehe BUAM XXIX 301–315, DGS 1041–1044.

[15] Bd. 1: 399 S.; Bd. 2: 159, 104, [6] S. – Erstausgabe unter dem Titel: *La France galante, ou: Histoires amoureuses de la cour*. Cologne [i. e. Amsterdam?], 1688, 526 S. (in-12). Andere Ausgabe: Bruxelles, 1694, 2 Bde, (in-8). – Zu Claude Vanel (erw. 1686–1700) fehlen biografische Artikel.

[16] Bd. 1: [4], VIII, [2], 707 S., [3] Taf.; Bd. 2: 276, 366, 145, [1] S., [3] Taf. – Andere Ausgaben: Neuchâtel: chez Samuel Fauche, imprimé chez Jean Frédéric Hugi, 1764, [2], VII, [1], 980, 130, 366 S. (in-2); Lausanne: de l'imprimerie de la Société typographique, 1777, 548, 212, 114, 274 S. (in-2).

[17] «Du 17e Juin 1784. / Montes de meubles & effets exposés par honn[orée] Marianne Valker demeurant à Auvernier; faites en présence de Monsieur le Lieutenant L'Hardy & Monsieur le Justicier Jainin assistans.» (S. 1).

Tabelle 3.30: *Bibliothek der Berner Burgerin und Negotiantin Margaretha Gruner (* 1710)*[1] *anhand ihres Geltstagsrodels vom 26. Februar 1785*

Nr.	Titel im Inventar	Beschreibung der Werke	Wert (bz)
	Bildungslektüre		
1	Iselins Lexicon	[Johann Franz BUDDEUS], *Neu-vermehrtes historisch- und geographisches allgemeines Lexicon: In welchem das Leben, die Thaten, und andere Merckwürdigkeiten deren Patriarchen, Propheten, Apostel, Vätter der ersten Kirchen, Päbsten, Cardinälen, Bischöffen, Prälaten, vornehmer Gelehrten, und anderer sonst in denen Geschichten berühmter Männern und Künstlern, [...] und endlichen die Beschreibung derer Käyserthümern, Königreichen, Fürstenthümern, freyer Ständen, Clöster, Gebürgen, Meeren, Seen, Flüssen, und so fortan, aus allen vorhin ausgegebenen und von gleichen Materien handlenden Lexicis, auch andern [...] Schrifften zusammen gezogen*. Dißmahlen von neuem mit Fleiß gantz übersehen, von einer grossen Anzahl Fehlern [...] gereiniget, und sonderlich was die Schweitzerische und angräntzender Orten und Ländern Sachen betrifft, gantz umgegossen, und um ein großes vermehret. Mehr Bericht von allem ist zu finden in der Vor-rede, von Jakob Christoff Iselin [...]. Basel: gedruckt und verlegt bey Johann Brandmüller, 1726–1727, 4 Bde. (in-2).[2]	60
2	Puffendorfs Einleitung in die Hist.	Samuel von PUFENDORF, *Einleitung in die Historie der vornehmsten europäischen Staaten, fortgesetzt biß auf gegenwärtige Zeiten*. Mit Anmerckungen, worinnen des Autoris politische Gedancken nach dermaligem geänderten Zustand der Sachen erläutert sind. Neue und verbesserte Ausgabe. Frankfurt a. M., Leipzig, 1746, [18], 1144, [55] S. (in-8).[3]	12

[1] «Margaritha» Gruner wurde am 29. Oktober 1710 als Tochter von «Herr David Gruner, *Marchand Bancquier*, [und] Frauw Johanna Maria Malacrida» in Bern getauft (StABE, Bern B XIII 528: Burgerliche Taufrodel XIII, S. 160, Nr. 3). – Zum «vielseitigen und erfolgreichen Unternehmer» David Gruner (1686–1764) siehe Leu IX 284, HLS V 766; zu Margarethas Bruder, dem Banquier und Berner Magistrat Samuel Gruner (1715–1797) siehe Leu IX 285, HBLS III 782. – In Furrer (2012b) 315–317, 512 sind die biografischen Angaben zu Margaretha Gruner falsch.

[2] Bd. 1: 32, 1129 S.; Bd. 2: 1020 S.; Bd. 3: 1066 S.; Bd. 4: 998 S. – Erstausgabe: Leipzig, 1709–1714, 2 Bde. (in-4). – Zum Moralphilosophen und evangelischen Theologen Johann Franz Budde, *gen.* Buddeus (1667 bis 1729) siehe BUAM VI 222–224, ADB III 500–501, NDB II 715, DBE² II 167–168, Jaumann 139–140; zum reformierten Theologen, Historiker und Publizisten Jakob Christoph Iselin (1681–1737) siehe Leu X 605–608, DBE² V 255, HLS VI 682.

[3] Erstausgabe: Frankfurt a. M., 1682–1685, 2 Bde. – Zum Juristen Samuel *Freiherr* von Pufendorf (1632 bis 1694) siehe BUAM XXXVI 283–289, ADB XXVI 701–708, BBKL VII 1064–1066, NDB XI 3–5, DGS 1278, Kamen 246–247, DBE² VIII 108, Jaumann 537–539.

3	Miltoni defensio pro populo	John MILTON, *(Ioannis Miltoni Angli) Pro populo anglicano defensio, contra Claudii Anonymi, alias Salmasii, defensionem regiam.* London, 1651, [18], 244 S. (in-12).[4]	1
4	Pictori Illuminierkunst	Johann Baptist PICTORIUS, *Die mit vielen raren und curiosen Geheimnüssen angefüllte Illuminir-Kunst, worinnen enthalten: Wie alle Farben künstlich zu bereiten und nützlich zu gebrauchen.* Item: Allerhand rare Vergüldungen, Fürnisse und dergleichen zu machen sind, nebst andern besondern zu dieser Kunst dienlichen und noch nie an das Tages-Liecht gebrachten Remarquen. Allen Mahlern, Schreibern, Illuministen, Brief-Mahlern und mehrern solcher Künsten Liebhabern zum besten, mit grosser Mühe und Fleiß aus eines berühmten Illuministen Manuscripto zusammen getragen, und mit zweyen nützlichen Registern versehen. Nürnberg, 1713, [12], 440, [24] S. (in-8).[5]	2
	Unterhaltungslektüre		
5	Oeuvres de Balsac	Jean-Louis Guez de BALZAC, *Les œuvres diverses du sieur de Balzac.* Augmentées en cette édition de plusieurs pièces nouvelles. Amsterdam, 1664, [16], 338 S. (in-12).[6]	1
6	Ovidi metamorphoses	Publius OVIDIUS NASO, *Les métamorphoses.* Avec des explications à la fin de chaque fable. Traduction nouvelle par M. l'abbé de Bellegarde. Paris. 1701, [14], 542, [10], [6] 529 S. (in-8).[7]	1
	Erbauungslektüre		
7	Luthers Bibel	*Biblia, das ist: Die gantze Heil. Schrifft, Alten und Neuen Testaments.* Durch D. Martin Luther verteutscht. Mit Lehr-reichen Summarien über alle Capitel, und ordenlicher Absetzung der Versiclen, Concordantzen, Chronologey, auch underschiedlichen Registern der Historien und Hauptlehren. Samt Erklärung der frembden Sprachen und Namen, ec. verbesseret. Gott zu Ehren, und allen Liebhaberen der Heiligen Göttlichen Schrifft zu nutzlichem Gebrauch, mit einer sehr lesenlicher groben Schrifft und schönen Figuren gezieret, und nunmehr von den jenigen Fehleren, so hievor beobachtet worden,	35

[4] Zu John Milton (1608–1674), «poet», siehe BUAM XXIX 59–73, DGS 1029–1030, Kamen 209, ODNB XXXVIII 333–349, Jaumann 450–452.

[5] Weitere Ausgaben: Nürnberg, 1729, [12], 392, [24], 48 S. (in-8); Nachdruck: Nürnberg, 1730. – Zu Johann Baptist Pictorius (erw. 1713) fehlen biografische Artikel.

[6] Zu Jean-Louis Guez *seigneur* de Balzac (1597–1654), «épistolier et rhéteur», siehe BUAM III 298–299, DBF IX 38–43, DGS 154–155.

[7] Zum römischen Dichter Publius Ovidius Naso / Ovid (43 v. Chr.–17 n. Chr.) siehe DNP IX 110–119. – Zu Jean-Baptiste Morvan, *abbé* de Bellegarde (1648–1734), «écrivain ecclésiastique», siehe BUAM IV 102, IBF 236.

		gesäuberet und verbesseret. Bern: in Verlegung Daniel Tschiffeli, 1710, [52], 472, 176, 140, 220 S. (in-2).[8]	
8	Luthers Bibel	*Biblia, das ist: Die ganze Heilige Schrift Alten und Neuen Testamentes.* Nach der deutschen Übersetzung D. Martin Luthers, mit vorgesetztem kurzen Inhalt eines jeden Capitels, wie auch mit richtigen Summarien und vielen Schrift-Stellen auf das allersorgfältigste versehen, nach den bewährtesten und neuesten Editionen mit grossem Fleisse ausgefertiget. Samt einer Vorrede von Hieronymo Burckhardt [...]. Basel: bey Johann Rudolf Im-Hof und Sohn, 1779, [14], 909, 265, [4] S. (in-8).[9]	30
9	Rowe Andacht Übungen	Elizabeth Singer ROWE, *Geheiligte Andachts-Übungen, in Betrachtung, Gebet, Lobpreisung und Herzens-Gesprächen.* Von der gottseligen und sinnreichen Frau Rowe. Auf ihre Ansuchung übersehen und heraus gegeben von Isaac Watts, Th. Dr. Nebst beygefügtem Lebens-Laufe dieser berühmten Dichterin. Samt einem Anhange poetischer Stücke von Milton, Dryden, Prior, Addison, Pope, Watts, Young und andern. Aus dem Engländischen übersetzt. Dritte, von neuem übersehene und verbesserte Auflage. Bern: in Verlag Fridrich Zeenders; Biel: gedruckt bey J. Christoph Heilmann, 1756, X, 84, 330, [6] S. (in-8).[10]	8
10	Schmolkens Gebetbuch	Benjamin SCHMOLCK, *Das himmlische Vergnügen in Gott, oder: Vollständiges Gebät-Buch auf alle Zeiten, in allen Ständen, und bey allen Angelegenheiten nützlich zu gebrauchen.* Deme noch beygefüget worden, viele Communion-, Kranken-, Sterbens- und Wetter-Gebäte, ingleichen einhundert und fünfzig geistreiche Sterbens-Gedanken, nebst der Leidens-Geschichte unsers Herrn und Heilandes Jesu Christi, wie auch Herrn Benjamin Schmolkens Morgen- und Abend-Andachten in Versen, samt dessen Morgen- und Abend-Liedern. Basel: bey Joh. Rudolph Im-Hof und Sohn, 1782, [14], 816 S. (in-8).[11]	8
11	Imitation de Jesus Christ	[THOMAS von Kempen], *Kempis commun, ou: Les IV livres de l'imitation de Jesus-Christ.* Traduits pour l'édification commune de tous les chrétiens	3

[8] Zum Reformator Martin Luther (1483–1546) siehe Leu XII 397–399, BUAM XXV 448–461, LR 430–431, EP 921–922, Jaumann 421–423, NDB XV 549–561, DBE^2 VI 634–635.

[9] Zum Theologen und Antistes Hieronymus Burckhardt (1680–1737) siehe Leu IV 543–546, HLS III 62.

[10] Englischer Originalausgabe: *Devout Exercices of the Heart in Meditation and Soliloquy, Prayer and Praise.* 7th edition. London, 1761, 156 S. – Erstausgabe: 1737. Weitere Ausgaben: Frankfurt, Leipzig, 1754, 88, 328 S.; *Gottgeheiligte Andachtsübungen des Herzens.* Neue und vermehrte Auflage. Frankfurt, Leipzig, 1774, LVI, 421 S. – Zu Elizabeth Rowe (1674–1727), «poet and devotional writer», siehe BUAM XXXIX 189–190, Todd (1989) 582–584, ODNB XLVII 995–996.

[11] Erste bekannte Ausgabe: Basel: bey Johann Rudolph Im-Hoff, 1748, [7] Bl., 816 S. (in-8); zahlreiche Ausgaben bis 1905. – Zum lutherischen Theologen und Kirchenliederdichter Benjamin Schmolck (1672–1737) siehe ADB XXXII 53–58, DBE^2 IX 82.

qui desirent de s'avancer dans le solide de la pieté. Sixième édition, corrigée de nouveau, avec une préface de Mr. P. Poiret. Basel: chés Jean Rodolph Im-Hoff, 1737, [80], 439 S. (in-12).[12]

Quelle: StABE, B IX 1488, Nr. 2: «Geldstag Rodel über das Vermögen und die Schulden der von hier ausgetretenen[13] Negot[iantin] Margaretha Gruner, Burgerin in Bern», passiert und gutgeheissen, den 26. Februar 1785, S. 18: «Bücher».[14]

[12] Lateinische Originalausgabe: *Tractatus de ymitatione Christi.* Cum tractatulo de meditatione cordis. [Nürnberg], 1492, [6], 182 Bl. (in-8). – Zum Mystiker Thomas Hemerken (Malleolus) von Kempen / Thomas a Kempis (1379/80–1471) siehe BUAM XXII 286–291, DSAM XV 817–826, LTK X 144–145, Aa IV 37–38, DBE^2 X 11, Jaumann 651–652; zu Pierre Poiret (1646–1719), «théologien protestant, mystique, philosophe», siehe BUAM XXXV 144–147, IBF 2671.

[13] Austreten: das Land verlassen, flüchten, von Schuldnern, Gesetzesbrechern u. ä. (SI XIV 1479).

[14] Siehe auch StABE, B IX 1487, Nr. 9: «Geltstags Rodel über das Vermögen und Schulden der allhier, unter der Raison von Marg[are]tha Gruner & Comp[a]gnie etabliert gewesenen Handlungs Societæt verführt [...] paßirt und gutgeheißen den 23ten November 1785», 121 S.

Tabelle 3.31: *Bibliothek der Berner Burgerin, «Zeughändlerin» und Strumpfweberin Rosina Müller (1726–1791)*[1] *anhand ihres Geltstagsrodels vom 12. November 1791*[2]

Nr.	Titel im Inventar	Beschreibung des Werks	Wert
	Bildungslektüre		
1	1 Geschichte Gustavs ohne Titelblatt, und incomplet	Olof CELSIUS d. J., *Geschichte König Gustavs des Ersten.* Aus alten ungezweifelten Urkunden zusammengetragen von Olao Celsio, Vice-Bibl. Reg. Biblioth. Upsal. Aus dem Schwedischen übersetzt. København (Kopenhagen), Leipzig, 1749–1753, 2 Bde. (in-8).[3]	—
2	Lettres du pape Clement 14	*Lettres intéressantes du Pape Clément XIV, (Ganganelli).* Traduites de l'italien & du latin [i. e. rédigées en français par Louis Antoine Caraccioli]. Seconde édition, exactement revue, corrigée, & augmentée de la traduction des passages latins, & d'une tabelle alphabétique des matieres. Tome premier[–second]. Paris, 1776, 2 Bde. (in-12).[4]	15
3	Thormans Abhandlung über das hei[lige] Abendmahl	Georg THORMANN, *Jesus in uns, und wir in ihme, das ist: Eine grundliche und unpartheyische Vorstellung deß hohen Geheimnus deß Heil. Abendmahls, und wie bey dessen Geniessung die gläubige Seele sich mit Jesu Christo vereinigen, sein wahres Fleisch warlich essen, und sein wahres Blut warlich trincken könne und solle, damit sie gespeiset und geträncket werde zum ewigen Leben.* Alles mit Seelen-Selbs-Gesprächen und Andachten durchauß begleitet, der gesamten Evangelischen Kirchen zur Erbauung auffgetragen. Nunmehro aber zum vierdtenmahl	2

[1] Rosina Elisabeth Müller wurde am 31. März 1726 als Tochter des David Müller und der Rosina «Baurenkönig» in Bern getauft (siehe StABE, Bern B XIII 528: Burgerliche Taufrodel, Nr. XII, 1712–1730, S. 104, Nr. 2). «Jgfr. Rosina Müller H. Advocat Müller sel. Tochter, 56 [i. e. 66] J[ahre] alt, starb den 15. Jul. [1791] morgens frühe an der Folge von Krämpfen auf welche Schlagflüsse und Gichte folgten und ward begraben den 17.» (siehe StABE, K Burgdorf 29: Todten Rodel der Gemeinde Burgdorf, 1752–1802, S. 101, Nr. 14). – Rosina Müller wurde ein erstes Mal im Jahr 1758 vergeltstagt (siehe StABE, B IX 1432, Nr. 5: «Geltstag Rodel über Jgfr. Rosina Müller, H. Procurat[or] David Müllers seel. Tochter, Vermögen und Schulden, verführt durch Mehwh. Herren Majort Schmalz und Herren Franz Studer Weißgerber den 4ten und 11ten April 1758 [...] von Mnhghn. der Teütschen Appellations Cammer der Statt Bern [...] abgenohmen [und] passiert [...] den 27. April 1758», [45] S.). Nach dem Inventar ihrer versteigerten Güter zu schliessen, war sie «Zeug-», d. h. Stoffhändlerin oder -krämerin. Im Register zu B IX 1432 wird sie als «Marchandin» bezeichet. Im hier benutzten Nachgeltstagsrodel von 1791 wird ihr «Strumpfweb-Stuhl von Meister Schneider bestanden und bezahlt» zu 66 Kronen bzw. 1650 bz (siehe StABE, B IX 1512, Nr. 1, S. 16).

[2] Vgl. Furrer (2012b) 402–405, 513.

[3] Bd. 1: [4], 512 S.; Bd. 2 (Zweyter Theil): 486 S. – Schwedische Originalausgabe: *Konung Gustaf den förstas historia.* Efter gamla och ostridiga handlingar sammanskrefwen. Stockholm, 1746–1753, 2 Bde. (in-8). – Zu Olof Celsius d. J. (1716–1794), «bishop, professor, historian», siehe SBI 372, SBL VIII 282–301.

[4] Bd. 1: XXVIII, 453, [3] S.; Bd. 2: VI, [1], 430 S. – Weitere Ausgabe, z. B.: Paris, Liège, 1777, 4 Teile in 6 Bden. (in-8). – Siehe auch: Nouvelles lettres *du Pape Clément XIV, (Ganganelli).* Traduites en françois [...]. Paris, 1787, 2 Bde. (in-6). – Zu Louis Antoine Caraccioli (1719–1803), «écrivain», siehe BUAM VII 102 bis 103, DBF VII 1093–1094, IBF 583; zu *Papst* Clemens XIV. (1705/1769–1774) siehe LTK II 1226–1227.

		getruckt, und übersehen, in eine bessere Ordnung gebracht. Bern: in Hoch-Oberkeitlicher Truckerey, 1716, [20], 403 [i. e. 407], [1] S. (in-12).[5]	
	Unterhaltungslektüre		
4	Tome 2: du Spectateur anglais	[Joseph ADDISON und Richard STEELE], *Le Spectateur, ou: Le Socrate moderne, où l'on voit un portrait naïf des mœurs de ce siecle.* Traduit de l'anglois. Amsterdam, 1714–1750, 7 Bde. (in-12).[6]	7,5
	Erbauungslektüre		
5	1 heil. Bibel in 3 Theil[en], 4to	*Biblia, das ist: Die gantze Heilige Schrifft deß Alten und Neuen Testaments.* Verteutschet durch Johann Piscator [...]. Mit eines jeden Buchs und Capitels Innhalt, vielen Locis parallelis, und einichen kurtzen Anmerckungen auß dem Grund-Text versehen. Bern: in Hoch-Oberkeitlicher Truckerey, 1719, [4], 362, 140, 117, 172 [i. e. 162] Bl. (in-4).[7]	45
6	1 [Bibel] ohne Titelblatt und incomplet	*Biblia, das ist: Die gantze Heilige Schrifft, Alten und Neuen Testaments.* Aus hebreischer und griechischer Sprach, in welcher sie anfangs von den Propheten und Aposteln geschrieben, nach der Ubersetzung Johannis Piscatoris [...]. Mit beygefügten und vermehrten Erklärungen der tunckelen Geschichten, Schatten- und Sinnbildern, Rätzeln, Gleichnussen, göttlichen Träumen, Gesichtern, prophetischen Redens-Arten, Anweisungen der Erfüllungen, wie auch geistlichen Nutz-Anwendungen auf jedes Capitel, von neuem ausgefertiget (unter allergnädigstem Privilegio und Vorschub deß Hohen Standes,) von einem Ehrwürdigen Convent Loblicher Stadt Bern. Bern: Emanuel Hortinus, 1736, [32], 521, 440, 132, 336 S. (in-2).[8]	1,5
7	2 Psalmen Bücher	*Vierstimmiges Psalmbuch, das ist: Dr. Ambrosii Lobwassers Psalmen Davids.* Transponiert durch Johann Ulrich Sulzberger, Direct. Mus. und Zinkenist Lobl. Stadt Bern. Mit Verbesserung der undeutlichen Redensarten, samt neuen Festgesängen. Aus Hoch-Oberkeitlichem Befehle und Einwilligung. Wobey eine kurze musikalische Unterweisung, samt etlichen schönen Gebätten zu finden. Cum Gratia & Privil. Magistratûs Bernensis. Bern: in	[10]

[5] Erstausgabe: Bern: [s, n.], 1688, [22], 432 S. (in-12); weitere Ausgabe: Bremen, 1710, [16], 408 S. (in-12). – Zum Pfarrer und Verfasser theologischer Schriften Georg Thormann (1655–1708) siehe Leu XVIII 109–110, HLS XII 333.

[6] Englische Originalausgabe: *The Spectator,* hg. von Richard Steele und Joseph Addison (London, 1711/12, 1714). – Zu Joseph Addison (1672–1719), «writer and politician», siehe BUAM I 201–209, ODNB I 321–329; zu *Sir* Richard Steele (1672–1729), «writer and politician», siehe BUAM XLIII 484–491, ODNB LII 358–364.

[7] Zum reformierten Theologen Johann(es) Piscator oder Piscatorius (1546–1625) siehe Leu XIV 561, ADB XXVI 180–181, HBLS V 445, DBE^2 VII 851. – Siehe Furrer (2012b) 446, Abb. 11.

[8] Siehe Furrer (2012b) 447, Abb. 12.

		Hoch-Oberkeitlicher Druckerey, 1757, [19], 581, [5]; [5], 161, [27] S. (in-12).[9]	
8	[Psalmenbuch]	*Vierstimmiges Psalmbuch, das ist: Dr. Ambrosij Lobwassers Psalmen Davids.* Transponiert durch Johann Ulrich Sultzberger […]. Mit Verbesserung der undeutlichen Redensarten, samt Festgesängen. […]. Bern: in Hoch-Oberkeitlicher Druckerey, 1763, [15], 647, [5] S. (in-8).[10]	[10]
9	1 einstimmiges Psa[l]men Buch mit Fueter	*Einstimmiges Psalmenbuch, das ist Dr. Ambrosii Lobwassers Psalmen Davids.* Transponiert durch Johann-Ulrich Sulzberger, weyland Direct[or] Mus[icus] und Zinkenisten Loblicher Stadt Bern. Mit Verbeßerung der undeutlichen Redens-Arten, und neuen Fest-Gesängen. Worbey eine kurze Musicalische Unterweisung, sammt etlichen schönen Gebätten enthalten. Bern: in Hoch-Oberkeitl. Druckerey, [1756], [XV], 479, [4] S. (in-8).[11]	14
10	1 Festgesang Büchli	*Auserlesene und geistreiche Fest-, Buß- und Abendmahl-Gesänge zum Gebrauch der Bernerischen Kirche, die nach alten und neuen Singweisen können gesungen werden.* Cum Gratia & Privilegio Magistratûs bernensis. Kostet ungebunden zwey Batzen. Bern: in Hoch-Oberkeitlicher Druckerey, 1753, 161, [27] S. (in-12).[12]	2
11	1 Hübners Biblische Historie	Johann HÜBNER d. Ä., *Zweymal zwey und fünfzig auserlesene Biblische Historien aus dem Alten und Neuen Testamente.* Der Jugend zum Besten abgefasset von Johann Hübnern, Rectore des Johannei zu Hamburg. Nebst einer Vorrede Eines Hochfürstl. Markgräfl. Baden-Durlachischen Consitorii. Karlsruhe, [1762], [16], 402, 52 Taf. (in-8).[13]	10,5
12	Schmolzes [sic] große Bettbuch	Benjamin SCHMOLCK, *Das himmlische Vergnügen in Gott, oder: Vollständiges Gebett-Buch auf alle Zeiten, in allen Ständen, und bey allen Angelegenheiten nützlich zu gebrauchen.* Deme noch beygefüget worden viele Communion-, Krancken-, Sterbens- und Wetter-Gebetter […]. Nebst der Paßions-Historia unsers Herrn und Heilands Jesu Christi, wie auch Morgen- und Abend-Andachten in Versen, samt Morgen- und Abend-Liedern. Bey dieser neuen Auflage aber sowohl mit kürtzern Morgen- und Abend-Gebettern, als auch erweckenden Betrachtungen, andächtigen Gebettern und geistreichen Liedern auf	—

9 Siehe auch Furrer (2012b) 547.

10 Siehe auch Furrer (2012b) 547.

11 Siehe auch Furrer (2012b) 547.

12 Zu den in zahlreichen Auflagen erschienenen *Festliedern* bzw. *-gesängen* siehe Schneider (1905) 148–151.

13 Erstausgabe: Hamburg, [1714], 30, 416 S., [8] Bl. (in-8). Verschiedene Ausgaben bis 1826. – Zum Pädagogen und Schriftsteller Johann Hübner d. Ä. (1668–1731) siehe BUAM XXI 7–8, ADB XIII 267–269, NDB VI 440, NDB IX 583, DBE[2] V 179, Jaumann 344.

		alle Materien und Zufälle vermehret. Basel: bey Johann Rudolph Im Hof, 1765, [14], 816 S. (in-8).[14]	
13	H[err]n Profeßor Rudolfs Predigen	Johann Rudolf RUDOLF, *Lehr- und Trostreiche Predigten, von Buß, Glaube, und Wandel der Christen.* Über außerlesene Texten bey verschiedenem Anlaß gehalten in der grossen Kirch zu Bern in der Schweitz. Bern: gedruckt und verlegts Samuel Küpffer, 1718, [4], 593 S. (in-4).[15]	4
14	Geistliches Hahnen Geschreÿ	Erasmus FRANCISCI, *Erinnerung der Morgenröte, oder: Geistliches Hanen-Geschrey, an die vertieffte Hertzen im Schatten deß Todes.* Vermittelst drey und sechzig Aufmunterungen menschlicher Seelen, zu wahrer ernstlicher Bekehrung: von der Sünden-Nacht, zum Aufgang aus der Höhe; von der Gewalt der Finsterniß, zum Morgen-Glantze göttlicher Gnaden und Barmhertzigkeit; von der Ruchlosigkeit, zur Busse; von der Eitelkeit, zu Grund-fester Hoffnung; vom Zweiffel und Mißglauben, zum Glauben und gläubigem Wandel; vom Tode, zum Leben: angestimmet durch Erasmum Francisci. Nürnberg, 1698, [20], 1140, [4] S., [60] Taf. (in-8).[16]	3,5
15	Werke der Frau Rowe	Elizabeth Singer ROWE, *Vermischte poetische Werke.* Nebst einigen prosaischen Gesprächen. Aus dem Englischen übersetzt. Frankfurt a. M., Leipzig, 1772, [6], 448 S. (in-8).[17]	10

Quelle: StABE, B IX 1512, Nr. 1: «Nach-Geldstag Rodel[18] der Jungfer Rosina Müller sel. Herrn Procurator David Müllers sel. Tochter Vermögen und die Schulden», «passiert» den 12. November 1791, S. 22–23, 25.[19]

[14] (Identische) Erstausgabe: Basel: bey Johann Rudolph Im-Hoff, 1748, [14], 816 S. (in-8). Zahlreiche Ausgaben bis 1897. – Zum evangelischen Theologen und Liederdichter Benjamin Schmolck (1672–1737) siehe ADB XXXII 53–58, DBE² IX 82.

[15] Zum reformierten Theologen Johann Rudolf Rudolf oder Rodolphi bzw. Rodolff (1646–1718) siehe Leu XV 332–334, ADB XXIX 35–36, Guggisberg (1958) 778, HLS X 518.

[16] (Identischer) Nachdruck: Nürnberg, 1699, [20], 1140, [4] S., [60] Taf. (in-8). – Zum Polyhistor Erasmus Francisci (1627–1694) siehe BUAM XV 436–438, ADB VII 207, DBE² III 438.

[17] Englische Originalausgabe: *The Miscellaneous Works in Prose and Verse.* London, 1739, 2 Bde. (in-8). – Zu Elizabeth Rowe (1674–1727), «poet and devotional writer», siehe ODNB XLVII 995–996.

[18] Siehe StABE, B IX 1432, Nr. 5: «Geltstag Rodel über Jgfr. Rosina Müller, H. Procurat[or] David Müllers seel. Tochter, Vermögen und Schulden, verführt durch Mehwh. Herren Majort Schmalz und Herren Franz Studer Weißgerber den 4ten und 11ten April 1758 [...] von Mnhghn. der Teütschen Appellations Cammer der Statt Bern [...] abgenohmen [und] passiert [...] den 27. April 1758», [45] S.

[19] Rosina Müller wurde bereits im Jahr 1758 ein erstes Mal vergeltstagt. Siehe StABE, B IX 1432, Nr. 5: «Geltstag Rodel über Jgfr. Rosina Müller, H. Procurat[or] David Müllers seel. Tochter, Vermögen und Schulden, verführt durch Mehwh. Herren Majort Schmalz und Herren Franz Studer Weißgerber den 4ten und 11ten April 1758 [...] von Mnhghn. der Teütschen Appellations Cammer der Statt Bern [...] abgenohmen [und] passiert [...] den 27. April 1758», [45] S. – Nach dem Inventar ihrer versteigerten Güter zu schliessen, war sie «Zeug-», d. h. Stoffhändlerin oder -krämerin. Im Register zu B IX 1432 wird sie als «Marchandin» bezeichnet. Im hier benutzten Nachgeltstagsrodel von 1791 wird ihr «Strumpfweb-Stuhl von Meister Schneider bestanden und bezahlt» zu 66 Kronen bzw. 1650 bz (StABE, B IX 1512, Nr. 1, S. 16).

Tabelle 3.32: *Bibliothek der Neuenburger Bürgerin Isabeau Salomé Prince (1725–1800) anhand ihres Versteigerungsinventars vom 5. Dezember 1800*[1]

Nr.	Titel im Inventar	Beschreibung des Werks
	Bildungslektüre	
1	Un livre intitulé La maison rustique un volume	Louis LIGER, *La nouvelle maison rustique, ou: Economie generale de tous les biens de campagne, la maniere de les entretenir et de les multiplier*. Donnée ci-devant au public par le sieur Liger. Onzieme édition, augmentée considérablement, & mise en meilleur ordre: Avec la vertu des simples, l'apothicairerie, les décisions du droit françois sur les matieres rurales; et enrichie de figures en taille-douce. Par M.***. Tome premier [et second]. Paris, 1777, 2 Bde. (in-4).[2]
	Erbauungslektüre	
2	Une bible d'Ostervald	*La Sainte Bible, qui contient le Vieux et le Nouveau Testament*. Revû & corrigé sur le texte original, par les pasteurs & professeurs de l'Eglise de Geneve. Avec les argumens et les reflexions sur les chapitres; par J. F. Ostervald, Pasteur de l'Eglise de Neûchatel. Troisieme édition, revuë & corrigée. Bienne: dans la Librairie Heilmann; Neuchâtel: chez S[amuel] Fauche, & Comp., 1771, XI, [1], 1076, 156, 417 S. (in-8).[3]
3	Une liturgie	[Jean-Frédéric OSTERVALD], *La liturgie, ou: La manière de célébrer le service divin, comme elle est établie dans les Eglises de la Principauté de Neuchâtel et Valengin*. Nouvelle édition, augmentée de quelques prières, collectes & cantiques. Neuchâtel: de l'Imprimerie de la Société Typographique, 1772, XVI, 152 S. (in-4).[4]
4	Un d[i]t Exercices de Pieté, de Zollikofer	Georg Joachim ZOLLIKOFER, *Exercices de piété et prieres pour l'édification particulière des chrétiens éclairés et ver-*

[1] «Le 26 dudit [juin 1725] Mr. Gallot a battizé Isabeau Salomé, fille du Sr. Charles Prince Apoticaire, et de Salomé Guynand, Parrain: Mr. J. Henry de Montmollin sécretaire du Conseil d'Etat, marraine: Isabeau, fille de Mr. Jonas Chambrier, Procureur General.» (AENE, EC 13: Registre de baptêmes de la ville de Neuchâtel, 1699–1766, S. 204, Nr. [5]); «Venrdedi 24ème [octobre 1800] on a enseveli Mad[emois]elle Esabeau Salomé, morte le 20e cou[an]t, agée de 75 ans & 4 mois, fille de feu Mr. Charles Prince Apoticaire Bourgeois de Neuchatel & de feu Dame Salomé Guinand.» (EC 267: Registre mortuaire de la ville de Neuchâtel, 1748–1804, S. 372, Nr. 210).

[2] Bd. 1: VIII, 760 S.; Bd. 2: VII, [1], 756 S. – Erstausgabe unter dem Titel: *Oeconomie generale de la campagne, ou: Nouvelle maison rustique*. Paris, 1700, 2 Bde. (in-4). – Zu Louis Liger (1658–1717), «agronome», siehe BUAM XXIV 473–475, IBF 2130.

[3] Andere Ausgaben: Neuchâtel: chez Samuel Fauche, libraire, & Compagnie; imprimé chez Jean Frédéric Hugi, 1764, [2], VII, [1], 980, 130, 366 S. (in-2); Cinquième édition soigneusement revue & corrigée. Lausanne: de l'imprimerie de la Société typographique; Jean Pierre Heubach, 1777, [4], 548, 212, 114, 274 S. (in-2).

[4] Andere Ausgabe: Neuchâtel: de l'Imprimerie de la Société Typographique, 1772, XXII, 221 S. (in-8). – Erstausgabe: *La liturgie [...] de la Principauté de Neufchatel et Vallangin*. Basel: chez Jean Pistorius, 1713, [24], 124, [2] S. (in-4). – Zu Jean-Frédéric Ostervald (1663–1747), «théologien, prédicateur protestant», siehe Leu XIV 330–332, Holzhalb IV 407, EP 1111, HLS IX 491.

tueux. Par M. G. J. Zollikofre, pasteur de l'Eglise réformée de Leipzig; traduits de l'allemand par M. Louis Dumas, pasteur de l'Eglise réformée de Dresde. Nouvelle édition soigneusement revue. Neuchâtel: de l'imprimerie de L[ouis] Fauche-Borel, 17921, XVI, 228; [3], 296 S. (in-8).[5]

Quelle: AENE, Archives judiciaires: Colombier, N° 51: Montes, 1787–1818, N° 2: Plumitif de rolles de Montes, Inventaires &c. de l'honno[rable] Justice de Collombier, commencé le 17ᵉ Xbre 1792, S. 45–48: «Inventaire de la succession de Dlle Esabeau Salommé Prince», S. 47.[6]

[5] Deutsche Originalausgabe: *Andachtsübungen und Gebete zum Privatgebrauche für nachdenkende und gutgesinnte Christen*. Erster[–Zweyter] Theil. Leipzig, 1785, 2 Bde. (in-8). – Zum reformierten Theologen, Kanzelredner und Übersetzer Georg Joachim Zollikofer (1730–1788) siehe BUAM LII 424, Holzhalb VI 540–541, ADB XLV 415–419, BBKL XIV 576–579, DBE[2] X 882, HLS XIII 745; zu Jean-Louis-Alexandre Dumas (1755–1823), «ecclésiastique protestant, romancier», siehe IBF 1142.

[6] «L'an 1800 & le 5ᵉ Xbre. Les héritiers de feu Demoiselle Esabeau Salomé Prince, après avoir pris la mise en possession et Investiture des biens par elle delaissés, auroient prié Mr. Le L[ieutenan]t d'Ivernois, Maire de Colombier, de deleguer des membres de sa Justice pour se rendre au Villaret aux fins de lever les scellés apposés sur les effets de la deffunte & pour en dresser inventaire juridique.» *(Quelle,* S. 45).

Tabelle 3.33: *Bibliothek der Neuenburger Bürgerin Beatrix de Gaudot (1716–1802)*[1] *anhand ihres Nachlassinventars vom 17./18. Juni 1802*

Nr.	Titel im Inventar	Beschreibung der Werke[2]	Wert (bz)[3]
	Orientierungslektüre		
1	Un dictionaire Latin & franç[ai]s à M. Favarger G[ran]d Sautier	* P. Joseph JOUBERT SJ, *Dictionnaire françois et latin.* Tiré des meilleurs auteurs de l'une et de l'autre langue. Nouvelle édition. Lyon, 1751, [8], VIII, 1315, [1] S. (in-4).[4]	21
	Bildungslektüre		
2	ditte [Histoire] du comté de Bourgogne par Dunod [à M. le Maire de la Ville]	François Ignace DUNOD DE CHARNAGE, *Memoires pour servir à l'histoire du comté de Bourgogne: Contenans l'idée generale de la noblesse & le nobiliaire dudit comté, l'histoire des comtes de Bourgogne des Maisons de Valois & d'Autriche; de l'administration de la justice, de son parlement & de sa réunion au royaume de France; l'histoire de toutes les révolutions & faits remarquables arrivés en cette province jusqu'au tems present.* Avec figures en taille douce. Besançon, 1740, X, 780 S. (in-4).[5]	24
3	Dictionnaire historique portatif [à] Lisette Pantillon	[Jean François de LA CROIX], *Dictionnaire historique portatif des femmes célebres.* Tome premier [à troisieme]. Paris, 1769, 3 Bde. (in-12).[6]	[21]
4	Dictionnaire de femmes illustré [à] Lisette Pantillon	* [Jean François de LA CROIX], *Dictionnaire portatif des femmes célèbres: Contenant l'histoire des femmes savantes, des actrices, & généralement des dames qui se sont rendues fameuses dans tous les siècles, par leurs aventures, les talens, l'esprit & le courage.* Nouvelle édition revue & considérable-	[21]

[1] «Le 1. Septembre [1716] Mr. [David] Sandoz a battizé Beatrix fille de Mr. Josuë Gaudot Conseiller d'Etat, et de Me. Marguerite Ostervald, Parrain: Mr. Jean Bulot, Marraine: Me. Beatrix Ostervald femme de Mr. Rougemont.» (AENE, EC 13: Registre de baptêmes de la ville de Neuchâtel, 1699–1766, S. 132, Nr.[6]). – «Jeudy 8[e] [avril 1802]: On a enseveli Mad[emois]elle Beatrix [Gaudot] morte de Marasme le 5 courant agée de 85 ans & 8 mois, fille de feu Mr. Josué Gaudot, Conseiller d'Etat & de feu Dame Marguerite Ostervald» (AENE, EC 267: Registre mortuaire de la ville de Neuchâtel, 1748–1804, S. 388, Nr. [2]).

[2] Zweifelhafte oder «behelfsmässige» Identifizierungen von Werken sind mit einem Sternchen (*) versehen.

[3] Der Wert der Bücher ist in der Quelle in *francs / livres de Neuchâtel* (£) zu 20 *sols* à 12 *deniers* angegeben. Der *franc* galt 10 *batz* (bz). Siehe Körner/Furrer/Bartlome (2001) 213.

[4] Andere Ausgabe: Amsterdam, 1757, [4], VI, 1180 [i. e. 1188] S. (in-4). Erstausgabe: Lyon, 1710, [14], 1318, LV, [1] S. (in-4). – Zu P. Joseph Joubert SJ (1640–1719), «homme de lettres», siehe DBF XVIII 819.

[5] Neuauflage: Besançon, 1743, X, 783 S. (in-4). – Siehe auch vom gleichen Verfasser: *Suite et conclusion de l'histoire civile du comet de Bourgogne.* Avec un nobiliaire de cette province. Besançon, 1740, X, 783, [24] S. (in-4). – Zu François-Ignace Dunod de Charnage (1679–1752), «homme de loi, historien», siehe BUAM XII 246–247, DBF XII 278–279, IBF 1151.

[6] Bd. 1: IV, 446 S.; Bd. 2: 489 S.; Bd. 3: 506 S. – Zu Jean François de La Croix (erw. 1765–1775), «compilateur», siehe IBF 1858.

		ment augmentée. Tome premier[–second]. Paris, 1788, 2 Bde. (in-8).[7]	
5	Histoire de l'Eglise & de l'Empire par J[ea]n LeSueur [à M. le Maire de la Ville]	Jean LE SUEUR, *Histoire de l'Eglise et de l'Empire depuis la naissance de Jesus Christ, jusques à la fin du X. Siecle*. Dans laquelle on marque les années de J. C., celles des empereurs, des consuls, des évêques de Rome; les évêques & les docteurs les plus célèbres des autres Eglises; leurs écrits; les conciles; les martyrs; les hérétiques; les persécutions; les coutumes; & en un mot, les choses les plus remarquables de l'Eglise & du Monde. Nouvelle édition, revue, corrigée, augmentée de quantité de remarques & des autoritez qui manquoient aux précédentes, & retouchée dans le langage. Tome premier[–huitième]. Amsterdam, 1730, 8 Bde. (in-4).[8]	47
6	Grammaire des science[s] à M. Andre Wavre	Benjamin MARTIN, *Grammaire des sciences philosophiques, ou: Analyse abregée de la philosophie moderne, appuyée sur les expériences*. Traduite de l'anglois de Benj. Martin. Nouvelle édition, corrigée & augmentée. Paris, 1764, [12], 400 S., 22 Taf. (in-8).[9]	11
7	L'esprit des Loix par Montesquieu à M. H. Monvert	Charles-Louis Secondat de MONTESQUIEU, *De l'esprit des lois*. Nouvelle édition, revue, corrigée, & considérablement augmentée par l'auteur. Tome premier[–quatrieme]. London, 1777, 4 Bde. (in-12).[10]	45
8	Grand dictionnaire de Morery à M. le Maire de la Ville	Louis MORÉRI, *Le grand dictionnaire historique, ou: Le mélange curieux de l'histoire sacrée et profane [...]*. Nouvelle édition dans laquelle on a refondu les supplémens de M. l'Abbé Goujet. Le tout revu, corrigé & augmenté par M. Drouet. Tome premier [à dixiéme]. Paris, 1759, 10 Bde. (in-2).[11]	126

[7] Bd. 1: IV, 808 S.; Bd. 2: 724 S. – Oder: *Les vies des femmes illustres de la France*. Tome premier[–troisieme]. Paris, 1762, 3 Bde. (in-12). – Bd. 1: XXXII, 277, [6] S.; Bd. 2: [1], 336 S.; Bd. 3: [1], 287 S.

[8] Bd. 1: [10], 327 S.; Bd. 2: 282, [2] S.; Bd. 3: [4], 314 S.; Bd. 4: [2], 336 S.; Bd. 5: [2], 283 S.; Bd. 6: [2], 306 S.; Bd. 7: [2], 194 S.; Bd. 8: [2], 229, [2] S. – Erstausgabe: Genève: chez Jean Herman Widerhold, [dann] pour l'Hoirie Widerhold, [dann] de l'imprimerie de Duillier, 1674–1688, 8 Bde. (in-12). – Zu Jean Le Sueur (~1603–1681), «pasteur, historien», siehe BUAM XXIV 332–333, DBF XXII 170, IBF 2105.

[9] Englische Originalausgabe: *The Philosophical Grammar: Being a View of the Present State of Experimented Physiology, or Natural Philosophy*. In four parts. London, 1735, XXX, [2], 322, [14] S. (in-8). – Erste französische Ausgabe: Paris, 1749, [12], 384 S., 22 Taf. (in-8). – Zu Benjamin Martin (1705–1782), «lecturer on science and maker of scientific instruments», siehe BUAM XXVII 311–312, ODNB XXXVI 921–923.

[10] Bd. 1: CLXV S, [1] Taf., 430 S.; Bd. 2: XXIV, 362 S.; Bd. 3: XXIV, 440 S.; Bd. 4: XII, 579 S. – Erstausgabe: Genève: chez Barrillot & fils, [1748], 2 Bde. (in-4). – Zu Charles de Secondat, *baron* de la Brède et de Montesquieu (1689–1755), «philosophe, écrivain», siehe BUAM XXIX 501–522, DGS 1057–1058, Kamen 213, Jaumann 453–454.

[11] Bd. 1: XIII, [1], 496, 584 S.; Bd. 2: 516 [i. e. 520], 396 S.; Bd. 3: 874, [2] S.; Bd. 4: 354, 326, 340 S.; Bd. 5: 422, 663, [1] S.; Bd. 6: 512, 544 S.; Bd. 7: 1099 S.; Bd. 8: 164, 710 [i. e. 714] S.; Bd. 9: 448, 664 S.; Bd. 10: 848, 90, [1], 77, [1] S. – Erstausgabe: Lyon, 1674, 1346 S. (in-2). – Zum *abbé* Louis Moréri (1643–1680), «historien», siehe BUAM XXX 140–141, DGS 1062; zum *abbé* Claude-Pierre Goujet (1697–1767), «historien», «l'un des écrivains les plus laborieux du XVIIIe siècle», siehe BUAM XVIII 176–179, DBF XVI 723 bis 724, IBF 1516.

9	Ecole de[s] Jardin[iers] au même [M. Andre Wavre]	[Daniel TSCHIFFELI], *L'école des jardiniers, où l'on aprend à semer les arbres fruitiers, à les metre en pepiniere, à les enter, à les édifier en nain, en espalier, en contrespalier, en haute-tige, &c., en-un-mot, tout ce qui concerne la culture & la conservation des arbres fruitiers.* Avec un suplement qui contient une description trés-utile & trés-curieuse de tous ces arbres. Nouvelle édition, retouchée, & augmentée du suplêment. Bern: dans l'Imprimerie de LL. Excellences, par André Huguenet, 1696, [4], 371, [5] S. (in-12).[12]	7
	Unterhaltungslektüre		
10	Corneille 6 volumes à Mr. Penneveyre	Pierre CORNEILLE, *Théatre (de P. Corneille).* Avec des commentaires, et autres morceaux intéressans. Tome premier[–huitieme]. Nouvelle édition, augmentée. Genève: [s. n.], 1774, 8 Bde. (in-4).[13]	42
11	Tomm John 2 v. reliés en parchemin au s[ieur] Penneveyre[14]	Henry FIELDING, *Histoire de Tom Jones ou l'enfant trouvé.* Traduction de l'anglois de M. Fielding par M. D[e] L[a] P[lace]. Genève: chez Samuel Cailler libraire, 1782, 3 Bde. (in-12).[15]	10

Quelle: AENE, Archives judiciaires: [Ville de] Neuchâtel, N° 237: Montes (enchères), 1792–1811, *sub dato* (17.–18. 6. 1802),[16] S. [2], [5], [10], [11], [13].

[12] Erstausgabe unauffindbar. – Zum Buchhändler und Drucker Daniel Tschiffeli (1664–1730) siehe HBLS VII 77, Furrer (2018) 37.

[13] Bd. 1: [16], 572 S.; Bd. 2: 526 S.; Bd. 3: 536 S.; Bd. 4: 581 S.; Bd. 5: 510 S.; Bd. 6: 607 S.; Bd. 7: 636, [2] S.; Bd. 8: 520, [2] S. – Zu Pierre Corneille (1606–1684), «poète et dramaturge», siehe BUAM IX 608–628, DBF IX 679–680, DGS 408-411.

[14] Peneveyres.

[15] Bd. 1: XLVII, 336 S.; Bd. 2: 300 S.; Bd. 3: 332 S. – Englische Originalausgabe: *The History of Tom Jones, a Foundling.* In six volumes. London, 1749, 6 Bde. (in-12). – Zu Henry Fielding (1707–1754), «author and magistrate», siehe BUAM XIV 501–504, ODNB XIX 500–509, Kamen 113–114; zu Pierre-Antoine de La Place (1707–1793), «littérateur, auteur dramatique», siehe BUAM XXXV 6–9, DBF XIX 872–873.

[16] S. 1: «Du 17e [et 18e] Juin 1802 / Monsieur le Maire a eté prié par Marianne Louise Porret de Fresens ci devant au service chez Noble Demoiselle Beatrix de Gaudot de permettre qu'il soit fait des montes juridiques des meubles & effets qui lui sont parvenus de l'hérédité de la ditte feu Demoiselle, a délégué MM. Abram Samuel Gallot anc[cien] m[inistr]e & Abram Louis Droz les deux membres du Conseil & de la Justice, avec le Greffier soussigné, & le sieur Favarger Grans Sautier qui se sont rendus dans l'appartem[en]t qu'elle occupe dans la maison de M. le Receveur Guyenet rue de la Treille, où les dittes montes ont eu lieu sous la presidence d'h[onorable] & V[erteueux] Jonal S[amuel] Perrenoud L[ieutenan]t de main de cette ville, & sous la condition de payer comptant, comme suit.»

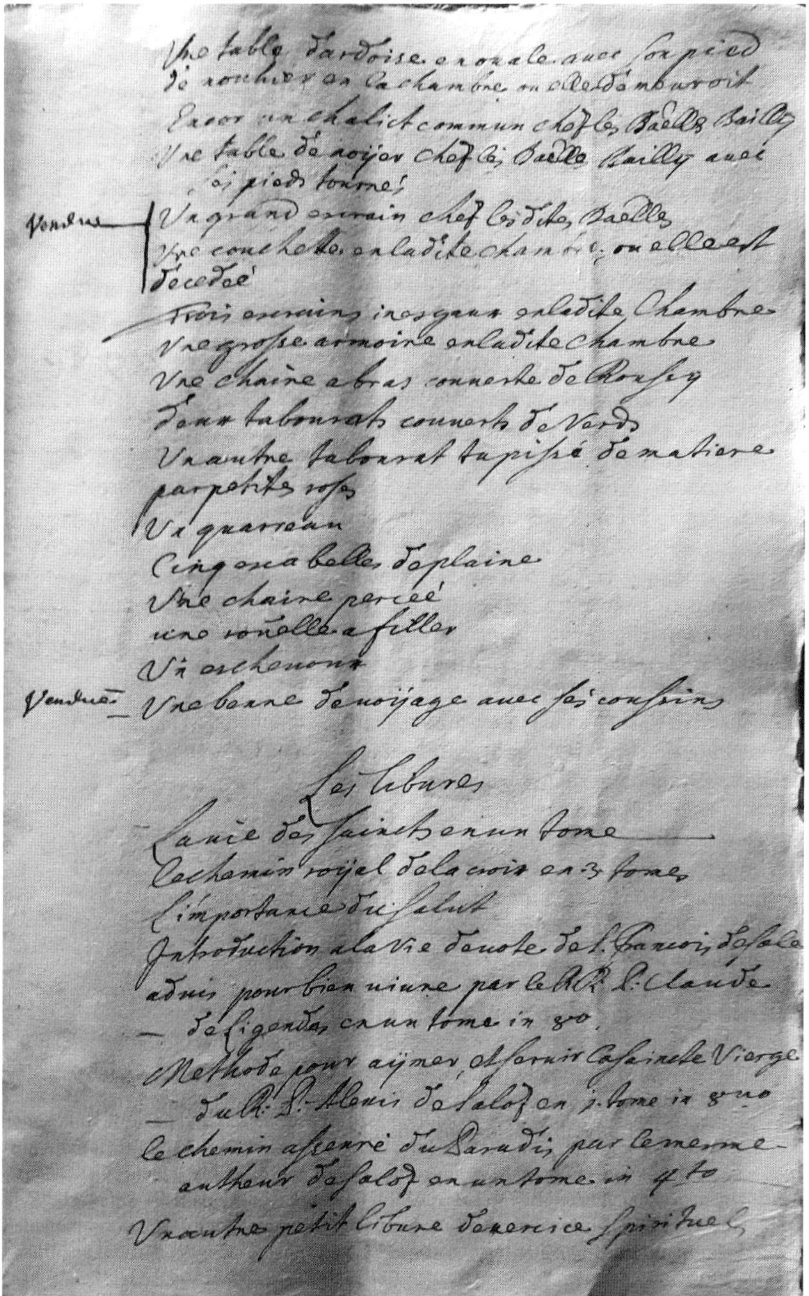

Abbildung 1: *«Inventaire de Jeanne Helene Pallain, vefve de feu Jean François L'hoste», vom 25. Oktober 1715, S. 14 (AAEBS, Porrentruy, inventaires et partages, No 18)*

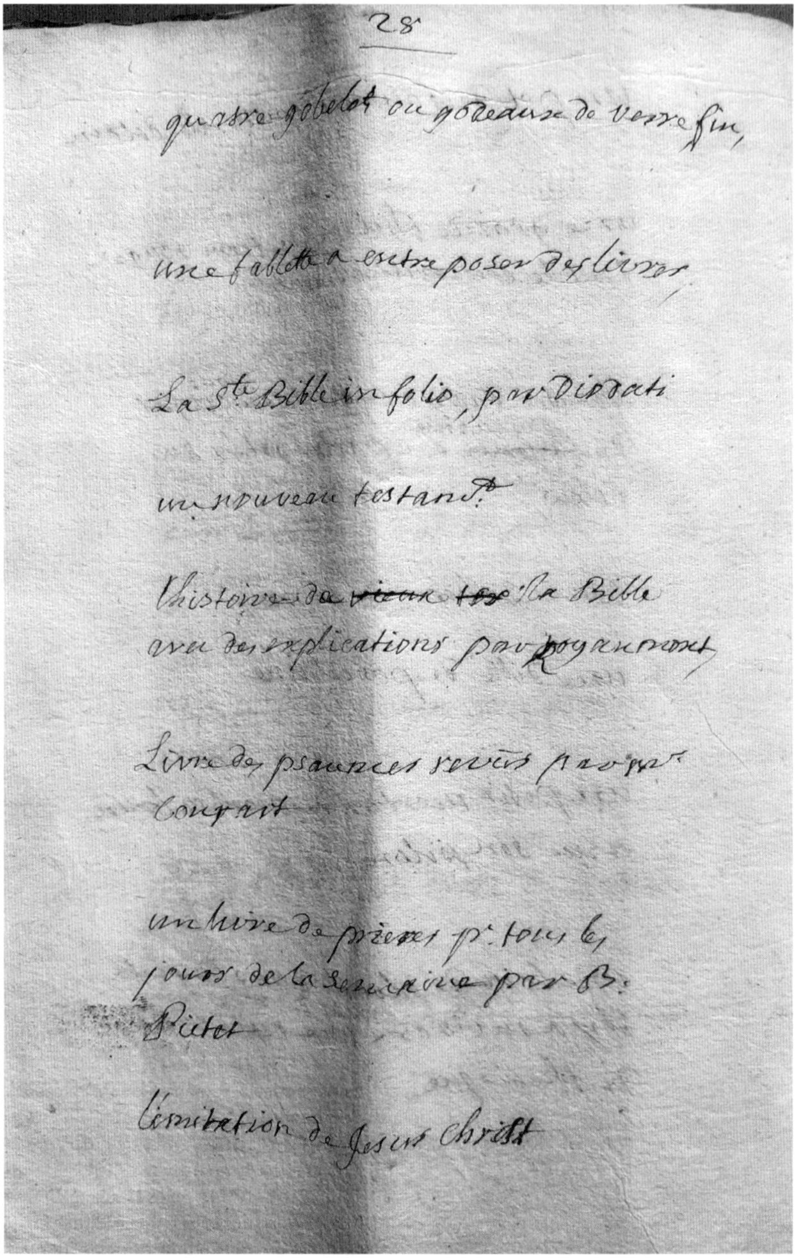
28

quatre gobelet ou goteaux de verre fin,

une tablette a entre poser des livres

La Ste Bible in folio, par Diodati

un nouveau testam.^t^

l'histoire de ~~vieux tes~~ la Bible avec des explications par Royaumont

Livre des psaumes revus pr m^r^ Conrart

un livre de prieres p^r^ tous les jours de la semaine par B. Pictet

l'imitation de Jesus Christ

Abbildung 2: *«Inventaire des biens & effects de feu Madame la capitaine [Andrienne] Portaz née Demartines decedée le 9e aout 1743», vom 5., 14. und 17. September 1743, S. 28 (ACVD, Bim 88)*

Ensuivent les livres.
Premierem.t quatre breviaires bisontins suivant
les quatre saisons de l'année, avec un diurnal
Plus un livre intitulé tuba catechetica à R. P.
Antonio Ardia e Societate Jesu augusta Vindelicorum
Plus un autre livre intitulé de contractibus et restitutione
tractatus authore Martino Bonacina sacerdote
moralis theologiae professore Lugduni.
Plus un livre intitulé Jacobi Gretscheri Societatis Jesu
sacrae theologiae in Academia Ingolstadiensi
professoris de cruce christi, Rebusq ad eam
pertinentibus Lugduni.
Plus Elementa theologiae moralis P. Antonio
Huttlin Societatis Jesu theologiae moralis professore
ordinario Bruntruti
Plus Medulla theologiae moralis ab Hermano
Busenbaum Societatis Jesu A.S.S. theo. licentiato
mediolani.
Plus un petit livre intitulé definitiones philosophicae
Plus trois livres écrits intitulés disputationes physicae
in tres libros Vesuntione.
Plus un livre écrit à la main intitulé commentarius
de corpore naturali liber friburgi Brisgoiae
Plus la vie des saints.
Plus la maison rustique
Plus exercices de la vie chretienne à Besançon
Plus une imitation de Jesus christ à Paris.
Plus L'histoire de l'origine, du progres et l'état present
de la S. chapelle des Ermites.
Plus le S. devoir du veritable chretien à Einsidelen.

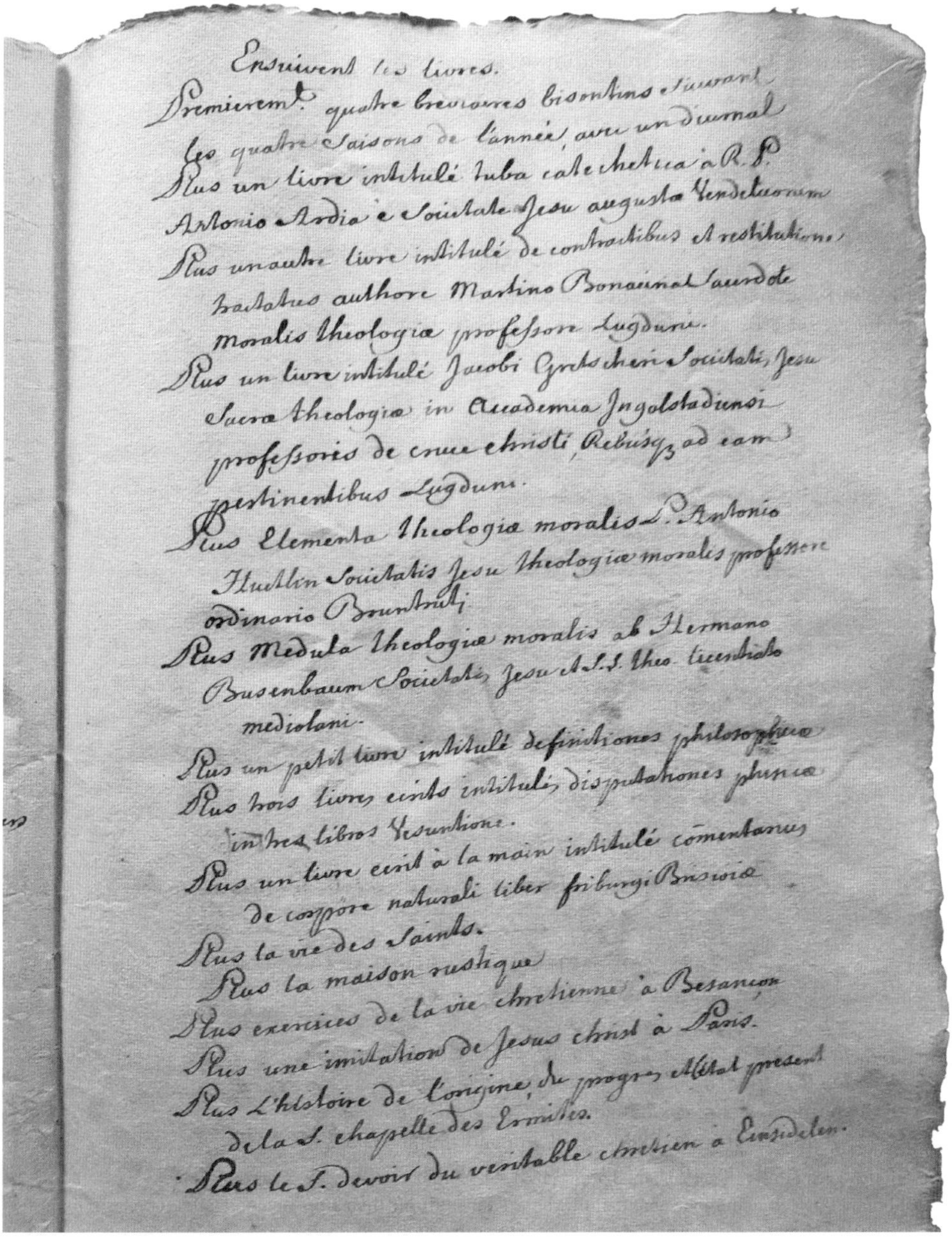

Abbildung 3: *«Inventaire des biens delaissés par feu Dame Anne Salomé Cartier née Buthod»*, vom *2. April 1754, S. [21] (AAEBS, Porrentruy, inventaires et partages, No 30)*

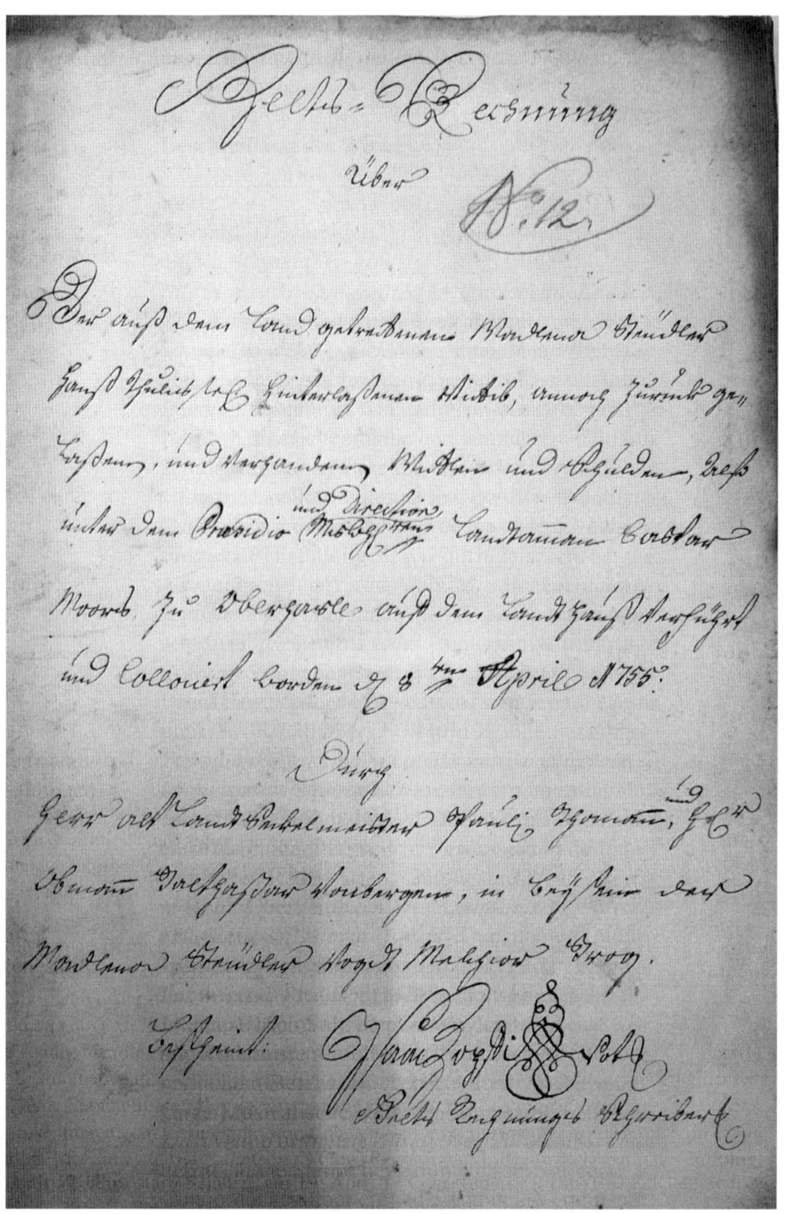

Abbildung 4a: *«Geltstag-Rechnung über der auß dem Land getretenen Madlena Stüdler, Hans Thulis sel. hinterlassenen Wittib [...] coll. 8. Aprill 1755», S. 1 (StABE, Bez Oberhasli A 162, Nr. 12)*

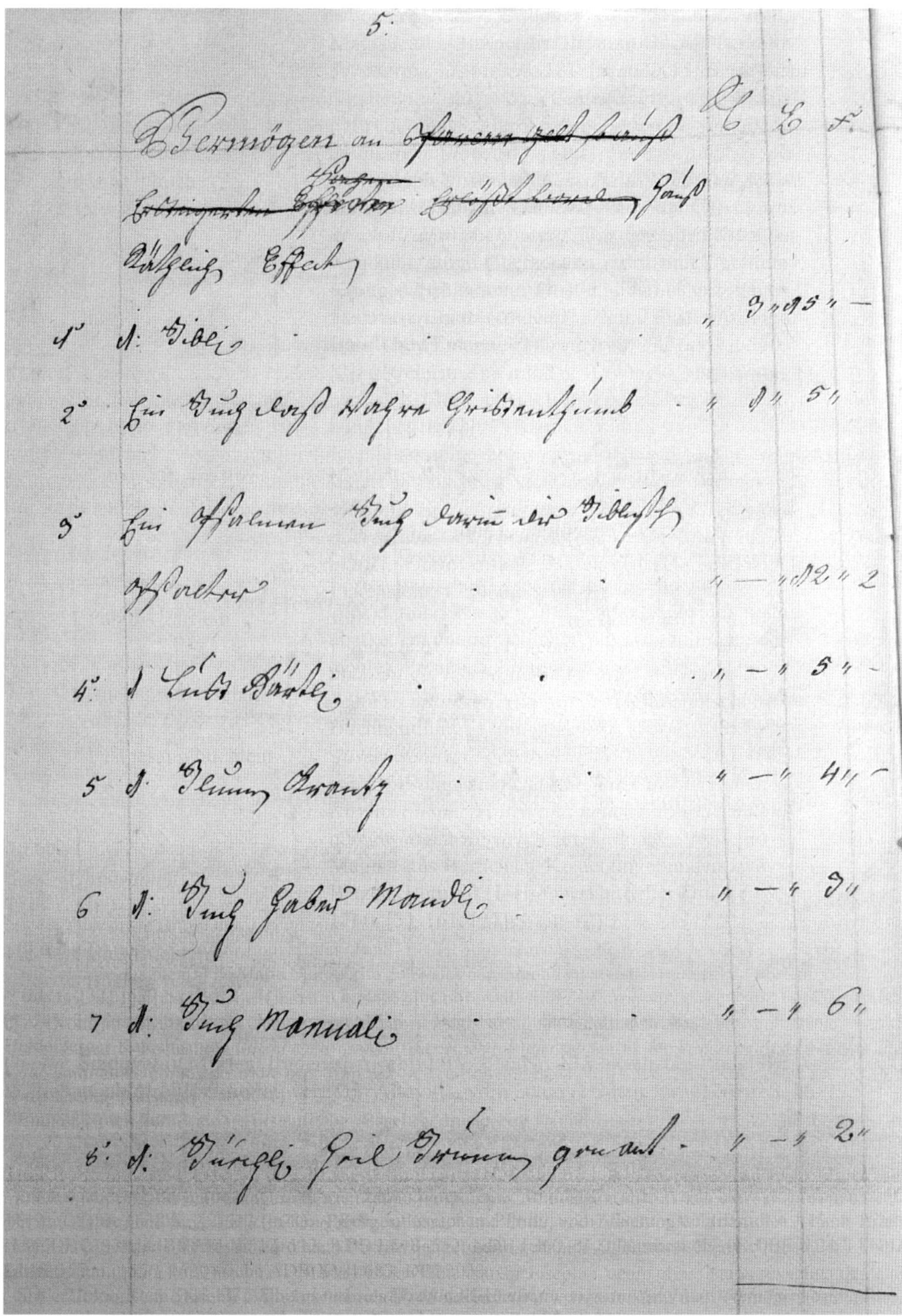

Abbildung 4b: *«Geltstag-Rechnung über der auß dem Land getretenen Madlena Stüdler, Hans Thulis sel. hinterlassenen Wittib [...] coll. 8. Aprill 1755», S. 5 (StABE, Bez Oberhasli A 162, Nr. 12)*

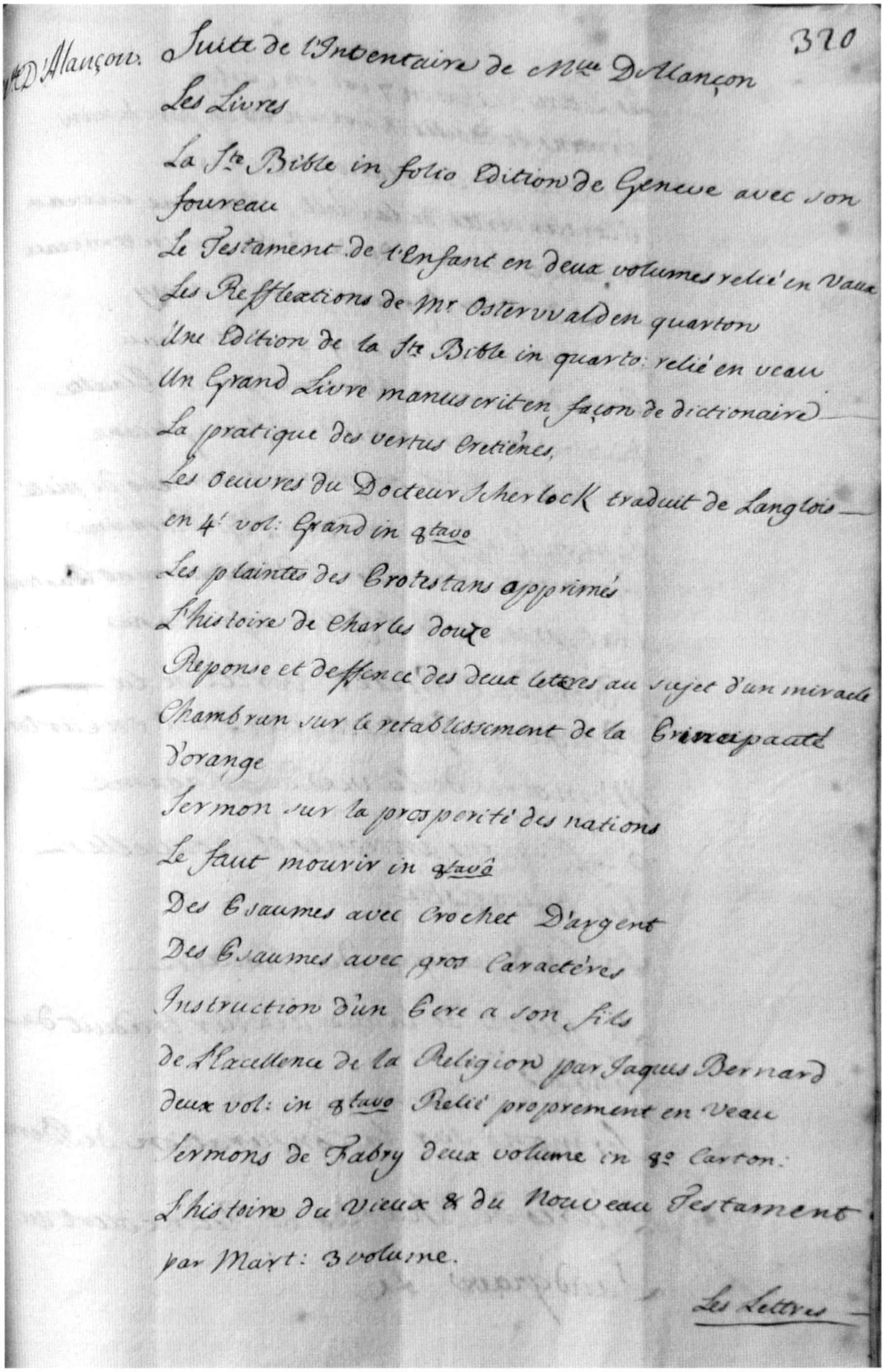

Mlle D'Alançon. Suite de l'Inventaire de Mlle Dollançon 320

Les Livres

La Ste Bible in folio Edition de Geneve avec son foureau

Le Testament de l'Enfant en deux volumes relié en Vaux

Les Refflexions de Mr Ostervvald en quarton

Une Edition de la Ste Bible in quarto: relié en veau

Un Grand Livre manuscrit en façon de dictionaire

La pratique des vertus Cretiènes

Les oeuvres du Docteur Scherlock traduit de Langlois en 4 vol: Grand in 8tavo

Les plaintes des Protestans opprimés

L'histoire de Charles douze

Reponse et deffence des deux letres au sujet d'un miracle

Chambrun sur le retablissement de la Principauté d'orange

Sermon sur la prosperité des nations

Le faut mourir in 8tavo

Des Psaumes avec Crochet D'argent

Des Psaumes avec gros Caractères

Instruction d'un Pere a son fils

de l'excellence de la Religion par Jaques Bernard deux vol: in 8tavo Relié proprement en veau

Sermons de Fabry deux volume in 8o Carton:

L'histoire du Vieux & du Nouveau Testament par Mart: 3 volume.

Les Lettres

Abbildung 5a: «*Inventaire des biens, meubles et effets de feu Mademoiselle Eleonor de Bergier d'Alançon, veuve de Moïse Felix, dressé du 23 avril au 15 mai 1756*», *f. 320 (AVL, Chavannes D 535)*

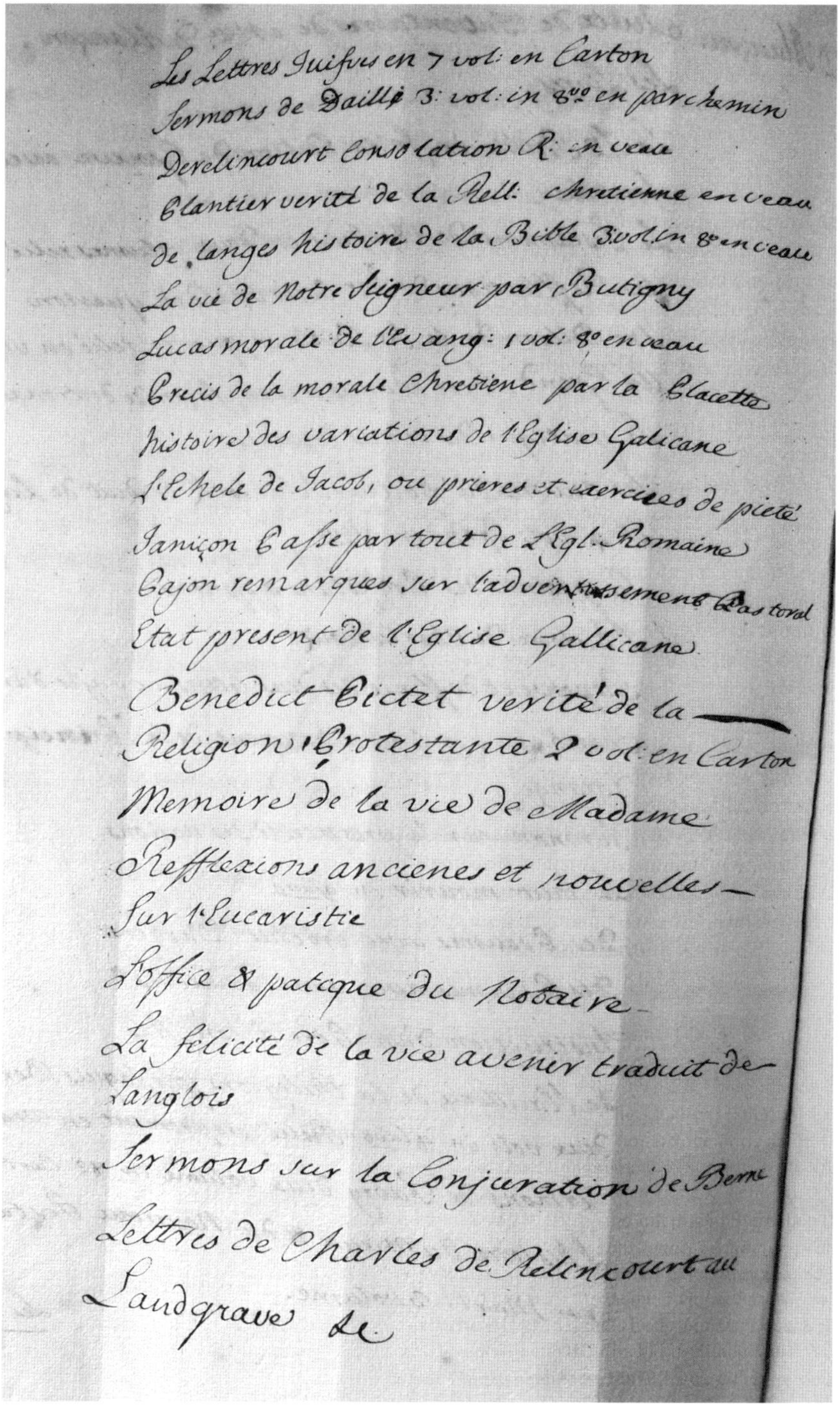

Les Lettres Juifves en 7 vol: en Carton
Sermons de Daillé 3: vol: in 8vo en parchemin
Derelincourt Consolation R: en veau
Plantier verité de la Rell: chretienne en veau
De langes histoire de la Bible 3 vol. in 8vo en veau
La vie de Notre Seigneur par Butigny
Lucas morale de l'Evang: 1 vol: 8o en veau
Precis de la morale Chretiene par la Placette
histoire des variations de l'Eglise Galicane
L'Echele de Jacob, ou prieres et exercices de pieté
Janiçon Passe par tout de l'Egl. Romaine
Gajon remarques sur l'advertissement Pastoral
Etat present de l'Eglise Gallicane
Benedict Pictet verité de la
Religion Protestante 2 vol: en Carton
Memoire de la vie de Madame
Reflexions anciennes et nouvelles
Sur l'Eucaristie
L'office & patique du Notaire
La felicité de la vie avenir traduit de
l'anglois
Sermons sur la Conjuration de Berne
Lettres de Charles de Relincourt au
Landgrave de

Abbildung 5b: *«Inventaire des biens, meubles et effets de feu Mademoiselle Eleonor de Bergier d'Alançon, veuve de Moïse Felix, dressé du 23 avril au 15 mai 1756», f. 320v (AVL, Chavannes D 535)*

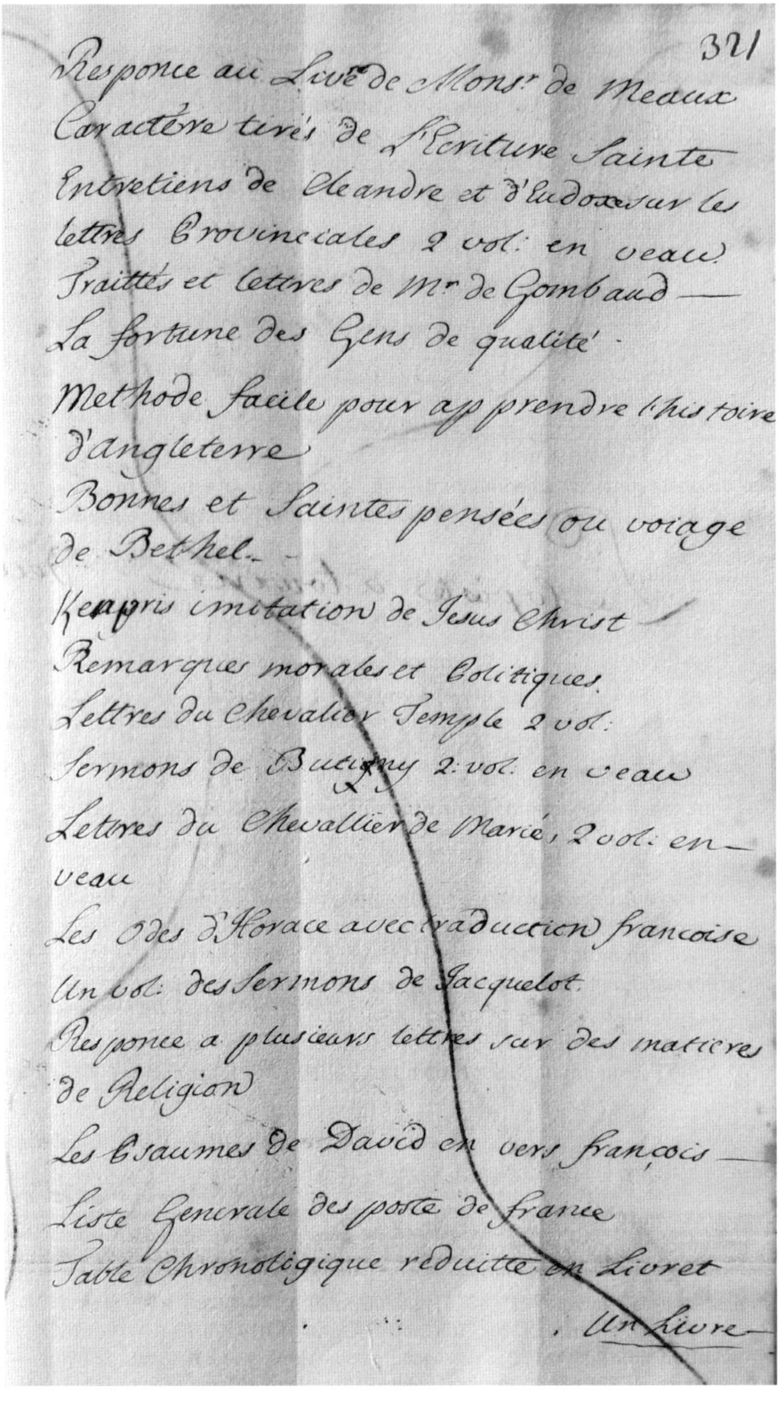

321

Responce au Livre de Monsr de Meaux
Caractère tirés de l'Ecriture Sainte
Entretiens de Cleandre et d'Eudoxe sur les
lettres Provinciales 2 vol: en veau
Traittés et lettres de Mr de Gombaud —
La fortune des Gens de qualité ·
Methode facile pour apprendre l'histoire
d'angleterre
Bonnes et Saintes pensées ou voiage
de Bethel —
Kempis imitation de Jesus Christ
Remarques morales et Politiques
Lettres du Chevalier Temple 2 vol:
Sermons de Butigny 2: vol. en veau
Lettres du Chevallier de Marié, 2 vol: en —
veau
Les Odes d'Horace avec traduction francoise
Un vol: des Sermons de Jacquelot.
Responce a plusieurs lettres sur des matieres
de Religion
Les Psaumes de David en vers françois —
Liste Generale des poste de france
Table Chronoligique reduitte en Livret
. Un Livre —

Abbildung 5c: *«Inventaire des biens, meubles et effets de feu Mademoiselle Eleonor de Bergier d'Alançon, veuve de Moïse Felix, dressé du 23 avril au 15 mai 1756», f. 321 (AVL, Chavannes D 535)*

de l'Inventaire Alançon.

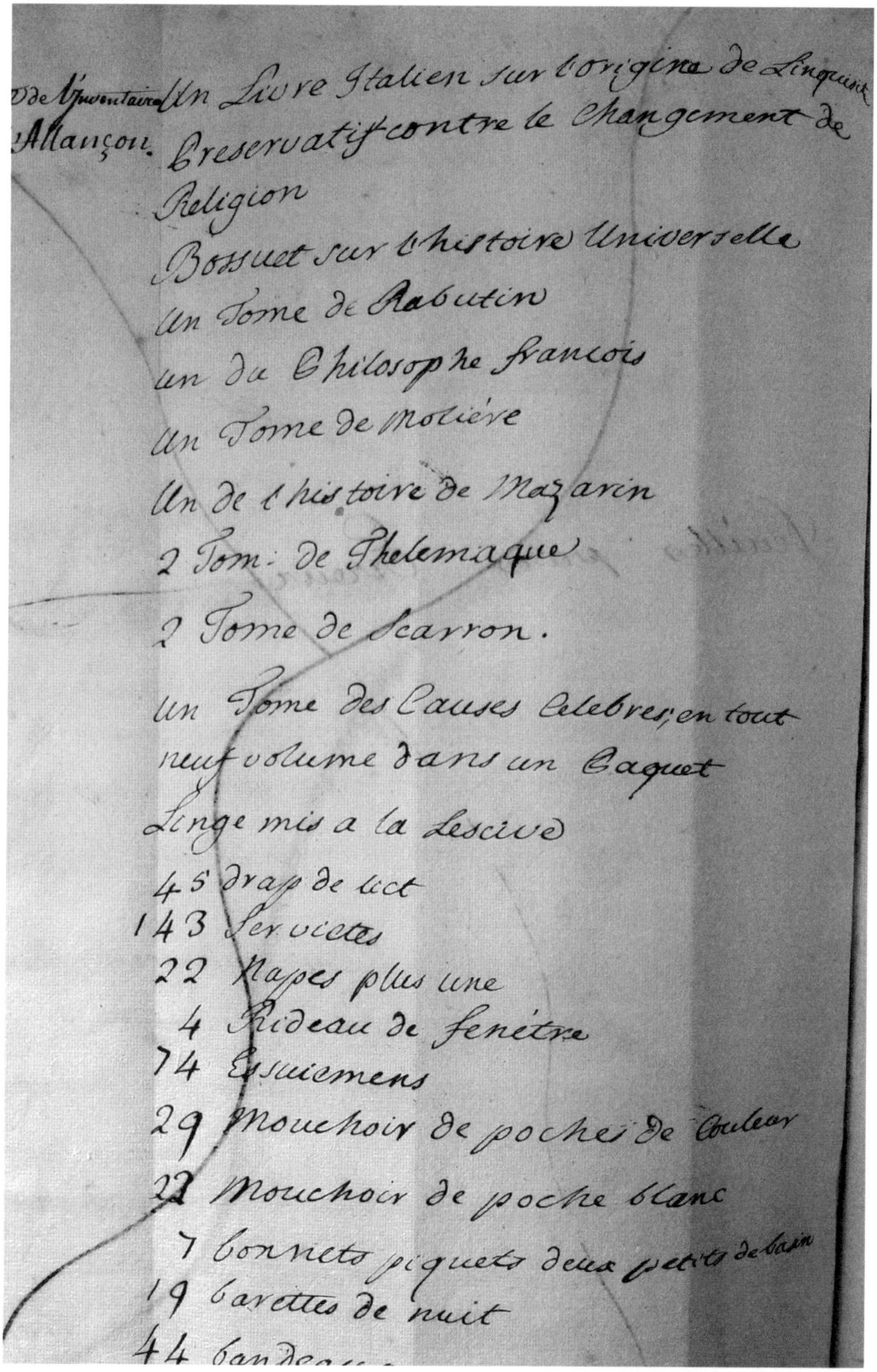

Un Livre Italien sur l'origine de Linquisit

Preservatif contre le Changement de Religion

Bossuet sur l'histoire Universelle

Un Tome de Rabutin

un du Philosophe francois

Un Tome de Moliere

Un de l'histoire de Mazarin

2 Tom: de Thelemaque

2 Tome de Scarron.

Un Tome des Causes Celebres, en tout neuf volume dans un Paquet

Linge mis a la Lescive

45 drap de lict

143 Serviettes

22 Napes plus une

4 Rideau de fenetre

74 Essuiemens

29 Mouchoir de poche de Couleur

22 Mouchoir de poche blanc

7 bonnets piquets deux petits de basin

19 barettes de nuit

44 bandeau[illegible]

Abbildung 5d: *«Inventaire des biens, meubles et effets de feu Mademoiselle Eleonor de Bergier d'Alançon, veuve de Moïse Felix, dressé du 23 avril au 15 mai 1756», f. 321v (AVL, Chavannes D 535)*

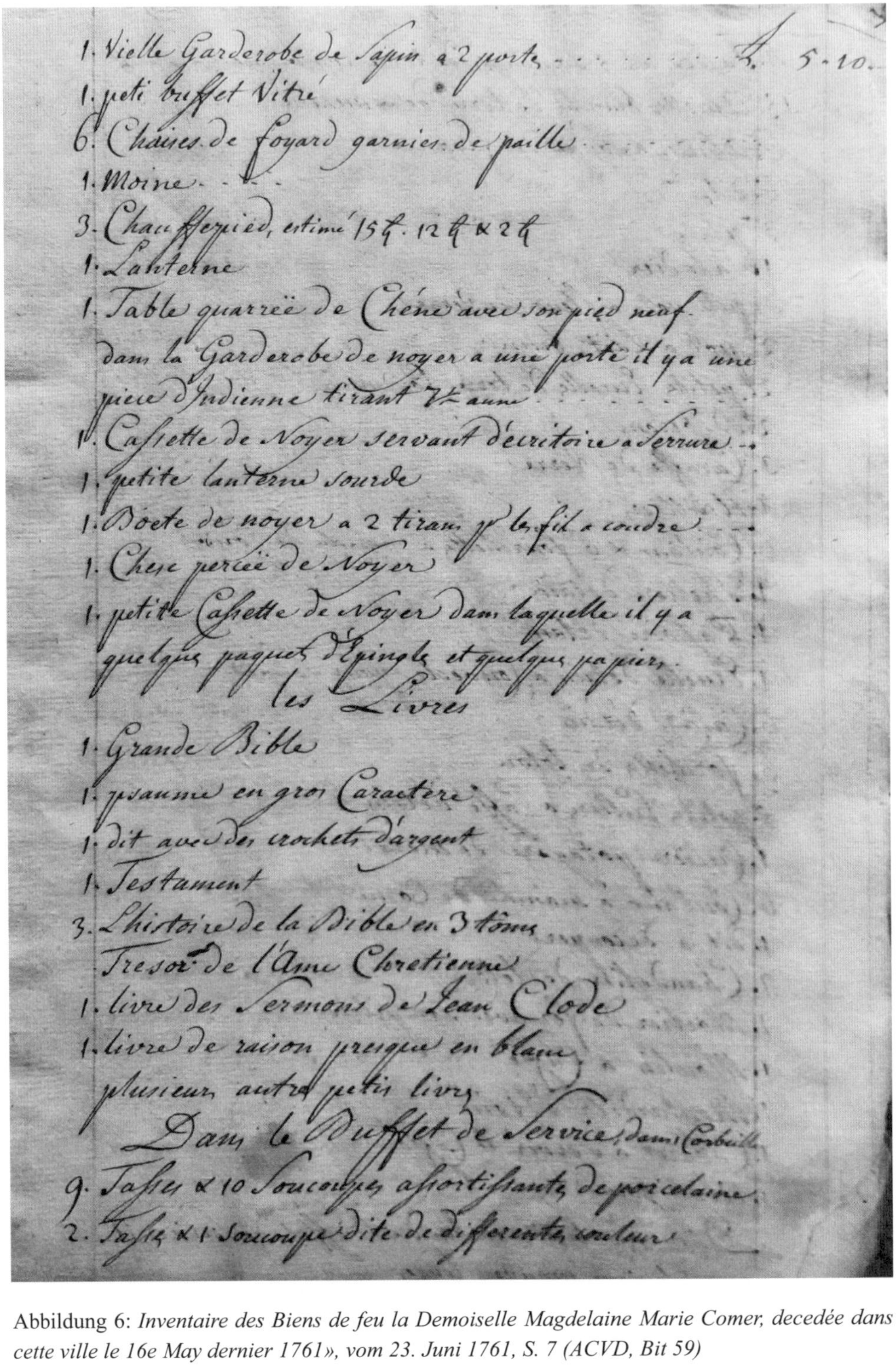

1. Vielle Garderobe de Sapin a 2 porte ... 5.10.

1. peti buffet Vitré

6. Chaises de foyard garnies de paille

1. Moine

3. Chauffepied, estimé 15 ß. 12 ß & 2 ß

1. Lanterne

1. Table quarrée de Chéne avec son pied neuf
dans la Garderobe de noyer a une porte il y a une
piece d'Indienne tirant 7½ aune

1. Cassette de Noyer servant d'ecritoire a Serrure

1. petite lanterne sourde

1. Boete de noyer a 2 tirans pr les fil a coudre

1. Chese percée de Noyer

1. petite Cassette de Noyer dans laquelle il y a
quelques paquets d'Epingles et quelques papiers.

les Livres

1. Grande Bible

1. psaume en gros Caractère

1. dit avec des crochets d'argent

1. Testament

3. L'histoire de la Bible en 3 tômes

Tresor de l'Ame Chretienne

1. livre des Sermons de Jean Clode

1. livre de raison presque en blanc

plusieurs autres petits livres

Dans le Buffet de Service, dans Corbeille

9. Tasses & 10 Soucoupes assortissantes de porcelaine

2. Tasses & 1 Soucoupe dite de differentes couleurs

Abbildung 6: *Inventaire des Biens de feu la Demoiselle Magdelaine Marie Comer, decedée dans cette ville le 16e May dernier 1761», vom 23. Juni 1761, S. 7 (ACVD, Bit 59)*

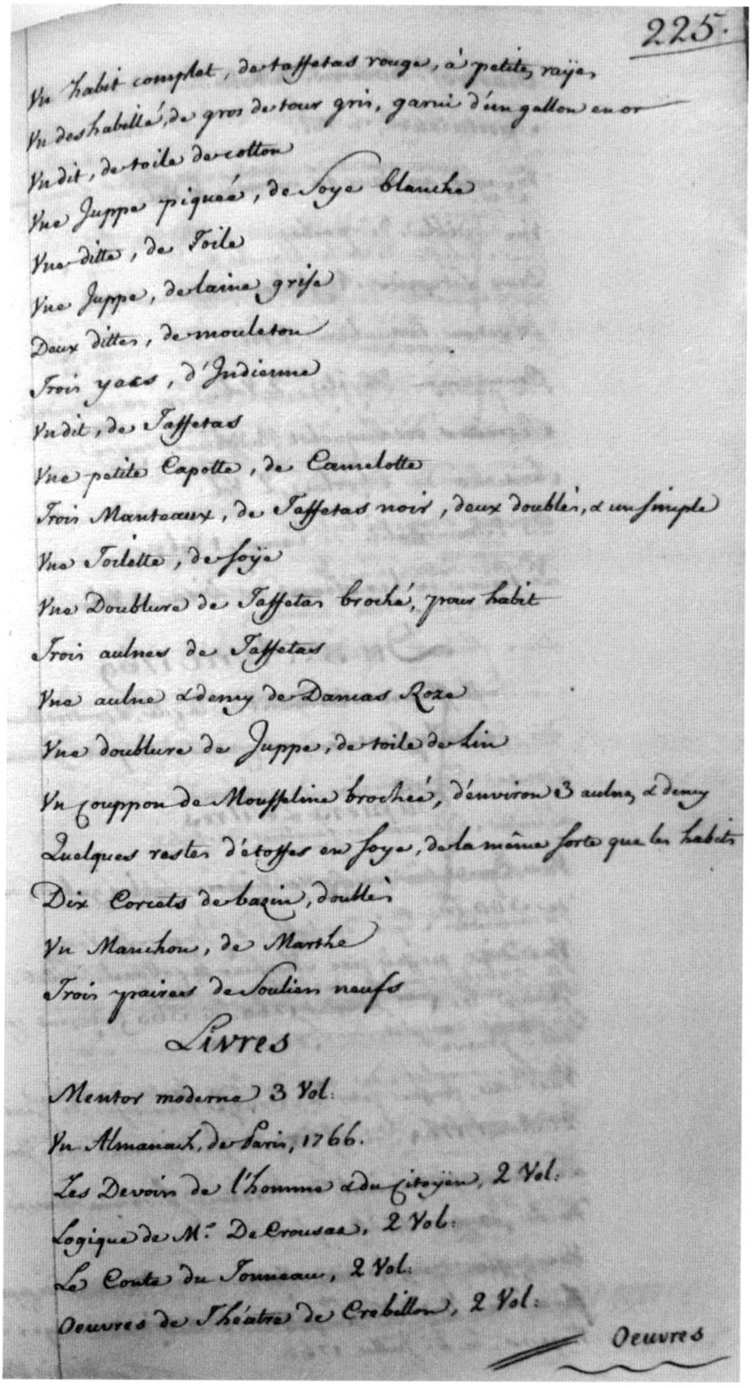

225.

Un habit complet, de taffetas rouge, à petites raijes
Un deshabillé, de gros de tour gris, garni d'un gallon en or
Un dit, de toile de cotton
Une Juppe piquée, de Soye blanche
Une ditte, de Toile
Une Juppe, de laine grise
Deux dittes, de mouleton
Trois yacs, d'Indienne
Un dit, de Taffetas
Une petite Capotte, de Camelotte
Trois Manteaux, de Taffetas noir, deux doublés, & un simple
Une Toilette, de soye
Une Doublure de Taffetas broché, pour habit
Trois aulnes de Taffetas
Une aulne & demy de Damas Roze
Une doublure de Juppe, de toile de lin
Un couppon de Mousseline brochée, d'environ 3 aulnes & demy
Quelques restes d'étoffes en Soye, de la même sorte que les habits
Dix Corcets de bazin, doublés
Un Manchon, de Marthe
Trois paires de Souliers neufs

Livres

Mentor moderne 3 Vol.
Un Almanach, de Paris, 1766.
Les Devoirs de l'homme & du Citoyen, 2 Vol.
Logique de Mr. De Crousaz, 2 Vol.
Le Conte du Tonneau, 2 Vol.
Oeuvres de Théâtre de Crebillon, 2 Vol.

Oeuvres

Abbildung 7a: *«Inventaire des biens, meubles et effets de la succession de feu la Noble D[emoise]lle Madeleine Susanne Marie De S[ain]t George. Le 1er Avril 1769»; f. 225 (AVL, Chavannes D 537)*

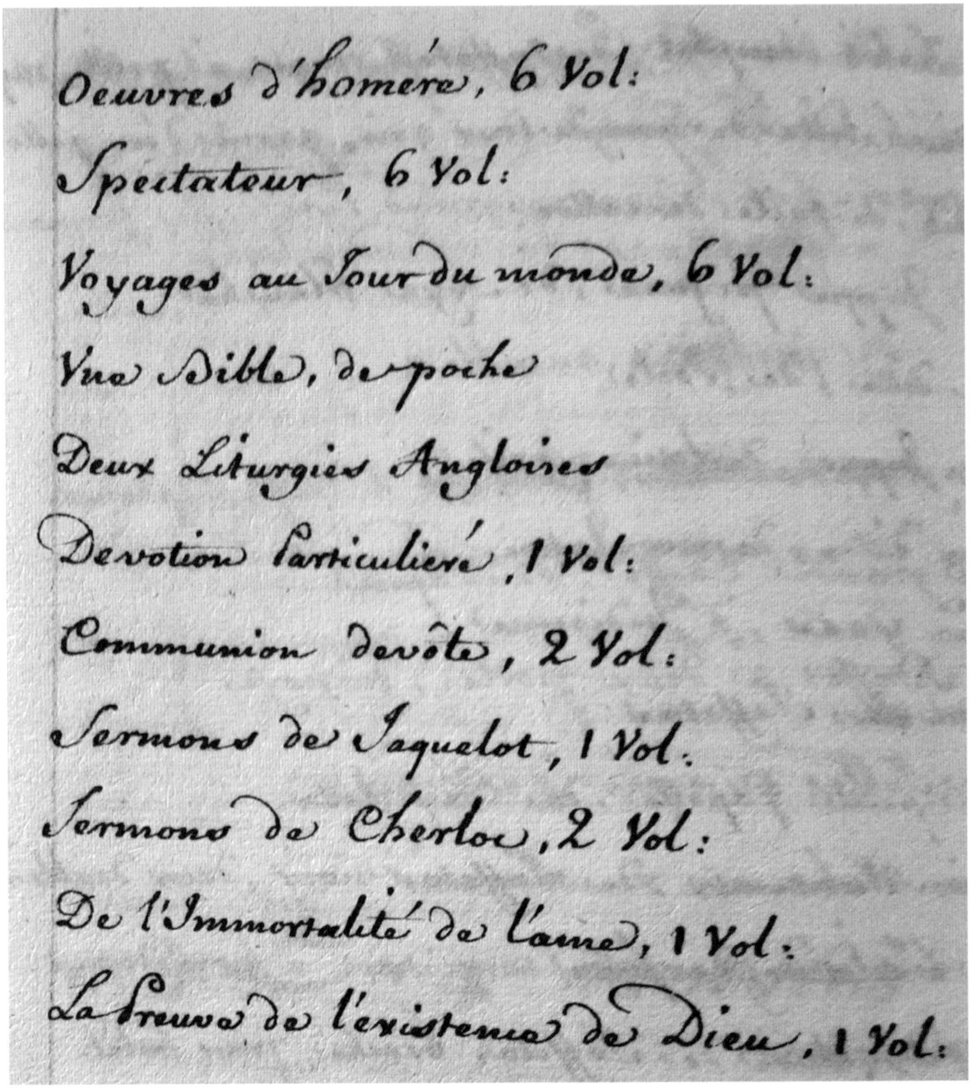

Oeuvres d'homere, 6 Vol:

Spectateur, 6 Vol:

Voyages au Tour du monde, 6 Vol:

Une Bible, de poche

Deux Liturgies Angloises

Devotion Particulière, 1 Vol:

Communion devôte, 2 Vol:

Sermons de Jaquelot, 1 Vol.

Sermons de Cherloc, 2 Vol:

De l'Immortalité de l'ame, 1 Vol:

La Preuve de l'existence de Dieu, 1 Vol:

Abbildung 7b: *«Inventaire des biens, meubles et effets de la succession de feu la Noble D[emoise]lle Madeleine Susanne Marie De S[ain]t George. Le 1er Avril 1769»; f. 225v (AVL, Chavannes D 537)*

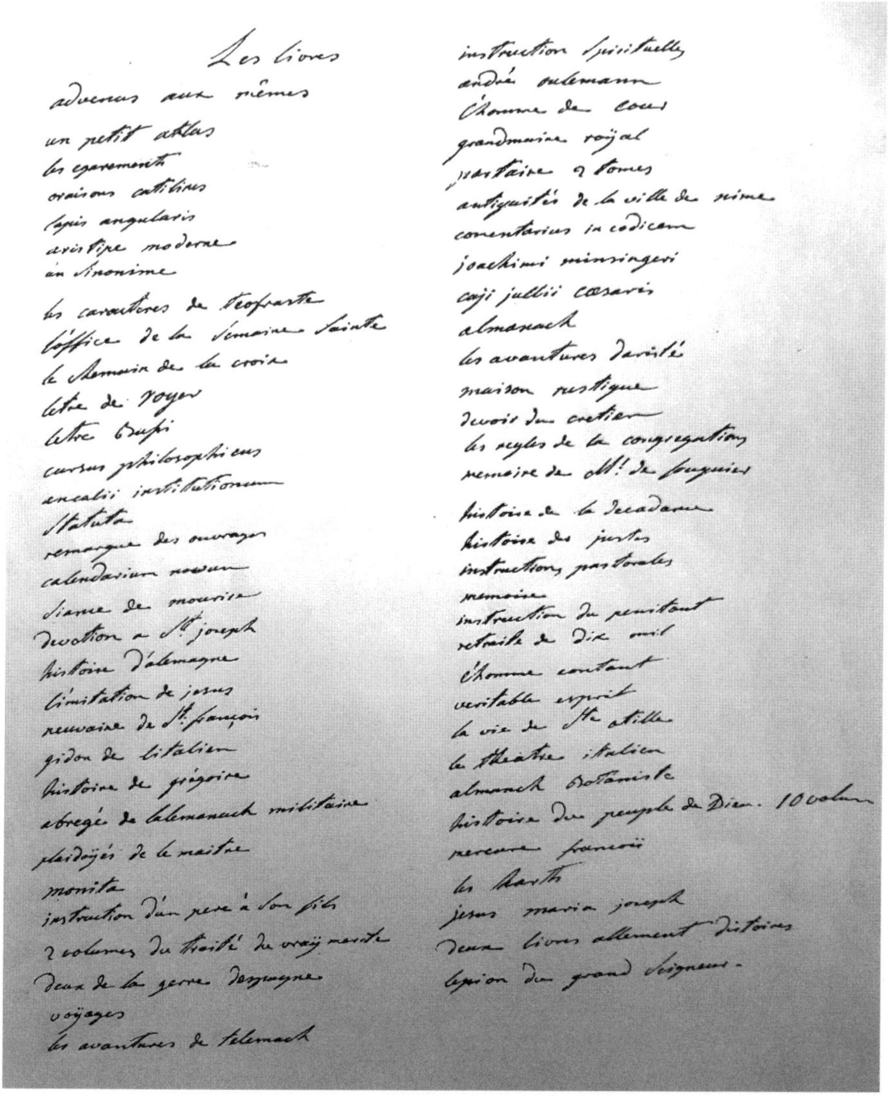

Les livres

adeenus aux riemes
un petit atlas
les egarements
oraisons cottilines
lapis angularis
aristipe moderne
un sinonime
les caracteres de Teofraste
l'office de la semaine sainte
le chemin de la croix
lettre de royer
lettre Brufi
cursus philosophicus
ancalii institutionum
statuta
remarque des ouvrages
calendarium novum
diane de mourise
devotion a St. joseph
histoire d'alemagne
l'imitation de jesus
neuvaine de St. françois
gidon de l'italien
histoire de grégoire
abregé de l'almanach militaire
plaidoijés de le maitre
monita
instruction d'un pere à son fils
2 volumes du traité de vraij merite
deux de la gerre Dessagne
voijages
les avantures de telemach

instruction spirituelle
andré oulemann
l'homme de cour
grandmaire roijal
psartaire 9 tomes
antiquités de la ville de nime
comentarius in codicem
joachimi minsingeri
caji jullii caesaris
almanach
les avantures d'avrilé
maison rustique
devoir du cretien
les regles de la congregation
memoire de Mr. de fouquier
histoire de la decadance
histoire des juifs
instructions pastorales
memoire
instruction du penitent
retraite de Dix muil
l'homme contant
veritable esprit
la vie de Ste otille
le theatre italien
almanach botaniste
histoire du peuple de Dieu. 10 volum
mercure françois
les harths
jesus maria joseph
deux livres allement d'histoires
l'espion du grand seigneur.

Abbildung 8: *«Inventaire des bien[s] deslaissés par Marie Marguerithe Choullat de Porrentruy», vom 20. November 1769, S. [43–45]: «Les livres» (AAEBS, Porrentruy, inventaires et partage, No 32)*

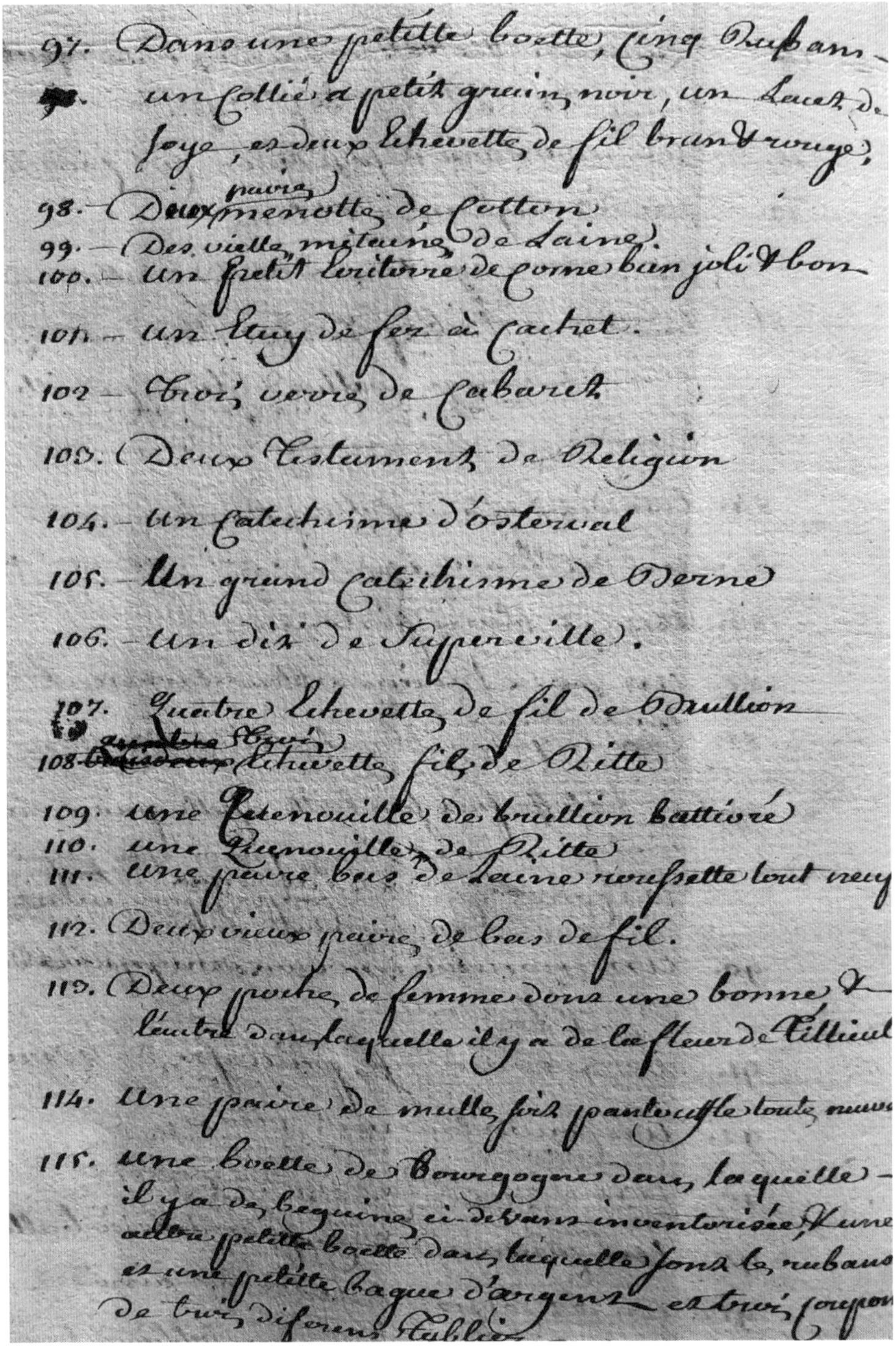
97. Dans une petite boette, Cinq Rubans, un Collié a petit grein noir, un Lacet de soye, et deux Echevette de fil brun & rouge;
98. Deux paires menotte de Cotton
99. Des vielle mitaine de laine.
100. Un petit Ecritoire de Corne bien joli & bon
101. Un Etuy de fer à Cachet.
102. Trois verre de Cabaret.
103. Deux Testament de Religion
104. Un Catechisme d'Osterwal
105. Un grand Catechisme de Berne
106. Un dit de Superville.
107. Quatre Echevette de fil de Brullion
108. ~~quatre~~ trois Echevette fil de Ritte
109. une Quenouille de brullion battioré
110. une Quenouille de Ritte
111. une paire bas de laine neufsette tout neuf
112. Deux vieux paire de bas de fil.
113. Deux poche de femme dont une bonne & l'autre dans laquelle il y a de la fleur de Tilleul
114. Une paire de mulle soit pantouffle toute neuve
115. une boette de Bourgogne dans laquelle il y a des beguine ci-devant inventoriée, & une autre petite boette dans laquelle sont les rubans et une petite bague d'argent et trois coupons de trois diferens Tabliers

Abbildung 9: *«Inventaire des meubles et Effets délaissés par feu Jeanne Bugnoux, morte ce matin»* vom 28. Mai 1776, S. [30] (ACVD, Bib 354)

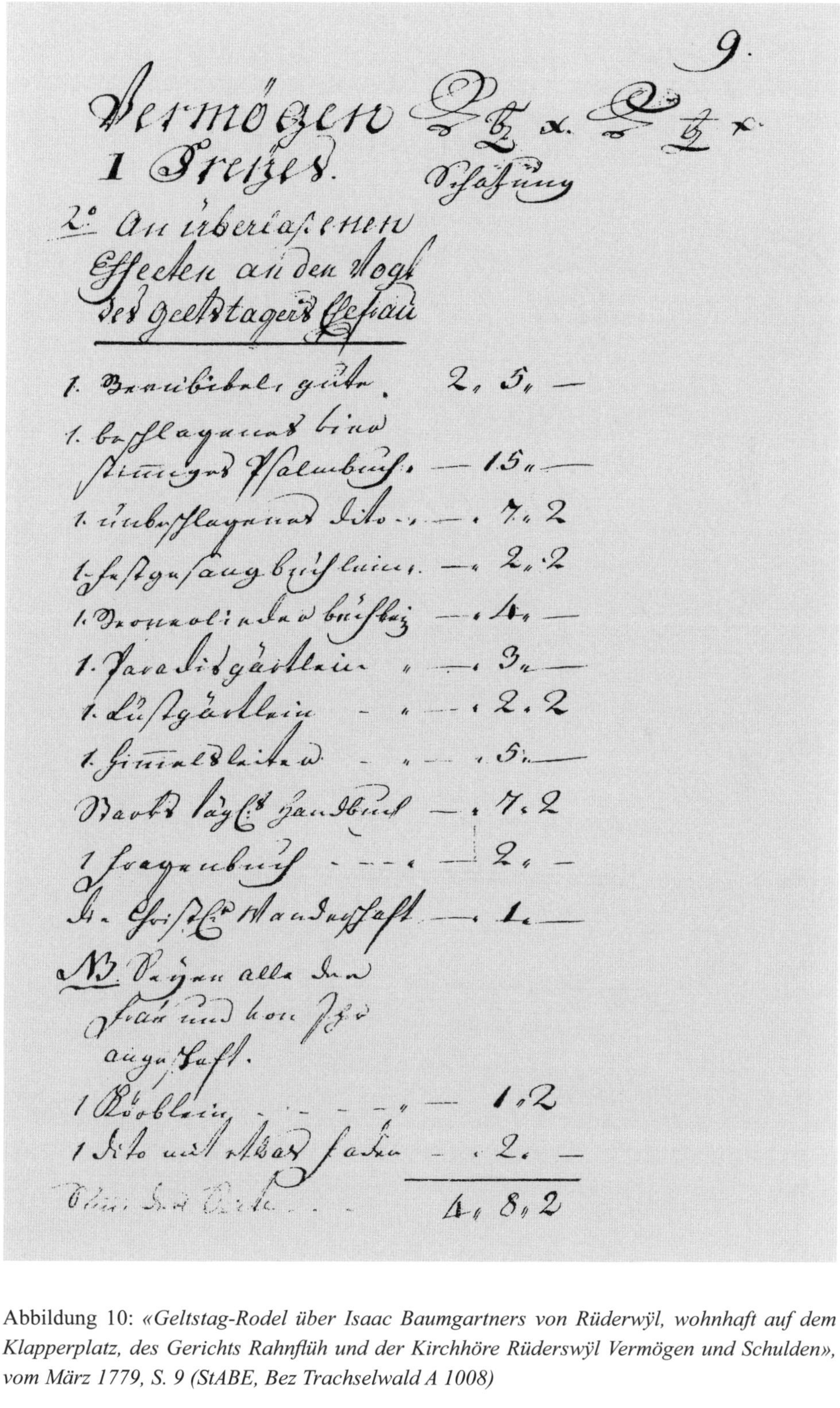

Abbildung 10: *«Geltstag-Rodel über Isaac Baumgartners von Rüderwÿl, wohnhaft auf dem Klapperplatz, des Gerichts Rahnflüh und der Kirchhöre Rüderswÿl Vermögen und Schulden», vom März 1779, S. 9 (StABE, Bez Trachselwald A 1008)*

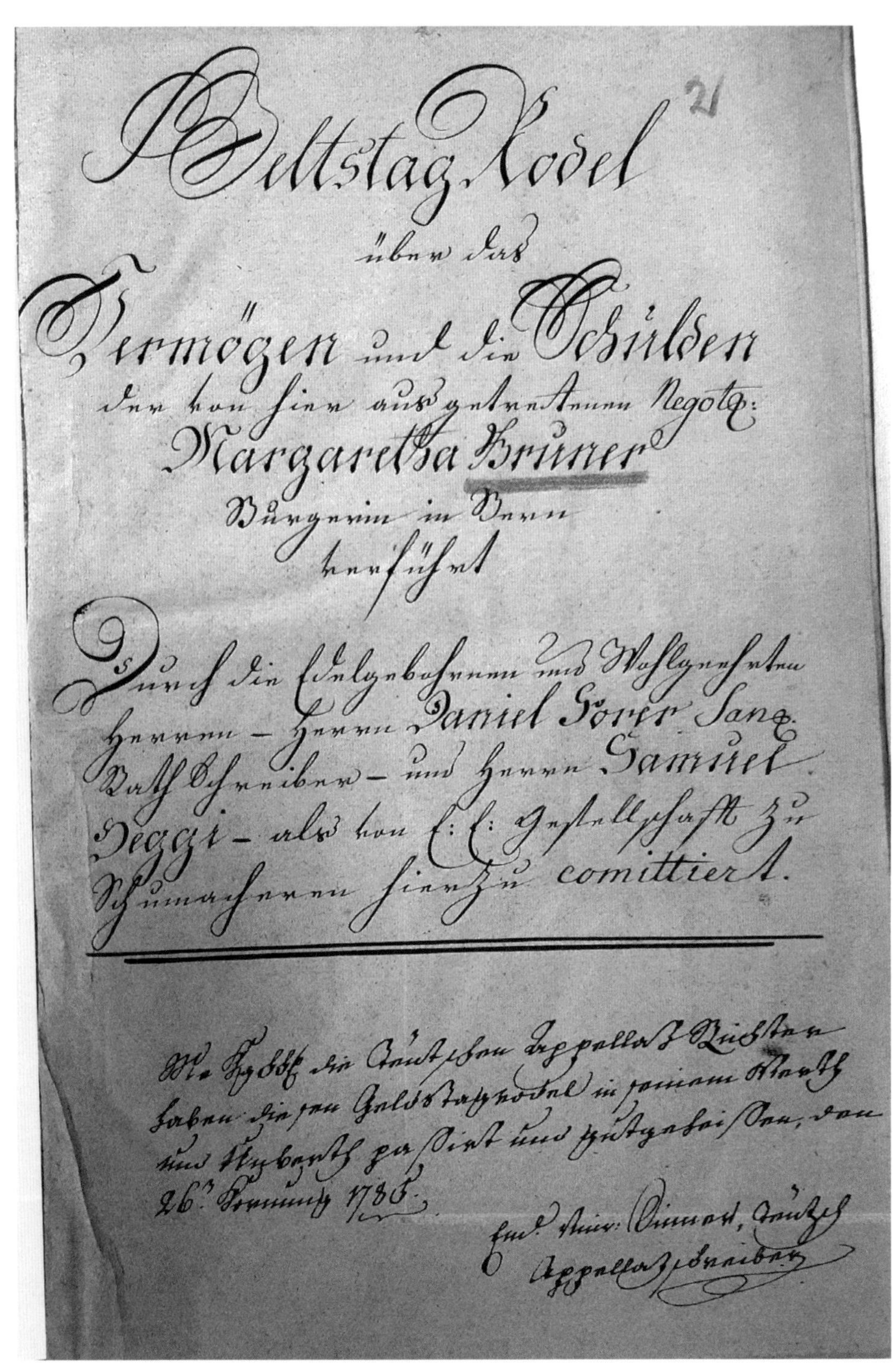

Abbildung 11a: *«Geldstag Rodel über das Vermögen und die Schulden der von hier ausgetretenen Negot[iantin] Margaretha Gruner, Burgerin in Bern», passiert und gutgeheissen, den 26. Februar 1785, S. 1 (StABE, B IX 1488, Nr. 2)*

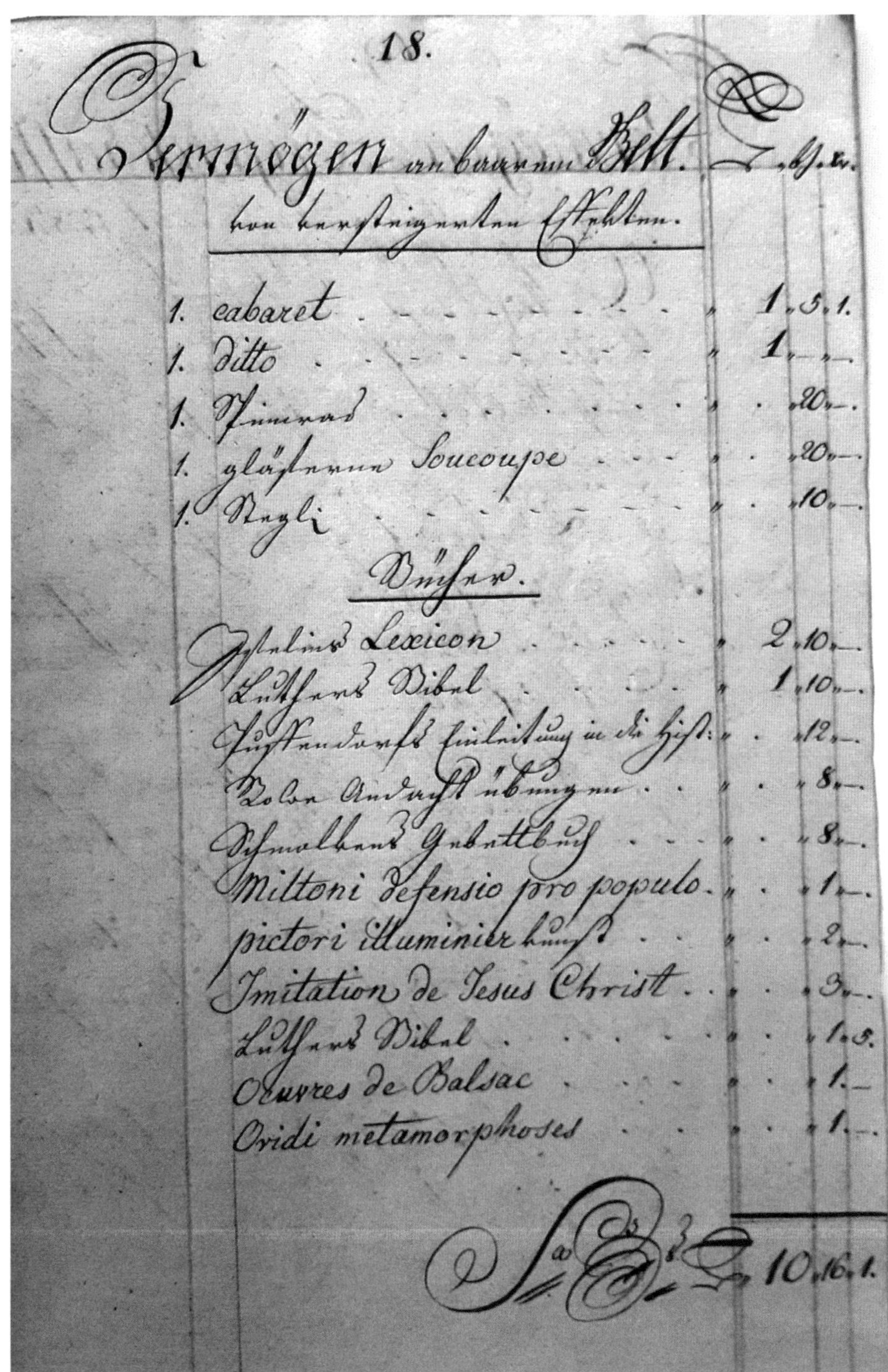

18.

Vermögen an baarem Gelt.

von verstorbenen Eltern.

1. cabaret — 1.5.1.
1. ditto — 1.–.–
1. Spinnrad — .20.–
1. gläsernen Soucoupe — .20.–
1. [illegible] — .10.–

Bücher.

Hübners Lexicon — 2.10.–
Luthers Bibel — 1.10.–
[illegible] Einleitung in die Hist: — .12.–
Zolers Andacht übungen — .8.–
[illegible] Gebettbuch — .8.–
Miltoni defensio pro populo. — .1.–
pictori illuminier [illegible] — .2.–
Imitation de Jesus Christ — .3.–
Luthers Bibel — .1.5.
Oeuvres de Balsac — .1.–
Ovidi metamorphoses — .1.–

Summa 10.16.1.

Abbildung 11b: *«Geldstag Rodel über das Vermögen und die Schulden der von hier ausgetretenen Negot[iantin] Margaretha Gruner, Burgerin in Bern», passiert und gutgeheissen, den 26. Februar 1785, S. 18 (StABE, B IX 1488, Nr. 2)*

L'ECHELLE
DE
JACOB,
OU
TRAITÉ
DE
LA PRIERE
Qui en comprend la Nécessité, l'Utilité, & les Modéles, dans les principales occasions.
Traduit de l'Anglois,
DE BRYAN DUPPA
Evêque de VVINCHESTER.

A GENEVE,
Pour LOUIS DURANT.
M. DCC. X.

Abbildung 12: *Brian DUPPA, L'echelle de Jacob, ou: Traité de la priere qui en comprend la nécessité, l'utilité, & les modéles, dans les principales occasions. Traduit de l'anglois, de Bryan Duppa Evêque de Winchester. Genève: par Louis Durant, 1710: Titelblatt*

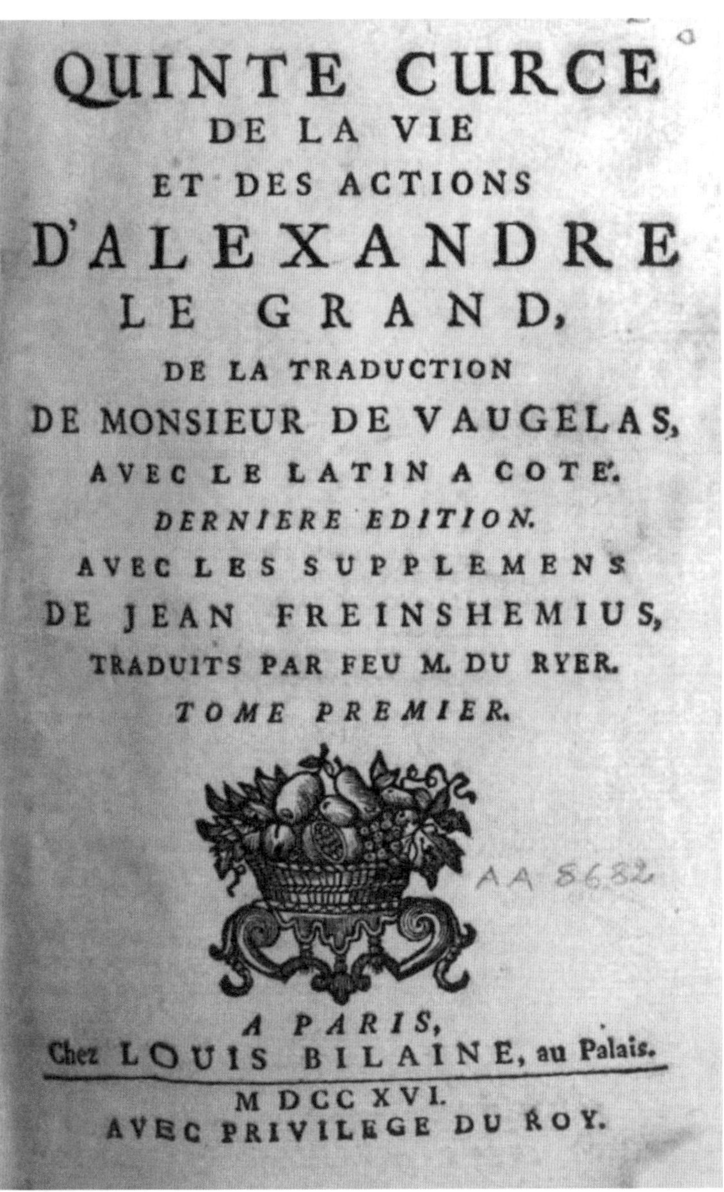

QUINTE CURCE
DE LA VIE
ET DES ACTIONS
D'ALEXANDRE
LE GRAND,
DE LA TRADUCTION
DE MONSIEUR DE VAUGELAS,
AVEC LE LATIN A COTE'.
DERNIERE EDITION.
AVEC LES SUPPLEMENS
DE JEAN FREINSHEMIUS,
TRADUITS PAR FEU M. DU RYER.
TOME PREMIER.

A PARIS,
Chez LOUIS BILAINE, au Palais.

M DCC XVI.
AVEC PRIVILEGE DU ROY.

Abbildung 13: *Quintus CURTIUS RUFUS, (Quinte Curce) De la vie et des actions d'Alexandre le Grand. De la traduction de Vaugelas, avec le latin à côté. Derniere edition. Avec les supplemens de Jean Freinshemius, traduits par feu Monsieur Du Ryer. Tome premier. Paris: chez Louis Bilaine, au Palais, 1716: Titelblatt*

LE

SPECTATEUR,

OU

LE SOCRATE

MODERNE,

Où l'on voit un Portrait naïf des Mœurs
de ce Siecle.

TRADUIT DE L'ANGLOIS.

DESID.
ERASM.

A AMSTERDAM,
Chez DAVID MORTIER, Libraire.

MDCCXIV.

Abbildung 14: *[Joseph ADDISON et Richard STEELE], Le Spectateur, ou: Le Socrate moderne, où l'on voit un portrait naïf des mœurs de ce siecle. Traduit de l'anglois. Amsterdam: chez David Mortier, Libraire, 1714: Titelblatt*

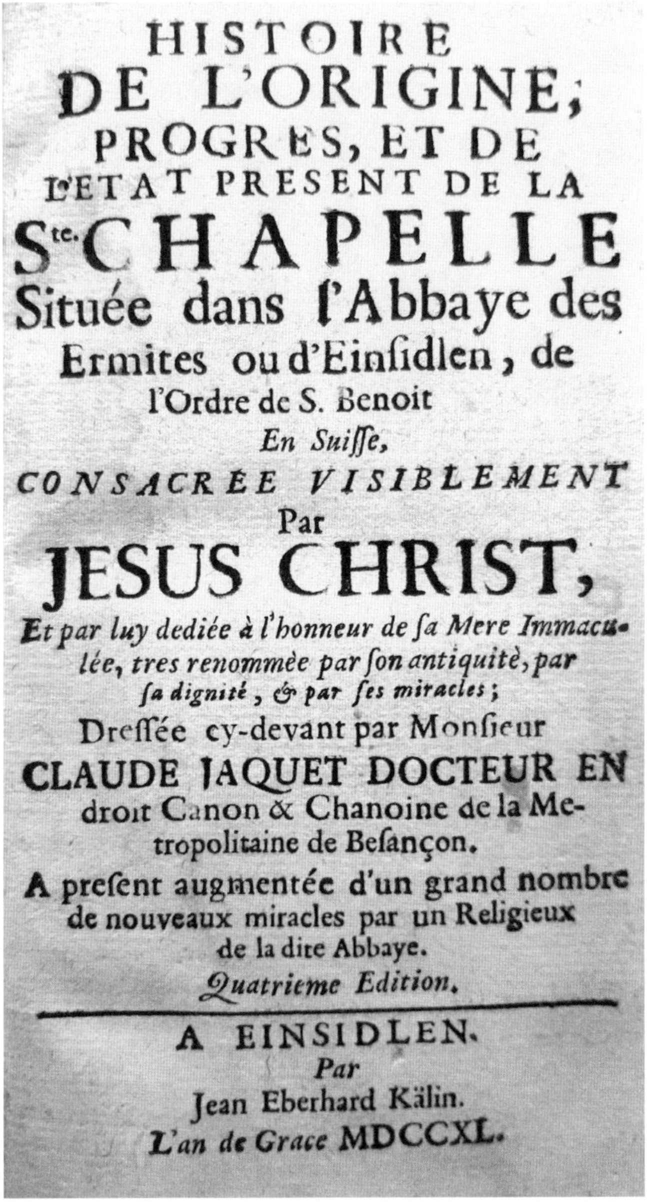

HISTOIRE
DE L'ORIGINE;
PROGRES, ET DE
L'ETAT PRESENT DE LA
S^te. CHAPELLE
Située dans l'Abbaye des
Ermites ou d'Einsidlen, de
l'Ordre de S. Benoit
En Suisse,
CONSACREE VISIBLEMENT
Par
JESUS CHRIST,
*Et par luy dediée à l'honneur de sa Mere Immacu-
lée, tres renommèe par son antiquitè, par
sa dignité, & par ses miracles;*
Dressée cy-devant par Monsieur
CLAUDE JAQUET DOCTEUR EN
droit Canon & Chanoine de la Me-
tropolitaine de Besançon.
A present augmentée d'un grand nombre
de nouveaux miracles par un Religieux
de la dite Abbaye.
Quatrieme Edition.

A EINSIDLEN.
Par
Jean Eberhard Kälin.
L'an de Grace MDCCXL.

Abbildung 15a: *Claude JACQUET, Histoire de l'origine, progres, et de l'etat present de la Ste. Chapelle située dans l'Abbaye des Ermites ou d'Einsidlen, de l'ordre de S. Benoit en Suisse [...] Dressée cy-devant par Monsieur Claude Jaquet [de Pontarlier], docteur en droit canon & chanoine de la Metropolitaine de Besançon. A present augmentée d'un grand nombre de nouveaux miracles par un Religieux de la dite Abbaye. Quatrieme édition. Einsiedeln: par Jean Eberhard Kälin, 1740: Titelblatt*

Abbildung 15b: *Claude JACQUET, Histoire de l'origine, progres, et de l'etat present de la Ste. Chapelle située dans l'Abbaye des Ermites ou d'Einsidlen, de l'ordre de S. Benoit en Suisse [...]. Quatrieme édition. Einsiedeln: par Jean Eberhard Kälin, 1740: Frontispiz*

D. Johann Arndts
Geistreiches
Paradies-
Gärtlein,
Voller
Christlicher Tugenden,
Wie
Dieselbe durch andächtige, lehrhaffte
und tröstliche Gebete in die Seele
zu pflantzen.

BIEL,
In der Heilmannischen Buchhandlung.
MDCCLXVI

Abbildung 16: Johann ARNDT, Geistreiches Paradies-Gärtlein, voller christlicher Tugenden, wie dieselbe durch andächtige, lehrhaffte und tröstliche Gebete in die Seele zu pflantzen. Biel: in der Heilmannischen Buchhandlung, 1766: Titelblatt

Abbildung 17: *Marie Louise Guiguer-Bazin, baronne de Prangins (~1717–1778), Damenporträt, Louis Tocqué (1696–1772) zugeschrieben, undatiert, Öl auf Leinwand, 80 × 64 cm (Privatbesitz)*

Abbildung 18: *Anna Maria Holzmann in Zuger Bürgertracht, Hebamme, Damenporträt von Karl Joseph Speck (1729–1798), 1767, Öl auf Leinwand, 77,5 × 61 cm (Musée national suisse)*

Abbildung 19: *Porträt einer unbekannten Ehefrau von Emanuel Handmann (1718–1781), 1767, Öl auf Leinwand, 57,3 × 45,3 cm (Privatbesitz)*

Abbildung 20: *Henriette Stettler-Herport (1738–1805), Tagebuchschreiberin, Damenporträt von Stephan Bildstein (*1751), 1789, Öl auf Leinwand, 106 × 90,5 cm (Privatbesitz)*

Abbildung 21: *Julie Willading-Boy de la Tour (1751–1826), Damenporträt von Friedrich August Oelenhainz (1745–1804), 1792, Öl auf Leinwand, 117,5 × 89,3 cm (Musée national suisse)*

IV. Grosse Frauenbibliotheken

Tabelle 4.1: Verzeichnis der in der Bibliothek Julie Bondelis vertretenen Autoren[1]

Abaelard, Peter (1079–1142), «philosophe»
Addison, Joseph (1672–1719), «writer and politician»
Aguesseau, Henri-Fançois de, (1668–1751), «chancelier de France» (2)
Alembert, Jean le Rond d' (1717–1783), «mathématicien, physicien, philosophe»
Allamand, Jean-Nicolas-Sébastien (1713–1787), «physicien et naturaliste»
Anomoeus, Clemens († 1611), Theologe und Erbauungsschriftsteller
Anquetil-Duperron, Abraham-Hyacinthe (1731–1805), «orientaliste et traducteur»
Arnaud, François-Thomas-Marie de Baculard d' (1718–1805), «poète, romancier, dramaturge»
Aunillon, *abbé* Pierre-Charles-Fabiot (1684–1760), «écrivain»

Bachaumont, Louis Petit de (1690–1771), «écrivain et critique d'art»
Bahrdt, Karl Friedrich (1741–1792), evangelischer Theologe und Schriftsteller
Ballexserd, Jacques (1726–1774), «médecin, pédagogue, écrivain»
Bar, Georg Ludwig (1701–1767), Domherr, Dichter
Basedow, Johann Bernhard (1723–1790), Pädagoge, Philanthrop, Schriftsteller (2)
Bastide, Jean-François de (1724–1798), «journaliste et littérateur»
Baudeau, *abbé* Nicolas (1730–1792), «économiste et publiciste»
Bayle, Pierre (1647–1706), «philosophe» (2)
Beaumarchais, Pierre Augustin Caron de (1732–1799), «littérateur»
Beaumont du Repaire, Christoph de (1703–1781), «archevêque de Paris»
Beaumont, Jeanne-Marie Leprince de (1711–1780), «écrivain, moraliste, institutrice»
Beaurieu, Gaspard Guillard de (1728–1795), «écrivain»
Beccaria, Cesare, *marchese* de Bonesana (1738–1794), «giurista, economista» (2)[2]
Benoîst, Françoise-Albine Puzin de la Martinière (1724–1809), «écrivaine»
Bergier, Nicolas Sylvestre (1718–1790), «prêtre et théologien»
Bermann, N. N. de (erw. 1762), «avocat et écrivain»
Berruyer SJ, P. Isaac Joseph (1681–1758), «écrivain»
Bertrand, Elie (1713–1797), «pasteur, théologien, naturaliste, conseiller intime»
Bertrand, Louis (1731–1812), «mathématicien»
Bibbiéna, Jean Galli de, *alias* M. de Mugetto (1709–1779), «littérateur» (4)
Biheron, Marie-Catherine (1719–1786), «anatomiste et sculptrice en cire»
Blackwell, Thomas (1701–1757), «classical scholar, historian»
Bland, John (~1721–1808), «officer, theatre entrepreneur and writer»
Bodmer, Johann Jakob (1698–1783), Literaturwissenschaftler und Schriftsteller (2)
Bonnet, Charles (1720–1793), «philosophe, naturaliste» (4)
Bonstetten, Karl Viktor von / Charles Victor de (1745–1832), Magistrat und Schriftsteller
Borde, Charles (1711–1781), «poète et écrivain»
Boyle, John, *5th Earl* of Cork and Orrery (1707–1762), «writer»
Briscoe, Sophia (erw. 1772), «writer»
Brooke, Frances Moore (1724–1789), «novelist, essayist, playwright and translator» (4)
Brown, John (1715–1766), «English Anglican priest, playwright and essayist»
Brydone, Patrick (1736–1818), «traveller and author» (2)
Burke, Edmund (1729–1797), «statesman, economist and philosopher» (2)

[1] Zu Susanna Juliana – Julie – (von) Bondeli (1731–1778), «femme de lettres, épistolière, salonnière», siehe HLS II 560, SLG 77. – Zur Publizistin und Wohltäterin Suzanne Necker-Curchod (1737–1794) siehe HLS IX 114. – Die Zahlen in Klammern bezeichnen die Anzahl der von Julie Bondeli erwähnten Titel von Autoren, die mit mehr als einem Titel vertreten sind.
[2] Originalausgabe und Übersetzung.

Burke, William (1728?–1798), «pamphleteer, official and politician»

Calderón de la Barca, Pedro (1600–1681), «escritor»

Castiglione, Giovanni Francesco Mauro Salvemini *gen.* de (1708–1791), «matematico»
Cervantes Saavedra, Miguel de (1547–1616), «novelista, poeta, dramaturgo y soldado» (2)[3]
Chambrier, *baron* Jean-Pierre de (1731–1808), «officier, magistrat, diplomate»
Châtelet, Gabrielle Emilie Le Tonnelier de Breteuil, *marquise* du (1706–1749), «savante et écrivaine» (2)
Cheselden, William (1688–1752), «surgeon and teacher of anatomy and surgery»
Chorier, Nicolas (1609-1692) «avocat», «juriste et écrivain» (2)
Cohausen, Johann Heinrich (1665–1750), Schriftsteller
Coyer, *abbé* Gabriel François (1707–1782), «homme de lettres»
Crébillon, Claude-Prosper-Jolyot de (1707–1777), «romancier» (2)

Dalibard, Françoise-Thérèse Aumerle Saint-Phalier, *dame* (1722–1757), «écrivaine»
Defoe, Daniel (1660/61–1713), «journalist, novelist» (2)[4]
Delille, Jacques (1738–1813), «poète et traducteur»
Deluc, Jacques-François (1698–1780), «horloger et écrivain»
Deluc, Jean-André (1727–1817), «géologue, physicien, météorologue» (2)
Diderot, Denis (1713–1784), «philosophe, écrivain» (4)
Dorat, Claude Joseph, *alias* Pierre-Jean-Baptiste Nougaret (1734–1780), «littérateur» (2)
Duclos, Charles Pinot oder Pineau (1704–1772), «romancier et historien»
Du Fresne de Francheville, Joseph (1704–1781), «écrivain»
Duhamel du Monceau, Henri Louis (1700–1782), «botaniste agronome»
Du Peyrou, Pierre-Alexandre (1729–1794), «financier, ami et éditeur de Rousseau» (3)

Euripides (480/485–406 v. Chr.), griechischer Tragödiendichter

Fabre, Jean-Claude (1668–1753), «théologien, historien, traducteur»
Fauques, Marianne Agnès *dame* de Pillement (~1720–1777), «écrivaine»
Favart, Marie-Justine Benoite, *geb.* Duronceray (1727–1772), «danseuse, actrice, dramaturge»
Freijóo y Montenegro OSB, P. Benito Jerónimo (1676–1764), «escritor» (2)
Fellenberg, Daniel (1736–1801), Jurist, Magistrat
Ferguson, Adam (1723–1816), «philosopher and historian» (1+2)[5]
Fielding, Henry (1707–1754), «novelist» (1+2)[6]
Fielding, Sarah (1710–1768), «novelist»
Fleury, *abbé* Claude (1640–1723), «sous-précepteur des enfants de France, historien gallican»
Flint, Mather (erw. 1740–1763), «Jacobite, grammarian»
Fordyce, James (1720–1796), «Presbyterian minister and poet» (1+2)[7]
Formey, Jean Henri Samuel / Johann Heinrich Samuel (1711–1797), «homme de lettres, philosophe» (4)
Fréron, Elie Catherine (1718–1776), «critique littéraire et journaliste»
Friedrich II. von Preussen, *König* (1712/40–1786), Schriftsteller (2)
Füssli, Johann Heinrich (1745–1832), Magistrat, Historiker, Schriftsteller, Verleger (3)

Gaillard de la Bataille, Pierre-Alexandre (1708–1779), «écrivaine et pamphlétaire»
Garcin, Jean-Laurent, *sieur* de Cottens (1733–1781), «littérateur, poète, botaniste» (2)
Gaudio, Vincenzo Maria (1723–1796), «giurista e teorico letterario»
Gellert, Christian Fürchtegott (1715–1769), Dichter (1+2)[8]

[3] Originalausgabe und Übersetzung.
[4] Originalausgabe und Übersetzung.
[5] Originalausgabe und Übersetzung.
[6] Originalausgabe und Übersetzung.
[7] Originalausgabe und Übersetzung.

Gerstenberg, Heinrich Wilhelm von (1737–1823), Schriftsteller
Gessner, Salomon (1730–1788), Magistrat, Dichter, Künstler, Verleger (1+9)[9]
Gibbon, Edward (1737–1794), «historian and writer»
Goethe, Johann Wolfgang von (1749–1832), Dichter (2+2)[10]
Goudar, (Pierre-)Ange (1708–1791), «aventurier, espion, publiciste»
Graffigny, Françoise-Paule de, *geb.* Issembourg d'Happoncourt (1695–1758), «écrivaine»
Grasset, François (1723–1789), «éditeur, libraire, traducteur»
Gray, Thomas (1716–1771), «poet, letter-writer and classical scholar» (2)
Griffith, Elizabeth (1720/27–1793), «dramatist, fiction writer, essayist and actress»
Griffith, Richard (~1704–1788), «author»
Grimm, Friedrich Melchior, *Reichsfreiherr* von (1723–1807), Diplomat, Literaturkritiker, Schriftsteller
Grimm, Samuel Hieronymus (1733–1794), Kaufmann, Landschaftsmaler, Dichter
Guénée, *abbé* Antoine (1717–1803), «littérateur»
Gueullette, Thomas-Simon (1683–1766), «juriste et écrivain»
Guibert, Jacques Antoine Hippolyte, *comte* de (1743–1790), «maréchal de camp et écrivain militaire»

Haller, Albrecht von (1708–1777), Mediziner, Dichter, Naturforscher und Magistrat (4+2)[11]
Haren, Onno Zwier van (1713–1779), «staatsman en dichter» (2)[12]
Haywood, Eliza Fowler (1693?–1756), «author and actress» (2)[13]
Heidegger, Johann Heinrich (1633–1698), reformierter Theologe
Helvétius, Claude-Adrien (1715–1771), «philosophe» (2)
Hemsterhuis, Frans / Franciscus (1721–1790), «filosoof» (3)
Herbort / Herport, Beat (1692–1767), reformierter Pfarrer[14]
Herder, Johann Gottfried (1744–1803), Philosoph, Dichter, Übersetzer (2)
Hermes, Johann Timotheus (1738–1821), Romanschriftsteller (2)
Hess, Felix (1742–1768), Philosoph und Schriftsteller (2)
Hess, Johann Jakob (1741–1828), Antistes
Hirschfeld, Christian Cay Lorenz (1742–1792), Philosoph und Theoretiker der Gartenkunst
Hirzel, Johann Caspar (1725–1803), Magistrat, Arzt, Schriftsteller (2+2)[15]
Holbach, Paul-Henri-Thiry, *baron* d' (1723–1789), «philosophe et écrivain» (2)
Holland, Georg Jonathan von (1742–1784), Mathematiker, Philosoph, Theologe
Home, Henry, *Lord* Kames (1696–1782), «philosopher, writer and agricultural improver» (1+2)[16]
Home, John (1722–1808), «playwright» (3)
Hottinger, Johann Jacob (1750–1819), Gelehrter, Schriftsteller und Übersetzer (2)
Hume, David (1711–1776), «philosopher and historian» (4)
Hutcheson, Francis (1694–1746), «philosopher»

Iselin, Isaak (1728–1782), Magistrat, Geschichtsphilosoph, Jurist, Schriftsteller (2)
Iuvenalis, Iunius Decimus / Juvenal (~60–~100 v. Chr.), römischer Redner und Satirendichter

Jacobi, Johann Georg (1740–1814), Schriftsteller und Publizist

[8] Originalausgabe und Übersetzung.
[9] Originalausgaben und Übersetzungen.
[10] Originalausgabe und Übersetzung.
[11] Originalausgabe und Übersetzung.
[12] Originalausgabe und Übersetzung.
[13] Originalausgabe und Übersetzung.
[14] Verfasser von: *Versuch über wichtige Warheiten, zur Glückseligkeit der Menschen*. Bestens empfohlen allen Regenten der freyen Staaten, zur Erdaurung und nöthigen Besserung. Von einem redlich gesinnten Schweizer. [s. l.], 1766, [6], 179, [1] S. – Siehe HLS VI 289.
[15] Originalausgabe und Übersetzung.
[16] Originalausgabe und Übersetzung.

Jaucourt, Louis *chevalier* de (1704–1779), «collaborateur de l'*Encyclopédie* de Diderot»
Johnstone, Charles (1719?–1800?), «writer»
Jourdan, Jean-Baptiste (1711–1793), «littérateur et traducteur»
Jullien, Jean-Auguste, *alias* Desboulmiers (1731–1771), «officier et écrivain»

Kant, Immanuel (1724–1804), Philosoph
Karsch, Anna Louisa, *gen.* die Karschin (1722–1791), Dichterin
Kelly, Hugh (1739–1777), «writer»
Keyssler, Johann Georg (1693–1743), Schriftsteller
Kirchberger, Niklaus Anton (1739–1799), Magistrat und Ökonom
Klopstock, Friedrich Gottlieb (1724–1803), Dichter und Literaturtheoretiker (1+2)[17]

La Beaumelle, Laurent Angliviel de (1727–1773), «homme de lettres» (5)
La Chatolais, Louis-René de Caradeuc *sieur* de (1701–1785), «écrivain et magistrat»
La Harpe, Jean François Delarpe, *gen.* de (1739–1803), «littérateur et philosophe repenti»
Lamande d. J., Joseph (1727–1775), «publiciste»[18]
Lambert, Johann Heinrich (1728–1777), Mathematiker und Physiker (2)
La Morlière, Jacques de la Rochette de (1719–1785), «écrivain»
La Roche, Georg Michael Frank von Lichtenfels, *gen.* (1720–1788), Kanzler
La Roche, (Marie) Sophie von (1731–1807), Schriftstellerin (1+2)[19]
La Solle, Henri-François de (~1704–1761), «écrivain»
Lavater, Johann Kaspar (1741–1801), reformierter Pfarrer, Philososph und Schriftsteller (13)
Lefranc, *marquis* de Pompignan, Jean-Georges (1715–1790), «archevêque et apologiste» (4)
Lenclos, Ninon *eigtl.* Anne de (1620–1705), «salonnière et écrivaine»
Lesage / Le Sage, Alain René (1668–1747), «romancier et auteur dramatique»
Le Sage, Georges-Louis (1724–1803), «médecin, mathématicien, physicien»
Lessing, Gotthold Ephraim (1729–1781), Schriftsteller, Kritiker und Philosoph (2)
Leutrum, Sophia Francisca, *Baronin* von (erw. 1758–1762), Dichterin (2)
Lichtenberg, Georg Christoph (1742–1799), Naturforscher und Schriftsteller
Lillo, George (1693–1739), «dramatist» (2)[20]
Linguet, Simon Nicolas Henri (1736–1794), «homme de loi et historien» (2)
Lintot, Catherine Cailleau *dame* de (1728–1816), «femme de lettres, romancière»
Lottin, Augustin-Martin (1726–1793), «imprimeur-libraire»
Lukianos von Samosata / Lukian (~120–~200), griechischer Sophist und Satiriker
Lussan, Marguerite de (1682–1758), «romancière» (3)
Lusse, Charles de (* 1731), «écrivain»
Luther, Martin (1483–1546), Reformator

Mably, Gabriel Bonnot de (1709–1785), «écrivain politique et historien» (3+2)[21]
Mackenzie, Henry (1745–1831), «novelist» (2)
Macpherson, James (1736–1796), «alleged translator» (3)
Marigny, *abbé* François Augier de (1690–1762), «ecclésiastique et écrivain»
Marion de Salins, Pierre (erw. 1770), «dramaturge»
Marivaux, Pierre Carlet de Chamblain de (1688–1763), «écrivain»
Marmontel, Jean-François (1723–1799), «écrivain et auteur dramatique» (2)
Meinhard, Johann Nikolaus (1727–1767), Schriftsteller, Übersetzer, Literaturkritiker
Meister, Jakob Heinrich / Jacob-Henri (1744–1826), Schriftsteller und Politiker (4)
Meister, Leonhard, *alias* Steimer, Nolehard (1741–1811), Pfarrer und Historiker (2)

[17] Originalausgabe und Übersetzung.
[18] Verfasser von: *Dictionnaire des Négatifs*. Cologne [i. e. Genève?]: de l'imprimerie de Pierre Marteau, 1766, 39 S.
[19] Originalausgabe und Übersetzung.
[20] Originalausgabe und Übersetzung.
[21] Originalausgabe und Übersetzung.

Melmoth, William (~1710–1799), «lawyer and man of letters»
Mendelssohn, Moses (1729–1786), Philosoph (6+2)[22]
Mengs, Anton Raphael (1728–1779), Maler
Mercier, Louis-Sébastien (1740–1814), «journaliste et écrivain»
Merck, Johann Heinrich (1741–1791), Schriftsteller und Literaturkritiker
Meyer von Schauensee, Joseph Rudolf Valentin (1725–1808), Magistrat
Miller, Johann Martin (1750–1814), Schriftsteller
Mirabeau, Victor Riquet(t)i *marquis* de (1715–1789), «économiste» (2)
Mniszech, Joseph, *eigtl.* Wandalin, Jan Karol († 1797), Offizier
Mniszech, Michel-Georges, *eigtl.* Wandalin, Michał Jerzy (1742–1806), Offizier
Molière Jean Baptiste Poquelin, *dit* (1622–1673), «poète comique»
Mollet, Jean Louis (1728–1799), «marchand, écrivain»[23]
Montagu, Elizabeth (1718–1800), «patron of the arts, *salonnière,* literary critic and writer»
Montagu, *Lady* Mary Wortley (1689–1762), «writer» (1+3)[24]
Montesquieu, Charles de Secondat, *baron* de la Brède et de (1689–1755), «philosophe et écrivain» (3)
Montmollin, Frédéric-Guillaume de (1709–1783), «pasteur réformé et professeur» (2)
Moore, Edward (1712–1757), «dramatist and miscellaneous writer» (2)[25]
Morellet, *abbé* André (1727–1819), «littérateur et économiste» (2)
Moser, Friedrich Carl, *Freiherr* von (1723–1798), Schriftsteller (2)
Mouhy, Charles de Fieux, *chevalier* de (1702–1784), «romancier»
Muret, Jean-Louis (1715–1796), «économiste»

Naigeon, Jacques André (1738–1810), «publiciste et philosophe»
Necker, Suzanne (1737–1794), «publiciste»
Néel, Louis-Balthazar (1695–1754), «écrivain et historien»
Newton, Isaac (1643–1727), «mathematician, physicist, astronomer, alchemist and author»
Nicolai, Christoph Friedrich (1733–1811), Buchhändler, Verleger und Schriftsteller (4)
Nolivos de Saint-Cyr, Paul-Antoine-Nicolas (1726–1803), «officier et écrivain» (2)
Nougaret, Pierre-Jean-Baptiste → Dorat, Claude-Joseph

Ortelius, Hieronymus (1543–1614), Jurist, Historiker, Erbauungsschriftsteller
Ostervald, Jean-Frédéric (1663–1747), «théologien, prédicateur protestant»
Ovidius Naso, Publius / Ovid (43 v. Chr.–17 n. Chr.), römischer Dichter

Pajon, Henri († 1776), «avocat et homme de lettres»
Palissot de Montenoy, Charles (1730–1814), «littérateur»
Pernetti, *abbé* Jacques (1696–1777), «historiographe»
Pernety, *dom* Antoine-Joseph (1716–1796), «alchimiste et écrivain»
Pfenninger, Johann Konrad (1747–1792), reformierter Pfarrer und Kirchenliederdichter
Pinto, Isaac de (1717–1787), «filosof, lærd, økonom, politiker»
Piscator, Johannes / Piscatorius, Johannes (1546–1625), reformierter Theologe
Platon (427–347 v. Chr.), griechischer Philosoph (2)
Poniatowski, *König* Stanislaus II. August (1732–1798)
Pope, Alexander (1688–1744), «poet» (2)[26]
Prévost-d'Exiles, *abbé* Antoine-François (1697–1763), «écrivain» (3)

Quétant, Antoine-François (1733–1823), «dramaturge et librettiste d'opéras-comiques»

[22] Originalausgabe und Übersetzung.
[23] Verfasser von: *Sophie, ou: Lettres de deux amies*. Receullies [sic] & publiées par un Citoyen de Genève. Genève, 1779, 2 Bde. (128 S.; 132 S.).
[24] Originalausgabe und Übersetzungen.
[25] Originalausgabe und Übersetzung.
[26] Originalausgabe und Übersetzung.

Rabener, Gottlieb Wilhelm (1714–1771), Satiriker
Raynal, *abbé* Guillaume Thomas (1713–1796), «historien et philosophe»
Reichard, Heinrich August Ottokar (1751–1828), Schriftsteller
Restaut, Pierre (1696–1764), «grammairien»
Reverdil, Elie-Salomon-François (1732–1808), «magistrat et publiciste» (2)
Riccoboni, Marie-Jeanne (1714–1792), «écrivaine» (2)
Richard OP, P. Charles Louis (1711–1794), «théologien et historien»
Richardson, Samuel (1689–1761), «writer and printer» (2+2)[27]
Robertson, William (1721–1793), «historian and Church of Scotland minister»
Robinet, Jean-Baptiste (1735–1820), «philosophe» (2)[28]
Roger, André-Salomon (1721–1759), «diplomat, forfatter» → Dansk biografisk leksikon
Rousseau, Jean-Jacques (1712–1778), «écrivain et philosophe» (32+6)[29]
Roustan, Antoine-Jacques (1734–1808), «pasteur et philosophe» (3)

Saint-Evremont, Charles de Marquetel de Saint-Denis, *seigneur de* (1614–1703), «écrivain»
Saint-Lambert, Jean-François *marquis* de (1716–1803), «poète»
Saussure, Horace Bénédict de (1740–1799), «géologue et physicien»
Schlosser, Johann Georg (1739–1799), Historiker und Jurist
Schmid (d'Auenstein), Georg Ludwig (1720–1805), Publizist, Politiker, Ökonom
Séguier, *marquis* de Saint-Brisson, Sidoine-Charles-François (1738–1773),
Sénac, Jean-Baptiste (1693–1770), «médecin»
Serres de la Tour, Alphonse (~1740–nach 1790), «écrivain»[30]
Servan, Antoine Joseph Michel (1737–1807), «criminaliste» (2)
Shaftesbury, Anthony Ashley Cooper, *Third Earl of* (1671–1713), «philosopher»
Shakespeare, William (1564–1616), «dramatist, poet» (3+2)[31]
Shebbeare, John (1709–1788), «political satirist»
Sheridan, Frances (1724–1766), «novelist and playwright» (3)[32]
Sinner, Johann Rudolf, *Freiherr* von (1730–1787), Bibliothekar und Publizist
Smith, Adam (1723–1790), «economist and philosopher»
Smollett, Tobias George (1721–1771), «poet and author» (2)
Sophokles (496–406/405 v. Chr.), griechischer Tragödiendichter (2)
Spalding, Johann Joachim (1714–1804), protestantischer Theologe, Kirchenlieddichter und Popularphilosoph (2)
Staal, Marguerite-Jeanne Delaunay, *Baronin* von (1684–1750),
Steele, Richard *Sir* (1672–1729), «writer and politician»
Steinmüller, Jacob (1718–1761), Offizier
Sterne, Laurence (1713–1768), «writer and Church of England clergyman» (1+4)[33]
Suard, Jean-Baptiste Antoine (1733–1817), «littérateur»
Sulzer, Johann Georg (1720–1779), Philosoph und Pädagoge (5)

Tasso, Torquato (1544–1595), «poeta» (2)[34]
Theokritos / Theokrit (~310–~250 v. Chr.), griechischer Dichter
Théveneau de Morande, Charles (1741–1805), «libelliste, espion et polémiste»
Thomas, Antoine Léonard (1732–1785), «littérateur et spécialiste de l'éloge académique» (2)
Thomson, James (1700–1748), «poet and playwright»

[27] Originalausgabe und Übersetzung.
[28] Zwei Ausgaben des gleichen Werks.
[29] Originalausgaben und Übersetzungen.
[30] Verfasser von: *Lettres d'un citoyen de Genève*. Rotterdam, 1763, 180 S.
[31] Originalausgabe und Übersetzung.
[32] Originalausgabe und Übersetzungen.
[33] Originalausgaben und Übersetzungen.
[34] Originalausgabe und Übersetzung.

Tissot, Samuel Auguste André David (1728–1797), «médecin» (2)
Toussaint, François Vincent (1715–1772), «littérateur philosophe»
Tronchin, Jean-Robert (1710–1793), «jurisconsulte»
Trublet, *abbé* Nicolas-Charles-Joseph (1697–1770), «homme d'Eglise et moraliste»
Tscharner, Vincenz Bernhard (1728–1778), Historiker und Schriftsteller (2)
Tschudi, (Ludwig) Johann Baptist Theodor (1734–1784), Offizier, *grand bailli de la noblesse,* Botaniker[35]
Tucker, Abraham, *alias* Edward Search (1705–1774), «county gentleman and philosopher»

Ulrich, Johann Rudolf (1728–1795), reformierter Theologe, Pfarrer und Hochschullehrer
Usteri, Leonhard (1741–1789), Geistlicher und Pädagoge (5)

Vattel, Emer oder Emmerich de (1714–1767), «journaliste politique et philosophe»
Vergilius Maro, Publius / Vergil (70–19 v. Chr.), römischen Dichter
Vernes, Jacob (1728–1791), «pasteur»
Vernet, (Jean) Jacob (1698–1789), «théologien protestant» (2)
Villaret, Claude (1715–1766), «historien»
Voltaire / Arouet, François Marie, *dit* (1694–1778), «philosophe, écrivain» (43)[36]

Walpole, Horatio, *forth earl of Oxford* (1717–1797), «author, politician and patron of the arts»
Warton, Joseph (1722–1800), «poet and literary critic»
Watelet, Claude Henri (1718–1786), «littérateur et dessinateur»
Webb, Daniel (~1719–1798), «art critic»
Wegelin, Jacob Daniel (1721–1791), evangelischer Theologen und Historiker (4)
Wicquefort, Abraham de (1606–1682), «diplomaat» → BIB
Wieland, Christoph Martin (1733–1813), Dichter (20)
Wilhelmi, Samuel Anton (1730–1796), Pfarrer, reformierter Theologe, Hochschullehrer, Schulreformer; *enger Freund Julie Bondelis*
Wilkes, John (1725–1797), «politician»
Winckelmann, Johann Joachim (1717–1768), Archäologe, Bibliothekar, Antiquar und Kunstschrifteller (6)
Wood, Robert (1717–1771), «traveller and classical scholar»

Xenophon (~430–~354 v. Chr.), griechischer Schriftsteller und Geschichtsschreiber

Young, Edward (1683–1765), «writer»

Zimmermann, Johann Georg (1728–1795), Mediziner und Philosoph (7)
Zinzendorf, *Graf* Karl Johann Christian von (1739–1813), Staatsmann, Tagebuchschreiber

---

Quelle: Julie BONDELI, *Briefe [1759–1778]*. Hg. von Angelica Baum und Birgit Christensen unter Mitwirkung von Andreas Bürgi. Zürich: Chonos Verlag, 2012, (Bd. 4) S. 1413–1460: In den Briefen erwähnte Literatur; S. 1461–1599: Personenverzeichnis.[37]

[35] Verfasser eines *Traité des arbres résineux coniferes*. Extrait et traduit de l'anglois de [Philip] Miller. Avec des notes, observations & expériences. Metz, 1768, XXXVI, 233, [4] S. – Siehe Holzhalb VI 129–130, HBLS VII 81.
[36] Darunter «La Pucelle d'Orléans» in zwei Ausgaben.
[37] Vgl. Furrer (2012) 805–824.

Tabelle 4.2: Catalogue des livres de la bibliothéque de feue Madame la Marquise de Pompadour, Dame du Palais de la Reine. Paris, 1765, XVI, 404, LXXII S. (in-4)[1]

Avertissement[2]			S. V–VIII	
Ordre du Catalogue[3]			S. IX–XVI	
Théologie	Nos 1–85		S. 1–10	
Ecriture sainte		Nos 1–39		S. 1–5
SS. Pères		Nos 40–42		S. 5
Théologiens		Nos 43–85		S. 6–10
Jurisprudence	Nos 86–120		S. 10–12	
Droit canonique. Droit civil				
Sciences et arts	Nos 121–459		S. 13–45	
Philosophie		Nos 121–339		S. 13–33
Médecine		Nos 340–361		S. 33–35
Mathématiques		Nos 362–399		S. 35–39
Arts		Nos 400–459		S. 39–45
Belles-Lettres	Nos 460–2376		S. 46–262	
Introduction[4]		Nos 460–468		S. 46
Grammaire		Nos 469–496		S. 46–49
Rhétorique		Nos 497–522		S. 49–51
Poétique		Nos 523–1292		S. 52–171
Poètes italiens		Nos 1293–1425		S. 171–180

[1] Zu Jeanne Antoinette Poisson, *marquise* de Pompadour (1721–1764), «favorite de Louis XV», siehe BUAM XXXV 283–291, Viguerie 1296–1297. – «Lettre LXI. [/] *A Monsieur [Charles de Secondat] de* Montesquieu. 1751. [/] J'ai reçu votre Livre [De l'esprit des loix, ou: Du rapport que les loix doivent avoir avec la constitution de chaque gouvernement, les moeurs, le climat, la religion, le commerce, &c. Genève: chez Barrillot & fils, 1748, 2 Bde.] & je vous en suis très-obligée! il est admirable, & je lui ai donné la premiere place dans ma petite bibliotheque, qui n'est composée que d'Auteurs qui, comme vous, font honneur à la France, & excitent l'envie des étrangers. Vous méritez le titre de législateur de l'Europe, & je ne doute pas qu'on ne vous l'accorde bientôt unanimement. [/] Comme j'ai à présent un peu de loisir, causons un peu ensemble. Vous dites qu'il est impossible que la religion chrétienne subsiste encore plus de 500 ans en Europe. Il est vrai que la plupart des Prêtres font ce qu'ils peuvent pour la détruire, par leur ambition & leur intolérance. Le monde a été long-temps aveugle: mais il commence à avoir des yeux & à s'en servir. Je crains sur-tout que les Philosophes, qui voient le double des autres, ne soient trop zélés dans cette occasion. [...].» (Pompadour (1753–1762) III, 119–123, hier: 119–120). – Zu Charles de Secondat, *baron* de la Brède et de Montesquieu (1689–1755), «philosophe, écrivain», siehe BUAM XXIX 501–522, DGS 1057–1058, Jaumann 453–454.

[2] «La Bibliothéque dont on donne ici le Catalogue, contient quelques parties de presque tous les genres de Littérature. Les classes les moins nombreuses renferment néanmoins des objets capables de fixer l'attention du Lecteur. Celles des Belles-Lettres & de l'Histoire sont les plus riches. Dans la première, la Poëtique présente und division assez étendue. L'acquisition du Cabinet de feu M. [Pierre-François Godart de] de BEAUCHAMPS [1689–1761], auteur des *Recherches sur les Théâtres de France [depuis l'année onze cens soixante & un jusques à present.* Paris, 1735, 3 Bde. (in-8)], ayant été un des premiers fonds de cette Bibliothéque, considérablement augmentée depuis, la partie du Théâtre est une des plus complettes: c'est principalement dans cette partie que l'on a multiplié les soins pour montrer la suite des Poëtes Tragiques, & mettre le plus de clarté qu'il a été possible dans l'immense quantité des Piéces détachées. [...]» (S. V). – *La Vente sera indiquée par des Affiches particulières, & l'Ordre des Vacations, par des Listes que l'on distribuera chaque Semaine*. (S. VIII).

[3] Lu & approuvé le présent Catalogue. A Paris, ce 12 Février 1765. R. ESTIENNE, *Adjoint*. (S. XVI).

[4] *Introduction aux Belles Lettres*.

[5] *Introduction à l'Histoire.*

[6] *Avec l'indication de leurs Ouvrages, & le renvoi aux Numeros du Catalogue.* (S. I).

[7] *Des Ouvrages sur les Frontispices desquels les Auteurs ne sont pas nommés.* (S. LXII).

Tabelle 4.3: Inhalt des «Bücherschranks» eines «verheuratheten Frauenzimmers», 1766[1]

Man urtheile von dem Geschmack eines ledigen [i. e. verheuratheten] Frauenzimmers,[2] in dessen Bücherschrank ich [Johann Caspar Lavater] folgende, und zwar nur folgende Bücher angetroffen habe.[3]

Die Bibel.
Das Neue Testament von [Isaac de] Beausobre und [Jacques] Lenfant.[4]
[Samuel] Clarke [Abhandlung] vom [i. e. von dem] Daseyn und den Eigenschaften Gottes, [von den Verbindlichkeiten der natürlichen Religion, und der Wahrheit und Gewißheit der christlichen Offenbarung].[5]
[Joh. Frid.] Osterwalds [Jean Frédéric Ostervald] [Untersuchung der] Quellen des [kläglichen] Verderbens [welches heut zu Tage unter den Christen herrschet].[6]
[Johann Joachim] Spaldings Predigten.[7]
[Johann Joachim Spalding] [Die] Bestimmung des Menschen.[8]
[Martin] Crügots [Der] Christ in der Einsamkeit.[9]
[Martin Crugot] Predigten.
[Johann August] Ernesti [Drey christliche] Predigten [vom Gebet und einigen dazu dienlichen Übungen des Geistes, welche in der Pauliner Kirche zu Leipzig gehalten worden sind].[10]

[1] [Johann Caspar LAVATER], *Der Erinnerer: Eine Wochenschrift, auf das Jahr MDCCLXVI*. Zürich: bey Füeßli und Compagnie, 1766, S. 31–32: Auszug aus «Drittes Stück. Den 17. Jenner 1766», S. 26–32. (in-4). – «NB. Im dritten Stück Seite 31, l. 11 muß anstatt eines ledigen Frauenzimmers gelesen werden eines verheuratheten, ec.» (S. 48). Vgl. die Transkription in Schnegg (1999) 344–345. – Zum reformierten Theologen und Schriftsteller Johann Caspar Lavater (1741–1801) siehe Holzhalb III 464–470, BUAM XXIII 457–460, ADB XVIII 783–794, NDB XIII 746–750, DBE² VI 290–291, HLS VII 716–717.

[2] Korrigendum im 5. Stück (auf S. 48): «NB. Im dritten Stück Seite 31, l. 11 muß anstatt eines *ledigen Frauenzimmers* gelesen werden eines *verheuratheten,* ec.». – Den «Bücherschrank» hat Lavater wohl nicht *ge*funden, sondern *er*funden.

[3] Einige der hier erwähnten Autoren und Werke finden sich auch in zeitgenössischen Männerbibliotheken. Zu jenen in der Stadt Bern siehe Furrer (2012b) 805–824.

[4] Vgl. Tab. 3.10, Nr. 51.

[5] Aus dem Englischen übersetzt und mit seiner Lebensbeschreibung begleitet. Braunschweig, Hildesheim, 1756, XLVIII, [14], 592 S. (in-8). – Englische Originalausgabe: *A Demonstration of the Being and Attributes of God: More Particularly in Answer to Mr. Hobbs, Spinoza, and their Followers.* [...]. London, 1705, [14], 264 S. (in-8). – Zu Samuel Clarke (1675–1729), «theoligian and philosopher», siehe BUAM VIII 615–618, ODNB XI 912–917.

[6] Auß dem Französischen ins Teutsche übersetzt, und hier und da mit Anmerckungen versehen von Selintes. Sammt einer Vorrede Johann Frickens, S. Th. P. P. Ord. und Pred. im Münster zu Ulm. Frankfurt a. M., Leipzig, 1716, [74], 578, [17] S. (in-8). – Französische Originalausgabe: *Traité des sources de la corruption qui regne aujourd'hui parmi les Chrestiens*. Premiere[-seconde] partie. Neuchâtel: imprimé par Jean Pistorius, 1700, [10], 232; [8], 263 S. (in-12). – Zu Jean-Frédéric Ostervald (1663–1747), «théologien, prédicateur protestant», siehe Leu XIV 330–332, Holzhalb IV 407, BUAM LXXVI 132–133, EP 1111, HLS IX 491.

[7] Berlin, Stralsund, 1765, [2], 393 S. (in-8). – Zum evangelischen Theologen Johann Joachim Spalding (1714 bis 1804) siehe BUAM XLIII 234–238, ADB XXXV 30–31, BBKL X 868–870, DBE² IX 524.

[8] Achte Auflage mit einigen Zugaben. Leipzig, 1764, [6], 134, [1] S. (in-8).

[9] *Predigten*. Von dem Verfasser des Christen in der Einsamkeit. Wrocław (Breslau), 1759–1761, 2 Bde. (in-8). Zum evangelischen Theologen und Mathematiker Martin Crugot (1725–1790) siehe ADB IV 626–627, DBE² II 450–451.

[10] Leipzig, 1758, 112 S. (in-8). – Zum evangelischen Theologen und Pädagogen Johann August Ernesti (1707 bis 1781) siehe BUAM XIII 263 bis 266, ADB VI 235–241, BBKL I 1535–1536, DBE² III 130–131.

[Ami] Lüllins [Lullin] Predigten [i. e. Heilige Reden über verschiedene Stellen der Heiligen Schrift].[11]
[Samuel] Werenfelsens [Werenfels] Predigten [über einige Haupt-Lehren der Christlichen Religion].[12]
[James] Fosters Predigten [i. e. Reden über wichtige Wahrheiten der christlichen Religion].[13]
[Johann Friedrich Wilhelm] Jerusalems [Sammlung einiger] Predigten [vor den Durchlauchtigsten Herrschaften zu Braunschw. Lüneb. Wolffenbüttel gehalten].[14]
[Friedrich Samuel Gottfried] Sacks Predigten [über verschiedene wichtige Wahrheiten zur Gottseligkeit].[15]
[Friedrich Samuel Gottfried Sack] vertheidigter Glaube der Christen.[16]
[Nathanael Baumgarten] Die ganze Pflicht des Menschen [in dem Gebot: Du solst nicht begehren, dir selbst helfen].[17]
[Johannes Tobler] Empfindungen und Gebete der Christlichen Rechtschaffenheit [samt Fest-Andachten].[18]
[Johann Andreas] Cramers Andachten [in Betrachtungen, Gebeten und Liedern über Gott, seine Eigenschaften und Werke].[19]
[Johann Andreas] Cramer] [Poetische Übersetzung der] Psalmen [mit Abhandlungen über dieselben].[20]
[Simon] Patricks Gebetbuch [i. e. Der andächtige Christ, oder: Gebätter, so wol für ganze Haußhaltungen als für besondere Persohnen].[21]

[11] Aus dem Französischen übersetzt von M. Johann Daniel Heyde [...]. Altenburg, 1762, [28], 248, [4] S. (in-8). Französische Originalausgabe: *Sermons sur divers textes de l'Ecriture sainte*. Genève: chez Cl. & Ant. Philibert, 1761, XXIV, 364, [2] S. (in-8). – Zu Ami – oder Amédée – Lullin (1695–1756), «théologien et bibliophile», siehe Leu XII 373, Holzhalb III 623, Montet II 85, HLS VIII 95–95.

[12] Zum reformierten Theologen Samuel Werenfels (1657–1740) siehe Leu XIX 344–347, BUAM L 367–368, ADB XLII 5–8, DBE^2 X 552, HLS XIII 408.

[13] Englische Originalausgabe: *The Usefulness, Truth, and Excellency of the Christian Religion: Defended Against the Objections contain'd in a late Book, intitled, Christianity as old as the Creation, &c.* The second edition, with the addition of a postscript. London, 1731, VIII, [8], 369, [1] S. (in-8). – Zu James Foster (1697 bis 1753), «preacher and General Baptist minister», siehe BUAM XV 318–320, ODNB XX 505–506.

[14] Neue verbesserte Auflage. Braunschweig, 1756, [14], 464 S. (in-8). – Zum lutherischen Theologen Johann Friedrich Wilhelm Jerusalem (1709–1789) siehe BUAM XXI 547–548, ADB XIII 779–783, BBKL III 62–67, DBE^2 V 341–342.

[15] Zum reformierten Theologen und Bischof von Berlin Friedrich Samuel Gottfried Sack (1738–1817) siehe ADB XXXVII 307–315, BBKL VIII 1161–1162, DBE^2 VIII 666.

[16] Erstes[–Achtes und letztes] Stück. Berlin, 1748–1757, 8 Bde. (in-8).

[17] In dreyen Predigten vorgestellt, und durch Anmerkungen näher erwiesen. Berlin. 1756, 142 S. (in-8). – Zum lutherischen Theologen, Prediger und Schriftsteller Nathanael Baumgarten (1717–1762) siehe ADB II 161, NDB I 660, BBKL I 423.

[18] Zürich: bey Orell, Geßner & Comp., 1763, [12], 290, 32 S. (in-8). – Zum reformierten Theologen, asketischen Schriftsteller und Übersetzer Johannes Tobler (1732–1808) siehe Holzhalb VI 64–67, ADB XXXVIII 393, HLS XII 406.

[19] Zum evangelischen Theologen, Schriftsteller und Liederdichter Johann Andreas Cramer (1723–1788) siehe BUAM X 175–176, ADB IV 550–551, NDB III 389–390, BBKL I 1147–1149, DBE^2 II 428.

[20] Zweyte verbesserte Auflage. Leipzig, 1763–1764, 4 Bde. (in-8).

[21] Aus dem Engelländischen sonderlich [...] übersetzet. Basel: bey Joh. Ludwig Brandmüller, 1725, [14], 554, [6] S. (in-8). – Englische Originalausgabe: *The Devout Christian Instructed How to Pray and Give Thsanks to God, or: A Book of Devotions for Families, and for Particular Persons, in most of the Concerns of Humane Life*. The fourteenth edition. London, 1717, [20], 476, [4] S. (in-12). Erstausgabe: 1672. – Zu Simon Patrick (1626–1655), «bishop of Ely», siehe BUAM XXXIII 139–140, ODNB XLIII 87–92.

Th[omas] Ab[b]t vom Verdienst[e].[22]
J[ean] J[acques] Rousseau Emil [i. e. Emile, ou de l'éducation].[23]
[Jean Jacques Rousseau] Neue Heloise [i. e. Lettres de deux amans, habitans d'une petite ville au pied des Alpes – Julie ou la nouvelle Heloïse].[24]
[Albrecht von] Hallers Gedichte [des Herrn von Haller].[25]
[Albrecht von Haller] vermischte [i. e. Sammlung kleiner Hallerischer] Schriften.[26]
[Charles] Bonnets Betrachtung[en] der [i. e. über die] Natur.[27]
[Johann Georg] Sulzers [Versuch einiger moralischen] Betrachtungen [über die Werke der Natur][28] und Unterredungen über die Schönheit der Natur.[29]
[Samuel Auguste André David] Tissots Anleitung für das Landvolk in Absicht auf seine Gesundheit.[30]
[Jacques] Balexerd physische Erziehung der jungen Kinder [i. e. Dissertation sur l'éducation physique des enfans, depuis leur naissance jusqu'à l'âge de puberté].[31]
[Samuel] Richardson [Die Geschichte der] Clarissa [eines vornehmen Frauenzimmers].[32]
[Samuel Richardson] [Geschichte Herrn] Carl Grandison.[33]
[John Trenchard und Thomas Gordon] Cato, oder Briefe von der Freyheit [und dem Glücke eines Volkes unter einer guten Regierung].[34]

[22] Berlin, Szczecin (Stettin), 1765, [14], 429, [1] S. (in-8). – Zum Philosophen Thomas Abbt (1738–1766) siehe BUAM I 47–49, ADB I 2, NDB I 4–5, DBE² I 2.

[23] Amsterdam, 1762, 4 Bde. (in-12). – Zu Jean-Jacques Rousseau (1712–1778), «écrivain, philosophe», siehe Leu XV 487, Holzhalb V 200–205, BUAM XXXIX 126–150, Viguerie 1346–1349, HLS X 499–501.

[24] Vgl. Text 6.9.

[25] Achte Auflage. Mit verschiedenen Lesarten aller vorigen Auflagen und einigen neuen Stücken vermehret. Zürich: bey Heidegger und Compagnie, 1762, [36], 278 S. (in-8). – Zum Mediziner, Naturforscher, Dichter und Magistraten Albrecht von Haller (1708–1777) siehe BUAM XIX 330–336, ADB X 420–427, NDB VII 541–548, Jaumann 325–327, HLS VI 55–57, DBE² 380–381.

[26] Biel: gedruckt bey Johann Christoph Heilmann; Bern: [...] bey Emanuel Haller, 1756, [6], 394 S. (in-8).

[27] Mit Kupfern. [Übersetzt von Johann Daniel Titius]. Leipzig, 1766, [8], LXXVIII, 520 S. (in-8). – Französische Originalausgabe: *Contemplation de la nature*. Amsterdam, 1764, 2 Bde. (in-8). – Zu Charles Bonnet (1720–1793), «philosophe, naturaliste», siehe Leu IV 205, Holzhalb I 313–314, BUAM V 130–132, EP 157, HLS II 570–571. – Vgl. Furrer (2012b) 249.

[28] Mit einer Vorrede von Herrn A. F. W. Sack [...]. Zweyte etwas vermehrte Auflage. Berlin, 1750, XXIV, 88 S. (in-8). – Zum Philosophen und Pädagogen Johann Georg Sulzer (1720–1779) siehe Leu XVII 745–747, Holzhalb V 691–695, BUAM XLIV 212–214, ADB XXXVII 144–147, DBE² IX 836–837, HLS XII 127–128.

[29] Berlin, 1750, XXVIII, 148 S. (in-8).

[30] Vgl. Tab. 2.1: 18. Jan. 1796 (Jeanne Marguerite Gartling geb. Mottet).

[31] Ouvrage qui a remporté le Prix le 21 Mai 1762, à la Société Hollandoise des Sciences. Yverdon: [s. n.], 1763, [14], 238 S. (in-8). – Zu Jacques Balexert oder Ballexserd (1726–1774), «médecin», siehe Holzhalb I 112, BUAM III 286–287, HLS I 680.

[32] Herausgegeben von demjenigen, welcher die Geschichte der Pamela geliefert hat. Aus dem Englischen übersetzt. Zweyte Auflage. Göttingen, 1749–1753, 8 Bde. (in-8). – Englische Originalausgabe: *Clarissa, or: The History of a Young Lady, Comprehending the Most Important Concerns of Private Life [...]*. London, 1748, 7 Bde, (in-12). – Zu Samuel Richardson (1689–1761), «printer and author», siehe BUAM XXXVII 579–582, ODNB XLVI 845–854, Kamen 257. – Vgl. Text 6.9 und Text 7.11.

[33] In einer Folge von Briefen. Aus dem Englischen übersetzt. Dritte, verbesserte und mit Kupfern versehene Auflage. Leipzig, 1764, 7 Bde. (in-8). – Englische Originalausgabe: *The History of Sir Charles Grandison: In a series of letters published from the originals, by the editor of Pamela and Clarissa*. In seven volumes. London, 1753, 7 Bde. (in-8). – Vgl. Text 6.9.

[34] Nach der fünften englischen Ausgabe. Göttingen, 1756–1757, 4 Bde. (in-8). – Englische Originalausgabe: *Cato's Letters, or: Essays on Liberty, Civil and Religious, and other Important Subjects*. In four volumes. The sixth edition, corrected. London, 1755, 4 Bde. (in-12). – Zu John Trenchard, *alias* Cato, Diogenes (1668/69 bis 1723), «landowner and publicist», siehe BUAM XLVI 472–473, ODNB LV 307–308; zu Thomas Gordon († 1750), «pamphleteer and classical scholar», siehe BUAM XVIII 127–128, ODNB XXII 960.

[Gabriel Bonnot de Mably] Gespräche über [i. e. des] Phocion [über die Beziehung der Morale mit der Politik].[35]
[François de Salignac de la Mothe-]Fenelon [Les aventures de] Telemaque [fils d'Ulysse].[36]
[Joseph Addison und Richard Steele] Der Englische Zuschauer.[37]
[Johann Jakob Bodmer und Johann Jakob Breitinger] Der Sittenmahler.[38]
[Wetenhall] Wilkes Erinnerungen an ein junges Frauenzimmer [für alle Auftritte des Lebens].[39]
Alle Schriften von S[alomon] Geßner.[40]
[Friedrich Gottlieb Klopstock] Der Meßias.[41]
[Friedrich von] Hagedorns moralische Gedichte.[42]
[Friedrich von Hagedorn] Fabeln [und Erzehlungen].[43]
[Christoph Martin] Wielands moralische Erzehlungen.[44]
[Johann Jakob Bodmer] Der Noah [in zwölf Gesängen].[45]
[Johann Jakob] Bodmers [Drey neue] Trauerspiele. [Nämlich: Johanna Gray. Friederich von Tokenburg. Oedipus.][46]
[Christoph Martin] Wielands Erinnerungen an eine Freundin.[47]
[Richard] Glovers Leonidas [Ein Heldengedicht].[48]

[35] Aus dem Griechischen des Nicocles. Mit Anmerkungen aus dem Französischen des Herrn Abt Mably übersetzt [von Hans Konrad Vögelin]. Zürich: bey Heidegger und Compagnie, 1764, [2], 295 S. (in-8). – Französische Originalausgabe: *Entretiens de Phocion, sur le rapport de la morale avec la politique*. Traduit du Grec de Nicoclès [i. e. Gabriel Bonnot de Mably]. Avec des remarques. Zürich: chez Heidegger & Compagnie, 1763, XXVIII, 247 S. (in-8). – Erstausgabe: Amsterdam, 1763, XXXVI, 248 S. (in-12). – Zu Gabriel Bonnot de Mably (1709–1785), «écrivain politique, historien», siehe BUAM XXVI 5–14, Viguerie 1143. – Vgl. Furrer (2012b) 253.
[36] Vgl. Tab. 8.3.
[37] *Der Zuschauer*. Aus dem Englischen übersetzt. Erster[–Neunter und letzter] Theil. Die zweyte und verbesserte Auflage. Leipzig, 1750–1751, 9 Bde. (in-8). – Vgl. *Le Spectateur, ou: Le Socrate moderne* in Tab. 8.3.
[38] *Der Mahler der Sitten*. Von neuen übersehen und starck vermehret. Der erste[–zweyte] Band. Zürich: verlegts Conr. Orell u. Comp., 1746, 2 Bde. (in-8). – Vgl. Text 6.4.
[39] Aus dem Englischen des Herrn Wethenhall Wilkes. Zwote Auflage. Leipzig, 1764, [2], 216 S. (in-8). – Englische Originalausgabe: *An Essay on the Existence of God: Particularly in Answer to Two Atheistical Letters of Mr. I-T- dated from Dublin, 1729*. To which are added an appendix concerning the nature of our God, and an essay on the certainty of our resurrection; in which are included some few hints on the nature of an human soul. Belfast, 1730, [2], VI, [5], XIII, [2], 160, [8] S. (in-8). – Zu Wetenhall Wilkes (1705/06–1751), «poet and author», siehe ODNB LVIII 964–965.
[40] *S. Gessners Schriften*. I^{str}[–IV^{tr}] Theil. Zürich: beÿ Orell, Geßner, u. Comp., 1762, 4 Bde. (in-8). – Zum Dichter, Maler und Kupferstecher Salomon Gessner (1730–1788) siehe BUAM XVII 253–259, ADB IX 12 bis 126, NDB VI 346–347, HLS V 553–554, DBE^2 III 803.
[41] Zweyte, verbesserte Auflage. Frankfurt a. M., Leipzig, 1764, 2 Bde. (in-8). – Zum Dichter und Literaturtheoretiker Friedrich Gottlieb Klopstock (1724–1803) siehe BUAM XXII 476 bis 485, ADB XVI 211–226, NDB XII 116–121, BBKL IV 79–88, DBE^2 V 718–719.
[42] Zweyte, vermehrte Ausgabe. Hamburg, 1753, XXXII, 334, [10] S. (in-8). – Zum Schriftsteller Friedrich von Hagedorn (1708–1754) siehe BUAM XIX 301–304, ADB X 325–327, NDB VII 466–467, DBE^2 IV 345.
[43] Neue Auflage. Magdeburg, Frankfurt a. M., Leipzig, 1763, [6], 170, [12] S. (in-8).
[44] *Zwölf moralische Briefe in Versen*. Frankfurt a. M., Leipzig, 1752, 166 S. (in-8). – *Comische Erzählungen*. Zürich: [Conrad Orell & Co.], 1765, IV, 227 S. (in-8). – Zum Dichter Christoph Martin Wieland (1733–1813) siehe BUAM L 501–538, ADB XLII 400–419, BBKL XIII 1062–1083, DBE^2 X 608–609. – Vgl. Text 6.8.
[45] Zürich: bey David Geßner, 1752, 414 S. (in-4).
[46] Zürich: bey Heidegger und Compagnie, 1761, 16, 320 S. (in-8).
[47] Zürich: bei Conrad Orel und Compagnie, 1754, 16 S. (in-4); Berlin, Leipzig, 1758, 32 S. (in-8).
[48] Aus dem Englischen übersetzt von J[ohann] A[rnold] Ebert. Der Eydsgenößischen Jugend zugeeignet von H[an]s Heinrich Füeßli. Zürich: bey Füeßlin und Compagnie, 1766, XXX, 218 S. (in-8). – Zu Richard Glover (1712–1785), «writer and politician», siehe BUAM XVII 513–517, ODNB XX 495–497.

[Salomon] Hirzels Junius Brutus [Ein Trauerspiel, in fünf Aufzügen].[49]
[John] Miltons verlohrnes Paradies. [Ein episches Gedicht in zwölf Gesängen.][50]
Alex[ander] Popens Werke.[51]
Plutarchs Lebens-Beschreibungen.[52]
Das [tragische] Theater der Griechen, 2 Theile.[53]
Xenophons [La] Cyrop[a]edie [ou: L'histoire de Cyrus].[54]
[Xenophons] Denkwürdigkeiten des Sokrates.[55]
[Christian Fürchtegott] Gellerts geistliche [Oden und] Lieder, Erzehlungen und Lehrgedichte.[56]
[Hans Caspar Hirzel] Die Wirthschaft eines philosophischen Bauren.[57]
[Gottlieb Wilhelm] Rabeners Satyren.[58]
[Christian Ludwig] Liscovs [i. e. Liscow] Satyren [i. e. Sammlung satyrischer und ernsthafter Schriften].[59]
Eine Helvetische Geschichte in M[anu]sc[ript] von einem ihrer Freunde verfertigt.[60]
Ich [i. e. Johann Caspar Lavater] Erinnerer.

[49] Zürich: bey Orell, Geßner und Compagnie, 1761, 159 S. (in- 8). – Zum Magistraten und Schriftsteller Salomon Hirzel (1727–1818) siehe Holzhalb III 148–149, ADB XII 498–499, DBE² IV 890, HLS VI 383.

[50] Vierte verbesserte Auflage. Zürich: bey Conrad Orell und Comp., 1759, 2 Bde. (in-8). – Zu John Milton (1608–1674), «poet», siehe BUAM XXIX 59–73, DGS 1029–1030, Kamen 209, ODNB XXXVIII 333–349, Jaumann 450–452.

[51] *Sämmtliche Werke*. Mit Wilh[elm] Warburtons Commentar und Anmerkungen aus dessen neuester und bester Ausgabe übersetzt. Altona, 1758–1764, 5 Bde. (in-8). – Zu Alexander Pope (1688–1744), «poet», siehe BUAM XXXV 394–400, ODNB XLIV 858–870.

[52] Vgl. Tab. 8.3.

[53] [Übersetzt von Johann Jakob Steinbrüchel]. Zürich: bey Orell, Geßner und Comp., 1763, 2 Bde. (in-8). – Zum reformierten Theologen und klassischen Philologen Johann Jakob Steinbrüchel (1729–1796) siehe ADB XXV 693–696, BBKL XXXVI 1285–1288, DBE² IV 650, HLS XI 864–865.

[54] Traduite du grec de Xenophon, par Mr. [François] Charpentier, de l'Academie Françoise. Paris, 1749, 2 Bde. (in-8).

[55] Vermutlich: *Leben Socratis nebst Xenophons Beschreibung der Denkwürdigkeiten Socratis*. Aus dem Französischen der Herrn [François] Charpentier von Christian Tomas[ius], ICto. übersetzt. Halle, [1720], [14], 152, 258, [4] S. (in-8).

[56] *Geistliche Oden und Lieder*. In Music gesezt von Johannes Schmidlin, Pfarrer zu Wetzikon. Zürich: getruckt in Bürgklischer Truckerey, 1761, VIII, 162 S. (in-4); *Lehrgedichte und Erzählungen*. Leipzig, 1763, [2], 138, [2] S. (in-8). – Zum Dichter und Moralphilosophen Christian Fürchtegott Gellert (1715–1769) siehe BUAM XVII 34–39, ADB VIII 544–549, NDB VI 174–175, DBE² III 737–738.

[57] Zum Mediziner, Magistraten und Publizisten Hans Caspar Hirzel (1725–1803) siehe Holzhalb III 144–148, BUAM XX 424–425, ADB XII 485–488, NDB IX 244–245, DBE² IV 889, HLS VI 379.

[58] *Satiren*. Mit Kupfern. Bern: Beat Ludwig Walthard, 1765–1766, 8 Bde. (in-8). – Vgl. Text 7.11.

[59] Frankfurt a. M., Leipzig, [Hamburg], 1739, 84, 875 [i. e. 903], [1] S. (in-8). – Zum satirischen Schriftsteller Christian Ludwig Liscow (1701–1760) siehe BUAM XXIV 559–560, ADB XVIII 755–757, NDB XIV 682 bis 684, DBE² VI 485.

[60] Vielleicht handelt es sich um ein Manuskript aus der Feder Salomon Hirzels zu Texten, die er im *Neujahrsblatt* der Stadtbibliothek in Zürich auf die Jahre 1763–66, 1768–90 und 1804 veröffentlichte. Ein Wiederabdruck erschien 1806 in Basel unter dem Titel «Edle Züge aus der Schweizer-Geschichte» (Schweighausersche Buchhandlung, XXII, 238 S., in-8).

V. Käuferinnen, Verkäuferinnen und Donatorinnen von Büchern

Tabelle 5.1: Die weiblichen und männlichen Ersteigerer von Büchern des «vergeltstagten» Langenthaler Handelsmanns Jacob Sägesser (1739–1797) im Juli 1785[1]

Ersteigerer: ♀/♂ Titel im Inventar	Beschreibung der vermutlichen Ausgabe	Wert[2]
Frauen		
(1) Frau Weiblin [Susanna] Geiser (1723–1798)[3]		
Hundert hei[lige] Jesus Andachten, 1 Band	Ahasverus FRITSCH, *Jesus! Jesus! Jesus! Nichts, denn Jesus, das ist: Hundert heilige Jesus-Andachten.* Darinnen aus Göttlicher Schrifft erbaulich gezeigt, und erwiesen wird, daß alles, was ein glaubiger Christ nur wünschen und verlangen kann, er in seinem Jesu finden könne, und dahero ihn stäts in seinem Hertzen, Sinn und Gedancken haben, und behalten solle. Nebenst einem Anhang andächtiger Seelen-Seufftzern, ec. Basel: gedruckt bey Friedrich Lüdi sel. Wittib, 1721, [15], 306 S. (in-12).[4]	1
(2) Mezger [Caspar] Geisers Frau [Barbara Bader][5]		
Freÿheit und Diennstbarkeit Bern 1743, 1 Band	[Margarethe ZEERLEDER-LUTZ], *Glückselige Freyheit, entgegen gestellt der beschwehrlichen Dienstbarkeit, oder: Einfältige Hertzens- und Erfahrungs-Lehr, einer durch die Wahrheit frey gemachten schweitzerischen Frauen.* Für sie, ihre Kinder, und andere Heyls-begierige, hungerige Gnaden-Kinder. Zweyte Auflag. Bern: zu finden, bey Gabriel Gaudard, 1743, 256 S. (in-8).[6]	1

[1] Siehe dazu auch Tab. 3.133: Bibliothek der Neuenburger Bürgerin Beatrix de Gaudot (1716–1802) anhand ihres Nachlassinventars vom 17./18. Juni 1802.

[2] «Losung» in Berner Batzen.

[3] Des Weibels Jacob Geisers [siehe unten, Männer: Nr. 8] mutmassliche Ehefrau «Susanna Geÿser, geb. Mumenthaler v[on] Langenthal [getauft] [1722 (i. e. 1723)]», starb am 5. Juli 1798 und wurde am 8. Juli in Langenthal begraben (StABE, K Langenthal 17: Totenrodel, 1728–1820, S. 168, Nr. [28]). – «Susanna» Mummenthaler wurde am 19. Dez. 1723 als Tochter von «Hans Jacob Mummenthaler [und] Barbara Lanz» in Langenthal getauft (StABE, K Langenthal 3: Taufrodel, 1689–1727, S. 131, Nr. [1]).

[4] 3. Auflage. Jena, 1675, [VI], 259, [XVII] S. (in-12). – Zum Dichter, Rechtsgelehrten und Hofkanzler Ahasverus Fritsch (1629–1701) siehe BUAM XVI 83–85, ADB VIII 108–109, DBE[2] III 573.

[5] «Caspar Geÿser von hier [und] Barbara Bader von Langenbru[c]k» heirateten am 3. Aug. 1781 «zu Niederweil» (StABE, K Langenthal 12: Eherodel, 1762–1816, S. 54). – «Caspar Geÿser, Mezger [und] Barbara Bader» liessen in Langenthal taufen: Jacob (≈ 11. Aug. 1782); Margaritha (≈ 13. Aug. 1784); Anna Maria (≈ 30. März 1788, † Mai 1792). Siehe StABE, K Langenthal 5: Taufrodel, 1767–1796, S. 162, Nr. [2]; S. 181, Nr. [1]; S. 219, Nr. [4]. – Ein «Caspar Geiser, von hier, ein Ehemann, J. 75, M. 8 [alt]» starb am 18. Dez. 1827 und wurde am 22. Dez. in Langenthal begraben (StABE, K Langenthal 18: Totenrodel, 1821–1857, S. 34, Nr. 36). – Barbara Baders Lebensdaten konnten nicht gefunden werden.

[6] Erstausgabe unter dem Titel: *Glückselige Freyheit, oder: Erfahrungslehre einer schweizerischen Dame, die sich durch Wahrheit frei gemacht.* Neuwied, 1740 – Zur pietistischen Erbauungsschriftstellerin Margret Zeerleder-Lutz (1674–1750) siehe Guggisberg (1958) 412, 417; HLS XIII 648–649.

(3) Saager [Hans] Kilchhofers Frau [Anna Müller (1753)]*[7]

Samuel Königs Predigten 1733, 1 Band	Samuel KÖNIG, *Pemptas concionum sacrarum, oder: Fünff christliche Predigten: 1. Erklärung des Gebätts des Herrn, Luc. XI, v. 1–4; 2. Die Wunder-Krafft des Evangelii, Matth. XI, v. 2–6; 3. Erklärung des fünfften Gebots, Exod. XX, Ephes. VI, v 1–4; 4. Der Wandel im Liecht, Ephes. V, v. 8–10; 5. Jesus Christus unser Heyl im Glauben, und Sieg über die Teuffel, Marc. IX, v. 17–27.* Basel: druckts Joh. Conrad von Mechel, 1733, 256 S. (in-8).[8]	1,5
Warnung vor der Gefahr und Verführung zum Bößen 1746 1 Band	Samuel LUTZ (LUCIUS), *Warnung an die liebe Jugend, vor der schrecklichen Gefahr der mannigfaltigen Verführung zum Bösen.* Vormahls von dem um die Kirche hoch-verdienten, und nun in Gott ruhenden Herrn D. J. J. Rambach kürtzlich mitgetheilet. Anjetzo aber aus väterlich-gesinntem Hertzen weit-läufftiger ausgeführet, und näher an die Hertzen junger Leuten geleget von Samuel Lucius. Schaffhausen: gedruckt und zu haben bey Benedict Hurter, 1746, [14], 464 S. (in-8).[9]	5

(4) Elisabeth Müller († 1797)[10]

Johann Friedrich Starks Handbuch 1 Band	Johann Friedrich STARCK, *Tägliches Hand-Buch, in guten und bösen Tagen, das ist: Aufmunterungen, Gebete und Gesänge, 1. Für Gesunde, 2. Für Betrübte, 3. Für Kranke, 4. Für Sterbende; Wie auch Sprüche, Seufzer und Gebete, den Sterbenden vorzusprechen.* Nebst Fest-Andachten. Zur Ehre Gottes und Erbauung der christlichen Gemeine heraus	7,5

7 «Hanß Kilchofer [Kirchhofer] von Trueb, wohnhaft alhier» heiratete «Anna Müller von Rohrbach» am 21. Jan. 1774 in Langenthal (StABE, K Langenthal 12: Eherodel, 1762–1816, S. 33). – Ein «Johannes» Kilchhofer wurde am 7. Dez. 1755 als Sohn von «Johannes Kilchhofer [und] Verna Geüman» in Bevillard getauft (K Trub 7: Taufrodel, 1750–1785, S. 42, Nr. [6]). – Eine Anna Müller wurde am 6. Febr. 1753 als Tochter von «Niclaus Müller [und] Verena Kupferschmid» in Rohrbach getauft (StABE, K Rohrbach 6: Taufrodel, 1748–1764, S. 91, Nr. 7). – «Hanß Kilchhofer von Trueb, [Lehen-]Sager alhier / Hans Kirchhofer v[on] Trub, Sager, [und] Anna Müller von Rohrbach» liessen in Trub taufen: Anna Maria (≈ 17. Juli 1774); Anna Barbara (≈ 18. Juni 1775, † Febr. 1777); Johannes (≈ 28. Juni 1776); Jacob (≈ 17. Aug. 1777); Anna (≈ 25. Okt. 1778); Anna Barbara (≈ 13. Febr. 1780); Friederich (≈ 18. Mai 1781); Siehe StABE, K Langenthal 5: Taufrodel, 1767–1796, S. 74, Nr. [1]; S. 86, Nr. [2]; S. 96, Nr. [1]; S. 108, Nr. [4]; S. 120, Nr. [6]; S. 136, Nr. [1]; S. 147, Nr. [4]. – Anna Müllers Todesdatum konnte nicht gefunden werden.

8 Zum Pietisten, Mathematiker und Orientalisten Samuel (Heinrich) König (1671–1750) siehe BUAM XXII 523–524, ADB XVI 520–521, DBE^2 V 796, HLS VII 357–358.

9 Zum Pietisten Samuel Lutz gen. Lucius, alias Christophilus Gratianus (1674–1750) siehe ADB XIX 715 bis 716, Guggisberg (1958) 402–410, 775, Nägeli (1995) 193, DBE^2 VI 638–639, HLS VIII 126–127; zum lutherischen Theologen und Kirchenliederdichter Johann Jakob Rambach (1693–1735) siehe ADB XXVII 196–200, DBE^2 VIII 167.

10 «Elisabeth Müller, geb. Minder, Ullis Frau auß der Sängi» starb am 23. März 1797 und wurde am 25. März in Langenthal begraben (StABE, K Langenthal 17: Totenrodel, 1728–1820, S. 166, Nr. [26]). – «Ullrich Müller aus der Sängi, [getauft] 1730», starb am 25. Febr. 1804 und wurde am 28. Febr. in Langenthal begraben (StABE, K Langenthal 17: Totenrodel, 1728–1820, S. 180, Nr. [5]). – «Ulli Müller auß der Sängi [und] Elßbeth Minder von Hutwÿl» heirateten am 22. Jan. 1762 in Huttwil (StABE, K Langenthal 12: Eherodel, 1762 bis 1816, S. 1). – «Ulli Müller auß der Sängi [und] Elßbeth Minder» liessen in Langenthal taufen: (erst) am 2. Jan. 1774 einen «Friederich» und am 13. Okt. 1776 einen Joseph taufen (StABE, K Langenthal 5: Taufrodel, 1767–1796, S. 68, Nr. [1]; S. 98, Nr. [4]).

	gegeben. Andere um die Helffte vermehrte Auflage. Frankfurt a. M., Leipzig, 1734, [15], 714, [8] S. (in-8).[11]	

(5) Elisabeth Sägesser[12]

Meÿers Erklärung der Hei[ligen] Schrift 1 Band[13]	*Biblia: Die gantze Heil. Schrift, des Alten und Neuen Testaments*. Nach der teutschen Ubersetzung des sel. Herrn D. Martin Luthers. Mit dessen wichtigsten Vorreden, auch jeder Capitel vollständigen, und den Inhalt der Sachen in ihrem Zusammenhange vorstellenden Summarien; imgleichen durchgehends mit solchen Übereinstimmungs-Örtern, die sowol zur Erklärung der schweresten Schriftstellen, als auch überhaupt zur Nutzung und Anwendung des göttl. Worts dienen können; samt einer Auslegung des Prediger-Buchs Salomonis und des Hohenliedes, von neuem ausgefertiget durch M. Adolph Friederich Meyer, Past. zum Wysen-Hause in Hamburg. Hamburg, 1740, 72, [8], [1980] S. (in-8).[14]	1
Regenfuß Bußübung 1 Band	Veit Hieronymus REGENFUß, *Dreyhundert und zwölff heilige Buß-Übungen auf alle Wochen-Täge des ganzen Jahrs.* Über die sieben Buß-Psalmen Davids dergestalt eingerichtet [...]. Zur täglichen Übung wahrer Gottseeligkeit mitgetheilet, Mit drey Registern und acht Kupffern versehen. Schwabach, Leipzig, 1741, 1860 S. (in-8).[15]	6,5

(6) Elisabeth Schärer[16]

Der deutsche *Socrates*	Nikolaus Ludwig ZINZENDORF, *Der Teutsche Socrates, das ist: Aufrichtige Anzeige verschiedener nicht so wohl unbekannter als vielmehr in Abfall gerathener Haupt-Wahrheiten in den Jahren 1725 und 1726.* Anfänglich in der Königl. Residentz-Stadt Dreßden, hernach aber dem gesamten lieben Vaterland teutscher Nation zu einer guten Nachricht nach und nach ausgefertiget, und von dem Autore selbst mit einem kurtzen Inhalt jedes Stücks, nunmehro auch mit verschiedenen Erläuterungen, die sich in der ersten Auflage nicht befinden, und einem Anhange versehen. Leipzig, 1732, [12] Bl., 296 S. (in-8).[17]	6

[11] Erstausgabe: Frankfurt, 1727 (in-12). – Zum lutherischen Theologen Johann Friedrich Starck (1680–1756) siehe ADB XXXV 463–465, DBE² IX 606.

[12] Eine «Elisabeth Sägißer, geb. Tschäppeli [Tschäppeler], Wollen [?] Hansen Frau», starb am 3. April 1797 und wurde am 5. April in Langenthal begraben (StABE, K Langenthal 17: Totenrodel, 1728–1820, S. 166, Nr. [26]).

[13] Fehlt im Exemplar: Bez Wangen A 491, Nr. [4].

[14] Zum Pastor Adolph Friedrich Meyer (1700–1775) siehe DBI 2323.

[15] Zum Theologen Veit Hieronymus Regenfuß (1692–1765) siehe DBI 2794.

[16] Eine «Elisabeth geb. Schärer, Johannes Lÿrenmanns Ehefrau, von hier, [alt] J[ahre] 63, M[onat] 1», starb am 8. Dez. 1828 und wurde am 11. Dez. in Langenthal begraben (StABE, K Langenthal 18: Totenrodel, 1721 bis 1857, S. 39, Nr. 19). – «Johannes Leirenman, Hansen se[lig] v[on] hier [und] Elisabeth Schärer außl dem Ob[eren] Stekholz» heirateten am 1. Mai 1795 «zu Weÿnau [Wynau]» (StABE, K Langenthal 12: Eherodel, 1762–1816, S. 106).

[17] Frühere Ausgaben unter folgendem Titel erschienen: *Socrates, d. i. Aufrichtige Anzeige verschiedener nicht so wohl unbekanter als vielmehr in Abfall gerathener Haupt-Wahrheiten: anfänglich in der Königl.Residentz-*

(7) Anna Maria Wÿß (1748?)*[18]

1 alt Psalmenbuch	*Psalmen Davids, mit gewohnlichen Reimen und Melodien.* Samt beygesetztem Biblischem Text. Nach deß Herrn Piscatoris Verteutschung. Denen die üblichste Fäst- und Kirchen-Gesäng beygefügt sind. Durchauß mit zwo Haupt-Stimmen, darunter der Baß zu mercklichem Vortheil, mit Ziffern gezeichnet worden. Bern: bey Jacob Anthoni Vulpio, 1702, [7], 462 S. (in-12).	1

(8) Susanna Zaug[19]

Der Verbrecher ohne seines gleichen, eine Predig von Lavatter	Johann Caspar LAVATER, *Der Verbrecher ohne seines gleichen, und sein Schicksal: Über Psalm XXXVII, v. 10–15.* Den 29. Herbstmonat 1776 auf hochobrigkeitlichen Befehl, bey Anlaß der in der Nacht am 12. Herbstmonat vor dem allgemeinen Buß- und Bethtage in der Großmünster-Kirche verübten Greuelthat, der Vergiftung des heiligen Nachtmahlweins; gehalten von Johann Caspar Lavater, Pfarrer in der Waisenhaus-Kirche zu Zürich. Schaffhausen: gedruckt bey Benedict Hurter und Sohn, [1777], 68 S. (in-8).[20]	0,625
Dito	Johann Caspar LAVATER, *Der Verbrecher ohne seines gleichen [...].* Gehalten von Joh. Caspar Lavater [...] den 29. Herbstmonat 1776 [...] bey Anlaß der in der Nacht am 12. Herbstmonat vor dem allgemeinen Buß- und Bättage verübten Greuelthat der Vergiftung des heiligen Nachtmahlweins. [s. l.]: [s. n.], [1776?], 56 S. (in-8).	0,625

Stadt Dreßden hernach aber dem gesamten lieben Vaterlande Teutscher Nation zu einer guten Nachricht nach und nach ausgefertiget. Leipzig, [~1725] – Zum Begründer der Herrnhutter Brüdergemeinde und Dichter Nikolaus Ludwig *Reichsgraf* von Zinzendorf und Pottendorf (1700–1760) siehe BUAM LII 366–369, ADB XLV 344–353, DBE² X 870–871.

[18] Vermutlich Anna Maria Geiser, Ehefrau von Andreas Wyss aus Aarwangen. – «Andreß Weÿß von Aarwangen [und] Anna Maria Geÿser von hier» heirateten Mitte August 1783 in Langenthal (StABE, K Langenthal 12: Eherodel, 1762–1816, S. 62). – Ein «Andreas Wÿß, von hier, g[es]st[orben] den 8ten, [wurde] beg[raben] den 10ten Jenner [1799], alt 51 Jahr» (StABE, K Aarwangen 14: Totenrodel, 1752–1855, S. 187, Nr. [3]). – Eine Anna Maria Geiser wurde am 16. Juni 1748 als Tochter von «Hans Geiser, Schulmeister se[lig] Sohn, [und] Maria Kuhn in Langenthal getauft; eine andere Anna Maria Geiser wurde am 29. März 1750 als Tochter von «Johanes Geiser [und] A[nna] Maria Egger in «Stekholz» getauft (StABE, K Langenthal 4: Taufrodel, 1728–1766, S. 49, Nr. [2]; S. 105, Nr. [1]).

[19] In den Langenthaler Pfarrbücher unauffindbar.

[20] «Vorbericht des Herausgebers. [/] Der würdige Verfasser dieser Predigt, wandte alle Vorsicht an, den Druck derselben zu verhindern, und doch geschah' es aus partikular Absichten, die hier nicht berührt zu werden verdienen. Die Ausgabe [ohne Ort und Datum, 56 S. (in-8)] ist aber sehr schlecht und fehlerhaft gerathen, wie es gemeiniglich geschieht, wenn man sich der ersten Abschrift bedient, um heimlicher Weise seinen Zweck zu erreichen» (S. [3]). – Zum reformierten Theologen und Schriftsteller Johann Caspar Lavater (1741–1801) siehe Holzhalb III 464–470, BUAM XXIII 457–460, ADB XVIII 783–794, NDB XIII 746–750, DBE² VI 290–291, HLS VII 716–717. – Siehe auch Tab. 4.3.

Männer

(1) Schulmeister [Peter] Amann (1756–1805)[21]

Hübners Geographie 3 Bänd[e]	Johann HÜBNER d. Ä., *Vollständige Geographie.* Erster [bis Dritter] Theil. Hamburg, 1730–1731, 3 Bde. (in-8).[22]	16,5
Versuch in Handlungs-Briefen 1756 1 Band	Johann Carl MAY, *Versuch in Handlungs Briefen, nach den Gellertschen Regeln.* Nebst einer Abhandlung von dem guten Geschmacke in Handlungs Briefen. Zweyte Auflage, vermehrt und mit andern in der Handlung vorkommenden Aufsätzen versehen. Altona, 1757, 366 S. (in-8).[23]	2
Meÿers theoretische Einleitung in die pract[ische] Münzwissenschaft 1776 1Band	Johann Rudolf (de Joseph) MEYER, *Theoretische Einleitung in die praktische Münzwissenschaft, und eine genaue Prüfung und Kenntniß des Goldes und Silbers nach der deutschen und französischen Mark, wie auch die Berechnung dieser Metallen sowol, als des innerlich- und äusserlichen Werths der Gold- und Silbermünzen der vornehmsten Staaten und Handelsplätzen Europens in sechserley Währung.* Nebst einem Verständigungs-Wörterbuche [...]. Mit behörigen Tabellen und Register versehen. Solothurn: gedruckt in Hochobrigkeitl[icher] Buchdruckerey, auf Kosten und im Verlage des Verfassers, 1776, [10], 324 S. (in-4).[24]	4
Der arme Taglöhner 1735, 1 Band	Johannes WOLFF, *Der arme in Gott aber reiche Tagelöhner, das ist: Merckwürdiger und sehr erbaulicher Lebens-Lauff eines sehr arm und fromm gewesenen obschon Lesens-unerfahrnen Tagelöhners, Dieterich Brauwinckeln genannt.* Frankfurt a. M., 1735, [4], 66 S. (in-8).[25]	1,5

[21] Peter Ammann wurde am 8. Aug. 1756 als Sohn von «Peter Amman, Schul[eiste]r [und] Ann Däster» in Roggwil getauft (StABE, K Roggwil 1: Taufrodel, 1664–1760, S. 410, Nr. [2]). – «Peter Amman, alt Schulmeister», starb am 30. Dez. 1805 und wurde am 2. Jan. 1806 in Roggwil begraben (StABE, K Roggwil 11: Totenrodel, 1737–1816, S. 119, Nr. [25]). – «Peter Amman, des Schulmeisters Sohn, [und] Verena Kurt [1758 bis 1803], Hansen, beÿde von Roggw[il], [Ehe] verkündet [1782] Hornung 24., Merz den 3. und 10ten, eingesegnet zu Niederwÿl den 14ten dit[o] laut Scheins N° 104» (StABE, K Roggwil 7: Eherodel, 1771–1855, S. 15). – «Verena Ammann, geb. Kuhrt v. Roggwÿl» starb am 6. Jan. 1803 und wurde am 8. Jan. in Langenthal begraben (StABE, K Langenthal 17: Totenrodel, 1728–1820, S. 178, Nr. [6]). – Peter Ammann, Knabenschulmeister, Burger von Roggwil, und Verena Kuert [Kurt] von Roggwil liessen in Roggwil taufen: Anna Elisabeth (≈ 3. Aug. 1783); Verena (≈ 7. Juli 1786); «Joh. Jacob» (≈ 11. Dez. 1789, † Febr. 1793); Anna Maria (≈ 13. April 1792, † März 1873); Johann Jacob (≈ 28. Dez. 1794; † 1859); «Johann Peterus (≈ 1. Juni 1798, † Mai 1799). Siehe StABE, K Langenthal 5: Taufrodel, 1767–1796, S. 170, Nr. [3]; S. 201, Nr. [2]; S. 236, Nr. [2]; S. 261, Nr. [6]; S. 284, Nr. [2]; K Langenthal 6: Taufrodel, 1797–1820, S. 16, Nr. [5].

[22] Bd. 1: [14], 748, [76] S.; Bd. 2: [14], 797, [67] S.; Bd. 3: [14], 858, [86] S. – Zum Pädagogen und Schriftsteller Johann Hübner d. Ä. (1668–1731) siehe BUAM XXI 7–8, ADB XIII 267–269, DBE^2 V 179, Jaumann 344.

[23] Die mutmassliche Erstausgabe von 1756 konnte nicht gefunden werden. Weitere Ausgaben: Altona, 1762, 1765, 1770, 1771; Frankfurt a. M., 1770, 1777; Lübeck, 1776, 1780, 1784, 1800, 1801. – Zum Buchhalter Johann Carl – oder Karl – May (1731–1784) siehe DBI 2271. – Siehe auch: [Johann Carl MAY], *Moralische Briefe über die Handlung.* Hamburg, 1754, [6], 167, [1] S. (in-8).

[24] Zum Numismatiker Johann Rudolf (de Joseph) Meyer (1731–1785) siehe Holzhalb IV 16.

[25] Zu Johannes Wolff «von Nordenstadt» (erw. 1735) fehlen biografische Artikel.

(2) Sigrist [Hans Ulrich] Bienz (1730–1812) von Melchnau[26]

Evangelische Gnadenordnung	David HOLLAZ d. J., *Evangelische Gnaden-Ordnung: Wie eine Seele von der eignen Gerechtigkeit und Frömmigkeit herunter, und zum Erkenntniß ihres sündigen Elends gebracht, hierauf aber zu den Wunden-Hölen Jesu geleitet werde, und solchergestalt durch den Glauben zur Vergebung der Sünden und zu einem frommen Leben komme.* In vier Gesprächen aufgesetzt. Verbesserte und vermehrte Auflage. Leipzig, Görlitz, 1751, [32], 208, [8] S. (in-8).[27]	3,25
Luzius Glaubensgehorsam, 1735, 1 Band	Samuel LUTZ, *Gehorsam des Glaubens, an das Evangelium Gottes, in Auf- und Annehmung Jesu Christi, und seiner grossen Seeligkeit, über die Wort des verklärten Herren.* Offenb. Joh. 3, Vers 20: So jemand meine Stimme hören und mir die Thür aufthun wird, ec. Schaffhausen: getruckt und zu haben, bey Emanuel Hurter, 1738, 112 S. (in-8).[28]	2,5

(3) Andreas Braun[29]

Algebra 1747 [sic], 1 Band	Jakob Friedrich MALER, *Algebra zum Gebrauch hoher und niederer Schulen.* Durchgesehen, verbessert, vermehrt und mit einer neuen Vorrede begleitet von Abraham Gotthelf Kästner. Karlsruhe, 1774, [4] Bl., 232 S. (in-8).[30]	3,5
Die Haushaltung 1742 1 Band	Pierre POIRET, *Die Haushaltung der Wiederherstellung des Menschen vor der Zukunfft Jesu Christi ins Fleisch.* Als der göttlichen Haushaltung III. Buch oder IV. Theil, wo das Unvermögen des Menschen wieder aufzustehen, die Nothwendigkeit der Dazwischenkunft des Mittlers, die Natur und Eigenschafften der Gnade Gottes, deren Hindernisse, und die Austheilungen oder Verwaltungen verschiedener äusseren Mittel, sie aus dem Wege zu thun, von Adam an bis auf die schmähliche Zukunfft Jesu Christi aus dem Grunde gezeiget wird, von Peter Poiret. Aus dem frantzösischen Original treulich ins Teutsche übersetzet, und mit der lat. Übersetzung zusammen gehalten. [Berlenburg], [22], 560, [16 S. (in-8).[31]	4

[26] «H[an]s Ullrich Bientz, der Sigrist und Chorweibel von Melchnau» starb am 15. Okt. 1812 «an Alters Schwachh[ei]t, 82 Jahre 1 Monat 2 Wochen» alt, und wurde am 18. Okt. in Melchnau begraben (StABE, K Melchnau 21: Totenrodel, 1777–1826, S. 88, Nr. [22]). – «Hanß Ulli» Bienz wurde am 10. Sept. 1730 als Sohn von «Jacob Bientz der Siegerist [und] Elsbeth Schärer» in Melchnau getauft (StABE, K Melchnau 7: Taufrodel, 1706–1746, S. 187, Nr. 36).

[27] Erstausgabe: Halberstadt, 1743, [8] Bl., 208 S. (in-8). Andere Ausgabe: Zürich: zu haben bey Johann Conrad Manz, Buchbinder, 1751, [30], 160 S. (in-8). – Zum evangelischen Theologen und Schriftsteller David Holla(t)z d. J. (1704–1771) siehe ADB XII 754–755, DBE[2] V 241.

[28] Zum Pietisten Samuel Lutz gen. Lucius, alias Christophilus Gratianus (1674–1750) siehe ADB XIX 715 bis 716, Guggisberg (1958) 402–410, 775, DBE[2] VI 638–639, HLS VIII 126–127.

[29] In den Langenthaler Pfarrbücher unauffindbar.

[30] Zum Mathematiker und Physiker Jakob Friedrich Maler (1714–1764) siehe DBI 2216; zum Mathematiker und Schriftsteller Abraham Gotthelf Kästner (1719–1800) siehe ADB XV 439–451, NDB X 734–736, DBE[2] V 442.

[31] Ganzes Werk: *Die Göttliche Haushaltung; oder Allgemeiner und klärlich bewiesener Zusammenhang der Wercke und Absichten Gottes gegen die Menschen [...].* Vormals durch Peter Poiret in Französischer Sprache beschrieben, nun aber [...] treulich ins Deutsche übersetzt von einem der in Christlicher Einfalt Wahrheit

(4) Josef Dennler (1727–1808), Schreiner[32]

Die gebahnte Bilgerstraße nach dem Berge Zion, 1744, 1 Band	[David HOLLAZ d. J.], *Gebahnte Pilger-Strasse nach dem Berge Zion, der Stadt des lebendigen Gottes, und himmlischen Jerusalem, da den Seelen mancherley Steine des Anstosses, dadurch sie von dem Eingange ins Reich Gottes aufgehalten oder verleitet werden können, oder dadurch er ihnen schwer gemacht wird, aus dem Wege geräumet; hingegen aber der Weg gebahnet, und die Vortheile gezeiget werden, eher, auch leichter und gerade ohne Umwege zu Jesu, und durch ihn zu aller Seligkeit zu kommen.* Nebst einem Anhange, darinnen die Lehrart Pauli in seiner Ep. an die Römer, und zugleich der Haupt-Inhalt und Kern dieses Briefs, bey den heutigen vielfältigen Methoden, so wohl zum Muster, als zur Prüfung, vorgestellt wird. Andere Auflage. Leipzig, Görlitz, 1744, 136 S. (in-8).[33]	2

(5) Beat Geiser (1726–1798)[34]

Die Schweizerlieder, Walters Edition, 1767 1 Band	[Johann Caspar LAVATER], *Schweizerlieder.* Von einem Mitgliede der Helvetischen Gesellschaft zu Schinzach. Zweyte vermehrte verbesserte Auflage. Bern: gedrukt bey Victor Emanuel Hortin; verlegts Beat Ludwig Walthard, 1767, 171, [6] S. (in-8).[35]	5

(6) Daniel Geiser (1717–1793)[36]

Der Leidende Christ 1735	[Wilhelm HOFFMAN], *Der leidende Christ wie er im Streit überwindet, oder: Creutz- und Trost-Büchlein.* Worinnen gehandelt wird vom Ursprung der Leyden insgemein, besonders aber vom Geheimnuß des Creutzes Christi, von dessen Wichtigkeit, Nutzen und Vortrefflichkeit, als einem nothwendigen Wege, zum Eingang in das Reich der Gnaden, und der Herrlichkeit. Von W. H. Sammt einer Zugabe [von Gerhard TERSTEEGEN] Güldenes Uhr-Werck genannt. Frankfurt a. M., Leipzig, 1735, [8] Bl., 208 S. (in-8).[37]	1,5

sucht. Berlenburg, 1735–1742, 7 Bde. (in-8). – Zu Pierre Poiret (1646–1719), «théologien protestant, mystique, philosophe», siehe BUAM XXXV 144–147, Jaumann 524–525, IBF 2671.

[32] Ein «Joseph Dennler, Tischmacher v[on] Langenthal, [getauft] Aug. 1727», starb am 27. April 1808 und wurde am 30. April in Langenthal begraben (StABE, K Langenthal 17: Totenrodel, 1728–1820, S. 186, Nr. [23]). – Joseph Dennler wurde im April 1727 als Sohn von «Joseph Dennler [und] Anna Mumenthaler» in Langenthal getauft (StABE, K Langenthal 3: Taufrodel, 1689–1727, S. 143, Nr. [10]).

[33] Zum evangelischen Theologen und Schriftsteller David Holla(t)z d. J. (1704–1771) siehe ADB XII 754 bis 755, DBE² V 241.

[34] Ein «Beat Geÿser, Maurer v[on] Langenthal, [getauft] Jul[i] [17]26», starb am 22. Juni 1798 und wurde am 24. Juni in Langenthal begraben (StABE, K Langenthal 17: Totenrodel, 1728–1820, S. 168, Nr. [24]).

[35] Erstausgabe: Bern: bey Beat Ludwig Walthard, 1767, 175, [17] S. (in-8). – Zum reformierten Theologen und Schriftsteller Johann Kaspar Lavater (1741–1801) siehe *supra,* Anm. 20.

[36] «Daniel Geÿser, alt Chorrichter [und alt Bärenwirt], [getauft] Oct. 1717», starb am 27. Aug. 1793 und wurde am 30. Aug. in Langenthal begraben (StABE, K Langenthal 17: Totenrodel, 1728–1820, S. 158, Nr. [26]).

[37] Zum evangelischen Mystiker Wilhelm Hoffmann (1676–1746) siehe NDB IX 438, DBI³ 2450; zum pietistischen Seelsorger, Schriftsteller und Liederdichter Gerhard Tersteegen (1697–1769) siehe ADB XXXVII 576 bis 579, BBKL XI 674–695, DBE² IX 892–893.

(7) Hans Ulrich Geiser (1737–1804)[38]

Frieß Erklärung des neüen Testaments 1732 1 Band	Johann Heinrich FRIES, *Schrifftmässige Erklärung und Zueignung des gantzen Neuen Testaments, wie selbiges in denen wochentlichen Abend-Stunden in kurtz abgefassten Predigten vorgetragen, und auf vielfaltiges Verlangen dem Druck übergeben worden.* Zürich: bey Heidegger und Compagn., 1732–1733, 4 Bde. (in-4).[39]	7,5
Das wohlrie[c]hende Rosengärtli 1745 1 Band	[Christian HUBER], *Wohl-riechendes Rosengärtlein: In sich haltend etliche schöne und kräfftige Lieder, so als wohlriechende Röslein von dem himmlischen Gärtner in einen wohlzubereiteten Hertzens-Garten gepflanzt.* Bern: bey Gabriel Gaudard, 1745, 336 S., [1] Bl. (in-12).[40]	3,25
Boehms Weeg Zu Christo 1732 1 Band	Jakob BÖHME, *Der Weg zu Christo.* Verfasset in neun Büchlein. Amsterdam 1732, 272 S. (in-8).[41]	7,25

(8) Hr. Weibel [Jacob] Geiser (1715 bis nach 1797)[42]

Les Psaumes de David	*Les psaumes de David, en vers françois.* Révûs et approuvés par les pasteurs et les professeurs de l'Eglise et de l'Academie de Genève. Lausanne: chez Jean Zimmerli, 1764, VIII, 640, [7] S. (in-8).	5

(9) Jakob Herzig (1731–1804)[43]

Quats Leben und Sterben 1739 1 Band	John BUNYAN, *Mr. Quaats Leben und Sterben, oder: Eines Gottlosen Reise nach dem ewigen Verderben; vorstellend*	2

[38] «Hans Ulli Geiser, Schneider im Gäßli zu L[an]g[en]th[al], [getauft] 1737, starb am 29. Mai 1804 und wurde am 31. Mai in Langenthal begraben (StABE, K Langenthal 17: Totenrodel, 1728–1820, S. 180, Nr. [15]). – «Hans Ulli Geÿser von Langenthal [und] Elisabeth Geÿser auch von hier» liessen taufen: Elisabeth (≈ 31. Dez. 1764). Siehe StABE, K Langenthal 4: Taufrodel, 1728–1766, S. 196, Nr. [6].

[39] Bd. 1: [22], 998 S.; Bd. 2: [1] Bl., 694 S.; Bd. 3: [1] Bl., 1078 S.; Bd. 4: [8], 1071 S. (in-4). – Zum Pfarrer Johann Heinrich Fries (1639–1718) siehe Leu VII 419, HLS IV 833.

[40] Erstausgabe: [s. l.], [1735/36], 262 S. (in-12). – Zum mutmasslichen Verfasser, dem Pfarrer, Rektor und Liederdichter Christian Huber (1627–1697) siehe Leu X 342, HLS VI 500.

[41] Anonyme Erstausgabe: [Görlitz], [1624], [101] Bl. (in-12). – Zum Schuhmacher und Theosophen Jacob Böhme, alias Desiderius Philadelphus Jakob (1575–1624) siehe BUAM IV 650–651, ADB III 65–72, Dünnhaupt I 672–702, Jaumann 113–115, DBE^2 I 774.

[42] «Jacob Geÿser, Weibel zu Langenthal» wird erwähnt: am 12. Sept. 1788 als Taufzeuge für «Anna Maria Mumentahler»; am 6. Februar 1789 für «Anna Maria Geÿser», Tochter des «Johannes Geÿser, Badwirts»; am 8. Juli 1791 für «Jacob Friederich Zulauff»; am 26. August 1791 für «Johannes Bärfuß»; am 19. Sept. 1794 für «Jacob Friederich Geÿser», Sohn des «Felix Geÿser, Weibels»; am 21. Dez. 1794 für «Anna Maria Neukum», Sohn des «Freiderich Neukum, Bärenwirts»; für am 13. März 1795 für ««Franz Denler», Sohn des «Andreß Denler, Landarzt»; am 27. Nov. 1795 für «Elisabeth Geÿser», Tochter des «Felix Geÿser, Weibels»; am 19. Aug. 1796 für «Johan Jacob Zulauf»; am 10. Sept. 1797 für Samuel Geiser, Sohn des Jakob Geiser, Chorrichter (StABE, K Langenthal 5: Taufrodel, 1767–1796, S. 222, Nr. [6]; S. 237, Nr. [2]; S. 253, Nr. [5]; S. 254, Nr. [6]; S. 282, Nr. [2]; S. 284, Nr. [1]; S. 286, Nr. [4]; S. 290, Nr. [8]; S. 297, Nr. [6]; K Langenthal 6: Taufrodel, 1797–1820, S. 7, Nr. [4]). – Ein «Jacob» Geiser wurde am 1. Febr. 1715 als Sohn von «Peter Geiser [und] Madle Wittschi» in Langenthal getauft (StABE, K Langenthal 3: Taufrodel, 1689–1727, S. 98, Nr. [4]). Sein Todesdatum konnte nicht gefunden werden. – Zu Jacob Geisers mutmasslicher Ehefrau Susanna Mumenthaler siehe oben, Frauen: Nr. 1.

[43] «Jakob Herzig von Langenthal, [getauft] 1731, starb am 3. April 1803 und wurde am 5. April in Langenthal begraben (StABE, K Langenthal 17: Totenrodel, 1728–1820, S. 179, Nr. [7]). – «Jacob Herzig von hier» heiratete «Anna Beütler von Dießbach beÿ Thun» am 30. Jan. 1784 in Langenthal (StABE, K Langenthal 12: Eherodel, 1762–1816, S. 64).

den ganzen Zustand einer unwiedergebohrnen Seele, durch unterschiedliche darzu dienende Geschichte. Anfangs in Englis[cher] Sprache beschriben durch M. Joh. Bunjan. Folgends in Holländis[che] und nunmehr in Hochteutsche Sprache übersezt. Zürich: bey David Geßner, 1739, 336 S. (klein in-8).[44]

(10) Johannes / Hans Herzig von Thunstetten (1727–1804)[45]

Hrn: *Fleetwoods* vier Predigten, auf den Tod Wilhelm des III. Königs in England, und der Königin Maria 171[3], 1 Band	William FLEETWOOD, *Vier Predigten, über die hochschmertzlichen Todes-Fälle Wilhelmi III. und Mariæ, Königs und Königin von Groß-Britannien, und Wilhelmi, Hertzogens von Glocester [...] so dann über jetzt regierender Königin Annæ Ankunfft zu der Krone.* Samt einer Vorrede des Autoris, und etlichen curiosen Anmerckungen uber den gegenwärtigen Zustand der Sachen in Engelland. Aus dem Englischen ins Teutsche gebracht. Frankfurt a. M., 1713, [16], 204 S. (in-8).[46]	2
Der kluge Hausvater 1732, 1 Band	Gottfried von MEYER, *Der kluge und erfahrne sorgfältig- und nutzbahre Haus-Vatter.* Welcher unterweiset, wie in den meinsten Orten Teutschlandes: I. Die Feld- und Acker-Arbeit durchs gantze Jahr mit Korn, Waitzen, Gersten, Erbsen, Linsen, Hilsen ec. [...] zu bestellen, und zuzurichten [...]; II. Allerhand Kraut-, Baum- und andere Lust-Gärten anzulegen; III. Mit dem Wein-, Hopffen-, Bau- und Bierbrauen [...] umzugehen; IV. Die Jägerey und Vogel-Fang [...] anzufangen; V. Die Fischerey mit Nutzen zu tractiren [...]; VI. Viehzucht und Stutterey zu treiben [...], auch einer kurtzen Nachricht von den Bienen. Samt einem Anahng bestehend in allerhand Hülffs-Mitteln [...], mit darzu dienlichen Kupffern und Registern der Capitel, also verabfasset von einem Liebhaber der Haushaltungs Kunst. Frankfurt a. M., Leipzig, 1731, [28], 667 S. (in-8).[47]	1

[44] Englischer Originaltitel: *The Life and Death of Mr. Badman, presented to the world in a familiar dialogue between Mr. Wiseman, and Mr. Attentive.* London, 1680, 348 S. (in-12).

[45] Ein «Hans Herzog [sic], ein Hausvater und Siegerist von und zu Thunstetten, 77 [Jahre alt]», starb am 29. Juni 1804 und wurde am 2. Juli in Thunstetten begraben (StABE, K Thunstetten 18: Totenrodel, 1801 bis 1842, S. 6, Nr. [15]). – «Johannes» Herzig wurde am 29. Juni 1727 als Sohn von «Joseph Herzig [und] Maria Steinegger» in Thunstetten getauft; «obiit 29ten Junii 1804» (StABE, K Thunstetten 4: Taufrodel, 1727–1773, S. 1, Nr. 8). – Ein anderer «Hans Herzog, ein Hausvater von Büzberg alt 8 mohn[ate] 60 j[ahre]», starb am 27. Sept. 1796 und wurde am 29. Sept. in Thunstetten begraben (StABE, K Thunstetten 17: Totenrodel, 1752 bis 1801, S. 40, Nr. [12]); dieser «Hans» Herzig wurde am 8. Januar 1736 als Sohn von «Hans Herzog [und] Maria Ischi» in Thunstetten getauft (StABE, K Thunstetten 4: Taufrodel, 1727–1773, S. 30, Nr. 2).

[46] Englische Originalausgabe: *Four Sermons: I. On the Death of Queen Mary, 1694; II. On the Death of the Duke of Gloucester, 1700; III. On the Death of King William, 1701; IV. On the Queen's Accession to the Throne, in 1703.* London, 1712, XII, 151, [1] S. (in-8). – Zu William Fleetwood (1656–1723), «bishop of Ely», siehe BUAM XV 40–41, ODNB XX 30–31.

[47] Erstausgabe unter dem Titel: *Der kluge und erfahrne österreich- und böhmische Haus-Vatter [...].* Frankfurt a. M., Leipzig, 1730, [24], 667 S. (in-8). – Zu Gottfried von Meyer (erw. 1731) fehlen biografische Artikel.

(11) Friedrich Hünig (1741–1818), Oehler[48]

Neümans Kern aller Gebätte etc. 1688, 1 Band	Caspar NEUMANN, *Kern aller Gebethe in Bitte, Gebeth, Fürbitte und Dancksagung mit wenig Worten.* Für alle Menschen, in allem Alter, in allen Ständen, in allen Anliegen zu allen Zeiten, und demnach statt eines Morgensegens, Abendsegens, Kirchen-Gebeths und aller andern Beth-Andachten dienlich. Anjetzo mit mehrerer Abtheilung und Anweisung zum Gebrauch, auch einer weitläufftigen Vorrede [...] von neuem ausgefertiget. Nürnberg, 1688, 136 S., [5] Bl., 163 S., [2] Bl., 59 S. (in-8).[49]	0,25
Les Delices d'Hollandes [sic] 1678, 1 Band	[Jean Nicolas de PARIVAL], *Les delices de la Hollande: Contenans une description fort exacte de son païs, de ses villes, & de la condition des habitans, avec un racourci de ce qui s'est passé depuis le temps qu'ils se sont mis en liberté, jusqu'à l'année 1669.* Nouvellement reveus, corrigez & augmentés [...]. Avec les villes & forts en taille douce. Derniere edition. Amsterdam, 1678, [4], 542, [2] S., [17] Taf. (in-12).[50]	1
Dictionaire de Po[ë]tevin	François Louis POËTEVIN, *Le nouveau dictionnaire suisse, françois-allemand et allemand-françois, contenant un très-grand nombre de mots, proverbes et phrases anciennes et modernes des deux langues, de même que tous les termes des différens arts, métiers et sciences, les noms des principales provinces, villes fleuves, bêtes, plantes et herbes étrangères, &c.* Le tout selon le stile et l'ortographe nouvelle – *Neues nach der reinesten Red- und Schreibart eingegerichtetes Deutsch- und Französisches Wörterbuch.* Basel: chés Jean Rodolphe Im Hof, 1754, [2], 1246 S.(in-4).[51]	12,5

[48] «Friedrich Hünig in der Hintergaß, Alters [halben], 76 [jährig]», starb am 14. Sept. 1818 und wurde am 16. Sept. in Langenthal begraben (StABE, K Langenthal 17: Totenrodel, 1728–1820, S. 198, Nr. [7]). – «Friedrich Hünig von hier [und] Anna Barbara Schwander von Herzogenbuchs[ee]» heirateten am 7. Febr. 1766 in Langenthal (StABE, K Langenthal 12: Eherodel, 1762–1816, S. 14, Nr. [9]). – «Friedrich Hünig, Öhler» und Anna Barbara Schwander liessen in Langenthal taufen: «Joh. Friderich» (≈ 1. Juli 1770, † 30. März 1771); «Friderich» (≈ 7. Febr. 1772, † 10. Okt. 1777); Anna Barbara (≈ 26. Juni 1774); Anna Catharina (≈ 23. Mai 1777); «Johan Friederich» (≈ 8. März 1782, † 2. Dez. 1787); Maria Anna (≈ 22. Febr. 1784, † 19. Nov. 1859); Maria Ursula (≈ 21. Mai 1786); Anna Elisabeth (≈ 18. Juli 1788). Siehe StABE, K Langenthal 5: Taufrodel, 1767–1796, S. 33, Nr. [6]; S. 48, Nr. [5]; S. 73, Nr. [3]; S. 106, Nr. [5]; S. 157, Nr. [5]; S. 178, Nr. [1]; S. 199, Nr. [5]; S. 221, Nr. [4].

[49] Anonyme Erstausgabe vor 1680. – Frühe signierte Ausgabe unter dem Titel: *Kern aller Gebete, in wenig Worten: Für alle Menschen, in allem Alter, in allen Ständen, zu allen Zeiten, und demnach statt eines Morgen-Segens, Abend-Segens Kirchen-Gebets, und aller andern Bet-Andachten dienlich.* Hamburg, 1680, 47 S. (in-12). – «Sein vor 1680 bereits in mehreren Auflagen anonym erschienenes Gebetbuch *Kern aller Gebete* erlebte bis 1715 22 weitere Auflagen und wurde in viele europäische Sprachen übersetzt.» (DBE^2 VII 418). – *«Formulaire de de toutes les prières (Kern aller Gebete),* ouvrage dont il y a eu au moins 22 éditions en divers formats; traduit en français, en italien, en hollandais, en anglais, en polonais, en danois, en suédois, en latin, et même en quelques langues orientales. On l'a réimprimé à Munich et à Sultzbach, pour l'usage des catholiques. Quelques éditions sont accompagnées de son Recueil de cantiques, très célèbre en Silésie, et remarquable par les notes grammaticales qu'il y a insérées pour l'explication des mots surannés qui se rencontrent dans les anciens cantiques allemands.» (BUAM XXXI 103). – Zum Theologen, Hofprediger und Statistiker Caspar Neumann (1648–1715) siehe BUAM XXXI 102–103, ADB XXIII 532–535, DBE^2 VII 418.

[50] Zu Jean Nicolas de Parival (1605–1669) fehlen biografische Artikel.

[51] Zu François Louis Poëtevin oder Poitevin (~1707–~1784), «maître de langues, grammairien, lexicographe», siehe IBF 2673, Furrer (2002) I 446.

La Saxe galante 1736, 1 Band	Karl Ludwig von PÖLLNITZ, *La Saxe galante, ou: Histoire des amours d'Auguste I. roi de Pologne.* Amsterdam, 1736, [1] Bl., 416 S. (in-8).[52]	1
Schweizer Journal May 1771	*Schweizer Journal*, Bern: bey B. Ludwig Walthard, 1770–1771, 6 Stücke in 2 Bden. (in-8).[53]	1
Granmaire [sic] de Veneronj 1 Band 1757	[Jean VIGNERON alias] Giovanni VENERONI, *Le maître italien, ou: La grammaire de Veneroni.* Augmentée de plusieurs règles très nécessaires, et corrigée selon l'ortographe moderne et la plus pure de l'Académie della Crusca; avec un dictionaire pour les deux langues; le tout revû et corrigé par Charles Placardi [...]. Frankfurt a. M., Leipzig, 1757, 522 S. (in-8).[54]	2,5

(12) Jakob Ingold (1734–1811) von Heimenhausen[55]

Nikodemi Menschenfurcht, 1703, 1 Band	August Hermann FRANCKE, *Nicodemus, oder: Tractätlein von der Menschen-Furcht, deren Beschreibung, Ursachen, Kennzeichen, Schaden, Bemäntelung dagegen geordneten Mitteln, und wie zu einem freudigen Glauben zu gelangen, und derselbe weißlich und nützlich zugebrauchen.* Zu Pflantzung der wahren Furcht Gottes, in allen Ständen heylsam, besonders aber dem Lehr-Stande dediciret. Halle (Saale), 1702, [22], 214 S. (in-8).[56]	2

(13) Hans Ulrich Jenzer (1745–1806)[57]

Gebethbuch ohne Titelblatt	Johannes STAPFER, *Neues Gebet-Buch.* Bern: bey Emanuel Haller, Buchbibder; gedrukt bey Daniel Brunner und Albrecht Haller, 1768, 291, [5] S. (in-8).[58]	3

[52] Erstausgabe: Amsterdam, 1734, 416 S. (in-8). – Zum Schriftsteller Karl Ludwig (Wilhelm) *Freiherr* von Pöllnitz (1692–1775) siehe BUAM XXXV 123–127, ADB XXVI 397–399, DBE[2] VII 887.

[53] Bd. 1: 1. Stück: XIV, [2], 79, [1] S.; 2. Stück: XIII, [3], 76, [1] S.; 3. Stück: 13, [2], 67, [3] S.; Bd. 2: 4. Stück: XII, [4], 79 S.; 5. Stück: XVI, 80 S.; 6. Stück: VIII, 83 S.

[54] Zu Jean Vigneron / Giovanni Veneroni (1642–1708), «grammairien», siehe BUAM XLVIII 131–132, IBF 4159; zu Carlo Placardi (erw. 1757) fehlen biografische Artikel.

[55] «Jakob Ingold, Daniels von Heimenhausen, getauft den 29sten Augstmonath 1734, ledig», starb am 17. Juni 1811 und wurde am 19. Juni in Herzogenbuchsee begraben (StABE, K Herzogenbuchsee 34: Totenrodel, 1795–1824, S. 108, Nr. 50).

[56] 5. Ausgabe: Halle, 1729, 252 S. (in-8). – Das Exemplar von 1703 konnte nicht gefunden werden. – Zum evangelischen Theologen und Philanthropen August Hermann Francke (1663–1727) siehe BUAM XV 508 bis 511, ADB VII 219, DBE[2] V III 444–446.

[57] Ein «Hans Ulrich Jenzer, von Weißenried [in Thunstetten], beÿ Leben wohnhaft im Wÿdenbach, 60 Jahre, 6 Monate, 13 Tage» alt, starb am 6. Mai 1806 und wurde am 9. Mai begraben (StABE, K Herzogenbuchsee 34: Totenrodel, 1795–1824, S. 72, Nr. 31). – «Hanß Ullrich» Jenzer wurde am 24. Okt. 1745 als Sohn von «Andreß Jentzer [und] Magdalena Weckli» in Thunstetten getauft (StABE, K Thunstetten 4: Taufrodel, 1727–1773, S. 66, Nr. 23).

[58] Zum reformierten Theologen Johannes Stapfer (1719–1801) siehe ADB XXXV 450–451, HBLS VI 504.

(14) Salomon Madliger (1743–1795)[59]

Bachstroms Kenzeichen der göttlichen Wahrheit 1 Band	Johann Friedrich BACHSTROM, *Die Deutlichkeit und Klarheit, als das wichtigste Kennzeichen der göttlichen Wahrheit, durch Ubersetzung und Erklärung des XII., XIII. und XIV. Capitels aus dem I. Briefe St. Pauli an die Corinther.* Ehmals nur einigen guten Freunden zugeschrieben; jetzt aber vermehrter allen und jeden Gott-liebenden Seelen zu allgemeinen Gebrauche übergeben und gewiedmet. Frankfurt a. M., Leipzig, 1735, 125 S. (in-8).[60]	1

(15) Not[ar] [Christian] Ogin (~1757–1827) von Spiez[61]

Reise nach der Ewigkeit	John BUNYAN, *Eines Christen Reise nach der seligen Ewigkeit, welche in unterschiedlichen artigen Sinnbildern den gantzen Zustand einer bußfertigen und Gott suchenden Seelen vorstellet.* Aus dem Englischen ins Deutsche übersetzt. Neue und verbesserte Auflage. London, 1766, [12], 219 S. (in-6).[62]	1,5
Der Gotheischen [sic] Lieder	*Geistliches neuvermehrtes Gothaisches Gesang-Buch: Worinnen D. Martin Luthers und anderer frommer Christen geistreiche Lieder und Gesänge 1369 an der Zahl, enthal-*	2,5

[59] «Salomon Madliger wurde am 9. Febr. 1743 als Sohn von «Salomon Madliger [und] Verena Weber» in Langenthal getauft (StABE, K Langenthal 4: Taufrodel, 1728–1766, S. 60, Nr. [1]). – «Salomon Madliger, getauft [im] Febr. 1743», starb am 13. Dez. 1795 und wurde am 15. Dez. in Langenthal begraben (StABE, K Langenthal 17: Totenrodel, 1728–1820, S. 163, Nr. [23]).

[60] Zum lutherischen Theologen und Naturforscher Johann Friedrich Bachstrom (1688–1742) siehe BUAM III 175–176, ADB LV 664–667, DBE[2] I 312.

[61] «Christian Ogi, alt Notar und Chorrichter, von und zu Einigen», starb am 10. Dez. 1827 an «Auszehrung, alt circa 70 J.», und wurde am 13. Dez. in Spiez begraben (StABE, K Spiez 15: Totenrodel, 1801–1836, S. 140, Nr. 31). – «Christian Ogi v[on] Einigen (Hanßen s[el] / B. Germann s.), *Not[arius]* und Gemeind Schreiber» heiratete am 25. Juni 1798 in Bümpliz «Elisabeth Simmem v. Erlach, dißmal zu Bern Schneiderin» (StABE, K Spiez 10: Eherodel, 1726–1813, S. 127). – Sie liessen in Einigen taufen: Christen (≈ 5. Sept. 1802, † 16. Nov. 1800, *obiit)*; «Joh. Friederich» (≈ 5. Sept. 1802, † 27. Jan. 1807); Anna Elisabeth (≈ 16. Aug. 1807, † 18. Jan. 1813); «Margarita Magdalena» (* 20. Mai 1810). Siehe K Spiez 3: Taufrodel, 1776–1807, S. 344, Nr. [3]; S. 369, Nr. [3]; S. 443, Nr. [3]; K Spiez 4: Taufrodel, 1808–1824, S. 46, Nr. [2]. – «Johann Friedrich Ogi, des Z. Amts *Notarii* Kind, von Einigen, alt 4 Jahr, starb den 27ten Jenner [1807] und wurde [in Spiez] begraben den 29ten *dito*.» (StABE, K Spiez 15: Totenrodel, 1801–1836, S. 27, Nr. 5). – «Elisabth Ogi, geb. Simmen, des *Notarius* zu Einigen Ehefrau, alt 45 Jahr, starb am 20. Jenner [1814] und wurde den 23. *dito* begraben.» (StABE, K Spiez 15, S. 67, Nr. 2). – «Christian Ogi von Einigen, Notarius, Witwer» heiratete am 25. Nov. 1814 in Spiez «Anna Bühler von Siegriswÿl, des Hanses Tochter, zu Hilterfingen wohnhaft». (StABE, K Spiez 11: Eherodel, 1813–1859, S. 6, Nr. 37). – «Christian Ogi, Notar, alt Gerichtschreiber von Einigen [und] Anna Bühler von Sigrsiwÿl» liessen in Einigen taufen: Anna Elisabeth (* 9. Juni 1816); Magdalena (≈ 15. Aug. 1819). Siehe StABE, K Spiez 4: Taufrodel, 1808–1824, S. 166, Nr. 22; S. 215, Nr. 40. – «N. N. Ogi, Christians [und] Ann Bühler[s] von Einigen, ungetauftes Knäblein, alt 3 Tage», starb am 20. April 1823 und wurde am 23. April in Einigen begraben.» (StABE, K Spiez 15, S. 117, Nr. 21); «Anna Elisabetha Ogi, Christians, des gewesenen *Notarii* Töchterli, von Einigen beÿ der Kanderbrugg», starb am 2. Mai 1824 an «Scharlachfieber, alt 7 Jahre», und wurde am 5. Mai begraben. (StABE, K Spiez 15, S. 125, Nr. 19).

[62] Älteste deutsche Ausgabe: In die hochteutsche Sprache übers. durch J[ohann] L[ange] M. C. Hamburg, 1694, [7] Bl., 392 S. (in-12). – Englische Originalausgabe: *The Pilgrim's Progress from this world to that which is to come: delivered under the similitude of a dream: wherein is discovered the manner of his setting out, his dangerous journey, and his safe arrival at the desired countrey.* London, 1678, [8], 232, [1] S. (in-12). Erstausgabe des ersten Teils: 1678; des zweiten Teils: 1684. – Zu John Bunyan (1628–1688), «author», siehe BUAM VI 268, ODNB VIII 702–711.

	ten. Nach Ordnung der Jahreszeit, und des Catechismi ein- und abgetheilt, nebst denen gewöhnlichen Kirchen-Collecten und doppelten Register. Mit Ihro Herzogl. Durchlaucht zu Sachsen-Gotha gnädigstem Privilegio, in keinerley Format nachzudrucken, oder ein anders darneben aufzulegen, versehen. Gotha, 1767, [6], 1369, [31] S. (in-8).[63]	
Der philosophische Kaufmann, 1 Band	[Hans Caspar HIRZEL], *Der philosophische Kaufmann*. Von dem Verfasser des philosophischen Bauers. Zürich: bey Orell, Geßner, Füeßlin und Comp, 1775, 123, [5] S. (in-8).[64]	1

(16) Hans Ulrich Räber (1751)*[65]

Verbindung des Königs von Preüßen, mit dem Curfürst von Sachsen 1778, 1 Band	[Karl Rudolf GRAEFE], *Kurze Vorstellung des von Ihro Churfürstlichen Durchlaucht zu Sachsen in Ansehung der Bayerischen Allodial-Verlassenschaft beobachteten Verhaltens und der daraus mit Ihro Majestät dem König von Preußen entstandenen Verbindungen*. Dresden, 1778, 16 S. (in-4).[66]	1

(17) [Johann] Jakob Rösch (1769–1854)[67]

Frag und Antwort über die Religion, 1 Band	[Peter WERENFELS], *Fragen und Antworten über die fünf Hauptstuck der christlichen Religion, für die Kirchen zu Basel*. Bey Erforschung der angehenden Tischgenossen des Herrn, wie auch in den Kinderlehren zu Stadt und Land zu gebrauchen. Basel: bey Johann Heinrich Decker, [~1780], 32 S. (in-8).[68]	2

[63] Erstausgabe: Gotha, 1699, [16] Bl., 812 S., [10] Bl. (in-12). – Zahlreiche Ausgaben im Laufe des 18. Jahrhundert bis 1776. – Zum Reformator Martin Luther (1483–1546) siehe Leu XII 397–399, BUAM XXV 448 bis 461, LR 430–431, EP 921–922, Jaumann 421–423, NDB XV 549–561, DBE² VI 634–635.

[64] Zum Stadtarzt, Publizisten und Magistraten Hans Caspar Hirzel d. Ä. (1725–1803) siehe BUAM XX 424 bis 425, ADB XII 485–486, DBE² IV 889, HLS VI 379.

[65] Ein «Hans Ulli» Räber wurde am 7. März 1751 als Sohn von «Hans Ulli Räber [und] Cathi Mügli» in Niederbipp getauft (StABE, K Niederbipp 4: Taufrodel, 1739–1767, S. 80. Nr. [3]). – «Hans Ulrich Räber von Niederbipp» heiratete «Anna Geÿser von hier» am 22. Nov. 1778 in Langenthal (StABE, K Langenthal 12: Eherodel, 1762–1816, S. 46). – «Anna Räber, geb. Geiser, *æt[atis]* 26 Jahr», starb am 5. April 1782 und wurde am 8. April in Niederbipp begraben (StABE, K Niederbipp 16: Totenrodel, 1770–1850, S. 23, Nr. [10]).

[66] Zum Juristen Karl Rudolf Graefe (1731–1805) siehe DBI 1150.

[67] «Johan Jacob» Rösch wurde am 30. April 1769 als Sohn von «Johannes Rösch, Schulmeister, von hier, [und] Anna Denler» in Langenthal getauft (StABE, K Langenthal 5: Taufrodel, 1767–1796, S. 21, Nr. [2]). – «Rösch, Jacob, alt Schulmeister von Langenthal, Ehemann, 86 Jahr [alt]», starb 11. Okt. 1854 und wurde 14. Okt. in Langenthal begraben (StABE, K Langenthal 18: Totenrodel, 1721–1857, S. 171, Nr. 66). «Jacob Rösch, von hier» heiratete «Elisabeth Weibel von Rappersweil, alhier wohnhafft», am 22. Nov. 1793 in Langenthal (StABE, K Langenthal 12: Eherodel, 1762–1816, S. 101). – «Jacob Rösch, Joh. deß Schulmeisters, [und] Elisabeth Weibel» liessen in Langenthal taufen: «Joh. Jacob» (≈ 3. Aug. 1794, † 22. Sept. 1794); Elisabeth (≈ 22. Nov. 1795, † 19. Febr. 1800); Johann Jacob (≈ 17. Mai 1798); Elisabeth (≈ 18. Jan. 1801); Johannes (≈ 12. Aug. 1803, *ob.*); Johannes (≈ 14. Okt. 1804, † 14. Okt. 1804); Friedrich (≈ 28. Dez. 1806); Jakob (≈ 22. Juli 1814); Marianna (≈ 13. Okt. 1820). Siehe StABE, K Langenthal 5: Taufrodel, 1767–1796, S. 281, Nr. [1]; S. 290, Nr. [6]; K Langenthal 6: Taufrodel, 1797–1820, S. 16, Nr. [3]; S. 47, Nr. [5]; S. 74, Nr. [4]; S. 90, Nr. [2]; S. 119, Nr. [2]. – «Elisabeth gen. Weibel, Joh. Jak. Röschs, des Schulmeisters Ehefrau, von hier, [alt] J[ahre] 55, M[onate] 8», starb am 4. Okt 1827 und wurde am 6. Okt. in Langenthal begraben (StABE, K Langenthal 18: Totenrodel, 1721–1857, S. 33, Nr. 27).

[68] Ursprünglich von Johann Wolleb zusammengestellt. – Erstausgabe: Basel: bey Jacob Werenfels, 1698, 80 S. (in-8). – Weitere Ausgaben: Basel, 1703, 1708, 1726, 1728, 1731, 1748, 1795, 1815, 1827 – Zum Antistes, Theologieprofessor und Rektor der Universität Basel Peter Werenfels (1627–1703) siehe Leu XIX 331–343,

(18) Hans Ruf[69]

Biblischer Geschichts-Calender, der heil[igen] Propheten 1699	Gottfried HOFFMANN, *Biblischer Geschichts-Calender der Heil[igen] Propheten von Mose bis auf Johannem den Täuffer.* Bremen, 1699, 148 S. (in-8).[70]	4,5

(19) Gerichtsäs Sägeßer[71]

Holbergs Lustspiehle 1 Band	Ludwig von HOLBERG, *Drey Lustspiele [Der elfte Junius; Der Pfalzgraf; Ulysses von Ithaca].* Aus dem Dänischen des Herrn Professor Holbergs übersetzt. København (Kopenhagen), Leipzig, 1745, [6], 232 S. (in-8).[72]	1,5

(20) Anth[o]ni Sig, Strählmacher[73]

Algemeine Weldgeschichte von Anfang der Weld, bis 4140, 1 Band	[Bartholomäus ANHORN d. J.], *Allgemeine Welt-Geschichten von Anfang derselben biß auff das Geburts-Jahr Christi, 4140.* Nach wahrer und richtiger Zeit-Berechnung, mit Fleiß zusammen getragen durch Philonem, Chronographicum. Isny im Allgäu, Wangen, 1671, [16], 361, [43] S. (in-8).[74]	1

(21) Samuel Sig, Strählmacher[75]

Geistliche Lieder 1746 1 Band	[Hieronymus ANNONI], *Geistliche Lieder-Buschel für gutwillige Himmels-Pilger.* Basel: gedruckt und zu finden bey Daniel Eckenstein, 1746, [32] S. (in-8).[76]	6,5
Duliz seltsame Begebenheiten, 1 Band	*Des reichen holländischen Juden Franz Düliz geheime seltsame Begebenheiten und sehr merkwürdige Geschichte, wie sie von einer die Wahrheit liebenden Feder aufgesetzet, und nunmehro ihrer Lesenswürdigkeit halber, nebst einer lebhaften Vorstellung, von dem Sieg des Eigen-Nutzes, zum Druk sind befördert worden.* Bastia [i. e. Frankfurt a. M.]: verlegts Francesco Giovanni Ottoviano [i. e. Stock], 1739, [12], 268, [2] S. (in-8).[77]	3

DBE² 551–552, HLS XIII 408; zum reformierten Theologen, Antistes und Rektor Johann Wolleb / Johannes Wollebius (1586–1629) siehe Leu XIX 573–574, DBE² X 746, HLS XIII 582.

69 In den Langenthaler Pfarrbücher unauffindbar.

70 Zum lutherischen Theologen und Professor Gottfried Hoffmann (1669–1728) siehe DBI 1498.

71 In den Langenthaler Pfarrbücher nicht identifizierbar.

72 Zum Historiker Ludwig *Freiherr* von Holberg / Ludvig Holberg (1681/84–1754) siehe Dansk biografisk leksikon VI 424–431, DBI 1517.

73 In den Langenthaler Pfarrbücher unauffindbar.

74 Zum möglichen Verfasser, dem Theologen und Pfarrer Bartholomäus Anhorn (von Hartwiss) d. J. oder Bartholomäus Hartwitz (1616–1700), alias Philo ‹Chronographus›, siehe Leu I 229–231, HLS I 349, DBI 1322.

75 In den Langenthaler Pfarrbücher unauffindbar.

76 Zum Pietisten, Theologen und Liederdichter Hieronymus Annoni (1697–1770) siehe ADB I 475–476, BBKL I 180–181, DBE² I 182, HLS I 355.

77 Roman. – S. 225–268: [Louis de BOISSY], «Der Sieg des Eigennutzes: Comedie». – Französische Originalausgabe: *Mémoires anecdotes pour servir à l'histoire de M. Duliz.* Et la suite de ses avantures, après la catastrophe de celle de Mademoiselle Pelissier, actrice de l'Opera de Paris. Avec le Triomphe de l'Intérêt: [Comedie]. London, 1739, 203; [1], 75 S. (in-8). – Originalausgabe von Louis de Boissy's Schauspiel: *Le triomphe*

40 Stuck alte schlechte Bücher von keinem Werth	10

Quelle: StABE, Bez Wangen A 489 Nr. 8: «Geldstagrodel über Jakob Sägeßer des Handelsmanns zu Langenthal, gebürtig aus Aarwangen,[78] Vermögen und Schulden. Verführt under der Direction des Wohlgebornen und Hochgeehrten Herrn Landvogt Mutachs auf Wangen, durch den Wohlachtbaren Hn. Felix Schneeberger Gerichtssäs und alt Sekelmeister zu Langenthal, und den Wohlersammen Friedrich Dennler Gerichtsäs in der Sänge, beide als Geldsverordnete [...]. Actum der Inventorisation den 6ten, 7ten, 12ten, 13ten et 14ten Maÿ, des 1ten Geldstags den 24., des 2ten Geldstags den 31ten samt 2[e]n Steigerungen, beide des obigen Monats, des 3ten Geldtags, und Steigerung den 7ten Brachmonats, der nochmaligen Steigerungen den 21. und 22ten *Dito*, der *Collocation* aber den 16ten und 28ten July alles des 1785ten Jahrs. Landschreiberÿ Wangen», (402, [1] S.), S. 28–35.[79]

de l'intérest: Comédie de Monsieur de Boissy. Den Haag, 1734, 75 S. (in-8). – Zu Louis de Boissy (1694 bis 1758), «poète satirique et auteur dramatique», siehe BUAM V 31–32, DBF 863.

78 «Jacob Sägesser: von hier, gewesener Handelsmann zu Langenthal, starb daselbst den 14ten Jenners [1797] u[nd] ward allda begraben den 18ten *ejusdem*; alt ...» (StABE K Aarwangen 14: Totenrodel, 1752–1855 S. 183). – «Ein «Hans Jacob» Sägesser wurde am 19. Dez. 1745 als Sohn von «Hans Jacob Sägißer v[on] Mume[n]thal [und] Barbara Andres» in Mumenthal getauft (StABE, K Aarwangen 4: Taufrodel, 1729–1751, S. 61, Nr. [6]). – «Jacob Sägißer von Arwangen» heiratete am 21. Februar 1765 in Langenthal «Anna Maria Geÿser von hier [Langenthal]» (StABE, K Langenthal 12: Eherodel, 1762–1816, S. 10), Tochter von «Hans Jakob Geiser, Creüzwirth zu Langenthal» *(Quelle,* S. 212).

79 Kopie in StABE, Bez Wangen 491, Nr. [4]. – Siehe auch: Bez Wangen A 489 Nr. 9: «Abänderungs *Collocation* in des Handelsmann Jakob Sägeßers zu Langenthal, gebührtig von Aarwangen, verführten Geldstag [...]. Actum der Abänderungs *Collocation* den 28ten Jenners 1786. Landschreibereÿ Wangen», 87 S.

Tabelle 5.2: Die 204 Schweizer Subskribentinnen von Joseph Ignaz Zimmermanns «Die junge Haushälterinn: Ein Buch für Mütter und Töchter» (Luzern, 1785)[1]

A
Frau Rathsschreiberinn Amrhyn, in Luzern[2]
Fräulein Josepha Amrhyn, daselbst[3]
[Fräulein] Karolina Amrhyn, daselbst[4]

B
Frau Hauptmänninn Bächlin [Bächli], in Brugg [AG]
Frau Elisabetha Balthasar, geb. Meyer von Schauensee, [in Luzern][5]
Fräulein Anna Balthasar, daselbst
[Fräulein] Bernardina Balthasar, daselbst[6]
Jungfer Rosina Bertschinger, Hrn. Hauptmanns Tochter in Lenzburg [AG][7]
[Jungfer] Susanna Katharina Bertschinger, Hrn. Stadtschreibers Tochter, daselbst[8]
Frau Beut[h]er, in A[a]rau [AG][9]
Jungfer Maria Barbara Brand, in Luzern[10]
Jungfer Josepha Brandstetter, in Münster[11]
Jungfer Katharina Brunner, in Luzern[12]

C
Fräulein Corraggione d'Orello [Corragioni d'Orelli], in Luzern[13]
Jungfer Salome Curti, [in Rapperschweil][14]

[1] Das Verzeichnis umfasst insgesamt 423 Subskribenten – Individuen und Institutionen – aus der Eidgenossenschaft und dem süddeutschen Raum. Davon waren 252 oder knapp 60 Prozent Frauen oder «Jungfern» bzw. Frauenklöster, gegenüber 171 Männern. Ich habe hier *beispielshalber* rund 70 Subskribentinnen zu identifizieren versucht; den Übrigen müsste nachgeforscht werden. – Siehe auch Text 7.8 [1–3].

[2] Elisabetha Schwyzer (1754–1816): Ehefrau von Franz (Karl) Xaver (Leopold) Amrhyn (1751–1833), «des großen Raths 1768, Rathsschreiber 1776». Siehe StALU, PA 449/1: *Viridarium nobilitatis Lucernensis arboribus genethliacis exornatum [...] anno MDCCLXV;* Holzhalb I 52; Furrer (2013) 285

[3] Maria Josephe Elisabeth Barb. Johannes Baptist Amrhyn (* 27.3.1777, † 1846): Tochter von «Josef Martin Amrhÿn [* 1752] und der Franziske Meÿer von Baldegg» (StALU, KZ 10: Taufregister der Pfarrei Hof, Luzern, 1776–1789, S. 1217; PA 449/1).

[4] Karoline Josephe Johanne Baptiste Aloÿsia Amrhyn (* 24. 4. 1776, † 1842): Tochter von «Adam Joseph Martin Leodegar Aloÿs Amrhÿn [* 1752] und Maria Franziske Hiazinthe Meÿer von Baldegg» (StALU, KZ 10: Taufregister der Pfarrei Hof, Luzern, 1776–1789, S. 1204; PA 449/1).

[5] Elisabeth Meyer von Schauensee: Ehefrau des Niclaus Lorenz Balthasar (* 1759). Siehe StALU, PA 449/1.

[6] Bernardina Balthasar (1743–1824): Tochter von Johann Ulrich Mauriz Balthasar (* 1703) und Maria Bernardina Pfyffer von Altishofen (* 1712). Siehe https://www.myheritage.

[7] Tochter von «Hauptmann» Johann Rudolph Bertschinger. Siehe Holzhalb I 240.

[8] Tochter von «Stadtschreiber» Emanuel Bertschinger. Siehe Holzhalb I 240.

[9] Marianne Elisabeth Thomasset, geb. Egger, (verwitwete) Ehefrau des Samuel Beuther (1745–1805), Burger von Aarau seit 1780 (Merz 1917, 31).

[10] Maria Barbare Josephe Antonie Brand (* 20. 8. 1765): Tochter von «Anton Brand und Verene Ottiger» (StALU, KZ 9: Taufregister der Pfarrei Hof, Luzern, 1751–1775, S. 1043).

[11] Beromünster LU.

[12] Vielleicht Anna Maria Franzis[ka] Katharine Margreth Brunner (* 20. 7. 1770): Tochter von «Franz Brunner und Salome Dosenbach» (StALU, KZ 9: Taufregister der Pfarrei Hof, Luzern, 1751–1775, S. 1122).

[13] Vielleicht Maria Franziska Corragioni (* 25. 4. 1771): Tochter von «Xaver Coraggione de Orello und Maria Katharina Felber» (StALU, KZ 9: Taufregister der Pfarrei Hof, Luzern, 1751–1775, S. 1132).

[14] Rapperswil SG.

D
Jungfer Sybilla Dangel, in Münster[15]
[Jungfer] Marianna Danner,[16] Herrn Chirurgus Töchterlein in A[a]rau
Fräulein Katharina Dulliker, in Luzern[17]
Fräulein Zezilia Dürler, daselbst[18]

E
Katharina Engel, von Twan[n] [BE][19]
Lisette von Erlach, von Bern[20]
Jungfer Nannette Escher, in Zürich

F
Louisa Feer, in Brugg [AG][21]
Jungfer Anna Katharina Fleischlin, in Luzern
[Jungfer] Antonia Fleischlin, daselbst[22]
Frau Barbara Fornaro, in Rapperschweil[23]
Frau [Elisabeth] Frey, gebohrne Däppeler, in A[a]rau[24]
Jungfrau Elisabetha Fröhlicher, in Solothurn
Frau Regina Fuchs, [in Rapperschweil][25]
Jungfer Maria Rosa Furrer, in Altdorf [UR]
[Fürstliches Stift] in Schänis[26]

[15] Beromünster LU.

[16] Marianna Tanner (* 1777): Tochter des Arztes und Appellationsrichters (Johann) Jakob Tanner (1753–1831) und er Veronika Hilfiker (1757–1799) von Kölliken. Siehe Merz 1917, 283; StAAa, Familienblätter, kompiliert von Raoul Richner.

[17] Maria Anne Katharine Josephe Xaver[ia] Bernarde Benedikte Martine Dullicker (* 29. 7. 1770): Tochter von «Alphons Joseph Johann Nepom. Dullicker [1746–1820] und Maria Jacob[a] Mohr» (StALU, KZ 9: Taufregister der Pfarrei Hof, Luzern, 1751–1775, S. 1122; PA 449/1).

[18] M. Cäcilie Karoline Josephe Dürler (* 10. 4. 1784): Tochter von «Karl Martin Dürler [* 1739] und M[aria] Dorothe Pfiffer von Altis[hofen]» (StALU, KZ 10: Taufregister der Pfarrei Hof, Luzern, 1776–1789, S. 1315; PA 449/1).

[19] Eine «Maria Cathrina» Engel wurde am 7. Aug. 1763 als Tochter von «Hr. Jacob Engel, Grichtschreiber und hernach Meier in Twann [und] Frauw Margar. Forster» in Twann getauft (StABE, K Twann 4: Taufrodel, 1752–1808, S. 98, Nr. [1]). – Eine andere «Maria Catharina Engel gebohrne Trütsch, des Brunn-Müllers Willhelm Engel Ehefrau, starb den 27sten, und ward [in Twann] begraben den 29sten Maÿ 1799, war 54 Jahr u[nd] 9 Monate alt.» (StABE, K Twann 9: Totenrodel, 1752–1875, S. 74, Nr. [3]).

[20] Eine «Elisabetha Margaritha» von Erlach wurde am 26. Juni 1758 als Tochter von «Junker Sigmund von Erlach [1710–1783], Landvogt von Morsee, [und] Frau [Barbara] Salome von Bonstetten [1725–1789]» in Bern getauft (StABE, Bern B XIII 530: Burgerliche Taufrodel XIV, S. 312, Nr. [2]; Erlach 1989, Taf. C 1 XV).

[21] Vielleicht Louise Elisabeth Feer (1782–1835): Tochter des Pfarrers, Politikers und Schulmanns Jakob Emanuel Feer (1754–1833), von Jakob Emanuel Feer (1754–1833). Siehe Eduard FEER, *Die Familie Feer in Luzern und im Aargau 1331–1934*. [s. l.], [1934], S. 250–252; BLA 191.

[22] Vielleicht Maria Margreth Antonia Fleischlin (* 19. 7. 1775): Tochter von «Aloÿs Fleischlin und Katharine Schiffman» (StALU, KZ 9: Taufregister der Pfarrei Hof, Luzern, 1751–1775, S. 1192).

[23] Rapperswil SG.

[24] Entweder (Anna) Elisabeth Deppeler (1757–1828): älteste Tochter von Heinrich Deppeler-Sulzer; Ehefrau von Friedrich Frey (Oehler 1949, Abb. zw. 88/89, 263). – Zum Handelsherrn (Jakob) Friedrich Frey (1748 bis 1818) siehe *Argovia,* 68/69, 1958, S. 225–227. – Oder Anna Maria (Marianna) Deppeler (1761–1818): Tochter von Johann Jakob Deppeler und Elisabeth Sulzer; Ehefrau des Negotianten und zukünftigen Stadtammanns von Aarau David Frey (1751–1827). Siehe HBLS III 243; StAAa, Familienblätter, kompiliert von Raoul Richner.

[25] Rapperswil SG.

[26] Diese und die folgenden – bis «Nam. Jes. in Solothurn» – unter der Überschrift «Frauenstifter [sic] und Klöster». – Zum adligen Damenstift in Schänis siehe HS IV/2 435–458, HLS XI 10.

Benediktinerabtey in Seedorf[27]
[Benediktinerabtey in] Sarnen[28]
[Benediktinerabtey in] Hermetschwyl[29]
[Benediktinerabtey in] Münsterlingen[30]
[Benediktinerabtey in] St. Wüberoda [sic] in St. Gallen[31]
[Benediktinerabtey in] Fahr[32]
[Benediktinerabtey in] Einsiedeln in der Aue[33]
Zisterzienserabtey in Eschenbach [LU] [34]
[Zisterzienserabtei in] Rathausen [LU][35]
[Zisterzienserabtei in] Frauenthal[36]
[Zisterienserabtei in] Magdenau[37]
[Zisterzienserabtei in] Gnadenthal[38]
[Zisterzienserabtei in] Denikon[39]
[Zisterzienserabtei in] Feldbach[40]
[Zisterzienserabtei in] Kalchrein[41]
[Zisterzienserabtei in] Wurmspach[42]
Ursulinerinnen in Luzern[43]
[Ursulinen in] Brig[44]
Visitantinerinnen in Solothurn[45]
Dominikanerinnen in We[e]sen[46]

[27] Zum Benediktinerinnenabtei Hermetschwil siehe HS III/1 1813–1847, HLS VI 306–307, Holenstein (2022) 203–207.

[28] Zum Benediktinerinnenkloster Sankt Andreas in Sarnen siehe HS III/1 1733–1759, HLS X 691, Holenstein (2022) 339–343. – Die heutige Bibliothek zählt 46 Drucke aus dem 16. Jh., 351 Drucke aus dem 17. Jh. und 480 Drucke aus dem 18. Jh. – «Sowohl im Altbestand (bis 1800) wie im neueren Buchbestand nehmen spirituelle Themen (Aszese, Meditation) den grössten Platz ein.» (Holenstein 2022, 341).

[29] Zum Benediktinerinnenkloster Seedorf siehe HS III/1 1957–1976, HLS X 393–394, Holenstein (2022) 363 bis 367.

[30] Zum Benediktinerinnenkonvent Münsterlingen siehe HS III/1 1873–1881, HLS VIII 860–861.

[31] Zum Benediktinerinnenkloster St. Wiborada in St. Gallen siehe Leu XIX 407, Holzhalb VI 387, HS III/1 1934–1940. – «*S. Wiborada*-Kloster. [/] Ein Frauen-Kloster *Benedictiner*-Ordens bey St. Georgen ob der Stadt St. Gallen, in der Gemeind Tablet, und dem Stift St. Gallischen Lands-Hoffmeister-Amt» (Leu XIX 407).

[32] Zum Benediktinerinnenpriorat Fahr (AG) siehe HS III/1 1760–1806, HLS IV 376, Holenstein (2022) 141 bis 144.

[33] Zur Benediktinerinnenabtei in Trachslau bei Einsiedeln siehe HS III/1 1713–1732, HLS IV 145–146, Holenstein (2022) 122–125.

[34] Zum Zisterzienserinnenkloster Eschenbach (LU) siehe HS III/3 612–633, HLS IV 291, Holenstein (2022) 133–137.

[35] Zum Zisterzienserinnenkloster Rathausen siehe HS III/3 862–892, HLS X 110.

[36] Zum Zisterzienserinnenkloster Frauenthal in Hagendorn / Cham (ZG) siehe HS III/3 709–728, HLS IV 707, Holenstein (2022) 154–157.

[37] Zur Zisterzienserinnenabtei Magdenau in Degersheim (SG) siehe HS III/3 768–796, HLS VIII 205, Holenstein (2022) 238–241.

[38] Zum Zisterzienserinnenkloster Gnadenthal in Niederwil (AG) siehe HS III/3 728–739, HLS V 503.

[39] Zum Zisterzienserinnenkloster Tänikon zwischen Ettenhausen und Guntershausen bei Aadorf (TG) siehe HS III/3 917–750, HLS XII 190–191.

[40] Zur Zisterzienserinnenabtei Feldbach in Steckborn (TG) siehe HS III/3 634–664, HLS IV 457.

[41] Zur Zisterzienserinnenabtei Kalchrain in Hüttwilen (TG) siehe HS III/3 740–763, HLS VII 47–48.

[42] Zur Zisterzienserinnenkloster Wurmsbach siehe HS III/3 960–981, HLS XIII 598–599, Holenstein (2022) 439–442.

[43] Zum Ursulinen-Kloster Maria Hilf in Luzern siehe HS VIII/1 195–218, Holenstein (2022) 88–91.

[44] Zum (Ursulinen-)Kloster St. Ursula in Brig (VS) siehe HS VIII/1 219–247, Holenstein (2022) 88–91.

[45] Zum (Visitantinnen-)Kloster Visitation in Solothurn siehe HS VI 359–384, Holenstein (2022) 399–403.

[46] Zum Dominikanerinnenkloster Maria Zuflucht in Weesen siehe HS IV/5 935–970, HLS XIII 317, Holenstein (2022) 416–420.

[Dominikanerinnen in] Wyl[47]
[Dominikanerinnen in] St. Katharinathal[48]
Franziskanerinnen in Solothurn[49]
[Franziskanerinnen in] Bremgarten[50]
[Kloster] St. Anna im Bruche in Luzern[51]
St. Klara [sic] in Altdorf[52]
[St. Klara in] Stanz[53]
[St. Klara in] Rorschach[54]
Nam[en] Jes[u] in Solothurn[55]

G
Frau Rathsherrinn Gasser, in Seben[56]
Fräulein Maria Anna Gasser, in Schweiz[57]
Fräulein Katharina Gloggner, in Luzern[58]
Fräulein Maria Martha Göldlin, in Sursee
Jungfer Susanna Goßweiler, Töchterlehrerinn in Zürich[59]

[47] Zum Dominikanerinnenkloster St. Katharina in Wil (SG) siehe HS IV/5 971–1005, HLS XIII 465, Holenstein (2022) 426–430.
[48] Zum Dominikanerinnenkloster Sankt Katharinental in Diessenhofen (TG) siehe HS IV/5 780–840, HLS X 755–756.
[49] Anscheinend identisch mit dem (Kapuzinerinnen-)Kloster Namen Jesu (Nominis Jesu) in Solothurn. Siehe *infra,* Anm. 55.
[50] Zum Franziskaner-Terziarinnen-Kloster St. Klara in Bremgarten (AG) siehe HS V/1 609–674, HLS II 678 bis 679.
[51] Zum Kapuzinerinnenkloster St. Anna im Bruch – heute: St. Anna auf Gerlisberg – in Luzern siehe HS V/2 999–1010, Holenstein (2022) 228–231. – Die heutige Bibliothek zählt 19 Drucke aus dem 17. Jh. und 92 Drucke aus dem 18. Jh. – «In Gerlisberg besteht die Klosterbibliothek rund zur Hälfte aus aszetischer und meditativer Literatur. Daneben sind Gebetbücher und das Sachgebiet der Biographien von grösserer Bedeutung. Profane Werke sind in geringem Masse vertreten und stammen vorwiegend aus der zweiten Hälfte des 20. Jh.» (Holenstein 2022, 230).
[52] Zum Franziskanerinnenkloster zum Oberen Hl. Kreuz / St. Karl in Altdorf (UR) siehe HS V/2 957–969, HLS I 254.
[53] Zum Kapuzinerinnen-Kloster St. Klara in Stans (NW) siehe Holenstein (2022) 408–411. – Die heutige Bibliothek zählt 4 Drucke aus dem 16. Jh., 92 Drucke aus dem 17. Jh. und 178 Drucke aus dem 18. Jh. – «Die Kapuzinerinnenbibliothek Stans besteht primär aus Lesestoff zur geistlich-religiösen Erbauung der Schwestern und aus Anweisungen zum klösterlichen Leben. Daneben nehmen Heiligenbiographien und andere Lebensbeschreibungen einen wichtigen Platz ein. Belletristische Werke und wissenschaftliche Bücher sind in geringem Umfang präsent.» (Holenstein 2022, 410).
[54] Zum Franziskanerinnenkloster St. Scholastika in Tübach (Mörschwil SG) siehe HS V/2 1086–1094, HLS X 444, Holenstein (2022) 412–415. – Die heutige Bibliothek zählt 11 Drucke aus dem 16. Jh., 167 Drucke aus dem 17. Jh. und 204 Drucke aus dem 18. Jh. – «Ganz dem kontemplativen Ordensleben verpflichtet sind Askese und Mystik die vorherrschenden Themenbereiche in der Bibliothek des Klosters St. Scholastika. Gut vertreten sind auch hagiographische und franziskanische Werke. Bücher zu weltlichen Themen finden sich abgesehen von Welt- und Lokalgeschichte kaum» (Holenstein 2022, 414).
[55] Zum (Kapuzinerinnen-)Kloster Namen Jesu (Nominis Jesu) in Solothurn siehe HS V/2 1057–1073, Holenstein (2022) 387–391. – Die heutige Bibliothek zählt 1 Druck aus dem 16. Jh., 55 Drucke aus dem 17. Jh. und 101 Drucke aus dem 18. Jh. – «Die Kapuzinerinnenbibliothek Solothurn hat eine ausgeprägte spirituelle Ausrichtung, was besonders im Altbestand auffällt, der sich nahezu ausschliesslich aus Gebets-, Andachts- und Betrachtungsbüchern zusammensetzt.» (Holenstein 2022, 389).
[56] Seewen SZ.
[57] Schwyz.
[58] Vielleicht Anne Katharine Xaveria Antoni[a] Gloggner (* 16. 5. 1765): Tochter von «Jakob Joseph Anton Glogner und Maria Franziske Schindler» (StALU, KZ 9: Taufregister der Pfarrei Hof, Luzern, 1751–1775, S. 1040).
[59] Susanna Gossweiler (1740–1793), Lehrerin und Leiterin der Zürcher Töchterschule (Lutz 180, HLS V 551).

[Jungfer] Magdalena Greith, in Rapperschweil[60]
Fräulein Maria Margaretha Gugger, in Solothurn
Jungfer Marianna Gysi, Herrn Pfarrers von Aerlisbach[61] Töchterlein
[Jungfer] Nannette Gysi, von Aerlisbach

H
Jungfer Marianna Häffliger [Häfliger], [in Münster][62]
[Jungfer] Zezilia Häffliger, [in Münster]
Frau Hagnauer, gebohrne Wasmer, in A[a]rau[63]
Jungfer Marianna Hagnauer, daselbst[64]
Jungfer Lisette Ha[h]n, von Bern[65]
Fräulein Aloysia Hartmann, in Luzern[66]
[Fräulein] Anna Hartmann, daselbst[67]
[Fräulein] Dorothea Hartmann, daselbst
[Fräulein] Elisabetha Hartmann, daselbst[68]
[Fräulein] Katharina Hartmann, daselbst[69]
Henriette Hartmann, in Nidau [BE][70]
[Fräulein] Isabella Hartmann, in Luzern[71]
[Fräulein] Katharina Hartmann, daselbst
[Fräulein] Klara Hartmann, daselbst[72]

[60] Rapperswil SG.
[61] Erlinsbach AG. – Zu Johann Franz Gysi (1735–1798), Helfer in Burgdorf 1768–1778, Pfarrer von Erlinsbach 1778–1798, verheiratet mit Maria Catharina Mezer (* 1747) von Brugg, siehe Werdt 118, Nr. 158; Lohner (1862) 391; Pfister (1943) 84.
[62] Beromünster LU.
[63] Elisabeth Wassmer (1754–1814): Tochter des Ratsherrn Johannes Wassmer (1724–1774) und der Margarita Kasthofer; Ehefrau von Andreas Hagnauer (*1747). Siehe Merz 1917, 109; StAAa, Familienblätter, kompiliert von Raoul Richner.
[64] Marianna Hagnauer (1753–1792): Tochter des Uhrmachers Arnold Hagnauer (1708–1789) und der Margret Hassler (1708–1772); unverheiratet. Siehe StAAa, Familienblätter, kompiliert von Raoul Richner.
[65] Eine «Elisabetha, unehlich» Haan wurde am 27. Febr. 1779 als Tochter von «Hr. Bernhard Han, angeblicher Vater [und] Fr. Elisabet Bientz [Tochter des Johannes Bientz Lehnrößler] von Rüderswÿl» in Bern getauft (StABE, Bern B XIII 531: Burgerliche Taufrodel XV, S. 379, Nr. 3).
[66] M[aria] Aloÿsia Xav[eria] Walburge Johanne Baptiste Hartmann (* 8. 10. 1778, † 1842): Tochter von «Martin Bernard Hartmann [* 1736] und M. Walburge Schumacher» (StALU, KZ 10: Taufregister der Pfarrei Hof, Luzern, 1776–1789, S. 1238; PA 449/1).
[67] Maria Anne Walburge Johanne Bapt. Hartmann (* 8. 6. 1775, † 1850): Tochter von «Bernard Martin Johann Baptist Hartman [* 1736] und Maria Walburge Elisabeth Schumacher» (StALU, KZ 9: Taufregister der Pfarrei Hof, Luzern, 1751–1775, S. 1181).
[68] Maria Elisabeth Walburge Josephe Dominika Hartmann (* 8. 2. 1772, † 1842): Tochter von «Martin Bernard Johann Baptist Hartman [* 1736] und Anne Maria Josephe Walburge Schumacher» (StALU, KZ 9: Taufregister der Pfarrei Hof, Luzern, 1751–1775, S. 1147; PA 449/1).
[69] Vermutlich Maria Anne Katharine Walburge Hartmann (* 12. 8. 1777): Tochter von «Martin Bernard Johann Baptist Hartman [* 1736] und Anne Maria Josephe Walburge Schumacher» (StALU, KZ 10: Taufregister der Pfarrei Hof, Luzern, 1776–1789, S. 1222).
[70] «Johanna Ester *Henriette*» Hartmann wurde am 14. Juli 1765 als Tochter von «Abraham Hartman von Nÿdau [und] Susanna Catharina Girod von Pontenet» in Nidau getauft (StABE, K Nidau 8: Taufrodel 1742–1776, S. 71, Nr. [2]). – «Jgfr. *Henriette* Hartmann» heiratete am 8. April 1788 in Sulz «Herr Abraham Kohler, von hier [Nidau], Hrn. Burgermeister Sohn» (StABE, K Nidau 9: Eherodel 1774–1819, S. 12). – «Henriette Kohler geb. Hartmann, H. Gleitsh. Kohlers Ehefrau, von hier, 41 Jahre, 5 Mon., 9 Tage [alt]», starb am 23. Dez. 1806 und wurde am 27. Dez. in Nidau begraben (StABE, K Nidau 27: Totenrodel 1774–1875, S. 39, Nr. [10]).
[71] Isabella Hartmann (1777–1849): Tochter von «Joh. Franc. Mart. Ant. Hartmann (* 1731) und Maria Anna Balthasar» (StALU, PA 449/1).
[72] Entweder Maria Anne Walburge Klare Dorothe Johanne Baptiste Hartmann (* 25. 7. 1776): Tochter von «Martin Bernard Johann Baptist Hartmann [* 1736] und Anne Maria Josephe Walburge Schumacher» (StALU,

Jungfer Salome Hasler, Hrn. Münsterschaffners Töchterlein in A[a]rau[73]
Fräulein Maria Agnes Hedlinger [Hediger], in Schweiz[74]
Jungfer Lisette Helbling, in Rapperschweil[75]
Jungfer Barbara Herzog, in Hochdorf [LU]
[Jungfer] Anna Maria Heß, in Zürich
[Jungfer] Hessig, in A[a]rau
[Jungfer] Nannette Hirzel, in Zürich
Jungfer Margaretha Hunziker, Herrn Gerichtsschreibers Töchterlein in A[a]rau[76]
Frau Hunziker, gebohrner Buß, daselbst[77]
Jungfer Elisabetha Hünerwadel, Herrn Majors Tochter, [in Lenzburg (AG)][78]
[Jungfer] Katharina Hünerwadel, Herrn Seckelmeisters Tochter, daselbst[79]

I / J
Jeannette J[a]eger, in Brugg [AG]
Frau Maria Jakobea Imbach, [in Sursee (LU)]
Jungfer Margaretha Imhoof, Herrn Pfarrers zu Wattwyl in Toggenburg[80] Töchterlein[81]

K
Jungfer Aloysia Kaiser, in Stanz[82]
Fräulein Anna Maria Kaiser, im Hofe in Zug
Jungfer Kaysereisen, in Brugg [AG]
Fräulein Maria Barbara Keller, in Luzern[83]
[Fräulein] Benigna Keller, daselbst[84]

KZ 10: Taufregister der Pfarrei Hof, Luzern, 1776–1789, S. 1207); oder «Clara» Hartmann (* 1774): Tochter von «Joh. Franc. Mart. Ant. Hartmann (* 1731) und Maria Anna Balthasar» (StALU, PA 449/1).

[73] Salome Hassler (* 1748): Tochter des Uhrmachers und Münsterschaffners «Johann Jacob» Haßler (1743 bis 1811) und der Magdalena Ernst; verheiratet (1794) mit dem Münsterschaffner Johann Jakob Hagnauer Siehe Holzhalb III 48; Merz 1917, 119; StAAa, Familienblätter, kompiliert von Raoul Richner.

[74] Schwyz.

[75] Rapperswil SG.

[76] Jakobea Margaretha Hunziker (1779–1787): Tochter des Notars, Geleitsherrn, Gerichtsschreiber (1777) und Kleinrats Samuel Hunziker (1749–1804) und der Anna Margaretha Morell (1752–1828) von Bern. Siehe Holzhalb III 226; Oehler 1962, 237; StAAa, Familienblätter, kompiliert von Raoul Richner.

[77] Entweder Maria Magdalena Buess (1712–1790): Ehefrau des Kleinrats (1773) und Seckelmeisters (1776) Johann Georg Hunziker (1715–1792); oder Maria Salome Buess (1751–1811): Ehefrau des Metzgers und Wirts zum Ochsen Johann Friedrich Hunziker (1743–1798). Siehe StAAa, Familienblätter, kompiliert von Raoul Richner.

[78] Vermutlich eine Tochter des Unternehmers und Magistraten Gottlieb Hünerwadel (1744–1820). Siehe Holzhalb III 215, BLA 372–373, HLS VI 540.

[79] Vielleicht eine Tochter von Hieronymus Hünerwadel, «des kleinen Raths 1774, Seckelmeister [...] erhielte 1784 das Patent eines Regimentmajors». Siehe Holzhalb III 215.

[80] Wattwil SG.

[81] Margaretha Imhof: Tochter von Martin Imhof (1750–1822) – Sohn von Johannes Imhof (1721–1785) –, Provisor in Aarau 1775–1782, Helfer in Aarau 1782–1785, Pfarrer von Wattwil 1785–1790, von Trub 1790–1807, von Kappelen bei Aarberg 1808–1819, von Langenthal 1819–1822, und (Susanna) Katharina Locher (* 1762). Siehe Werdt 144, Nr. 183; Lohner (1862) 456, 479, 635; StABE, Bern B XIII 561: Ausburger-Taufrodel VIII, S. 346, Nr. [1].

[82] Stans NW.

[83] Entweder Maria Barbara Salesia Antonia Aloÿsia Keller (* 1768): Tochter von «Carl Mart. Keller, archigram. (* 1737)» (StALU, PA 449/1); oder Maria Barbare [Salesia Antonia] Aloÿsia Keller (* 7. 1. 1769): Tochter von «Johann Keller und Maria Anne Dahinden» (StALU, KZ 9: Taufregister der Pfarrei Hof, Luzern, 1751–1775, S. 1098).

[84] Maria Benigne Antonia Elisabeth Keller (* 4. 8. 1774): Tochter von «Karl Martin Keller und Maria Salesia Krus» (StALU, KZ 9: Taufregister der Pfarrei Hof, Luzern, 1751–1775, S. 1178; PA 449/1).

[Fräulein] Salesia Keller, daselbst[85]
Rosina Knüßli, in Nidau [BE]
Katharina König, in Bern[86]
Fräulein Maria Antonia Kolin, in Zug
Jungfer Marianna Kopp, in Münster[87]

L
Jungfer Magdalena Leo [Leuw], in Stanz[88]
Jungfer Barbara Lüthy, in Solothurn

M
Jungfer Dorothea Mäschlin [Mäschli], in Muri [AG]
Jungfer Maria Josepha von Matt, in Luzern
[Jungfer] Elisabetha auf der Maur, in Ingenbohl [SZ]
Frau Hauptmänninn Meyer, in A[a]rau
[Frau] Obervögtinn Meyer von Schauensee, in Griesenberg [TG]
Fräulein Josepha Meyer, in Luzern[89]
Jungfer Josepha Karolina Meyer, daselbst
Fräulein Liberata Meyer von Oberstad, in Luzern[90]
[Fräulein] Sekunda Meyer von Obstad, daselbst
Frau Landvögtinn Mohr, gebohrne Balthasar, daselbst[91]
Jungfer Anna Katharina von Moos, in Luzern[92]
Frau Moser, von Biel, in Brugg [AG]
Jungfer Maria Josepha Muheim, in Altdorf
[Jungfer] Maria Anna Muheim, daselbst
[Jungfer] Maria Rosa Muheim, daselbst
[Jungfer] Katon von Muralt, in Zürich
Fräulein Anna Maria Müller, in Zug
Jungfer Anna Maria Müller, in Münster[93]
Fräulein Johanna Josepha Antonia Müller, in Näfels [GL]
Jungfer Marianna Müller, in Luzern
Fräulein Maria Viktoria von Müller, in Altdorf [UR]

N
Jungfer Anna Magdalena Nägeli, in Zürich

[85] Josepha Antonia Elisabetha Franc[isca] Salesia Keller (* 1770): Tochter von «Carl Mart. Keller, archigram. (* 1737)» (StALU, PA 449/1).
[86] Eine «Maria Barbara» König wurde am 23. Aug. 1738 als Tochter von «H. Sigmund Fridericus König [und] Fr. Maria Elisabeth Greng (?)» in Bern getauft (StABE, Bern B XIII 529: Burgerliche Taufrodel XIII, S. 290, Nr. [3]).
[87] Beromünster LU.
[88] Stans NW.
[89] Vielleicht Josepha Meyer (1766–1825): Tochter von «Jodocus Cassian Meyer (* 1735) und Antonia Cappeler» (StALU, PA 449/1).
[90] Maria Liberata Meyer (1771–1848): Tochter von Joseph Rudolf Valentin Meyer ‹von Oberstaad› (1725 bis 1808) und Maria Emerentia Thüring (1732–1795), Ehefrau (1793) des späteren Aargauer Gross- und Kleinrats Franz (Joseph Maxim) Vorster (1768–1829). Siehe HLS VIII 553–554, HLS XIII 80.
[91] Vielleicht die Ehefrau von Joseph Karl Aloys Xaver Leodegar Johann Baptist Mohr (1751–1830), «Lieutenant in französis[chen] Diensten, des großen Raths 1776, Landv. gen Sarganz 1785, Salzschreib[er] 1789», Stadtschreiber von Willisau 1795–1798. Siehe Holzhalb IV 191, HBLS V 128.
[92] Anne Katharine Josephe Aloÿsia Veronika von Moos (* 25. 5. 1769): Tochter von «Ludwig Von Moos und Maria Anne Schobinger» (StALU, KZ 9: Taufregister der Pfarrei Hof, Luzern, 1751–1775, S. 1104).
[93] Beromünster LU.

[Jungfer] Maria Rosa Nager, in Ursern[94]
Frau Pfarrerinn Nüsperli, in A[a]rau[95]

P
Jungfer Marianna Pagan, in Nidau [BE][96]
Julie Pagan, daselbst[97]
Ihro Gnaden Frau Schultheißinn [Maria Jakobea] Pfyffer von Heidegg [geb. Balthasar], [in Luzern][98]
Fräulein Anna Pfyffer von Altishofen, daselbst
[Fräulein] Hyazinta Pfyffer von Altishofen, daselbst
[Fräulein] Katharina Pfyffer von Altishofen, daselbst

R
Jungfer Maria Josepha Räber, in Ufhusen [LU]
[Jungfer] Anna Magdalena Räuchli, in Zürich
Fräulein Maria Josepha Agnes Reding von Biberegg, in Schweiz[99]
Fräulein Maria Josepha Theodora Reding von Biberegg, in Schweiz
[Fräulein] Maria Vinzenzia Reding von Biberegg, das[elbst]
Frau Marianna Franziska Rickenmann, [in Rapperschweil][100]
Frau Majorinn Rothpletz, in A[a]rau[101]
Fräulein Josepha Rüttimann, in Luzern
[Fräulein] Lisette Rüttimann, daselbst
[Fräulein] Nannette Rüttimann, daselbst
Frau Rychner, gebohrne Nüsperli, in A[a]rau

S
Frau Doktorinn Theresia Salzmann, gebohrne Studer, [in Luzern]
Jungfer Maria Katharina Salzmann, daselbst[102]

[94] Andermatt UR. Siehe HLS I 331–332.

[95] Anna Catharina Imhof (≈ 3. 3. 1765) von Aarau, am 20. März 1783 mit Jakob Nüsperli verheiratet. – Zu Jakob Nüsperli (1756–1835), Pfarrer von Kirchberg 1781–1835, siehe Werdt 252, Nr. 41; HBLS V 314; Pfister (1943) 94; *Argovia,* 68/69, 1958, S. 583–585.

[96] Eine «Maria Anna» Pagan wurde am 18. Nov. 1764 als Tochter von «David Pagan von Nÿdau [und] Susanna Gauchat von Bregelz [Prêles]» in Nidau getauft (StABE, K Nidau 8: Taufrodel 1742–1776, S. 70, Nr. [1]).

[97] «Julia Anna Ester» Pagan wurde am 26. Mai 1782 als Tochter von «Herr Abraham Pagan, Landschreiber [und] Johanna Ester Schneider» in Nidau getauft (StABE, K Nidau 9: Taufrodel 1774–1815, S. 40, Nr. [3]). – «Jungfrau Julie Pagan [...] von Nidau]» heiratete am 30. Juni 1817 in Sutz «Herr Amtschreiber Johann Rudolf Müller [von Nidau]» (StABE, K Nidau 9: Eherodel 1774–1819, S. 67). – «Johann Rudolf Müller, gewesener Reg. Stathalter allhier [...], 71 Jahre, 2 Monate [alt]» starb am 16. Mai 1853 und wurde am 19. Mai in Nidau begraben (StABE, K Nidau 27: Totenrodel 1774–1875, S. 149, Nr. [8]). – Zu Abraham Pagan (1729 bis 1783), verheiratet 1778 mit Esther Schneider, siehe HLS IX 514.

[98] Maria Jakobea Balthasar: Tochter von Franz Urs Balthasar (1689–1763) und Maria Anna Luzia Schumacher; Ehefrau von Josef Ignaz Xaver Pfyffer von Heidegg (1726–1796), Schultheiss in den geraden Jahren 1784 bis 1796. Siehe StALU, PA 449/1; HLS I 695; HLS IX 700.

[99] Schwyz.

[100] Rapperswil SG.

[101] Magdalena Fankhauser (1743–1811), Ehefrau von Johann Heinrich Rothpletz (1739–1790), «Hauptmann, des kleinen Raths [der Stadt Aarau], [...] Landmajor im Unter-Aergäu, und *Secretarius* der ökonomischen Gesellschaft zu Arau» (Holzhalb V 197). Siehe HLS X 485, Nr. 4. – Magdalena Fankhauser wurde am 23. Juni 1743 als Tochter von «H. Johannes Fankhauser, *Not[arius],* [und] Fr. Susanna Maria Senn» in Burgdorf getauft (StABE, K Burgdorf 5: Taufrodel der Kirchgemeinde Burgdorf, 1729–1764, S. 96, Nr. 8).

[102] Maria Anne Katharine Barbare Salzmann (* 2. 12. 1764): Tochter von «Mauriz Leodegar Salzmann und Maria Barbare Gloggner» (StALU, KZ 9: Taufregister der Pfarrei Hof, Luzern, 1751–1775, S. 1031).

Frau Hauptmänninn Saxer, in A[a]rau[103]
Frau Maria Anna Scherer, Kaufmänninn in Solothurn[104]
Jungfer Lisette Scheuchzer, in Zürich
Frau Elisabetha Schindler, in Luzern
Susanna Schmalz, in Nidau [BE][105]
Frau Hauptmänninn von Schmid, gebohrne von Müller, von Altdorf, in Luzern
Jungfer Anna Regula Schmid, in Zürich
Fräulein Maria Katharina von Schmid, in Altdorf [UR]
[Fräulein] Xaveria Schmid, in Luzern[106]
Marianna Schmid, in Nidau [BE][107]
Frau Schultheißinn Anna Maria Schnider von Wartensee, gebohrne Meyer, in Sursee [LU][108]
[Frau] Unterschreiberinn [Maria Barbara] Schnider von Wartensee, gebohrne Keller, in Luzern[109]
Fräulein Maria Anna Schnider von Wartensee, in Sursee [LU][110]
Jungfer Maria Josepha a Schwanden [Aschwanden], in Flü[e]len [UR]
[Jungfer] Maria Ursula a Schwanden [Aschwanden], in Bauen [UR]
[Jungfer] Franziska Schwander, Töchterlehrerinn im 50sten Jahre in Luzern[111]
Fräulein Theresia Schwitzer, in Luzern[112]
Jungfer Anna Maria Schürmann, daselbst[113]
[Jungfer] Maria Antonia Schürmann, daselbst
Fräulein Klara Segesser von Brunegg, daselbst[114]

[103] Susanna Salome Hunziker (1717–1791): Tochter des Gabriel Hunziker und der Susanna Magdalena Vögelin; Ehefrau von Hauptmanns und Ratsherrn Hieronymus Saxer (1716–1782). Siehe Merz 1917, Taf. zw. 228/229; StAAa, Familienblätter, kompiliert von Raoul Richner.

[104] Anna Maria Pfluger, Ehefrau des Handelsmanns Franz Philipp Scherer, Mutter des Arztes Peter Ignaz Scherer (1780–1833). Siehe HLS XI 42, Nr. 11.

[105] Eine Susanna Schmalz wurde am 12. Nov. 1765 als Tochter von «Herr Samuel Schmalz, von hier [und] Frau Anna Löffel von Epsach» in Nidau getauft (StABE, K Nidau 8: Taufrodel 1742–1776, S. 89, Nr. [2]).

[106] Maria A. Josepha Katharina *Xaveria* Susanna Schmid (* 11. 8. 1770): Zukünftige Ehefrau des Grossrats Joseph Ignaz Xaver *Leodegar* Balthasar (* 1762) und Mutter von Felix Balthasar (1794–1854). Siehe HLS I 694; https://www.myheritage.

[107] Eine «Maria, Anna, Elisabeth» Schmid wurde am 18. Febr. 1770 als Tochter von «Herr Sigmund Schmid, von Nÿdau [und] Jgfr. Maria Anna Rönner, von hier» in Nidau getauft (StABE, K Nidau 8: Taufrodel 1742 bis 1776, S. 90, Nr. [2]). – «Jgfr. Maria Anna Elisabetha Schmid, wohnhaft zu Brügg [...] von Nidau» heiratete «zu Arch» am 19. Sept. 1812 «Herr David Schneider, Rothgerber [von Nidau]» (StABE, K Nidau 9: Eherodel 1774–1819, S. 48; K Arch 9: Eherodel 1718–1837, S. 50, Nr. 153).

[108] Anna Maria Catharina Meyer: Tochter von Jost *Leonz* Anton Meyer, Schultheiss von Sursee 1781; Ehefrau (1780) von Franz Ludwig Dominik Schnyder von Wartensee (1747–1815), «1782 und 1798 letzter Schultheiss von Sursee». Siehe Holzhalb IV 158; StALU, PA 449/1; HLS XI 170–171, Furrer (2013) 288.

[109] Maria Barbara Keller (1728–1797): Ehefrau von Franz Xaver Schnyder von Wartensee (1718–1799), «Landvogt von Wäggis 1716, Stadtschreiber gen. Willisau 1765, Rathschreiber 1772, Unterschreiber 1774». Siehe StALU, PA 449/1; Holzhalb V 416.

[110] Maria Anna Schnider von Wartensee: Tochter von Franz Xaver Schnyder von Wartensee (1718–1799) und seiner dritten Frau, Maria Jacobea Cysat (StALU, PA 449/1).

[111] Wohl Lehrerin an der Töchterschule im Ursulinen-Kloster Maria Hilf in Luzern (HS VIII/1 195–218).

[112] Maria Theresia Schwytzer von Buonas (1773–1805): Tochter von Josef Xaver Thüring Schwytzer von Buonas (1744–1808) und Maria Barbara Amrhyn (1745–1805); ältere Schwester von Xaver Schwytzer von Buonas (1774–1837). Siehe StALU, PA 449/1; HLS XI 342.

[113] Vielleicht: Maria Anna Elisabeth Schürmann (* 20. 11. 1774): Tochter von «Jost Schürman und Elisabeth Scherer» (StALU, KZ 9: Taufregister der Pfarrei Hof, Luzern, 1751–1775, S. 1183).

[114] Maria Anne Barbare Klare Antonia Theresia Ursule Johanne Baptiste Segesser (* 21. 10. 1771, † 1842): Tochter von «Philipp [Anton] Segesser von Brunegg [1738–1820] und Anna M. Schwitzer von Buonas [* 1745]» (StALU, KZ 9: Taufregister der Pfarrei Hof, Luzern, 1751–1775, S. 1138; PA 449/1).

Frau Seiler, gebohrne Stephani, in A[a]rau[115]
Jungfer Anna Regula Simler, in Zürich
Jungfer Marianna Sparen, in Nidau [BE]
Jungfer Katon Stäblin [Stäbli], in Brugg [AG][116]
[Jungfer] Stäblin [Stäbli], von Elfingen [AG], daselbst
Jungfer Barbara Stauf[f]er, in Münster[117]
[Jungfer] Maria Katharina Barbara Stedelin [Städelin], in Schweiz[118]
Jungfer Marianna Stephani, Herrn Pfarrers von Schöfftland Tochter, in A[a]rau[119]
[Jungfer] Rosina Stephani, daselbst
Frau Landvögtinn Stettler, in Zofingen [AG][120]
Jungfer Margaretha Strauß, Herrn Seckelmeisters Tochter in Lenzburg [AG][121]
[Jungfer] Marianna und Salome Str[a]ehl, Herrn Pfarrers Töchter in Su[h]r [AG][122]
Frau Marianna Studer, gebohrne Laubakker, in Luzern[123]

T
Damaris Tellung de Courtelary [BE], in Biel [BE][124]
[Töchterschule] in Luzern bey den EE. FF. Ursulinerinnen
[Töchterschule] in Zürich[125]

U
Jungfer Regula Ulrich, in Zürich

[115] Anna Margaritha Stephani (1755–1838): Tochter des Kleinweibels Hieronymus Stephani (1716–1793) und der Margarita Ernst; Ehefrau von Daniel Seiler (1747–1814). Siehe Merz 1917, 255, 273; StAAa, Familienblätter, kompiliert von Raoul Richner.
[116] Vielleicht Katharina Verena Stäbli (1764–1810): Tochter von Pfarrer Samuel Stäbli (1735–1803) und Anna Katharina Strauss; verheiratet 1789 mit Pfarrer Franz Emanuel Furer (1762–1833). – Siehe Historisches Familienlexikon der Schweiz (hfls.ch/humo-gen/family).
[117] Beromünster LU.
[118] Schwyz.
[119] Zu Abraham Stephani (1726–1795), Pfarrer in Münchenbuchsee 1763–1769, Pfarrer von Schöftland 1769 bis 1795, mit Anna Catharina Wyss (1731–1804) von Bern verheiratet, siehe Werdt 341, Nr. 278; Lohner (1862) 77; Pfister (1943) 124.
[120] Katharina Elisabeth Brutel, Witwe des Mitglieds des «mittlern Rats» von Aarau Abraham Rothpletz (1708 bis 1765), 1783 in zweiter Ehe verheiratet mit Gabriel Stettler (1734–1810), Hauptmann in Savoyischen Diensten 1767, CC 1775, «Stiftschafner zu Zofingen 1781[–1787], Landvogt in den obern Freyen-Ämtern 1783 [bis 1785], Oberist im Lande». Siehe Holzhalb V 642; HBLS VI 546; Rodt V, S. 145, Nr. 63. – Am 20. Okt. 1766 hatte «Gabriel Stettler, Capitän-Lieutenant in Sardinischen Diensten» in erster Ehe «Kathrina Zimmermann, von Brugg» in Reitnau geheiratet (BBB, Burgerliche Eherodel VII, S. 99, Nr. [7]). – «Gabriel Stettler, Obrist und alt Stifftschaffner von Zofingen, alt 76 Jahre» starb am 9. Juni 1810 in Schafisheim (BBB, Burgerliche Totenrodel III, S. 198).
[121] Tochter des Lenzburger Seckelmeisters Johann Jakob Strauss. Siehe Holzhalb V 662–663.
[122] Töchter von Franz Ludwig Strähl (1738–1788), Pfarrer von Suhr 1764–1788, in erster Ehe mit Anna Maria Schilpli[n] (1737–1773) von Brugg verheiratet. Siehe Werdt 350. Nr. 341; Pfister (1943) 131.
[123] Laubacher.
[124] Damaris Thellung de Courtelary wurde am 14. Nov. 1734 als Tochter von «Jkr. Joh. Jacob Thellung von Courtelari, deß Raths, und Statt-Hauptmann [und] Fr. Catharina Läder» in Biel getauft (K Biel 3: Taufrodel, 1733–1783, S. 9, Nr. [11]); «Jfr. Damaris Thellung, getaufft den 14. Nov. 1734», starb am 21. (?) Jan. 1790 und wurde am 25. Jan. in Biel begraben (StABE, K Biel 4: Totenrodel, 1784–1798, S. 20, Nr. [1]). – Eine andere Damaris Thellung de Courtelary wurde am 15. Okt. 1769 «allhier [in Biel] in der französischen Predig» als Tochter von «Herr Theodor Thellung [und] Fr. Marianna Charles» getauft (StABE, K Biel 3: Taufrodel, 1733–1783, S. 211, Nr. [14]).
[125] 1773 von Leonhard Usteri gegründet (siehe HLS XII 702). – Zum evangelischen Theologen und Schulreformer Leonhard Usteri (1741–1789) siehe Holzhalb VI 236–240, DBE^2 X 207, HLS XII 702. – Vgl. *supra,* Anm. 59, und *infra,* Anm. 132.

V
Jungfer Marianna Vock, in Sarmensdorf[126]

W
Jungfer Marianna Waller, in Zug
Jungfer Klemenzia Weber, in Münster[127]
Fräulein Maria Hyazinta Aloysia Weber vom Akker, in Schweiz[128]
[Fräulein] Maria Idda Weber, daselbst
[Fräulein] Maria Johanna Weber, daselbst
[Fräulein] Maria Josepha Elisabetha Weber, daselbst
Jungfer Anna Margaretha Wirth, in Zürich
[Jungfer] Klara Wirz, in Willisau [LU]
Jungfer Wyttenbach, in Bern

Z
Frau Za[h]ndt, gebohrne Rahn, in A[a]rau[129]
Frau Stadtschreiberinn Zimmermann, in Brugg [AG][130]
Jungfer Josepha Zimmermann, in Merenschwand [AG]
Fräulein Klara Zurgilgen [Zur Gilgen], [in Luzern]
[Fräulein] Maria Josepha von Zurlauben, Baronessinn von Thurn und Gestellenburg, in Zug[131]

Quelle: Joseph Ignaz ZIMMERMANN, *Die junge Haushälterinn: Ein Buch für Mütter und Töchter.* Drittes Bändchen. Zweyte Auflage. Luzern: gedruckt, und verlegt bey Joseph Aloys Salzmann, 1785, S. V–XIX: «Verzeichniß der Herren [und Frauen] Subscribenten.»[132]

[126] Sarmenstorf AG. – Marianna Vock ist vermutlich eine Schwester von Joseph Franz Xaver Vock (1752 bis 1828), Professor der Dogmatik in Solothurn. Siehe zu diesem B 800–801.
[127] Beromünster LU.
[128] Schwyz.
[129] Anna Barbara Rahn (1755?–1839?) von Zürich: Ehefrau des Lehrers am Knabeninstitut in Aarau Ferdinand Zahndt (1755?–1831?) von Wylheim (Baden-Durlach), später Pfarrer in Lörrach, Zeitlingen und Mundingen (Baden). Siehe StAAa, Familienblätter, kompiliert von Raoul Richner.
[130] Ehefrau von Johann Jakob Zimmermann († 1795), Sohn des Brugger Schulheissen von 1778–1785, Johann Jakob Zimmermann (1703–1787), Brugger Stadtschreiber und Schultheiss 1787–1793. Siehe Holzhalb VI 528.
[131] (Maria) Josepha Agatha (Theresia) von Zurlauben (1765–1828): Tochter des Beat Fidel (Anton Johann Dominik) Zurlauben (1720–1799) und der Maria Barbara Helena Elisabeth Kolin; 1787 mit Franz Dominik Honegger von Bremgarten verheiratet. – Siehe Ursula Pia JAUCH, *Beat Fidel Zurlauben: Söldnergeneral & Büchernarr, 1720–1799.* Zürich, 1999, S. 235; HLS XIII 891–892.
[132] «Anmerk[ung]. Namen und Titel wurden gedruckt, wie sie eingeschickt worden.» – Siehe auch S. [III–IV]: «Zwey Worte. [/] Dank, herziger Dank für die gütige Aufnahme meiner Jungen Haushälterinn! – vorzüglich denen [Subskribenten], mit deren Namen dieses [Oktav-]Bändchen geschmückt erscheint. [/] Woher ich alle die hauswirthschaftlichen Bemerkungen geschöpft habe? – Die Germersheimische Hausmutter [i. e. Christian Friedrich Germershausen, Die Hausmutter in allen ihren Geschäften], [Johann Rudolf] Sulzers Mädchenwerth und Mädchenglück [ein Neujahrsgeschenk an meine Schülerinnen], Fenelon über die Erziehung der Töchter, Professor [Johann Michael] Sailers [Vollständiges] Lese[- und Bet]buch [zum Gebrauch der Katholiken], Doktor [Johann Christoph] Hirschens [Hirsch] Haushaltungslehren, schriftliche Aufsätze und mündliche Belehrungen guter Freunde und Freundinnen, die mir nicht erlauben ihren Namen beyzusetzen, stille Beobachtungen und eigne Erfahrungen u. s. f. Dieß sind Quellen, die ich freymüthig benützte, mehr oder weniger, je nachdem ichs zu meiner Absicht tauglich erachtete. [...] Luzern, im Xaverianischen Hause, am 28sten Herbstmonats 1785.» – Zum Pädagogen, Schriftsteller und Übersetzer Joseph Ignaz – eigtl. Josef Johann Victorin – Zimmermann (1737–1797) siehe ADB XLV 661–665, BBKL XIV 503–504, TLS 2149, HLS XIII 718. – Das Werk ist gewidmet: «Meinem Freunde, Herrn Professor Usteri, Stifter der Töchterschule in Zürich, zum dankbaren Andenken.» (Zimmermann 1785 I, [1]). – Vgl. *supra,* Anm. 125.

Tabelle 5.3: Buchhändlerinnen, Buchverleiherinnen und Verlegerinnen in der Schweiz des 17. und 18. Jahrhunderts[1]

(1) *Buchhändlerin*

Anna Flückiger geb. Brand (1719–1788), Buchhändlerin in Huttwil[2]
→ Tabelle 5.4: *Lager der Buchhändlerin Anna Flückiger geb. Brand [...]*

(2) *Buchverleiherin*

Marianne Mourer (~1755–1812)[3]
→ *Catalogue des livres de lecture du Cabinet littéraire de Marianne Mourer.* Orbe: [s. n.], 1794, 24 S. (in-8)[4]

(3) *Verlegerinnen*

Verena Hübscher (1598–1672), Johann Jacob Genaths d. Ä.[5] Witwe, Verlegerin in Basel von 1654–1660[6]

Barbara Schaufelberger (1645–1718), Tochter des Druckers und Verlegers Michael Schaufelberger, Druckerin und Verlegerin in Zürich von 1667–1698[7]

[1] Siehe betreffend Frankreich Arbour (2003).

[2] «Anna Flükiger, gebohrne Brand [von Rüderswil], Peter Flükiger[s], hinterlassne Wittwe», getauften «den 23. April 1719», starb am 26. März 1788 und wurde am 29. März begraben (StABE, K Huttwil 13: Totenrodel der Kirchgemeinde Huttwil, 1753–1824, S. 145, Nr. [6]). «Petrus Flükiger, der Rathauswirth, von hier [Huttwil], beÿ 56 Jahren alt» starb am 24. September 1766 (StABE, K Huttwil 13, S. 52, Nr. 31). Der Ehe zwischen Peter Flückiger – Sonnenwirt (1755), dann Kronenwirt (1757), schliesslich Rathauswirt – und Anna Brand von Rüderswil entsprangen mindestens drei Kinder: Jacob, ≈ 22. 2. 1754 (obiit); Johannes, ≈ 28. 11. 1755; Petrus, ≈ 6. 5. 1757 (StABE, K Huttwil 1: Taufrodel der Kirchgemeinde Huttwil, 1753–1773, S. 10, Nr. [3]; S. 33, Nr. [1]; S. 60, Nr. 30).

[3] «Marianne, fille du citoyen Mourer Chiru[r]g[ie]n, domiciliée à Orbe & Bourgeoise de Brouck [Brügg BE], est morte le 29e 8bre 1812 & ensevelie le 1er 9bre suivant, agée de 57 ans» (ACVD, Eb 94/12: Registre mortuaire de la paroisse réformée d'Orbe, 1812–1821, S. 2, Nr. [2]). – Zu Jean Mourer (1752–nach 1805), Verleger in Lausanne von 1781–1798, siehe Corsini (1993) 53, 54, 68, 70–72, 173, 352.

[4] Der Katalog enthält 505 Nummern. – «Avis. [/] Les personnes qui me feront l'honneur de s'abonner chez moi, sont priées de faire demander plusieurs Numeros à la fois, afin de suppléer à ceux qui pourraient se trouver déhors. [/] Les nouveautés seront mises dans le cabinet, à mesure qu'elles paraîtront. [...] Je me ferai un plaisir de faire venir de l'étranger, sous un modique bénéfice, les livres dont on désirerait faire l'acquisition. [/] Orbe le 1 Juin 1794. [/] Marianne Mourer.» (S. 2).

[5] Zu Johann Jacob Genath d. Ä. (1582–1654), Buchdrucker in Basel von 1608–1654, siehe HBLS III 432, Benzing (1982) 44–45, Reske (2015) 96–97.

[6] Zusammen mit (Hans) Jacob Bertsche, ihrem Sohn aus erster Ehe. Siehe Benzing (1982) 44–45, Reske (2015) 96–97.

[7] Siehe Bogel (1973) 34–41; HLS XI 23; Röthlisberger (2006) – «[Barbara] Schaufelbergers Vater übernahm nach seiner Heirat mit der Witwe des Johannes Hardmeyer dessen Druckerei, in der vorwiegend religiöse Schriften und Predigten erschienen. Nach 1667 leitete [Barbara] Schaufelberger zusammen mit einem gelernten Drucker als Faktor den Betrieb. 1674 gründete sie die dritte Wochenzeitung der Stadt, die ‹Ordinari Wochen-Zeitung›, aus der später die ‹Freitags-Zeitung› hervorging. Um 1694 nahm Schaufelberger ihre Stiefneffen Christoph und Rudolf Hardmeyer als Teilhaber auf. [...] 1698 zog sie sich aus dem Geschäftsleben zurück und übergab die Druckerei Christoph Harmeyer.» (HLS).

Katharina Zigerli (* 1652),[8] Samuel Kneubühlers[9] Witwe,
Verlegerin in Bern von 1684–1690[10]

Françoise Cristin (~1681–1741),[11] Witwe des Frederich Gentil,[12]
Verlegerin in Lausanne von 1717–1725[13]

(Johanna) Esther Sprüngli (1701–1770),[14] Johannes Bondelis[15] Witwe,
Verlegerin in Bern und Yverdon von 1734–1770[16]

Helena Genath (~1707–1777),[17] Abraham Wagners (d. J.)[18] Witwe,
Verlegerin in Bern von 1764–1769[19]

N. N, Witwe des Pierre-François Cuchot,[20] Verlegerin in Pruntrut von 1738–1749?[21]

[8] Zu Katharina Zigerli, Tochter des Siechenvogts und Welschweinschenks Hans Rudolf Zigerli (1626–1694), siehe HBLS IV 514.

[9] Zu Samuel Kneubühler (1646–1684), Verleger in Bern von 1676–1684, siehe Fluri (1919) 19, 44–48, HBLS IV 514, Guggisberg (1958) 334, 378, 380, Feller (1974) III 75, 140–141. 628, Reske (2015) 117–118.

[10] Katharina Zigerli führte nach dem Tod Samuel Kneubühlers die als Obere Druckerei bekannte Offizin bis 1690 weiter. Siehe Fluri (1914) 19. – Vgl. Furrer (2018) 37.

[11] «Du 4e [Fevr. 1741] / Françoise Genty agée d'env[iron] 60 ans, ensevelie à la Magdeleine» (ACVD, Eb 71/45: Registre de décès de la paroisse réformée de Lausanne, 1737–1763, S. 68, Nr. 15). – «En mai [1707], il [Frederich Gentil] rédigeait son testament et le déposait entre les mains du notaire Burnand, établissant sa ‹très chère femme› Françoise Cristin héritière de ses biens [...] (ACVD, Bg 13bis/3, p. 140–141).» (Corsini 1993, 42). Siehe auch Corsini (1993) 348.

[12] Frederich – Frédéric – Gentil (1661–1717), Sohn des Lausanner Verlegers David Gentil (1643–1703), Verleger in Lausanne 1703–1717, «associé dès 1708 à Théophile Crosat [(~1679–1724)]», siehe Corsini (1993) 34–43, 44, 348. – «Du 28e [9bre 1717] / Sr. Frederic Gentil, libraire en cette ville, mort aagé de 56 ans, enseveli à la Magdelaine» (ACVD, Eb 71/43: Registre de décès de la paroisse réformée de Lausanne, 1709–1720, S. 138, Nr. 140).

[13] Siehe auch Corsini (1993) 348.

[14] «Johanna Esther» Sprüngli wurde am 6. März 1701 als Tochter von «Mr. Samuel Sprüngli, Kupfferschmid [und] Fr. Elisabeth Dünki» in Bern getauft (BBB, Burgerliche Taufrodel XI, S. 393, Nr. 5). – «Fr. Esther Bondeli, geb. Sprüngli, Buchdrukerin», starb am 14. Okt. 1770 und wurde am 16. Okt. in Bern begraben (BBB, Burgerliche Totenrodel I, S. 300, Nr. 36). – Zu Esther Bondeli – «Witwe Bondeli», «la veuve de Jean Bondeli» – siehe Guggisberg (1958) 375, 525.

[15] Zu Johannes Bondeli (1695–1734), Sohn von «Mr. Hanß Rudolff Bundeli [1665–1740], Brotbeck [und] Fr. Anna Maria Christen», Verleger in Bern von 1728–1734, siehe BBB, Burgerliche Taufrodel XI, S. 215, Nr. 3; Rodt I, S. 82, Nr. 37. – «Hr. Johannes Bondeli, Buchdruker, 39 Jahr alt», starb am 22. Juli 1734 und wurde am 25. Juli in Bern begraben (BBB, Burgerliche Totenrodel I, S. 79, Nr. 35).

[16] Vgl. Furrer (2018) 37.

[17] «Fr. Helena Wagner, geb. Genath, alt 70 Jahr», starb am 30. April 1777 und wurde am 3. Mai in Bern begraben (BBB, Burgerliche Totenrodel I, S. 340, Nr. 26). – «Abraham Wagner, Obrigkeitlicher Buchdruker, und Helena Genath, von Basel» heirateten am 31. Juli 1731 «zu Donn[e]loye» (BBB, Burgerliche Eherodel VI, S. 239). – Helena Genath war eine Tochter von «Jakob Gynath und Jakobea Fatio» (Rodt VI, S. 14–15, Nr. 46).

[18] Zu Abraham Wagner d. J. (1700–1765), Sohn von «Hr. Niclaus Wagner [1668–1735] [und] Fr. Anna Maria Lauwer», «Obrigkeitlichen Buchdrucker» in Bern – mit Rudolf Müller († 1760) – von 1731–1760, und allein von 1760–1764, siehe BBB, Burgerliche Taufrodel XI, S. 358, Nr. 1; HBLS VII 357; Rodt VI, S. 14–15, Nr. 46. – «Hr, Abraham Wagner, Oberkeitlicher Buchdruker, alt 65 Jahre», starb am 16. Jan. 1765 und wurde am 20. Jan. in Bern begraben (BBB, Burgerliche Totenrodel I, S. 265, Nr. 5).

[19] Vgl. Furrer (2018) 38.

[20] Zu Pierre-François Cuchot / Peter Franz / Petrus Franciscus Cuchot († 1738), «originaire de Besançon, [typographus & bibliopola] à la tête de l'imprimerie du prince-évêque, à Porrentruy, de 1712 à 1739 [...], conseiller de bourgeoise [de Porrentruy en 1721 [...] maître bourgeois [en] 1724, 1726 et 1729», siehe DIJU *sub nomine.*

[21] Joannes Georgius BRIEFFER, *Elementa theologiæ moralis seu damnatarum propositionum ad theologiam morum spectantium succincta declaratio.* [...]. Porrentruy: typis *Viduæ* Petri-Francisci Cuchot, 1749, [6], VI, [4], 222, [10] S. (in-8).

Jeanne-Louise, Marie-Hélène,[22] Françoise-Anne-Marie-Thérèse und Reyne-Pierrette Cuchot, Töchter des Pierre-François Cuchot, Verlegerinnen in Pruntrut von 1738/1740–1775/1776[23]

Magdalena Pfund (1721–1786), Witwe des Leonhard Dieth,[24] Verlegerin in Sankt Gallen von 1762–1781[25]

Maria Elisabeth König (1741–1810),[26] Victor Emanuel Hortins Witwe,[27] Verlegerin in Bern von 1769–1784[28]

[22] Marie-Hélène Cuchot heiratete 1760 in dessen dritter Ehe den fürstbischöflichen Hofrat Claude Modeste Humbert (~1694–1769). Siehe HLS VI 531. – Siehe AAEBS, FK Chartes 98: Acte de vente. Claude Modeste Humbert, conseiller aulique, en qualité d'assistant des veuve et enfants de feu Pierre François Cuchot, de son vivant imprimeur de S. A. et maître-bourgeois de la ville, vend une pièce de terre [...] à Bartholomé, 14.08. 1738; AAEBS, Cod. 288, pp. 569–577: La veuve et les héritiers du maître-bourgeois Pierre François Cuchot, [...] appelants – VS – Georges Roth et Louis Sangsue, de Cornol, appelés, 28.11.1738.

[23] Beispiele: *Le court et bon chretien, ou: Abregé des principaux devoirs du chretien*. Porrentruy: chez les *Héritiers* de Pierre François Cuchot, 1740, 67 S. (in-12); *Ordonnance forestale pour la ville et bailliage de Porrentruy: Contenant un reglement de police, avec les instructions nécessaires pour le repeuplement & l'exploitation des bois*. Porrentruy: chez les héritières de Pierre-François Cuchot, Imprimeur de son Altesse, 1756, 37, [2] S. (in-4); *Devotion de six dimanches à l'honneur de Saint Louis de Gonzague de la Compagnie de Jésus*. [...]. Porrentruy: chez les Héritières de Pierre-François Cuchot, 1760, 72 S. (in-12); *Capitulation pour le régiment suisse que Son Altesse, Monseigneur le Prince Evêque de Bâle a au service du Roy Très-Chrétien: du 4 mars 1768*. Porrentruy: chez les Héritières de Pierre-François Cuchot, 1768, 20 S. (in-8) ; *Par ordre de Son Altesse Jean Conrad Frideric de Ligertz, Ecuier, Conseiller au Conseil Aulique [...]*. Porrentruy: par les Héritières de Pierre-François Cuchot, 1769, 14 S. (in-8); *Trauerrede auf den weiland hochwürdigsten Gnädigsten Herrn, Herrn Simon Nikolaus Bischoff zu Basel [...]*. Gehalten in der hochfürstlichen Hofkirche zu Bruntrut, den 19. April 1775. Bruntrut [Porrentruy]: bey Peter Franz Cuchot seel. Erben, 1775, 13 S. (in-8); *Forma juramenti obstetricum*. Bruntruti: ex Typ[is] Episcoplai, Typ. Hæredum Petri Francisci Cuchot, [s. d.], 4 S.

[24] «Leonhard Dieth sel. Wittib 1721–1786 [/] Magadalena Pfund, geboren im Jahre 1721, übernahm nach dem Tode ihres Gatten dessen Druckerei. Ihre beiden Söhne David und Leonhard waren damals erst sechs beziehungsweise zwei Jahre alt. Die tapfere Frau führte die Druckerei von 1762 bis 1781, also volle 18 Jahre lang, allein.» (Strehler 1967, 113). – Leonhard Dieth d. Ä. (1723–1762) druckte und verlegte Bücher von 1756 bis 1762; Leonhard Dieth d. J. (1760–1803) führte den Verlag seiner Eltern weiter.

[25] Beispiele: Jacob ZEHNER, *Einfältige und deutliche Erklärung des sogenannten Zürcherischen Fragstückleins*. Ausgegeben von Jacob Zehner, Pfarrer zu Trogen, und Decan des Appenzell-Aus-Rodischen Capituls [...]. Trogen: zu finden im Pfarrhaus zu Trogen, und im Speicher; St. Gallen: bey Leonhard Dieth, seligen Wittib, 1762, 359 S. (in-8). – *Psaumes de David*. Choisis et accompagnez des cantiques sacrez [...]. A l'usage de l'Eglise françoise de la ville de S. Gall. St. Gallen: chez la Veuve de Leonard Dieth, 1771, 241, [1]; 197, [2] S. (in-8). – *Catechismus, das ist: Unterricht christlicher Lehr, wie der in den reformierten Kirchen und Schulen der Churfürstlichen Pfalz, und anderen Orten, auch in der Stadt und Gemeind St. Gallen getrieben wird*. – [Anderer Titel:] *Neu eingeführtes Frag-Büchlein gezogen aus dem Heidelbergischen Catechismo, und mit Zeugnussen der heiligen Schrifft bestätiget*. Für die Kirchen und Schulen der Stadt St. Gallen. St. Gallen: gedruckt bey Leonhard Dieth sel. Wittib, 1775–1776, 72, 144 S. (in-12).

[26] «Margaritha Elisabeth» König wurde am 26. Juni 1741 als Tochter von «Hr. Sigmund Friderich König, *J. U. Doctor,* [und] Fr. Elisabeth Haller» in Bern getauft (BBB, Burgerliche Taufrodel XIII, S. 391, Nr. 1); «Viktor Emanuel Hortin und Margaretha Elisabeth König» heirateten am 12. Sept. 1763 in Belp (BBB, Burgerliche Eherodel VII, S. 77). – «Fr. Maria [sic] Elisabeth Hortin, geb. König, Hrn. Hauptmanns und Buckdruker[s] se[lig] Wittwe, alt 70 Jahr», starb am 20. Nov. 1810 und wurde am 23. Nov. in Bern begraben (BBB, Burgerliche Totenrodel III, S. 201, Nr. 51).

[27] Victor Emanuel Hortin / Hortinus (1736–1769), Verleger in Bern von 1767–1769. – «Victor Emanuel, n[atus] den 5 Maji» wurde am 14. Mai 1736 als Sohn von «Hr. Emanuel Hortin, Buchtruker [und] Fr. Elisabeth Wÿttenbach» in Bern getauft; (BBB, Burgerliche Taufrodel XIII, S. 209, Nr. 3). – «H. Haubtman Victor Emanuel Hortin, Director der oberen Buchdrukereÿ, 33 Jahr alt» starb am 2. Dezember 1769 und wurde am 5. Dez. in Bern begraben (BBB, Burgerliche Totenrodel I, S. 236, Nr. 6602).

[28] Vgl. Furrer (2018) 38.

Madeleine Eggendorffer, geb. de Boffe (1744–1795),
Buchhändlerin und Verlegerin in Freiburg i. Ü. von 1769–1775[29]
→ *Catalogue des Livres d'assortiment rangé par ordre alphabétique, de Magdelaine Eggendorffer, née Boffe, Libraire à Fribourg en Suisse, tenant le commerce de feu son pere.* [Fribourg], 1773, 96 S.

[29] «Madeleine Eggendorffer (≈ 30. 6. 1744 Freiburg i. Ü., † 29. 9. 1795 Freiburg i. Ü.), Tochter des Jean-Charles de Boffe, eines Buchhändlers und Buchbinders aus dem nordfranzösischen Artois, der sich in Freiburg niedergelassen hatte, und der Freiburgerin Anne-Marie Jordan. ∞ 1) 1764 Claude Sobez († 1764), aus Lothringen, 2) 1769 Ludwig Wilhelm Eggendorffer, Buchbinder aus Graz. Nach dem Tode ihres Vaters 1769 führte M. E. dessen Buchhandlung zunächst gemeinsam mit ihrem Bruder, doch ging das Unternehmen bereits 1771 in Konkurs. M. E. kaufte das Geschäft teilweise zurück und leitete 1771–95 mit der Unterstützung ihres Mannes erfolgreich die einzige Buchhandlung Freiburgs. [...] M. E. verlegte zahlreiche Werke, u. a. 1788 die achtbändige ‹Histoire militaire et diplomatique de la Suisse› von Emanuel von May (genannt von Romainmôtier).» (HLS IV 75). Siehe auch Andrey (1978) 218–220, Andrey (1986).

Tabelle 5.4: Lager der Buchhändlerin Anna Flückiger geb. Brand (1719–1788)[1] anhand ihres Geltstagsrodels vom 17. März 1775

Titel im Inventar	Beschreibung der Werke	Wert[2] (bz)	Wert[3] (bz)
7 Himmlische Vergnügen	Benjamin SCHMOLCK, *Das himmlische Vergnügen in Gott, oder: Vollständiges Gebett-Buch auf alle Zeiten, in allen Ständen, und bey allen Angelegenheiten nützlich zu gebrauchen.* Deme noch beygefüget worden viele Communion-, Krancken-, Sterbens- und Wetter-Gebetter [...]. Nebst der Paßions-Historia unsers Herrn und Heilands Jesu Christi, wie auch Morgen- und Abend-Andachten in Versen, samt Morgen- und Abend-Liedern. Bey dieser neuen Auflage [...] auf alle Materien und Zufälle vermehret. Basel: bey Johann Rudolph Im Hof, 1765, [14], 816 S. (in-8).[4]	84	92
1 Testament	*Das ganze Neue Testament unsers Herren und Heilands Jesu Christi.* Recht grundlich, nach der griechischen Haupt-Sprache verteutschet, mit jeder Capitlen kurzen Summarien und dero richtigen Abtheilungen. Von Neuem mit allem Fleiß wiederum übersehen. Zürich: beÿ David Geßner, 1763, 383, [1] S. (in-8).	12	18
3 grosse Wahren Christenthum a 18 bz	Johann ARNDT, *Sämtliche sechs geistreiche Bücher vom wahren Christenthum, das ist: Von heilsamer Busse, hertzlicher Reue und Läid über die Sünde, wahrem Glauben, auch heil. Leben und Wandel der rechten wahren Christen.* Neu-verbesserte Auflage in grossem Druck, versehen mit richtigen Anmerkungen [...] einem sechsfachen Register, & dem Lebenslauffe des sel. Authoris. Basel: gedruckt und verlegt bey Emanuel Thurneysen, 1774, [42], 1189, [67] S., [48] Taf. (in-8).[5]	54	54
3 kleine dito a bz 12 [xr] 2[6]	Johann ARNDT, *Sechs Bücher vom wahren Christenthum:* Welche handeln von heilsamer Busse,	37,5	37,5

[1] «Anna Flükiger, gebohrne Brand [von Rüderswil], Peter Flükiger[s], hinterlassne Wittwe», getauften «den 23. April 1719», starb am 26. März 1788 und wurde am 29. März begraben (StABE, K Huttwil 13: Totenrodel der Kirchgemeinde Huttwil, 1753–1824, S. 145, Nr. [6]). «Petrus Flükiger, der Rathauswirth, von hier [Huttwil], beÿ 56 Jahren alt» starb am 24. September 1766 (StABE, K Huttwil 13, S. 52, Nr. 31). Der Ehe zwischen Peter Flückiger – Sonnenwirt (1755), dann Kronenwirt (1757), schliesslich Rathauswirt – und Anna Brand von Rüderswil entsprangen mindestens drei Kinder: Jacob, ≈ 22. 2. 1754 (obiit); Johannes, ≈ 28. 11. 1755; Petrus, ≈ 6. 5. 1757 (StABE, K Huttwil 1: Taufrodel der Kirchgemeinde Huttwil, 1753–1773, S. 10, Nr. [3]; S. 33, Nr. [1]; S. 60, Nr. 30).

[2] «Schatzung»: geschätzter Wert.

[3] «Losung»: bezahlter Wert.

[4] Erstausgabe: Basel: bey Johann Rudolph Im-Hoff, 1748, [14], 816 S. (in-8). – Zum evangelischen Theologen und Liederdichter Benjamin Schmolck (1672–1737) siehe ADB XXXII 53–58, DBE² IX 82.

[5] Zum lutherischen Pfarrer und Erbauungsschriftsteller Johann Arndt (1555–1621) siehe BUAM II 512–513, ADB I 548–552, NDB I 360–361, Jaumann 45–46, DBE² I 217, FNID I 146–157.

[6] 1 Batzen (bz) = 4 Kreuzer (xr).

	hertzlicher Reue über die Sünde, und wahrem Glauben, auch heiligem Leben und Wandel der rechten wahren Christen. Mit einer Einleitung und kurtzen Gebätlein aus der Gießischen Edition über alle Capitel. Deme noch als ein Anhang, beygefügt alles, was bißher unter dem Namen des Fünfften und Sechsten Buchs heraus gekommen, benebst einigen hieher gehörigen aus dem Latein ins Teutsche übersetzten Send-Schreiben des Auctoris. Biel: bey Johann Christoph Heilmann, 1765, [22], 1128, [2] S. (in-8).		
11 Starke Handbücher a 10 bz	Johann Friedrich STARCK, *Tägliches Hand-Buch in guten und bösen Tagen, das ist: Aufmunterungen, Gebete und Gesänge, 1. Vor Gesunde, 2. Vor Betrübte, 3. Vor Krancke, 4. Vor Sterbende.* Wie auch Sprüche, Seufzer und Gebete, den Sterbenden vorzusprechen, nebst Fest-Andachten und Kriegs-, Theurungs-, Pest- und Friedens-Gebeten. Mit Kupfern gezieret. Anjetzo aufs neue übersehen, und mit besondern Morgen- und Abend-Andachten auf die hohen Fest-Tage des Jahres, wie auch mit der Lebens-Beschreibung des seel. Verfassers vermehret und herausgegeben von M. Johann Jacob Starck, Predigern an der Haupt-Kirche zu St. Catharinen zu Franckfurt am Mayn. Frankfurt a. M., 1770, [20], 824, [8] S. (in-8).[7]	110	115,5
8 Historibücher mit Kupfer a 9 bz	Johann HÜBNER d. Ä., *Zweymal zwey und fünfzig auserlesene Biblische Historien aus dem Alten und Neuen Testamente.* Der Jugend zum Besten abgefasset von Johann Hübnern, Rectore des Johannei zu Hamburg. Neue und vermehrte Auflage, mit einem Anhange von acht neuen, noch in keinem Abdruck erschienenen Bibl. Historien. Chur und Lindau: gedruckt [...] bey Bernhard Otto, 1772, [16], 387, [5] S. (in-8).[8]	72	72
2 dito a 9 bz		18	18
10 dito ohne Kupfer a 6 bz		60	60
8 Himmelsleitern und Paradisgärtli a 6 bz	[Johann ARNDT], *Geistliche Himmels-Leiter des gläubigen Christen-Volcks: Bestehend in auserlesenen Kern-Sprüchen der Heil. Schrift, geistreichen Gebätten und aufsteigenden Herzens-Seufzern, auch Himmel-erbaulichen Lebens-Lehren.* Aus Joh. Arnds, und anderer Schriften mit Fleiss zusamen getragen. Zürich: bey David Geßner, 1766, 462 S. (in-8).[9]	48	56

[7] Siehe dazu Gleixner (2005) 59–60. – Zum lutherischen Theologen, Liederdichter und Erbauungsschriftsteller Johann Friedrich Starck (1680–1756) siehe ADB XXXV 463–465, NDB XXV 65, BBKL IX 1223–1225, DBE^{2} IX 606; zum Pastor Johann Jacob Starck (1730–1796) siehe DBI^{3} 5609.

[8] Erstausgabe: Hamburg, [1714], 30, 416 S., [8] Bl. (in-8). Verschiedene Ausgaben bis 1826. – Zum Pädagogen und Schriftsteller Johann Hübner d. Ä. (1668–1731) siehe BUAM XXI 7–8, ADB XIII 267–269, NDB VI 440, NDB IX 583, DBE^{2} V 179, Jaumann 344.

[9] Erstausgabe: Zürich: bey David Geßner, 1744, 448 S. (in-8); weitere Zürcher Ausgaben bis 1795. – Zum lutherischen Pfarrer und Erbauungsschriftsteller Johann Arndt (1555–1621) siehe BUAM II 512–513, ADB I 548–552, NDB I 360–361, DBE^{2} I 217.

	Johann ARNDT, *Geistreiches Paradies-Gärtlein, voller christlicher Tugenden, wie dieselbe durch andächtige, lehrhaffte und tröstliche Gebete in die Seele zu pflantzen*. Biel: in der Heilmannischen Buchhandlung, 1766, [14], 491, [5] S. (in-8).		
1 Kinderbiblen	[Abraham KYBURZ], *Catechetische Kinder-Bibel, oder: Heilige Kirchen und Bibel-Historien.* In einem ordentlichen Zusammenhang, nebst einfaltigen Rand-Fragen reichlichen Lehren und gottseligen Betrachtungen sonderlich zum Dienst und Nutzen der lieben Jugend heraus gegeben von einem aufrichtigen Kinder-Freund [i. e. Abraham Kyburz]. Bernstadt [i. e. Bern]: Joh. Bondeli seel. Wittib, [dann] Zürich: Bürckli, 1744–1745, 2 Bde. (in-8).[10]	6,5	10
6 Fragenbücher a bz 4 [xr] 2	Christoph STÄHELIN, *Catechetischer Hauß-Schatz, oder: Erklärung des Heidelbergischen Catechismi, durch Frag und Antwort.* Samt derselben Kurz-Anwendung, durch Überzeugung, Prüffung, Aufmunterung, Vermahnung, Trost und daraus gezogenen Debatten. Erster[–anderer] Theil. Fünffte Auflage. Basel: bey Emanuel Thurneysen, 1771, [17], 540, [2], 416 S. (in-8).[11]	27	27
1 neües Testament	*Das Neue Testament Unsers Herren und Heylands Jesu Christi.* Sambt beygefügten Summarien über ein jedes Capitel. Verteutscht durch Johann Piscator. Bern: in Hoch-Oberkeitlicher Truckerey, 1748, [8], 836 S. (in-8).	9	9
1 Bernerisches Kirchenbüchl[lein]	*Canzel- und Agend-Büchlein der Kirche zu Bern.* Cum Gratia & Privilegio Magistratûs Bernensis. Bern: in Hoch-Oberkeitlicher Druckerey, 1752, 174 S. (in-12).[12]	9	9
4 Lustgärtli a 3 bz	Matthäus WIESER, *Biblisches Lust-Gärtlein: Darinnen schöne Sprüche und geistliche Rätzel, aus allen Büchern der gantzen heiligen Schrift des Alten und Neuen Testaments zu finden.* Zur Anreitzung und Lust zum Biebel-Lesen für die Jugend aufgesetzt, von Mattheo Wiesern, Ex[ulatnen]. Itzo aufs neue übersehen, und mit etlichen biblischen Fragen vermehret. Prenzlau, 1760, 64 S. (in-8).[13]	12	12

[10] Bd. 1: Bestehend in LXXXII Historien Alten Testaments, 416 S.; Bd. 2: Bestehend in LXXXI Historien Neuen Testaments, 486 S. – Zum Pfarrer und Feldprediger Abraham Kyburz (1700–1765) siehe Holzhalb III 424, Guggisberg (1958) 774, HLS VII 535. – Siehe Furrer (2012) 460, Abb. 25.

[11] Bd. 1: [32], 527 S.; Bd. 2: 416 S. – Erstausgabe (nach Leu XVII 486): St. Gallen, 1720 (in-8); weitere Ausgaben, zum Beispiel: St. Gallen: getruckt bey Daniel Weniger, 1724, [28], 720; 675, [1] S. (in-8); Zürich: bey F. Hanke, [1724], 540, 416 S. (in-8); Basel: Thurneysen, 1728, 2 Teile (in-8); Dritte Auflage. Basel: bey Em. und J. Rud. Thurneysen, Gebrüdern, 1737, [32], 540, 416 S. (in-8); Nachdruck: Basel: bey Emanuel Thurneysen, 1752 und 1786. – Erstausgabe des Heidelberger Katechismus: *Catechismus, oder: Christlicher Underricht, wie der in Kirchen und Schulen der Churfürstlichen Pfaltz getrieben wirdt.* Heidelberg, 1563, 94 [i. e. 95], [1] S. (in-8). – Zum reformierten Pfarrer und Schriftsteller Christoph Stähelin (1665–1727) siehe Leu XVII 486 bis 487, HBLS VI 492, DBI 3385.

[12] Siehe Furrer (2012) 463, Abb. 27.

[13] Katechismus. – Erstausgabe: Freiberg, 1682, 80 S. (in-8). – Zum Liederdichter Matthäus Wieser (1617 bis 1678) siehe DBI 3856.

6 Schreibkalender a 2 bz	*Neuer Schreib-Calender auf das Jahr Christi [...].* Samt dem Regiment-Büchlein, in sich haltend des Hohen Stands Bern weltliche und geistliche Verfassung. Bern: in der obern Druckerey, 1771–1795, 5 Bde. (in-12).	12	14
1 Hundertjähriger Kalender	*Der nach Art L. Christoph von Hellwig, Med. pract. wohleingerichtete hundertjährige Haus-Kalender.* Worinnen anzutreffen [...]. Vierte und verbesserte Auflage. Leipzig: zu finden bey Christian Friedrich Gessner, 1756, 228 S. (in-8).[14]	0,5	0.5
1 Gsangsbüchl[lein]	*Auserlesene und geistreiche Fest-, Buß- und Abendmahl-Gesänge, zum Gebrauch der Bernerischen Kirche, die nach alten und neuen Singweisen können gesungen werden.* Bern: in Hoch-Oberkeitl. Druckerey, 1770, [4], 160, [27] S. (in-8).[15]	2	3
10 Milchspeisen a 2 xr	Johann SELK, *Milchspeise, oder: Catechetische Unterweisung zur Seligkeit für die zarte Jugend.* Nebst einem kurzen Gespräch von der Bibel, welchem jetzo der kleine Catechismus Lutheri mit einer Vorbereitung und einem Anhange beygefüget ist. Dritte und vermehrte Auflage. Gdańsk (Danzig): bey Daniel Ludwig Wedel, 1767, [23], 184 S. (in-8).[16]	5	7,5
1 Joseph	*Joseph von seinen Brüdern erkannt: Ein Trauerspiel von fünf Aufzügen in Versen.* Aufgeführt von den Schulen der Gesellschaft Jesu zu Lucern den 1., 2. und 4ten des Herbstmonaths 1772. Mit Erlaubniß der Obern. Luzern: [gedruckt] bey Jost Franz Jakob Wyßing, Stadtdruckern, 1772, [7] S. (in-4).	6	5,5
17 Namenbüchl[ein]	*Namen-Büchlein zur Unterweisung der jungen Kinder, samt dem Vater Unser, Glauben und den Heiligen Zehen Gebotten, nebst etlichen schönen Gebättern.* Cum Gratiâ & Privilegio Magistratus Reipublicæ Bernensis. Kostet 1. Batzen. Bern: Hoch-Obrigkeitlicher Druckerey, 1773, 24 S. (in-12).	9	10
9 a.b.c.	[Christian Felix WEIßE], *Neues A, B, C, Buch.* Nebst einigen kleinen Übungen und Unterhaltungen für Kinder. Leipzig: bey Siegfried Lebrecht Crusius, 1773, 100, [9] S. (in-8).[17]	1,5	3
4 Schreibbücher in quart a 5 bz		20	21
4 dito in octavo a bz 2 [xr] 2		10	
3 Psalmbücher mit goldenem Schnitt	*D. Ambrosii Lobwassers Übersetzung der Psalmen Davids: Vierstimmig und transponirt durch Joh. Ulrich Sulzberger, weyland Direct. Mus. und Zinkenist in Bern.* Sammt neu eingeführten Fest-Gesängen	45	56,5

[14] Zum Mediziner und Fachschriftsteller Christoph von Hellwig (1663–1721), Schöpfer des «Hundertjährigen Kalenders», siehe DBE[2] IV 663.

[15] Zu den in zahlreichen Auflagen erschienenen *Festliedern* bzw. *-gesägnen* siehe Schneider (1905) 148–151.

[16] Zu Johann Selk (erw. 1753–1767) fehlen biografische Artikel.

[17] Zum Jugendschriftsteller, Dichter und Übersetzer Christian Felix Weiße (1726–1804) siehe ADB XLI 587 bis 590, DBE[2] X 513–514, NDB XXVII 699–700.

	und etlichen schönen Gebätten; nebst einer kurzen musikalischen Unterweisung. Aus Hoch-Oberkeitl. Befelch und gnädigst ertheiltem Privilegio. Bern: in Hoch-Oberkeitl. Druckerey, 1770, [16], 647, [9], 160, [27] S. (in-4).[18]		
1 Bett und Handbuch	Johann HABERMANN, *Neu-vermehrtes und vollständiges Gebeth- und Hand-Buch: In welchem christliche Gebethe auf alle Tage in der Wochen, zu allen Zeiten, in allerley geistlichen und leiblichen, gemeinen und besondern Nöthen und Anliegen, zu sprechen, befindlich.* Mit einer besondern Vorrede gestellet von Ludwig He[i]nrich Schlossern, gewesenen Evangel. Prediger in Franckfurt am Mayn. Frankfurt a. M.: bey Heinrich Ludwig Brönner, 1738, [12], 376, [14] S. (in-8).[19]	4	7,5
1 Handbuch		6	10
2 Biblen in folio a 40 bz	*Biblia, das ist: Die gantze Heilige Schrifft, Alten und Neuen Testaments.* Aus Hebreischer und Griechischer Sprach in welcher sie Anfangs von den Propheten und Aposteln geschrieben nach der Übersetzung Johannis Piscatoris [...]. Mit beygefügten und vermehrten Erklärungen [...] von neuem ausgefertiget (unter allergnädigstem Privilegio und Vorschub deß Hohen Standes) von einer Ehrwürdigen Convent Loblicher Stadt Bern. Bern: Emanuel Hortinus, 1736, [32], 521, 440, 132, 336 S. (in-2).[20]	80	96
4 Kleine Bücher		2	2

Quelle: StABE, Bez Trachselwald A 1007: «Geltstagsrodel über Anna Brand, Peter Flückigers sel. Witwe, auf dem Rathause, zu Hutweil. Vermögen und Schulden», «collociert» den 17. März 1775, S. 91–92.

[18] Zum Psalmendichter und Übersetzer Ambrosius Lobwasser (1515–1585) siehe ADB XIX 56–58, NDB XIV 740–741, DBE^2 VI 497; zum Musikdirektor und Komponisten Johann Ulrich Sulzberger (1638–1701) siehe HBLS VI 603, Guggisberg (1958) 334.

[19] Erstausgabe unter dem Titel: *Christliche Gebet für alle Not und Stende der gantzen Christenheit, ausgeteilet auff alle Tag in der Wochen zu sprechen.* [...]. [Nürnberg], 1567, [151] Bl., [1] S. – Zahllose Ausgaben bis ins 19. Jahrhundert. – Zum lutherischen Theologen und Hebraisten Johann Habermann / Johannes Avenarius (1516 bis 1590) siehe ADB I 699, NDB I 467, DBE^2 I 284; zum reformierten Theologen und Kirchenliederdichter Ludwig Heinrich Schlosser (1663–1723) siehe ADB XXXI 548–550.

[20] Zum reformierten Theologen Johann(es) Piscator oder Piscatorius (1546–1625) siehe Leu XIV 561, ADB XXVI 180–181, HBLS V 445, DBE^2 VII 851.

Tabelle 5.5: Bücherschenkung der Elisabeth Gonzenbach-Schaffner (1738–1802)[1] an die Stadtbibliothek Aarau vom 19. Mai 1776[2]

Nr.	Titel im Inventar	Beschreibung des Werks
1	Histoire de Frederic Guillaume [in-]8.	[Eléazar MAUVILLON], *Histoire de Frederic Guillaume I. Roi de Prusse et Electeur de Brandebourg, &c. &c. &c.* Tome premier[–second]. Amsterdam, Leipzig, 1741, 2 Bde. (in-12).[3]
2	Lucas Morale de l'Evangile 8.	Richard LUCAS, *La morale de l'Evangile, où l'on traite de la nature de la vertu chrêtienne, des motifs qui nous y doivent porter, & des remédes contre les tentations.* Traduit de l'anglois de Monsieur Lucas, ministre de l'Eglise de S. Etienne à Londres. Quatriéme édition revuë & corrigée. Genève: pour Louis Durant, 1710, [8], 371 S. (in-12).[4]
3	Aristippe moderne 8.	[N. N. DENESLE], *L'Aristippe moderne, ou: Reflexions sur les mœurs du siècle.* Amsterdam, 1738, XII, [2], 314 S. (in-12).[5]
4	Memoires [sic] de van Haaren 8.	Onno Zwier van HAREN, *Mémoire (de M. O. Z. Van Haren) concernant la cause célèbre entre lui et Mrs. et Mesmes. de Hogendorp et Zandyk, ses beaux-fils et ses filles, au sujet de l'attentat d'inceste dont ils l'ont accusé.* Leeuwarden, 1762, 152, 32 S. (in-8).[6]

[1] (Anna) Elisabeth Schaffner wurde am 23. März 1738 als Tochter des Arztes Samuel Schaffner und der Anna Barbara Schultheiss in Aarau getauft. Sie heiratete am 18. Febr. 1761 Heinrich Gonzenbach (1721–vor 1776), in Aarau eingebürgert 1763, vergeltstagt 1765 und 1775. Der Ehe entsprangen zwischen 1761 und 1773 sieben Kinder. Elisabeth Gonzenbach starb am 3. Dez. 1802 und wurde am 6. Dez. in Aarau begraben. Siehe StAAa, Familienblatt Gonzenbach 005, kompiliert von Raoul Richner.

[2] Mindestens eines der von Elisabeth Gonzenbach geschenkten Werke – Jacob Kochs *Entsiegelter Daniel* – stammte aus der Bibliothek ihres Vaters (siehe den Besitzvermerk *infra,* Anm. 11). – Samuel Schaffner wurde am 14. Jan. 1714 in Aarau getauft; er doktorierte im Dezember 1735 an der Universität Halle mit einer *Dissertatio inauguralis medico-chirurgica, de mechanico naturæ medicatricis in vulneribus persanandis artificio.* (Halle, 1735, [2], 70, [7] S.). Er heiratete am 28. Jan. 1737 die Zürcherin Anna Barbara Schultheiss; er starb am 24. April 1766 und wurde am 27. April in Aarau begraben. Siehe StAAa, Familienblatt Gonzenbach, kompiliert von Raoul Richner. – Zu Samuel Schaffners Vater und Grossvater siehe auch Leu XVI 250: «Schaffner. [...] Ein Geschlecht in der Bernerischen Stadt Arau, aus welchem [...] auch Samuel Vatter und Sohn [1682 bis 1716] *Medicinæ Doctores* worden, und der letstere auch A. 1707 ein *Dissertation de Febre Marasmode, seu lenta,* zu Basel in 4tò heraus gegeben.».

[3] Siehe Catalogus (1791) 66, Nr. 466; Aargauer Kantonsbibliothek (AKB), B 799/1–2. – Zu Eléazar (de) Mauvillon (1712–1779), «historien, grammairien et traducteur», siehe BUAM XXVII 578–579, IBF 2299.

[4] Siehe Catalogus (1791) 85, Nr. 678: «Morale (la) de l'Evangile; trad. de l'angl. à Neuchâtel [1]691 / idem liber. à Geneve [1]710.»; AKB, S 184 (Ausgabe von 1710). – Englische Originalausgabe: *Practical Christianity, or: An Account of the Holinesse which the Gospel Enjoins.* With the motives to it, and the remedies it proposes against temptations, with a prayer concluding each distinct head. London, 1677, [6], 299, [4] S. (in-8). – Zu Richard Lucas (1648/49–1715), «Church of England clergyman», siehe ODNB XXXIV 688–689.

[5] Siehe Catalogus (1791) 31, Nr. 45; AKB, S 248. – Zu N. N. Denesle († 1767), «écrivain», siehe BUAM XI 71, DBF X 1019, IBF 993.

[6] Siehe Catalogus (1791) 82, Nr. 646: «Mémoires de M. O. Z. van Haaren. à Leuwarde [1]762.» – Zu Onno Zwier van Haren (1713–1779), «politicus, schrijver, toneel-schrijver en dichter», siehe BUAM XIX 418–419, Aa[1] VIII 194–199.

5	Histoire de Turenne 8.	François RAGUENET, *Histoire du vicomte [Henri de La Tour d'Auvergne] de Turenne.* Par l'Abbé Raguenet. Tome premier[–second]. Paris, 1759, 2 Bde. (in-12).[7]
6	Gouge Wort an die Sünder 8.	Thomas GOUGE, *Ein Wort an die Sünder und ein Wort an die Heiligen.* Anfangs in englischer Sprache aufgesetzet von Thomas Gouge, nunmehro aber [...] ins Teutsche übersetzet und nebst einer Nachricht von dem ungemein erbaulichen Leben des Verfassers herausgegeben Zacharias von Christian Schultzen [...]. Halle (Saale), 1738, [78], 392 S. (in-8).[8]
7	Memoires secrets pour l'Histoire de Perse 8.	[François Vincent TOUSSAINT], *Mémoires secrets pour servir à l'histoire de Perse.* Avec des éclaircissemens et une clef marginale, plus complette et rectifiée. Par D. S. Amsterdam, 1743, [14], 320 S. (in-8).[9]
8	Samlung moralischer und politischer Schrifften 4.	Friedrich Carl von MOSER, *Gesammelte moralische und politische Schriften.* Erster[–Zweyter] Band. Frankfurt a. M., 1763–1764, 2 Bde. (in-8).[10]
9	Kochs entsiegleter Daniel 8.	Jacob KOCH, *Entsiegelter Daniel, das ist: Richtige Auflösung der sämtlichen Weissagungen Daniels nach ihrem wahren Inhalt, unzertrennlichen Verbindung, einhelligen Absicht, und genauen, so gar auf Jahre und Tage mit der Chronologie zutreffenden Zeit-Rechnung, auf Messiam.* Aus sichern und unumstößlichen philologisch-exegetischen und historisch-chronologischen Gründen zur Verbesserung der ganzen prophetischen Theologie; vornemlich aber zur Entkräftung der Ungläubigen und Bestärkung der Gläubigen, nebst einem Anhange [...] ans Licht gestellet. Lemgo, 1740, 32, 528, [2] S. (in-4).[11]

Quelle: StAAa, II.562a: *«Donatione[n]buch der Bibliothec zu Aarau, 1776» – Donatorenbuch der Stadtbibliothek, 1776–1786,* S. 105: «Frau, / Elisabeth Schaffner, Herrn Heinrich / Gonzenbachs see[lig] Frau Wittib, schenkte am 19[ten] / Tag Meÿ, / Monaths 1776. / an Bücheren.»[12]

[7] Siehe Catalogus (1791) 93, Nr. 774: «Raguenet Histoire du Vicomte de Turenne. à la Haye [1]738. II. T. I. Vol.» – François RAGUENET, *Histoire du vicomte [Henri de La Tour d'Auvergne] de Turenne.* Par l'Abbé Raguenet. Tome premier[–second]. Paris, 1759, 2 Bde. (in-12). – Erstausgabe: Den Haag, 1736–1738, 4 Bde. (in-8). – Zum *abbé* François Raguenet (~1660–1722), «historien, littérateur», siehe BUAM XXXVI 546– 547, IBF 2749.

[8] Siehe Catalogus (1791) 62, Nr. 411. – Englische Originalausgabe: *A Word to Sinners, and a Word to Saints [...].* London, 1668, [16], 256, [18], 27, [1] S. (in-8). – Zu Thomas Gouge (1605–1681), «clergyman and ejected minister», siehe BUAM XVIII 173, ODNB XXIII 34–35.

[9] Siehe Catalogus (1791) 82, Nr. 648: «Mémoires secrets pour server à l'histoire de Perse. à Amsterd. [1]745.»; AKB, S 359 (Ausgabe von 1743). – Zum mutmasslichen Verfasser, François Vincent Toussaint (1715–1772), «homme de lettres, traducteur et encyclopédiste», siehe BUAM XLVI 398–399, Viguerie 1411–1412.

[10] AKB, C 1254/1–2. – Zum Politiker und Publizisten Friedrich Carl *Freiherr* von Moser (1723–1798) siehe BUAM XXX 238–239, ADB XXII 764–783, NDB XVIII 178–181, DBE[2] VII 207–208.

[11] Siehe Catalogus (1791) 18, Nr. 98; AKB, SQ 73. Besitzvermerk: «Schaffner Med. D. / 1750». – Zum lutherischen Pastor und Privatlehrer Jacob Koch (1701–1772) siehe DBI[3] 3017.

[12] Siehe Raoul Richners Detailverzeichnis der Donatoren im Stadtarchiv Aarau. – Andere Bücherschenkungen von Frauen: S. 57 (6. Mai 1776, 4 Titel): Anna von Graviseth (~1730–1814); S. 117 (29. Mai 1776, 11 Titel): Salome Meyer (1721–1813); S. 167 (9. Juli 1776, 2 Titel à 3 Bden.): Veronika Hunziker-Landolt (1726 bis 1803); S.191 (14. Sept. 1776): Katharina Ernst (≈ 21. 7. 1737 in Adelboden); S. 199 (19. Okt. 1776, 1 Titel in 12 Bden.): Margaritha von Diesbach-Graviseth (1740–1815); S. 219 (5. Jan. 1777, 8 Titel): Rosina Elisabeth, gen. *Lisette* Steck (≈ 12. 6. 1756 in Bern; ∞ 1778 mit Gottlieb Sinner; † 20. Okt. 1799 in Bern). – Weitere fünf Frauen schenkten der Bibliothek eine Geldsumme (siehe S. 63, 65, 75, 77, 137).

VI. Über ideale «Frauenzimmer-Bibliotheken»

Das Quellenkorpus des Kapitels versucht eine Annäherung an die ideale «Frauenzimmer-Bibliothek», wie sie – *männlichen* – Zeitgenossen vorschwebte.[1] In neun chronologisch angeordneten Texten kommen Autoren unterschiedlichen Profils zu Wort, Reformierte wie Katholiken, Französisch- wie Deutschsprachige. Ihre Ratschläge bleiben im Allgemeinen (Texte 6,1, 6.3 und 6.8) oder nennen die zu lesenden Werke und deren Verfasser; sie sind essayhaft formuliert oder als Listen zu lesender Titel präsentiert (Texte 6.2, 6.4, 6.6).[2]
Die Ratgeber geben sich meist betont aufklärerisch – um das geistige und seelische Wohl des andern Geschlechts besorgt. Unüberhörbar ist der paternalistische Ton ihrer Empfehlungen oder Ermahnungen, ausser bei François Poulain de la Barre (Text 6.1), und vermutlich verrät das von den Männern zum Thema Geschriebene weit mehr über schreibende Männer als über die lesenden Frauen.
Die zitierten Texte sind ungekürzt oder in Auszügen wiedergegeben[3] und so originalgetreu wie möglich (und nötig) transkribiert.[4] Zum besseren Verständnis habe ich sie da und dort ergänzt, auch mit etlichen Anmerkungen versehen.
Eine Auswertung des Quellenkorpus sei für die Schlussbetrachtungen aufgespart. Sie findet sich in Tabelle 8.3. Diese antwortet auf die Frage, welche Werke, die von Männern in den Texten dieses Kapitels empfohlen wurden, auch in den Frauenbibliotheken der Kapitel II und III standen.

1 «Der weiblichen Leseerziehung nahm sich vor allem eine Gattung an, die auch sonst als Medium der (Früh-)Aufklärung fungierte: die Moralische Wochenschrift. [...] Die lesepädagogischen Bemühungen der (männlichen) Wochenschriften-Herausgeber und Beiträger drücken sich in allgemeinen Aufforderungen zur Lektüre aus. Aber ebenso in konkreten Leseempfehlungen, so z. B. in Form von umfangreichen Bücherlisten, den ‹Frauenzimmerbibliotheken›. Bereits die frühen Wochenschriften enthalten solche ‹Bibliotheken›: die *Discourse der Mahlern* (1721–23), der *Patriot* (1724–26), die *Vernünftigen Tadlerinnen* (1725–26). Die erste Moralische Wochenschrift, der *Vernünftler* (1713–14), führt ebenfalls eine Bibliothek für Frauen an, die aber noch nicht als eigenständig anzusehen ist; es handelt sich eher um eine Kopie des englischen *Spectator*. [...] In dem Lektürekanon der Wochenschriften spiegelt sich der Prozeß der Säkularisierung. Bibel und Erbauungsbücher werden kaum noch empfohlen, dafür Bücher über Realienfächer (Geographie, Historie, Naturkunde) sowie Belletrisitk und Poetik.» (Brandes 1994, 125–126). – «Im Vorwort zur ersten Ausgabe der *Ponoma [für Teutschlands Töchter]* grenzte sie [Sophie La Roche] sich selbstbewusst von ähnlichen und von Männern herausgegebenen Periodika ab: Diese Zeitschriften ‹zeigen meinen Leserinnen, was teutsche Männer uns nützlich und gefällig achten. *Ponoma* – wird Ihnen sagen, was ich als Frau dafür halte.› [La Roche 1783–1784, I (Heft 1) 14].» Siehe dazu Flüchter 2009, 269–270, 275.

2 Das Korpus könnte natürlich durch manch weiteren Text ergänzt werden, zum Beispiel: die «Anweisungen Goethes für die Lektüre seiner Schwester» Cornelia in Briefen der Jahre 1765 bis 1769 (Engelsing 1974, 312, 314–315); Carl Friedrich Wegeners (1734–1782) 47 Titel umfassender «Vorschlag zu einer Lesebibliothek für junge Frauenzimmer» (Wegener 1780, 102–145); die einschlägigen Passagen in den «Vorlesungen» Johann Ludwig Ewald «für erwachsene Töchter, Gattinnen und Mütter» (Ewald 1801, 168–169). – Siehe auch die «*Bibliothèque universelle des dames* (Paris, 1785–1797, 156 volumes in-18) à la vocation encyclopédique puisqu'elle rassemble voyages et romans, histoire et morale, mathématique et astronomie, physique et histoire naturelle, ainsi que tous les arts libéraux.» (Chartier 1996, 111).

3 Etwas abseits steht Text 6.6. Die hier transkribierten Anfangsseiten des Registers sollen lediglich einen *Eindruck* des gesamten Werks vermitteln. Ich habe den Text daher in Tabelle 8.3 nicht verwendet.

4 Siehe dazu Furrer (2016) 45–47: Transkriptionsprinzipien.

Text 6.1: [François POULAIN DE LA BARRE], De l'éducation des dames pour la conduite de l'esprit dans les sciences et dans les mœurs: Entretiens [1674]. Paris: chez Antoine Dezailler, ruë S. Jacques, à la Couronne d'or, 1679, S. 306–311, 317–319 (in-12)[1]

CINQUIÉME ENTRETIEN.[2]

Apres que l'on se fut ainsi entretenu de la connoissance de nous-mesmes, on proposa quelques difficultez, dont il fut aisé de trouver l'éclaircissement; parce qu'elles venoient de ce que l'on avoit encore égard à la manière dont on enseigne les sciences communément, au lieu qu'on les avoit considerées selon la methode qu'on les devroit enseigner. Ensuitte de quoy Eulalie ayant témoigné qu'elle souhaittoit avoir les livres qui peuvent aider à acquerir les connoissances dont on venoit de parler, & dans quel ordre on doit les lire.

Il seroit bon, luy dit Stasimaque, de vous appliquer d'abord à l'étude de la Geometrie, non pas pour en faire une longue occupation, mais seulement un essay de vostre esprit. Comme les figures & les proportions qui sont l'objet de cette science, ne sont pas du nombre des choses sur lesquelles on ait des préjugez, on se porte assez naturellement à les regarder en elles-mesmes, & l'on s'accoûtume ainsi à se détacher de l'authorité humaine, en recherchant la verité.

D'ailleurs les Geometres faisant une profession particuliere de ne rien admettre que de vray, & de garder pour cela une methode tres-naturelle, la lecture de leurs ouvrages faite avec attention peut beaucoup contribuer à se former une idée claire de la verité, & à prendre cét esprit Geometrique, c'est-à-dire, juste, exact, & methodique si estimé par les habiles gens. Vous pouvez prendre pour cela les ouvrages d'Henrion.[3]

Si le livre des fondemens de la langue françoise dont Sophie nous a parlé estoit imprimé. Ce seroit un ouvrage à lire d'abord pour y apprendre les veritables principes de la Grammaire, avec la signification de presque tous les mots françois qui sont en usage. Vous pouvez en attendant vous servir de la Grammaire raisonnée.[4] Vous lirez ensuitte:

[1] Auszüge aus «Cinquiéme entretien» (S. 306–335). – Erster Druck: Paris, 1674, [14], 353, [5] S. (in-12). Weiterer Druck: Cologne [i. e. Niederlande?]: chez Pierre Marteau, 1718, [18], 353, [5] S. (in-12). – Reprint der Erstausgabe: Présenté par Bernard Magne. Toulouse, 1985, [28], 353 S. – Vgl. die Passage in der kritischen Ausgabe: [François] POULAIN DE LA BARRE, *De l'égalité des deux sexes [1673] – De l'éducation des dames [1674] – De l'excellence des hommes [1675]*. Edition, présentation et notes par Marie-Frédérique Pellegrin. Paris, 2011, (426 S.) S. 271–273, 275. – Zu François Poul(l)ain de la Barre (1647–1723) siehe Montet I 32, Alcover (1981), Stuurman (2004), HLS IX 835.

[2] «Dans le cinquiéme [entretien] on parle des livres qu'il faut lire, de la manière d'étudier, & de se conduire dans le monde, à l'égard des opinions, & de la Philosophie de l'Ecole & de celle de Des-Cartes.» (Table des matiere contenues dans ce livre, S. [5]).

[3] Denis HENRION, *Collection, ou recueil de divers traictez mathematiques: A scavoir d'arithmetique, d'algebre, de la solution de divers problemes & questions, tant geometriques, qu'astronomiques [...]*. Paris, 1621, 6, 142, [2], 92, [1], 116 S. (in-4); Denis HENRION, *Memoires mathematiques recueillis et dressez en faveur de la noblesse françoise*. Seconde édition, reveuë, corrigée & augmentée en divers endroicts [...]. Paris, 1623 bis 1627, 2 Bde. (in-8). – Zu Denis Henrion (1580–1632), «mathématicien», siehe DBF XVII 963–964.

[4] [Antoine ARNAULD, Claude LANCELOT und Pierre NICOLE], *Grammaire generale et raisonnée: Contenant les fondemens de l'art de parler, expliquez d'une manière claire & naturelles; les raisons de ce qui est commun à toutes les langues, & des principales differences qui s'y rencontrent; et plusieurs remarques nouvelles sur la langue françoise*. Paris, 1660, 147, [5] S. (in-12). – Zu Antoine Arnauld, *dit* le Grand Arnauld (1612–1694), «grammairien, théologien, philosophe», siehe BUAM II 501–510, DBF III 859–867, Goujon 351, 364–368,

La Logique de Port-Royal.[5]
La Methode,[6] & les Meditations de Descartes.[7]
Les Discours de Monsieur de Cordemoy sur la distinction & sur l'union de l'Ame & du Corps.[8]
La quatriéme partie de la Physique de Monsieur Rohau[l]t, qui traitte du corps animé.[9]
Le Traitté de l'Homme de Descartes, avec les Remarques de la Forge.[10]
Le Traitté de l'Esprit de l'Homme du mesme de la Forge.[11]
Le Traitté des Passions de Descartes,[12] auquel il est bon de joindre celuy de Monsieur de la Chambre.[13] C'est un ouvrage bien écrit, & où il y a des choses curieuses pour le détail des caracteres interieurs & exterieurs des passions.
Vous lirez après cela, les trois premieres parties de la Physique de Monsieur Rohau[l]t.
Si vous voulez lire les principes de Descartes, & le premier tome de ses lettres écrites à la Reyne de Suede, & à la Princesse de Bohëme[14] ce sera encore le meilleur. Vous verrez par ces lettres qu'il ne jugeoit pas les femmes incapables des plus hautes sciences.
Je ne vous parle point des livres d'histoire & de Theologie; parce que ce sont des matieres qui demandent chacune un entretien. Je vous diray seulement que toute la Theologie estant fondée principalement sur le Nouveau Testament, vous ne sçauriez commencer trop tost à le lire dans une bonne disposition. Il a esté traduit par plusieurs Autheurs que je laisse à vostre choix.
Il y a trop de choses à dire sur les Autheurs & sur la manière de les lire sçavamment, pour vous en parler aujourd'huy. Outre que tout ce que je vous en pourrois dire estant fondé sur les lumieres que la Philosophie nous peut donner, il seroit peutestre aussi inutile de vous en entretenir, qu'à vous de les lire avant que d'avoir fait cette étude importante de vous-mesmes, de laquelle dépend tout le reste.

387, 398; zu Claude Lancelot (1616–1695), «grammairien», siehe BUAM XXIII 317–322, DBF XIX 665, DGS 824–825; zu Pierre Nicole (1625–1695), «moraliste», siehe BUAM XXXI 250–254, DGS 1090.

[5] [Antoine ARNAULD], *La logique ou l'art de penser: Contenant, outre les regles communes, plusieurs observations nouvelles, propres à former le jugement.* Seconde édition, reveuë & augmentée. Paris, 1664, 473, [7] S. (in-12).

[6] René DESCARTES, *Discours de la methode pour bien conduire sa raison, & chercher la verité dans les sciences.* Plus la dioptrique, les meteores, et la geometrie. Qui sont des essais de cete Methode. Leiden, 1637, 78; [2], 413, [34] S. (in-4). – Zu René Descartes (1596–1650), «philosophe et savant», siehe BUAM XI 145 bis 159, DBF X 1240–1244, Jaumann 222–223, DGS 458–462.

[7] René DESCARTES, *(Renati Des-Cartes,) Meditationes de prima philosophia, in qua Dei existentia, & animæ immortalitas demonstratur.* Paris, 1641, [11], 602, [2] S. (in-8).

[8] [Géraud de CORDEMOY], *Le discernement du corps et de l'ame en six discours, pour servir à l'éclaircissement de la physique.* Paris, 1666, [22], 230 S. (in-12). – Zu (Louis-)Géraud de Cordemoy (1628–1684), «philosophe», siehe BUAM IX 571, DBF IX 621–622, DGS 407–408.

[9] Jacques ROHAULT, *Traité de physique.* Amsterdam, 1672, 2 Bde. (in-12). – Erstausgabe: 1671. – Zu Jacques Rohault (~1617–1672), «physicien et philosophe», siehe BUAM XXXVIII 444–447, DGS 1351–1352.

[10] René DESCARTES, *L'homme (de René Descartes) et un traitté de la formation du fœtus (du mesme autheur).* Avec les remarques de Louys de La Forge [...] sur le Traitté de l'Homme de René Descartes, & sur les figures par luy inventées. Paris, 1664, [68], 448, [8] S. (in-4). – Zu Louis-François de La Forge oder de la Forge (1632 bis 1666), «philosophe cartésien», siehe BUAM XV 266, DBF XIX 219–220.

[11] Louis de LA FORGE, *Traitté de l'esprit de l'homme, de ses facultez et fonctions, et de son union avec le corps.* Suivant les principes de René Descartes. Paris, 1666, [56], 453, [2] S., [1] Taf. (in-4).

[12] René DESCARTES, *Les passions de l'ame.* Paris, 1649, [45], 286 S. (in-8).

[13] Marin CUREAU DE LA CHAMBRE, *Les charactères des passions.* Amsterdam, 1658–1663, 5 Bde. (in-12). – Erstausgabe: 1640. – Zu Marin Cureau de La Chambre (1596–1669), «médecin du roi», siehe BUAM VIII 7 bis 9, DBF IX 1391–1393, DGS 440.

[14] René DESCARTES, *Lettres, où sont traittées plusieurs belles questions touchant la morale, la physique, la medecine, & les mathematiques.* Nouvelle edition, reveu[e] et augmenté[e]. Paris, 1667, 3 Bde. (in-4).

Pour rendre cette étude plus utile, & suppléer avec plaisir à la lecture de quantité de livres, accoûtumez-vous de bonne heure à y rapporter tout ce qui vous viendra dans l'esprit. Et comme tous les livres de raisonnement doivent estre fondez sur l'experience, pour en acquerir avec lumiere, & en peu de temps, plus que beaucoup de gens n'en ont au bout d'une longue suitte d'années & de travail, tâchez de ne rien laisser passer ny en vous mesmes ny dans vos semblables sans y faire reflexion. Observez tout, regardez tout & écoutez tout sans scrupule. Examinez tout, jugez de tout, raisonnez sur tout, sur ce qui s'est fait, sur ce qui se fait, & sur ce que vous prévoyez qui se fera. Mais sur toutes choses, ne vous payez point de mots, ny d'un oüy dire. Vous avez une Raison, servez-vous en, & ne la sacrifiez aveuglément à personne. Vous n'ignorez pas combien il y a de gens qui resserrent la Jurisdiction du bon sens, & qui prétendent qu'il y a beaucoup de choses qui ne sont point de son ressort, examinez bien si ce n'est point l'opinion qui luy donne des bornes si étroittes.

[...]

Ce que nous disons de la Morale, reprit Stasimaque, laquelle est à mon sens, la plus importante de toutes les sciences, se doit aussi entendre des autres & particulierement de la Physique. Il faut observer & écouter la nature pour la bien connoistre. En un mot, il faut faire sur toutes choses peu de lecture, mais qui soit bonne, beaucoup d'experience, de reflexions & de raisonnemens.

Ce n'est pas la quantité des livres, dit Sophie, mais la qualité qui rend habile; & j'ay toûjours oüy dire qu'un homme qui n'a qu'un livre, & qui s'y attache, est plus à craindre que s'il en avoit plusieurs, ausquels il s'attachast également.

Cela est indubitable reprit Stasimaque, à l'égard des livres fondamentaux & dogmatiques, tel que sont ceux que je viens d'indiquer à Eulalie, qu'il vaut mieux lire dix fois, pour les posseder, que d'en parcourir trente autres. Aussi doit-on y apporter plus d'attention qu'à ceux qui ne sont que superficiels, & ne se pas rebuter pour y rencontrer d'abord quelques difficultez qui arrestent. Car outre que les matieres que l'on y traitte, estant d'une nature toute differente des entretiens ordinaires, & quelquefois mesme opposées aux oppinions communes, quelques gens ont de la peine à y entrer tout d'un coup; il peut arriver aussi qu'il se trouve des choses en un livre ou en un endroit qui supposent l'intelligence d'un autre. De sorte que la premiere lecture d'un ouvrage doit servir à nous en donner un plan & une idée generale: La seconde nous en fait voir le détail, & la troisiéme nous fait remarquer plus clairement ce qu'il y a de bon & de mauvais, d'utile & d'inutile, & la liaison des principes avec les consequences particulieres que l'on en tire.

Text 6.2: Johann Jakob BODMER und Johann Jakob BREITINGER, Schriften zur Literatur [1721–1763]. Hg. von Volker Meid. Stuttgart, 1980, S. 16–19, 297–300 (Anmerkungen): XV. Discours [1723][1]

Ihr Herren Mahler!
Euer Geschlecht ist bißher sorgfältig gewesen, uns die Mittel zu entziehen, durch welche wir eine Erfahrenheit der menschlichen Sachen bekommen könnten. Die Mode ist eingeführt, daß man auf den Academien nur in der Lateinischen Sprache lieset; die meisten Bücher sind in eben derselben geschrieben; und man hat unsern Eltern die Maxime beygebracht, die Wissenschafften seyen den Leuten unsers Geschlechts schädlich, sie machen uns ruhmräthig[2] und lächerlich, sie halten uns ab von den nöthigern Geschäfften; denn wir seyen allein gebohren, daß wir unsern künfftigen Männern Geld zehlen, wäschen, flicken, bey ihnen schlaffen, und daß wir von der Gestalt einer Jüppe[3] urtheilen. Einiche verfahren so unbillich, daß sie uns in offentlichen Schrifften untüchtig zum Heyrathen erklähren, wenn wir durch Lesung guter Bücher suchen verständig zu werden. Sie sagen, *daß das Frauenzimmer, so verheyrathet ist, oder sich verheyrathen will, die Bücher in Friede und Ruhe lassen, die aber, so ledig bleiben wollen, sich nicht nur auf Wissenschafften, sondern auch auf Künste legen sollen.*[4] Wir geben zwar zu, daß ein Gelehrter, wie diß Wort heut zu Tag gebraucht wird, und ein Pedant nahe mit einander verwandt seyen. Aber unser Absehen ist nicht, daß wir aus den Büchern eine weitläufftige Wissenschafft unnützlicher Sachen sammeln; wir wollen daraus angenehme Freundinnen, kluge Ehe-Weiber, und gute Müttern werden. Wir geben ferner zu bedencken, daß ein pedantisches Frauenzimmer zwar lächerlich genug ist, aber doch nicht lächerlicher als ein pedantischer Mann. Diß alles ist von einem Mit-Glieder mit einem grossen Nachdruck ausgeführt worden. Eben euer Geschlecht, ihr Herren, ist die Ursache, daß unsere Unterredungen meistens nur Bagatellen betreffen; Wir werden gezwungen, unser Leben mit sclavischen Bemühungen zu verzehren, weil die Männer uns alle Gelegenheit abschneiden, einem Menschen anständigere[5] Geschäfte zu unternehmen. etc.

Die Mahlerinnen.

Wir haben bereits in etlichen Discoursen zu verstehen gegeben, daß wir das schönere Geschlecht so tüchtig befinden, als immer die Männer sind, die wichtigsten Geschäffte zu führen. Damit wir auch dißmahlen der billigen Klage unsrer Gesellschaffterinnen Statt geben, wollen wir das Verzeichniß der Bibliotheck der Damen hinaus fertigen. Dieselbe ist also ausgelesen, daß das Frauen-Volck daraus wol witzig[6] und angenehm,

[1] Vgl. Wysling (1983) 132–133, 134. – Siehe auch Text 6.4. – Zum Literaturwissenschaftler und Schriftsteller Johann Jakob Bodmer (1698–1783) siehe Leu IV 166–167, Holzhalb I 240–301, NDB II 362–363, HLS II 532–533, SLG 59–64, DBE[2] I 756; zum Philologen, reformierten Theologen und Schriftsteller Johann Jakob Breitinger (1701–1776) siehe Leu IV 284–286, Holzhalb I 352–355, NDB II 578, HLS II 675–676, DBE[2] II 46; zu den Leseempfehlungen für Frauen in den «Discoursen der Mahlern» siehe besonders Brandes (1974) 118–126 und Brandes (1994) 125–129.

[2] Prahlerisch.

[3] Jupe, Damenrock.

[4] Dieses Zitat stammt aus einer anderen Moralischen Wochenschrift: «Bernisches Freytags-Blätlein. In welchem die Sitten unser Zeiten von der Neuen Gesellschafft untersucht und beschrieben werden.» T. 2, Bern 1722, S. 275 (34. Discours). – Siehe Text 7.3.

[5] Angemessenere, schicklichere (Anm. N. F.).

[6] Verständig, klug.

aber nicht gelehrt und pedantisch werden kan. Holbein[7] hat von uns Befehl, den Mahlerinnen absönderlich einen langen Catalogum der verbotenen Bücher zu übergeben. Was unsere Discourse betrifft, erklähren wir uns, daß wir sie als eine Gattung einer Conversation ansehen, die wir sonder Ärgerniß[8] mit dem Frauenzimmer unsrer Stadt[9] anstellen können, nachdem uns die mündlichen Conversationen mit demselben durch die Unvertraulichkeit, die zwischen beyden Geschlechtern eingeführt ist, schwer gemachet werden.

Bibliotheck der Damen.[10]

[Nutzbares, galantes und curieuses] Frauenzimmer-Lexicon.
Acerra Philologica, mit Gotthard Heideggers Anmerckungen.
Gotthard Heidegger von den Romanen.
[Josias] Simler vom Regiment der Schweizer. Mit Herrn Leuen Anmerckungen.
Die denckwirdigen Reden des Socrates, von Xenophon beschrieben, und von [Christian] Thomase [Thomasius] übersetzet.
Le Thresor de la Sagesse par [Pierre] Charron.
Le Spectateur, ou, le Socrate Moderne. En 6 Volumes.[11]
Les Lettres de [Vincent] Voiture.
[Bernard Le Bovier de] Fontenelle de la pluralité du Monde; ist in das Deutsche übersetzet unter dem Titel: von mehr als einer Welt, Gespräche zwischen einem Gelehrten und einem Frauenzimmer.
[Daniel Defoe] Die Geschicht des Robinson Crusöe.
Die Argenis des [John] Barclay: von der man zwar Übersetzungen hat, von [Martin] Opitz, und von [August] Bohse.
[Denis Vairasse d'Allais] Die Historie der [der neu-gefundenen Völker] Severamben [Sevarambas].
Les Caractéres de ce siécle, par [Jean de] la Bruyére.
Les Caractéres de Theophraste, traduits par le méme.[12]
Reflexions morales du [François de] Duc de la Rochefoucault.
[John] Locke de l'Education des Enfans.[13]
Les dialogues des Morts par [Bernard Le Bovier de] Fontenelle.
Les dialogues des Morts par Gaudeville.[14]
Les œuvres de Lucien [Lucianus (Samosatensis)] traduits par [Nicolas Perrot] d'Ablancourt.
Martin Opitzen Wercke.
[Friedrich von] Canitzen Neben-Stunden unterschiedener Gedichte.
[Johann von] Bessers Schrifften.
Les Avantures de Telemaque par [François de Salignac de la Mothe-]Fenelon;[15] übersetzt von [August] Bohse: Begebenheiten des Telemachus.

[7] Mit diesem Namen sind Beiträge Breitingers, Bodmers oder auch Bodmers und Breitingers unterzeichnet.
[8] Ohne Anstoss zu erregen, ohne Verletzung des (religiösen oder sittlichen) Gefühls (Anm. N. F.).
[9] Zürich (Anm. N. F.).
[10] Der folgende Versuch, die einzelnen Titel der «Frauenzimmerbibliothek» zu identifizieren, ist Martens (1975) entnommen; die zitierte Liste Sp. 1185–1787. Bei verschiedenen Auflagen ist die für die Titelliste jeweils neueste Ausgabe angegeben. – Zur Identifikation der Titel siehe Bodmer/Breitinger (1721–1763) 298–300.
[11] Siehe Tab. 3.15, Nr. 7; Tab. 3.18, Nr. 10; Tab. 3.23, Nr. 27; Tab. 3.30, Nr. 4 und Tab. 8.3.
[12] Siehe Tab. 3.9, Nr. 40; Tab. 3.19, Nr. 26 und Tab. 8.3.
[13] Siehe Tab. 3.23, Nr. 18 und Tab. 8.3.
[14] Der Titel war bibliographisch nicht zu verifizieren.
[15] Siehe Tab. 2.1; Tab. 3.19, Nr. 24 und Tab. 8.3.

Traduction de l'Eneide par [Jean Regnault de] Segrais.
La Pharsale de [Lucain,[16] ou les Guerres civiles de César et de Pompée en vers françois, par Georges de] Brebœuf.
Les Eclogues de [Bernard Le Bovier de] Fontenelle.
Les œuvres de Moliére.[17]
Le Theatre de Pierre Corneille.[18]
Les œuvres de [Jean] Racine.[19]
Les comédies de Terence, traduites par [Anne Lefebvre, dite] Mad. d'Acier [Dacier].
Les œuvres d'Horace, traduits par [le R. P. Jérôme] Tarteron.
Les pöesies de Mad. [Antoinette] des Houlieres [Deshoulières].
Les œuvres de [Nicolas] Boileau Despreaux.[20]
Les fables choisies de [Jean de] la Fontaine.[21]
Les fables nouvelles de [Jeanne-Marie Bouvier de] la Motte [Guyon].

Dürer.[22]

[16] Marcus Annæus Lucanus.
[17] Siehe Tab. 3.28, Nr. 11 und Tab. 8.3.
[18] Siehe Tab. 2.3; Tab. 3.31, Nr. 10 und Tab. 8.3.
[19] Siehe Tab. 3.13, Nr. 9 und Tab. 8.3.
[20] Siehe Tab. 3.15, Nr. 6; Tab. 8.3.
[20] Siehe Tab. 3.15, Nr. 6; 3.28, Nr. 7 und Tab. 8.3.
[21] Siehe Tab. 3.23, Nr. 31 und Tab. 8.3.
[22] Die Verfasser dieses Stückes sind Bodmer und Breitinger.

Text 6.3: N. DUPUY LA CHAPELLE, Die Pflichten eines jungen Frauenzimmers wie es sich fromm und wohlanständig in der Welt aufführen solle: vorgetragen von einem zärtlichen Vater [1731]. Aus dem Französischen des Herrn Dü Puy. Zweyte Auflage. Augsburg, 1771, S. 241–245 (in-8)[1]

Von dem Lesen und von den Romanen.[2]

Eure Ohren müssen niemals mehrbare Sachen hören und eure Augen müssen eben so keusch seyn als eure Ohren. Enthaltet euch also alles Lesens schlechter Bücher, denn das Lesen ist eine Art geheimer Unterredung, und erfordert nicht weniger Vorsichtigkeit und Behutsamkeit, als ich euch vorhin angerathen habe. So nützlich das Lesen guter Bücher ist, so gefährlich ist das Lesen schlechter Bücher.

Die vornehmste Ursache, warum die geheimen Unterredungen so viel Eindruck machen, bestehet darinnen, weil man dabey viel aufmerksamer und ungestörter ist und es geschiehet dabey weder der Tugend noch dem Laster ein Abbruch. Eben dieses gehet auch bey dem Lesen vor: allein da wir von Natur mehr zu dem Bösen als zu dem Guten geneigt sind, so kann das Lesen guter Bücher nicht so viel Nutzen bringen, als das Lesen schlechter Bücher Schaden verursachet.

Ich glaube sogar, daß ein böses Buch für ein lediges oder verheyrathetes Frauenzimmer mehr zu befürchten ist als eine geheime Unterredung, und ich will euch die Ursache dieser meiner Gedanken anzeigen. Wenn ein Frauenzimmer, welche [sic] eine geheime Unterredung mit einer Mannsperson hat, auch noch so wenig Schamhaftigkeit und Bescheidenheit besitzet, so kann sie dennoch mit genauer Noth seinen Anblick ertragen, sie empfindet eine geheime Scham und will demjenigen ihre Tugend zeigen, welcher entweder keine bey ihr zu finden, oder sie überwinden zu können wünschet. Sie fürchtet das Ärgerniß, welches sie in ihrem Hause verursachet, kurz: sie wird von verschiedenen Gedanken bestürmet, welche sie hindern, daß sie auf dasjenige, was man ihr sagt, nicht vollkommen aufmerksam ist. Allein bey dem Lesen eines schlechten Buches ist kein Zeuge, keine Furcht und fast keine Scham vorhanden. Man schluckt das Gift wie ein Wasser, man verbirgt seine Bosheit vor sich selbst, und beredet sich, daß man diese Bücher nur deswegen lese, weil sie witzig geschrieben sind. Muß dieses solche Bücher nicht noch weit gefährlicher machen? Würdet ihr wohl an einer Blume zu riechen begehren, wenn sie auch noch so schön in die Augen fiele, wenn ihr den geringsten Verdacht hättet, daß ein tödtliches Gift in derselben verborgen wäre?

[1] Französische Ausgabe: *Instruction d'un pere à sa fille, tirée de l'Ecriture Sainte, sur les plus importans sujets concernant la religion, les mœurs & la maniere de se conduire dans le monde*. Dediée à S. A. S. Madame la Duchesse du Maine. Par M. du Puy, cy-devant sécretaire au Traité de la Paix de Riswick. Troisième édition, revûë, corrigée, & augmentée. Paris, 1731, [14], 502, [4] S. (in-12). – Erstausgabe: Paris, Bruxelles, 1708, [6], 388 S. (in-12); weitere Ausgaben: Troisième edition. Bruxelles, 1712, 345, [3] S. (in-12); Cinquieme édition. Bruxelles, 1748; Nouvelle édition. Paris, 1752, [14], 502, [10] S. (in-12); Nouvelle édition. Paris, 1763, XIII, [3], 452, [3] S. (in-12); Nouvelle édition, suivant la troisiéme, revûë & corrigée. Basel: chez Jean Schweighauser, 1766, [12], 502 S. (in-12); Cinquieme édition. Paris, 1779, [6], 352 S. (in-12); Nouvelle edition, considérablement augmentée. Paris, 1784, XI, [3], 461, [3] S. (in-12); Basel: chez Jean Schweighauser, 1784: Nachdruck der Auflage von 1766. – Russische Ausgabe: St. Peterburg, 1786. – Zu N. Dupuy La Chapelle (erw. 1693–1730), «écrivain moraliste et journaliste», fehlen biografische Artikel.

[2] Siehe auch: Paris, 1731, S. 298–303: «De la Lecture, & des Romans»; in der Erstausgabe (Paris, Bruxelles, 1708), S. 284–287: «De la lecture».

Leset also keine Romanen, sie sind nur deßwegen geschrieben, daß sie das Herz rühren, unsere Leidenschaften rege machen und unsern Neigungen und Begierden schmäucheln[3] sollen. Man achtet sie nicht einmal, wenn sie diese Eindrücke nicht machen und eben diese Eindrücke sind böse.[4]
Allein, man möchte sagen, man siehet darinnen allezeit, daß die Tugend den Sieg erhält. Allein eben dieses ist die Ursache, warum sie gefährlich zu lesen sind. Die Tugend wird darinnen stärksten Proben ausgesetzet: und es ist wahr, daß die Heldin des Romans sich herauswickelt, ohne daß ihre Tugend dabey Schaden leide, allein alles dieses gehet nur in der Einbildung des Verfassers an. Dieser eingebildete Sieg wird solchen Personen, die leichtgläubig genug sind, daß sie es für wahr halten, eine Gelegenheit, daß sie in wahrhaftigen Gefahren, in welche sie gerathen können, weniger mißtrauisch und vorsichtig sind. Da sie sich hiezu durch das Beyspiel dieser erdichteten Heldinnen berechtiget zu seyn glauben, so fürchten sie sich um so weniger, sich eben diesen Gefahren auszusetzen, je mehr sie sich schmäucheln über dieselbe siegen zu können. Wie falsch und gefährlich ist diese Sicherheit, und wie leicht kann sie die reineste Unschuld in das Verderben stürzen, die nur durch die beständige Furcht, sie zu verlieren, erhalten werden kann!
Was euch aber anbetrift, meine liebe Tochter,[5] so schmäuchelt euch ja nicht so sehr, daß ihr glaubet, ihr werdet den größten Gefahren widerstehen können; sondern fürchtet auch die geringsten, fliehet sie, und widerstehet herzhaft dem natürlichen Hang, der euch dazu verleiten will. Fürchtet stets die bittere Folgen, so werdet ihr die vorhergehende Reizungen dazu überwinden können.
Es verhält sich mit der Tugend des Frauenzimmers ganz anders als mit der Tapferkeit der Mannspersonen. Je mehr diese letztere sich bey gefährlichen Gelegenheiten befinden, desto mehr ist man von ihrer Tapferkeit überzeuget und versichert. Hingegen hat ein gleiches Verhalten bey dem Frauenzimmer eine ganz entgegen gesetzte Wirkung und macht ihre Tugend zweifelhaft. Man verlangt von ihnen keinen andern Beweiß ihrer Keuschheit, als ein eingezogenes Leben, eine große Bescheidenheit und ein kluges und bescheidenes Bezeigen in ihren Worten und in ihren Handlungen.
Leset keine andere als gute Bücher: es gibt verschiedene, bey deren Lesung ihr euch auf eine unschuldige Weise ergötzen könnet, und welche so geschrieben sind, daß sie dem feinesten Geschmack ein Genüge thun können.
Besonders aber leset solche Bücher, welche die Vorschriften der Gottseligkeit und der Sittenlehre vortragen: hiedurch werdet ihr herrlich gestärket werden wider die Leichtsinnigkeit des menschlichen Herzens, welches sich so leicht von der Tugend zu dem Laster neigen lässet. Ihr werdet darinnen ein Gegengift finden, welches euch vor den ansteckenden und gefährlichen Lehren und Gewohnheiten unserer Zeiten bewahren wird: ihr werdet eure Reizungen zu erhalten lernen, aber auch zugleich einsehen, wie weit eure Sorge für dieselbe gehen dürfe und wie ihr sie gebrauchen müsset. Ihr werdet euren Leib sehr reinlich zu erhalten angewiesen werden, aber nicht zu diesem Ende, damit ihr denselben durch irgend einige Unreinigkeit wieder beflecket: sondern ihr werdet die Reinlichkeit des Leibes als ein Bild der Reinigkeit eurer Seele lieben lernen. Auf solche Art werdet ihr mit einem irrdischen Leibe ganz geistlich leben können: «denn die da fleisch-

[3] Schmäucheln: schmeicheln.
[4] «Ne lisez point de Romans, ils ne sont faits que pour toucher le cœur, pour remuer les passions, pour flatter nos penchans. On les estime peu lorsqu'ils ne font point ces impression, & ces impressions sont mauvaises.» (*Instruction d'un pere à sa fille [...]*. Paris, 1731, S. 300).
[5] «Ihr seyd nun, meine liebe Tochter, bereits in dem zehenden Jahre eures Alters, [...]» (S. 1).

lich sind[»], sagt der heilige Apostel Paulus,[6] «die sind fleischlich gesinnet, die aber geistlich sind, die sind auch geistlich gesinnet. Aber fleischlich gesinnet seyn, ist der Tod, und geistlich gesinnet seyn, das ist Leben und Friede.» Ja, ihr werdet endlich dasjenige zu thun im Stande seyn, was eben dieser Apostel von allen Glaubigen fordert, nämlich «euren Leib[7] Gott zu einem Opfer, das da lebendig, heilig und Gott wohlgefällig sey,» zu übergeben.

[6] «Röm. 8, 5. 6.» (Anm. des Verfassers).
[7] «Röm. 12, 1.» (Anm. des Verfassers).

Text 6.4: Johann Jakob BODMER und Johann Jakob BREITINGER, Schriften zur Literatur [1721–1763]. Hg. von Volker Meid. Stuttgart, 1980, S. 20–28, 300–305 (Anmerkungen): Der Mahler der Sitten (1746): Das sechs und siebenzigste Blatt.[1]

Bibliothek für die Frauenspersonen.[2]

Der gantze Helikon ist bey dir eingezogen.
Opitz im 1. Bd. der P. W.[3]

Orilla, die ernsthafteste von dem lernensbegierigen Kleeblatte meiner Freundinnen, erinnerte mich neulich an mein gethanes Versprechen, daß ich das Verzeichniß einer Bibliotheck für das Frauenzimmer ausfertigen wollte, und bat mich mit dringenden Gründen, die Erfüllung desselben nicht länger aufzuschieben. Sie sagte bey dieser Gelegenheit unter anderm, das männliche Geschlecht wäre nur allzu sorgfältig, dem weiblichen die Mittel zu entziehen, durch welche es eine genauere Einsicht in die menschlichen Geschäfte und die Triebräder derselben bekommen könnte; das Buch der Wissenschaften wäre ihm verschlossen worden; man hätte das Vorurtheil schier allgemein gemacht, die Gelehrtheit wäre den Leuten von ihrem Geschlechte schädlich, sie machte ein Frauenzimmer ruhmräthig[4] und lächerlich; sie hielte es von den nöthigern Geschäften ab; denn sie wären nur dazu gebohren, daß sie den Männern kocheten, näheten, bey ihnen schliefen, und wenn es hoch käme, mit ihnen tändelten; ihr Geschmack, meinte man, wäre vollkommen genug, wenn er durch eine fertige Empfindung, wie durch einen sechsten Sinn, von der Gestalt einer Palatine[5] oder Volante[6] richtig urtheilete. Orilla klagte sich insbesondere über einen gewissen jungen moralischen Scibenten, der in einem Sittenbuche so unbillig mit ihrem Geschlechte verfahren wäre, daß er eine Tochter für untüchtig zum heurathen erkläret hätte, wofern sie viel Wercks von Büchern und Lesen machete. Er hätte das Urtheil über sie ausgesprochen, eine Frauensperson, die verheurathet ist, oder sich verheurathen will, sollte die Bücher in Frieden und Ruhe lassen, diejenigen aber, die ausser der Ehe bleiben wollen, sollten sich wohl auf die Wissenschaften legen dörffen.[7] Ich gebe zwar zu, sagte sie, daß ein Gelehrter in dem Verstande, wie dieser

[1] Originalausgabe: *Der Mahler der Sitten*. Von neuen übersehen und starck vermehret. Der zweyte Band. Zürich: verlegts Conr. Orell u. Comp., 1746, S. 271–284: Das sechs und siebenzigste Blatt. LXXVI. – Bibliotheck für die Frauenpersonen. – Siehe auch Wysling (1983) 133–134. – «Der Unterschied zur Liste von 1723 [siehe Text 6.2] ist verblüffend. Die modernen Autoren dominieren, alle sind in Übersetzung erhältlich, auch einige deutschsprachige Dichter sind dabei. Milton ist jetzt aufgenommen, noch immer aber fehlt Shakespeare; auch die grossen Italiener werden noch nicht empfohlen, wohl weil noch immer die Übersetzungen fehlen.» (Wysling 1983, 134). Siehe dazu ausführlicher Brandes (1994) 127–129.

[2] Überschrift nach dem Inhaltsverzeichnis. Die Verfasser des Stückes sind Bodmer und Breitinger. Es handelt sich um eine Bearbeitung des unmittelbar vorher abgedruckten Textes [von 1723] aus den «Discoursen». – Vgl. Text 6.2. – Zum Literaturwissenschaftler und Schriftsteller Johann Jakob Bodmer (1698–1783) siehe Leu IV 166–167, Holzhalb I 240–301, NDB II 362–363, HLS II 532–533, SLG 59–64, DBE[2] I 756; zum Philologen, reformierten Theologen und Schriftsteller Johann Jakob Breitinger (1701–1776) siehe Leu IV 284–286, Holzhalb I 352–355, NDB II 578, HLS II 675–676, DBE[2] II 46

[3] Aus Martin Opitz' Gedicht «Auf Danielis Heinsii Niederländische Poëmata», in: Martin Opitz: «Weltliche Poemata 1644.» T. 2. Bern 1722, S. 275.

[4] Prahlerisch (Anm. N. F.).

[5] *Palatine:* Ausschnittumrandung aus Pelz, Stoff oder Spitze.

[6] *Volante:* Besatz an Kleidungs- und Wäschestücken.

[7] «S[iehe] das 34ste Bl. des Bernisch[en] Zusehers 1722.» (Anm. Bodmer/Breitinger). – Dieses Zitat stammt aus einer anderen Moralischen Wochenschrift: «Bernisches Freytags-Blätlein. In welchem die Sitten unser

Nahme öfters entweihet wird, und ein Pedant, oder ein Charlatan, nahe mit einander verwandt seyn: Aber das ist nicht meine Meinung, daß wir den Kopf zu einem Magasin unnüzlicher, und auf gut Glück zusammengeplackter Wörter, Nahmen und Sätze machen, oder daß wir triefende Augen, blasse Wangen, blöde Magen, Eigensinn, murrisches Wesen, und Kalmäuserey[8] erstudieren wollen. Ich will nicht, daß die Personen meines Geschlechtes es weiter treiben, als daß sie aus den Büchern geistreiche und angenehme Freundinnen, Bräute und Ehefrauen werden. Ich räume gern ein, daß eine Pedantin ein lächerliches Thier sey, wiewohl man auch gestehen muß, daß sie eine wirdige Gesellschaft für einen Pedant sey. Die Männer werfen uns öfters vor, daß unsere Unterredungen nur Bagatellen betreffen, und sie selber haben doch Schuld daran, indem sie uns alle Mittel abschneiden, die Kräfte des Verstandes und des Witzes[9] hervorzurufen, und durch die Übung stärcker und fertiger zu machen.

Vielleicht, fuhr Orilla nach einer kleinen Pause fort, hat dieses Verfahren der Mannspersonen mit uns eine ganz politische[10] Ursache. Sie fürchten vielleicht, wenn wir es in der Wissenschaft[11] der menschlichen Händel auf einen gewissen Grad gebracht hätten, so würden wir Ansprache auf offentliche und obrigkeitliche Ämter und Bedienungen[12] machen, wir würden fodern,[13] daß die Männer uns an den Geschäften, die den Staat und die Gerichte betreffen, Antheil geben, und uns zu ihnen in die Raths- und Gericht-Säle aufnehmen sollten. Wenn sie diese Furcht hegen, so wollen wir ihnen alle Sicherheit geben, so sie verlangen können, daß wir uns dieser Vorrechte der Regierung auf ewig begeben.[14] Wir sind damit vergnügt,[15] daß wir über die Hertzen herrschen, unser Ehrgeitz erstrecket sich nicht weiter, und die ehrsüchtigsten unter uns haben ihre Absicht erreicht, sobald man sie liebenswirdig findet. Ich darf darum, nicht in meinem Nahmen allein, sondern in dem gemeinen Nahmen des weiblichen Geschlechtes bezeugen, daß derjenige von uns keinen Befehl dazu gehabt, der jüngst in einem öffentlichen Brief hat behaupten wollen,[16] es wäre nur ein unbegründetes Vorurtheil, welches verhinderte, die vornehmsten und wichtigsten Bedienungen den Frauenspersonen anzuvertrauen. Wir wissen, daß es uns an der Kunst mangelt, uns zu verstellen, daß wir zu aufrichtig, zu offenherzig, und ausser Stande sind, unsere Gedancken lange zu verbergen. Wir sind zu empfindlich, als daß wir uns bey allem, was mit dem absonderlichen Nuzen des Herren, der uns in seinen Geschäften verschickete, keine genaue Verbindung hat, gleichgültig aufführen könnten. Und wir wollen die Männer nicht der Unanständigkeit aussetzen, daß sie, wenn sie neben uns Gehör ertheilen, oder zum gemeinen Besten rathen sollten, heimlich

Zeiten von der Neuen Gesellschafft untersucht und beschrieben werden.» T. 2, Bern 1722, S. 275 (34. Discours). – Das «Bernische Freytags-Blätlein» wurde 1734 wiederbelebt und erhielt in der Buchausgabe den Titel «Der teutsche Bernerische Spectateur». Dieser Titel wird dann auf das ursprüngliche «Freytags-Blätlein» übertragen.

[8] *Kalmäuserey:* Pedanterie, Schulfüchserei.

[9] Witz meint im 18. Jh. unter dem Einfluß des frz. *esprit* und des engl. *wit* «die fähigkeit, versteckte zusammenhänge vermöge einer besonders lebhaften und vielseitigen combinationsgabe aufzudecken und durch eine treffende und überraschende formulierung zum ausdruck zu bringen», auch «die dichterische erfindungsgabe, daneben die erfindungsgabe, einbildungskraft schlechthin (Grimm: Deutsches Wörterbuch XIV/2, Sp. 874, 877).

[10] *Politische:* weltkluge.

[11] Kenntnis (Anm. N. F.).

[12] Öffentliche Ämter (Anm. N. F.).

[13] Fordern (Anm. N. F.).

[14] *Sich einer Sache begeben:* von einer Sache abstehen, auf eine Sache verzichten (Anm. N. F.).

[15] Befriedigt (Anm. N. F.).

[16] Der Verfasser dieses Briefes konnte nicht ermittelt werden.

ihre Beysitzerinnen anblicken, oder einige verliebte Seufzer ausstossen würden, anstatt dem nachzudncken, was sie reden wolten, oder einen Absatz der Rede zu schliessen.
Ich nehme in einem vertraulichen Umgange mit meinen drey Freundinnen den trefflichen Schatz ihrer Verstandes- und Gemüthes-Gaben, welche durch keinen Nachtheil oder Mangel der gewöhnlichen Auferziehung, noch durch ungleiche Vorurtheile, haben unterdrücket werden mögen, je mehr und je mehr wahr. Was für Mittel die Mannspersonen gebraucht haben mögen, ihr Geschlechte in der Unwissenheit zu behalten, damit es nicht aus der Niedrigkeit und Unterthänigkeit, zu welcher sie es verurtheilet haben, heraus schwünge, haben bey diesen großmüthigen Töchtern nichts verfangen, sie feige und niederträchtig zu machen. Und ich habe solche Proben von ihren natürlichen Talenten des Verstandes und des Witzes gesehen, welche mir zu erkennen gegeben haben, wie wenig das ist, was die Männer diesfalls von Natur zum voraus haben. Ich halte mich darum für verpflichtet, das Unrecht, so ihnen und ihrem Geschlechte von dem meinen in einigem Stücke, dessen sie sich mit Grunde beklagen können, angethan wird, so viel in meinem Vermögen stehet, zu verhindern und zu bessern. Deßwegen will ich ihnen das Verzeichniß einer Frauenzimmer-Bibliotheck nicht länger vorenthalten. Sie bestehet aus solchen Schriften, in welchen das Wahre und das Nützliche durch die geistreiche Form des Vortrages lebhafter und angenehmer vorgestellt wird; der Witz wird darinnen gebraucht, den Verstand durch die Schönheit, die er ihm mittheilet, zu verstärcken. Insgemein hat der Witz, nach der Anmerkung eines einheimischen Scribenten, den Nachtheil, daß er das Gemüthe vielmehr einnimmt, und in Verwunderung setzet, als er die Wahrheit durch die Anmuth, mit der er sie versiehet, besser empföhle.[17]
Daher ist nöthig, daß man, wenn er seinen rechten Nutzen haben soll, geschickt damit umzugehen, und ihn schier unvermerckt anzubringen wisse. Die Wahrheit, die er schöner machen soll, muß die Oberhand über ihn haben, dergestalt, daß sie ihm keine Zierrathen schuldig werden muß, als solche, die er von ihr selbst empfangen hat; wie eine schöne Person sich daran begnüget, daß sie das Angesicht mit den Haaren ziere, die von Natur an demselben wachsen; die sie zu ihrem Vortheil anzuordnen weiß, ohne daß sie genöthiget sey, fremde Zierrathen zu entlehnen, welche für sich selbst die Augen auf sich ziehen. Eben besagter Verfasser hat diesen Witz, der das Gute und Wahre begleiten und erheben soll, das *weibliche Vermögen der Seele* genennt, ohne Zweifel weil derselbe zu dem Erbtheil des weiblichen Geschlechtes gehöret.[18]
Ich hoffe, daß ich in dieser neuangelegten Frauenzimmer-Bibliotheck keinen Werken Platz gegeben habe, in welchen eine schlechtere und unächte Art Witzes herrschete. Ich fürchte auch nicht, daß sie mir vorwerffen werden, ich habe solche Schriften in dieses Verzeichniß gestellt, in welchen das *männliche Vermögen der Seele,* der Verstand, allzu abstract gearbeitet hätte. Ein paar der vornehmsten, die dergleichen Vorwurff verursachen könnten, sind mit allem Fleisse für Personen des schönen Geschlechtes geschrieben worden, und die Verfasser haben es nicht für unwahrscheinlich gehalten, vorzugeben, daß Frauenzimmer darinnen eine Hauptperson spieleten. Ich hätte meinen Freundinnen unrecht gethan, wenn ich weniger Vertrauen auf ihre Scharfsinnigkeit gesetzet hätte.

[17] Bezieht sich auf Albrecht von Haller: «Von den Nachtheilen desWizes» («Aus dem zu Bern alle Freytage herausgekommenen Wochenblatte, 1734, Num. 13.»), in: «Sammlung kleiner Hallerischer Schriften.» T. 1, Bern, ^{2}1772, S. 175–186.
[18] Bezieht sich wiederum auf Haller (siehe oben). Der hervorgehobene Ausdruck ist jedoch in dem Aufsatz (in der oben genannten Ausgabe) nicht oder nicht mehr enthalten, doch spricht der Inhalt dafür, daß sich Bodmer und Breitinger darauf beziehen.

Nachdem die Ansprache des Frauenzimmers auf die Wissenschaft sich nicht über das Maaß und den Charakter ihres Geschlechtes erstrecket, welcher in seinem Grunde, und nach der Übung aller Nationen eine gewisse Eingezogenheit und Einsamkeit erfodert, die sie von der Besorgung öffentlicher Ämter und Geschäfte entfernet, so habe ich ihnen etliche Hundert solcher Bücher ersparen können, welche die Staats- und Regierungs-Wissenschaft bis auf die niedrigsten Grade der Processierkunst den Mannspersonen nöthig machet.

Wenn diese Bibliotheck meine Freundinnen für ihre Wissensbegierde zu klein düncket, so bitte ich sie zu bedencken, daß eine grosse Bibliotheck eben so wohl als ein grosses Buch leicht zu einem grossen Übel werde, weil man dann allzuviel mittelmässiges und schlechtes unter dem guten mitlaufen läst. Gnug, daß sie in dieser Bibliotheck die besten Muster in der Wahl der Materien, und in der Art des Vortrages finden werden. Die Grundwahrheiten gehen in einen kleinen Raum; wer sie wohl gefasset hat, und zu gebrauchen weiß, der kan sich dann für sich selber helffen, er kan dann, wie es die Lateiner geben, ohne Korkenrinden schwimmen.[19] Ich bin versichert, daß ihr Geschmack sich aus diesen wenigen so gut formiren wird, daß er die guten Schriftsteller mit einer verständigen Fertigkeit aus den ersten Blättern eines Werckes erkennen wird.

Aus dieser Ursache habe ich die Mühe ersparen können, an diese Bibliotheck noch ein Verzeichniß *verbothener Bücher* anzuhängen, welche die Frauenspersonen mit Fleisse meiden müssen, wiewohl sie bey den jungen Herren, die sich Witzes und Geschmackes anmassen, in grosser Hochachtung stehen.

Meine Frauenspersonen bringen zum Lesen den Vortheil, daß ihre Kräfte des Verstandes und Witzes nicht abgenuzt und abgeschliffen sind; daß sie noch keine fremde Falte an sich genommen haben. Die jungen Leute von dem männlichen Geschlechte werden insgemein auf den niedern und den hohen Schulen mit einer Menge gelehrten Plunders beschweret, den man ihnen in die Hirnschal eindrücket und einnöthiget, so daß sie, wenn ihnen der Verstand aufgehet, eine Anzahl Bücher zu lesen nöthig haben, nur damit sie des unnüzlichen Pakes von Sophisterey, Wortgrübeley, unverdauter Belesenheit, Schulwitze, und sektierischen Vorurtheilen wieder loos werden. Davor sind die Frauenspersonen durch ihr gutes Glück bewahret worden, indem man sie von den Örtern, wo die Wissenschaften handwercksmässig gelehrt werden, ausgeschlossen hat. Ihr Geschmack ist um so viel reiner, je weniger er durch das Lesen schlimmer Muster aus der natürlichen Einfalt gesetzet worden. Weil man sie nicht kranck gemacht hat, so müssen sie keine Artzneyen einnehmen, wieder gesund zu werden. Es ist leicht zu begreiffen, was vor eine grosse Zahl Bücher sie daher entbähren können.

Ich hätte nichtsdestoweniger diese Bibliotheck um ein halbes Duzend Wercke verstärcket, wenn ich in unserer deutschen Sprache alle die vortrefflichen Schriften gefunden hätte, welche man in der französischen und der englischen hat. Ich habe mich genöthiget gesehen, etliche frantzösische Bücher in mein Verzeichniß zu sezen, die nicht übersetzet sind, und etliche, die von den Übersetzern so übel mißhandelt worden, daß meine Freundinnen sie in ihrer Grundsprache lesen müssen, wenn sie den Verfasser und nicht den Übersetzer lesen wollen.

[19] Sine cortice nare, ohne Kork schwimmen (sprichwörtlich). Vgl. Horaz, «Satiren» I, 4, V. 120: «nabis sine cortice», du wirst ohne Kork schwimmen.

Verzeichniß einer Frauen-Bibliotheck.[20]

Der Zuschauer, von [Joseph] Addison und [Richard] Steele.[21]
Der Hofmeister, von denselben.
Der allgemeine Zuschauer, [aus dem Englischen] in Zelle.
Pamela, von [Samuel] Richardson.
[John] Lok [Locke] von der Auferziehung der Kinder.[22]
[Johann Georg Sulzer] Versuch einiger vernünftigen Gedancken von der Auferziehung und Unterweisung der Kinder.
[Friedrich von] Kanitzens [Canitz] Gedichte.
Der Freydencker, aus dem Englischen.
Die Gedancken der unsichtbaren Gesellschaft.
[Samuel Gotthold Lange und Jakob Immanuel Pyra] Thirsis und Damons freundschaftliche Lieder.
Ein Halbes Hundert neuer Fabeln, von [Johann Ludwig] Meyer [von Knonau].
[Daniel Defoe] Die Begebenheiten des Robinson Crusoe.
[François de Salignac de la Mothe-]Fenelons Telemach.[23]
[Denis Vairasse d'Allais] Die Geschichte der Seberamben.
Der hochgestiegene Bauer, von [Pierre Carlet de] Marivaux.
Mariane, von demselben.
Der Haarlockenraub, von [Alexander] Pope.
[Martin] Opizens Gedichte.
[Miguel de] Cervantes [Saavedra] Don Quixote.[24]
[Joseph] Addisons Cato.
[Albrecht von] Hallers Gedichte.
[Friedrich von] Hagedorns [Versuch einiger Gedichte].
[Carl Friedrich] Drollingers [Gedichte].
[James] Thomsons Jahrszeiten.
[John] Barclaiens [Barclay] Argenis.
Joseph Andreas Abentheure, von [Henry] Fielding.
[John] Miltons verlohrnes Paradies.
[Louis] Racinens Gedichte über die Religion.
Neue Beyträge zum Vergnügen des Verstandes und des Witzes.
Schertzhafte Lieder, von [Johann Wilhelm Ludwig] Gleim.
Die Täntzerin von [Johann Christoph] R[ost].
Pygmalion von S. Hiacinth.[25]
Briefe der Frau [Marie de Rabutin-Chantal] von Sevigne [de Sévigné].
Xenophons Cyropädie.
Charakter und Sitten des gegenwärtigen Weltalters, von [Jean de] la Brüiere [La Buyère].
Xenophons socratische Gespräche, von [Christian] Tomase [Thomasius] übersezt.

[20] Der folgende Versuch, die einzelnen Titel der «Frauenzimmerbibliothek» zu identifizieren, ist wiederum Martens (1975) entnommen; die zitierte Liste Sp. 1187–1190. Bei verschiedenen Auflagen ist die für die Titelliste jeweils neueste Ausgabe angegeben. – Zur Identifikation der Titel siehe Bodmer/Breitinger (1721–1763) 301–305.

[21] Siehe Tab. 3.15, Nr. 7; Tab. 3.18, Nr. 10; Tab. 3.23, Nr. 27; Tab. 3.30, Nr. 4 und Tab. 8.3.

[22] Siehe Tab. 3.23, Nr. 18 und Tab. 8.3.

[23] Siehe Tab. 2.1; Tab. 3.19, Nr. 24 und Tab. 8.3.

[24] Siehe Tab. 3.7, Nr. 4 und Tab. 8.3.

[25] Der Titel war bibliographisch nicht zu verifizieren.

Platons Gespräche Socrates, von [Johann Samuel] Müller übersetzt.
[Johann Samuel] Müllers Gespräche der alten Weltweisen.
Theophrastes Charakter der menschlichen Sitten.[26]
Charakteristica, von [Anthony Ashley Cooper, 1st earl of] Schaftsbüry [Shaftesbury].
[Nicolas Charles Joseph] Trüblets [Trublet] Gedancken über Gelehrsamkeit und Sittenlehre.
[Pierre] Charrons Schatz der Weisheit, von der Fräulein von Greifenberg übersetzt.
[Ludwig] Holbergs moralische Abhandlungen.
[Anicius Manlius Severinus] Boethius [Consolatio philosophiæ] von [Christian] Knorren [Knorr von Rosenroth] übersetzt.
[Marcus Aurelius] Antonin[u]s Betrachtungen seiner selbst.
[Bernard Le Bovier de] Fontenellens Gespräche der Todten.
[Charles de Secondat de] Montesquious [Montesquieu] persische Briefe.
[Alexander] Popens Versuch vom Menschen.
[John] Tillotsons Predigten.[27]
[Samuel] Clarks geistliche Reden.
[Johann Lorenz von] Mosheim heilige Reden.
Schauspiel der Natur, von [Antoine] Plüsche [Pluche].
[Johann Georg Sulzer] Versuch einiger moralischen Betrachtungen über die Wercke [i. e. Werke] der Natur.[28]
[William] Derhams Naturleitung zu Gott.
[Bernard Le Bovier de] Fontenelle von mehrern Welten.
[Francesco] Algarotti neutonische Philosophie für das Frauenzimmer.
[Desiderii] Erasmi Lob der Narrheit.
[Christian Ludwig] Liscovs [Liscow] satyrische Schriften.
[Georg Friedrich] Meyer [Meier] vom Schertze.
[Charles] Rollins alte Geschichte.
Briefe über die Engelländer und die Frantzosen, von [Beat Ludwig von] Muralt.
Lebensvergleichungen durchlauchter Helden, von Plutarch.
Leben Carls des zwölften, Königs von Schweden, von Voltaire.[29]
Die alte Geschichte der Juden, von [Humphrey] Prideaux.[30]
Voltairens Briefe von den Engelländern.

[26] Siehe Tab. 3.9, Nr. 40; Tab. 3.19, Nr. 26 und Tab. 8.3.
[27] Siehe Tab. 3.15, Nr. 12 und Tab. 8.3.
[28] Nebst einer Vorrede von A. F. W. Sack […]. Berlin, 1745, XXIV, 80 S. (Anm. N. F.).
[29] Siehe Tab. 3.9, Nr. 34 und Tab. 8.3.
[30] Siehe Tab. 3.15, Nr. 5 und Tab. 8.3.

Text 6.5: [Albrecht von HALLER], Briefe über die wichtigsten Wahrheiten der Offenbarung. Zum Druke befördert durch den Herausgeber der Geschichte Usongs. Bern: [gedrukt bey Brunner und Haller] in Verlag der neuen Buchhandlung, 1772, S. 6–8 (in-8)[1]

Ich weiß, daß eine Mutter, eine junge Mutter, daß eine Bürgerin einer vielleicht alzugesellschaftlichen Statt, weder die morgenländischen Sprachen lernen, noch in mühsame Berechnungen der Zeiten, und in die Rechtfertigung alter Geschichte sich vertieffen kann. Es bleiben ihr aber dennoch genugsame Mittel übrig, ihren Glauben zu gründen. Wir besizen in den bekanntesten Sprachen eine Anzahl von Vertheidigungen der Religion, die zureicht, die erregten Zweifel zu entkräften. Schon des würdigen Abbadie[2] Werth hat die scharfsinnige Sevigné[3] gefühlt, eine in der Welt erzogene, und mit dem feinsten Geschmake begabte Gräfin, die dennoch gegen die annahende Ewigkeit nicht unempfindlich war. Ditton[4] hat auf eine unwiderlegbare Weise die Wahrheit der Auferstehung Jesu bewiesen; Sherlok[5] die Geschichte derselben auf eine gerichtliche Gewißheit gebracht; Littleton,[6] ein noch lebender, durch die Beredsamkeit und die Dichtkunst berühmt gewordener Lord, aus der Bekehrung Pauls gezeigt, daß nichts als die himmlische Wahrheit die Überzeugung bey einem verhärteten Feinde Jesu bewirken konnte; und Sak[7] ist zum wahren Schaden der Religion genöthiget worden, sein so glüklich an-

[1] BBB, Haller B 13a. – Weitere Ausgabe: Bern: Neue Buchhandlung, 1772. (BBB, Haller B 13). – Auszug aus dem «Ersten Brief» eines «gemeinen Vaters an eine geliebte Tochter». – Vgl. Furrer (2012) 626–627. – Zum Mediziner, Naturforscher, Dichter und Magistraten Albrecht von Haller (1708–1777) siehe BUAM XIX 330 bis 336, ADB X 420–427, NDB VII 541–548, Jaumann 325–327, HLS VI 55–57, DBE[2] 380–381.

[2] Zu Jacques Abbadie (1654–1727), «ministre et écrivain protestant», siehe BUAM I 31–33, DBF I 45–46. – Siehe Tab. 3.22, Nr. 1 und Tab. 8.3.

[3] Marie de Rabutin-Chantal de SÉVIGNÉ, *Recueil des lettres de Madame la marquise de Sevigné, à Madame la comtesse de Grignan, sa fille*. Paris, 1734–1737, 6 Bde. (in-12). – Zu Marie de Rabutin-Chantal, *marquise* de Sévigné (1626–1696), «femme de lettres, épistolière», siehe BUAM XLII 175–186, DGS 1443–1444, Kamen 270.

[4] Humphry DITTON, *La religion chretienne démontrée par la resurrection de notre Seigneur Jesus-Christ*. En tois parties [...]. Avec un supplément [...]. Traduit de l'anglois par A[rmand Boisbeleau] D[e] L[a] C[hapelle] Amsterdam, 1728, 2 Bde. (in-8). – Zu Humphry Ditton (1675–1714), «mathematician», siehe BUAM XI 425 bis 426, ODNB XVI 303–304. – «Ditton's most important theological work was *A Discourse Concerning the Resurrection of Jesus Christ,* an event which he attempted to prove by taking a mathematical, deductive approach. The first of its four editions appeared in 1712 and it was also translated into French and German.» *(Ibidem,* S. 303).

[5] Zu William Sherlock (1639/40–1707), «Church of England clergyman and religious controversialist», siehe ODNB L 324–326. – Zu seinem Werk «The Knowledge of Jesus Christ, and Union with Him» (1674) siehe *ibidem*, S. 324. – Siehe auch Tab. 3.10, Nr. 21; Tab. 3.19, Nr. 5, 17.

[6] Sur George Lyttelton, *first Baron Lyttelton* (1709–1773, «politician and writer», siehe BUAM XXV 552 bis 556, ODNB XXXIV 959–963. – «Outre les ouvrages dont nous avons déjà parlé, lord Lyttelton a publié: I. *Dialogues des morts* [...]. II. *Observations sur la conversion et l'apostolat de saint Paul*. Cet ouvrage qui a obtenu un grand succès en Angleterre, et a beaucoup contribué à faire connaître Lyttelton en France, a été traduit en français par l'abbé Guénée, Paris, 1754, 1 vol. in-12; et par J. Deschamps, Lausanne, 1758, in-12.» (BUAM XXV 555–556).

[7] Zum evangelischen Theologen, Kanzelredner und apologetischen Schriftsteller August Friedrich Wilhelm Sack (1703–1786) siehe ADB XXXVII 295–297, NDB XXII 339–340. – «Durch das in Einzelstücken publizierte Werk *Vertheidigter Glaube der Christen* (1748–51, [2]1773), in dem er Glauben und vernunftbezogenen Nachvollzug der Heilsbotschaft als ein sich notwendig ergänzendes Wechselverhältnis beschrieb, trat er in das Bewußtsein einer breiten Öffentlichkeit.» (NDB XXII 340).

gefangenes Werk abzubrechen. Du weist selbst, wie philosophisch unser Bonnet[8] die Wahrheit der göttlichen Sendung des Heilandes behauptet hat. Alle diese Bücher kann ein Frauenzimmer verstehn, und nichts soll ihrer Überzeugung fehlen, da sie gewiß seyn kann, es seye in dieselben keine irrige Geschichte, und kein unrichtiger Beweiß eingeflossen. Denn die geringste Schwäche würde die begierige Critik der Ungläubigen ausgefunden, und anstatt ewige Wiederholungen unzählbare male widerlegter Einwürfe, zum Ekel aller klugen Menschen wieder aufzulegen, mit dem Umsturze der Gründe der Vertheidiger unsrer Offenbahrung sich triumphirend beschäftigt haben.

[8] Charles BONNET, *Recherches philosophiques sur les preuves du christianisme.* Seconde édition, où l'on trouvera quelques additions, en particulier sur l'existence de Dieu, & des notes propres à faciliter l'intelligence de l'ouvrage à un plus grand nombre de lecteurs. Genève: chez Claude Philibert & Barth. Chirol, 1771, XXXIX, [1], 512 S. (in-8). – Zu Charles Bonnet (1720–1793), «philosophe, naturaliste», siehe Leu IV 205, Holzhalb I 313–314, BUAM V 130–132, EP 157, HLS II 570–571.

Text 6.6: [Antoine René de VOYER, marquis de Paulmy d'Argenson], Bibliothèque historique à l'usage des dames, contenant un catalogue raisonné de tous les livres nécessaires pour faire un cours complet d'histoire en langue françoise, suivie d'un extrait de l'histoire de la conquête de Constantinople, par Geoffroi de Villehardouin, & de celui de la vie de S. Louis, par le Sire de Joinville. Paris: chez Moutard, imprimeur-libraire de la Reine, 1779, S. 199–208 (in-8)[1]

Table alphabétique des noms des Auteurs & des Ouvrages anonymes contenus dans ce Volume.[2]

A

ABRÉGÉ de l'Histoire & du Gouvernement de Geneve, *(page* 79)

Abrégé de l'Histoire de la Ville de Paris, 5 vol. *in*-12. (123)

• *Les trois premiers forment un Abrégé bien fait.*[3]

ALGAROTTI (le Comte). Traduction de ses Lettres sur la Russie, v. *in*-12, 1769. (147)

Ambassade des Hollandois. La Traduction en 2 v. *in-folio,* 1680, avec beaucoup de figures. (186)

AMELOT de la HOUSSAYE. Histoire du Gouvernement de Venise, 3 v. *in*-12, 1740. (74)

• *Curieux.*

Anecdotes de Suede, ou Histoire secrete des changemens arrivés dans ce Royaume, sous Charles XI. La Haye, v. *in*-8°, 1716. (144)

Anecdotes du Regne de Pierre-le-Grand, v. *in*-12, 1745 (149)

• *Assez curieuses & amusantes.*

ANQUETIL. Esprit de la Ligue, 3 v. *in*-12, 1767 (100)

• *Ouvrage fort instructif & fort bien fait.*

ANSELME (le Père). Histoire généalogique de la Maison de France, &c. 9 v. *in-folio.* (121)

• *Excellent à consulter.*

ANSON (l'Amiral), Anglois. Son Voyage autour du Monde, traduit en François, v. *in*-4°, ou 5 v. *in*-12, 1748. (192)

• *Très-curieux & fort intéressant.*

ANVILLE (d'). Géographie ancienne, abrégée, 3 v. *in*-12, 1768, ou un v. *in-folio,* 1769, avec de belles Cartes. (5)

Les Etats formés après la chute de l'Empire Romain en Occident, v. *in*-4°. 1771 *(ibid.)*

Traité des Mesures itinéraires des Anciens, v. *in*-12, 1769. *(ibid.)*

L'Empire des Turcs, considéré dans son établissement & dans son accroissement, v. *in*-8°. (63)

• *Ces quatre Ouvrages sont excellens. Le troisieme paroîtra un peu sec à la lecture; mais il est d'une grande utilité.*

[1] S. 1–198 : Bibliothèque historique à l'usage des dames françoises, ou Catalogue raisonné des livres nécessaires pour l'Etude de l'Histoire. – Zu (Marc) Antoine René de, *marquis* de Paulmy d'Argenson Voyer (1722 bis 1787), «ambassadeur et secrétaire d'Etat à la guerre», siehe BUAM XLIX 576–577, Viguerie 1451. – Siehe auch Text 6.9.

[2] S. 199–260: Table alphabétique [...] A–Z.

[3] «Nous allons répéter en deux mots les jugemens que nous portons de chacun des Ouvrages, & quelle est la place qu'ils doivent occuper dans la lecture suivie & méthodique de l'Histoire Universelle. Ainsi, sans s'astreindre rigoureusement à l'ordre des lectures que nous avons conseillé, quand un Livre tombera sous la main, il sera aisé de savoir s'il est du nombre de ceux dont nous conseillons la lecture comme utile & amusante; car nous déclarons que nous regardons tous ceux dont nous ne parlons pas dans ce Catalogue-ci, comme inutiles.» (S. 197–198).

ARÉTIN (Léonard). Histoire de la guerre des Goths, en Italie, traduite de Léonard Arétin, par un Anonyme. *in*-12, 1767 (63)

- *Nous n'avons que ce seul Ouvrage sur cette partie intéressante de l'irruption des Goths en Italie, vers le sixieme siecle.*

ARNAUD D'ANDILLY. Les Antiquités Judaïques, & la guerre des Juifs de Josephe, traduites en deux v. *in-fol.*, & réimprimées *in*-12, 5 v.

- *Ouvrage qui mérite d'être lu, quand ce ne seroit que pour la bonté du style de MM. De Port-Royal, dont M. d'Andilly étoit un des principaux Ecrivains.*
  Nous avons une autre Traduction de Josephe. 4 v. in-4°, par le Père Gillet, dont la lecture est moins agréable.

ARNAY (d'). La Vie privée des Romains. *in*-12, 1752. (52)

- *Abrégé agréable & utile.*

Art de vérifier les dates, par les Bénédictins de l'Abbaye Saint-Germain-des-Prés; d'abord en un v. *in*-4°, & imprimé petit *in-folio*, en 1770. (9)

- *Excellent à consulter, par rapport à la Chronologie.*

ARTAGNAN (d'). Ses Mémoires. 3 v. *in*-12, 1715. (112)

- *Romanesques, mais amusans.*

AUBERT. Histoire du Roi Stanislas, v. *in*-12, 1769. (147)

- *Intéressante.*

AUBÉRY DU MAURIER. Ses Mémoires, v. *in*-12, 1754. (152)

- *Curieux, quoique très-décousus.*

AUNOY (Madame d'). Ses Mémoires sur la Cour d'Espagne. 2 v. *in*-12, 1698. (167)

- *Très amusans. On voit que l'Auteur étoit accoutumé à écrire des Romans & des Contes.*

AVOCAT (l'Abbé l'). Dictionnaire historique, dont la derniere Edition est en 3 v. *in*-8°, 1777. (23)

- *C'est l'Abrégé du Dictionnaire de Moréri, publié par l'Abbé l'Avocat. Cette derniere Edition est corrigée & augmentée par M. le Clerc. Il vient de paroître, (1779) un Supplément à cette Edition. Il ne dispense pas toujours d'avoir recours au grand Dictionnaire; mais il est plus commode.*

AVRIGNY (le Père d'). Mémoires pour servir à l'Histoire Universelle de l'Europe, depuis 1600 jusqu'en 1716; Paris, 1725, 4 v. *in*-12, & réimprimés (1757) en 5 v. *in*-12, par le Père Griffet, avec des additions & des augmentations. (20)

- *L'exactitude des dates, & la clarté du style, concourent également à faire rechercher cet Ouvrage.*

AUVIGNY (N. Castres d'). [Les] Vie[s] des Hommes illustres, 26 v. *in*-12. [1739–1768] (119)

- *Seulement les dix premiers volumes, qui sont mieux faits que ceux publiés par les Continuateurs.*

B

BAILLET (Adrien). La Vie des Saints. 4 v. *in-folio,* 10 v. *in*-4°, ou 17 v. *in*-8°. (30)

- *Lecture qui peut paroître immense aux Dames; mais c'est la meilleure qu'on puisse faire en ce genre.*

Traduction du Voyage de Thomas Gage au Mexique, 1676, 2 v. *in*-12. (192)

- *Voyage fort curieux; mais on doit observer que l'Auteur étoit un Moine Apostat, & qu'il ne faut pas ajouter foi à ses calomnies.*

Histoire du démélé du Pape Boniface VIII, avec Philippe-le-Bel, *in*-12, 1718 (95)
• *Savante & curieuse.*
BARRE (de la). Histoire de la France Equinoxale, du Dorado & de l'Isle de Cayenne, *in*-4°. 1666 (191)
• *Très-curieuse.*
BARRE (le Père). Histoire d'Allemagne, 11 v. *in*-4°. 1748 (128)
• *Médiocre & fort longue.*
BARWICK (le Maréchal de). Ses Mémoires, 2 v. *in*-12, 1737 (116)
• *Ces anciens Mémoires sont moins bons que ceux qui ont paru depuis en 1778.*
BASNAGE (Jacques). Histoire des Juifs, depuis Jésus-Christ jusqu'à présent, 1707, 5 v. *in*-12, (26)
• *Utile pour s'instruire des dogmes, des cérémonies & de l'Histoire moderne de la Nation Juive.*
BASSOMPIERRE (le Maréchal de). Ses Mémoires, 3 v. *in*-12, 1665. (104)
• *Ils contiennent beaucoup de choses singulieres, mais minutieuses.*
BARBAU[L]T [Jean]. Les ruines de Rome ancienne, & la magnificence de Rome moderne, 2 vol. *in-fol.*[4] (67–68)
• *Ouvrage très-bien exécuté pour les Gravures.*
BAUDELOT DE D'AIRVAL, De l'utilité des Voyages, 2 v. *in*-12, 1737. (58)
• *Ouvrage savant & instructif sur les antiquités.*
BAUDOT DE JULLY. Histoire de Philippe Auguste, 2 v. *in*-12, 1702. (95)
• *Assez bonne.*
BEAU (le). Histoire du Bas-Empire; Paris, 1757, & années suivantes, 22 v. *in*-12, (59)
• *Elle n'est pas encore finie. (1779)*
BEAUMARCHAIS (la Barre). Lettres sur la Hollande; Amsterdam, 1739, v. *in*-8°. (152) Gaies & intéressantes.
BEAUSOBRE. Histoire critique de Manichée & du Manichéisme, 1734 & 1739, 2 volumes *in*-4°. (32)
• *Ouvrage savant, curieux, mais peu agréable à lire, étant métaphysique.*
BELLEGARDE (l'Abbé de). Traduction de la destruction des Indes, de Barthelemi de las Casas, Evêque de Chiapa, volume *in*-12, 1697. (192)
• *Le fonds de l'Ouvrage est intéressant; les détails révoltent; le style n'est plus de mode.*
BELLIN. Essai géographique sur les Isles Britanniques, 1737, *in*-4°. (155)
• *Ouvrage exact.*
BERGIER. Histoire des grands Chemins des Romains, 2 v. *in*-4°. 1736. (58)
• *Curieux.*
BERNIER. Histoire de la derniere révolution des Etat du Grand Mogol, 2 volumes *in*-12, 1670. (181)
• *Elle est curieuse.*
BERRUYER (le Père). Histoire du Peuple de Dieu, 1728, 7 v. *in*-4°. ou 10 v. *in*-12. (24)
• *Livre agréable à lire, dans lequel, sans altérer les faits essentiels & respectables, l'Auteur a orné sa narration de toutes les graces du style.* N[ot]a. *Nous ne parlons que de la premiere partie de cette Histoire.*
BERTHOUD (l'Abbé). Anecdotes Françoises, v. *in*-8°. (89)

[4] *Les plus beaux monuments de Rome ancienne, ou: Recueil des plus beaux morceaux de l'antiquité romaine qui existent encore.* Dessinés par Monsieur [Jean] Barbault peintre, ancien pensionnaire du Roy à Rome; et gravés en 128 planches avec leur explication. Roma, 1761, VIII, 90 S., 73 Taf. (in-2).

Anecdotes Espagnoles & Portugaises, 2 v. *in*-8°. 1773. (170)

• *Bien faites, ainsi que la plupart des Livres de ce genre, qui sont communément agréables à lire.*

BESOIGNE (l'Abbé). Histoire de l'Abbaye de Port-Royal, 6 v. *in*-12, 1752. (41)

• *C'est la seule complette.*

BLANC (le). Histoire de la Baviere; Paris, 1680, 4 v. *in*-12. (136)

• *Très-médiocre.*

BLANC (l'Abbé le). Lettres d'un François sur les Anglois, 3 v. *in*-12, 1758. (175)

• *Instructives & amusantes.*

BLÉTERIE (l'Abbé de la). Vie de l'Empereur Julien, surnommé l'Apostat, 2 v. *in*-12, 1746. (56)

• *Excellente.*

Vie de l'Empereur Jovien, 2 volumes *in*-12, 1748 *(ibid.)*

• *Moins intéressante.*

Description des mœurs des anciens Germains, traduite du Latin de Tacite; Paris, 1755, 2 v. *in*-12. (126)

• *Bonne Traduction d'un morceau curieux.*

BOIS-MÊLÉ (de). Histoire générale de la Marine, 3 v. *in*-4°. 1746. (90)

• *Longue & fautive; mais nous n'en avons pas de meilleure.*

BOLINGBROCKE (Vicomte de). Mémoires secretes sur les Affaires d'Angleterre, traduits par M. Favier, 1754, v. *in*-8°. (164)

• *Curieux, mais hardis & très-satyriques. Tous les Ouvrages de Bolingbrocke sont de ces Livres contre lesquels il faut mettre en garde les jeunes gens.*

BOSSU. Voyage aux Indes Occidentales, 1768, 2 v. *in*-12. (193)

• *Bon.*

BOSSUET. Discours sur l'Histoire Universelle; Paris, 1681, *in*-4°. & *in*-12. (11)

• *Ouvrage immortel, qu'on ne peut lire sans admiration; au reste, ce n'est qu'une Introduction à l'Histoire Universelle jusqu'à Charlemagne.*

Histoire des variations des Eglises Protestantes, 1690, 4 v. *in*-12. (33)

• *Excellente, écrite avec méthode, force & sagesse.*

BOUGEANT (le Père). Histoire des guerres & négociations qui précéderent les Traités de Westphalie, & Histoire de ces Traités; Paris, 3 volumes *in*-4°. ou 6 volumes *in*-12, 1744 & 1766. (130)

• *Ouvrage très-bien fait, bien écrit & très-intéressant, sur-tout pour l'Allemagne. Les deux premiers volumes sont les plus agréables à lire.*

BOUHOURS (le Père). Histoire de Pierre d'Aubusson, Grand-Maître de Rhodes, *in*-4°. 1676, & *in*-12, 1677. (42)

• *Estimée & bien écrite.*

[BOUHOURS] Vie de St. François Xavier.[5] (36)

BOULAINVILLIERS (Comte de). Vie de Mahomet, *in*-12, 1739. (61)

• *Remplie d'opinions singulieres; mais curieuse. Il faut la lire avec précaution.*

Etat de la France, 6 v. *in*-12, 1737, auxquels sont joints ses Mémoires sur le Gouvernement de la France. (83)

• *Les Mémoires sont pleins d'idées singulieres; le reste fait bien connoître quel étoit l'état de la France il y a soixante-dix ans.*

[5] *La vie de S. François Xavier de la Compagnie de Jesus apotre des Indes et du Japon.* Lyon, 1688, 2 Bde. (in-12).

BOYER DE PRÉBANDIER. Histoire des Etats Barbaresques, qui exercent la piraterie, 2 v. *in*-12, 1757. (189)
BREQUIGNY. [Histoire des] Révolutions de Genes, depuis son établissement, jusqu'à la paix de 1748, 3 v. *in*-12, 1749. (67)
• *Utile.*
BROSSE (le Président de). Histoire de la République Romaine, en partie traduite du Latin de Salluste, en partie rétablie & composée sur les fragmens qui sont restés des Livres perdus, 1777, 13 v. *in*-4°. (49)
BRUÈRE (de la). Histoire [du regne] de Charlemagne, 2 v. *in*-12, 1744. (94)
• *Fort bien écrite, mais fort abrégée.*
BRUEYS (de). Histoire du Fanatisme de notre temps, avec la continuation, ou Histoire des Cevennes, 3 v. *in*-12, 1737. (33)
• *Tout le monde peut la lire avec quelque plaisir.*
BRUNET. Abrégé chronologique des grands Fiefs de la Couronne de France, v. *in*-8°, 1759. (122)
• *Très-bon à consulter, quoiqu'un peu confus.*
BUAT (le Comte de). Les origines, ou l'Histoire ancienne des peuples de l'Europe, 12 v. *in*-12, 1772. (17)
• *Ce Livre n'est pas amusant; mais il est instructif.*
BUFFIER (le Père). Histoire de l'origine des Royaumes de Sicile & de Naples, &c 1701, v. *in*-12. (69)
• *Instructive, quoique médiocre.*
BULLET. Dissertations sur plusieurs points de l'Histoire de France, *in*-12. 1771. (91)
• *Intéressantes & curieuses.*
BULTEAU. Essai sur l'Histoire Monastique d'Orient, v. *in*-4°. 1680. (40)
Abrégé de l'Histoire de l'Ordre de St. Benoit, 2 v. *in*-4°. 1684. *(ibid.)*
• *Ouvrages bons & curieux.*
BURIGNY (de). Histoire du Droit Public Ecclésiastique François, 2 v. *in*-4°. à la suite de laquelle on a joint la Vie du Pape Alexandre VI. (36)
• *Ouvrage très-instructif & agréable, malgré la gravité de la matiere. La Vie d'Alexandre VI est scandaleuse.*
Révolutions de Constantinople, 3 v. *in*-12, 1749. (59)
• *Livre assez bien fait.*
Histoire générale de Sicile, 2 v. *in*-4°. 1745. (72)
• *C'est ce que nous avons de mieux en François sur cette Isle.*
BUSCHING. Le Nouveau Traité de la Géographie, traduit de l'Allemand de M. Busching; Strasbourg, 1758, & années suivantes, v. *in*-8°. Il est a paru actuellement (1779) 12 volumes. (3)
• *Ouvrage utile, exact, & sur-tout nécessaire pour bien connoître l'Allemagne & les Pays du Nord.*

Text 6.7: [Johann Georg HEINZMANN alias] August BURKARDT, Anleitung zur Bücherkunde in allen Wissenschaften: Grundlage einer auserlesenen Bibliothek in allen Fächern. Bern, Leipzig, 1797, S. 386–387[1]

Schriften zur Bildung des Frauenzimmers.

Wenig, das man mit Überzeugung empfehlen darf. Wenn es war ist, was gewisse ehrliche Philosophen behaupten, daß hauptsächlich bey diesem Geschlecht sich häufig solche Personen befinden, bey welchen so gar wenig durch Vorstellung ausgerichtet werden kann, so wird auch das Lesen wenig fruchten. Es sey also für alle Fälle nur einiges hieher gebracht:
Die Feyerstunden der Grazien, herausgegeben von J. G. Heinzmann, 6 Thle. Bern;[2] oder diejenigen, so das Werk zu umständlich finden, können den ersten Band, der auch als ein ganzes Werk besonders ausgegeben wird, kaufen.[3] Die schönsten Ideen zur weiblichen Seelenbildung sind darinn enthalten. Mädchenwerth und Mädchenglück, 3 Theile.[4] (Nur zu philosophisch und abgestrakt, ganz für Leserinnen von reifem Alter bestimmt.) Historisches Bilderbuch edler Frauenzimmer. Bern 1790;[5] so auch als der 6te Band zu den Feyerstunden angesehen wird. Marezolls Andachtsbuch für das weibliche Geschlecht, 2 Theile.[6] (Ganz für gebildete Personen reifern Alters). Die Schriften der Madame Beaumont kann man doch immer nicht entbehren: Magazin für junge Frauenzimmer, 4 Theile, 8. Magazin des jeunes Dames. 4 parties.[7]

[1] Zum Buchhändler, Schriftsteller und Kompilator Johann Georg Heinzmann (1757–1802) siehe ADB XXXV 131–132, HLS VI 242.

[2] [Johann Georg HEINZMANN], *Die Feyerstunden der Grazien: Ein Lesebuch.* Bern: in der Hallerschen Buchhandlung, 1780–1789, 5 Bde. (in-8). – *Die Feyerstunden der Grazien.* Zweyte sehr veränderte und vermehrte Ausgabe. Bern: in der Hallerschen Buchhandlung, 1784, [6], 470, [6] S. (in-8).

[3] [Johann Georg HEINZMANN], *Die Feyerstunden der Grazien: Ein Lesebuch.* Bern: in der Hallerschen Buchhandlung, 1780, [2], 412, [4] S. (in-8). – Siehe S. 105–107: «Vom Lesen der Romanen».

[4] [Johann Rudolf SULZER], *Mädchenwerth und Mädchenglück: Ein Neujahrsgeschenk an meine Schülerinnen.* [Bd. 1]. Winterthur: bey Heinrich Steiner und Compagnie, 1783, [4], 326, [2] S. (in-8). – Zweite, verbesserte Auflage. Winterthur: bey Heinrich Steiner und Compagnie, 1791–1796, 3 Hefte in 2 Bden. (in-8). – Zum Politiker, Unternehmer und Schriftsteller Johann Rudolf Sulzer (1749–1828) siehe HLS XII 129.

[5] [Johann Georg HEINZMANN], *Historisches Bilderbuch des Edlen und Schönen aus dem Leben würdiger Frauenzimmer.* Bern: in der Hallerschen Buchhandlung, 1790, [6], 362 [i. e. 360], [8] S. (in-8).

[6] Johann Gottlob MAREZOLL, *Andachtsbuch für das weibliche Geschlecht, vorzüglich für den aufgeklärtern Theil desselben.* Leipzig, 1788–1789, 2 Bde. (in-8). Das Werk erfuhr drei Auflagen: Leipzig, 1789; Frankfurt und Leipzig, 1790 – und wurde ins Dänische, Schwedische und Niederländische übersetzt (ADB XX 316). – Zum evangelischen Theologen und Kanzelprediger Johann Gottlob Marezoll (1761–1828) siehe ADB XX 316–317, BBKL XV 939–942, DBE[2] VI 731.

[7] Marie LE PRINCE DE BEAUMONT, *Nöthige Unterweisung für ein junges Frauenzimmer, welches in die Welt tritt, und sich verheirathen will.* Wien, 1788, 4 Bde. (in-8). – *Magasin, ou Instructions pour les jeunes dames, qui entrent dans le monde et se marient, leurs devoirs dans cet état et envers leurs enfants, pour servir de suite au «Magasin des adolescentes».* Edition faite, sous les yeux de l'auteur, sur un nouveau manuscrit plus correct et plus ample que celui de l'édition de Londres [1764]. Lyon, 1782, 4 Bde. (in-12). – Das Werk erschien zwischen 1764 und 1828 in mindestens elf französischen Ausgaben und wurde in verschiedene Sprachen übersetzt. – Zu (Jeanne-)Marie Le Prince de Beaumont (1711–1780), «institutrice, romancière», voir BUAM XXIV 224–228, DBF XXI 794–794, IBF 219, 2083.

Text 6.8: Johann Adam BERGK, Die Kunst, Bücher zu lesen. Nebst Bemerkungen über Schriften und Schriftsteller. Jena: in der Hempelschen Buchhandlung, 1799, S. 411–415[1]

XXXIX. Uiber das lesende Publikum.[2]

In Teutschland wurde nie mehr gelesen, als jetzt. Allein der größte Theil der Leser verschlingt die elendesten und geschmacklosesten Romane mit einem Heißhunger, wodurch man Kopf und Herz verdirbt. Man gewöhnt sich durch die Lektüre solcher gehaltleerer Produkte an einen Müssiggang, den man nur mit der größten Anstrengung wieder austilgen kann. Man sagt, man vertreibe sich die Zeit mit Lesen, allein was sind die Folgen einer solchen Lektüre? Da man bloß solche Werke auswählt, die nicht viel Nachdenken erfordern, und die voll Unwahrscheinlichkeiten, Unnatur, und geist- und geschmacklos sind, so entwöhnt man sich den Naturgesezzen, man erstickt ihre Stimme, und wird eine Beute zahlloser Verirrungen und Vergehungen, weil sich keine innere Warnung mehr hören läßt. Man macht Foderungen an die Menschen, die diese nicht befriedigen dürfen, man verlangt eine Huldigung von ihnen, die sie uns nicht, ohne sich zu erniedrigen, erzeigen können; man wünscht sich eine Lage, nach welcher zu streben uns das Sittengesez verbietet; man tödtet alle Lust zu Selbstthätigkeit und zu Arbeiten, und alle Liebe zur Freiheit. Man wird launisch, verdrießlich, anmaßend, ungeduldsam. Man wird für jeden Eindruck außerordentlich reizbar, ohne mit Kraft aus dem Innern auf denselben zurück zu wirken: unser Geist wird kränklich, und seine Saiten werden verstimmt, nichts, was einfach und natürlich ist, gefällt uns, das alltägliche Leben wird uns zur Pein. Die Folgen einer solchen geschmack- und gedankenlosen Lektüre sind also unsinnige Verschwendung, unüberwindliche Scheu vor jeder Anstrengung, grenzenloser Hang zum Luxus, Unterdrückung der Stimme des Gewissens, Lebensüberdruß, und ein früher Tod. Der Mensch soll thätig seyn, und viele verprassen ihr Leben in Unthätigkeit; er soll selbst denken, und viele haben nicht einmal eine Ahnung, daß es eine solche Pflicht für sie giebt; er soll mäßig leben, und Viele tödten die wenigen Lebenstage, und sinken vor der Zeit ins Grab. Er soll sich Charakter erwerben, selbstständig und mündig werden, und viele wagen nie einen Kampf gegen das Ungemach des Lebens und gegen die Ungerechtigkeiten der Menschen: sie unterliegen aus Muthlosigkeit jedem Uibel, werden wie ein Rohr vom Winde hin und her getrieben, und legen sich nie die Frage vor: warum sie denn leben? Die Lektüre von den elenden Romanen, die in Schaaren zur Welt kommen, zerstören alle Blüthen der Menschheit, werfen den Menschen in die Reihe der vernunftlosen Geschöpfe, und verscheuchen Glück und Ruhe von der Erde. Vielleicht scheint manchen diese Schilderung übertrieben, allein wenn man unser weibliches Publikum in dem höhern und in dem Mittelstände genauer studirt, und seine Verstimmtheit, seine

[1] Zum Privatgelehrten, Publizisten und Buchhändler Johann Adam Bergk (1769–1834) siehe ADB II 389, DBE[2] I 562, Frels (1986).

[2] Siehe auch in Bergk (1802) 200–223: «XII. Capitel. [/] Welches sind die gedanken- und geistreichsten Schriften und Schriftsteller unter den neuern kultivirten Nationen?» – S. 203: «4) Goethe. [...] g) Wilhelm Meisters Lehrjahre, ein Roman in 4 B. 1794–1796.»; S. 209: «43) Schultz [Schulz], Fr[iedrich]. a) Moriz, ein kleiner Roman, 3e v. Aufl. 1792. [...] 44) Knigge, Ad[olf] v. [...] b) Der Roman meines Lebens [in Briefen herausgegeben] 4 Th. 1787.»; S. 213: «83) Jünger, J[ohann] F[riedrich]. [...] b) Fritz, ein komischer Roman 6 Th. 1796–1800. [...] d) Huldreich Wurmsamen von Wurmfeld, ein komischer Roman 3 Th. 1781 und 1782.»; S. 215: «5) Diderot. a) les bijoux indiscrets, ein Roman in 2 Bänden.»; S. 217: «23) Scarron. Roman comique 2 vol. in 12. Paris 1786.».

Charakterlosigkeit, seine Launen, seine Thorheiten, seine Ansprüche, seine Unwissenheit und Sorglosigkeit bemerkt, und weiß, daß es sein Leben mit der Lektüre gedankenloser Romane hinbringt, und daß sich seine Gesinnung und seine Denkungsart mit jedem Buche verändert, so wird man nicht leugnen können, daß der Einfluß des Bücherlesens auf die Menschen sehr groß sey. Die meisten Frauenzimmer lesen nichts als Romane: aber nicht ein Wieland,[3] Goethe, Müller[4] u. s. w. sind die Schriftsteller, die sie wählen, sondern solche, die ihr Gefühl verstimmen, sie in eine Zauber- und Geisterwelt hineinwerfen, zu Rittertournieren und Saufgelagen führen, eine übernatürliche Empfindelei in ihnen rege machen, ihre Denkungs- und Sinnesart verkehren, dies sind ihre Lieblingsschriftsteller, an welche sie Zeit, Gesundheit und Leben verspielen.

Aber nicht allein die Frauen lieben eine solche geschmacklose Kost, sondern es giebt auch Männer, die elende Romane lesen, und die daher von Jugend auf jede Anstrengung im Denken und Handeln verabscheuet haben. Der Einfluß, den eine solche Lektüre auf ihren Charakter gehabt hat, ist sehr bedeutend. Sie lassen sich alles gefallen, wenn sie nur in ihrer Trägheit nicht gestört werden, und sie sind zu allem bereitwillig, was ihnen Genuß verspricht. Geduldig tragen sie die entehrensten Fesseln der Sklaverei, wenn man ihnen nur zu essen und zu trinken giebt, und ohne Murren und ohne den geringsten Unwillen sehen sie Denk- und Preßfreiheit morden. Sie betäuben sich in geist- und geschmacklosen Romanen, und können gar nicht begreifen, wie jemand ein höheres Anliegen haben könne, als physische Nahrung und Genuß. Sie bieten daher bereitwillig zu jeder Unterdrückung ihre Hände, und sin der größten Schandthaten fähig, weil sie fast gänzlich die naturgemäßen Äußerungen ihrer Kräfte in sich ausgetilgt haben.

Da sich nun ein großer Theil des Publikums keine Empfänglichkeit für Wahrheit erworben, und keine Selbstthätigkeit erkämpft hat, so geht er in Rücksicht seiner geistigen Bildung nicht mit seinem Zeitalter fort. Er bleibt in der Aufklärung zurück, und schreiet über das Gefährliche derselben für den Staat und für die Kirche. Allein diese Schreier sind durchaus die unwissen[d]sten Menschen, welche der Neid, die Ehrfurcht, und der Eigennuz zu dieser Verläumdung der Wissenschaften verleitet.

Die schlechtesten Bücher werden am meisten gelesen und am weitesten verbreitet, und da sie also die meisten Auflagen erleben, so wetteifern einige unserer Buchhändler, sich einander an schlechter Waare zu übertreffen, wenn sie nur schreiende Farben und groteske Figuren hat. Wielands Agathon[5] wurde innerhalb mehr als zwanzig Jahren nur einmal aufgelegt, und Spießens[6] und Cramers[7] Romane erleben in wenigen Jahren neue

[3] Zum Dichter Christoph Martin Wieland (1733–1813) siehe BUAM L 501–538, ADB XLII 400–419, BBKL XIII 1062–1083, DBE[2] X 608–609.

[4] Zum Schriftsteller, Buchhändler und Verleger Johann Gottwerth Müller, gen. Müller von Itzehohe (1743 bis 1828) siehe ADB XX 789–793, NDB XVIII 423–424, DBE[2] VII 265. – «Müller war vor allem mit komisch-satirischen Romanen nach dem Vorbild Henry Fieldings erfolgreich. In dem satirischen Roman *Siegfried von Lindenberg* (1779, Neuausg. 1984) verspottete er Empfindsamkeit und Geniekult.» (DBE[2] VII 265).

[5] Christoph Martin WIELAND, *Geschichte des Agathon*. Erster[–Zweyter] Theil. Frankfurt a. M., Leipzig, 1766 bis 1767, 2 Bde. (in-8). – Weitere Ausgaben: Reutlingen, 1775, 4 Bde. (in-8); Leipzig, 1794, 3 Bde. (in-8); Karlsruhe, 1798, 3 Bde. (in-8).

[6] Zum Schriftsteller und Schauspieler Christian Heinrich Spieß (1755–1799) siehe ADB XXXV 177, NDB XXIV 694–695, DBE[2] IX 552. – «Mit Romanen wie *Der Alte Überall und Nirgends* (2 Tle. 1792/93), *Das Petermännchen* (2 Bde., 1791/92, Neudr. 1971), *Die zwölf schlafenden Jungfrauen* (2 Tle., 1794–96) gehörte Spieß zu den Begründern des deutschen Schauerromans.» (DBE[2] IX 552).

[7] Zum Schriftsteller und Forstrat Karl Gottlob Cramer (1758–1817) siehe ADB IV 558–559, DBE[2] II 429. – «Nach dem Erstling *Karl Saalfeld oder Geschichte eines relegierten Studenten* (1782) veröffentliche Cramer in rascher Folge zahlreiche Werke aus dem Genre des in Mode gekommenen Trivialromans und erzielte seine größten Erfolge mit den Ritterromanen, in den er die Auswüchse höfischen Lebens mit den bürgerlichen Tu-

Auflagen. Man kann also daraus sehen, wie wenig jener, und wie sehr diese gelesen werden.
Allein so lange unsere Erziehung und unsere Staatsverfassungen nicht mehr die Selbstthätigkeit und die Freiheit begünstigen, als sie es jetzt thun, wird auch unsere Lektüre keinen andern Gang und keine andere Richtung nehmen. Wenn auch einige Menschen alles ihr Bemühen auf ihre Ausbildung und Selbstständigkeit anlegen, so ist doch ihre Anzahl kaum merkbar gegen die große Menge derjenigen, die bloß vegetiren, essen, trinken, und sterben.

genden konfrontierte, das Ideal vom aufgeklärten humanen Herrscher propagierte und auch erotische Szenen sowie humoristische Abschnitte brachte. Bekannt wurde vor allem sein Roman *Hasper a Spada [Eine Sage aus dem dreizehnten Jahrhundert]* (2 Bde., 1792/93, [4]1837), der Goethe s Götz von Berlichingen kolportierte.» (DBE[2] II 429). – Weitere Romane waren: *Leben und Meinungen auch seltsamliche Abentheuer des Erasmus Schleichers, eines reisenden Mechanikus* (4 Bde., 1789–1791), *Der deutsche Alcibiades* (3 Bde., 1790/91), *Adolph der Kühne, Raugraf von Dassel* (1792), *Leben und Meinungen auch seltsamliche Abentheuer Paul Ysops, eines reducirten Hofnarren* (2 Bde., 1792/93), *Leben und Meinungen auch seltsamliche Abentheuer Gotthold Tamerlans, eines reisenden Herrenhuthers* (1794), *Der braune Robert: Ein Spiegel für viele* (1794), *Geniestreiche* (2 Bde., 1794/95), *Leben, Thaten und Sittensprüche des lahmem Wachtel-Peters* (2 Bde., 1796/97), *Leiden und Freuden des ehrlichen Jacob Luley, eines Märtyrers der Wahrheit* (2 Bde., 1796/97), *Das Jäger Mädchen* (2 Bde., 1798), *Peter Schmoll und seine Nachbarn* (2 Bde., 1798), *Hans Stürzebecher, und sein Sohn* (2 Bde., 1798), *Das Harfen-Mädchen* (1800), *Die gefährlichen Stunden* (2 Bde., 1799/1800), usw.

Text 6.9: Claude François Adrien de LEZAY-MARNÉZIA, Plan de lecture pour une jeune dame. Seconde édition. Augmentée d'un supplément et de divers morceaux de littérature et de morale. Lausanne: chez A. Fischer & Luc Vincent; Paris: chez Louis, libraire, 1800, S. [IV]: Avis, 1–51: Plan de lecture pour une jeune dame[1]

AVIS.

La première édition de cet écrit[2] promptement épuisée, on a cru devoir en donner une nouvelle; elle est entiérement conforme à la première: on s'est contenté d'y joindre un Supplément, que quelques très-bons ouvrages publiés depuis 1784, ont rendu nécessaire. Ils ne sont pas nombreux. Les Révolutions ne semblent pas favorables aux talens & aux lettres. Il est à craindre que les lumières qu'ils ont répandu depuis Pascal jusqu'à Buffon, ne soient pour long-tems éteintes.

Plan de lecture pour une jeune dame

Pourquoi, demandoit Louis XIV au Maréchal de Vivonne, passez-vous autant de tems avec vos livres? Sire, c'est parce qu'ils donnent à mon esprit la fraîcheur, le coloris, que donnent à mes joues les excellentes perdrix de votre Majesté. Le Courtisan avoit raison: comme la figure, l'esprit languit, se fane, s'éteint, s'il n'est pas nourri. Mais ce n'est pas assez de lui donner des alimens; il faut qu'ils soient agréables et préparés de manière à ne point amener le dégoût.

Les Dames ne le sentent pas assez; et cependant elles ont encore plus besoin de l'instruction des livres que les hommes du monde, qui ont des moyens beaucoup plus abondans de s'éclairer. Il vient un tems, et c'est rapidement qu'il arrive, où les plaisirs qui suivent la jeunesse, les succès, qui sont le prix de la beauté, et les grâces, qui donnent du charme à toutes les actions, s'éclipsent, et ne laissent après eux que le vuide du néant, si dans les premieres années, on n'a pas appris à les remplacer par des jouissances, peut-être plus douces encore que celles qui fuient avec le printems. Enseigner aux femmes à vieillir sans humeur et sans ennui, seroit le plus grand service qu'on pourroit leur rendre.

Les Lafayette,[3] les Deshoullieres,[4] les Sévigné,[5] les Tencin,[6] et tant d'autres Dames moins célèbres, ont su rendre leur midi et leur déclin plus heureux que les jours les plus brillans de leur aurore. Des hommes aimables et éclairés formoient leur société, leur faisoient hommage de leurs lumieres, et recevoient d'elles les oracles du goût. Les traces de ces femmes, à qui les Français ont dû cette politesse ingénieuse et facile, cette tour-

[1] Erwähnt in Schenda (1988) 68, Anm. 102. – Die Seiten 31 und 32 sowie die Seiten 37 und 38 fehlen in der Ausgabe von 1800. Die hier zitierten Passagen folgen den Seiten 44–47 bzw. 53–56 in der Ausgabe von 1784. Zu Claude-François-Adrien, *marquis* de Lezay-Marnézia (1736–1800), «poète, agriculteur, publiciste», siehe BUAM XXIV 402–405.

[2] [Claude François Adrien de LEZAY-MARNÉZIA], *Plan de lecture pour une jeune dame*. Paris: de l'imprimerie de Prault, imprimeur du Roi, 1784, 18, 74 S. (in-16). = Lezay-Marnézia (1784)

[3] Zu Marie-Madeleine Pioche de la Vergne, *dite* Madame de La Fayette (1634–1693), «écrivaine», siehe BUAM XIV 236–238, DGS 814–816, DBF XIX 135–137.

[4] Zu Antoinette Du Ligier de la Garde, *Mme* Des Houlières ou Deshoulières (1638–1694), «femme de lettres», siehe BUAM XI 184–188, DBF X 1387–1389, DGS 464. – Siehe Tab. 3.29, Nr. 8.

[5] Zu Marie de Rabutin-Chantal, *marquise* de Sévigné (1626–1696), «femme de lettres, épistolière», siehe BUAM XLII 175–186, DGS 1443–1444 Kamen 270.

[6] Claudine Alexandrine Guérin de TENCIN, *Œuvres (de Madame de Tencin)*. Amsterdam, 1786, 7 Bde. (in-16). Zu Claudine Alexandrine Guérin de Tencin (1681–1749), «femme de lettres, salonnière», siehe BUAM XLV 126–128, Viguerie 1396–1397.

nure agréable et galante, qui les distinguoient de tous les Peuples du monde, ne sont ni pénibles ni difficiles à suivre. Mille autres ont autant d'esprit qu'elles en avoient, mais négligent de lui donner la culture nécessaire pour qu'il produise.

Ce ne sont pas les champs épineux des sciences que les Dames ont à défricher; charmer est leur devoir, comme il est leur destin: elles peuvent aisément le remplir, en suivant des routes semées de fleurs. Avec une méthode simple et sûre, de l'ordre et de la suite dans leurs lectures, elles acquerreront bientôt des connoissances agréables, étendues et variées; elles perfectionneront la finesse, la justesse du goût qui leur sont si naturelles, et apprendront à juger toujours avec sûreté.

C'est par une étude un peu aride qu'elles doivent commencer. Celle de leur propre langue est absolument nécessaire. Sans une élocution exacte et même élégante, les idées les plus délicates, les traits les plus heureux, perdent leur force, leur éclat, leur finesse et leur effet.

Nos grammaires françoises sont obscures, difficiles, embarrassées: la meilleure, parce qu'elle est la plus courte et la plus claire, est celle que l'Abbé de Condillac a faite pour l'éducation du Duc de Parme.[7] On doit la préférer, si l'on ne prend pas le parti beaucoup plus sage de joindre l'étude d'une autre langue à celle de sa langue maternelle. Loin d'ajouter aux difficultés, ce sera trouver les moyens de les diminuer: les phrases qu'on entendra ne feront point illusion, et ne forceront point à croire qu'on saisit des régles abstraites, que souvent on ne conçoit qu'imparfaitement. D'ailleurs, l'attention sera soutenue par la nécessité des efforts, pour apprendre ce qu'on ne pourra se dissimuler qu'on ignore; et les progrès mieux marqués, animeront le désir d'en faire de nouveaux. On s'associe à l'auteur qu'on pénètre, et on lui trouve plus de mérite, par la raison seule qu'on jouit de celui d'avoir surmonté la difficulté de le comprendre.

La facilité, les grâces, l'harmonie et la douce mollesse de l'Italien, méritent qu'on le préfère au langage rude des Peuples du Nord, capable de rendre les grandes images et d'exprimer les idées fortes, mais non de nuancer les sentimens, et d'embellir, par la fraîcheur et par l'éclat du coloris, les pensées fines et délicates.

Livres religieux[8]

Les devoirs de l'homme envers Dieu, envers lui-même, envers les autres hommes, ne sauroient être trop médités; la femme qui pense se livrera à ces importans objets: mais, contente d'avoir des principes qui fixent son opinion et la soutiennent dans les orages des passions, elle ne se jettera point dans les labyrinthes de la théologie. [...] Tout semble démontrer que le Christianisme, dont l'origine remonte à la création, et qui doit durer autant que Dieu même, est le fleuve sur lequel nous devons naviguer. Il n'est pas nécessaire de beaucoup de livres pour connoître ses principes et son esprit; et la bibliothèque religieuse d'une femme peut être bornée à un très-petit nombre de volumes.

Presque tous les Catéchismes, réduits à la sécheresse des dogmes, exercent plutôt d'une manière pénible la mémoire de l'enfance, qu'ils n'éclairent son esprit. Celui de Fleury,[9]

[7] Etienne Bonnot de CONDILLAC, *Cours d'étude pour l'instruction du prince de Parme, aujourd'hui S. A. R. l'infant D. Ferdinand, duc de Parme, Plaisance, Guastalle, &c. &c. &c.* Tome premier: *Grammaire.* Parma, 1775, 30, 144, 356 S. (in-8). – Zu Etienne Bonnot de Condillac (1715–1780), «philosophe», siehe BUAM IX 397–401, Viguerie 860–862, Jaumann 194–195.

[8] Die Titel der Abschnitte des Plans sind von mir.

[9] Zum *abbé* Claude Fleury (1640–1723), «jurisconsulte, historien, sous-précepteur des enfants de France,», siehe BUAM XV 61–66, DGS 600, Viguerie 987.

digne d'être lu avec soin, réunit l'histoire à l'instruction dogmatique: il soutient l'attention par l'autorité, par l'intérêt des faits, et détermine plus aisément et plus sûrement la croyance.

Plus une femme sera sensible, plus son esprit sera grand, plus la Bible aura pour elle d'attraits. C'est dans ce livre qu'on trouve ce que la simplicité a de plus aimable et de plus touchant; ce que la raison a de plus sage; ce que le sentiment a de plus onctueux; ce que l'éloquence a de plus fort et de plus élevé; ce que la poésie a de plus gracieux et sublime, et qu'on voit rassemblé dans un seul corps d'ouvrage, dont toutes les parties ont une liaison intime, des beautés bien supérieures à celles que les plus puissans génies ont semé dans les écrits que les hommes de tous les temps et de tous les siécles ont admirés.

L'Imitation de Jésus-Christ,[10] dont Fontenelle a dit que c'étoit le plus bel ouvrage sorti de la main des hommes, puisque l'Evangile ne l'étoit pas, n'a pas besoin d'être lue par des Chrétiens convaincus, pour être regardée comme le livre le plus capable de pénétrer le cœur; il suffit d'être homme et sensible pour aimer un écrit rempli d'une onction si tendre.

Les Lettres spirituelles de Fénelon[11] ont le même mérite: échappées de son ame douce, elles en ont le caractère; c'est à des femmes qu'elles sont presque toutes adressées. La manière dont il leur développe la religion, la persuade en la faisant aimer. [...]

Mais le grand athlète du Christianisme, celui qu'on ne peut vaincre ni même ébranler, c'est Pascal. Il tient l'homme en sa puissance; tantôt il l'éleve aux célestes régions, et tantôt il le plonge dans l'abîme de sa propre misere. On n'a de lui que quelques pensées sur la morale et la religion;[12] et ces pensées, qui n'étoient pour lui que des matériaux imparfaits d'un très-grand ouvrage, nous présentent les traces du génie le plus vaste et le plus puissant: si elles ne renferment pas des vérités importantes, il n'est point de vérités pour la terre.

Quand une femme ne voudroit que passer des heures délicieuses en jouissant d'un plaisir pur, elle devroit lire les sermons de Massillon.[13] [...]

Une éloquence d'un autre genre, moins soutenue, souvent plus forte, quelquefois plus étonnante que celle de Massillon, met l'Abbé Poule au rang des premiers Prédicateurs.[14] Son sermon sur la Foi, celui sur la parole de Dieu, ont un vague sublime, qui leur donne un effet surprenant. [...] Deux petits volumes, qui forment la collection des Sermons de

[10] *De imitatione Christi* des Thomas von Kempen. – Zum Mystiker Thomas Hemerken (Malleolus) von Kempen / Thomas a Kempis (1379/80–1471) siehe BUAM XXII 286–291, DSAM XV 817–826, LTK X 144–145, Jaumann 651–652. – Siehe Tab. 8.3.

[11] [Jeanne-Marie Bouvier de la Motte GUYON et François de Salignac de la Mothe-FÉNELON], *Lettres chrétiennes et spirituelles sur divers sujets qui regardent la vie intérieure, ou l'esprit du vrai christianisme*. Nouvelle édition, enrichie de la correspondance secrette de Mr. De Fenelon avec l'auteur. Londres [i. e. Lausanne]: [A. Chapuis], 1767–1768, 5 Bde. (in-12). – Zu François de Salignac de la Mothe-Fénelon (1651–1715), «prélat et écrivain», siehe BUAM XIV 285–302, DBF XIII 982–987, DGS 580–582. – Siehe Tab. 8.3.

[12] Blaise PASCAL, *Pensées sur la religion, et sur quelques autres sujets*. Paris, 1670, 334 S. (in-8). – Zu Blaise Pascal (1623–1662), «mathématicien, physicien, philosophe», siehe BUAM XXXIII 46–78, DGS 1157–1160. Siehe Tab. 8.3.

[13] Jean-Baptiste MASSILLON, *Sermons sur les évangiles du carême, et sur divers sujets de morale*. Avec trois panegyriques & deux oraisons funebres. Nouvelle édition corrigée & augmentée de plusieurs sermons. Trevoux, 1708, 5 Bde. (in-12); *Sermons*. Paris, 1745–1748, 15 Bde. (in-8). – Zu Jean-Baptiste Massillon (1663–1742), «oratorien, évêque de Clermont», siehe BUAM XXVII 411–420, DSAM X 753–756, Viguerie 1168–1169.

[14] Zum *abbé* (Nicolas) Louis Poulle oder Poule (1703–1781), «prédicateur ordinaire du Roi», siehe BUAM XXXV 550–553.

l'Abbé Poule,[15] font regretter qu'elle n'ait pas plus d'étendue. Cependant, peut-être s'il eût écrit davantage, il eût moins fait pour sa gloire.
Les Oraisons Funebres de Bossuet,[16] où le langage humain s'élève à une si étonnante hauteur, où la religion parle avec tant de force et de magnificence, où, malgré l'inégalité du style, l'éloquence est si puissante, seront souvent lues par les femmes, dont l'esprit est assez juste, dont l'ame est assez forte pour préférer les beautés mâles et sublimes d'un génie vigoureux, aux compositions brillantes et froides du bel esprit.
Mais comme la raison n'exclut aucun genre, elle ne rejettera pas les beaux discours de Fléchier.[17] Son langage soigné, pur, harmonieux, aura des charmes pour elle; elle sentira le mérite d'une diction riche et soutenue, d'une élégance continuelles, de pensées presque toujours justes, quoique presque toujours ingénieuses: elle aimera cet ordre, qui met chaque beauté à sa place, et donne à chaque partie de l'éclat, sans nuire à la perfection de l'ensemble. Son goût lui fera juger que l'éloquence de Fléchier, moins grande, moins entraînante, moins naturelle que celle de Bossuet, n'a pas autant d'empire. Elle reviendra cependant à cet Orateur, comme, après avoir long-tems erré sur les bords d'un fleuve impétueux qui traverse une forêt majestueuse et sauvage, on se plaît à revenir sur la rive tranquille d'une riviere qui coule lentement au milieu d'une belle prairie, ou parmi des arbustes couverts de fleurs.
Ce petit nombre d'ouvrages semble devoir suffire pour former la collection des livres religieux, nécessaires à une femme: peut-être ne doit-elle pas y en joindre qui ne serviroient qu'à porter le doute et le trouble dans son ame. Pourquoi ôter de leur force à des vérités, qui même, quand elles ne seroient que des opinions, uniroient encore le ciel à la terre?

Ouvrages de morale

Les ouvrages de morale bien fait sont peu nombreux. A peine en trouve-t-on dix ou douze dont la lecture soit vraiment utile. Les autres, médiocres ou mauvais, sans rien apprendre, donneroient seulement beaucoup d'ennui. Pour que la morale charme et touche, il faut qu'elle soit en action: c'est ainsi qu'on la trouve dans quelques Romans parfaits, dans quelques bonnes Tragédies, et dans quelques Comédies excellentes. Une femme sensée aura bien raison de mépriser cette foule de productions lourdes et froides, plutôt capables de la plonger dans le sommeil, quc dc la conduire à la vertu: elle peut se contenter de lire souvent les Offices de Cicéron;[18] les Caracteres de la Bruyere;[19] la Connoissance de l'Esprit Humain, par le Marquis de Vauvenargues;[20] ouvrage bien plus

[15] Nicolas Louis POULLE, *Sermons*. Paris, 1778, 2 Bde. (in-12).
[16] Jacques-Bénigne BOSSUET, *Recueil des oraisons funèbres*. Nouvelle édition, augmentée de l'éloge historique de l'auteur & du catalogue de ses ouvrages. Paris, 1734, 494 S. (in-12). Zahlreiche Ausgaben bis heute. – Zu Jacques-Bénigne Bossuet (1627–1704), «évêque de Meaux, théologien, philosophe, historien, orateur», siehe BUAM V 225–246, DBF VI 1152–1156, DGS 215–217.
[17] Esprit FLÉCHIER, *Oraisons funebres*. Seconde édition. Paris, 1680, [4], 326, [2] S. (in-12). Zahlreiche Ausgaben bis anfangs 20. Jh. – Zu (Valentin-)Esprit Fléchier (1632–1710), «écrivain, prédicateur, évêque», siehe BUAM XV 33–37, DBF XIII 1518–1521, DGS 598–599.
[18] Marcus Tullius CICERO, *De officiis libri tres*. – Zum römischen Redner, Politiker und Schriftsteller Marcus Tullius Cicero (106–43 v. Chr.) siehe DNP II 1191–1202.
[19] Zu Jean de La Bruyère (1645–1696), «moraliste», siehe BUAM VI 175–179, DGS 810–812. – Siehe Tab. 8.3.
[20] [Luc de Clapiers de VAUVENARGUES], *Introduction à la connoissance de l'esprit humain*. Suivie de réflexions et de maximes. Paris, 1746, [22], 384 S. (in-12). – Zu Luc de Clapiers, *marquis* de Vauvenargues (1715 bis 1747), «écrivain, moraliste et aphoriste», siehe BUAM XLVIII 33–37, Viguerie 1428–1429.

profond, bien plus philosophique que la Satyre de l'homme, mise en maximes, par le Duc de la Rochefoucault;[21] le Spectateur Anglois;[22] le livre de Monta[i]gne,[23] où l'homme ondoyant et divers est peint avec tant de naturel, de graces et de vérité.

Cette mine ouverte tant de fois, et jamais fouillée dans toute sa profondeur, l'homme est enfin creusé par un Philosophe, qui, en même tems, est un grand Poëte. Pope[24] le suit, le pénètre, et ne lui laisse plus aucune obscurité; il découvre tous ses rapports, et fait connoître tous les devoirs qui, par ses rapports mêmes, lui sont imposés: s'il le peint dans sa foiblesse, il le peint aussi dans toute sa dignité; et jamais la poésie ne para de couleurs plus riches et plus variées une morale plus sublime. [...]

Histoire

L'Histoire, qui fait revivre tous les siécles, qui nous présente le spectacle successif des vicissitudes, qui si souvent ont changé la face du monde, mérite bien d'occuper une partie des loisirs d'une femme qui veut s'instruire: quelques jours lui suffiront pour planer sur les ruines des empires. Elle apprendra à connoître l'homme dans ce mélange de crimes et de vertus, dont le tableau lui sera souvent retracé. Si son cœur s'afflige en voyant de quels forfaits il est capable, il sera consolé, en trouvant quelquefois des ames sublimes et tendres, qui semblent n'avoir existé que pour la gloire et le bonheur de l'humanité; elle verra que ce sont des femmes qui ont dirigé les mœurs dans tous les empires, et que c'est, lorsqu'elles abandonnent elles-mêmes la décence et la vertu, que les hommes se livrent aux plus coupables excès.

Avec de grands tableaux, l'Histoire lui offrira de grands exemples; mais si c'est au hasard qu'elle lit, les fait ne formeront dans sa mémoire qu'un cahos [sic], dont la seule confusion sortira. Il est nécessaire qu'elle mette de la méthode dans ses lectures. La plus simple, la plus naturelle doit être préférée; c'est l'ordre chronologique qu'elle adoptera.

L'histoire des Juifs, qui remonte jusqu'à la création, est la premiere qu'il faut lire: celle de Josephe, traduite par Arnaud,[25] respectable par son impartialité, a moins d'intérêt, de

[21] François de LA ROCHEFOUCAULD, *Reflexions, ou: Sentences et maximes morales*. Paris [i. e. Grenoble?], 1665, [46], 135, [8] S. (in-8). – Zu François VI, *duc* de La Rochefoucauld (1613–1680), «moraliste», siehe BUAM XXXVIII 305–309, DGS 832–833.

[22] Englische Originalausgabe: *The Spectator*. Nr. 1 (1711) – Nr. 635 (1714). London, [~1760], 8 Bde. – Die Redaktoren der Zeitschrift waren Joseph Addison und Richard Steele. – Zu Joseph Addison (1672–1719), «writer and politician», siehe BUAM I 201–209, ODNB I 321–329; zu *Sir* Richard Steele (1672–1729), «writer and politician», siehe BUAM XLIII 484–491, ODNB LII 358–364. – Siehe Tab. 8.3.

[23] Michel Eyquem de MONTAIGNE, *Essais (de Montaigne)*. Avec les notes de M. Coste, suivis de son éloge. Nouvelle édition Genève: chez Du Villard fils & Nouffer, 1727, 10 Bde. (in-12). – Zu Michel Eyquem, *seigneur* de Montaigne (1538–1592), «philosophe, moraliste, homme politique», siehe BUAM XXIX 426–441, LR 476-477, Kamen 212. – Dass im Text «Montagne» für «Montaigne» steht, belegt u. a. die Anmerkeung des Verfassers auf Seite 136: «Voyez l'histoire de Montagne [i. e. *Le proumenoir de Monsieur de Montaigne*. Par sa fille d'alliance. Paris, 1594, 107 S.] et celle de Pascal, écrites, l'une par Mademoiselle de Gournai [i. e. Marie de Jars de Gournay (1565–1645)], et l'autre par Madame Périer.»

[24] Zu Alexander Pope (1688–1744), «poet», siehe BUAM XXXV 394–400, ODNB XLIV 858–870.

[25] Flavius JOSEPHUS, *Histoire de la guerre des Juifs contre les Romains*. [...]. Traduit sur l'original grec revû sur divers manuscrits, par Monsieur Arnauld d'Andilly. Nouvelle édition, enrichie d'un grand nombre de figures en taille-douce, inventées par R. van Orley. Tome premier[–second]. Bruxelles, 1738, 2 Bde. (in-8). – Lateinischer Titel: *De bello judaico*. – Zum jüdisch-hellenischen Historiker Flavius Josephus / Iosephos Flavios (37/38–100) siehe BUAM XXII 31–35, DNP V 1089–1091; zu Robert Arnauld d'Andilly (1588/89 bis 1674), «homme de loi, hagiographe, écrivain», siehe BUAM II 498–499, DBF III 878–883. – Siehe Tab. 8.3.

graces, de style, que celle du Peuple de Dieu, par le Père Berruyer.[26] La critique reproche à celle-ci un grand nombre de défauts; mais ces défauts ont des charmes et se font pardonner.

A la lecture de l'histoire des Juifs, celle de l'Histoire ancienne doit succéder. Quoique foible, la manière dont Rollin[27] l'a écrite a de la grace: il cause avec ses lecteurs; jamais ne les fatigue, et toujours les intéresse. [...]

Après avoir vu les anciens Peuples dans leurs Histoires générales, il est important de connoître leurs grands Hommes, et de lire leurs vies particulieres. Celle des Hommes illustres de Plutarque[28] sont des modeles qu'on n'a pas encore égalés: la nature s'y montre avec toute sa naïveté. Si Caton, Alcibiade, Sertorius renaissoient, on les reconnoîtroit avec facilité: il est facheux que la charmante traduction d'Amiot[29] soit dans un langage trop vielli pour qu'une femme le puisse entendre bien aisément. Jamais Traducteur n'eut un style plus fait pour donner l'idée parfaite de celui de l'Auteur qu'il fait passer dans sa langue. Le pesant Dacier[30] est loin d'avoir le même mérite; mais il faut bien s'en contenter.[31]

Le Quinte-Curce de Vaugelas,[32] les douze Césars de Suetone,[33] les Vies d'Agricola, de Julien, de Jovien, de Théodose, etc. apprendront à mieux connoître le caractère et les

[26] P. Joseph Isaac BERRUYER SJ, *Histoire du peuple de Dieu, depuis son origine jusqu'à la naissance du Messie*. Tirée des seuls livres saints, ou le texte sacré des livres de l'Ancien Testament, réduit en un corps d'histoire. Nouvelle édition, corrigée et augmentée. Premier âge, Tome I[–Septième âge, Tome X]. Paris, 1742, 10 Bde. (in-12). – Zu P. Joseph Isaac – oder: Isaac Joseph – Berruyer SJ (1681–1758), «écrivain ecclésiastique», siehe BUAM IV 340–342, DBF VI 147–148. – Siehe Tab. 8.3.

[27] Charles ROLLIN, *Histoire ancienne des Egyptiens, des Carthaginois, des Assyriens, des Babyloniens, des Mèdes et des Perses, des Macédoniens, des Grecs*. Seconde édition vûe et corrigée par l'auteur. Paris, 1731 bis 1739, 14 Bde. (in-8); IDEM, *Histoire romaine depuis la fondation de Rome jusqu'à la bataille d'Actium, c'est à dire jusqu'à la fin de la republique*. Paris, 1738–1754, 16 Bde. (in-12). – Zu Charles Rollin (1661 bis 1741), «pédagogue, érudit», siehe BUAM XXXVIII 479–484, DGS 1353, Viguerie 1342. – Siehe Text 7.11.

[28] Zum griechischen Philosophen und Historiker Plutarchos / Plutarch (~45–~125) siehe DNP IX 1159–1175. Siehe Tab. 8.3.

[29] PLUTARCHOS, *Les hommes illustres grecs et romains, comparez l'un à l'autre*. De la version de grec en françois, par M[aîtr]e Jacques Amyot, conseiller du Roy, &c. Avec addition en cette édition derniere, d'amples sommaires sur chaque vie, d'annotations en marge, & de table des matières, de figures en taille-douce des hommes illustres, tirées des medailles antiques, & d'une chronologie marquant les temps de leurs vies. Tome [premier–]second. Paris, 1645, 2 Bde. (in-2) – Zu Jacques Amyot (1513–1593), «évêque, traducteur, grand aumônier de France», siehe BUAM II 77–80, DBF II 751–761.

[30] PLUTARCHOS, *Les vies des hommes illustres*. Traduites en françois, avec des remarques, par Mr. [André] & Me [Anne] Dacier. Paris, 1695, XXVII, 588 S. (in-8). – Zu André Dacier (1651–1722) «garde des livres du cabinet du roi», siehe BUAM X 421–423, DBF IX 1462–1463, zu Anne Dacier (1654–1720), «traductrice», siehe DBF IX 1463–1464.

[31] «Une nouvelle traduction des Hommes illustres, par M. Dominique Ricard, et publiée depuis la première édition du Plan de lecture [en 1784], a tout le mérite qu'on peut désirer; elle donne à Plutarque un interprête digne de lui.» (Anm. des Verfassers).

[32] Quintus CURTIUS RUFUS, *De la vie et des actions d'Alexandre le Grand*. De la traduction de Vaugelas, avec le latin à côté, avec les supplémens de Jean Freinshemius, traduit par feu Monsieur Du Ryer. Paris, 1716, 913 S. (in-8). – Lateinischer Originaltitel: *De rebus gestis Alexandri Magni*. – Zum römischen Rhetor Quintus Curtius Rufus (wahrscheinlich Mitte 1. Jh. n. Chr.) siehe DNP III 248–249; zu Claude Favre, *baron de* Pérouges, *seigneur* de Vaugelas (1585–1650), «académicien et grammairien», siehe BUAM XLVIII 20–23, DGS 1569–1570. – Siehe Tab. 8.3.

[33] Caius SUETONIUS Tranquillus, *Histoire des douze Césars de Suétone*. Traduite par Henri Ophellot de La Pause [i. e. Jean-Baptiste-Claude Isoard, *dit* Delisle de Sales]. Avec des mêlanges philosophiques & des notes. Tome premier[–quatrième]. Paris, 1771, 4 Bde. (in-8). – Zum römischen Schriftsteller Caius Suetonius Tranquillus/ Sueton (~70 –~130) siehe DNP XI 1084–1088; zu Jean-Baptiste-Claude Isoard oder Izouard, *dit* De-

mœurs des Peuples anciens. Il est surtout deux ouvrages, qu'on lira avec un plaisir extrême et une grande utilité: les Revolutions romaines, par l'Abbé Vertot,[34] et les Causes de la Grandeur et de la Décadence des Romains, par Montesquieu.[35]

Peut-être faudroit-il, avant d'étudier l'Histoire des Peuples modernes, donner à l'Histoire Ecclésiastique quelques instans. Nécessairement liée à celle des Empire, il paroît qu'on doit les faire marcher de front. Les mêmes événemens se gravent mieux dans la mémoire, offerts sous des aspects différens, et font juger plus sûrement de l'esprit qui les a dirigés.

Le judicieux Fleury,[36] devenu immortel par son immense ouvrage, malgré le nombre de volumes, ne doit pas effrayer: il est long, parce qu'il veut parfaitement instruire, et parce que son sujet est trop important pour qu'il puisse le traiter avec légéreté. Si cependant on veut se borner à une connoissance beaucoup plus superficielle de l'Histoire Ecclésiastique, on se contentera de celle de l'Abbé de Choisi,[37] qui est beaucoup plus abrégée: le style en est inégal et peu convenable à la majesté d'une pareille histoire. [...]

C'est surtout l'histoire de sa propre nation qu'une Françoise doit s'attacher à bien connoître: comment ne l'intéresseroit-elle pas! [...] Les Voyages de l'Amiral Anson,[38] de M. de Bougainville,[39] du Capitaine Cook,[40] acheveront de faire parfaitement connoître les Peuple du Nouveau Monde.

lisle de Sales, *alias* Henri Ophellot de La Pause (1739/43–1816), «philosophe, historien », siehe BUAM XXIV 561–564, DBF X 846–847, IBF III 976. – Siehe Tab. 8.3.

[34] René Aubert de VERTOT, *Histoire des révolutions arrivées dans le gouvernement de la république romaine.* 3e édition. Paris, 1727, 3 Bde. (in-12). – Zum *abbé* René Aubert de Vertot (1655–1735), «historien», siehe BUAM XLVIII 293–299, DGS 1583–1584.

[35] Charles-Louis Secondat de MONTESQUIEU, *Considérations sur les causes de la grandeur des Romains, et de leur décadence.* Nouvelle édition, revue, corrigée & augmentée par l'auteur. A laquelle on a joint un dialogue de Sylla et d'Eucrate. Paris, 1748, [4], 365, [3] S. (in-12). Erstausgabe: Amsterdam, 1734, [4], 277, [2] S. (in-8). – Zu Charles de Secondat, *baron* de la Brède et de Montesquieu (1689–1755), «philosophe, écrivain», siehe BUAM XXIX 501–522, DGS 1057–1058, Jaumann 453–454.

[36] Claude FLEURY, *Histoire ecclesiastique.* Bruxelles, 1716, 18 Bde. (in-12). – Zum *abbé* Claude Fleury (1640 bis 1723), «sous-précepteur des enfants de France, historien gallican», siehe BUAM XV 61–66, DGS 600.

[37] François-Timoléon de CHOISY, *Histoire de l'Eglise.* Paris, 1706–1723, 11 Bde. (in-4). – Zu François-Timoléon, *abbé* de Choisy (1644–1724), «écrivain et voyageur», siehe BUAM VIII 438–439, DGS 324.

[38] George ANSON, *Voyage au tour du monde, fait dans les années 1740, 41, 42, 43 & 44.* Orné de cartes & de figures en taille-douce. Traduit de l'anglois par Elias de Joncourt. Seconde édition. Tome premier[–quatrieme]. Paris, 1764, 4 Bde. (in-12). – Englische Originalausgabe: *A Voyage round the World, in the Years MDCCXL, I, II, III, IV.* London, 1748, [17] Bl., 417 S., [43] Bl. (in-4). – Zu *baron* George Anson (1697–1752), «naval officer and politician», siehe BUAM II 238–241, ODNB II 260–266; zu Elie de Joncourt (1707–~1775), «traducteur, philosophe, ecclésiastique protestant», siehe BUAM LXIII 209–210.

[39] Louis Antoine de BOUGAINVILLE, *Voyage autour du monde, par la frégate du roi «La Boudeuse» et la flûte «L'Etoile», en 1766, 1767, 1768 & 1769.* Nouvelle édition augmentée. Neuchâtel: de l'imprimerie de la Société Thypographique [sic], 1775, 2 Bde. (in-12). – Zu Louis Antoine, *comte* de Bougainville (1729–1811) voir BUAM V 293–299, DBF VI 1287–1288, Viguerie 780.

[40] James COOK, *Histoire abrégée des premier, second et troisième voyages autour du monde.* Mise à la portée de tout le monde par [Jean Pierre] Bérenger. Basel: chez J. J. Thurneysen, 1795, 3 Bde. (in-8). Englische Originalausgabe: *Voyages Round the World: For Making Discoveries in the Northern and Southern Hemispheres [...].* Newcastle, 1790, 2 Bde. (in-8). – Zu James Cook (1728–1779), «navigator and ex-plorer», siehe ODNB XIII 106–109; zu Jean Pierre Bérenger (1737–1807), «historien», siehe BUAM IV 238–239, Montet I 41–42, HLS II 211.

On aura une idée étendue et juste de l'Histoire de l'univers, si l'on termine les lectures que nous avons indiquées par l'Histoire Universelle de Bossuet[41] et celle de Voltaire,[42] dont le plan est le plus beau, le plus heureux qu'aucun Ecrivain ait jamais tracé, et dont l'exécution brillante forceroit à toujours admirer cet étonnant écrit; à le lire avec un ravissement continuel, si l'auteur, entraîné par l'esprit de systême, et emporté par sa haîne contre tous les principes religieux, n'avoit pas trop souvent altéré les faits pour les rendre favorables à ses opinions: il rassemble sans confusion tous les Peuples dans le même tableau, fait aisément saisir leurs intérêts divers, découvre à-la-fois tous les ressorts qui font mouvoir les Empires, et raconte moins les actions qu'il ne les montre; les personnages agissent, se dévoilent eux-mêmes. On ne lit plus; mais, comme sur la scène, on voit les acteurs en mouvement: l'esprit, les mœurs, les usages, les progrès de chaque siécle, il les peint de manière à nous faire mieux connoître, que nous ne connoissonsce qui se passe sous nos yeux. [...]

Belles-lettres

Traités

Par leur sensibilité, par la finesse, la sûreté de leur tact, par l'extrême mobilité de leurs fibres, les femmes qui saisissent si facilement les traits les plus délicats et les nuances les plus imperceptibles, doivent être et sont en effet les juges suprêmes des beaux arts: mais pour toujours juger sainement, les dons qu'elles ont reçus de la nature ne suffisent pas, il faut encore qu'elles acquiérent la connoissance des principes et de régles de ces arts, qu'elles sont faites pour éclairer.
Le cours de Littérature de l'Abbé Le-Batteux[43] leur donnera toute l'instruction nécessaire, sans faire éprouver l'ennui, qui trop souvent accompagne les préceptes. Quoique didactique, ce livre n'est pas sec: tous les genres y sont traités d'une manière claire et avec intérêt; les exemples bien choisis, ceux sur-tout qui sont tirés des Auteurs Grecs, conservent, dans la traduction, cette fraîcheur, cette simplicité, cette grace antique qu'on retrouve trop rarement dans les écrits modernes, et dont le charmant roman de Galatée vient de nous offrir un modèle.
La Poétique de M. Marmontel,[44] malgré les observations de la critique, est le meilleur ouvrage que nous ayons en ce genre. Elle ne fait pas des Poëtes; mais elle apprend à le lire, à le juger, à bien sentir les beautés et les effets produits par un art qui ravit les imaginations vive, et qui charme et console les ames tendres.

[41] Jacques-Bénigne BOSSUET, *Discours sur l'histoire universelle, à Monseigneur le Dauphin,* Pour expliquer la suite de la religion, & les changemens des empires Tome premier[–cinquième]. Nouvelle édition. Amsterdam, 1734, 4 Bde. (in-12). – Siehe Tab. 8.3.
[42] VOLTAIRE, *Essai sur l'histoire universelle depuis Charlemagne*. Tome premier[–sixieme]. Cinquieme édition purgée de toutes les fautes qu'on trouve dans les autres, & considérablement augmentée d'après un manuscrit plus ample & plus correct. Basel, Dresden: chez George Conrad Walther, libraire du Roi, 1754–1758, 6 Bde. (in-8). – Zu François Marie Arouet, *dit* Voltaire (1694–1778), «philosophe, écrivain», siehe BUAM XLIX 464–512, Viguerie 1446–1449, Kamen (2002) 307.
[43] Charles BATTEUX, *Cours de belles lettres, ou: Principes de la littérature.* Nouvelle édition. Paris, 1753, 4 Bde. (in-8). – Erstausgabe: Paris, 1747–1748, 4 Teile in 2 Bden. (in-12). – Zum *abbé* Charles Batteux (1713 bis 1780), «philologue», siehe BUAM III 523–525, DBF V 817–818, Viguerie 741.
[44] Jean-François MARMONTEL, *Poétique françoise*. Paris, 1763, 2 Bde. (in-12). – Zu Jean-François Marmontel (1723–1799), «écrivain, auteur dramatique», siehe BUAM XXVII 219–230, Viguerie 1166–1167.

Les réflexions de l'Abbé du Bos sur la poésie, la peinture et la sculpture,[45] sont faites par un Philosophe qui a su remonter aux principes de tous les arts, et découvrir les sources de nos plaisirs les plus doux et les plus purs. Son ouvrage, excellent pour le tems où il a été écrit, eût été meilleur encore s'il eût été composé quarante ans plus tard. [...]
A l'étude de ces livres élémentaires, une femme ne peut gueres se dispenser de joindre, au moins, une légères connoissances des brillantes fictions de la Mythologie. Les Peintres, les Poëtes, les Sculpteurs lui parleroient trop souvent une langue incompréhensible, si les Dieux de l'Olympe et les Héros de la Fable lui étoient absolument étrangers. Il faut bien que dans son propre portrait, elle reconnoisse Vénus, la jeune Hébé, la riante Flore, et que Polymnie, Terpsicore, les Nymphes, les Graces et toutes les aimables Déités, à qui si souvent elle sera comparée, ne soient pas ignorées d'elles.
Le traité de Mythologie le plus complet est celui de l'Abbé Bannier:[46] il prétend, et ce systême ne lui est pas particulier, que les fables sont des allégories qui voilent et embellissent d'importantes vérités, dont les hommes ont perdu la trace, lorsque, multipliés à l'infini, ils n'ont plus communiqué avec le peuple choisi. [...]
C'est dans les Métamorphoses d'Ovide[47] que les riantes chimeres des Egyptiens et des Grecs sont parées des plus brillantes couleurs de la poésie. Dans ce poëme, où l'esprit a répandu toute sa fleur et trop prodigué ses traits, par un fil imperceptible, mais jamais interrompu, se trouvent réunies cette foule de fables sans rapports apparens, et se forme un systême complet de la mythologie. [...]
C'est bien moins en multipliant ses lectures, qu'en les faisant avec ordre et avec choix, qu'on parvient à s'instruire d'une manière agréable et sûre. Les ouvrages que nous avons proposés sont nombreux; et cependant la femme qui les lira avec quelqu'attention, en passant des heures occupées et douces, apprendra facilement tout ce qu'il lui est important de savoir: ses jugemens seront plus certains, sa conversation plus intéressante; elle-même sera plus aimable dans la société, y portera, y trouvera plus de charmes; et dans la retraite, elle n'éprouvera jamais le plus cruel des maux, l'ennui.

Poésie et théâtre

Pour la faire jouir de toutes les richesses de l'imagination, pour élever, échauffer, émouvoir, attendrir son ame, la poésie lui offre ses heureuses productions: son langage enchanteur ou sublime, est celui dont tous les peuples se sont servis pour parler à la Divinité, et celui que les hommes ont dû supposer que parloient les Dieux. Quelle perfection n'exige-t-il pas! [...]
Avant que de lire les Poëtes dramatiques, peut-être faudroit-il voir représenter leurs plus belles pièces. Faites pour parler avec force à notre ame, elles ont besoin de l'illusion théatrale pour produire tout leur effet. Dans un cabinet solitaire, Andromaque et Zaïre

[45] Jean-Baptiste Du Bos, *Reflexions critiques sur la poésie et la peinture*. Paris, 1719, 2 Bde. (in-12). – Zum *abbé* Jean-Baptiste Du Bos oder Dubos (1670–1742), «littérateur et historien», siehe BUAM XII 87–89, DGS 499, Viguerie 927.
[46] [Antoine Banier], *Explication historique des fables: Où l'on découvre leur origine & leur conformité avec l'histoire ancienne, & où l'on rapporte les époques des héros & des principaux évenemens dont il est fait mention*. Par M. l'Abbé B***. Paris, 1711, 2 Bde. (in-12); Idem, *La mythologie et les fables expliquées par l'histoire*. Paris, 1738–1740, 3 Bde. (in-8). – Zum *abbé* Antoine Banier (1673–1741), «mythographe et traducteur», siehe BUAM III 313–314, DBF V 69–70.
[47] Publius Ovidius Naso, *Les métamorphoses*. Avec des explications à la fin de chaque fable. Traduction nouvelle par M. l'abbé de Bellegarde. Paris. 1701, [14], 542, [10], [6] 529 S. (in-8). – Zum römischen Dichter Publius Ovidius Naso / Ovid (43 v. Chr.–17 n. Chr.) siehe DNP IX 110–119. – Siehe Tab. 8.3.

ne nous feroient pas autant verser de larmes; Rodogune, Rhadamiste et Warvic porteroient moins de trouble dans notre ame; Arnolphe, Harapgon et Francaleu nous paroîtroient moins fortement comiques, si l'impression que ces chefs-d'œuvres nous ont faite sur la scène ne se retraçoit pas à nous quand nous les lisons. Après les avoir vu jouer, nous éprouvons à la lecture un plaisir nouveau: nous nous rappellons le jeu des Acteurs, mais il ne nous trompe plus; nous découvrons les défauts de l'ouvrage, aucun de ses beautés ne nous échappe; nous examinons chaque scène, chaque vers, et nous admirons sans être séduits.

Nos Auteurs dramatiques sont si généralement connus, et jugés d'une manière si certaine, qu'il seroit bien superflu de rappeller ici leurs ouvrages: il en est de même du petit nombre d'excellens Poëtes que nous avons dans les autres genres. Il n'est point de femme qui ne connoisse, au moins, leur réputation, et qui ne sache qu'elle doit lire et relire cent fois ce bon La Fontaine, que, dans son enfance, on l'a mal adroitement forcée d'apprendre par cœur.[48]

Romans

Il est un autre genre d'ouvrages, qu'une sévérité trop rigoureuse interdit aux femmes, et qu'une trop grande frivolité fait préférer à tous les autres par plusieurs d'entr'elles: ce sont les romans. Cette sorte d'écrits, dont la licence a trop abusé, dont la médiocrité s'est emparée trop souvent; mais dont aussi le génie s'est quelquefois servi pour peindre, corriger les mœurs, et donner de grandes leçons, ne doit pas être la seule lecture d'une femme raisonnable; mais par un scrupule mal-entendu, elle ne doit pas entiérement l'exclure. Puisque Fénelon, Rousseau, Fielding, Richardson ont écrit des romans, le goût le plus délicat et la sagesse la plus timide, ne craindront pas d'en lire; mais il faut se borner à un petit nombre.

L'heureuse imagination de Fénelon a produit le plus parfait de tous. Il a su réunir dans son Télémaque[49] les beautés des deux plus grands Poëtes de l'antiquité; sa prose a la riche simplicité de la poésie d'Homere, avec la correction, l'harmonie, la parure et les graces de Virgile. Ce chef-d'œuvre, sans modele et sans imitateur, forme à lui seul une classe à part.

Les ouvrages des La Fayette,[50] des Tencin,[51] des Grafigni,[52] et de Madame Riccoboni,[53] offrent des tableaux où les graces se réunissent au sentiment. Ils attachent par un intérêt vif, par des situations touchantes, par la peinture, non toujours forte, mais presque

[48] «Rousseau avoit raison. Les fables de La Fontaine ne doivent pas être le livre des enfans, qui ne les entendent pas, mais bien le manuel des hommes faits et des gens de goût. Avec aucun passage de La Fontaine, il n'est rien à quoi l'on ne puisse répondre.» (Anm. des Verfassers).

[49] François de Salignac de la Mothe-FÉNELON, *Les aventures de Télémaque fils d'Ulysse*. Suivant la copie de Paris. Den Haag, 1699, [2], 208 S. (in-12). – Siehe Tab. 8.3.

[50] Marie-Madeleine de LA FAYETTE, *Œuvres*. Maestricht, 1786, 8 Bde. (in-8). – Zu Marie-Madeleine Pioche de La Vergne, *comtesse* de La Fayette (1634–1693), «femme de lettres», siehe BUAM XIV 236–238, DGS 814–816.

[51] Siehe *supra,* Anm. 6.

[52] [Françoise de GRAFIGNY], *Lettres d'une Péruviennes*. Peine, 1747, VIII, 337 S. (in-12). – Zu Françoise (Paule) d'Issembourg (du Buisson) d'Happoncourt, *Mme* de Grafigny oder Graffigny (1695–1758), «femme de lettres», siehe BUAM XVIII 262–264, DBF XVI 895–897, Viguerie 1017–1018.

[53] Marie Jeanne RICCOBONI, *Collection complète des œuvres (de Madame Riccoboni)*. Neuchâtel: de l'imprimerie de la Société Typographique, 1773, 6 Teile in 7 Bden. (in-8). – Zu Marie Jeanne de Heurles Laboras de Mezières Riccoboni (1713–1792), «comédienne,romancière, traductrice», siehe BUAM XXXVII 532–535, Herman (2007).

toujours vraie des caracteres, et plaisent par la facilité, l'agrément et la pureté du langage.
Dans les sujets qui, sur-tout, demandent de la finesse dans les pensées, de la fraîcheur dans les coloris, de la douceur, de la délicatesse et du naturel dans l'expression, et qui permettent cette heureuse et molle négligence, qui a tant de charmes, les femmes ont des succès auxquels les hommes voudroient en vain prétendre. Madame de Sévigné, par de simples Lettres de société,[54] est devenue un modele presque inimitable, et comme La Fontaine, sans y penser, elles s'est rendue immortelle.
Mais c'est à notre siécle qu'il étoit réservé d'offrir dans une femme[55] le plus étonnant exemple de la supériorité du talent. Dans le premier rang de la société, avec les charmes de la figure, tous les avantages que procurent les arts enchateurs, elle a daigné consacrer aux enfans les fruits du génie le plus fécond, le plus aimable et le plus heureux; et, croyant peut-être travailler pour eux seulement, elle a instruit, fait les délices de tous les âges, et le désespoir de l'envie. Ses Drames ravissans, quoique privés des grandes ressources des passions fortes, avec autant de simplicité, plus d'intérêt que ceux de Ménandre, sont écrits avec la méme élégance, la même pureté que les Piece de Terence, et ont un mouvement, une action que les Comédies du Poète Latin n'ont pas.
Dans ses Lettres sur l'éducation,[56] le même Auteur a su faire disparoître la sécheresse didactique, et donner les attraits des graces au langage de la raison. [...] Il est un point de vue sous lequel on peut considérer les romans comme très-utiles. Si on les lit, non seulement avec le désir de passer quelques momens agréables, mais aussi avec l'intention d'y découvrir les mœurs, les usage, l'esprit de chaque siécle, on en tirera des lumieres peut-être plus sûres, pour apprendre à connoître les hommes et la marche de leurs idées, que celles qu'on pourroit trouver dans l'Histoire, et même dans des traités de Morale très-bien faits.
Dom Quichotte,[57] cet ouvrage de l'imagination la plus gaie, nous peint les extravagances chevaleresques des Espagnols, leurs graves ridicules, leurs préjugés, leur ignorance et leur sérieuse déraison, d'une manière plus sûre et plus piquante, que les gros livres qu'on a écrit[s] sur cette nation. Les romans de Le Sage, et particuliérement Gilblas,[58] avec autant de naturel et de gaieté, ont le même mérite, quoiqu'avec moins de force de conception.

[54] Marie de Rabutin-Chantal de SÉVIGNÉ, *Recueil de lettres choisies*. Pour servir de suite aux lettres de Madame de Sevigné à Madame de Grignan, sa fille. Paris, 1751, [16], 499, [4] S. (in-12). – Zu Marie de Rabutin-Chantal, *marquise* de Sévigné (1626–1696), «femme de lettres, fameuse épistolière», siehe BUAM XLII 175 bis 186, DGS 1443–1444.

[55] Zu Anne-Thérèse de Marguenat de Courcelles, *marquise* de Lambert (1647–1733), «femme de lettres», siehe BUAM XXIII 262–263, DGS 822, Viguerie 1082, DBF XIX 501–503. – Siehe: *Œuvres (de Madame la marquise de Lambert)*. Rassemblées pour la première fois. On y a joint diverses pieces qui n'ont pas encore paru, avec un abregé de sa vie. Lausanne: chez Marc-Michel Bousquet & compagnie, 1747, XXII, 455 S. (in-12). – Siehe Tab. 8.3.

[56] Anne Thérèse de Marguenat de Courcelles de LAMBERT, *Lettres sur la véritable éducation*. Amsterdam, 1729, 207 S. (in-12). – Zuvor (1728) erschienen unter dem Titel: *Avis d'une mere à son fils et à sa fille*.

[57] Miguel de CERVANTES SAAVEDRA, *El ingenioso hidalgo Don Quijote de la Mancha*. – Siehe Tab. 8.3.

[58] Alain-René LESAGE, *Histoire de Gil Blas de Santillane*. Paris, 1715–1735, 4 Bde. (in-12); *Les avantures de Gil Blas de Santillane*. Nouvelle édition, augmentée. Amsterdam, 1739–1741, 4 Bde. (in-12). – Zu Alain-René Lesage oder Le Sage (1668–1747), «écrivain», siehe BUAM XXIV 252–264, DGS 860–861, DBF XXI 1219–1222. – Siehe auch Text 7.8.

On doit à M. le Marquis de Paulmy l'idée très-philosophique d'une Bibliotheque des Romans.[59] Il a fait recueillir les ouvrages des Romanciers de tous les pays et de tous les âges. En leur conservant leur originalité, il a ouvert une source abondante de plaisirs et d'instructions. M. le Comte de Tressan,[60] associé à son travail, a pris le pinceau de l'Albane, et des esquisses grossieres et depuis long-tems oubliées, sont devenues des tableaux charmans.
Les Contes Moraux de M. Marmontel,[61] quand il n'auroit pas autant de titres littéraires, suffiroient pour lui faire une grande réputation: ils prouvent que tous les genres sont bons quand le talent s'en empare, et que des Contes supérieurement faits, peuvent être placés parmi le petit nombre d'ouvrages dont s'honore une nation.
Duclos, souvent sec et toujours ingénieux; Marivaux,[62] souvent froid à force d'esprit, mais toujours étonnant par sa singuliere sagacité, ont porté quelque lueur dans l'obscurité du cœur humain. Le dernier sur-tout en découvre les plus secrets sentimens, en pénètre les ressorts les plus cachés: ses écrits sont les meilleurs tableaux de l'ame, quand elle n'est agitée que par des mouvemens & des intérêts communs. En le lisant, on est tout-à-la-fois forcé de la condamner & de l'applaudir; on le blâme, sans pouvoir s'empêcher de lui sourire, & l'on ne quitte Mariane[63] & le Paysan Parvenu[64] qu'avec le regret de n'avoir plus à lire.
On ne peut parler d'aucune partie de la Littérature, que le nom de Voltaire ne soit retracé. Zadic, Memnon, Babouc, l'Ingénu, sous le titre modeste de Contes, sont des leçons de morale et de philosophie parées de toutes les fleurs de l'imagination.
Quoique la France ait produit une foule de romans très-agréables et fort intéressans, cependant ceux des Anglois leur sont en général aussi supérieurs que les tableaux des grands maîtres d'Italie le sont aux compositions froides, correctes et maniérées de Vateau ou de Boucher. Non, comme nous, esclaves d'un prétendu bon ton, ils veulent peindre fidélement et avec force la nature humaine: aussi c'est dans les classes et les situations où l'homme se manifeste davantage, qu'ils choisissent leurs héros.
Ce genre, qui n'est communément que frivole et futile, parce que le génie l'a trop dédaigné, pourroit cependant produire des ouvrages sublimes et de la plus grande utilité, [...]
Revenons aux romans anglois: ils ont une originalité que les nôtres ne peuvent avoi; ils offrent des portraits d'après nature, dans un pays où chaque homme conserve son caractère, et rougiroit de n'être que la copie d'un Roi. [...]

[59] [(Marc) Antoine René de VOYER, marquis de Paulmy d'Argenson et al.], *Bibliothèque universelle des romans*. Ouvrage périodique, dans lequel on donne l'analyse raisonnée des romans anciens & modernes, françois, ou traduits dans notre langue; avec des anecdotes & des notices historiques & critiques concernant les auteurs ou leurs ouvrages, ainsi que les mœurs, les usages du temps, etc. Paris, 1775–1789, 224 Bde. (in-12). – Zu (Marc) Antoine René de, *marquis* de Paulmy d'Argenson Voyer (1722–1787), «ambassadeur et secrétaire d'Etat à la guerre», siehe BUAM XLIX 576–577, Viguerie 1451. – Siehe auch Text 6.6.
[60] Zu Louis Elizabeth de La Vergne, *comte* de Tressan (1705–1783), «littérateur», siehe BUAM XLVI 492 bis 496, Viguerie 1416–1417.
[61] Jean-François MARMONTEL, *Contes moraux*. Suivis d'une apologie du théâtre. Den Haag, 1761, 2 Bde. (in-8). – Erstausgabe: 1756. – *Nouveaux contes moraux*. Paris, 1765, [1], 256 S. (in-6).
[62] Zu Pierre Carlet de Chamblain de Marivaux (1688–1763), «écrivain», siehe BUAM XXVII 185–190, Viguerie 1166.
[63] Pierre Carlet de Chamblain de MARIVAUX, *La vie de Marianne, ou: Les avantures de Madame la comtesse de* ***. Frankfurt a. M., 1750, 2 Bde. (in-8).
[64] Pierre Carlet de Chamblain de MARIVAUX, *Le paysan parvenu*. Amsterdam, 1734, 2 Bde. (in-12).

Qu'on lise les ouvrages de l'immortel Richardson,[65] et qu'on dise, s'il est non seulement un roman, mais même un livre qu'on puisse lui comparer. Non, je ne crains pas de l'affirmer, Clarice[66] est la plus belle création de l'esprit des hommes, mais qui ne pouvoit être faite que par un Anglois. Quel autre pays eût fourni les originaux de cette multitude de caractères si variés, si vrais et si tranchans! [...] Si les Anglois ont eu le bonheur de voir naître ce Poëte sublime parmi eux, les François ont eu l'avantage plus grand de leur faire connoître un trésor, dont ils ignoroient le prix. C'est à eux que Richardson doit la réputation dont il jouit chez ses compatriotes et dans le reste de l'Europe. S'il n'eût pas été traduit, à peine seroit-il connu. L'Abbé Prevôt, qui faisoit, comme tant d'autres, de la littérature un commerce, imagina qu'un grand nombre de volumes lui produiroit beaucoup d'argent. Il nous donna Clarice;[67] mais son goût timide ne lui permit pas de laisser toute son étendue à un ouvrage dont on ne peut ôter une phrase sans nuire à la perfection de l'ensemble et sans altérer cette vérité, qui fait l'un de ses principaux mérites: il retrancha des Lettres, supprima le testament de Clarice et la description de ses funérailles, et au lieu du premier tableau du plus grand de tous les peintres, nous n'eumes qu'une esquisse foible et tronquée. Un homme supérieur a réparé les torts d'un artiste craintif, et nous avons l'ouvrage dans son entier.[68] [...]
Celui qui produisit Clarice, produisit aussi Grandisson:[69] ces deux ouvrages ont eu en Angleterre et en France des imitations dont plusieurs ont une partie du mérite de leurs modèles: celle qui approche davantage de ces chefs-d'œuvres et qu'on ne peut s'empêcher de placer à côté d'eux, c'est la nouvelle Héloïse.[70] Quelle heureuse révolution n'auroit pas fait dans nos mœurs cet admirable livre, si les François avoient [voulu] ou pouvoient se livrer constamment aux idées qui les touchent ou charment!
Tandis que Richardson élevoit les Romans au-dessus des Poëmes d'Homère, de Virgile et du Tasse; tandis qu'il les consacroit à donner des leçons de la vertu la plus pure, et qu'il les faisoit servir de parure à la morale la plus tendre et la plus vraie, Fielding,[71] aussi Philosophe que Molière, les employoit à peindre les petites passions, les travers,

[65] Zu Samuel Richardson (1689–1761), «printer and author», siehe BUAM XXXVII 579–582, ODNB XLVI 845–854, Kamen 257. – Siehe auch Engelsing (1974) 305–310, 314–315.

[66] Samuel RICHARDSON, *Clarissa, or: The History of a Young Lady, Comprehending the Most Important Concerns of Private Life [...]*. London, 1748, 7 Bde, (in-12).

[67] Samuel RICHARDSON, *Lettres angloises, ou: Histoire de Miss Clarisse Harlowe.* [Traduit par Antoine François Prévost d'Exiles]. London, 1764, 12 Bde. (in-8). – Zum *abbé* Antoine François Prévost-d'Exiles (1697 bis 1763), «l'un des plus féconds écrivains du dix-huitième siècle», siehe BUAM XXXVI 64–72, Viguerie 1308. – Siehe auch Furrer (2002) I 267–268, Transkription 3/5.

[68] Samuel RICHARDSON, *Clarisse Harlowe.* Traduction nouvelle et seule complète; par M. [Pierre] Le Tourneur. Sur l'édition originale revue par Richardson; avec figures d'après M. [Daniel] Chodoviecki, de Berlin. Genève: chez Paul Barde, 1788, 12 Bde. (in-8). – Zu Pierre Le Tourneur (1737–1788), «homme de lettres et traducteur», siehe BUAM XLVI 373–375. – Siehe auch Text 7.11.

[69] Samuel RICHARDSON, *Nouvelles lettres angloises, ou: Histoire du chevalier Grandisson.* Par l'auteur de Pamela et de Clarisse. [Traduit par Antoine-François Prévost d'Exiles]. Amsterdam, 1770, 8 Bde. (in-12). – Englische Originalausgabe: *The History of Sir Charles Grandison: In a series of letters published from the originals, by the editor of Pamela and Clarissa.* In seven volumes. London, 1753, 7 Bde. (in-8).

[70] Jean-Jacques ROUSSEAU, *Lettres de deux amans, habitans d'une petite ville au pied des Alpes [Julie, ou la nouvelle Héloïse].* Amsterdam, 1761, 6 Teile in 3 Bden. (in-12). – Zu Jean-Jacques Rousseau (1712–1778), «écrivain, philosophe», siehe Leu XV 487, Holzhalb V 200–205, BUAM XXXIX 126–150, Viguerie 1346 bis 1349, HLS X 499–501. – Siehe auch Text 7.11 und Text 7.12.

[71] Henry FIELDING, *The Works.* With the life of the author. In twelve volumes. The third edition. London, 1766, 12 Bde. (in-12). – Zu Henry Fielding (1707–1754), «novelist», siehe BUAM XIV 501–504, ODNB XIX 500–509, Kamen 113–114.

les vices, les ridicules et les préjugés des pauvres humains, et les forçoit à rire d'eux-mêmes en leur montrant leurs propres traits.
Jamais la raison n'a parlé un langage aussi gai que dans Joseph-Andreus[72] et dans Tom-Jones:[73] un comique vif, soutenu, naturel et presque jamais bas ou forcé, y sort continuellement des situations. Quoique très-originaux et très-contrastés, les caractères y sont ous vrais; et l'on sent, quoique l'on n'en ait peut-être pas rencontré de pareils, qu'ils sont dans la nature, et que c'est d'après elle qu'ils ont été tracés. Le goût et la conduite, sans lesquels le génie même ne trouveroit pas grace devant des François, s'unissent dans les écrits de Fielding, à la vivacité piquante, à la singularité, à la force comique qui les distinguent.

Je m'apperçois, et malheureusement un peu tard, que mes conseils de lecture deviennent eux-mêmes un livre. Pour le rendre plus supportable, je me hâte de l'abréger. Mon dernier avis est de choisir dans la foule des écrits périodiques, un Journal qui fasse connoître les nouveautés: il est agréable et presque nécessaire d'être au courant de la littérature; et les Journalistes ont du moins l'avantage d'apprendre les titres, et de donner une notion des livres qui paroissent.
Un moyen d'ajouter à ses lectures un nouvel intérêt, et d'en conserver un souvenir durable, c'est d'en faire l'objet d'une correspondance active et suivie.[74] Si une femme l'établit avec un homme instruit et sage, ce commerce sera pour tous deux agréable et utile; il deviendra la source d'une suite d'idées ingénieuses, de réflexions solides, de pensées fines et de bons raisonnemens; et il fera naître entr'eux une amitié tendre, peut-être très-préférable à l'amour.
La femme qui, de bonne heure, s'occupe du soin de cultiver son esprit et d'éclairer sa raison, se prépare, pour tout le tems de sa vie, des ressources contre l'ennui, et ne tombe point dans la multitude d'écarts auxquels il entraîne: elle ne perd pas tout avec la fraîcheur, les amusemens et les graces de la jeunesse, comme les femmes qui n'ont jamais pensé, qui n'ont rien prévu, et dont le plaisir a été l'unique et trompeur objet. Quand l'âge lui donnera le goût, on lui imposera la nécessité d'une vie plus retirée, elle ne sera point forcée, pour remplir le vuide immense de son cœur, de se jetter dans une dévotion sans lumières, qui ne la satisferoit pas, et ne lui feroit point acquérir l'estime des personnes raisonnables, parce qu'au lieu d'être un sentiment, cette dévotion ne seroit qu'un état. Elle se livrera moins encore à l'esprit d'intrigues, qui rend si importunes, si dangereuses et même si viles celles qui s'y adonnent. Le jeu, cette âpre et triste passion des vieilles, en qui augmente le besoin de se fuir, sera tout-au-plus pour elle un amusement. Jamais chez elle on n'éprouvera la langueur et l'ennui de ces conversations décousues, dénuées de sens et d'idées que la médisance seule empêche d'être toujours d'une assommante insipidité. Pour conserver quelque considération, et pour retrouver quelque ressort, elle ne s'entourera pas même de beaux esprits, qui brûleroient un fade encens à ses pieds, et verseroient à grands flots le ridicule sur sa tête. Ses amis lui suffiront. Sensés, instruits, aimables comme elle, ils feront le charme de toutes ses journées: sans cesse occupés à lui plaire, ils sentiront le bonheur de l'aimer en jouissant du bonheur d'être

[72] Henry FIELDING, *The History of the Adventures of Joseph Andrews, and of his Old Friend Mr. Abraham Adams*. Written in imitation of the manner of Cervantes, author of Don Quixote. In two volumes. London, 1742, 2 Bde. (in-12).
[73] Henry FIELDING, *The History of Tom Jones, a Founding*. In six volumes. London, 1749, 6 Bde. (in-12). – Siehe Tab. 8.3.
[74] Siehe zum Beispiel Bondeli (1759–1778) und Tab. 4.1.

aimés d'elle. Lorsque le tems des plaisirs vifs et brillans sera passé, des plaisirs plus tranquilles et peut-être plus doux, lui succéderont. Elle n'aura rien à regretter. Jeune, elle régne par l'amour et les graces; plus âgée, elle régnera par l'esprit, par la raison et par l'amitié. C'est moins changer d'empire, que s'asseoir sur un trône bien moins orageux et plus assuré.

VII. Über das Lesen der Frauen und ihren Umgang mit Büchern

Im Fokus der dreizehn Quellentexte des Kapitels stehen die lesenden Frauen, ihr Zugang *zu* und ihr Umgang *mit* Büchern. Das Korpus umfasst verschiedene literarische Genres: Essays[1], Reiseberichte[2], fiktive Dialoge[3] und ein Tagebuch.[4] Die kleine Auswahl beleuchtet somit das Thema auf unterschiedliche Weise; jedoch stammen bloss drei Texte aus der Feder von Frauen,[5] und als «feministisch» *ante litteram* wäre wohl bloss Theodor Gottlieb von Hippels Text zu bezeichnen.[6]
Gefragt wird zum Beispiel danach, welchen Platz das Lesen in der weiblichen Erziehung und Bildung einnehmen soll; wie sich die Lektüre der Frauen in ihre *vita otiosa* und ihre *vita activa*[7] einbettet; welcher Handlungsspielraum sich Frauen ihrer Zeit bietet, bevor sie zu einem, zu diesem oder jenem Buch greifen.
Wie in Kapitel VI sind die zitierten Texte ungekürzt oder in Auszügen wiedergegeben, möglichst originalgetreu transkribiert und mit einer Anzahl Anmerkungen versehen.
Ausgewertet werden die Texte wiederum in den Schlussbetrachtungen, wo sie, zusammen mit anderen Quellen, in die drei letzten Tabellen einfliessen – in Tabelle 8.4. (Typen von Leserinnen im 18. Jahrhundert), Tabelle 8.5. (Modalitäten des weiblichen Lesens), Tabelle 8.6. (Modalitäten des weiblichen Nichtlesens).

1 Text 7.1, Text 7.2, Text 7.5, Text 7.7, Text 7.13.
2 Text 7.9, Text 7.10, Text 7.11, Text 7.12.
3 Text 7.3, Text 7.6, Text 7.8.
4 Text 7.4.
5 Text 7.4, Text 7.10, Text 7.12. – Beizufügen wäre besonders Bondeli (1759–1778). Siehe dazu Tab. 4.1 und Furrer (2002) I 267–268, Transkription 3/5.
6 Text 7.13.
7 Siehe dazu Furrer (2014) 27–28, Tab. 1: Menschliches Tun: müssiges und tätiges Leben.

Text 7.1: François GRENAILLE DE CHATOUNIERES, La bibliothèque des dames. Paris: chez Toussainct Quinet […], 1640, S. [5–6, 8–10, 11] (in-4)[1]

Advis aux Dames.

Mes Dames,
Vous avez l'esprit trop bon pour ne pas devoir jamais rien lire, & les yeux trop beaux pour lire tousjours. Je vous presente donc une petite Bibliotheque qui vous puisse desennuyer en vous instruisant, & vous profiter en vous faisant passer doucement quelque moment de vostre vie. Je n'ay garde de vouloir faire icy le Maistre des Maistresses de tout le monde, mais je croy que vous ne vous rebuterez pas d'ouïr mon langage. Sçachant qu'il ne vous produit que les sentiments des plus grands personnages de tous les siecles passez. Quittez un peu les Romans pour trouver icy d'excellentes veritez, & ne faites pas plus d'estat de vostre satisfaction temporelle, que de vostre salut eternel. Si la severité des discours que je vous offre semble choquer la delicatesse de quelques unes de vostre sexe, qu'elles s'en prennent à Saint Hierosme & à Tertulien, ou qu'elles avoüent que je ne puis mal raisonner apres de si bons genies. Vous pourrez remarquer encor que j'ay aporté beaucoup d'adoucissement, où ils sembloient un peu rigoureux, & tasché d'énoncer à la mode de la Cour ce qu'ils ont escrit dans la solitude. Apres tout si les censures d'Afrique vous espouvantent, representez-vous que c'est à des Carthaginoises, & non pas à des Françoises qu'elles s'adressent.

Que si mon dessein vous plaist, Mes Dames, je tascheray de vous donner plus de satisfaction en vous donnant dans plusieurs parties suivantes, toutes les pieces qui concernent les personnes de vostre sexe, & fouïlleray bien exactement toutes les Bibliotheques des hommes pour remplir celle des Dames. Je pousuivray donc mon ouvrage par des traictez de pieté, dont les moindres sont tousjours plus considerables que les plus grands des profanes. Ainsi donc je traduiray d'autres lettres de S. Hierosme, & en joindray quelques-unes de Sainct Augustin, avec plusieurs discours qu'il a faits en faveur des Dames; La Veuve de S. Ambroise n'y sera pas oubliée, non plus que la Penitente de sainct Eucher. Des Peres Latins, je passeray aux Grecs, pour vous donner la Gorgonia de sainct Gregoire de Nazianze, l'Olimpia de sainct Chrysostome, & tant de beaux traictés, qui semblent estre maintenant des secrets pour vous, quoy qu'ils n'ayent esté publiez qu'en consideration des personnes de vostre sexe. Aprez les Autheurs sacrez, je m'attacheray aux profanes. Je vous donneray entre autres ces deux excellentes consolations que Seneque envoye à Helvia & à Martia, où ce grand Esprit fait voir que les Dames ne sont jamais plus heureuses, que lors qu'elles sont plus affligées. Enfin comme je vous honoreray durant tout le cours de ma vie, je tascheray tousjours d'escrire quelque chose à vostre honneur; ce ne sera pourtant pas pour idolatrer la beauté de vostre corps, mais pour embellir vostre ame.

[1] Zu François de Grenaille, *sieur* de Chatounières (1616–1680), «écrivain», siehe DBF XVI 1159–1160. Das Werk ist «A Madame la Duchesse d'Aiguillon» gewidmet (S. [1–4]). Zur «salonnière» Marie-Madeleine de Vignerot, *marquise* de Combalet, *duchesse* d'Aiguillon (1604–1675) siehe BUAM I 344, DBF I 920–924.

Ce travail sera grand, mais il ne sera pas inutile, s'il vous peut estre agreable. Or j'espere que le dessein ne vous en déplaira pas, veu que je ne l'ay entrepris que dans le desir que j'ay de vous plaire, & de contribuer autant aux ornemens de vostre interieur, que d'autres contribuent à ceux de vostre figure. Vous ne me sçaurez pas mauvais gré de vous avoir fait souvenir de l'eternité dans le temps, & d'avoir voulu empescher les défauts de vostre estat, pour en faire mieux reluire les perfections. Mais comme je n'ay travaillé qu'en faveur des honnestes femmes, je serois bien marry d'avoir l'approbation des Coquettes. Mon livre seroit bien mauvais, si elles en faisoient un bon jugement. Pour les hommes, je sçay que plusieurs seront bien aises que les Docteurs de l'Eglise empeschent les excessives dépences de leur maison, & obligent les femmes d'agréer à leurs marys, au lieu de vouloir plaire indifferemment à tout le monde. Outre que les enuieux mesmes ne sçauroient regarder cet ouvrage de mauvais œil, y appercevant d'abord l'excellence de vos traits. Je sçay que vous reglez les opinions de tous les meilleurs esprits, comme vous en gouvernez les cœurs. Donnez donc à ce Livre l'honneur de quelqu'une de vos œillades, & vous verrez tous les Autheurs jaloux de mon ouvrage: en ce que paroissant à vostre veuë avec quelque sorte agréement, il aura un bon-heur qu'ils briguent tous d'avoir la personne.

Table des traictez de la Bibliotheque des Dames.

Livre premier.

Livre second.

Text 7.2: [François POULAIN DE LA BARRE], De l'égalité des deux sexes: Discours physique et moral, où l'on voit l'importance de se défaire des préjugez [1673]. Seconde édition. Paris: chez Jean Du Puis, rue Saint Jacques à la Couronne d'Or, 1676, S. 208–213 (in-12)[1]

Ainsi quelque temperamment qu'ayent les femmes, elles ne sont pas moins capables que nous de la verité & de l'étude. Et si l'on trouve à present en quelques-unes quelque deffaut, ou quelque obstacle, ou même que toutes n'envisagent pas les choses solides comme les hommes, à quoy pourtant l'experience est contraire, cela doit estre uniquement rejetté sur l'état exterieur de leur Sexe, & sur l'éducation qu'on leur donne, qui comprend l'ignorance où on les laisse, les préjugez ou les erreurs qu'on leur inspire, l'exemple qu'elles ont de leurs semblables, & toutes les manieres, à quoy la bienseance, la contrainte, la retenuë, la sujettion, & la timidité les reduisent.
En effet on n'oublie rien à leur égard qui serve à les persuader, que cette grande difference qu'elles voyent entre leur Sexe & le nostre, c'est un ouvrage de la raison, ou d'institution divine. L'habillement, l'éducation, & les exercices ne peuvent estre plus differents. Une fille n'est en asseurance que sous les aisles de sa mere, ou sous les yeux d'une gouvernante qui ne l'abandonne point: on luy fait peur de tout; on la menace des esprits dans tous les lieux de la maison, où elle se pourroit trouver seule: Dans les grandes ruës & dans les temples mêmes il y a quelque chose à craindre, si elle n'y est escortée. Le grand soin que l'on prend de la parer y applique tout son esprit: Tant de regards qu'on luy jette, & tant de discours qu'elle entend sur la beauté y attache toutes ses pensées; & les complimens qu'on luy rend sur ce sujet, font qu'elle y met tout son bonheur. Comme on ne luy parle d'autre chose, elle y borne tous ses desseins, & ne porte point ses veuës plus haut. La danse, l'écriture, & la lecture sont les plus grands exercices des femmes, toute leur Bibliotheque consiste dans quelques petits Livres de devotion, avec ce qui est dans la cassette.[2]
Toute leur science se reduit à travailler de l'éguille. Le miroir est le grand maistre, & l'oracle qu'elles consultent. Les bals, les comedies, les modes sont le sujet de leurs entretiens: elles regardent les cercles, comme de celebres Academies, où elles vont s'instruire de toutes les nouvelles de leur Sexe. Et s'il arrive que quelques-unes se distinguent du commun par la lecture de certains Livres, qu'elles auront eu bien de la peine à attraper, à dessein de s'ouvrir l'esprit, elles sont obligées souvent de s'en cacher: La pluspart de leurs compagnes par jalousie ou autrement, ne manquant jamais de les accuser de vouloir faire les precieuses.
Pour ce qui est des filles de condition roturiere, contraintes de gagner leur vie par leur travail, l'esprit leur est encore plus inutile. On a soin de leur faire apprendre un mestier convenable au Sexe, aussi-tost qu'elles y sont propres, & la necessité de s'y employer sans cesse, les empéche de penser à autre chose: Et lorsque les unes & les autres élevées

[1] Siehe die Passage in den beiden neueren Ausgaben: [François] POULAIN DE LA BARRE, *De l'égalité des deux sexes [1673] – De l'éducation des dames [1674] – De l'excellence des hommes [1675]*. Edition, présentation et notes par Marie-Frédérique Pellegrin. Paris, 2011, (426 S.) S. 132–134; François POULLAIN DE LA BARRE, *De l'égalité des deux* sexes: Discours physique et moral où l'on voit l'importance de se défaire des préjugés. Edition établie et présentée par Martien Reid. [Paris], 2015, (139 S.) S. 122–124. – Zu François Poul(l)ain de la Barre (1647–1723) siehe Montet I 32, Alcover (1981), Stuurman (2004), HLS IX 835.
[2] Cassette: Schmuckkästchen.

de cette façon ont atteint l'âge du mariage, on les y engage, ou bien on les confine dans un cloître où elles continüent de vivre comme elles ont commencé.
En tout ce qu'on fait connoistre aux femmes void-on rien qui aille à les instruire solidement? Il semble au contraire qu'on soit convenu de cette sorte d'éducation pour leur abaisser le courage, pour obscurcir leur esprit, & ne le remplir que de vanité & de sotises; pour y étoufer toutes les semences de vertu & de verité; pour rendre inutiles toutes les dispositions qu'elles pourroient avoir aux grandes choses, & pour leur oster le desir de se rendre parfaites, comme nous, en leur ostant les moyens.

Text 7.3: [Johann Georg ALTMANN alias] Philo-Spectateur, XXXIV. Discours: Vom Nutzen und Gefährlichkeit eines wohlstudierten Frauenzimmers, in: Bernisches Freytags-Blätlein. In welchem die Sitten unser Zeiten von der Neuen Gesellschafft untersucht und beschrieben werden. Zweyter Theil. Bern: bey Samuel Küpffer, 1722, S. 269–276 (in-4)[1]

Odi
Hanc ego, quæ repetit, volvitquè Palæmontis artem,
Servatâ semper lege & ratione loquendi,
Ignotosquè mihi tenet antiquaria versus,
Nec curanda viris opicæ castigat amicæ
Verba. Solæcismum liceat fecisse marito.
Juvenal. Satyr. VI. 451.

Ich hasse diejenige Weibs-Persohnen, die des Palemons Grammatic ohn Auffhören lesen und durchblätteren, die da sorgfältig auff alle Redens-Arten Achtung geben, die allerhand Vers und alte Possen hervor bringen, und die an ihren Freundinnen Wörter, so gelehrte Leuth niemanden vorrucken[2] wurden, nicht leiden können. Ach! Daß doch ihren Männeren erlaubt wäre, ungehindert *Solæci*sten zu reden!
Herr *Melissantes* hat durch seinen 14ten *Discours*[3] ohnlängst Anlaß gegeben, daß man in einer Gesellschafft guter Freunden, darunter ich mich auch befande, die Frag auff die Bahn gebracht: Ob dem Frauen-Zimmer das Studieren wohl oder übel anstehe?
Der einte understuhnde sich durch allerhand Gründ, solches zu behaubten; Da hingegen ein anderer das Widerspiehl zu beweisen sich sehr bemühte.
Wie, sagte *Damon,* soll denn dem Weiblichen Geschlecht nicht vergönnet seyn, die Wunder und Herrlichkeiten der Welt, die Weisheit des Schöpffers, das Herz und das Gemüth des Menschen, und andere Wunderungs-würdige Sachen z uerkennen, und durch deren Erkantnuß weiser und verständiger zu werden?
Nein! antwortete *Erasto,* die Natur hat das Weibliche Geschlecht nur dem Haus-Wesen vorzustehen, und die Welt fortzupflanzen, erschaffen; Zu dem End hat sie auch selbiges mit mehrerer Schönheit, und grösserer Anmuth als das unsrige begabet, dardurch es unser Herz und unsre Liebe gewinnen möge: Da hingegen unserem Geschlecht ein reiffere Verstand und grössere Stärke zu Theil worden, damit es zur Regierung der Welt, zur Erfindung und Außübung der Künsten und Wissenschafften desto tüchtiger werde.
So meint dann der Herr, versetzte *Damon,* das Weibliche Geschlecht seye mit minderem Verstand als das unsere begabet, und seye hiemit auch minder zum Studieren tüchtig? Erhelt dann ihre *Capacitet* nicht auß vieler berühmter *Dames* Exempel, die so wohl zu unseren als zu den Griechen und Römeren Zeiten gelebet, und sich durch ihre Schrifften einen ewigen Ruhm erworben? Wer kann laugnen, daß man bey dem Frauen-Zimmer nicht so wohl als bey uns verständige und Geist-reiche Persohnen antrifft? Wer weiß nicht, daß ihre Gedanken Sinn-reicher, ihre Einfäll artiger, ihre *Conversation* anmuthi-

[1] Zum Bernischen Freytags-Blätlein, zur *Neuen Gesellschaft* und zu Johann Georg Altmann siehe Erne (1988) 184–188, HSL I 278.
[2] Vorrucken: (einem) Schlimmes vorhalten (SI VI 858).
[3] Melissantes, XIV. Discours: Schutz-Schrift des Melissantes für das Frauen-Zimmer gegen den Misantrope, in *Bernisches Freytags-Blätlein. In welchem die Sitten unser Zeiten von der Neuen Gesellschafft untersucht und beschrieben werden.* Erster Theil. Bern: bey Samuel Küpffer, 1722, S. 105–112.

ger, ihre Schreib-Arth angenehmer, und ihre *Expressionen* deutlicher und natürlicher als die unsere sind? Ich lasse den Herren gedenken, ob es nicht eine grössere Lust wäre, die Weisheit auß dem Munde eines wohl-redenden, liebenswürdigen und gelehrten Frauen-Zimmers, als aber auß dem Mund eines *Misantrope* oder saur-sehenden[4] *Philosophi* anzuhören? Daß aber gelehrter Dames Zahl nicht grösser, kommt allein daher, weilen es ihnen an *Occasion,*[5] an Bücheren und an Lehr-Meisteren fehlet.
Ich kan aber nicht begreiffen, sagte *Erasto,* worzu die Studien einem Frauen-Zimmer, so weder die Catheder und die Canzlen besteigen, noch zum Nutzen des Vatterlands solche anwenden kann, dienen solten. Ist es nicht genug, daß selbiges dem Haus-Wesen wohl vorstehen, und die Kinder wohl zu aufferziehen wüsse? *Moliere* hat nicht unrecht, daß er die gelehrten Weiber auf dem *Theatro* aller Welt zum Gelächter außgesetzet; Was ist warhaffters, als wann er sagt?

Il n'est pas bien honnête, & pour beaucoup de causes,
Qu'une femme étudie, & sache tant de choses.
Former aux bonnes mœurs, l'Esprit de ses Enfans;
Faire aller son ménage, avoir l'œil sur ses gens
Et regler la depense avec Oeconomie
Doit étre son étude & sa Philosophie.

Haltet dann der Herr die Studien dem Frauen-Zimmer für nutzlich? Ist dann ihr Verstand von Natur minderen Vorurtheilen und minderen Irrthümmen als der unsrige unterworffen? Hat er minder nöthig, *excoliert*[6] und außgearbeitet zu werden?
Gewißlich die Außübung des Verstands kan so wohl dem Weib- als Männlichen Geschlecht anders nicht, als sehr vortheilhafftig seyn. Die Leichtsinnigkeit, die Schwachheit, die Forchtsamkeit und der Aberglauben, so neben anderen Untugenden, dem Frauen-Zimmer zugeschrieben werden, wurden bald verschwinden. Seine nur auf *Mode,* Kleidung, *Promenade,* oder auff die *Medisance*[7] lauffende Gesprech, die Hochachtung vor den so genannten *bel Esprit,* vor die zwey-deutige Redens-Arthen und Scherz-Worte, *in summa* vor alles das, so den Augen wohl gefallen und die *imagination* erquicken kann, dis alles, sag ich, wurde man ihme nicht so öffters vorwerffen können. Ja selbsten das Haus-Wesen, und insonderheit die Aufferziehung der Kinderen, so eine von den wichtigsten Sachen ist, wurden des Nutzens, so auß der Außübung des Verstands herfließt, sich nicht wenig zu erfreuen haben. Wie viele Mütteren wurden ihre Kinder besser erziehen, wann sie eine genauere Erkanntnuß des Menschen, seiner Begierden und Neigungen hätten! Ich bin darneben versicheret, daß viele Manns-Persohnen über ihre wichtigste Angelegenheiten ihrer Frauen Raht befolget, und sich darbey wohl befunden haben.
Biß dahin ware ich still geblieben, und hatte diese zwey Freund mit aller Aufmerksamkeit angehöret; Nun aber wolten sie auch meine Meinung über diesen Puncten wissen. Ich *defendi*erte mich eine Zeit lang, allein als ich mich gezwungen sahe meine Gedanken zu eröffnen, so verrichtete ich solches mit folgenden Worten.
Mich dunkt, sagte ich, daß man das Frauen-Zimmer, wie Herr *Misantrope* in dem 13ten *Discours* gethan, in 2 Classen abtheilen solte; Darvon die erste diejenigen begreifft,

[4] Saur-sehend: sauersicht, sauertöpfisch.
[5] *Occasion:* Gelegenheit, Anlass, Veranlassung (Schweizer 1847, 353).
[6] *Excolieren:* ausgebilden, verbessern (Schweizer 1847, 191).
[7] *Medisance:* Verleumdung, Lästerung, Verunglimpfung (Schweizer 1847, 316).

deren Zweck dahin gehet, wie sie ihr Vernügen[8] durch das süsse Ehe-Band erfüllen können. Die andere aber begreifft die, so entweders aus Liebe zur Einsamkeit, oder aus Mangel der Mitlen, oder aber, weilen die sonst gütige Natur sich gegen sie in Formierung ihres Leibs nicht allzu gütig und liebreich erzeiget, und dahero schlechte Hoffnung haben, nach Wunsch Liebhaber zu gewinnen, keine Lust zu dem Ehe-Band bezeugen, sondern vielmehr ihr Leben einsam zuzubringen entschlossen sind.

Was nun die ersten anbelangt, so gestehe [ich] gern, daß ihnen das Studieren nicht zum vortrefflichsten anstehe, und sich ernsthaffte Bücher mit *Mouches*[9] und *Pomade*-Trucken nicht wohl schicken wurden. Auch bezeugen ins gemein dergleichen *Dames,* deren Sorg nur auf Vermehrung der Zahl ihrer Anbetter ziehlet, wenig Lust zu den Bücheren, wofern man die *Roman* nicht darunter zehlet.

Was aber die anderen betrifft, so sehe [ich] nicht, auff ein *Studium* sich zu legen, und darin *reussie*ren, verhindern solte. Gewiß ist es, daß das Frauen-Zimmer nicht minder Ehr-geitzig als das Männliche ist. Weilen es aber ihme an den Mitlen, so wir Männer haben, gebricht, so sucht es sich durch die Menge der Aufwarter, durch den Pracht der Kleideren, durch eine *galan*te Aufführung, und durch viele Ergötzlichkeiten dessen einzukommen.[10] Wir wollen nun diese letstere, so diesem allem abgesaget,[11] ihre *Passion* stillen, und ihr Vermögen finden können? Wäre es nicht rahtsammer, sie wurden sich entweders auff eine Wissenschafft, oder auff eine Kunst, als auff die Mahlerey und das Kupffer-stechen; (wie es an vielen Orthen geschiht) legen? und darmit die ihnen öffters überlegne[12] Zeit zubringen? Es wurde ihnen gewißlich so wenig Unehr anthun, als den Kayseren, Königen und Fürsten, die sich zur Lust im Trechslen und anderen *mechanischen* Künsten üben.

Hiemit geht des Herren Meinung dahin, versetzte *Erasto,* daß das Frauen-Zimmer, so verheurahtet ist, oder sich verheurahten will, die Bücher in Fried und Ruh soll seyn lassen; Die aber, so ledig bleiben wollen, nicht nur auf Wissenschafften, sondern auch auff Künst sich legen könnten. Ich weiß zwar wohl, daß an anderen Orthen, und insonderheit in grossen und berühmten Handels-Stätten, als Venedig, Nürenberg, Hamburg und Ansterdam, nicht rahr ist, Frauen-Zimmer anzutreffen, so sich nicht nur auff dergleichen Künst und Wissenschaften legt, sondern auch trutz den Manns-Persohnen darinn *excellirt.* Ob aber solche Gedanken bey einem Frauen-Zimmer, so besser weiß, sich *galant* auffzuführen, wie unser Berner Frauen-Zimmer, einen *ingress*[13] finden wurde, daran zweifle ich mächtig; Ich halte vielmehr darfür, es wurde die, so ihme dergleichen Gedanken vorbringen wurden, außlachen, und sich ihrer spotten. Es kommt auff die Prob hinauß, gab ich hierauff zur Antwort, ich will unsere über diese Matery geführte *Conversation* zu Papeyr bringen, und die Herren *Spectateurs* betten, selbige auff nechsten Freytag anstat eines ihrer *Discours*en zu *publicie*ren. Es wird an uns seyn, auff die unterschiedenliche Urtheil, so darüber gehen werden, genaue Achtung zu geben.

Philo-Spectateur.

[8] Vernügen: Vergnügen (SI IV 701).

[9] *Mouches:* Schönfelcken, Schönpflästerchen im Gesicht (Schweizer 1847, 335).

[10] Einkommen: (einen Schaden, Verlust, ein Versäumnis) ersetzen (SI III 274–275).

[11] (Einer Sache) absagen: (auf eine Sache) verzichten, (eine Sache) aufgeben. Siehe auch SI VII 399–402.

[12] Überlegen beschwerlich, widerwärtig (SI III 1208–1209).

[13] *Ingress:* Beifall (Schweizer 1847, 259).

Text 7.4: Henriette STETTLER-HERPORT,[1] Journal de mes actions – Tagebücher, Bd. 3–4, 1772–1775 (Auszüge)[2]

Anfang Januar 1772[3]
Régles générales pour l'emplois [sic] que je propose de faire, de mon tems tout[s] les jours.
[...]
6. je viendrai dans ma chambre, où se trouvera l'Henriette[4] et je ferai avec elle sa leçon qui consiste à répéter une partie des demandes du Heidelberger,[5] à reciter 2 des Pseaumes

[1] Henriette Herport wurde als am 7. April 1738 Tochter von Johann Anton Herport (1702–1757) und Anna Margaritha Im Hof (1709–1799) geboren (siehe BBB, FA Stettler 12/1, S. 199: «1748, avril 7. Comme c'est aujourdhui le jour [eingefügt:] l'anniversaire de ma naissance, et que je viens d'entrer dans ma onzieme anné[e], je rend[s] grace au Seigneur de m'avoir consservée en bonne senté jusqu'en ce jour ainssi je le prie de m'accorder toujours de plus en plus son St: Esprit ainsi soit il.»). Sie heiratete am 13. Februar 1756 den Kommissionsschreiber Rudolf Stettler (1731–1825) in Kirchlindach (siehe BBB, Burger Eherodel VII, S. 33). «Fr. Henrietta Stettler, geb. Herbort, M[eine]s H[och]g[eachten] alt Sekelmeisters Gemahlin, alt 67 Jahr» starb am 1. August 1805 und wurde am 5. August in Bern begraben (siehe BBB, Burger Totenrodel III, S. 169 Nr. 45). Zwischen 1757 und 1777 hat sie acht Kinder zur Welt gebracht, deren drei sehr früh verstarben. – Siehe auch Schnegg (2004); Holenstein (2006) 146, 149 Abb. 118; Eibach (2022) 37–67; Bondeli (1759–1778) 142, 152.

[2] Siehe BBB, FA Stettler 12/1–5: Henriette Stettler, geb. Herport (1738–1805), *Journal de mes actions – Tagebücher,* 1746–1789, 5 Bde. In deutscher und französischer Sprache verfasst, mit periodischen statistischen Selbstprüfungen. – Bd. 1: 13.9.1746–14.6.1748, [274] S.; Bd. 2: Résumés, 1755–1770, Tagebuch, Januar 1771 bis 31.12.1771, [86] S.; Bd. 3: Tagebuch, 1.1.1772–31.10.1772, [341] S.; Bd. 4: Tagebuch, 1.11.1772–31.12. 1777, [392] S.; Bd. 5: Tagebuch, 1.1.1778–25.9.1789, [333] S. – Ich habe nur jene Passagen des Tagebuchs transkribiert, in denen Titel oder Verfasser der gelesenen Schriften erwähnt werden. Es fehlen somit Passagen wie: «M[r] le Ministre de Séedorf est venu, après diné, nous avions à peine commencé une lecture intéressente, ce qui nous a rendu cétte visite un peu enuyante, la lecture c'est [sic] cependant achevé le soir après le Thé, et le départ de M[r] le Ministre» (Bd. 3, S. 86: 7. Febr. 1772); «nous lumes un très beau sermon, mais j'avois la Téte trop remplie des embaras de la journée pour en tirer tout le profit que j'aurois pu, et dû, en tirer» (S. 139: 15. März 1772); «on a fait après diné une très petite lecture, nous etions touts acablés par la grande chaleur» (S. 244: 28. Juni 1772); «à la chandèle mon Mari nous a fait une petite lecture» (S. 294); «et à la chandèle nous avons fait une lecture» (S. 325: 27. Sept. 1772); «j'ai fait une lecture, et des prières rélatives à la Sainte action à laquelle je me prépare» (Bd. 4, S. 56: 8. April 1773) «j'ai fait une petite lecture» (S. 57: 11. April); «Toujours pluye et vent, notre ouvrage lecture, ménage, et ecriture» (S. 85: 28./29. Juni). Ebenso Anmerkungen wie: «j'ai tant à faire que je n'ai plus le tems, de lire, ni de travailler, ni de me promener» (S. 60: 24. April); «je n'ai rien pu lire. On a eté ensemble; on a causé. Il a neigé» (S. 61: 25. April); «Personne n'a fait de lecture.» (S. 67: 2. Mai); «J'ecrivis à ma mère, et au journal; point de lecture, mais de fréquentes et fervantes prières, et des actions de graces à mon Dieu.» (S. 70–71: 20. Mai); «J'ai écris, et fait une très petite lecture.» (S. 108: 29. August); «Après, fait encor une très petite lecture» (S. 124: 24. Oktober); «J'ai fait le matin une petite lecture» (S. 137: 5. Dezember); «Mon mari m'a fait une très belle lecture» (S. 141: 22. Dezember).

[3] BBB, FA Stettler 12/3, S. 24, 25, 27. – Die Tagebucheinträge wurden im ehemaligen Zisterzienserkloster Frienisberg, dem Sitz der Berner Landvogtei, verfasst, wo Rudolf Stettler von 1771–1777 als Landvogt mit seiner Familie residierte. Siehe Holzhalb II 362, HLS 830–831.

[4] Maria Catharina Heinrica, genannt *Henriette,* wurde am 16. Sept. 1758 als zweites Kind von Rudolf und Henriette Stettler in Bern getauft (BBB, Burger Taufrodel XIV, S. 321 Nr. 1). – «Frau Henriette Langhans, geb. Stettler, Herrn Sigmund sel. gewes. Pfarrers an der Nÿdeck hinterlassene Wittwe, 73 J. 3 M.» alt, am 10. Dez. 1831 «gestorben und begraben zu Guttannen» am 14. Dez. (StABE, K Bern 14, Burger Totenrodel III, S. 54, Nr. 37b). – Henriette heiratete 1787 Sigmund Ludwig Langhans (1757–1809). – «Sigmund Ludwig» Langhans wurde am 23. Sept. 1757 als Sohn von «Herr Sigmund Langhans, Pfarrer zu Entfelden, [und] Frau Elisabeth Weÿermann» in Entfelden getauft (StABE, Bern B XIII 530: Burger Taufrodel XIV, S. 291, Nr. 5). – «H. Sigmund Langhans, Pfarrer an der Nÿdek, 52 J[ahre] alt» starb am 16. Juni 1809 und wurde am 20. Juni in Bern begraben (StABE, Bern B XIII 536: Burger Totenrodel II, S. 192, Nr. 29).

[5] *Catechismus, oder: Kurtzer Unterricht christlicher Lehre, wie derselbe in denen Reformirten Kirchen und Schulen der Chur-Fürstlichen Pfaltz, auch anderwärts, getrieben wird.* Mit Zeugnissen der heiligen Schrifft

de Spreng[6] qu'elle a apris par cœur, à lire quelques pages du Catéchisme de Stächeli,[7] ensuite lire 2 chapitre[s] de la sainte Ecriture un jour du vieux, et l'autre du nouveau Testament, après quoi elle lit encor quelques pages dans un livre de Morale chrétiene,[8] sur tout cela nous faisons quelques fois nos Réfléxions.

[...]

14. j'irai avec mon ouvrage à la chambre à manger, on y portera la lumière, je tiendrai un peu Frizli,[9] ensuite je travaillerai, l'Henriette fera une petite Lecture dans Grandison,[10] et après qu'il sera fini un autre livre, qui réunira l'utile à l'agr[é]able. Si Mad[m]e la B[annerette][11] vient nous causerons avec elle, et si mon Mari[12] en a le tems, il viendra nous faire une lecture. Les dimanches, nous ne manquerons jamais de lire un sermon, et

erklärt und bestättigt. Heidelberg, 1767, [14], 288 S. (in-8). – Erstausgabe des Heidelberger Katechismus: Heidelberg, 1563, 94 [i. e. 95], [1] S. (in-8).

[6] *Neuverbesserte Ubersetzung des Psalmen Davids nach den lobwasserischen Singweisen.* Mit einem doppelten Anhange auserlesener Fest-Nachtmahls- und Lehrgesänge, herausgegeben von J. J. Sprengen, der Dichtkunst und griechischen Sprache öffentlichem Lehrer zu Basel. Basel: in Verlag bey Joh. Jakob Flick, 1770 bis 1771, [12], 435, [8]; 234, [5] S. (in-12). – Zum evangelischen Theologen, Literaturhistoriker und Kirchenlieddichter Johann Jakob Spreng (1699–1768) siehe ADB XXXV 291–293, DBE^2 IX 291–292, HLS XI 733.

[7] Christoph STÄHELIN, *Catechetischer Hauß-Schatz, oder: Erklärung des Heidelbergischen Catechismi, durch Frag und Antwort, samt derselben Kurz-Anwendung, durch Überzeugung, Prüffung, Aufmunterung, Vermahnung, Trost und daraus gezogenen Debatten.* Lehr- und Heilsbegierigen Seelen, fürnemlich Gott und die Seligkeit ihrer Kindern und Haußgenossen suchenden Hauß-Vättern, zu ihrer und der ihrigen seliger Bereicherung entdeckt. Erster[–Anderer] Theil. Fünffte Auflage. Basel: bey Emanuel Thurneysen, 1771, [32], 527; [1], 416 S. (in-8). – Zum Pfarrer und Schriftsteller Christoph Stähelin (1665–1727) siehe Leu XVII 486–487, HBLS VI 492, DBI 3385.

[8] Vielleicht: Jean LA PLACETTE, *La morale chretienne abregée, et reduite à ses principaux devoirs*. Nouvelle édition. Tome premier[–second]. Genève: chez Jean-Antoine Fabri, 1731, 2 Bde. (in-12). – Erstausgabe: Amsterdam, 1695, [16], 558 S. (in-12). – Zu Jean La Placette (1639–1718), «théologien protestant, moraliste, surnommé le *Nicole* des protestants», siehe BUAM XXXV 10–11, DBF XIX 878–879.

[9] Albrecht Friedrich, genannt *Fri(t)zli,* wurde am 15. Jan. 1770 als viertes Kind von Rudolf und Henriette Stettler in Bern getauft (BBB, Burger Taufrodel XV, S. 119 Nr. 2. – Zu Albrecht Friedrich Stettler (1770–1847), «Jurist, Professor für vaterländische Geschichte in Bern, Kantonsrat und Appellationsrichter 1803, des Grossen Rates 1814, Oberamtmann zu Trachselwald 1821–1831, Verfasser historischer und juristischer Schriften», siehe HBLS VI 547. – Vgl. Schnegg (2004) 115.

[10] Originalausgabe: *The History of Sir Charles Grandison: In a series of letters published from the originals.* By the editor of Pamela and Clarissa. In seven volumes. Dublin, London, 1753–1754, 7 Bde. (in-12). – Deutsche Übersetzung: *Geschichte Herrn Carl Grandison, in Briefen entworfen.* Von dem Verfasser der Pamela und der Clarissa. Vierte verbesserte und mit Kupfern versehen Auflage. Aus dem Englischen übersetzet. Leipzig, 1770, 7 Bde. (in-8); französische Übersetzung: *Nouvelles lettres angloises, ou: Histoire du chevalier Grandisson.* Par l'auteur de Pamela et de Clarisse. [Traduit par Antoine-François Prévost d'Exiles]. Amsterdam, 1770, 8 Bde. (in-12). – Zu Samuel Richardson (1689–1761), «printer and author», siehe BUAM XXXVII 579 bis 582, ODNB XLVI 845–854, Kamen 257.

[11] Siehe BBB, FA Stettler 12/2, S. 46 : «Peu avant Nouvel an [1771] M[a]d[ame] la Banderète [Bannerette] est ar[r]ivée en vil[l]e, pour passer l'hiver chés nous a la maison de vil[l]e.» – Henriettes Schwiegermutter Johanna Catharina Stettler-Wyttenbach (1700–1784). Ihr Ehemann, Johann Rudolf Stettler (1696–1757), wurde 1749 in den Kleinen Rat gewählt und war 1756 «Venner von Obergerwern» (siehe Holzhalb V 642, HBLS VI 546). – «Fr. Catharina Stettler, geb. Wÿttenbach, weil[and] Herr Venners sel. Witwe», starb am 10. April 1784 «alt 84 Jahre» (BBB, Burger Totenrodel III, S. 41 Nr. 16).

[12] Zu Rudolf Stettler (1731–1825), Kommissionsschreiber 1753–1759, Ratsexpektant 1760–1764, Zweihunderter 1764–1785, Rathausammann 1768–1770, Landvogt von Frienisberg 1771–1777, Kleinrat 1786–1798, Heimlicher 1786, Kirchmeier vom Rat 1788–1793, Tagsatzungsabgeordneter 1792 und 1794, Seckelmeister deutscher Landen 1794–1798, siehe Holzhalb V 642, HLS XI 896. – «[Rudolf Stettler war] nach dem Sturz der Helvetik wieder Mitglied des Kleinen Rates, lehnte 1814 die Wahl zum Seckelmeister aus Altersrücksichten ab, blieb aber bis in sein 93. Altersjahr Mitglied des Rates, Besitzer eines Landsitzes Kirchberg bei Burgdorf; ein hervorragender Finanzmann, der in den schwierigen, politischen Zeiten seiner Vaterstadt gute Dienste leistete» (HBLS VI 546).

quelqu'autre bon livre, je lirai moi, en mon particulier tous les jours un chapitre ou deux du nouveau testament,[13] et garderai dans ma mémoire un verset du chapitre que j'aurai lu, que je répéterai souvent pendant la journée, en me m'étant [sic] à table pour le soupér j'en agirai comme je l'ai dit au dinér.

5. Januar 1772 (Sonntag)[14]
[...] nous sommes alés au prèche, il faisoit prodigieusement froid, mais beau tems, la Prière, et sa nécéssité fut la matière du sermon, le texte, *Haltet an am Gebät;* j'en fus contante, et Dieu me fit la grace de l'ecouter avec atantion, d'etre moins distraite qu'à l'ordinaire, puisse-t-il produire dans les cœurs, et sur tout dans le mien, plus de ferveur dans la prière! Revenus à la maison, j'eus quelques petites affaires à aranger, après diné je me mis après mon journal et l'achevai jusqu'à ce jour, mon Mari nous fit la Lecture d'un sermon de Zolikofer sur le texte de Salomon tout est vanité,[15] on s'amusa avec Frizli, et continua à lire les Létres de Mr Haller sur la Religion,[16] ensuite une petite conversation, la gasete,[17] le feuilét d'avis,[18] et quelques lettres nous ménèrent jusqu'au soupér, après lequel on se retira dans sa chambre.

6. Januar 1772 (Montag)[19]
[...] Le soir j'ai travaillé, l'Henriette a commencé la Lecture de Grandison, ce fameux roman de Richardson, nous lisons la traduction alemande, qui vaut infiniment mieux que la françoise, ce livre est bien propre à former le gout d'une jeune personne, il donne d'excélentes Leçons de Morale, d'usage du Monde, de Religion, de discernement. Ma fille m'a promis qu'elle ne s'impatianteroit jamais, quant [sic] j'intéromp[e]rois sa lecture par quelques Réfléxion[s] aplicative[s], et Morale[s], et qu'elle ne s'atacheroit pas seulement à l'intrigue intéressante de l'histoire, mais plus à tout ce qui s'y trouve d'instructif. Par ce moyen cétte lecture lui deviendra aussi utile qu'amusante. Donne nous pour cét Effét ta Benédiction Père Eternél. Que ma chère Enffant tire de cétte lecture tout[s] les fruits que j'en espère. Mad[am]e la Ban[nerette] nous joignit dans la chambre à mangér, on travailla, mon mari vint aussi ver[s] les 7 heu[res] et se mit à lire le livre de Mr Haller sur la Religion, qu'il acheva, j'alai enocr ecrire à mon journal

[13] Zum (lauten) «geselligen Lesen» und stummem oder «stillen Alleinlesen» siehe z. B. Berger/Raschke (2017) 51–55.
[14] BBB, FA Stettler 12/3, S. 34–35.
[15] Georg Joachim ZOLLIKOFER, *Predigten*. Von G. J. Zollikofer, Prediger der Evangelischreformirten Gemeinde zu Leipzig. Zweyte Auflage, 1769, [6], 526 S. (in-8). – S. 1–24: «I. Predigt. Die Eitelkeit aller irrdischen Dinge. Text. Prediger Salom. 1. v. 12. Es ist alles eitel, sprach der Prediger; es ist alles ganz eitel. Gehalten am neuen Jahrstage 1764.» – Zum reformierten Theologen und Übersetzer Georg Joachim Zollikofer (1730 bis 1788) siehe Holzhalb VI 540–542, ADB XLV 415–419, DBE^{2} X 882, HLS XIII 745.
[16] Albrecht von HALLER, *Lettres sur les vérités les plus importantes de la révélation*. [Traduites par Gabriel de Seigneux de Correvan]. Yverdon: [s. n.], 1772, 197, [1] S. (in-8). – Siehe auch den Tagebucheintrag vom 1. Dez. 1771: «Nous nous ocupames à lire un sermon, et les lettres de Mr Haller sur la Religion.» (BBB, FA Stettler 12/2, S. 69). – Zum Mediziner, Dichter, Naturforscher und Magistraten Albrecht von Haller (1708 bis 1777) siehe Leu IX 443–450, Holzhalb III 21–29, ADB X 420–427, NDB VII 541–548, DBE^{2} IV 380–381, Jaumann 325–327, HLS VI 55–57.
[17] *Gazette de Berne*. – Siehe Gustav TOBLER, Die Gazette de Berne, 1689–1798, in *Neues Berner Taschenbuch für das Jahr 1911,* S. 215–244; Furrer (2012) 618.
[18] *Hoch-Oberkeitlich-Privilegiertes Wochen-Blatt*. Bern: bey der Direktion des Berichthauses, 1768–1798. – Vorgängige Publikation: *Bernisches Avis-Blättlein / Hoch-Oberkeitlich Privilegirtes Avis-Blättlein*. Bern: bey Sigmund Wagner, notario publico, 1733–1764. – Zur Bezeichnung *Feuille d'avis de Berne* siehe auch Furrer (2012) 618.
[19] BBB, FA Stettler 12/3, S. 36–37.

jusqu'au soupér, après lequel chacun se retira. Il étoit peu après 9 h., je fis au lit des Refléxions [...].

7. Januar 1772 (Dienstag)[20]
[...] après diné j'ai eu à ecrire, le soir nous avons travaillé, un peu lu dans Grandison, et j'ai enocr ecrit à ma Mère.

9. Januar 1772 (Donnerstag)[21]
[...] Nous avons fait une petite lecture dans Grandison, que nous n'avions pas faite hier, par contre mon Mari ne nous a rien lu, il a eté ocupé toute la soirée à faire les comptes du valét de Kilchberg qui est venu ici ce soir.

10. Januar 1772 (Freitag)[22]
[...] J'ai négligé ma lecture particulière du nouveau téstament, j'ai eu à faire par le ménage et avec des femmes qui me filent; j'ai travaillé, nous avons continué la Lecture de Grandison, le soir mon Mari a fait celle d'une comédie en vers, dont l'Henriette est l'auteur, qu'elle venoit d'achever, qui est assé passable. Cependant, elle dit à ma grande satisfaction, qu'elle ne veut plus s'occuper à des ouvrages aussi remplis de mondanité, et si éloigné[s] de la moindre utilité; elle fait aussi un journal; et paroit ètre dans les dispositions les plus réeles, de pieté, Dieu veuille les affermir dans son jeune cœur.

11. Januar 1772 (Samstag)[23]
[...] je revins à la maison toute malade, Cependant après m'etre déshabillée, et avoir eu un peu Frizli, je fis ma lecture du testament, je pris quelque[s] remèdes, et me mis à tricoter, mon mari eut à ecrire, M^{de} la B. résta dans sa chambre et l'Henriette lut dans Grandison, qui lui plait beaucoup; je soupai très peu, on se coucha de bonne heure [...].

12. Januar 1772 (Sonntag)[24]
[...] j'ai lu au Testament, et asisté à la Lecture d'un sermon de Zolikhofer que l'Henriette a faite, ne se ressentant plus des meaux de gorge. J'ai très peu soupé, je me suis trouvée mieux le soir, nous nous sommes couchés de fort bonne heure.

14. Januar 1772 (Dienstag)[25]
[...] Je n'ai négligé aucune de mes ocupations ordinaires, nous n'avons pas lu Grandison, mon mari a fait avec nous la lecture d'un Essay de traduction françoise de quelques Morceau[x] d'Usong, ouvrage nouveau et très beau de Mr Haller,[26] cette traduction nous a eté comuniquée par notre cousin Tschiffeli du Siechenhaus[27] qui en est l'auteur; [...].

[20] BBB, FA Stettler 12/3, S. 39.
[21] BBB, FA Stettler 12/3, S. 42.
[22] BBB, FA Stettler 12/3, S. 43–44.
[23] BBB, FA Stettler 12/3, S. 46.
[24] BBB, FA Stettler 12/3, S. 49.
[25] BBB, FA Stettler 12/3, S. 50–51.
[26] Albrecht von HALLER, *Usong: Eine Morgenländische Geschichte, in vier Bänden.* Durch den Verfasser des Versuches Schweizerischer Gedichte. Bern: Verlag der neuen Buchhandlung, 1771, [VIII], 404 S. (in-8). – Siehe auch: *Usong: Histoire orientale.* Traduit de l'allemand par Mr. S[eigneux] de C[orrevon]. Lausanne: François Grasset, 1772, XVI, 353 S. (in-12).
[27] Johann Ludwig Tschiffeli (1703–1775), Salzmagazinverwalter in Roche 1742, Verwalter des Äusseren Krankenhauses (Siechenhauses) 1759 (Holzhalb VI 122, HBLS VII 77). – «Johann Ludwig Tschiffeli, altVer-

15. Januar 1772 (Mittwoch)[28]
J'étois fort paresseuse à mon reveil, j'au encor des meaux de gorge, mon Mari, et l'Henriette aussi. Cependant j'ai fait tout ce que je devois faire, hors que j'ai sans raison négligé ma lecture particuliere, il a fait fort mauvais tems après diné, il a neigé tout le soir, nous avons continué à lire l'ouvrage du cousin Tschiféli, qui n'aproche pas de l'original.

16. Januar 1772 (Donnerstag)[29]
[...] Le soir nous avons lu Grandison qui plait fort à l'heure et nous avons aussi finis [sic] la lecture de la traduction de Mr Tschiféli.

17. Januar 1772 (Freitag)[30]
[...] après diné mon mari a encor eu à faire jusqu'à 6 h., après quoi il nous a un peu lu de la Morale de Gellert,[31] qui fait un éxélent livre, ainsi que le sont touts les ouvrages de cét autheur,[32] aussi pieux que savant, il parle au cœur, comme à l'Esprit.

19. Januar 1772 (Sonntag)[33]
[...] le soir nous avons lu un très beau sermon de Zolikofer, et quelque peu de la Morale de Gellert.

21. Januar 1772 (Dienstag)[34]
[...] après midi nous avons continué la Lecture de Grandison, le soir celle de la Morale de Gellert, notre lecture du matin à la Leçon est, Saks *Verteidigter Glaube der Christen,*[35] un très beau livre ecris [sic] avec precision, conviction, et agrément. J'ai reçu une lettre de ma Mère. Je me suis couchée avec un Esprit tranquile et contant, dont j'ai rendu Grace à Dieu.

22. Januar 1772 (Mittwoch)[36]
[...] nous avons l'Henriette et moi fini le premier tome de Grandison, le soir on a travaillé.

walter des aüßeren Krankenhauses, alt 74 Jahre», starb am 28. Dez. 1775 und wurde am 31. Dez. in Bern begraben (StABE, Bern B XIII 535: Burgerliche Totenrodel I, S. 262, Nr. [7]).

28 BBB, FA Stettler 12/3, S. 52.

29 BBB, FA Stettler 12/3, S. 53.

30 BBB, FA Stettler 12/3, S. 54.

31 Christian Fürchtegott GELLERT, *Von der Beschaffenheit, dem Umfange und dem Nutzen der Moral.* Eine Vorlesung, auf Befehl und in hoher Gegenwart Sr. Churfürstl. Durchlauchtigkeit zu Sachsen, Friedrich Augusts, den 29sten April 1765, auf der Universitäts-Bibliothek zu Leipzig gehalten. Leipzig, 1766, 40 S. (in-8). Zum Dichter Christian Fürchtegott Gellert (1715–1769) siehe BUAM XVII 34–39, ADB VIII 544–549, NDB VI 174–175, DBE² III 737–738.

32 Christian Fürchtegott GELLERT, *Sämtliche Schriften.* Bern: Beat Ludwig Walthard, 1767–1775, 10 Bde. (in-8); Zweite Auflage: *Ibidem,* 1772–1776, 12 Bde. (in-8).

33 BBB, FA Stettler 12/3, S. 58.

34 BBB, FA Stettler 12/3, S. 59.

35 August Friedrich Wilhelm Sack, *Vertheidigter Glaube der Christen.* Erstes[–Achtes und letztes] Stück. Berlin, 1748–1751, 8 Bde. (in-8). – Zum evangelischen Theologen, Kanzelredner und apologetischen Schriftsteller August Friedrich Wilhelm Sack (1703–1786) siehe ADB XXXVII 295–297, NDB XXII 339–340.

36 BBB, FA Stettler 12/3, S. 60–61.

[...] Mon Mari a fait avant soupé la Lecture de la comédie de l'Henriette, elle en a pris le sujet dans Felicie, Romand alemand, traduit de l'Anglois par Mr Haller.[37]

24. Januar 1772 (Freitag)[38]
[...] Nous n'avons pas pu faire la leçon de l'Henriette; et j'ai négligé ma lecture du N. Testament, j'aurois cependant bien trouvé un moment pour la faire, j'avoue qu'il y a eu plus de négligence que d'impossibilité, pour la Leçon, nous n'aurions pas pu la faire.

26. Januar 1772 (Sonntag)[39]
[...] le soir on a causé, et fait la Lecture d'un très beau sermon de Zolikhofer, sur lequel on s'est entretenus ensuite, comme aussi sur celui du matin, dont nous avons fait la rélation, j'ai eté très satisfaite de la soirée, la conversation a eté telle que je la voudrois toujours les dimanches [...].

27. Januar 1772 (Montag)[40]
[...] De retour à la maison, nous acheveames la Leçon de ce matin, je fis ma lecture du Testament, ensuite je servis du Thé, on s'amusa avec Frizli, et la soirée se passa à causér et tricoter, à 7 h. mon Mari vint lire de la Morale de Gellert jusqu'au soupér.

28. Januar 1772 (Dienstag)[41]
[...] un grand vent nous a empéchés d'alér promener [après diner], on a pris du Thé; le reste du jour s'est passé à travailler, causér, et lire la Morale de Gellert.

29. Januar 1772 (Mittwoch)[42]
[...] mon Mari a continué à nous lire la Morale de Gellert dont nous sommes enchantés, à 7 h. je suis alée dans ma chambre prendre un bain de pié, mon mari a ecris [sic], j'ai peu soupé, j'ai pris un petit remède en me couchant.

30. Januar 1772 (Donnerstag)[43]
[...] ma cousine Steiguer, l'Henriette et moi travaillant ensemble, nous avons parlé de Nanine, comédie de Mr de Voltaire,[44] que nous avons mon Mari et moi représentée l'an 1755. Ma cousine ne la connoissoit pas, je la cherchai, et l'Henriette comança à la lire, le Thé vint [...] et le soir l'Henriette acheva la comédie.

[37] [Mary COLLYER], *Felicia, oder: Natur und Sitten, in der Geschichte eines adelichen Frauenzimmers auf dem Lande*. Aus dem Englischen übersetzt von Haller. Hamburg, Leipzig, 1753, [10], 584 S. (in-8). – Englische Originalausgabe: *Felicia to Charlotte: Being Letters from a Young Lady in the Country, to her Friend in the Town*. [...]. London, 1744, [2], 310 S. (in-12). – Zu Mary Collyer (1716–1763), «translator and novelist», siehe BUAM ..., ODNB ...

[38] BBB, FA Stettler 12/3, S. 61.

[39] BBB, FA Stettler 12/3, S. 64.

[40] BBB, FA Stettler 12/3, S. 65–66.

[41] BBB, FA Stettler 12/3, S. 66.

[42] BBB, FA Stettler 12/3, S. 67–68.

[43] BBB, FA Stettler 12/3, S. 68–69.

[44] VOLTAIRE, *Nanine, [ou le préjugé vaincu]: Comédie en trois actes, en vers de dix syllabes*. Donnée par l'auteur. [Représentée pour la première fois par les comédiens français ordinaires du Roi, le 16 juin, 1749]. Paris, 1749, XVI, [2] 92, [2] S. (in-12). – Zu François Marie Arouet, *dit* Voltaire (1694–1778), «philosophe, écrivain», siehe BUAM XLIX 464–512, Viguerie 1446–1449, Kamen (2002) 307.

1. Februar 1772 (Samstag)[45]

Après avoir fait notre Prière mon Mari et moi et notre petite lecture du matin, on a déjeuné, j'ai fait quelques arangements de ménage, ensuite nous nous sommes mises à la Leçon l'Henriette et moi, après j'ai ecris mon journal et fait ma lecture particulière, à 9½ h. Mr Oth[46] est arivé, peu après est encor venu Mr Brouner Avoyer à Buren,[47] j'ai servi du Thé. Mr Oth qui nous a prété le *Tagebuch* ce livre dont la Lecture m'a fait prendre la résolution de continuer mon journal, m'a demandé sur ce que mon mari lui avoit ecris, que je continuois ce journal, si j'y travaillois assiduement, je lui dis que mon mari n'auroit pas dû lui faire céte confidence, je vous en ferai aussi une en échange, me dit il, c'est que je fais aussi ce même ouvrage, dépuis l'année 62, que je m'en trouve très bien, que j'ai commencé après avoir entendu un très beau sermon de Mr Stapfer,[48] où il conseilloit, aux chretiens, qui avoient un desir sincère de croitre en grace, et en sainteté, de faire un recueil de leurs actions, d'ecrire de jour en jour les progrès qu'il[s] feroient dans la pieté, et les péchés qu'ils cometroient, de relire cela souvent, et de voir s'ils ne s'en trouveroient pas bien, en Effét dépuis ce tems j'ai toujours continué, et je suis résolus [sic] à ne jamais intérompre cét ouvrage; cela m'a fait grand plaisir, et a augmenté celui que je trouve à faire mon journal, puisse-t-il avoir pour mon Ame l'utilité que j'en atands! [...] j'ai un peu ecris, mon mari a lu dépuis 7 h. jusque presqu'au soupér de la Morale de Gellert, et moi, moi foible, misérable, méprisable créature, j'ai commencé ce mois par trop soupér.

2. Februar 1772 (Sonntag)[49]

[...] nous avons bu du Thé, mon mari nous a ensuite lu un sermon de Zolikhofer, on a causé, dépuis 7 h. jusqu'au soupé, nos demoiselles ont lu tout à tour l'histoire de Mlle Meyer.[50] C'est un livre alemand qui nous plait fort. C'est une riche juive, qui convain-

[45] BBB, FA Stettler 12/3, S. 75–77.

[46] Vermutlich: Johannes Otth (1690–1774), «wurde anfänglich dem geistlichen Stande gewidmet, und setzte seine auf dem *Gymnasio* zu Bern angefangene *Studia* hernach zu Lausanne und Genf fort; besuchte Frankreich, Holland und Engelland, und nachdem er den politischen Stand angenommen, studirte er vollends die Rechtsgelehrsamkeit; er ward 1727 des großen Raths», deutscher Appellationsrichter, Landvogt von Aarberg 1729–1737, Landvogt von Schwarzenburg 1745–1750, «und starb 1774» (Holzhalb IV 420, HBLS V 366). – Siehe den Tagebucheintrag vom 24. Dez. 1775: «nous avons fait le soir une bien belle lecture d'un écrit de la composition de feu M^r le Baillif Oth de Schwarzenbourg» (BBB, FA Stettler 12/4, S. 300). – Es könnte sich auch um seinen Sohn Johann Heinrich Otth (1727–1813) handeln: CC 1764, Schultheiss von Burgdorf 1767 bis 1773, Venner zu Metzgern 1778–1786, Ratsherr 1778–1798, mehrfach Tagsatzungsgesandter (Holzhalb IV 420, HLS IX 502). – Siehe den Tagebucheintrag vom 30. Okt. 1774: «Mon Mari est alé en ville jeudi il est revenu après l'eléction de Mr Steiguer de Montrichér pour Seig[neu]r Secret [...] nous sommes contants de cette promotion quoique nous eussions préfféré Mr Oth, qui d'ailleur ne manquera pas de parvenir une autre fois» (BBB, FA Stettler 12/4, S. 213).

[47] Zu Emanuel Brunner (1716–1779), CC 1755, Landvogt von Büren 1766–1772, siehe Holzhalb I 386, HBLS II 378.

[48] Johannes STAPFER, *Predigten.* Erster[–fünfter] Theil. Bern: in Verlag Niclaus Emanuel Hallers, gedruckt bey Daniel Brunner [und Albrecht Haller], 1761–1776, 5 Bde. (in-8). – Siehe auch den Tagebucheintrag vom 25. Dez. 1771: «Nous avons fait ensuite la lecture d'un très beau sermon de Noël de Mr Stapfer» (BBB, FA Stettler 12/2, S. 81). – Zum Berner Pfarrer und Theologieprofessor Johann(es) Stapfer (1719–1801) siehe Leu XVII 515, Holzhalb V 605, BUAM XLIII 469–470, ADB XXXV 450–451, HLS XI 817.

[49] BBB, FA Stettler 12/3, S. 78–79.

[50] [Johann Balthasar KÖLBELE], *Die Begebenheiten des Jungfer Meyern eines Jüdischen Frauenzimmers von sich selbst beschrieben.* Erster[–Anderer] Theil. Herausgegeben von einem Ehrenmitgliede der Königlich Grosbrittanischen Deutschen Gesellschaft auf der Universität Göttingen. Zwote und vermehrte Ausgabe. Frankfurt a. M., 1766, 2 Bde. (in-8). – Erste Ausgabe: Frankfurt a. M., 1765, 2 Bde. (in-8); Dritte und sehr veränderte Ausgabe. Frankfurt a. M., 1771, 2 Bde. (in-8). – Siehe dazu Krobb (2012) 41–48. – Zum Juristen,

cue de la verité de la Réligion chrétiene, parvient après bien des traverses, et tout[s] les empéchemens de ses parans, à l'embrasser.

3. Februar 1772 (Montag)[51]
Je me suis levée d'un peu meilleure heure qu'à l'ordinaire, j'ai très peu de recueillement à la prière, et ma lecture particulière que j'ai faite avant déjeuné a eté purement machinale, je n'etois du tout, pas disposée à la dévotion, Héla. Coment est il possible, que j'aye si souvent ce malheur! o mon Dieu! moi qui te dois tant? ne permets pas que mes actes de dévotions devienent des péchés; aide moi toi même par ton St. Esprit à vaincre la froideur, la paresse, qui vient les troubler si souvent. [...] après 3 h. on a lu Mlle Meyer; après 4 h. le Thé, le soir l'ouvrage, et encor Mlle Meyer.

5. Februar 1772 (Mittwoch)[52]
[...] nous avons commencé ce soir la Lecture du Mentor Moderne.[53]

6. Februar 1772 (Donnerstag)[54]
Toutes les régles préscrites ont eté observées, j'ai fait la Lecture de mon journal dépuis le commancement de ce livre; ce que je n'ai pas eu le tems de faire plus tot. [...] Le soir on a achevés [sic] la Lecture de Mlle Meyer.

8. Februar 1772 (Samstag)[55]
[...] après diné nous avons continué la lecture de Grandison que nous avions intérompue pendant le séjour de ma cousine ici.

9. Februar 1772 (Sonntag)[56]
[...] j'ai lu les deux derniers chapitre[s] de l'Evangile selon St. Marc, la passion de notre Sauveur, sa résuréction, puisse-je me rapelér souvant la prémière, pour m'engagér à haïr toujour plus le péché, qui a conduit Jésus sur la croix, à le fuir qu'aucune tentation n'ait assé de pouvoir sur moi pour me portér à le renier comme St. Pierre [...]. Le soir nous avons fait la Lécture d'un sermon de Zolikofer, je me suis couchée de bonne heure, j'avois fort mal à la Téte.

12. Februar 1772 (Mittwoch)[57]
[...] après diné la Lecture de Grandison, ensuite quelques affaires de Ménages, le soir l'ouvrage, et un peu de Lecture du Mentor Moderne.

Philosophen und Theologen Johann Balthasar Kölbele (1722–1778) siehe DBI^3 3037. – Siehe zum Vergleich: [Antonio PIAZZA], *Die Jüdin, oder Begebenheiten eines jüdischen Frauenzimmers von sich selbst beschrieben*. Frankfurt a. M., Leipzig, 1770, 158, 141 S. (in-8). Italienische Originalausgabe: *L'ebrea: Istoria galante scritta da lei medesima*. Venezia, 1769, VIII, 96 S. (in-8).

[51] BBB, FA Stettler 12/3, S. 79–80.

[52] BBB, FA Stettler 12/3, S. 85.

[53] [Joseph ADDISON et Richard STEELE], *Le mentor moderne, ou: Discours sur les mœurs du siècle*. Traduits de l'anglois du Guardian de Mrs. Addisson, Steele, & autres auteurs du Spectateur. Basel: chez Jean Brandmuller & Fils, 1737, 3 Bde. (in-8). – Die Redaktoren der Zeitschrift waren Joseph Addison und Richard Steele. – Zu Joseph Addison (1672–1719), «writer and politician», siehe BUAM I 201–209, ODNB I 321–329; zu *Sir* Richard Steele (1672–1729), «writer and politician», siehe BUAM XLIII 484–491, ODNB LII 358–364.

[54] BBB, FA Stettler 12/3, S. 83.

[55] BBB, FA Stettler 12/3, S. 86–87.

[56] BBB, FA Stettler 12/3, S. 88–92.

[57] BBB, FA Stettler 12/3, S. 99.

16. Februar 1772 (Sonntag)[58]
[...] le soir nous avons lu un très beau sermon de Zollikofer.

18. Februar 1772 (Dienstag)[59]
[...] j'ai ecris, et eu quelques autres ocupations, après lu Grandison, lecture que nous avons encor continuée à la chandele.

19. Februar 1772 (Mittwoch)[60]
[...] j'ai eu quelques autres ocupations de Ménage, ensuite j'ai lu dans Grandison, l'Henriette ne pouvant pas lire à cause des yeux, après nous avons travaillé, et causé jusqu'au soupér.

23. Februar 1772 (Sonntag)[61]
[...] j'ai fait le matin avec l'Henriette la lecture de la matière sur laquelle nous devions avoir un sermon, c'est, *ta volonté soit faite sur la Terre comme au Ciel* dans l'explication du Catechisme, par Stäheli. Je lui ai fait à ce sujét des réfléxions et des remarques rélatives [...]. Le soir j'ai lu avec M^{de} la B[annerette] et l'Henriette un très beau sermon de Zollikofer sur l'education,[62] je prie bien ardenment [sic] le Seigneur de me faire la grace de bien élever mes Enffants.

25. Februar 1772 (Dienstag)[63]
[...] nous avons lu dans Grandison mais très peu.

28. Februar 1772 (Freitag)[64]
[...] nous avons un peu lu dans Grandison.

1. März 1772 (Sonntag)[65]
[...] le soir nous avons lu un sermon de Zollikofer.

2. März 1772 (Montag)[66]
[...] M^{de} Bizi née Zehender [...] résta jusqu'à 4 h. après nous fimes une lecture de Grandison, et ensuite cele d'un livre nouveau, charmant, ecrit au mieux intitulé l'année 2440.[67] C'est la satire la plus juste, et la plus fine des mœurs de notre siècle, rélative surtout à Paris, il nous amuse fort.

[58] BBB, FA Stettler 12/3, S. 98.
[59] BBB, FA Stettler 12/3, S. 100.
[60] BBB, FA Stettler 12/3, S. 101.
[61] BBB, FA Stettler 12/3, S. 105–106.
[62] Georg Joachim ZOLLIKOFER, *Predigten*. Zweyte Auflage, 1769, S. 187–210: «VIII. Predigt. Die vornehmsten und gemeinsten Fehler der Kinderzucht. Text. Ephes. 6. V. 4. Ihr Väter, ziehet eure Kinder auf in der Zucht und Vermahnung zum Herrn.»
[63] BBB, FA Stettler 12/3, S. 109.
[64] BBB, FA Stettler 12/3, S. 112.
[65] BBB, FA Stettler 12/3, S. 120.
[66] BBB, FA Stettler 12/3, S. 120.
[67] [Louis-Sébastien MERCIER], *L'an deux mille quatre cent quarante: Rêve s'il en fût jamais*. Amsterdam, 1771, 416 S. (in-8). – Zu Louis-Sébastien Mercier (1740–1814), «journaliste, écrivain», siehe BUAM XXVIII 347–354, Viguerie 1185.

4. März 1772 (Mittwoch)[68]
[…] le soir nous avons continués [sic] la lecture du livre nouveau dont j'ai parlé, qui malgré les éxelentes choses qu'il contient d'ailleur, nous plait moins, dépuis que nous y voyons qu'il préche le Déïsme, puisse le Seigneur préserver les Ames du poison funéste de cétte doctrine, et y affermir de plus en plus la foy, et la ferme conviction qu'il n'y a de salut qu'en Jesus et par Jesus, sauveur tout bon, pardonne aux autheurs de pareils livres, il[s] ne savent ce qu'il[s] font, appélle les à toi, comme tu apella[s] ton persécuteur Saul, qu'ils se repentent, qu'ils soyent effrayés, fais leurs [sic] la grace de croire en toi, et de réffutér les écrits qu'ils ont publié[s] contre la Sainte Réligion, par leurs vie vrayment chrétiene, et ramenér par là à toi les Ames qu'ils peuvent avoir séduites par leurs dangereux ecrit[s]; augmente, affermis ma foy o mon Sauveur.

6. März 1772 (Freitag)[69]
[…] j'ai eu après diné des ocupations de ménage, jusque près des 4 h. ensuite lu dans Grandison, et le soir dans le livre nouveau dont j'ai parlé.

8. März 1772 (Sonntag)[70]
Nous somes alés à l'Eglise, bien entendu qu'auparavant nous avons fait comme à l'ordinaire, notre Prière, et lecture, comme aussi ma lecture particulière, tout cela va sans dire; […] on prit la chandèle, on lut un sermon de Zolikofer, on causa, entre outre nous parlames du sermon de ce matin […].

14. März 1772 (Samstag)[71]
[…] l'ouvrage, la conversation, peu de promenade la bise etant très forte, Frizli, et la lecture du livre nouveau, voila à quoi on a passé son tems jusqu'au soupé, après lequel on est alé couchér.

16. März 1772 (Montag)[72]
[…] j'ai écris mon journal, et remis toutes mes affaires en ordre, ensuite lu Grandison.

17. März 1772 (Dienstag)[73]
[…] et j'ai eu le rare bonheur de passér la journée suivant mon gout, seule, tranquile, Grandison, l'ouvrage, une petite promenade, Frizli, et mes petites ocupations de ménage ont partagés mon tems.

18. März 1772 (Mittwoch)[74]
[…] je pris mon ouvrage et l'Henriette fit une lecture d'une demie heure dans Grandison.

19. März 1772 (Donnerstag)[75]
[…] après diné l'Henriette a fait une lecture d'une heure dans Grandison.

[68] BBB, FA Stettler 12/3, S. 123–124.
[69] BBB, FA Stettler 12/3, S. 126
[70] BBB, FA Stettler 12/3, S. 126–127.
[71] BBB, FA Stettler 12/3, S. 137.
[72] BBB, FA Stettler 12/3, S. 141.
[73] BBB, FA Stettler 12/3, S. 141.
[74] BBB, FA Stettler 12/3, S. 145.
[75] BBB, FA Stettler 12/3, S. 145.

20. März 1772 (Freitag)[76]
[…] après [dîner], une petite promenade, Grandison, et l'ouvrage, après 4 h., encore une promenade, longue et agréable, le soir travaillé, causé et un peu lu dans le livre intitulé l'année 2440.

22. März 1772 (Sonntag)[77]
Comme nous atandions le château d'Arberg à dinér, personne n'est alé au sermon, nous en avons lu un de Zolikofer. […] le soir nous avons lu un très beau sermon de Zollikofer, par la Grace de Dieu j'y ai eu une atantion soutenue; […].

24. März 1772 (Dienstag)[78]
[…] après diné le tems s'est remis, mon Mari est alé à cheval à Barguen, nous avons lu et travaillé, le soir après le retour de mon Mari, il a achevé la lecture du livre nouveau dont j'ai parlé.

25. März 1772 (Mittwoch)[79]
C'etoit le jour de l'Anonciation. […] je n'ai pas pu alér au prèche, n'ayant point de voiture, nous avons fait notre Leçon, ensuite jusqu'au diné nous nous sommes ocupées fort agréablement à regarder le superbe ouvrage de Scheuchzer apelé *Phisiscalische Bibelwerk.*[80] C'est un ouvrage aussi savant qu'utile, instructif, et à la Gloire de Dieu, dont il préche les perféctions, en découvrant l'ordre admirable, la diversité, la sagesse infinie, de toutes ses œuvres. L'idée en est ingénieuse, et la gravure de toutes les planches est parfaite, tant pour le dessin, que pour le sujet, après diné, j'ai écris, et fait une petite lecture, ensuitte j'ai un peu travaillé, j'ai eu Frizli auprès de moi que j'ai amusé, Mada[me] la B[annerette] est venue avec son ouvrage dans ma chambre; à la chandèle j'ai lu un très beau sermon de Cramer sur la Divinité de notre Sauveur,[81] laquelle il mit en évidence, et prouve de la façon du monde la plus certaine, avec un ordre, et une précision admirable, j'ai fait cétte lecture avec une atantion, un plaisir, et une dévotion soutenue, dont j'ai remercié Dieu de tout mon cœur.

27. März 1772 (Freitag)[82]
Passé la matinée à nos ocupations préscrites, après diné une lecture de Grandison.

[76] BBB, FA Stettler 12/3, S. 147.
[77] BBB, FA Stettler 12/3, S. 147–148.
[78] BBB, FA Stettler 12/3, S. 150.
[79] BBB, FA Stettler 12/3, S. 151–152.
[80] Johann Jakob SCHEUCHZER, *Kupfer-Bibel in welcher die Physica sacra, oder geheiligte Natur-Wissenschafft derer in Heil. Schrifft vorkommenden natürlichen Sachen, deutlich erklärt und bewährt.* Anbey zur Erläuterung und Zierde des Wercks in künstlichen Kupfer-Tafeln ausgegeben und verlegt durch Johann Andreas Pfeffel […]. Augsburg, Ulm, 1731–1735, 4 Bde. (in-2). – «Das gigantische, 750 Kupfertafeln und 1533 Seiten in der lateinischen und 2098 Seiten in der deutschen Fassung zählende Werk erschien von 1731 bis 1735 in vier Foliobänden und kann geradezu als Enzyklopädie betrachtet werden, in der das zeitgenössische Wissen entlang des Bibeltexts geordnet dargeboten wird.» (Leu 2022, 185). – Zum Mediziner und Naturforscher Johann Jakob Scheuchzer (1672–1733) siehe Leu XVI 304–311, BUAM XLI 116–119, ADB XXXIV 710–715, DBE^2 VIII 834–835, HLS XI 52–53, Leu (2022).
[81] Vielleicht: Johann Andreas CRAMER, *Neue Sammlung einiger Predigten, besonders über Evangelia und einige andere Texte.* Zwölfter und letzter Theil. København (Kopenhagen), Bd. 12, 1771, S. 1–26: «Erste Predigt. Von der Größe der Menschenliebe Gottes, die Er durch die Sendung seines Sohnes in die Welt geoffenbaret hat. Am 2ten Sonntage nach Weynachten, über Tit. 3, 4–8.» – Zum evangelischen Theologen und Schriftsteller Johann Andreas Cramer (1723–1788) siehe BUAM X 175–176, ADB IV 550–551, DBE^2 II 428.
[82] BBB, FA Stettler 12/3, S. 153.

29. März 1772 (Sonntag)[83]
[...] ce n'est qu'à 7 h. que nous nous rassambleames à la chambre à mangér, où mon Mari fit la Lecture d'un beau sermon de Zolikofer, que j'écoutai avec très peu d'atantion, et de receuillement [sic]. Hela! Que je suis éloignée de la perféction à la quelle je dois désirér d'atteindre, quelle tiédeur dans mes dévotions, et combien suis je toujours portée à mal faire, à suivre les premiérs mouvements déréglés de mon cœur plus tot que les sages avis d'une raison, dirigée par le St. Esprit; Esprit Saint et Divin! Prend[s] sur mon Ame un Empire aussi fort que juste, et que je césse d'etre Esclave de mes gouts, de mes passions.

30. März 1772 (Montag)[84]
[...] à notre retour après avoir arangés plusieurs choses, j'ai travaillé, et nous avons fait une petite lecture de Grandison, mon Mari avoit à ecrire.

31. März 1772 (Dienstag)[85]
[...] après mon retour à la Maison, nous avons lu Grandison, et travaillé, à 7 h. mon Mari a fait une petite lecture du Mentor Moderne.

1. April 1772 (Mittwoch)[86]
[...] n'ayant pas achevé ce que j'avois à ecrire dans ce journal le matin, je l'ai continué, après nous avons lu Grandison, et le soir à 7 h. mon Mari a commencé la Lécture d'un livre qui contient des Réfléxions pieuses, morales et consolantes sur toutes les circonstances de la Passion de notre Divin Sauveur.[87] Benis, et sanctifie o mon Dieu cétte lécture, [...].

4. April 1772 (Samstag)[88]
[...] nous lumes dans Grandison, et le soir le livre sur la passion de notre Seigneur.

6. April 1772 (Montag)[89]
[...] l'Henriette a lu dans Grandison, moi j'ai travaillé, le soir mon Mari a continué la lecture sur la passion, il a plu le soir.

8. April 1772 (Mittwoch)[90]
Peu après déjeuné nous commanceames à lire un sermon, ayant été empéchés par la pluye d'alér à l'Eglise où il y a eu à 8 h. un préche sur la passion. [...] nous lumes un peu dans Grandison, j'eus quelques petites choses à faire; à 7 h. on prit la chandèle, mon Mari continua notre lecture de la passion, nous travailleames.

[83] BBB, FA Stettler 12/3, S. 156–157.
[84] BBB, FA Stettler 12/3, S. 159.
[85] BBB, FA Stettler 12/3, S. 158.
[86] BBB, FA Stettler 12/3, S. 166.
[87] *Principales circonstances de la passion de Jesus-Christ notre Seigneur*. Partagées selon toutes les heures du jour, pour consacrer chaque heure à quelques mystères des souffrances de notre divin Sauveur. Paris, 1746, 56 S. (in-12).
[88] BBB, FA Stettler 12/3, S. 167.
[89] BBB, FA Stettler 12/3, S. 170.
[90] BBB, FA Stettler 12/3, S. 170–171.

9. April 1772 (Donnerstag)[91]
[...] Nous avons achevés ensuite la lecture du sermon que nous avions commencés hier, après cela la Leçon et l'ouvrage [...] à la chandèle mon mari a continué la Lecture commencé, j'ai très peu soupé, nous nous sommes couchés de fort bonne heure.

10. April 1772 (Freitag)[92]
[...] mon Mari et l'Henriette sont alés au sermon, il pleuvoit [...]. J'ai lu un beau sermon de Cramer; après le retour de mon mari et de l'Henriette nous avons fait la Leçon, j'ai peu diné, j'ai travaillé, nous avons un peu lu dans Grandison; j'ai bu du thé après 4 h. étant fort altérée. Le soir nous avons continué la lecture sur la passion de notre Sauveur.

12. April 1772 (Palmsonntag)[93]
[...] nous avons bu du thé, ensuite lu un très beau sermon de Cramer, après quoi j'ai fait mes affaires de Ménages, et à la chandèle mon Mari a continué la lecture sur la passion de notre Sauveur.

13. April 1772 (Montag)[94]
[...] après 7 h [du soir] nous avons continués notre lecture des jours précédents.

14. April 1772 (Dienstag)[95]
[...] j'ai ensuite travaillé, on a coulé la lessive, nous avons un peu lu de Grandison, et le soir continué notre lecture sur la passion. Hela! j'ai trop diné.

17. April 1772 (Karfreitag)[96]
[...] le soir nous avons lu.

18. April 1772 (Karsamstag)[97]
[...] le soir nous avons lu un sermon de Cramer, j'ai peu soupé, je n'etois point bien.

19. April 1772 (Ostern)[98]
C'etoit le dimanche de Paque, il fait très mauvais tems, depuis aujourd'hui les sermons seront dabord après huit heure; je ne me porte pas bien encor [...] j'ai eu diverses ocupations, après j'ai ecris, j'ai pris un peu Frizli, ensuite j'ai lu un très beau sermon de Mr Stapfer sur la Résurection de notre Seigneur,[99] plusieurs réflexions pieuses m'ont ocupée agréablement et utilement encore demie heure après, à 7 h. et demi sont arivées par le retour de notre voiture deux repasseuses, Mlles Jenner et Bäkli, pour aidér à laver le linge et tout repassér, elles restent toute la semaine, j'ai très peu soupé.

[91] BBB, FA Stettler 12/3, S. 172.
[92] BBB, FA Stettler 12/3, S. 173.
[93] BBB, FA Stettler 12/3, S. 179.
[94] BBB, FA Stettler 12/3, S. 180.
[95] BBB, FA Stettler 12/3, S. 183.
[96] BBB, FA Stettler 12/3, S. 183.
[97] BBB, FA Stettler 12/3, S. 184.
[98] BBB, FA Stettler 12/3, S. 184–186.
[99] Johannes STAPFER, *Predigten.* Erster Theil. Bern: in Verlag Niclaus Emanuel Hallers, gedruckt bey Daniel Brunner, 1761, S. 31–64: «Zweyte Predigt [Die Auferstehung Jesu Christi] über Luc. XXIV. 6, 7, 8, 9.»

26. April 1772 (Sonntag)[100]
[…] après 4 h. mon Mari nous a lu un beau sermon de Zolikofer; tout ce que je mange me fait mal, et quant [sic] je ne mange du tout rien c'est encor pis.

30. April 1772 (Donnerstag)[101]
[…] nous avons fait le soir une très petite lecture de Grandison, il pleut présque toujours.

3. Mai 1772 (Sonntag)[102]
Le tems etant si mauvais, et le Dames repartant après diné, personne n'est alé au prèche, peu après le déjeuné, mon Mari nous a lu un beau sermon de Zolikofer. […] il fait un froid éxéssif, nous avons lu après 5 h. un sermon de Zolikofer.

4. Mai 1772 (Montag)[103]
[…] j'ai mis mes affaires en ordres, je suis alée au jardin faire plantér quelque chose, après quoi j'ai travaillé et l'Henriette a lu Grandison.

5. Mai 1772 (Dienstag)[104]
[…] nous avons travaillé, amusé Frizli, ecris, et le soir continué la lecture de Grandison, ma santé est beaucoup meilleure Dieu merçi.

10. Mai 1772 (Sonntag)[105]
[…] et voila comme ce dimanche s'est passé, sans lire de sermon, et moi j'ai si peu profité de celui que j'ai entendu le matin, que c'est comme si je n'i avois pas eté, je fais aprésent toujours ma lecture du Nouveau Testament avant de sortir de ma chambre le matin quant je suis levée.

16. Mai 1772 (Samstag)[106]
Journée tranquile et ordinaire, notre leçon, l'ouvrage, lecture de Grandison, point de promenade, à cause d'une petite pluye, et toujours la bise.

17. Mai 1772 (Sonntag)[107]
[…] De retour à la maison j'ai fait une petite répétition d'un Poème de Gellert apelé *der Christ,*[108] que je sais par cœur, qui est très beau, après nous avons eu le petit jusqu'au diné, j'avois projetés de faire beaucoup de lécture étant seule, d'ecrire mon journal un peu au long, de répéter toutes les poesies morales et chrétiene[s] que je sais par cœur, mais Héla je négligeai tout cela, je reçu par la poste de Mlle Fels, un livre nouveau, un Roman Moral dont elle me faisoit dans sa lettre les plus grands éloges, il est intitulé

[100] BBB, FA Stettler 12/3, S. 189.
[101] BBB, FA Stettler 12/3, S. 193.
[102] BBB, FA Stettler 12/3, S. 196–197.
[103] BBB, FA Stettler 12/3, S. 198.
[104] BBB, FA Stettler 12/3, S. 199.
[105] BBB, FA Stettler 12/3, S. 203.
[106] BBB, FA Stettler 12/3, S. 207.
[107] BBB, FA Stettler 12/3, S. 208–209.
[108] Christian Fürchtegott GELLERT, *Lehrgedichte und Erzählungen*. Leipzig, 1758, [4], 138 S. (in-8). – S. 25 bis 56: «Der Christ».

Sophie von Sternheim,[109] je me mis à le parcourir, et je ne fis pas autre choses [sic] jusqu'après 5 h. Le livre n'est pas mauvais, tant s'en faut, il est très bien ecris, mais j'aurois dû mieux employér ce dimanche. [...] à 6 h. nous avons lu un sermon et à 7 h. mon Mari a commancé à nous faire la lecture de *Sophie von Sternheim.*

18. Mai 1772 (Montag)[110]
[...] nous avons fait une petite lecture dans Grandison.

19. Mai 1772 (Dienstag)[111]
[...] mon Mari a un peu lu de *Sophie von Sternheim.*

20. Mai 1772 (Mittwoch)[112]
Journée ordinaire, il a plu, nous avons continué la lecture Sophie.

21. Mai 1772 (Donnerstag)[113]
[...] nous avons déjeuné, ensuite la leçon, l'ouvrage, un peu de lecture de Sophie.

1. Juni 1772 (Montag)[114]
[...] j'ai ecris mon journal, après diné l'ouvrage, un peu Grandison, et donner de l'ouvrage à la tailleuse.

2. Juni 1772 (Dienstag)[115]
Journée assé tranquile [...] le soir un peu d'ouvrage, et Grandison.

7. Juni 1772 (Pfingsten)[116]
[...] après diné je n'etois encor point bien. J'ai ecris un billet à ma Mère. Nous avons lu un sermon de Mr Stapfer sur le même Texte que celui de ce matin,[117] j'y ai encor eu peu d'atantion, je l'ai relu seule, une heure après, ensuite j'ai écris mon journal, et eu encor quelques ocupations.

8. Juni 1772 (Montag)[118]
Journée ordinaire [...] nous avons été ocupées à la leçon, l'ouvrage, Grandison.

9. Juni 1772 (Dienstag)[119]
Passé le jour à souhait, la leçon, l'ouvrage, Frizli, la lecture de Sophie nous a ocupés altérnativement.

[109] [Sophie von LA ROCHE], *Geschichte des Fräuleins von Sternheim.* Von einer Freundin derselben aus Original-Papieren und anderen zuverlässigen Quellen gezogen. Herausgegeben von C. M. Wieland. Erster[–Zweiter] Theil. Leipzig, 1771, 2 Bde. (in-8). – Zur Schriftstellerin (Marie) Sophie von La Roche (1731–1807) siehe BUAM XXXVIII 292–293, ADB XVII 717–721, NDB XIII 640–641, DBE[2] VI 263.
[110] BBB, FA Stettler 12/3, S. 209.
[111] BBB, FA Stettler 12/3, S. 210.
[112] BBB, FA Stettler 12/3, S. 210.
[113] BBB, FA Stettler 12/3, S. 210.
[114] BBB, FA Stettler 12/3, S. 224.
[115] BBB, FA Stettler 12/3, S. 224.
[116] BBB, FA Stettler 12/3, S. 230.
[117] *Deßelbigen gleichen auch der Geist hilfet unserer Schwachheit auf.* (S. 229).
[118] BBB, FA Stettler 12/3, S. 230.
[119] BBB, FA Stettler 12/3, S. 231.

10. Juni 1772 (Mittwoch)[120]
[...] à 7 h. une petite promenade, un peu de Grandison, après 8 h. mon Mari est revenu.

11. Juni 1772 (Donnerstag)[121]
[...] le soir une lecture de Grandison, j'ai ecris un billet à ma Mère qui viendra nous voir samedi.

12. Juni 1772 (Freitag)[122]
Il a fait tout le jour une bise épouvantable, nous ne sommes point sorties [...] nous avons lu Grandison, et travaillé.

14. Juni 1772 (Sonntag)[123]
Nous sommes alés au sermon, je m'i suis trouvée un peu mal, ce qui a fait que j'y ay manqué d'atantion. [...] avant diné j'ai un peu écris, fait ma lecture du N. Testament, que je n'avois pas faite le matin, et eu encor quelques ocupations. [...] à 5 h. mon Mari m'a lu dans notre chambre un très beau sermon de Zolikofer.

17. Juni 1772 (Mittwoch)[124]
[...] l'Henriette a lu Grandison, nous avons soupé tard, on a mené du foin jusque prèsqu'à 9 h.

30. Juni 1772 (Dienstag)[125]
[...] le soir j'ai répété le Christ, Poème de Gellert que je sais par cœur.

1./2. Juli 1772 (Mittwoch/Donnerstag)[126]
[...] nous avons fini la lecture de Grandison.

5. Juli 1772 (Sonntag)[127]
[...] à 4 h. on a gouté, ensuite mon Mari nous a lu un sermon de Zollikofer aussi [comme le sermon du prêche du matin] sur la Mort, et la courte durée de la vie.[128]

15. Juli 1772 (Mittwoch)[129]
J'ai eu le matin en faisant la leçon de l'Henriette, un crève cœur que j'ai très souvent de sa part, je ne puis pas parvenir à la changér à cét Egard, je voudrois faire avec elle de tems en tems des réfléxions sur les lectures qu'elle fait devant moi, il est impossible comme que je m'y prène que je puisse la faire entrér en matiere, elle me laisse dire, et n'y mèt pas un mot du sien, j'ai beau la demander, que vous en semble? qu'en dite[s]

[120] BBB, FA Stettler 12/3, S. 233.
[121] BBB, FA Stettler 12/3, S. 233.
[122] BBB, FA Stettler 12/3, S. 233.
[123] BBB, FA Stettler 12/3, S. 235–236.
[124] BBB, FA Stettler 12/3, S. 238.
[125] BBB, FA Stettler 12/3, S. 245.
[126] BBB, FA Stettler 12/3, S. 248.
[127] BBB, FA Stettler 12/3, S. 250.
[128] Georg Joachim ZOLLIKOFER, *Predigten*. Zweyte Auflage, 1769, S. 503–526: «XX. Predigt. Die Kürze und Mühseligkeit dieses Lebens. Text. Hiob 14. V. 1. Der Mensch vom Weibe gebohren, lebet kurze Zeit, und ist voll Unruhe.»
[129] BBB, FA Stettler 12/3, S. 258–259.

vous? elle ne repond pas seulement. [...] ce matin, elle lisoit les instructions d'un Père à sa fille par Mr Dupui,[130] elle en etoit aux devoirs des Mères envers leurs Enfants où il conseille aux premières, de rendre leurs Enfants sensibles, non seulement à des chatiments, à des remontrances, mais à un air sévere. [...].

17. Juli 1772 (Freitag)[131]
[...] après diné le tems d'est remis au beau, l'Henriette a commencé la lecture de l'Histoire suisse par Mr Tscharner,[132] le soir nous avons fait une petite promenade.

2. August 1772 (Sonntag)[133]
[...] je suis alors veue dans ma chambre, où j'ai lu un chapitre du Nouveau Testament, et fait quelques petites refléxions, un peu ecris épuis j'ai rejoint la compagnie.

9. August 1772 (Sonntag)[134]
[...] nous avons lu un sermon de Zolikofer, et fait une petite promenade.

30. August 1772 (Sonntag)[135]
[...] il fait une chaleur prodigieuse tout le jour, nous avons lu un beau sermon de Zolikofer; le soir nous sommes alés promenér mon Mari et moi.

6. September 1772 (Sonntag)[136]
[...] Nous avons fait une longue promenade, le soir, après quoi mon Mari nous a lu un sermon der Cramer, je n'y ai pas eu autant d'atantion que je l'aurois souhaité.

8. September 1772 (Dienstag)[137]
[...] je répétai avec dévotion plusieurs belles poésies de Gellert, et passai là un tems dont je ne puis assé rendre grace à mon Dieu, puissai-je avoir souvent des moments pareils! qu'ils sont éfficaces pour affermir, et fortifiér la foy! pour donner des forces aux foibles, et soutenir ceux qui chancelent, *doch. Soll ich Herr, nicht für und für des Glaubens freüdigkeit empfinden, so wirk er doch sein Werk in mir, und rein'ge mich von Sünden.*[138]

[130] N. DUPUY LA CHAPELLE, *Instruction d'un pere à sa fille: Tirée de l'Ecriture Sainte, sur les plus importans sujets concernant la religion, les mœurs, & la maniere de se conduire dans le monde*. Par Mr. Du Puy, ci-devant Sécretaire au Traité de la Paix de Riswick. Nouvelle edition, suivant la troisième, revue & corrigée. Basel: chez Jean Schweighauser, 1766, [12], 502 S. (in-12). – Siehe darin, S. 298–303: «De la lecture, & des Romans». – Zu N. Dupuy La Chapelle (erw. 1730) fehlen biografische Artikel.
[131] BBB, FA Stettler 12/3, S. 262.
[132] Vinzenz Bernhard TSCHARNER, *Historie der Eidgenossen*. [Zürich]: [s. n.], 1756–1758, 2 Bde. (in-8). – Zum Historiker und Schriftsteller Vinzenz Bernhard Tscharner (1728–1778) siehe Holzhalb VI 113–114, ADB XXXVIII 704–705, DBE[2] X 105, HLS XII 518.
[133] BBB, FA Stettler 12/3, S. 275.
[134] BBB, FA Stettler 12/3, S. 279.
[135] BBB, FA Stettler 12/3, S. 291.
[136] BBB, FA Stettler 12/3, S. 303.
[137] BBB, FA Stettler 12/3, S. 305–306.
[138] Christian Fürchtegott GELLERT, *Geistliche Oden und Lieder*. Leipzig, 1763, XXIV, 160, [4] S. (in-8). – S. 64–67. «Und soll ich, Gott, nicht für und für / Des Glaubens Freudigkeit empfinden: / So wirk er doch sein Werk in mir, / Und reinge mich von Sünden.» Zweitletzte Strophe von Christian Fürchtegott Gellerts Gedicht «Trost der Erlösung» (S. 67).

10. September 1772 (Donnerstag, «Jour du jeune»)[139]
[...] Nous avons lu un très beau sermon de Cramer, contenant en gros, que l'unique moyen d'attandre la mort sans crainte est, de vivre en bon chrétien, d'etre sûr de sa foy en Jesus Christ, de remplir fidèlement ses devoirs, et de penser souvent à sa dernière heure,[140] Seigneur sanctifie nous par ta grace Amen!

25. Oktober 1772 (Sonntag)[141]
[...] mon Mari m'a fait avant diné la lecture d'un sermon de Cramer, il étoit sur la vie à venir; très beau, représentant principalement le grand bonheur que nous gouterons dans la compagnie des saints, et des bienheureux, dans cèlle meme de notre adorable Sauveur, societé toute sainte qui sera pour nous une source inépuisable de félicité, les anges et leurs perffections seront aussi l'objet de notre admiration, quel bonheur de faire connoissances [sic] avec ces Etres si purs! Et Dieu lui même se manifestera à ses Elus d'une manière toute particulière;[142] puisse-je souvant pensér à ces choses, surtout dans ma situation présente, si près peut-ètre de ma Mort! [...].

25. Dezember 1772 (Freitag)[143]
j'ai autant que possible élevé mon coeur à Dieu, et rendu mes actions de graces à mon Divin sauveur; dont la Chrétiéneté celèbre aujourd'hui la Naissance; adorable Jésus! toi qui par ton infinie bonté t'abaissa[s] jusqu'à revétir la Nature humaine pour nous élever jusqu'à toi; tu daignera[s] aussi accepter mes actions de graces, quoi qu'elles soyent si peu proportionées à la grandeur de tes bienfaits, que ta naissance, ta vie, ta Mort, et que tu n'est [sic] pas un homme seulement, mais Dieu le vrai Dieu, que ces verités grandes, incompréhenssibles, et conssolantes, fassent tant d'impréssions sur mon coeur, que j'y pense sans cesse, qu'elles m'arachent au péché et a moi mème, que je ne vive plus qu'en toy, et pour toy Amen. Après diné mon Mari m'a lu un très beau sermon de Noêl de Mr. Stapfer,[144] et le soir il m'a fait encor une autre belle lecture.[145]

17. Januar 1773 (Sonntag)[146]
[...] immer spahtes aufstehen weil ich saüge[147] und noch ein wenig schwach bin, hindert mich mein gewohntes lesen deß morgens wieder vorzunehmen, heüte haben wir nur am

[139] BBB, FA Stettler 12/3, S. 311.

[140] Johann Andreas CRAMER, *Neue Sammlung einiger Predigten, besonders über Evangelia und einige andere Texte.* København (Kopenhagen), Bd. 3, 1764, S. 459–492: «Sechzehnte Predigt. Über die Gewißheit und Nähe des Todes. Am sechsten Sonntage nach Epiphan. Über 2 Petr. 1, 10–15.»

[141] BBB, FA Stettler 12/3, S. 336–337.

[142] Johann Andreas CRAMER, *Neue Sammlung einiger Predigten, besonders über Evangelia und einige andere Texte.* København (Kopenhagen), Bd. 10, 1769, S. 1–38: «Erste Predigt. Von dem Nutzen eines ernsthaften Andenkens an den Tod. Am dritten Weihnachtstage, über Joh. 21, 15–24.»

[143] BBB, FA Stettler 12/4, S. 21–22.

[144] Vielleicht: Daniel STAPFER, *Betrachtung des Erdbebens.* Eine Predigt über Ps. XVIII, v. 8, vorgetragen in Brugg den 28. Christm[onat] 1755 von Daniel Stapfer, Diacon daselbst. Zürich: bey Heidegger und Comp., 1756, 128 S. (in-8). – Zum reformierten Pfarrer Daniel (Ludwig) Stapfer (1728–1807) siehe Leu XVII 515, Holzhalb V 606, Lohner (1862) 33, 39, 510.

[145] Zum männlichen Vorlesen und weiblichen Zuhören siehe z. B. Flüchter (2009) 286–289, Messerli (2009) 309.

[146] BBB, FA Stettler 12/4, S. 29–30.

[147] Saügen, säugen: die Brust geben, stillen (SI VII 438). – Am 29. Nov. 1772 wurde Rudolf und Henriette Stettlers fünftes Kind, Anna Maria, in Seedorf getauft (BBB, Burger Taufrodel XV, S. 216 Nr. [1]). – Henriette nennt die kleine Tochter im Tagebuch «das Marianeli».

abend eine Predigt gelesen, übrigens den tag ohne große Erbauung zugebracht; bedenklich ist mir vorkommen daß da ich vor einigen wochen seit meiner Niederkunfft zum ersten mahl die Bibel[148] öffnete ich ohngefehr just den folgenden Spruch vor meinen augen fand. Joh. C. 16 v. 21. Ein weib wann sie gebieret, so hat sie traurigkeit, denn ihre stunde ist kommen, wenn sie aber das kind gebohren hat, denket sie nicht mehr an die angst, um der Freüde willen, daß der Mensch zur Welt gebohren ist.

14. Februar 1773 (Sonntag)[149]
[...] heüte hab ich in der Bibel geläsen, das Henr[iette][150] hat mir nachmitag eine Predigt vom Cramer geläsen, über das Wohlgefallen Gottes an der Tugend,[151] und am Abend eine andere über das Mißfallen Gottes an der Sünd.[152] Gestern war es siebenzehn Jahr seit meinem Hochzeit Tage, wie bilich soll ich mich mit Dankbahrkeit erinneren, daß mir Gott in meiner Ehe, in meiner so glüklichen Ehe unzehlbahre Wohlthaten erzeigt, ihme danken, daß Er mir eben den Mann gegeben, den mein Herz wünschte, und mit dem ich vor allen anderen, glüklich und vernüegt leben konnte.

7. März 1773 (Sonntag)[153]
[...] Das weter ist sehr schön, warm, angenem, doch darf ich noch nicht außgehen. Außert mir, ist heute alles in der predigt gewesen. Nachmitag hab ich ein wenig geschrieben. Am abend hat uns mein Mann eine predig vom H[errn] Stapfer[154] gelesen.

14. März 1773 (Sonntag)[155]
Öffters Geselschafft gehabt in dieser wochen. [...] ich habe nur ein wenig in der bibel lesen können, am abend hat das Henrietten, eine predigt gelesen vom *Fordice,* sie sind aus dem Englischen übersezt, heißen Predigten für junge Frauenzimmer,[156] sie sind vortrefflich, dabei gar artig geschrieben.

[148] Zum Beispiel: *Biblia, das ist: Die gantze Heilige Schrifft, Alten und Neuen Testaments.* Aus hebreischer und griechischer Sprach, in welcher sie anfangs von den Propheten und Aposteln geschrieben, samt beygefügten Summarien und Concordanzen über jedes Capitel nach der Ubersetzung Herrn Johannis Piscatoris [...]. Bern: gedruckt und zu finden, bey Joh[annes] Bondeli sel[ig] Wittib, 1755, [14], 720, 310, [2] S. (in-8).

[149] BBB, FA Stettler 12/4, S. 38–39.

[150] Maria Catharina Heinrica, genannt *Henriette,* wurde am 16. September 1758 getauft (siehe BBB, Burgerliche Taufrodel XIV, S. 321, Nr. 1). – Henriette heiratet am 23. Juli 1787 Sigmund Ludwig Langhans. Siehe BBB, Burgerliche Eherodel VII, S. 227, Nr. [1]). Vgl. Schnegg (2004) 114. – Zu Sigmund Ludwig Langhans (1757–1809), Helfer auf der Nydegg 1784–1791, Pfarrer in Schüpfen 179–1805, Pfarrer auf der Nydegg 1805–1809, siehe BBB, Burgerliche Taufrodel XIV, S. 291, Nr. 5; BBB, Burgerliche Totenrodel III, S. 192, Nr. 29; Werdt 196, Nr. 14bis; Lohner (1862) 42, 43, 594.

[151] Johann Andreas CRAMER, *Neue Sammlung einiger Predigten, besonders über Evangelia und einige andere Texte.* København (Kopenhagen), Bd. 9, 1768, S. 233–258: «Neunte Predigt. Von dem Wohlgefallen Gottes an der Tugend. Am Tage der Reinigung Mariä, über Mal. 3, 1–4.»

[152] Johann Andreas CRAMER, *Neue Sammlung einiger Predigten [...].* København (Kopenhagen), Bd. 9, 1768, S. 259–286: «Zehnte Predigt. Von dem Misfallen Gottes an der Sünde. Am Sonntage Septuagesimä, über die 1 Cor. 9, 24–10,5.»

[153] BBB, FA Stettler 12/4, S. 46–47.

[154] Johannes STAPFER, *Predigten.* Erster[–fünfter] Theil. Bern: in Verlag Niclaus Emanuel Hallers, gedruckt bey Daniel Brunner [und Albrecht Haller], 1761–1776, 5 Bde. (in-8).

[155] BBB, FA Stettler 12/4, S. 47–48.

[156] James FORDYCE, *Predigten für junge Frauenzimmer.* Aus dem Englischen [von Christian Felix Weisse]. Leipzig, 1767, 2 Bde. (in-8). – Englische Originalausgabe: *Sermons to Young Women: In Two Volumes.* London, 1766, 2 Bde. (in-8). – Zu James Fordyce (1720–1796), «Church of Scotland minister and moralist», siehe

21. März 1773 (Sonntag)[157]
Niemand ist in der Predigt gewesen. [...] Ich habe ein wenig geschrieben, ein wenig gelesen, theils in der Bibel, theils in der Bekehrungs Geschichte des Graf Struensees,[158] sie ist recht schön, möchten sie doch alle Unglaübige lesen! Am Abend hat uns mein Mann in der Geschichte der 3 lezten Lebens Jahr Jesu gelesen.[159]

25. März 1773 (Donnerstag)[160]
[...] Am abend ein wenig gelesen, im Struensee, nachwerts, in der geschichte Jesu.

4. Juli 1773 (Sonntag)[161]
[...] mon Mari est alé au sermon, et nous sommes restées à la maison, à cause du mauvais tems, et du froid qui est exessif pour la saison. Henriette nous a lu un sermon, après quoi j'ai écris, j'ai passé une mauvaise nuit ayant eu des meaux de dants que j'ai encore, et dont je me suis trouvée fort incomodée sentant de la fièvre et un grand mal de tête, le soir mon Mari a lu un sermon.

16. Januar 1774 (Sonntag)[162]
[...] On n'est point allé au prèche le tems etant très mauvais, mon Mari m'a lu un très beau sermon, après quoi j'ai écris, reçu des létres. Après diné j'ai lu dans un livre que mon Mari a acheté tout nouvellem[en]t. C'est le second tome du *Tagebuch,* dont le premier a été l'ocasion décisive qui m'a fait continuer ce journal, projet que je formois dépuis longtems. Lecture d'un sermon de Cramer le soir, assé de tranquilité d'Esprit pendant la journée.

6. Februar 1774 (Sonntag)[163]
[...] quoique le tems ait été beau nous ne sommes pas allés au prèche à cause du grand froid. Henriette m'a lu un sermon de Cramer, après j'ai écrit, et fait une lecture particulière. Le soir Hen[riette] m'a lu encor un sermon. Avant de me coucher la dans mon journal, fait maintes réfleéxions, maintes prieres. Dieu! éxauce les!

13. Februar 1774 (Sonntag)[164]
[...] Nous ne sommes point allés au sermon, le tems étoit très mauvais, mon Mari nous a fait le matin une lécture *aus deß Arndts Christenthum,*[165] après j'ai écris, je n'étois pas

BUAM XV 252–252, ODNB XX 361–362; zum Jugendschriftsteller, Dichter und Übersetzer Christian Felix Weiße (1726–1804) siehe BUAM L 337–342, ADB XLI 587–590, DBE² X 513–514.

157 BBB, FA Stettler 12/4, S. 50.

158 Balthasar MÜNTER, *Bekehrungsgeschichte des vormaligen Grafen und königlichen Dänischen Geheimen Cabinetsministers Johann Friedrich [von] Struensee.* Nebst desselben eigenhändiger Nachricht von der Art, wie er zur Änderung seiner Gesinnungen über die Religion gekommen ist. Kopenhagen, 1772, [4] Bl., 312 S. (in-8). – Zum Kirchenlirderdichter und Hofprediger Balthasar Münter (1735–1793) siehe ADB XXIII 33–35.

159 [Jacob HESS], *Geschichte der drey letzten Lebensjahre Jesu.* Erster[–Dritter] Band. Zweyte verbesserte Auflage. Zürich: bey Orell, Gessner, Füeßlin u. Comp., 1773, 3 Bde. (in-8). – Bd. 1: LXXXII, 436 S.; Bd. 2: LXIII, 467 S.; Bd. 3: LXVIII, 498 S. – Zum reformierten Theologen (Johann) Jacob Hess (1741–1828) siehe ADB XII 284–289, DBE² IV 785, HLS VI 334.

160 BBB, FA Stettler 12/4, S. 51.

161 BBB, FA Stettler 12/4, S. 95.

162 BBB, FA Stettler 12/4, S. 151.

163 BBB, FA Stettler 12/4, S. 158.

164 BBB, FA Stettler 12/4, S. 160.

165 Johann ARNDT, *Samtliche sechs geistreiche Bücher vom wahren Christenthum, das ist: Von heilsamer Busse, hertzlicher Reue und Leyd über die Sünde, wahrem Glauben, auch heil. Leben und Wandel der rechten*

bien tout le matin, après diné un peu mieux. Le soir continués la lecture sus dite, après nous étre amausés avec nos Enffants, le petit aime fort apprendre.

20. Februar 1774 (Sonntag)[166]
[...] mon Mari est allé au prèche avec ma cousine et ma fille, pour dinér sont venus nos cousins Steiguer et Morell; j'ai lu le matin un très beau sermon de Cramer; le soir mon Mari et moi avons fait encor une lecture ensemble; ces Mess[ieu]rs sont resté[s] là, on a causé, s'est amusé avec les Enffants.

17. Juli 1774 (Sonntag)[167]
[...] meine Lectur wann ich Zeit habe, ist deß Klopstoks schöne Meßias,[168] eine erhabene, erbauliche, überaus angenemme Lectur. Mit der Henrietten lese ich der *philosophe chretien* vom *Formey,*[169] allein es gibt leider sehr wenig Zeit zum lesen. Nun fangt unsere Gott seÿ Dank schöne und reiche Erndte an, wir sind auch mit vielen und guten Kirsen zum überfluß gesegnet. O' wie groß ist die Güte unseres himlischen Vatters!

14. August 1774 (Sonntag)[170]
[...] Diese Woche habe ich das Alte Testament wieder zu lesen angefangen, doch lese ich auch alle tage in dem neüen Testament. O mein liebreicher Gott, und Vatter! Laße mich doch um Jesu willen durch den beistand deines Geistes aus deinem Worte recht weise zur Seeligkeit werden; und meinen ganzen Wandel nach deinem Willen einrichten, heilig sein wie du heilig bist. Amen!

11. Dezember 1774 (Sonntag)[171]
[...] après diné fait une petite lecture, et mon Mari m'a fait celle d'un sermon de Mr Lavater,[172] le soir j'ai fait une lécture seule, j'ai la Thoux.

wahren Christen. Neue Auflag mit Figuren. Samt richtigen Anmerckungen, kräfftigen Gebättern über alle Capitel, und einem sechsfachen Register. Zürich: getruckt in Bürgklischer Truckerey, 1766, [18], 1348 S. (in-8). Neu-verbesserte Auflage in grossem Druck [...]. Basel: gedruckt und verlegt bey Emanuel Thurneysen, 1774, [38], 1189, [67] S. (in-8). – Zum lutherischen Pfarrer und Erbauungsschriftsteller Johann Arndt (1555–1621) siehe BUAM II 512–513, ADB I 548–552, NDB I 360–361, DBE² I 217.

166 BBB, FA Stettler 12/4, S. 161.

167 BBB, FA Stettler 12/4, S. 196–197.

168 [Friedrich Gottlieb KLOPSTOCK], *Der Messias.* Erster[–Vierter] Band. Schaffhausen: verlegt von Benedict Hurter und Sohn, 1773–1774, 4 Bde. (in-8). – Zum Dichter und Literaturtheoretiker Friedrich Gottlieb Klopstock (1724–1803) siehe BUAM XXII 476–485, ADB XVI 211–226, NDB XII 116–121, BBKL IV 79–88, DBE² V 718–719.

169 Jean Henri Samuel FORMEY, *Le philosophe chrétien.* Troisième édition, revue & augmentée. Tome premier [au troisième]. Leiden, Lyon, Göttingen, 1755–1758, 4 Bde. (in-8). – Zum reformierten Theologen, Philosophen und Schriftsteller Jean Henri Samuel – oder Johann Heinrich Samuel – Formey (1711–1797), «homme de lettres, philosophe», siehe BUAM XV 270–273, DBF XIV 489–491, DBE² III 420.

170 BBB, FA Stettler 12/4, S. 201.

171 BBB, FA Stettler 12/4, S. 223.

172 Vielleicht: Johann Caspar LAVATER, *Fest-Predigten nebst einigen Gelegenheitspredigten.* Frankfurt a. M., Leipzig, 1774, [4], 490, [2] S. (in-8); oder: IDEM, *Predigten über das Buch Jonas.* Gehalten in der Kirche am Waysenhause. Die erste[–zweyte] Hälfte. Zürich: gedruckt bey David Bürgkli, 1773, 2 Bde. (in-8). – Zum reformierten Theologen und Schriftsteller Johann Caspar Lavater (1741–1801) siehe Holzhalb III 464–470, BUAM XXIII 457–460, ADB XVIII 783–794, NDB XIII 746–750, DBE² VI 290–291, HLS VII 716–717.

15. Januar 1775 (Sonntag)[173]

[...] nous nous sommes ocupés très agréablement et selon notre gout sur tout le mien, à l'ouvrage et la lecture, j'ai commancé à lire avec ma fille (ayant achevé le philosophe chrétien), les commancements et progrès de la vraye Pieté,[174] ce livre si edifiant et si éxélant qu'on ne peut le lire trop souvant; Henriette le lit pour la premiere fois, puisse-t-il faire sur son Ame les impréssions les plus salutaires. Amen.

Je ne suis pas alée au sermon, ma fille non plus, j'en ai lu un très beau, nous avons lu aussi ensembles, j'ai fait mes léctures ordinaires, et la leçon de Frizli.

19. Februar 1775 (Sonntag)[175]

[...] il a neigé toute la nuit, nous ne somes pas alés au prèche, mon Mari nous en a lu un, j'ai fait la leçon de Frizli comme à l'ordinaire. C'est qu'il lit une histoire de la *Kinderbibel,*[176] que je lui explique, et lui fait répéter par demande et réponse, après il lit le catechisme de Wats,[177] épuis dans un petit livre qui contient des entretiens entre une Mère et son enffant,[178] et encor dans un petit livre d'ecriture de Main, où il y a des vers, et le 10 comandements; enfin des petits histoires assé jolies à l'usage, et pour l'instruction des Enffants, de sorte qu'il aprends [sic] dans 5 livres diferands, et cela par ce qu'il le veut bien, il pleure si je veux en retrancher un. Cette leçon dure chaque matin une heure et demie, plus ou moins suivant les histoires longues ou courtes.

24. Dezember 1775 (Sonntag)[179]

Mon Mari et ma fille sont alés au sermon, ils ont comunié, Dieu bénis les! Sanctifie les! hier et aujourd'hui je suis assé bien, jeudi mon Mari a été en vile et vendredi j'ai beaucoup toussé, j'étois très mal à mon aise. Dieu merçi cela n'a pas duré, tous ces soirs mon Mari nous a fait des léctures, je n'en puis faire que tres peu moi même, et aussi quant on

[173] BBB, FA Stettler 12/4, S. 232.

[174] Philip DODDRIDGE, *Les commencemens et les progrès de la vraie piété, ou: Exposition des différens états, dans lesquels un chrétien peut se trouver par rapport au salut.* Avec des meditations ou des prières, convenables au sujet de chaque chapitre. Traduit de l'anglois par J[ean] S[cipion] Vernede, pasteur de l'Eglise Wallonne de Mastricht. Basel: chés Jean Rodolf Im-Hof, 1754, 24, 559 S. (in-8). – Englische Originalausgabe: *The Rise and Progress of Religion in the Soul.* London, 1744, XX, 340 S. (in-8). – Zu Philip Doddridge (1702 bis 1751), «Independent minister and writer», siehe BUAM XI 461–462, ODNB XVI 405–412.

[175] BBB, FA Stettler 12/4, S. 238.

[176] [Abraham KYBURZ], *Catechetische Kinder-Bibel, oder: Heilige Kirchen und Bibel-Historien.* In einem ordentlichen Zusammenhang, nebst einfaltigen Rand-Fragen reichlichen Lehren und gottseligen Betrachtungen sonderlich zum Dienst und Nutzen der lieben Jugend heraus gegeben von einem aufrichtigen Kinder-Freund [i. e. Abraham Kyburz]. Bernstadt [i. e. Bern]: Joh. Bondeli seel. Wittib, [dann] Zürich: Bürckli, 1744–1745, 2 Bde. (in-8). – Zum Pfarrer und Feldprediger Abraham Kyburz (1700–1765) siehe Holzhalb III 424, Guggisberg (1958) 774, HLS VII 535.

[177] Isaac WATTS, *Kleine Catechetische Schriften.* Nebst einem Anhange von der nöthigen Vorsicht beym Auswendiglernen des Catechismi. Aus dem Englischen übersetzt durch Christian Bernhard Kayser [...]. Zweyte Auflage. Hannover, 1757, [4], 312, 36 S. (in-8). – Zu Issac Watts (1674–1748), «Independent minister and writer», siehe BUAM L 286–288, ODNB 725–730.

[178] Abraham KYBURZ, *Vier Gespräche von der Gottseligkeit, zwischen einer frommen Mutter und ihrem Kind, so wohl bey Hauß, als beym Kirchgehen und auf dem Feld gehalten, nach dem Vorbild vier in Heil. Schrifft berühmter Müttern.* Bey dieser viel verbesserten Auflage mit Rambachs hundert Lebens-Reglen, und eben so viel Sitten-Reglen, auch desselben Gesang- und Gebätt-Büchlein für die Jugend vermehrt. Zürich: getruckt in Bürgklischer Truckerey, 1760, 335, [1] S. (in-12). – Erstausgabe: Yverdon: getruckt bey Joh. Bondeli sel. Wittib [Johanna Esther Sprüngli], [1753], 260, 24, 24 S. (in-12). – Zu Abraham Kyburz (1700–1765) siehe *supra,* Anm. 177; zum lutherischen Theologen und Kirchenlieddichter Johann Jakob Rambach (1693–1735) siehe ADB XXVII 196–200, NDB XXI 127–128, BBKL VII 1299–1307, DBE[2] VIII 167.

[179] BBB, FA Stettler 12/4, S. 299–300.

me lit je perd[s] beaucoup. La foiblesse de ma tète m'empéchant d'etre atantive, j'ai un peu écrit, nous avons fait le soir une bien belle lecture d'un écrit de la composition de feu M^r le Baillif Oth de Schwarzenbourg.[180] Le sujet est l'œuvre de notre Redemption par Jesus Christ. Le fils du pieux autheur, notre bon Ami, qui a lui même tant de pieté a donné cét ecrit à mon Mari pour le lire. Fais toi même, O' mon Dieu, que toutes les belles léctures que nous faisons, les bons sermons que nous entendons servent à affermir notre foy, et à nous rendre meilleurs. Amen![181]

[180] Zu Johannes Otth (1690–1774) siehe *supra,* Anm. 47.

[181] Am 31. August 1783 schreibt Henriette Stettler-Herport: «[...] tausend mahl sage ich mir auß meinem lieben [Christian Fürchtegott] Gellert [/] du fliehst geneigt zur ruh und stille, [/] die Welt, und liebst die Einsamkeit? [/] doch bist du forderts Gottes Wille, [/] auch dieser zu entfliehn bereit?» (BBB, FA Stettler 12/5, S. 224). – Am 25. Dezember 1787 schreibt sie: «Über mein schlechtes Gehör will ich mich nimmer betrüben in dieser Absicht [den Predigten in der Kirche nicht mehr folgen zu könne]. Ich habe ja so schöne Bücher. Zwaar kann ich wegen den Augen nicht immer lesen; so kan ich doch bäten, und mich meines Gottes und meines Heilands freüen.» (BBB, FA Stettler 12/5, 316). – Vgl. die ganz anderen Lesestoffe des Louis-François Guiguer in Guiguer (1771–1786) *passim,* und Viani (2010).

Text 7.5: Daniel LANGHANS, Von den Lastern die sich an der Gesundheit der Menschen selbst rächen u. s. w. Bern: beÿ Emanuel Haller, 1773, S. 172–175 (in-8)[1]

Heisset dieses eine rechtschaffene Erziehung einer Tochter geben, wenn man sie ihre ganze Jugend hindurch, an statt ihre Seele an Tugenden und nützlichen Kenntnissen fruchtbar zu machen, mit lesen theatralischer Schriften für ihren Geist zu bilden, oder verderblicher Romanen, die das Herz vergiften, oder mit einem unnützen Nachdenken, wie sie mit einem äusserlichen Putze der Welt gefallen wolle, sich beschäftigen läßt, und die Mutter aus blinder Liebe und einer allzu zärtlichen Neigung gegen sie, ihr hierzu noch alle Gelegenheit und Aufmunterung durch ihre eigene Beyspiele verschaffet. So werden die mehresten Frauenzimmer von gewissem Stande, die aus ihren Einkünften unbekümmert leben können, auferzogen. Sie lernen jene Handarbeiten, nur, um sich in denjenigen Stunden, wo sie sich in etwas ernsthaftern Gesellschaften befinden, in denen sie ihre beliebten Bücher nicht hervorziehen, noch von ihrem Innhalt schwätzen dürfen, mit etwas zu beschäftigen. Thörichte Vorurtheile, und schlimme Gewohnheiten! wie lange soll noch das schöne Geschlecht durch euch geleitet, unglücklich so wohl Leibes als der Seelen halber verbleiben: was ist unser vorzüglicher Werth neben ihm, wenn es auf eine gleiche Weise wie wir angeführt würde. Halten gemeine Mannspersonen es für etwas sehr vortheilhaftes, wenn sie ein Weib [i. e. eine Weibsperson] besitzen, die ihr kleines Hauswesen mit Ordnung und Nutzen zu führen weis; ihm und den Kindern das ganze Jahr hindurch genugsame Strümpfe stricket; zu der vorhandenen Leinwand im Hause Sorge trägt, den Abgang mit neuer ersetzt; eingeschränkt in allen Stücken sich verhält, die Kinder reinlich hält; sie zum Beten, Lesen und den gewohnten Arbeiten ohne Unterlaß anstrengt, und für ihren Putz ohne Unkosten des Mannes selbsten sorgt. Sie erspahret ihm in der That hiemit die Erhaltung einer Dienstmagd, die er ohne sie nothwendig haben müßte, und mit ihrer übrigen Arbeit, die sie das ganze Jahr hindurch mühsam verrichtet, verdienet sie noch, wenn es hoch kommt, einen gemeinen Dienstlohn, mit welchem sie aber kaum für einige Wochen lang ihr gewohntes Hauswesen führen könnte. Wie viele weit beträchtlichere Vortheile würde hingegen ein solches Weib ihrem Manne, ihren Kindern, und wie viele Gefälligkeiten und Freude ihren Freundinnen zu erweisen fähig seyn, wenn sie in ihrer Jugend zu den gleichen oder noch grössern Kenntnissen und Künsten, als die sind, durch derer Erlernung der Mann in den Stand gesetzt worden ist, seinem ganzen Hause alles, zur Erhaltung und Bequemlichkeit des Lebens nöthige zu verschaffen, wäre auferzogen worden. In Ansehung des physischen wird auf dem Lande unter den Bauren, wie wir es schon gesagt haben, für die Auferziehung und den künftigen Nutzen der daraus fliessen soll, weit besser als in den Städten gesorget. Man macht zwischen den Mädchen und den Knaben in Ansehung ihrer Kinderspiele und Leibesübungen an der freyen Luft nicht den geringsten Unterscheid, sie geniessen beyde eine gleiche Nahrung und Trank, und werden allgemach zu einerley Arbeit, welche ihnen einstens den nöthigen Unterhalt des Lebens verschaffen soll, gewöhnt. Daher kommt es, daß ein Baurenweib vermögend ist, die gleich beschwerlichen Landarbeiten wie ihr Mann zu verrichten, und dabey noch ihrem Hauswesen vorzustehen, und ihre Kinder zu besorgen. Was hinderte wohl die Weiber in den Städten dieses Beyspiel nachzuahmen, wenn sie nicht in ihrer ersten Jugend schon zu unnützen Arbeiten und Müßiggange

[1] Ausschnitt aus dem Kapitel «Vom Müßiggang» (S. 148–194), § 48. – Vgl. Furrer (2012) 631–632, Text 19. – Siehe dazu Messerli (2009) 309–310. – Zum Berner Stadtarzt und medizinischen Schriftsteller Daniel Langhans (1728–1813) siehe Holzhalb III 457–458, HLS VII 640–641.

selbst von ihren Müttern gleichsam wären angestrenget worden. Ein Weib [i. e. eine Weibsperson] von höherem Stande, für die man dergleichen Beschäftigungen als unedel und als etwas sehr niederträchtiges ansieht, würde sie nicht ihre Zeit weit nützlicher zubringen, und auch für ihr ganzes Haus weit vortheilhafter seyn, wenn sie in ihrer Jugend, die gleiche Zeit, die sie den Romanen und andern unnützen Büchern aufgeopfert, zur Erlernung der Naturgeschichte, der Historie, der schönen Wissenschaften, der rechten Weltweisheit, und des Landbaues angewannt hätte: sie würde ihre Kinder mit mehrerem Verstande an ihre Pflichten gewöhnen und sie stärker machen, den Verführungen der Welt zu widerstehen; in ihrem Hauswesen herrschte mehr Ordnung: zwischen ihr und ihrem Manne angenehmere Gespräche und Kurzweile, und wenn seine Berufsgeschäfte ihn verhinderten seine eigene Sachen zu besorgen, oder seine Landgüter zu verwalten, so würde sie darinnen mit gleicher Klugheit und Nutzen seine Stelle vertretten, und vermittelst ihrer mehreren Leibesbewegung ihre Gesundheit stärker befestigen.

Text 7.6: Ulrich BRÄKER, Räisonierendes Baurengespräch, über das Bücher Lesen und den üßerlichen Gottesdienst [1777], in Idem, Sämtliche Schriften [1768–1798]. Hg. von Andreas Bürgi, Heinz Graber, Christian Holliger, Claudia Holliger-Wiesmann, Alfred Messerli, Alois Stadler. München, Bern, Bd. 4, 2000, S. 127 (Vorbericht), 128 (Personnen), 143–146 ([Szene] 5)[1]

Vorbericht

Beobachtungen, die ich einiche Zeither in meiner Nachbaurschafft gemacht habe, von der unterschiedenen Denkungsart unter uns Bauren; wie über alle sachen, also auch über das Bücher Lesen, und andere gottesdienstlichen Üebungen, haben mich veranlaset zu brobieren, wie es mir gerahten würde einige Karakter zu zeichnen und verschiedene Meinungen, wo ich gewüß weiß das[s] mann allso denkt, herzusetzen.
Sechs Männer, und ein weib sollen aufgeführt werden und jeder sol seine besondere Denkungs Art zeigen: es sind keine erdichtete Personnen, sonder alle in einem fleken zu Hauße, wo ich weiß, das[s] sie allso denken.
Freÿlich müste es beßer geschrieben sein, wann es etwas wohlgerahtenes werden solte; allein es sol kein fliegender Brief sein; der etwan in der welt herum flatern und diesem und jennem anlas zum Critisieren geben sol.
Die Geschichte mit dem Melcher und seiner frau ist keine pure erdichtung; etwas gleichartiges ist paßiert, und könte noch mehr paßieren; ich kenne sie beide wohl; habe es auch deswegen eingeflikt: sie werden es nicht übel nehmen; wil sie es nicht zu lesen bekommen werden.
Aber warum doch; höre ich die frage beÿ mir – warum solche Tändeleÿen schreiben; ohne absicht, ohne nutzen – warum – das weis ich selber nicht; ich habe einen Hang darzu, und sehe nichts Böses dabeÿ; solte es jemand lesen, den bitte ich, mir meine Thorheit zu gut zuhalten und keine Ergernuß zunehmen; so wenig als es meine absicht ist zugeben. Bleibt dies Papier noch meinen Keindern übrig; so ziehn sie ja kein Gifft draus wo keins drein ist. Hier sollen meine Patronen selber reden.

Personnen.
1. Fridolin [Fridly/Fridli]. 2. Thoma. 3. Melcher. 4. Margret [Gret] – Melchers frau. 5. Conrad. 6. Josep [Sepp]. 7. [Hans] Jörg.

[…]

5.
Sepp und Gret.

Sepp.
Grüß Gott Margret, wo ist dein Mann; im Keller.

Gret.

[1] Ich folge nicht der radikalen Kleinschreibung der Herausgeber und orientiere mich an Bräkers publiziertem Manuskript bzw. an meinen eigenen Transkriptionsprinzipien. Siehe Bräker (1777) I 1–2, 29–35 (Szene 5), 51–58 (Szene 9) und Furrer (2016) 45–47. – Zu Ulrich Bräker (1735–1798) siehe HLS II 643.

Wilkom Joseph; nein er ist mit einem Tüchli[2] fort, u[nd] holt eine wirpfen,[3] wird bald kommen: was hast wollen mit ihm.

Sepp.

Oh, nichts, ich komme nur sonst so her; Er ist doch gar zu fleisig, hat ja erst vor 8 Tagen angwunden.[4] – (Wie mir s'Hertz klopfft.)

Gret.

Nein, er hat 10 oder 11 Tag dran gweben; es lehrt einen wärlÿ schon; wann mann nichts hat als was mann verdient.

Sepp.

O, das ist noch gar zu geschweind; ich möchte mein Leib nicht so strapatzieren; mann lebt auch nicht grad drum, so streng mit sich zusein.

Gret.

Warum, lebt mann dan, (Lise,)[5] wart, ich wil dich butzen,[6] ich merk dich schon, Philosiphus.) Heißt es nicht, Du Mann, im schweiß deines Angesichts solt du dein Brodt essen; weib und Keind ernehren: und ich sol mit schmertzen Keinder gebehren; Thue ichs nicht auch – ja, noch mehr als mir befohlen, ich arbeite noch über Hals u[nd] Kopf, noch mehr als er; glaubs nu, Sepple.

Sepp.

Lise, (welch schnautzen; Bin fast[7] confus,[8] weiß nicht was ich sagen sol.) Ja frau, wo stehts gschreiben das[s] mann nicht auch dann u[nd] wann ein vernügtes[9] weilchen genießen dörfe; Arbeiten muß mann, das weiß ich wohl – aber alles hat seine Zeit.

Gret.

Spöttisch. Vernügen, vernügen; das spalstig[10] vernügen; meines Manns Leÿr, ihr sind über ein Läist;[11] ich habe genug an meinem Mann zuregieren, habe nichts mit dir. – Hat er nicht so viel vernügen als ich, so viel er braucht – Arbeit, Arbeit, sol sein vernügen sein, und diese macht viel andere; Essen, Trinken, Kleider, einen Pfennig erspaaren, bis mann alt ist, das sol, nebst mir, sein vernügen sein; mehr braucht er nicht. – Und dann mit deiner Zeit; Ja, ja, alles hat seine Zeit; (doch du nicht.) Hat er nicht Zeit genug; Zeit

[2] Tüchli, Tüechli: Kopftuch (SI XV 107: Tüechliwĕberin; SI XVI 1113: Tüechligwĕrb, Handel mit Kopftüchern).

[3] Wirpfen, Werpf: Gesamtheit der Längsfäden am Webstuhl; Zettel, besonders aber der zum Knäuel gewundene, zum Zopf geflochtene oder am Holzstab aufgerollte Zettel, bevor er auf den Zettelbaum [Walze am Webstuhl] gespannt wird (SI XVI 1544–1546).

[4] Angwunden. – Anwinden: den Zettel auf dem Zettelbaum aufwinden, auf den Webstuhl spannen (SI XVI 568).

[5] Leise.

[6] Butzen, putzen: (1) durch schlagfertige Rede zum Schweigen bringen; (2) hart anfahren, derb zurechtweisen (SI II 2017).

[7] Fast: (1) fest, stark; (2) beinahe (SI I 1111, 1113).

[8] Confus: verwirrt, bestürzt, beschämt (Schweizer 1847, 115; SI III 303).

[9] Vernügtes: vergnügtes (SI IV 701).

[10] Spalstig: «offenbar eine euphemistische Entstellung; doch ist die Grundlage unklar» (SI X 205).

[11] Läist, Leist: von Zeit zu Zeit sich versammelnde zwanglose Gesellschaft, auch das Gesellschaftslokal (SI II 1469).

zum Essen, zum schlaffen; auch kann er mit mir am sontag spatzieren gehen, nach der Kirche: – worzu braucht er mehr Zeit.

Sepp.

Es ist aber nicht hübsch, das[s] ein weib über denn Mann herrsche, ihm Gesetz vorschreibe, das[s] er sich nach ihr richten müße: der Mann ist das Haubt, und hat zubefehlen wie Paulus sagt ec. ein weib muß sich nach dem Mann richten – ein elender Mann, der ihm muß schemeken [sic] lasen, was der frau schmekt; nein ich wolt mein vernügen selber wehlen, das weib müst mirs nicht namsen.

Gret.

So, so, Herr Ehrichter;[12] ich merk dich schon, s ist als ein Pak. Was; sol mann mich zu meiner Pflicht anhalten; ohne das[s] ich des Manns P[f]lichten auch fordern dörffte; absolut nicht – nein, nein Sepple, der schöpfer hat die Gesetze im anfang schon gemacht; nicht jeder Pflegel[13] muß noch erst neüe dichten. – Was wilt du mit deinem Herschen, mit deinem Befehlen. – Ich beobachte meine Pflicht; und darf dem Mann die seine auch für die Nase halten. – Immer mit deinem Paulus; wie alle Männer; Paulus, Paulus; – Paulus ist auch ein mensch gewesen, aber kein weib, sonst het er gewüß anderst geschrieben; hat auch kein weib gehabt, sonst würds sie ihm schon gesagt haben. – Hete er sich begnügt zusagen, liebet eüeren Männer – aber seyt unterthan, gehorchet; nein, da ist ein schreibfähler einer Irrung geschehen. – Sind wir dann sclaven; ist es nicht genug das[s] ein Mann das recht hat, mir eine Krankheit von 9 Monaten, welche offt tödlich ist zuverursachen; Ist es nicht genug das[s] ich mit grosem schmerzen ein Keind zur welt bringe, mit Kummer u[nd] sorgen auferzeihe, u[nd] sonst noch villen kleinen Krankheiten ausgesezt bin. – Muß mann dan eben noch sagen, gehorche, sey unterthan. – Ists nicht genug das[s] ich alle morgen um fünfe aufstehe, und den gantzen Tag vor das wohl meines Hauses arbeite. – Sol der Mann in seßel sitzen, bü[c]her durchbletern; u[nd] dan sagen gehorche: Bloß wil er Haar am Kin, und stärkere faüste hat; sol er mein Herr sein: He, nein Sepple – so gut sols jede Hundsfut[14] nicht haben – nein, nein, Sepple.

Sepp.

(Lise So gar unrecht hat sie nicht – doch sag ichs ihr nicht; wenn mann denn weibern einmahl recht gibt, so wollen sie allemahl recht haben.) Ja frau, vor dich hast du recht, dein geschmak ist jez so: aber du must nicht predentieren[15] das[s] deines mans geschmak auch so seÿn müße; du hast ja nichts auf ihn zu klagen als sein Bisgen unschuldig Lesen; gesetzt, es seÿ eine Thorheit, wie es dich dünkt; wils dir zuwieder ist; Liebst du nicht auch Thorheiten, die ihm eben so sehr zuwieder seÿn; die ihm sein Leben unerträglich machten wann er sie gezwungner weiß mitmachen müste; und doch halt ers dir zugut, schweigt stil; wann nur du ihm sein Bisgen Lesen auch im frieden liesest, und deine Thorheiten nicht aufzwengen woltest.

Gret.

Nein, das Büchernaschen kann ich nicht ausstehn; dennk doch, wann du ein weib wärst; und dein Mann würde dich immer fliehn, jedes müsige weilchen verfliegen, oder mit ei-

[12] Ehrichter: Richter im Gericht für Ehesachen und Verwandtes (SI VI 449).

[13] Pflegel: Flegel; bäurisch grober, ungeschlachter Mensch (SI V 1241).

[14] Hundsfott.

[15] Predentieren, prätendieren: beanspruchen, fordern (Schweizer 1847, 422; SI V 890).

nem Buch dahoken, kein wort sagen, kein mund regen, kein aug bewegen, als wann du ein stummer Hund wärest: würd dir dein Leben nicht saur, und ewig langweilig seÿn. – Nein, ich bin kein einfältiges geschöpf; ich verstehe mich ohne das Lesen noch beser aufs Haußhalten, als er mit allem seinem Lesen; das Lesen schikt sich nicht vor Leüte, die ihr Brodt mit Handarbeit suchen müsen; Ich dachte lange es würde einmahl ein ende nehmen; aber nein, der unnöthigen Bücher sind so vie als sand am meer; mann solt alle nehmen, und die Thur[16] damit eindammen, Wuhren, und Wehren draus machen. – Aber sage mir, welche Thorheiten von mir sind meinem Mann zuwieder – Ich bin mir keinen bewust; möcht sie doch hören.

Sepp.

Das[s] du den gantzen Tag allerhand unnützes, geschmakloses Zeüg plauderst; ander Leüte durchhächelst und noch Pervorce[17] haben wilt das[s] er dir auch helfe. – Und dann verwendst du auch hie und da etwas auf Kleider und Haußrath, nach der hütigen mode, welche Thorheiten, Narrheiten, deinem Mann zuwieder sind.

Gret.

Ihr Schurken, händ es so abgeredt, mich zuunterjochen; nein, das geht eüch beÿ meiner – ah verzeih mirs Gott – nicht an. – Mein Reden beÿ der Kunkel nimmt keine zeit weg; aber wann ich auch mit einem Buch in einem winkel hoken wolt: ich mein, wir würden waker haußhalte[n]; ja ja, wir würden sauber ankommen: Ich kauffe nichts unnöthiges; und muß es noch dazu mit meinen Händen verdienen. – He, er muß mir helfen hausen, das langweilig Büchernaschen lasen; und solt es weiß nicht was kosen. – Eh wolt ich mich scheÿden lasen – Lieber gantz allein, als beÿ einem so ungeselligen Mann wohnen.

Sepp.

Ja mann scheÿdt nicht so gschweind; und wanns vor die Herren käme, so gäben sie dienem Mann recht – er last es aber nicht dahin kommen; viel ehender macht er sich gar aus dem staub, auf und fort wann du ihm fehrner so unartig begegnest; du bist ein hals[s]tariges, stettiges[18] weib; so ein weib könt ich gewüs auch nicht verdauen. – Drum höre Gret, ich sag es dir gutmeinent, und im vertrauen zur warnnung; dan ich habe so was gehört – dein Mann liebt die schönen schrifften so sehr, das[s] er das Lesen nicht lasen kann noch wird; wann dus ihm ferner streitig machst so macht er sich Himmel-weit fort. – Da denke dann, es mag deinem Mann, oder dir, gehen wie es wil, so wird alles dir angeschrieben; solt er unglüklich werden, so fiels auf deine Rechnung, auf deine seel.

Gret.

So, so, ihr Lumpenpak; das lehrnt ihr aus eüern Büchern, Ihr Herren Philosophen – treffliche gelehrtheit – weise Männer – kluge Köpfe – verständige witzige Kärls – schöne Häübter – Ja, ja, so einem Haubt solt mann unnterthan sein, dergleichen schönen Herren sol mann gehorchen. – Der schurk – der Lümel, der Tagdieb; meintwegen lauf er zum T[äufel] wann er Lust hat – ich habe ein gut gewüßen; habe ihm nichts Böses gehtann, noch befohlen er kann laufen so wit er wil. – Nur seine verdamten Bücher lehren ihn die saubern streiche.

[16] Thur: Fluss in der Ostschweiz.

[17] Pervorce, parforss: *franz. par force;* mit Gewalt, durchaus, um jeden Preis (SI IV 1547).

[18] Stettig: eigensinnig, widerspenstig, halsstarrig, unlenksam (SI XI 1811).

Sepp.

Ich bin satt; schade um die schöne Zeit, die ich mit dir verplaudre – Besere dich wers kann; Leb wohl u[nd] siehe was du machst.

Gret.

Ja, und du auch; dergleichen Hundsfüt sollen mir nicht mehr z'Hauß u[nd] z'Hoff kommen – ihr Ehteüfel,[19] allzusamen, eben ihr macht mein Mann immer auf das[s] er so hagelschlächtig[20] ist. – Ihr Ehrvergeßne, ihr spitzbuben; der Henker wird eüch lohnen. Nein, im nammen aller weiber, wil ich mich wehren bis aufs Blut; s sind keine hundsfütscheren flegel als die Bücherfreßer – kein weib achten sie, halten sie für Hünd: alle müsigen weÿle und alle Liebe wenden sie an die Bücher. – He, lieber wolt ich ohne Mann sein, als beÿ einem solchen staunner[21] mein Leben hinbringen. – Da hoken sie; und betäüben das gehirn; sehen sich halb blind in die militierten[22] Bletter – und He, der meine muß es lasen, und solt ich die halbe welt um Hülf anrufen. –
Ab.

[19] Ehteüfel, Etüfel, Eheteufel: einer, der Streit zwischen Mann und Frau bringt (SI XII 714).

[20] Hagelschlächtig: (von Menschen) wild, ungesittet, ohne Gefühl (SI IX 44).

[21] Staunner: einer, der dumpf vor sich hinbrütet, in Gedanken versunken vor sich hinstarrt. Siehe SI XI 943: stūne(n).

[22] Militierte Bletter: *vielleicht* Streitschriften.

Text 7.7: [1] [Johann Georg HEINZMANN], Die Feyerstunden der Grazien. Zweyte sehr veränderte und vermehrte Ausgabe. [Band 1]. Bern: in der Hallerschen Buchhandlung, 1784, S. 90–98 (in-8)[1]

XVI.[2]

Vom Bücherlesen, und der Romanen insbesondere.

Es giebt viele Bücher, die zwar angenehm geschrieben sind, aber deren Lesung höchst verderblich ist, am meisten dem jugendlichen Alter, wo Grundsätze noch nicht vor Verführung schützen und die Erfahrung weise zu seyn, gelehrt hat.

Dahin werden erstlich alle diejenigen Bücher gerechnet, die einen schmutzigen, die Ehrbarkeit beleidigenden Innhalt haben; ferner alle diejenigen[,] worinn die Geschichte verliebter Gecken beyderley Geschlechlechts beschrieben wird, auch solche, welche bloße Tändeleyen enthalten, und nicht darauf abzwecken, die Menschen vernünftiger, arbeitsamer, wohlwollender und zufriedener zu machen; und endlich auch solche, deren Lesung uns weichlich und zu Geschäften des menschlichen Lebens unlustig und ungeschickt machen kann.

Meine Freundinnen, die Stimme der Vernunft sagt Ihnen, Ihr Ohr zu bewahren vor dem Syrenengesang, das Sie ins Verderben lockt! fliehen Sie den Mann, der Ihnen Leckerspeise auftischt, denn er verwöhnt Ihren Magen, daß er unfähig wird eines reizbaren Genußes und [einer] gesunden Verdauung guter Hausmannskost! Dies auf die Lektur angewandt: Unsre modischen Schriften sind mit Empfindeleyen und unnatürlichem Geziere überladen, sie verrücken der wahren Empfindsamkeit den Standpunkt, das Mädchen das sich darinn vergast, sinkt zur Puppe herab und spielt mit Bildern! –

Wer wollte es den guten Vätern und den sorgsamen Müttern verdenken, wenn Sie über die Lesesucht unserer Zeit das Wehe rufen, denn die Folgen sind für die Familien oft schrecklich. Wie manche Tochter tritt aus den natürlichen Schranken des kindlichen Gehorsams und trotzt aus Eigendünkel der Warnung die ihr Bestes will. Wie manche Frau schimpft dem Namen ihres Geschlechts durch Weichlichkeit, Üppigkeit und ist alles, nur nicht was Sie seyn soll! – Und wie könnten in dem romantischen Köpfchen jene veralteten herzlich teutschen Namen – tugendliebendes Weib, fleißige Hauswirthin, sorgsame Mutter – noch irgend einen Sinn haben, da Sie alles wißen, nur ihre Pflichten nicht.

Ein Mädchen, das ohne Unterschied alles ließt, ist das unglückliche Opfer ihrer Zerstreuung. Statt Einfalt des Herzens, wird ihre Seele wollüstige Begierden nähren; statt einer nützlichen Geschäftigkeit, wird sie nach Romanen, Komödien, tändelnden Gedichten greifen, statt ihrer vorigen heitern und zufriedenen Gemüthsart, wird sie mürrisch und unzufrieden seyn, so oft sie nicht bey ihren Büchern sitzen und neues süßes Gift für ihre Seele daraus einsaugen kann!

O hörten sie doch die Getäuschten, jene Warnung eines guten Vaters, die er mit thränenden Augen und bewegt vom innersten Kummer, seinem Sohn und Tochter hielt:

«Meine Liebsten! das Unglück, welches zu verhüten ich auf alle Weise getrachtet habe, ist geschehen. Es sind Bücher in eure Hände gefallen, von denen ich wünschte, daß sie

[1] Zum Buchhändler, Schriftsteller und Kompilator Johann Georg Heinzmann (1757–1802) siehe ADB XXXV 131–132, HLS VI 242.

[2] [Kapitel] XVII im «Ersten Abschnitt». – Vgl. *Die Feyerstunden der Grazien: Ein Lesebuch*. Bern: in der Hallerschen Buchhandlung, 1780, S. 105–107: «Vom Lesen der Romanen.»

euch immer mögten unbekannt geblieben seyn; und das unglückliche Lesen dieser Bücher hat – ich sage es mit tiefster Bekümmerniß! – eure ganze Glückseligkeit untergraben.»
«Ich sage dies nicht, um euch Vorwürfe zu machen. Euer Unglück hat gewollt, daß ich nicht da war um euch zu rathen; und da diese Bücher, von denen ihr nicht glaubet, daß sie so gefährlich wären, wirklich angenehm geschrieben sind: so war es natürlich, daß ihr bald Geschmack daran fandet.»
Aber wenn eure eigene, schon zum theil zerstörte Glückseligkeit euch noch nicht ganz gleichgültig geworden ist: so höret mit aller Aufmerksamkeit, deren ihr fähig seyd, die Warnung eines Vaters an, der euch so herzlich liebt, und dessen Erfahrung ihm die traurigen Folgen zeigt, die die Lesung dieser verderblichen Bücher zuverläßig für euch haben wird, wenn ihr nicht von heut an eure schon kranke Seelen auf das ernstlichste zu heilen euch bemühet.
«Gesteht es mir, oder vielmehr gesteht es euch selbst, seitdem ihr diese Bücher leset, haben alle eure Gedanken einen ganz andern Schwung genommen. Du, mein Sohn, siehst es nicht mehr als dein vornehmstes Geschäft an, etwas nützliches zu lernen, und durch einen glücklichen Fortgang in jeder Erkenntniß den Beyfall deines Vaters zu erwerben, und die Zufriedenheit desselben zu erhöhen.»
Du, meine Tochter, bist nicht so eifrig mehr, die Geschäfte zu besorgen, die ich dir vertraue, und die glücklichen Fähigkeiten anzubauen[,] die ich mit jedem Tage zunehmen sah.
«Ist es nicht wahr, ihr sinnt seither auf nichts anders, als wie ihr Gegenstände finden möget, die eurer eingebildeten Zärtlichkeit würdig, nach eurem Sinne euch glücklich machen, und durch euch glücklich werden können? Kömmt nicht jede andere Pflicht, jedes andere Geschäft euch eckelhaft und unrühmlich vor? Und wünscht ihr nicht je eher je lieber, euch in eine Reihe von Begebenheiten verwickelt zu sehen, wie diejenigen sind, welche die Helden und Heldinnen eurer Bücher in euren Augen so schätzbar und so beneidenswürdig machen?»
«Aber überleget – o ich bitte euch um eurer eigenen Wolfarth willen! – wie sehr euch dieses hindern müsse, euch diejenigen Tugenden und Einsichten zu erwerben, durch die allein ihr wahrhaftig glücklich werden, durch die allein ihr andre glücklich machen könnet! Es ist – ich beschwöre euch es wohl zu bedenken! – es ist ein falsches, ein verderbliches Vorurtheil, was die Hauptlehren dieser Bücher ausmacht, daß die Vereinigung zweyer liebender Herzen die vornehmste Beschäftigung des Lebens, das einzige Mittel zur Glückseligkeit sey.»
«Ich verberge es euch nicht: freylich ist die Liebe, die tugendhafte reine Liebe, eine Quelle der erhabensten und süßesten Glückseligkeit. Aber weder eine romanhafte Denkungsart, noch abentheurliche Begebenheiten, werden euch zu diesem seligen Ziele führen. Ihr könnt – glaubt es eurem Vater, der euch nie eine Unwahrheit gesagt hat, – nicht anders, als unglücklich werden, ihr könnt nicht anders, als andere unglücklich machen, wenn ihr diesen bedenklichen Zeitpunkt übereilet. Erst müssen unsere Seelen reif zu einer tugendhaften Verbindung mit einer andern gleichgestimmten Seele seyn, ehe eine solche Verbindung möglich ist: und wie weit sind die eurigen von dieser Reife noch entfernt?»
«Bedenke, mein Sohn, wie viele Kenntniße du noch zu erwerben, wie vielen Tugenden du noch nachzustreben hast, ehe du dem Staate und dem menschlichen Geschlechte nützliche Dienste zu leisten im Stande seyn wirst! Und du meine Tochter, überlege, wie viel

es noch braucht, biß du fähig seyst, einem Hause klüglich vorzustehen und Kinder vernünftig zu erziehen!»

«Wie unbedachtsam seyd ihr also nicht, daß ihr durch chimärische und einfältige Träume euch in dem glücklichsten Fortgange zur Vollkommenheit und Glückseligkeit hemmen lasset! Erwäget, wie unglücklich ihr seyn würdet, wenn dasjenige, was ihr am feurigsten wünschet, euch alsobald gewährt würde!»

«Betrachtet, daß der Romandichter seine Helden und seine Heldinnen, nach Belieben, weise, vollkommen und von Bedürfnissen frey erschaffet; daß hingegen ihr von allen Zufällen des Lebens abhängt; daß ihr euer Schicksal allein durch Weiheit und durch Klugheit verbessern könnet; daß Unbedachtsamkeit und Leichtsinn euch nothwendig der Gefahr des äußersten Elendes aussetzen müssen; daß wenn die Liebe euch einst glücklich machen soll, sie solches erst alsdann thun könne, wenn, durch die Vernunft erleuchtet und gebilliget, sie für euch nicht mehr ein Hinderniß zur Vollkommenheit oder eine Quelle von Übeln werden kann.»

Für Töchter hat das häufige Romanlesen noch einen besondern Nachtheil. Ihre Köpfe werden bey einer etwas lebhaften Einbildungskraft mit starken verliebten Scenen und einer Menge Idealen von starker Liebe, die größtentheils – und zwar zum Glück der Welt – nicht in derselben, sondern nur im Kopf des Dichters existirt, angefüllt, und sie erwarten daher von ihren künftigen Liebhabern oder Ehemännern eine ähnliche Sprache, ähnliche Ausdrücke der Liebe. Finden sie diese, wie gewöhnlich, nicht: so plagen sie dieselben mit dem Vorwurf der Gleichgültigkeit, oder sie gerathen in andere Ausschweifungen. Sie wollen statt der wahren ehrlichen Liebe, die in einer heißen Freundschaft, in einer aufrichtigen, warmen, ungekünstelten Theilnehmung nicht allein an allen Schicksalen und Ereignissen, sondern auch an allen Gedanken und Handlungen und zu einem thätigen Bestreben, das Glück, die Ruhe und Zufriedenheit des andern zu bauen und zu befördern besteht, verbunden mit einer gewissen Neigung, vermöge welcher sich Beyde nur als Eins ansehen, lieber unaufhörlich schmachtende Blicke, verliebte Seufzer und Fußfälle, beständiges Händedrücken und Küssen haben. Sie selbst bekommen eine Gleichgültigkeit gegen die Wirthschaft und das häusliche Leben, hängen zum Nachtheil desselben der Begierde zum Lesen nach, und verläugnen selbst in ihrer Liebe, zum großen Nachtheil derselben, die Natur. – Es ist ganz gewiß, daß die Personen, die uns in Romanen und Schauspielen mit ihrer romantischen Liebe gefallen, uns im Leben, wenn sie so sind, wie sie dort beschrieben werden, unausstehlich sind.

Hat man jemals kaltes Blut, und mit der Natur der Dinge übereinstimmende Begriffe nöthig, so ist es beym Freyen. Und wenn hat man sie wohl weniger? Wenn sich jedermann ächte, unüberspannte Ideen von dem Menschen, und den Zufällen die ihn betreffen, machte, so würde man sich nicht dem Zorn, der Wuth, dem Unwillen, der Melancholie, der Verzweiflung, der närrischen ausschweifenden Liebe – überlassen; eine freudige Gelassenheit würde die Stelle der Leidenschaften einnehmen; Unglücksfälle, die man sich oft als möglich vorgestellet, würden weniger drücken; der Verlust der Güter, der Freunde – weniger darniederschlagen und muthlos machen; Biegsamkeit, Nachgiebigkeit, Gefälligkeit, Überlegung und überdachte Mildthätigkeit würden den Menschen beleben; eine gewisse Gleichmüthigkeit würde die Triebfeder seiner Handlungen seyn; den Ehestand zu einem beglückten Umgang, und das goldene Zeitalter, das leider bisher immer nur noch in den Schriften der Dichter existirt zu haben scheint, unter uns aufblühen machen: gerade deswegen, weil wir es in der Welt und in uns, und nicht in zauberischen Feenmährchen suchten.

Text 7.7: [2] [Johann Georg HEINZMANN], Die Feyerstunden der Grazien. Zweyte sehr veränderte und vermehrte Ausgabe. Bern: in der Hallerschen Buchhandlung, 1784, S. 101 (in-8)[3]

Lesen sie [als Frauenzimmer] kein Buch, ehe es ihnen von gewissenhaften und klugen Personen gerühmt worden.
Lesen sie nicht, um gelehrt zu werden und spitzige Fragen aufzuwerfen oder beantworten zu können, sondern damit sie ihren Verstand zieren und ihr Herz bessern.
Die schönste Gelehrsamkeit eines Frauenzimmers bestehet in dem Schmucke weiblicher Tugenden.
Warten sie die äusserlichen Pflichten der Religion mit einer strengen Ordnung ab. Sie werden allezeit Unterricht finden, um an dem allgemeinen Gebethe Theil zu nehmen.

[3] Auszug aus Erster Abschnitt, [Kapitel] XVII: Regeln der Tugend und Klugheit (S. 98–104).

Text 7.8: [1] Joseph Ignaz ZIMMERMANN, Die junge Haushälterinn: Ein Buch für Mütter und Töchter. Erstes Bändchen. Zweyte Auflage. Luzern: gedruckt, und verlegt bey Joseph Aloys Salzmann, 1785, S. 347–352 (in-8)[1]

Nannette. [...] Herr Berger, Sie wissen es, Deutschland hat diese letztern Zeiten so treffliche Schriften zur Bildung der Jugend, vornämlich des Frauenzimmers, geliefert. Der Lesegeist dringt auch in die kleinsten Städtchen ein, und doch – (sie zückt die Achseln.)
Berger. Was dächten Sie. Karoline, daß Ihre liebe Freundinn mit diesem Doch sagen will?
Karoline. Sie bedauert, wenn ich nicht irre, daß junge Töchter aus dem Bücherlesen nicht mehr Nutzen ziehen. Hab' ichs errathen?
Berger. Völlig. Ich wette, Sie lösen diese Frage auch eben so gut auf.
Karoline. Was denken Sie doch, lieber Freund!
Berger. Nur Geduld! – Ich muß Ihnen zuvor eine kurze Fabel erzählen. – Ein Kaninchen, Lämmchen und Hündchen kamen einst auf einer schönen Flur zusammen; aber jedes mit der ihm eigenen Absicht. Das Hündchen tummelte sich wacker herum, und machte seine Luftsprünge; das Lämmchen suchte gesunde Kräuter, sich zu weiden; und das Kaninchen durchwühlte boshaft den Boden. – Hier haben Sie das Bild von drey verschiedenen Gattungen der Bücherleserinnen.
Nannette. Nicht auch der Bücherleser?
Berger. Wie es beliebt. Meine lieben Mamselchen, was für ein Thierchen aus den dreyen hat euern Beyfall?
Karoline. Nu, Lischen, rede doch auch ein Wörtchen: sonst glaubt unser liebe Freund, du seyst stumm.
Lisette. Ich hatte bisher genug zu hören, ohne daß mein Reden nöthig wäre. Das Schäflein fand Nahrung auf der fruchtbaren Weide: so, dächte ich, sollten alle seyn, die das Glück haben gute Bücher in die Hände zu bekommen.
Berger. Vortrefflich sagt sie, gute Bücher: denn es giebt der gefährlichen und schädlichen so viele, daß eine gottesfürchtige Tochter keines lesen soll, welches ihr nicht von klugen und christlichen Freunden oder Freundinnen angerathen wird. Viele tausend junge Frauenzimmer sind schon durchs Bücherlesen elend verdorben worden. – Welche ahmen dem Kaninchen nach?
Karoline. Sind es nicht die gelehrtseynwollenden Frauenzimmerchen, die nur lesen, damit sie mit ihrem Witze pralen, und alles kunstrichtern können?
Berger. Sie haben ein dünnes Näschen, Karoline. Hüten Sie sich, daß Sie nicht auch einst in diesen lächerlichen Fehler fallen.

[1] Ausschnitt aus «§ 25. Das Erste kömmt zuletzt» (S. 340–367). – Siehe auch Tabelle 5.2. – Zum Pädagogen, Schriftsteller und Übersetzer Joseph Ignaz – eigtl. Josef Johann Victorin – Zimmermann (1737–1797), Jesuitenpater 1765–1773, Verfasser der patriotischen Dramen «Wilhelm Tell: Ein Trauerspiel» (Basel, 1777), «Petermann von Gundoldingnen, oder die Sempacher Schlacht: Ein Trauerspiel» (Basel, 1779), «Nikolaus von Flüe, oder die gerettete Eidgenossenschaft, in fünf Aufzügen» (Luzern, 1781), «Erlachs Tod» (1790), siehe Holzhalb VI 526, ADB XLV 661–665, BBKL XIV 503–504, TLS 2149, SLG 77, HLS XIII 718. – Vgl. Messerli (2009) 311, 319.

Karoline. Trauen Sie mir diese Anlage zu?

Berger. Jetzt noch nicht. Aber ich müßte mich sehr betrügen, wenn nicht Ihre Lesebegier bisweilen in Flatterhaftigkeit ausartete. Es ist dieß eine Schwachheit, die den meisten jungen Mädchen anhängt. Sie lesen insgemein nur um ihre Neugierde zu befriedigen. Daher kömmts, daß sie nicht genug eilen können, bis sie ein artiges Büchgen durchhüpft haben, dem Hündchen ähnlich, das nur seine Kapriolen schneidt, wie unsere Fabel sagt.

Karoline. Freund, das war ein Stich, der ziemlich blutet. Nannette machte mir schon oft Vorstellungen, ich solle ein nützliches Büchgen nicht nur durchhüpfen, sondern öfters wiederholen, bis ich alles meinem Herzen recht eingepräget hätte. Das kostet keine kleine Überwindung. Man muß ein Mädchen seyn, wie ich, wenn man das fühlen will.

Berger. Hören Sie, mein Kind. Ich traue Ihren jungen Jahren so viel Einsicht zu, daß Sie aufrichtig Ihr eigenes Beßte verlangen. Und nun sagen Sie mir, wenn man den Magen mit allzuvielen verschiedenen Speisen überladet, was geschieht?

Karoline. Es entstehen Unverdaulichkeit und Schmerzen daraus.

Berger. Die Speisen nähren den Körper, das Bücherlesen die Seele. Zuviel Lesen ist ungesund. Lieber wenig, und das wenige recht verdauet, so bekommt der Geist immer gründlichere Begriffe, und das Herz wird immer stärker zu dem, was gut ist, hingeneigt, und übt es hernach bey Gelegenheit mit Lust aus. Das nenne ich eine vernünftige Person, und mit Nutzen lesen. Das andere ist nur Tand, um die Leute und sich selbst zu betrügen. Nannette, ich erlaube es Karolinen gern, ein Büchgen fürs erstemal nach Herzenslust und auf die Prob zu durcheilen. Man muß dem Vorwitz junger Mädchen etwas zu gut halten; aber hernach – –

Karoline. Ja, theurer Freund, ich gelobe Ihnen, hernach das Gelesene bedächtlich so lang zu wiederholen, bis Nannette glaubt, es sey genug. Ists recht so?

Berger. Wenn Sie Worte halten. – Ist Ihre Frage nun abgethan, Nannette?

Nannette. Noch nicht ganz. Sagen Sie mir, für wenn sind die meisten Frauenzimmererziehungsschriften, die wir theils ursprünglich deutsch, theils aus dem Französischen oder Englischen übersetzt, besitzen? Sind sie nicht für zukünftige Damen vom Range? Haben wir solche in unserm Lande?

Berger. Die es gern seyn möchten, deren giebt es genug. Aber unsre Einkünften sind zu eingeschränkt, um Gnadendamen spielen zu lassen.

Gottfried. Ich streite unsern Damen ihren Adel und Rang nicht an. Aber wenn sie nicht, wie die Frauen vom Mittelstande gute Hauswirthschaft verstehen, und zu ihrem Einkommen genaue Obsorge tragen, so sind sie unglücklicher als eine gemeine bürgerliche Hausmutter. Dieß sehen die Herren wohl ein, und man darf sich nicht verwundern, daß so vielenicht heurathen können, so wenig sie sonst ein Gelübde gethan, Hagestolze zu bleiben.

Berger. Nicht wahr, unsre Bürger wissen sich leichter zu helfen? Sie heurathen fremde Töchter oder gar Mägde, welche die Wirthschaft verstehen, und lassen die Bürgermädchen aufs Mooß wandern, weil sie ihnen zu adelich sind.

Nannette. Ist es aber nicht unverantwortlich, daß man auf Töchter vom Mittelstande so wenig Rucksicht hat, und bey der allgemeinen Überschwemmung von Büchern dem zahlreichsten Theile des schönen Geschlechtes keinen Unterricht anschaffet?

Text 7.8: [2] Joseph Ignaz ZIMMERMANN, Die junge Haushälterinn: Ein Buch für Mütter und Töchter. Zweytes Bändchen. Zweyte Auflage. Luzern: gedruckt, und verlegt bey Joseph Aloys Salzmann, 1785, S. 281–285 (in-8)[2]

Nannette. Aber, Herr Blum, unsre Töchter müssen ja doch das Französische lernen; und dieses kann nicht anders als von Französinnen, und den stäten Umgang mit ihnen, erlernt werden.
Anton. Müssen sie das? Ist dann diese Sprache ein unentbehrliches Mittel zum Artigwerden und seyn? oder gefällt man nicht, wenn man nicht französisch sprechen kann? Man sagt mir, viele unsrer Fräulein hier vergäßen in wenig Monaten wieder, was sie mit vielen Unkosten in ein Paar Jahren erlernt hätten; sie errötheten, wenn man sie französisch anredte, und konnten mit Noth ihr *Oui Monsieur* herausstottern. Ich einmal, wäre ich von Adel, würde auf die Französischartigen gewiß keinen Vorzug legen, wenn ich an einem blos deutschen Mädchen das fände, was in der That Hochschätzung und Liebe verdient. Und in der großen Beziehung auf häuslichen Erwerb, was schaffet mir dann eine Frau mit der französischen Sprache, wenn ich kein Sprachmeister, sie aber keine Sprachmeisterin ist, um Kinder in Pension zu nehmen?
Gottfried. Sie reden als ein Kaufmann. Braucht dann unser Adel Erwerb? Hat er nicht Geld genug –
Anton. Vonnöthen, wollen Sie sagen?
Nannette. Aber man hat doch oft geheime Sachen abzureden, die der Bediente oder die Magd nicht wissen soll?
Anton. Man heiße sie so lange abtreten, wenn es so höchstnothwendig einst seyn kann, etwas Geheimes abzureden. Zudem wird man doch wohl Ort und Zeit finden, wo man sich ohne Zeugen genug unterhalten kann. Und das beständige Französischsprechen im Beyseyn der Domestiken ist gar kein Mittel, sie uns im möglichsten Grade treu und hold zu machen. Die Herrschaft verderbt sie damit, und erklärt sie alle Tage, bey jeder Mahlzeit oder Aufwartung derselben bey ihr, für ihre Feinde, für Spionen, für welche sie sich hüten müßte. Wir machen sie mistrauisch gegen uns, und sie bezahlen uns mi gleicher Münze.
Karoline. Aber ich höre, es gebe so viel schöne französische Bücher: das Frauenzimmer könnte sie ja nicht lesen, wenn es dic Sprache nicht verstünde.
Anton. Ist ein solches Buch lesenswerth, so wird es von Gelehrten bald übersetzt. Und wenns allein Lektüre seyn soll, so haben wir eine solche Menge deutscher schöner Schriften, welche alle ausländische gar sehr hinter sich zurücklassen, uns sie ziemlich entbehrlich machen.
Nannette. Die Sprache – die Sprache! Das rohe Deutsche ist feinen Frauenzimmerohren unausstehlich.
Anton. Unsre deutsche Sprache ist das nicht mehr, was sie vor sechszig bis achtzig Jahren war. Unsre Schriftsteller haben seit der Zeit daran gearbeitet, sie in einem gefälligeren Gewande, so zu sagen, aufzuputzen, und ihr die rauhen Bauernkleider auszuziehen. Unsre Sprache gefällt schon Parisern, und wird von ihnen gelernet. Nun dürfen wir uns ihrer gar nicht mehr schämen.
Gottfried. Herr Blum, Ihre Gründe mögen noch so wahr seyn, sie werden doch die einmal eingeführte Mode beym vornehmern Frauenzimmer nicht verdrängen. Ein Fräulein, das

[2] Ausschnitt aus «§ 36. Mädchenkostschulen außerhalb Landes, was nützten sie bisher?» (S. 273–286).

nicht seine Fremde gemacht und französisch gelernt hat, würde in Gesellschaften bey uns nimmer glänzen können.

Anton. Madam, ich will das Französische nicht verbannen; aber ließen sich dann keine Anstalten treffen, daß junge Töchter auch in unsrer Vaterstadt so viel Französisch lernten, als sie fürs Haus oder allenfalls auch fürs Spielen brauchten? – Ihr Bruder, Jungfer Nannette, mein Busenfreund, schrieb mir von ** aus, es sey dort eines der beßten Häuser, in welchem vier Töchter auf die edelste Art erzogen würden, französisch lernten, und mehr Kenntnisse und Artigkeiten im Umgange besäßen, als alle die andern, welche noch so lange in Frankreich gestanden hätten. Aber freylich fänden ihre Ältern und Großältern auch das süßeste Vergnügen dabey, sich zu den Kleinen herabzulassen, sie selber zu bilden, und unter ihren Augen aufwachsen zu sehen.

Karoline. Dürfen sie in die Assembleen?[3]

Anton. Ob sie dürfen? Sie beschämen alle französischseynwollende Dämchen, die mit ihrer Lektüre nur bey jungen Gecken eine Figur machen.

Karoline. Wer sind die jungen Gecken?

Anton. Weiber in Mannskleidern, die man sonst auch Stutzerchen oder Petitmäter[4] heißt. Die elendesten Geschöpfe, die nur zum Tändeln geschaffen zu seyn glauben. Die Frauenzimmer, die sich mit diesen Schmetterlingen abgeben, verlegen sich bekanntermaßen auf die Leseley; aber das muß meist etwas Französisches seyn, leicht, lustig, flüchtig, pour s'amüser (zum Zeittödten). Das Gute, Nützliche und Erbauliche erweckt ihnen sofort Vapeurs oder Übelkeiten. Und dieß sind die Folgen von dem elenden Geläufe in Frankreich. Eben in dem Städtchen, wovon ich oben redte, schicken sogar gemeine Bürger ihre Kinder ins Ausland, doch mehr um des Beyspiels willen, und damit sie von andern nicht verachtet werden, als aus Neigung: denn sie sehen es gar wohl ein, daß die Meisten nichts zurückbringen, als hochfrisirte Köpfchen und leeren Wind darinn; Hang zu tausend Eitelkeiten, welche die einen niemals befriedigen können, und die oft Quellen so vieler Peinen für sie und ihren Job werden.

Text 7.8: [3] Joseph Ignaz ZIMMERMANN, Die junge Haushälterinn: Ein Buch für Mütter und Töchter. Drittes Bändchen. Zweyte Auflage. Luzern: gedruckt, und verlegt bey Joseph Aloys Salzmann, 1785, S. 186 (in-8)[5]

Blum, Sohn. Respekt! Es tritt eine neue Aktrizinn auf. – Zehnte Skizze: Die Gelehrte.

Susanne liest nur gar zuviel,
Ihr fehlt kein Lust- kein Trauerspiel,
Kein Mährchen und kein Liebsgedicht,
Und keine Ritterirrgeschicht,
Und was noch solche Sachen, Die nicht gescheider machen.
Das macht den Kopf ihr gar zuvoll,

[3] *Assemblee:* vornehme Gesellschaft, Zusammentritt zahlreicher Personen zum Vergnügen, Prunkgesellschaft (Schweizer 1847, 52).

[4] *Petit-maître:* Stutzer, süsses Herrchen, Zierling (Schweizer 1847, 394).

[5] Ausschnitt aus «§ 49. Töchtergallerie» (S. 164–194). – Siehe auch S. V–XIX: «Verzeichniß der Herren [und Frauen] Subscribenten.» – Vgl. Messerli (2009) 319.

Sie weiß nicht, was sie sprechen soll;
Beständig würd' sie mir entzückt,
Und thät' doch Alles ungeschickt;
Sie redte nichts, als dieß und das,
Von Monsieur Werthern[6] und Gil Blas,[7]
Und allerhand so Siebendingen, Die Männern keinen Nutzen bringen:
Nein, nein! – Die hat mir zuviel Licht;
Gelehrte Weiber taugen nicht.

Blum, Vater. Schon genug!

Blum, Sohn. Also darf ich weiter skizziren. – Eilfte Skizze: Dorchen S***.

[6] [Johann Wolfgang von GOETHE], *Die Leiden des jungen Werthers*. Leipzig, 1774, 224 S. (2 Teile in 1 Bd.). – Zum Dichter, Magistraten und Naturforscher Johann Wolfgang von Goethe (1749–1832) siehe BUAM LXV 457–490, ADB IX 413–448, NDB VI 546–575, DBE[2] IV 7–9.

[7] Alain-René LESAGE, *Histoire de Gil Blas de Santillane*. Paris, 1715–1735, 4 Bde. (in-12). – Zu Alain-René Lesage oder Le Sage (1668–1747), «romancier, auteur dramatique», siehe BUAM XXIV 252–264, DGS 860–861, DBF XXI 1291–1222. – Siehe auch Text 6.9.

Text 7.9: Christoph MEINERS, Briefe über die Schweiz. Erster Theil. Zweite durchaus verbesserte und vermehrte Auflage. Tübingen, 1791, Bd. 1, S. 278, 297–298 (in-8)[1]

Nidau am 18.[–20.] Jul. 1782.

Liebster Freund,
[...]

Auch werden die jungen Bernerinnen bey weitem nicht so strenge und sorgfältig, als unsere teutschen Mädchen erzogen. Man hält sie nicht, wie unsere Landsmänninnen zur Führung der Haushaltung, zur Besorgung und Aufsicht über die Küche, oder zu andern ernsthaften und anstrengenden Arbeiten und Kenntnissen an; Zeichnen, Musik, einige weibliche Arbeiten, die zur Abkürzung der Langeweile in grossen Gesellschaften erfunden worden sind, am allermeisten die französische Sprache sind die einzigen Künste und Geschäfte, in welchen sie unterrichtet werden. Das Französische ist nicht bloß unter dem jungen Frauenzimmer, sondern unter allen Personen von Erziehung so herrschend, daß darüber die Muttersprache fast ganz vernachlässiget wird. Fremde redet man in allen Gesellschaften nur Französisch an; selbst im vertrautesten freundschaftlichen Umgange werden häufig Französische und Teutsche Wörter unter einander gemischt, und die Complimente beym Empfange, und Abschiede fast immer französisch gemacht. So wie es aber fast keine Person von einiger Erziehung in Bern giebt, die nicht gut, oder doch geläufig Französisch redete und schriebe, so finden sich, wenn man die eigentlichen Gelehrten ausnimmt, gewiß nur wenige, die einen Teutschen Brief oder Aufsatz ohne Fehler schreiben könnten. Von Teutschen Producten werden dem Bernischen Frauenzimmer nur allein einzelne Romane bekannt, und es geht auch hier, wie anderswo, daß man keiner andern Art von Werken mehrere und größere Fehler und Ungereimtheiten nachsieht, als diesen. Selbst von Französischen Büchern liest das schöne Geschlecht wenig mehr, als die Neuigkeiten des Tages, und einige Modeschriften. Bei dieser Art der Erziehung und des Unterrichts können der Geist und das Herz der jungen Bernerinnen nicht sehr zum Kampfe mit den ansteckenden Sitten ihrer Zeit vorbereitet, und gerüstet werden.

[1] Auszug aus dem «Sechsten Brief» (S. 278–360). Vgl. Furrer (2014) 648–649, Text 25 (Anfang). – Zum Göttinger Professor und Polyhistor Christoph Meiners (1747–1810) siehe BUAM XXVIII 156–165, ADB XXI 224–226, HLS VIII 437, DBE[2] VI 857.

Text 7.10: Journal d'un voyage en Angleterre depuis le 15 avril 1786 jusqu'au retour en Suisse l'onse [sic] septembre 1787, S. 189–191[1]

Lentzbourg 9 Sept. [1787]
Je suis partie ce matin à 6 h. pour Keyserstuhl[2] où j'ai attendu des cheveaux de sorte que je suis arrivée à Baden à 2½ h. On avait diné & j'eus un rechauffé abominable qu'on me fit payer cher. J'avais été à Baden il y avait 8 ans & n'avais rien à y voir. La route de là ici était delicieuse, la verdure fraiche & belle com[m]e au mois de Juin. Je suis arrivée ici à la nuit & l'hote m'a ssez mal reçue, cependant on y est pas mal.
Kirchberg 10 Sept.
Je croyais que ma journée ne m'aurait rien fourni d'interressant [sic] mais mon voiturier cet [s'est] arreté pour diner à Morgenthal.[3] Une agreable païsanne me conduisit dans une chambre tres propre, me dit ce qu'elle pouvait me donner à diner et, pendant qu'elle alla y donner ordre, j'ouvris une autre chambre où je trouvais ouvert sur la table *Meysner's Skitsen*.[4] Quand elle revint, je lui demandais qui logeait dans cette chambre? – Personne. – & qui lit Meysner? – moi quand j'ai le tems. – aimez-vous la lecture? – extrement. – & avez vous beaucoup de jolis livres comme celui-là? – quelques-uns. Si M[a]d[am]e veut en choisir pour se desenuïer en attendant le diné? Là dessus elle me mena dans sa chambre où il y avait un joli papier, un lit tres propre, des chaises de paille, un miroir, une belle estampe anglaise, & une grande armoire vitrée remplie de livres en français et en allem[an]d, des poëtes, des livres d'histoire. J'en tombais de mon haut. Apres elle me servit un diné excellent & nous causames tout le tems; je suis enchantée de cette aimable Marianne Probst.[5] Elle n'est point belle, mais elle a une phisionomie tres agreable. Elle est sensible, honnete, a l'esprit orné, raisonne avec bon sens & delicatesse. Elle est bien au dessus de son etat. Je le pensais, & je le lui dis. Elle convint qu'elle etait là un peu à contre cœur, mais qu'ayant perdu son pere il y [a] un an, il n'y avait qu'elle qui pu ce [pût se] charger du detail de l'auberge, et de l'education de son frere & de ses deux sœurs. En outre il y a une belle mere qui ne scait rien que filer & veiller un peu au travail de la camp[agn]e, & 3 autres petits enfants. Si j'avais, disait elle, abandonné tout cela ils n'aurait scu com[m]ent se tirer d'affaire. Dès que mon frere sera assez agé, je lui remettrez [remettrai] le tout. L'apres midi nous nous promenames un moment & je quittais avec regret cette interressante fille.
Berne 11 Sept.
Enfin me voila apres 18 mois d'absence. Je n'ai rien à ajouter sinon que je remercie mes amies de leur indulgence pour mon griffonage & que je me recommande toujours à leur amitié que je scai[s] bien aprecier.

[1] StABE, DQ 102, 191 S. – Anhang: *Journal d'un voyage en Provençe en 1784*, 10 S. – Siehe Text 7.11 und Text 7.12.
[2] Kaiserstuhl AG.
[3] Murgenthal AG. – Zu Murgenthal siehe Leu XIII 463, HLS IX 13.
[4] August Gottlieb MEIßNER, *Skizzen*. Erste[–Dreizehnte und vierzehnte] Sammlung, Leipzig, 1778–1796, 14 Bde. (in-8). – Zum Universitätsprofessor und Schriftsteller August Gottlieb Meißner (1753–1807) siehe BUAM XXVIII 167–168, ADB XXI 242–243, NDB XVI 694, DBE² VI 864. – «Seine Skizzen [...], eine Sammlung unterhaltender und belehrender Erzählungen, fanden weite Verbreitung.» (DBE² VI 864).
[5] Zu Marianne Probst siehe Text 7.12.

Text 7.11: Jacques CAMBRY, Voyage pittoresque en Suisse et en Italie. Paris, [1800], Bd. 1, S. 258–262[1]

LE 28 AOUT 1788.

Je me levai de très-bonne heure; je trouvai notre hôtesse[2] donnant ses ordres avec douceur aux servantes propres et décentes qui l'entouroient. Après des propos vagues, je lui demandai quelles étoient ses ressources dans le village qu'elle habitoit? – Je suis fort occupée: des paysans et des paysannes du voisinage viennent passer quelque tems chez moi, et je vais quelquefois chez eux. – Vous êtes trop instruite pour que ces êtres, peu policés, sans éducation, puissent vous plaire? – Nous sommes unis dès l'enfance, ils m'aiment et je les aime; notre commerce est plus établi sur un échange de sentimens et de bons procédés, que sur le savoir et l'esprit: un préjugé général aux François, les fait mal juger les paysans de la Suisse; ils sont instruits, lisent beaucoup: il m'est souvent arrivé de passer à la lecture six à sept heures de suite avec mes compagnes, sans qu'une d'elles annonçât son ennui par un bâillement ou par le désir de la voir interrompre. – Comment, lui dis-je, dans un lieu si reculé, si loin des grandes villes, avez-vous appris le françois assez parfaitement pour posséder jusqu'aux finesses de notre langue? – Vous

[1] Vgl. Furrer (2002) I 279–281, Transkription 3/15. – Siehe auch Prévot (1785/88) 142–147. – Zu Jacques (de) Cambry (1749–1807), «polygraphe», siehe BUAM VI 593–594, BUDH II 308, DBF VII 972–973. – Cambry war Mitbegründer und erster Präsident der *Académie celtique.* Verfasser zahlreicher Werke, darunter: *De Londres et des ses environs* (Amsterdam, 1789, 121 S.), *Voyage dans le Finistère, ou état de ce département en 1794 et 1795* (Paris, 1799, 3 Bde.), *Description du département de l'Oise* (Paris, 1803, 2 Bde.) und *Manuel interprète de corresponance, ou: Vocabulaires polyglottes alphabétiques et numériques en tableaux, pour le français, l'italien, l'espagnol, l'allemand, l'anglais, le hollandais et le celto-breton, chaque langue dans un tableau particulier, moyen facile, à la portée de tout le monde et applicable à toutes les langues* (Paris, 1805, 7 Taf.).

[2] «la célèbre hôtesse de Murgenthal» (S. 257); «la plus aimable hôtesse de la Suisse» *(Ibidem).* – Es handelt sich um die 22jährige *Marianne Probst,* Tochter des aus St. Niklaus bei Koppigen stammenden und 1786 verstorbenen Johann Probst. – «Marianne Probst, fille de Jean Probst, qui tenait la célèbre auberge du Lion (Zum Löwen), était originaire de Saint-Nicolas. Son père mourut d'une attaque à Murgenthal le 15 juin 1786. Le conseiller de Diesbach, qui s'arrêta à Murgenthal le 15 juin 1791, y vit Marianne, ‹habillée à la genevoise›. Elle était alors mariée, dit-il, à un négociant de Genève, nommé Corboz (d'autres sources l'appellent Corboud), avec lequel elle n'était pas heureuse, à cause des sentiments ‹démocrates› de celui-ci, et elle prit des précautions pour que le conseiller et son mari ne se rencontrassent pas. En 1817, Marianne était veuve et vivait à Lausanne.» (Prévot 1785/88, 142, Anm. 2). – Zum Alter der Marianne Probst siehe *ibidem,* S. 144. – Nach Ammann (1971, 164) stammte Johann Probst aus Langnau. – Zum Gasthaus *Löwen* siehe auch Ammann (1971) 164. Der – nach Mülinen (1879–1893, V 162) – «rühmlichst bekannte» Gasthof *Zum Bären* (sic) befand im bernischen Weiler (Ober) Murgenthal oder Morgenthal, der zur Pfarrei bzw. Gemeinde Wynau gehört(e) und an der alten Strasse Zürich-Aarau-Bern lag. – Zu Murgenthal siehe auch Leu (1747–1765) XIII 463, HLS IX 13. – Zu den Berner Gasthäusern und Wirten jener Zeit bemerkt Heinzmann (1794–1796, I 54) bewundernd: «Die Wirthshäuser in der Schweiz überhaupt, und im Kanton Bern besonders, sind so gut, als man sie in keinem Lande findet. Sie haben, wenn sich nicht gerade eine ungewöhnliche Anzahl von Fremden anhäuft, alle Bequemlichkeiten von Zimmern und Betten, worauf überhaupt der Schweizer viel hält. Und Reinlichkeit kann man fast als einen Theil des Nationalcharakters ansehen. Auch das Betragen des grössern Theils der Wirthe, sowohl auf den Dörfern als auch in ansehnlichen Städten, ist eben so weit von gemeiner Plumpheit, als von schlauer Schalkheit entfernt.» – Anfangs Juli 1808 hält Hermann von Pückler-Muskau in Murgenthal «einige Minuten in dem schönsten ländlichen Gasthof an, der mir je vorgekommen ist. [...] Eine sehr hübsche Kellnerin, die vollkommen gut französisch sprach, hätte mich durch ihre angenehme Unterhaltung bald bewogen, die Nacht hier zu bleiben. In allen Wirtshäusern des Berner Gebiets wird man durch solche weibliche Dienerinnen bedient, die ihrer liberalen Gesinnung wegen sehr bekannt sind; ihre ländliche, äusserst geschmackvolle Tracht gibt ihnen ein sehr pikantes Ansehen.» (Pückler 1808, 118–119).

me flattez, je ne la parlerai jamais bien, mais je crois l'entendre comme l'allemand.[3] – Quels sont les livres que vous lisez le plus communément? – Gessner,[4] Rab[e]ner,[5] Telémaque,[6] Chaulieu,[7] Clarisse,[8] les contes de Marmontel,[9] Arnaud[10] et surtout le *Voyage sentimental.*[11] – Si par ces lectures favorites, on peut juger des qualités de l'esprit ou du cœur d'un homme ou d'une femme, on vous croiroit mélancolique, fine et spirituelle? – Je suis naturellement mélancolique, je préfère les livres qui m'attristent: deux fois mon tuteur m'a dérobé d'Arnaud, je me le suis procuré une troisième. – Comment, lui dis-je, aimez-vous ce d'Arnaud, sa sensibilité n'est que dans sa tête? – Il me fait fondre en larmes; je vous crois, je réfléchirai sur ce livre que j'ai toujours dévoré. Il y a deux espèces d'auteurs, ceux qui traitent profondement un sujet et vous forcent d'adopter leurs sentimens, et ceux dont les talens moins grans et moins précis, vous rappellent ce que vous avez pensé, ce que vous sentez habituellement; vous croyez vous lire dans leurs ouvrages. Nous aimons ceux-ci comme nous-mêmes, et les premiers comme notre prochain. – Les expressions, les exclamations d'Arnaud m'ont ému peut-être comme une cloche funèbre rappelle à l'ami qu'on a perdu. – Je veux désormais réfléchir en lisant, et juger l'auteur avec moins d'indulgence; vous m'avez rendu peut-être un service réel; la ruse de mon tuteur augmentoit mon amour pour cet écrivain mélancolique, et j'ai du penchant à la mélancolie.

J'ai appris dans la suite de notre conversation que cette fille aimable, sait l'italien, l'allemand, le françois, un peu d'anglois, fait des vers, etc. Elle a les yeux baissés en vous parlant, mais en impose aux indiscrets. Son habillement est celui du pays; quelques dentelles, des chaînettes d'or et d'argent, des couleurs mieux choisis, la propreté donnent à sa parure une élégance rare chez ses compagnes; elles a sur-tout allongé ces immodestes jupons de Berne, si courts, si désagréables à l'œil, qu'on ne peut tolérer qu'à l'opéra ou dans le sérail du Grand Turc.

J'eus beaucoup de peine à pénétrer dans son appartement: son lit est d'une indienne à jolis ramages; les murs sont tapissés d'un papier vert et rose; un miroir garni de fleurs artificielles, une table de marquetterie, son bureau, sa bibliothèque renfermée dans une armoire d'acajou, et quelques chaises, en sont les seuls meubles et les seuls ornemens. Rien de ses alentours ne détruit l'idée avantageuse qu'on apporte chez elle; elle s'augmente en la voyant, en l'écoutant.

[3] «Elle a appris le français à Grandson et est revenue de là chez son père, où elle s'est trouvée, à seize ans, chargée de tous les détails de l'auberge.» (Prévot 1785/88, 142).

[4] Salomon Gessner (1730–1788), Dichter, Maler und Grafiker. Seine *Idyllen* (1756) wurden in mehrere europäische Sprachen übersetzt.

[5] Gottlieb Wilhelm Rabener (1714–1771), Autor von Satiren gegen die Torheiten der mittleren Stände.

[6] *Les aventures de Télémaque* (1699) von Fénelon (1651–1715).

[7] Guillaume Amfrye, abbé de Chaulieu (1639–1720), Verfasser anakreontischer Gedichte.

[8] *Clarissa, or the History of a Young Lady,* Briefroman in sieben Bänden (1747/48) von Samuel Richardson (1689–1761), ins Französische übersetzt durch Antoine-François Prévost d'Exiles, l'Abbé Prévost (1751) und Le Tourneur (1785).

[9] Jean-François Marmontel (1723–1799), französischer Schriftsteller, Verfasser von epischen Romanen, Tragödien, Opernlibretti, der dreibändigen Erzählung *Les contes moraux* (1762) und der posthum erschienenen *Mémoires d'un père pour servir à l'instruction de ses enfant;* Mitarbeiter der *Encyclopédie.*

[10] François Baculard d'Arnaud (1718–1805), französischer Schriftsteller, Verfasser von sentimentalen Romanen und Erzählungen – letztere gesammelt in *Epreuves du sentiment* (Paris, 1772–1781, 12 Bde.), *Délassements de l'Homme sensible* (Paris, 1786–1787, 12 Bde.), *Loisirs utiles* (1793) – und moralisierenden Bühnenstücken. Siehe Brockhaus II 250.

[11] *A Sentimental Journey through France and Italy* (1768) von Laurence Sterne (1713–1768), wohl in deutscher oder französischer Übersetzung.

Les qualités de son cœur sont célébrées par tout ce qui l'entoure; elle nourrit les enfans de quatre lits, que son père lui laissa pour héritage.
Je conserve un souvenir agréable et pur de cette intéressante paysanne; puisse-t-elle échapper à la pesanteur de ses voisins, et conserver la douce sensibilité qu'elle ne peut appliquer à rien de ce qui l'entoure, et qu'elle est trop délicate pour accorder à des passans.[12]

[12] Wenig später – Mitte September 1788 – stieg Adélaïde-Edmée de la Briche (1755–1844) im Löwen zu Murgenthal ab. In ihrem Reisejournal widmet sie Marianne Probst, von der ihr «Monsieur de Garville, Monsieur de Praroman et plusieurs autres voyageurs» bereits erzählt hatten, «un grand article» (Prévot 1785/88, 142 bis 147). Mariannes Bibliothek und Lektüren betreffend schreibt Madame de la Briche: «[Sa] chambre était comme toutes celles de son auberge, d'une propreté extrême et arrangée avec une sorte d'élégance simple, qui m'avait déjà frappée. Partout des meubles commodes, des lits d'une jolie toile, de jolies papiers, etc...; elle avait, de plus, chez elle, un grand secrétaire de bois d'acajou avec une petite bibliothèque au-dessus. Cette bibliothèque était composée d'une centaine de volumes: il y en avait quelques-uns en allemand, mais le plus grand nombre était en français. Tous étaient des livres célèbres: je vous citerai entr'autre le Spectateur, l'Histoire ancienne et [l'Histoire] romaine de [Charles] Rollain [Rollin], tout Jean-Jacques [Rousseau], Paméla [ou la vertu récompensée] et Clarisse [de Samuel Richardson], et elle me montra une liste qu'on lui avait donnée pour ceux qu'elle achèterait par la suite. J'y joignis [Nouvelles lettres anglaises ou histoire du chevalier] Grandisson [de Samuel Richardson], qu'elle me promit d'acheter le premier. Je lui demandai ce qu'elle pensait de la Nouvelle Héloïse. ‹Je l'aime mariée et mère, me dit-elle, mais je ne peux aimer le premier volume.› Je lui parlai aussi de Paméla et elle me dit qu'elle la trouvait un peu trop pédante, mais qu'elle aimait Clarisse sans restriction. » (S. 146). – Zu Charles Rollin (1661–1741) siehe BUAM XXXVIII 479–484. – Siehe auch die von Pierre de Zurich zitierte Passage aus dem *Journal d'un voyage en Angleterre depuis le 15 avril 1786 jusqu'au retour en Suisse l'onze septembre 1787* einer anonymen Bernerin: «Une agréable paysanne me conduisit dans une chambre très propre, me dit ce qu'elle pouvait me donner à dîner et, pendant qu'elle alla y donner ordre, j'ouvris une autre chambre, où je trouvai, ouvert sur la table Meiners ‹Briefe über die Schweiz›. Quand elle revint, je lui demandai qui logeait dans cette chambre? – Personne. – Et qui lit Meiners? – Moi, quand j'ai le temps. – Aimez-vous la lecture? – Extrêmement. – Et avez-vous beaucoup de jolis livres comme celui-là? – Quelques-uns. Si madame veut en choisir pour se désennuyer, en attendant le dîner? Là-dessus, elle me mena dans sa chambre où il y avait un joli papier, un lit très propre, des chaises de paille, un miroir, une belle estampe anglaise et une grande armoire vitrée, remplie de livres en français et en allemand, des poètes, des livres d'histoire. [...]». (Prévot 1785/88, 142–143, Anm. 2).

Text 7.12: [Adélaïde-Edmée PRÉVOST], Les voyages en Suisse de Madame [Adélaïde] de la Briche en 1785 et 1788. Publiés avec une préface, une introduction, des notes, un répertoire et 8 planches hors-texte par le comte Pierre de Zurich. Neuchâtel, Paris, 1935, S. 142–147[1]

De Lucerne, nous repassâmes par Rothrist et nous allâmes coucher à Murgenthal,[2] village du canton de Berne, chez Madame Marianne, qui mérite assurément un grand article dans ce journal. Monsieur de Garville,[3] Monsieur de Praroman[4] et plusieurs autres voyageurs m'en avaient parlé et m'avaient donné un grand désir de la connaître, mais je ne m'attendais pas à ce que je trouvai. Marianne[5] est une fille d'un paysan du canton de Berne, qui tenait auberge à un petit village nommé Saint-Nicolas.[6] Elle a appris le français à Grandson et est revenu de là chez son père, où elle s'est trouvée, à seize ans, chargée de tous les détails de l'auberge. A la mort de son père, elle a quitté Saint-Nicolas pour venir à Murgenthal,[7] qui est un passage fort considérable. Elle a beaucoup augmenté l'auberge[8] qu'elle y a trouvée; elle est toujours à la tête, mais elle a des filles qui servent; elle a plusieurs jeunes sœurs et jeunes frères, qui ont le même intérêt qu'elle dans la maison et Marianne a toute la peine. Elle a vingt-deux ans à présent et elle continuera jusqu'à ce qu'un de ses frères soit en état de gouverner l'auberge. Cependant, son état lui déplaît et

[1] Auszug aus «Second voyage en Suisse 1788» (S. 81–173). – Vgl. Text 7.10 und Text 7.11.

[2] «Canton de Berne, à la frontière du canton d'Argovie, sur la rive gauche de la Murg.» (Anm. des Herausgebers). – Zu Murgenthal siehe Leu XIII 463, HLS IX 13. – Siehe auch Pückler (1808) 118–119: «In Murgenthal, einem grossen Dorf auf der Hälfte des Weges, hielt ich einige Minuten in dem schönsten ländlichen Gasthof an, der mir je vorgekommen ist. [...] Eine sehr hübsche Kennerin, die vollkommen gut französisch sprach, hätte mich durch ihre angenehme Unterhaltung bald bewogen, die Nacht hier zu bleiben. In allen Wirtshäusern des Berner Gebiets wird man durch solche weibliche Dienerinnen bedient, die ihrer liberalen Gesinnung wegen sehr bekannt sind; ihre ländliche, äusserst geschmackvolle Tracht gibt ihnen ein sehr pikantes Ansehen.»

[3] «Pierre-François-Claude-Symphorien Gigot de Garville, économiste et philosophe, avait épousé Marguerite-Charlotte-Justine Soubeyron de Scopon.» (Anm. des Herausgebers auf S. 69).

[4] «Béat-Louis de Praroman (1749–1795), capitaine aux Gardes suisses 1782, mort non marié. Norvins (I, 39) l'appelle: ‹le plus calme, le plus doux, le plus serein de tous les Suisses des Treize Cantons›.» (Anm. des Herausgebers auf S. 81).

[5] «Marianne Probst, fille de Jean Probst, qui tenait la célèbre auberge du Lion (Zum Löwen), était originaire de Saint-Nicolas. Son père mourut d'une attaque à Murgenthal le 15 juin 1786. Le conseiller de [François Pierre Frédéric] Diesbach [1739–1811], qui s'arrêta à Murgenthal le 15 juin 1791, y vit Marianne, ‹habillée à la genevoise›. Elle était alors mariée, dit-il, à un négociant de Genève, nommé Corboz (d'autres sources l'appellent Corboud), avec lequel elle n'était pas heureuse, à cause des sentiments ‹démocrates› de celui-ci, et elle prit des précautions pour que le conseiller et son mari ne se rencontrassent pas. En 1817, Marianne était veuve et vivait à Lausanne. (Andreas DENNLER, *Burger Quixots aus Uechtland sämmtliche Werke,* 1817, p. 129). – Les Archives de l'Etat de Berne possèdent [sous la cote: DQ 102] un manuscrit inédit [de 191 pages], intitulé *Journal d'un voyage en Angleterre depuis le 15 avril 1786 jusqu'au retour en Suisse l'onse [sic] septembre 1787.* L'auteur, non encore identifié, de ce journal (une femme), s'arrêta à Murgenthal le dernier jour de son voyage et y vit Marianne. Voici ce qu'elle en dit [...]» (Anm. des Herausgebers). – Siehe Text 7.10.

[6] «Il y a deux Sankt-Niclaus dans le canton de Berne. L'un dans la commune de Koppigen (district de Berthoud), l'autre dans les communes de Belmund et de Merzlingen (district de Nidau). Il s'agit probablement du premier.» (Anm. des Herausgebers).

[7] «Mme de la Briche fait erreur. Le père Probst mourut à Murgenthal en 1786, comme il est dit à notre note ci-dessus.» (Anm. des Herausgebers).

[8] Zum Gasthaus *Löwen* siehe auch Ammann (1971) 164. Der – nach Mülinen (1879–1893, V 162) – «rühmlichst bekannte» Gasthof *Zum Bären* [sic] befand im bernischen Weiler (Ober) Murgenthal oder Morgenthal, der zur Pfarrei bzw. Gemeinde Wynau gehört(e) und an der alten Strasse Zürich-Aarau-Bern lag. – Siehe die Zeichnung des Gasthauses um 1800 von Hans Zaugg, nach einem alten Aquarell, in Prévot (1785/88) zw. 144 und 145.

elle le quittera pour se marier à Lausanne. Ce n'est pas tout : elle a mené avec elle à Murgenthal sa belle-mère, qui n'est bonne à rien, qui l'avait rendue malheureuse et dont elle a tous les soins possibles. Elle est l'enfant de cette belle-mère, elle est la mère de tous ses frères et sœurs. Tous ceux qui ont vu Marianne à seize ans disent qu'elle était alors ce qu'elle est aujourd'hui. Sa figure est très intéressante sans être belle; elle a les plus beaux cheveux du monde et un son de voix charmant. Mais ce qui est surtout remarquable en elle, c'est son air de décence et de noblesse: elle rend impossible tout propos légers ou inconsidérés et, dans l'état qu'on est le moins porté à respecter, elle imprime réellement le respect. La duchesse de Courlande,[9] du vivant de son père, la duchesse de Gloucester,[10] depuis, ont voulu l'emmener et faire sa fortune, mais elle a tout refusé, en disant qu'elle voulait être ce qu'étaient ses frères et sœurs et qu'elle leur était nécessaire. Je causai beaucoup avec elle, comme vous pouvez croire: je n'ai jamais vu plus de modestie et de simplicité. J'ai beaucoup de peine à obtenir d'elle de voir la petite bibliothèque dont on m'avait parlé et qu'elle augmente chaque jour. «Mon Dieu, Madame, me disait-elle, je ne sais pourquoi on vous a vanté une pauvre fille bien simple et bien peu instruite; occupée de mes travaux qui sont mes devoirs, il me reste fort peu de temps pour lire, mais j'avoue que c'est un grand plaisir pour moi, lorsque j'ai un moment de liberté». Je lui parlai de Monsieur de Pfyffer[11] et je lui dis qu'il m'avait appris qu'elle était en correspondance avec Madame la duchesse Pauline de Mortemart[12] et Madame la duchesse de Valentinois.[13] Elle sourit et me dit: «Cette correspondance s'est bornée à une lettre de Madame de Valentinois, qui a eu la bonté de m'envoyer quelques livres et à une réponse de ma part pour la remercier. Vous voyez, Madame, que l'on exagère en parlant de moi, ainsi qu'en voyageant.» Sa simplicité et sa franchise me charmaient. On connaît bien vite l'effet que l'on produit, et comme je ne lui faisais pas de compliments, et qu'elle voyait simplement l'intérêt qu'elle m'inspirait, elle me prit aussi en affection et me conduisit dans sa chambre. Cette chambre était comme toutes celles de son auberge, d'une propreté extrême et arrangée avec une sorte d'élégance simple, qui m'avait déjà frappée. Partout des meubles commodes, des lits d'une jolie toile, de jolies papiers, etc…; elle avait, de plus, chez elle, un grand secrétaire de bois d'acajou avec une petite bibliothèque au-dessus. Cette bibliothèque était composée d'une centaine de volumes: il y en avait quelques-uns en allemand, mais le plus grand nombre était en français. Tous étaient des livres célèbres: je vous citerai entr'autre le Spectateur,[14] l'Histoire

[9] «Caroline-Louise de Waldeck (1748–1782), première femme de Pierre de Biron, duc de Courlande (1724 bis 1800), divorcée en 1772, décédée à Mon-Repos à Lausanne le 22 août 1782.» (Anm. des Herausgebers).

[10] «Marie, fille d'Edouard Walpole, veuve du comte Jacques de Waldgrave, avait épousé, en 1766, Guillaume-Henri, duc de Gloucester (1743–1805), frère du roi Georges III d'Angleterre. Le duc et la duchesse de Gloucester vinrent en Suisse en 1782 et 1788.» (Anm. des Herausgebers).

[11] «François-Louis Pfyffer de Wyer (1716–1802), officier au service de France, qu'il quitta en 1768 comme lieutenant général, topographe et auteur de reliefs du Pilate et des petits cantons. Voir: P[eter] X[aver] WEBER, *Franz-Ludwig Pfyffer von Wyer,* dans *Geschichtsfreund,* T. LXVII.» (Anm. des Herausgebers auf S. 136). – Siehe auch HLS IX 700.

[12] «Il s'agit d'Adélaïde-Pauline-Rosalie de Cossé-Brissac. Elle avait épousé le 28 décembre 1782 Victurien-Jean-Baptiste-Marie de Rochechouart, duc de Mortemart (1752–1812), dont elle était la seconde femme.» (Anm. des Herausgebers).

[13] «Marie-Catherine de Brignole, femme d'Honoré-Camille-Léonor Grimaldi, prince de Monaco et duc de Valentinois (1720–1795). Elle se remaria en 1808 au prince de Condé et mourut en 1813.» (Anm. des Herausgebers).

[14] *Le Spectateur, ou: Le Socrate moderne, où l'on voit un portrait naïf des moeurs de ce siècle.* Traduit de l'anglois. Amsterdam, 1714–1750, 7 Bde. (in-12). Englische Originalausgabe: *The Spectator*. Nr. 1 (1711) – Nr. 635 (1714). London, [~1760], 8 Bde. – Die Redaktoren der Zeitschrift waren Joseph Addison und Richard

ancienne et [l'Histoire] romaine de [Charles] Rollain,[15] tout Jean-Jacques [Rousseau],[16] Paméla[17] et Clarisse,[18] et elle me montra une liste qu'on lui avait donnée pour ceux qu'elle achèterait par la suite. J'y joignis Grandisson,[19] qu'elle me promit d'acheter le premier. Je lui demandai ce qu'elle pensait de la Nouvelle Héloïse.[20] ‹Je l'aime mariée et mère, me dit-elle, mais je ne peux aimer le premier volume.› Je lui parlai aussi de Paméla et elle me dit qu'elle la trouvait un peu trop pédante, mais qu'elle aimait Clarisse sans restriction. Nous causâmes ensuite d'elle, de ses frères; je ne puis vous exprimer l'intérêt qu'elle m'inspirait et qu'augmentait encore un air de tristesse qui ne la quitte jamais. Elle a certainement été fort malheureuse, et elle ne perdra jamais, sans doute, cette mélancolie que donne le souvenir d'avoir longtemps souffert. Elle vint, pendant le souper, savoir si l'on était content : ce souper était excellent, accom[m]odé avec soin, des plats recherchés, le plus beau linge, l'argenterie la plus propre, toutes les petites recherches enfin que l'on pourrait avoir dans une maison bien tenue. Jugez de notre étonnement lorsqu'elle nous a demandé, le lendemain, moitié moins que dans toutes les autres auberges de la Suisse. Je vous avoue que je n'ai pas quitté Marianne sans peine et que je ne l'oublierai jamais. Nous quittâmes le Murgenthal de bonne heure et nous arrivâmes à Soleure avant midi. Il y a cependant, il faut en convenir, quelques aspects tristes dans le canton de Berne, et notre route le fut presque toujours.

Steele. – Zu Joseph Addison (1672–1719), «writer and politician», siehe BUAM I 201–209, ODNB I 321 bis 329; zu *Sir* Richard Steele (1672–1729), «writer and politician», siehe BUAM XLIII 484–491, ODNB LII 358–364. – Siehe auch Text 6.9 und Tab. 8.3.

[15] Charles ROLLIN, *Histoire ancienne des Egyptiens, des Carthaginois, des Assyriens, des Babyloniens, des Mèdes et des Perses, des Macédoniens, des Grecs*. Seconde édition vûe et corrigée par l'auteur. Paris, 1731–1739, 14 Bde. (in-8); IDEM, *Histoire romaine depuis la fondation de Rome jusqu'à la bataille d'Actium, c'est à dire jusqu'à la fin de la republique*. Paris, 1738–1754, 16 Bde. (in-12). – Zu Charles Rollin (1661–1741), «pédagogue, érudit», siehe BUAM XXXVIII 479–484, DGS 1353, Viguerie 1342. – Siehe auch Text 6.9.

[16] Zu Jean-Jacques Rousseau (1712–1778), «écrivain, philosophe», siehe Leu XV 487, Holzhalb V 200–205, BUAM XXXIX 126–150, Viguerie 1346–1349, HLS X 499–501.

[17] «‹*Paméla ou la vertu récompensée*› de RICHARDSON, traduit de l'anglais par l'abbé [Antoine François] Prévost. [Amsterdam, 1779, 8 Bde. (in-12).» (Anm. des Herausgebers). – Englische Originalausgabe: [Samuel RICHARDSON], *Pamela, or: Virtue rewarded*. In a series of familiar letters from a beautiful young damsel, to her parents. [...]. In two volumes. Dublin, 1741, 2 Bde. (in-12). – Zu Samuel Richardson (1689–1761), «printer and author», siehe BUAM XXXVII 579–582, ODNB XLVI 845–854, Kamen 257.

[18] Samuel RICHARDSON, *Clarissa, or: The History of a Young Lady, Comprehending the Most Important Concerns of Private Life [...]*. London, 1748, 7 Bde, (in-12). Der Briefroman wurde ins Französische übersetzt durch Antoine François Prévost-d'Exiles (1751) und Le Tourneur (1785). – Siehe auch Text 6.9 und Text 7.4.

[19] Samuel RICHARDSON, *Nouvelles lettres angloises, ou: Histoire du chevalier Grandisson*. Par l'auteur de Pamela et de Clarisse. [Traduit par Antoine-François Prévost d'Exiles]. Amsterdam, 1770, 8 Bde. (in-12). – Englische Originalausgabe: *The History of Sir Charles Grandison: In a series of letters published from the originals, by the editor of Pamela and Clarissa*. In seven volumes. London, 1753, 7 Bde. (in-8). – Siehe auch Text 6.9.

[20] Jean-Jacques ROUSSEAU, *Lettres de deux amans, habitans d'une petite ville au pied des Alpes [Julie, ou la nouvelle Héloïse]*. Amsterdam, 1761, 6 Teile in 3 Bden. (in-12). – Siehe auch Text 6.9.

Text 7.13: Theodor Gottlieb von HIPPEL, Über die bürgerliche Verbesserung der Weiber [1792]. Nachwort von Ralph-Rainer Wuthenow. Frankfurt a. M., 1977, S. 243–244, 251[1]

Despotismus und Sklaverei, Unwissenheit und Barbarei herrschten überall; und warum sollten die Weiber nach einer, wenngleich langen, Unterdrückung nicht zu jenem Range erhoben werden können, der ihnen als Menschen gebührt? Ein großer Teil unter ihnen scheint der Ketten, die ihnen das Gesetz so vorteilhaft schildert, müde und fühlt einen unüberwindlichen Hang, sie eher zu zerbrechen, als mit ihnen, wie mit Kinderklappern, zu spielen. Man trauet den Damen zu wenig zu, wenn man sich Mühe gibt, ihnen alles in einem Säftchen beizubringen, wenn man ihnen alles bezuckert und in Nähebeutelformat behändiget, als ob sie so schwach und hinfällig wären, nichts Größeres als ein Duodez-Bändchen halten zu können. Die Frage: verstehest du auch, was du liesest? Wird in der Regel das Duodez-Männchen von Stutzer weit eher als ein edles Weib treffen. Wenngleich die Geistes-Arbeiten der Weiber, sobald sie ins Größere gehen, fürs erste *bas-relief* sind – sie werden weiter kommen; denn nur wir halten ihren Geist am Gängelbande, um sie nicht allein gehen zu lassen.

Teilnehmende Achtung für den Schwächeren hat etwas Göttliches; und wenn Stände zum Kontrollieren der Staatsoffizianten ein herrliches, in Geduld fruchtbringendes Ding für den Regenten und das Volk sind, warum will man diese Kontrolle des menschlichen Geschlechtes den Weibern nicht anvertrauen? ihnen, die nie gewohnt sind, etwas Imaginäres, sondern immer etwas Wirkliches zum Grunde zu legen, wenn wir uns gleich die schnödeste Mühe geben, sie zu Romanen zu gewöhnen, um sie, kraft der Reminiszenzen dieser Lektüre, aus der wirklichen Welt hinauszubringen.

[1] Zum Magistraten, Schriftsteller und Publizisten Theodor Gottlieb von Hippel (1741–1796) siehe ADB XII 463–466, NDB IX 202–203, DBE[2] IV 872.

VIII. Anmerkungen zu Frauenbibliotheken, Leserinnen und weiblichem Lesen

La danse, l'écriture, & la lecture sont les plus grands exercices des femmes, toute leur Bibliotheque consiste dans quelques petits Livres de devotion, avec ce qui est dans la cassette. [...] Et s'il arrive que quelques-unes se distinguent du commun par la lecture de certains Livres, qu'elles auront eu bien de la peine à attraper, à dessein de s'ouvrir l'esprit, elles sont obligées souvent de s'en cacher: La pluspart de leurs compagnes par jalousie ou autrement, ne manquant jamais de les accuser de vouloir faire les precieuses. (Poulain de la Barre 1673, 210–211)[1]

N'est-ce pas que vous aimeriez mieux lire des Romans & des Comédies? Mais ce n'est pas ainsi que Madame vôtre mere l'entend. De bonnes Instructions Pastorales, de bons Mandemens, de bonnes Satyres contre les Molinistes. Voilà ce qu'il faut pour former une jeune fille qu'on veut mettre dans le monde (Bougeant 1730, 2) – Ja, ja! ich glaube es wohl, daß sie lieber einen Roman oder eine Comedie läse; aber ihre Mama versteht das Ding besser: Hübsche Hertzens-Catechismi; ein Heiliger oder ein Vieh; Hoburgs unbekannter Christus; Freylingshausens Grundlegung; das, das gehört zur Erziehung eines Mädgens, welches in der Welt sein Glücke machen soll! (Gottsched 1736, 4)

Ne lisez point de Romans, ils ne sont faits que pour toucher le cœur, pour remuer les passions, pour flatter nos penchans. On les estime peu lorsqu'ils ne font point ces impression, & ces impressions sont mauvaises. (Dupuy La Chapelle 1731, 300)[2]

Lesen sie [als Frauenzimmer] kein Buch, ehe es ihnen von gewissenhaften und klugen Personen gerühmt worden.
Lesen sie nicht, um gelehrt zu werden und spitzige Fragen aufzuwerfen oder beantworten zu können, sondern damit sie ihren Verstand zieren und ihr Herz bessern.
Die schönste Gelehrsamkeit eines Frauenzimmers bestehet in dem Schmucke weiblicher Tugenden.
Warten sie die äusserlichen Pflichten der Religion mit einer strengen Ordnung ab. Sie werden allezeit Unterricht finden, um an dem allgemeinen Gebethe Theil zu nehmen. (Heinzmann 1784, 101)

Von Teutschen Producten werden dem Bernischen Frauenzimmer nur allein einzelne Romane bekannt, und es geht auch hier, wie anderswo, daß man keiner andern Art von Werken mehrere und größere Fehler und Ungereimtheiten nachsieht, als diesen. Selbst von Französischen Büchern liest das schöne Geschlecht wenig mehr, als die Neuigkeiten des Tages, und einige Modeschriften. (Meiners 1791b, I 298)[3]

«Hier in dem Wandschrank», sagte sie [Therese], «steht meine ganze Bibliothek; es sind eher Bücher, die ich nicht wegwerfe, als die ich aufhebe. Lydie verlangt ein geistliches Buch, es findet sich wohl auch eins und das andere darunter. Die

1 Siehe Text 7.2.
2 Siehe Text 6.3.
3 Siehe Text 7.9.

Menschen, die das ganze Jahr weltlich sind, bilden sich ein, sie müßten zur Zeit der Not geistlich sein; sie sehen alles Gute und Sittliche wie eine Arzenei an, die man mit Widerwillen zu sich nimmt, wenn man sich schlecht befindet; [...]». Sie suchten unter den Büchern und fanden einige sogenannte Erbauungsschriften. «Die Zuflucht zu diesen Büchern», sagte Therese, «hat Lydie von meiner Mutter gelernt: Schauspiele und Romane waren ihr Leben, solange der Liebhaber treu blieb; seine Entfernung brachte sogleich diese Bücher wieder in Kredit. [...].» (Goethe 1795/96, 480–481)

Die meisten Frauenzimmer lesen nichts als Romane: aber nicht ein Wieland, Goethe, Müller u. s. w. sind die Schriftsteller, die sie wählen, sondern solche, die ihr Gefühl verstimmen, sie in eine Zauber- und Geisterwelt hineinwerfen, zu Rittertournieren und Saufgelagen führen, eine übernatürliche Empfindelei in ihnen rege machen, ihre Denkungs- und Sinnesart verkehren, dies sind ihre Lieblingsschriftsteller, an welche sie Zeit, Gesundheit und Leben verspielen. (Bergk 1799, 413)[4]

[...] la bibliothèque religieuse d'une femme peut être bornée à un très-petit nombre de volumes. [...] Plus une femme sera sensible, plus son esprit sera grand, plus la Bible aura pour elle d'attraits. (Lezay-Marnézia 1800, 6)[5]

Il n'est point de femme [...] qui ne sache qu'elle doit lire et relire cent fois ce bon La Fontaine, que, dans son enfance, on l'a mal adroitement forcée d'apprendre par cœur. (Lezay-Marnézia 1800, 36)[6]

Versuchen wir die hier gesammelten historischen Quellen zu überblicken und darzustellen, was wir zusammenfassend sagen können: erstens zu den Frauenbibliotheken, zweitens zu den Besitzerinnen und Leserinnen von Büchern in der Eidgenossenschaft des 18. Jahrhunderts, drittens zum weiblichen Lesen und Nichtlesen.
An den 167 *Frauenbibliotheken* in Kap. II und III interessiert uns (1) ihr Umfang, (2) ihre Struktur und (3) ihr Inhalt. Die *Frauen* sodann, die Bücher besassen, betrachten wir (1) als unverwechselbare Individuen, (2) als Angehörige einer Kategorie von Leserinnen und (3) als Vertreterinnen eines Typs Leserin.

4 Siehe Text 6.8.
5 Siehe Text 6.9.
6 Siehe Text 6.9.

(1) Umfang

Der weibliche Buchbesitz war in der Regel überschaubar. Frauen hatten selten Bibliotheken mit über dreissig Werken; etwas häufiger besassen sie ein bis zwei Dutzend Titel. Meistens genügte ihnen eine geringere Zahl, oft weniger als ein halbes Dutzend, wenn nicht ein einziges Buch.
Konkreter gesagt: Unter den 105 Waadtländer Bibliotheken sind auf der einen Seite bloss deren sechs «stattlichen»[7] und deren sieben «mittelmässigen» Umfangs.[8] Auf der anderen Seite enthalten 60 Prozent der Bibliotheken höchstens fünf Bücher, nämlich 63 von 105 – 32 davon gar nur *ein* Buch.
Unter den 31 Bibliotheken des Fürstbistums Basel finden sich nur zwei der ersten[9] und sieben der zweiten Kategorie,[10] wobei mit 16 Prozent – 5 von 31 – die ein bis fünf Titel zählenden «Minimalbibliotheken» schwach vertreten sind.
In Bern wiederum stellen Letztere, fast wie in der Waadt, knapp 60 Prozent aller Bibliotheken, nämlich 16 von 27.[11]

(2) Inhalt

Zum *Inhalt* der Frauenbibliotheken stellen wir – die Sache grob vereinfachend – zwei Fragen. Erstens, wie viel Platz nahmen in ihnen die weltlichen Werke gegenüber den geistlichen ein? Zweitens, wie verteilten sich in ihnen die für die Bildung, die Unterhaltung und die Erbauung bestimmten Werke?
Auf die erste Frage versucht Tabelle 8.1 Antwort zu geben. Sie stellt die Aufteilung der Bibliotheken in drei Gruppen dar – (a) eine mit nur geistlichen Werken, (b) eine mit geistlichen wie weltlichen und (c) eine mit nur weltlichen Werken. Für eine vierte Gruppe ist die Zuteilung nicht möglich. Über alle 167 Bibliotheken gerechnet ergibt sich folgendes Bild. 61 Prozent der Bibliotheken waren ausschliesslich geistlichen Inhalts. Sowohl geistliche als auch weltliche Werke standen in 22 Prozent, rein weltliche in nur 2 Prozent der Bibliotheken. Die restlichen 15 Prozent sind unbestimmbar, doch wohl meist der ersten, manchmal der zweiten Gruppe zuzuschlagen. Zudem gilt: Je kleiner eine Bibliothek, desto grösser die Wahrscheinlichkeit, dass sie nur geistliche Werke enthielt, vorab die ganze Bibel, die Psalmen Davids oder das Neue Testament und erbauliche Schriften.
Tabelle 8.2 liefert Antworten auf die zweite Frage, die 33 in Kapitel III rekonstruierten Bibliotheken betreffend. Diese enthalten insgesamt 532 Titel, die unbestimmten nicht gezählt. Die Werke, die von den Frauen zur *Erbauung* gelesen wurden, machen, falls meine Zuordnungen stimmen, gut die Hälfte ihres Buchbesitzes aus. Knapp ein Drittel entfällt

7 Siehe Tab. 2.1: Bibliothek Nymphe de Valotte (16. 1. 1742), Bibliothek Marie Madelaine Mourgue (11. 4. 1755), Bibliothek Judith Rochat geb. Hobler (4. 1. 1793); Tab. 3.10; Tab. 3.12, Tab. 3.24.

8 Siehe Tab. 2.1: Bibliothek Henriette Guibert geb. Rossier (26.–28. 5. 1768), Bibliothek Camille Roux geb. Bézon (17. 11. 1783); Tab. 3.1; Tab. 3.7; Tab. 3.16; Tab. 3.18; Tab. 3.27.

9 Siehe Tab. 2.3: Bibliothek Marie Marguerite de Sysler geb. Gigon (11. 7. 1750); Tab. 3.20.

10 Siehe Tab. 3.4; Tab. 3.6; Tab. 3.8; Tab. 3.13; Tab. 3.14; Tab. 3.18; Tab. 3.28.

11 Siehe die Daten in Tab. 2.2 sowie Tab. 3.9; Tab. 3.25; Tab. 3.30; Tab. 3.31.

Tabelle 8.1: *Geistliche und weltliche Werke in Frauenbibliotheken der Schweiz, 1696–1802*[1]

Bibliotheken	Tab.[2]	g+w[3]	g[4]	w[5]	?[6]
(1) Kleinstbibliotheken (134)					
Waadt (93)	2.1	9	69	2	13
Bern (23)	2.2	4	12	–	7
Fürstbistum Basel (18)	2.3	4	9	–	5
(2) Mittlere, kleine und Kleinstbibliotheken[7] (33)					
Waadt					
Susanne Delafourcade geb. Demainville (1708)	3.1	x			
Marie Morlot geb. Depraroman (1724)	3.5	x			
Andrienne Portaz geb. Demartines (1743)	3.7	x			
Eleonor Felix geb. de Bergier d'Alançon (1756)	3.10	x			
Jeanne Esther Aubelay (1758)	3.11		x		
Jeanne Louise Laurent geb. Chretien (1760)	3.12	x			
Marie Comer (1761)	3.15		x		
Anne Barbe Desplands geb. Bosset (1762)	3.16	x			
Madeleine Susanne Marie de Saint George (1769)	3.19	x			
Elizabeth Levade geb. Mercier (1774)	3.22	x			
Marie Louise Guiguer geb. Bazin (1778)	3.24	x			
Othille Ogiez geb. Bovet (1782)	3.27	x			
Fürstbistum Basel					
Marie Barbe Niejehan geb. Chay (1710)	3.2		x		
Anne Marguerite Roy geb. André (1711)	3.3		x[8]		
Anne Marguerite Chay geb. Hartmann (1712)	3.4	x			
Anne Marie Buthod (1733)	3.6		x[9]		
Anne Salomé Cartier geb. Buthod (1754)	3.8	x			
Marie Françoise Simon (1761)	3.13		x[10]		
Jeanne Ignace Faivre geb. Triponez (1761)	3.14	x			
Marie Barbe Voisard geb. Fromaigeat (1767)	3.18		x[11]		
Marie Marguerite Choulat geb. Münch (1769)	3.20	x			
Marie Claire L'Hoste geb. Plumey (1773)	3.21	x			
Marie Barbe Rossé (1778)	3.23		x		
Marie Claire Keller (1781)	3.26		x		
Jeanne Baptiste Quenat (1782)	3.28		x		
Bern					
Madlena Thuli geb. Steudler (Hasliberg, 1755)	3.9.	x[12]			
Elsbeth Baumgartner geb. Bieri (1779)	3.25		x		
Margaretha Gruner (1785)	3.30	x			
Rosina Müller (1791)	3.31	x			
Neuenburg					
Marianne Valker (1784)	3.29	x			
Isabeau Salomé Prince (1800)	3.32	x			
Beatrix de Gaudot (1802)	3.33			x	

Murten (Freiburg/Bern)					
Anna Gaberell geb. Käch (1763)	3.17		x		
Gesamt (1)		17	90	2	25
Gesamt (2)		20	12	1	–
Gesamt (1+2): in absoluten Zahlen (167)		37	102	3	25
Gesamt (1): in Prozent (100%)		12,5%	67%	1,5%	19%
Gesamt (2): in Prozent		60,5%	36,5%	3%	–
Gesamt (1+2): in Prozent		22%	61%	2%	15%

[1] Vgl. Furrer (2012b) 68 (Tab. 22), 497–516, 530 (Tab. 30), 536, 537 (Tab. 31); Furrer (2018) 591–592, 594 bis 595, 598–599 (Tab. 15), 600–601 (Tab. 16).
[2] Hinweis auf die Tabellen in den Kapiteln II und III.
[3] Sowohl geistliche wie weltliche Werke.
[4] Ausschliesslich geistliche Werke. – «*Livres spirituels;* on appelle ainsi ceux qui traitent plus particulierement de la vie spirituelle, pieuse, & chrétienne, & de ses exercices, comme l'oraison mentale, la contemplation, &c. Tels sont les livres de S. Jean Climaque, de S. François de Sales, de sainte Therese, de Thomas Akempis, de Grenade, &c. *v.* MYSTIQUE.» (Encyclopédie 1770–1780, XXVI 451).
[5] Ausschliesslich weltliche Werke.
[6] Geistliche und möglicherweise auch weltliche Werke.
[7] Kleinstbibliotheken (mit weniger als 11 Titeln): Tab. 3.2 (6 Titel); Tab. 3.3 (8+n Titel); Tab. 3.5 (8 Titel); Tab. 3.9 (9 Titel); Tab. 3.12 (8 Titel); Tab. 3.16 (7 Titel); Tab. 3.22 (6 Titel); Tab. 3.24 (8 Titel); Tab. 3.27 (6+n Titel).
[8] 8 geistliche Werke «et autres vieux livres latins et françois».
[9] 1 weltliches unter 24 Werken: «un livre des regles d'arithmetique».
[10] Vermutlich 1 weltliches unter 15 Werken: «Histoire[s] tragique[s] vol. 1».
[11] 1 weltliches unter 12 Werken: «les histoire[s] d'Anne d'Autriche».
[12] 1 weltliches unter 9 Werken: «1 Büechli Heil Brunen genant».

Tabelle 8.2: *Bildungs-, Unterhaltungs- und Erbauungslektüre in Frauenbibliotheken der Schweiz, 1708–1802*[1]

Mittlere, kleine und Kleinstbibliotheken[2]	Tab.[3]	B[4]	U[5]	E[6]	Total[7]
Waadt					
Susanne Delafourcade geb. Demainville (1708)	3.1	3	3	8	14
Marie Morlot geb. Depraroman (1724)	3.5	5	–	3	8
Andrienne Portaz geb. Demartines (1743)	3.7	2	10	8	20
Eleonor Felix geb. de Bergier d'Alançon (1756)	3.10	37[8]	6	24	67
Jeanne Esther Aubelay (1758)	3.11	1	–	7	8
Jeanne Louise Laurent geb. Chretien (1760)	3.12	5	–	25	30
Marie Comer (1761)	3.15	–	–	7	7
Anne Barbe Desplands geb. Bosset (1762)	3.16	5	3	4	12
Madeleine Susanne Marie de Saint George (1769)	3.19	5	6	7	18
Elizabeth Levade geb. Mercier (1774)	3.22	6	–	1	7
Marie Louise Guiguer geb. Bazin (1778)	3.24	26[9]	10	17	53
Othille Ogiez geb. Bovet (1782)	3.27	4	–	11	15
Fürstbistum Basel					
Marie Barbe Niejehan geb. Chay (1710)	3.2	1	–	5	6
Anne Marguerite Roy geb. André (1711)	3.3	–	–	7	7
Anne Marguerite Chay geb. Hartmann (1712)	3.4	3	6	13	22
Anne Marie Buthod (1733)	3.6	1	–	20	21
Anne Salomé Cartier geb. Buthod (1754)	3.8	8	–	5	13
Marie Françoise Simon (1761)	3.13	3	1	11	15
Jeanne Ignace Faivre geb. Triponez (1761)	3.14	6	4	2	12
Marie Barbe Voisard geb. Fromaigeat (1767)	3.18	4	–	8	12
Marie Marguerite Choulat geb. Münch (1769)	3.20	21[10]	6	12	39
Marie Claire L'Hoste geb. Plumey (1773)	3.21	3[11]	–	4	7
Marie Barbe Rossé (1778)	3.23	1	–	7	8
Marie Claire Keller (1781)	3.26	–	–	5	5
Jeanne Baptiste Quenat (1782)	3.28	–	–	23	23
Bern					
Madlena Thuli geb. Steudler (1755)	3.9	1	–	8	9
Elsbeth Baumgartner geb. Bieri (1779)	3.25	–	–	11	11
Margaretha Gruner (1785)	3.30	4	2	5	11
Rosina Müller (1791)	3.31	3	1	11	15
Neuenburg					
Marianne Valker (1784)	3.29	5	7	1	13
Isabeau Salomé Prince (1800)	3.32	1	–	3	4
Beatrix de Gaudot (1802)	3.33	9	2	–	11[12]
Murten (Freiburg/Bern)					
Anna Gaberell geb. Käch (1763)	3.17	–	–	9	9[13]
Total: in absoluten Zahlen (31)		173	67	292	532
Total: in Prozent		32,5%	12,5%	55%	100%

[1] Vgl. Furrer (2012b) 63 (Tab. 17), 497–516, 530 (Tab. 30), 536, 537 (Tab. 31); Furrer (2018) 591–592, 594 bis 595, 598–599 (Tab. 15), 600–601 (Tab. 16).
[2] Kleinstbibliotheken (mit weniger als 11 Titeln): Tab. 3.2 (6 Titel); Tab. 3.3 (8+n Titel); Tab. 3.5 (8 Titel); Tab. 3.11 (8 Titel); Tab. 3.15 (7 Titel); Tab. 3.21 (6 Titel); Tab. 3.23 (8 Titel); Tab. 3.26 (6+n Titel).
[3] Hinweis auf die Tabellen in den Kapiteln II und III.
[4] Bildungslektüre.
[5] Unterhaltungslektüre.
[6] Erbauungslektüre.
[7] Anzahl der identifizierten Titel, unter Ausschluss der unbestimmten Titel.
[8] Darunter 2 Titel an *Orientierungslektüre*.
[9] Darunter 5 Titel an *Orientierungslektüre*.
[10] Darunter 3 Titel an *Orientierungslektüre*.
[11] Darunter 2 Titel an *Orientierungslektüre*.
[12] Sowie «1 Wörter Buch».
[13] Sowie «Un dictionaire Latin & franç[ai]s».

auf Werke, die der *Bildung* (oder Orientierung) dienten. Die zur *Unterhaltung* erworbenen Werke bilden die verbleibenden 12,5 Prozent.[12] Bei den *Waadtländerinnen* liegt der Anteil der Erbauungsliteratur etwas tiefer, derjenige der Bildungsliteratur etwas höher.[13] Bei den *Jurassierinnen* verhält es sich umgekehrt: der Anteil der Erbauungsliteratur ist mit fast zwei Dritteln deutlich höher, derjenige der Bildungs- wie der Unterhaltungsliteratur um einiges tiefer.[14]

12 In absoluten Zahlen: 292, 173 und 67 Titel; anteilmässig: 55%, 32,5% und 12,5%.
13 Erbauungslektüre: 47% (122 Titel), Bildungslektüre: 38% (99 Titel), Unterhaltungslektüre: 15% (38 Titel).
14 Erbauungslektüre: 64% (122 Titel), Bildungslektüre: 27% (51 Titel), Unterhaltungslektüre: 9% (17 Titel).

Tabelle 8.3: *Von Männern empfohlene und von Frauen erworbene Werke*

Empfohlene Autoren und Werke[1]	Erworbene Werke[2]
(1) Bildungslektüre	
Jacques ABBADIE, *Traité de la vérité de la religion chrétienne [...]* → Text 6.5	Elizabeth Levade geb. Mercier (1774) → Tab. 3.22, Nr. 1
George ANSON, *Voyage au tour du monde*[3] → Text 6.9	Madeleine Susanne Marie de Saint George (1769) → Tab. 3.19, Nr. 1
P. Joseph Isaac BERRUYER SJ, *Histoire du peuple de Dieu* → Text 6.9	Marie Marguerite Choulat geb. Münch (1769) → Tab. 3.20, Nr. 5
Jacques-Bénigne BOSSUET, *Discours sur l'histoire universelle* → Text 6.9	Eleonor Felix geb. de Bergier d'Alançon (1756) → Tab. 3.10, Nr. 26
Quintus CURTIUS RUFUS, *De la vie et des actions d'Alexandre le Grand*[4] → Text 6.9	Anne Marguerite Chay, geb. Hartmann (1712) → Tab. 3.4, Nr. 2 Marie Morlot, geb. Depraroman (1724) → Tab. 3.5, Nr. 2 Marie Louise Guiguer geb. Bazin (1778) → Tab. 3.24, Nr. 7
Flavius JOSEPHUS, *Histoire des Juifs* → Text 6.9	Jeanne Louise Laurent geb. Chretien (1760) → Tab. 3.12, Nr. 2 Anne Barbe Desplands geb. Bosset (1762) → Tab. 3.16, Nr. 2 Marie Claire L'Hoste geb. Plumey (1773) → Tab. 3.21, Nr. 3
Marie LE PRINCE DE BEAUMONT, *Nöthige Unterweisung für ein junges Frauenzimmer [...] / Magasin, ou Instructions pour les jeunes dames [...]* → Text 6.7	Marguerite Des Tallents geb. Marius (1778) → Tab. 2.1[5]
John LOCKE, *De l'éducation des enfants* → Text 6.2 / 6.4	Marie Louise Guiguer geb. Bazin (1778) → Tab. 3.24, Nr. 18
PLUTARCH, *Von den herrlichsten, löblichsten, namhafftsten Historien*[6] → Text 6.9	Margaritha Bucher geb. Fels (1741) → Tab. 2.2: 22. Juni 1741
Humphrey PRIDEAUX, *Histoire des Juifs et des peuples voisins*[7] → Text 6.4	Anne Barbe Desplands geb. Bosset (1762) → Tab. 3.16, Nr. 5
VOLTAIRE, *Histoire de Charles XII, roi de Suède* → Text 6.4[8]	Eleonor Felix geb. de Bergier d'Alançon (1756) → Tab. 3.10, Nr. 34
(2) Unterhaltungslektüre	
Nicolas BOILEAU-DESPRÉAUX, *Les œuvres* → Text 6.2	Anne Barbe Desplands geb. Bosset (1762) → Tab. 3.16, Nr. 7 Marianne Valker (1784) → Tab. 3.29, Nr. 7
Miguel de CERVANTES SAAVEDRA, *Des berühmten Ritters Don Quixote von Mancha lustige und sinnreiche Geschichte*[9] → Text 6.4 / 6.9	Andrienne Portaz geb. Demartines (1743) → Tab. 3.7, Nr. 4[10]
Pierre CORNEILLE, *Le théâtre* → Text 6.2	Catherine Vautier geb. Petignat (1771) → Tab. 2.3 Beatrix de Gaudot (1802) → Tab. 3.33, Nr. 10

François de Salignac de la Mothe-FÉNELON, *Les aventures de Télémaque, fils d'Ulysse* → Text 6.2 / 6.4 / 6.9	Susanne Ramus geb. Roulet (1765) → Tab. 2.1 Marie Marguerite Choulat geb. Münch (1769) → Tab. 3.20, Nr. 24 Beatrix de Gaudot (1802) → Tab. 3.33, Nr. 11
Henry FIELDING, *Histoire de Tom Jones ou l'enfant trouvé*[11] → Text 6.9	
Jean de LA BRUYÈRE, *Les caractères de Théophraste* → Text 6.2 / 6/4 / 6.9	Eleonor Felix geb. de Bergier d'Alançon (1756) → Tab. 3.10, Nr. 40 Marie Marguerite Choulat geb. Münch (1769) → Tab. 3.20, Nr. 26
Jean de La FONTAINE, *Fables choisies* → Text 6.2 / 6.9	Marie Louise Guiguer geb. Bazin (1778) → Tab. 3.24, Nr. 31
Anne-Thérèse de Marguenat de Courcelles de LAMBERT, *Œuvres* → Text 6.9	Marianne Valker (1784) → Tab. 3.29, Nr. 10
MOLIÈRE, *Les œuvres* → Text 6.2	Marianne Valker (1784) → Tab. 3.29, Nr. 11
Publius OVIDIUS NASO, *Les métamorphoses* → Text 6.9	Andrienne Portaz geb. Demartines (1743) → Tab. 3.7, Nr. 8 Margaretha Gruner (1785) → Tab. 3.30, Nr. 6
Jean RACINE, *Les œuvres* → Text 6.2	Jeanne Ignace Faivre geb. Triponez (1761) → Tab. 3.14, Nr. 9
Le Spectateur, ou: Le Socrate moderne[12] → Text 6.2 / 6/4 / 6.9	Anne Barbe Desplands geb. Bosset (1762) → Tab. 3.16, Nr. 6 Madeleine Susanne Marie de Saint George (1769) → Tab. 3.19, Nr. 8 Marie Louise Guiguer geb. Bazin (1778) → Tab. 3.24, Nr. 27 Rosina Müller (1791) → Tab. 3.31, Nr. 4
Caius SUETONIUS Tranquillus, *Histoire des douze Césars de Suétone*[13] → Text 6.9	Marie Louise Guiguer geb. Bazin (1778) → Tab. 3.24, Nr. 10

(3) Erbauungslektüre

GUYON/FÉNELON, *Lettres chrétiennes et spirituelles* → Text 6.9	Othille Ogiez geb. Bovet (1782) → Tab. 3.27, Nr. 12a+b[14]
Blaise PASCAL, *Pensées sur la religion, et sur quelques autres sujets* → Text 6.9	Anne Barbe Desplands geb. Bosset (1762) → Tab. 3.16, Nr. 4[15]
THOMAS von Kempen, *L'imitation de Jesus Christ*[16] → Text 6.9	Anne Marguerite Roy geb. André (1711) → Tab. 3.3, Nr. 6 Andrienne Portaz geb. Demartines (1743) → Tab. 3.7, Nr. 19 Anne Salomé Cartier geb. Buthod → Tab. 3.8, Nr. 13 Eleonor Felix geb. de Bergier d'Alançon (1756) → Tab. 3.10, Nr. 67[17] Marie Françoise Simon (1761) → Tab. 3.13, Nr. 14 Marie Marguerite Choulat geb. Münch (1769) → Tab. 3.20, Nr. 39 Marie Barbe Rossé (1778) → Tab. 3.23, Nr. 8 Jeanne Baptiste Quenat (1782) → Tab. 3.28, Nr. 23 Margaretha Gruner (1785) → Tab. 3.30, Nr. 11
John TILLOTSON, *Predigten* → Text 6.4	Anne Barbe Desplands geb. Bosset (1762) → Tab. 3.16, Nr. 12[18]

[1] Nicht berücksichtigt sind die in Text 6.6 erwähnten Werke. Ebenso fehlen hier die Bibeltexte (Altes und Neues Testament, Psalmen, Evangelien), auch wenn Claude François Adrien de Lezay-Marnézia (1800, 6; Text 6.9) findet: «Plus une femme sera sensible, plus son esprit sera grand, plus la Bible aura pour elle d'attraits.»
[2] Da in der linken Spalte die Bibeltexte fehlen, führt diese Spalte auch nicht die – vielen – Namen ihrer Besitzerinnen. Siehe Tab. 1 und 2, *passim;* Tab. 3.1, Nr. 7–9; Tab. 3.2, Nr. 2; Tab. 3.5, Nr. 6; Tab. 3.7, Nr. 13; Tab. 3.9, Nr. 2; Tab. 3.10, Nr. 44–50; Tab. 3.11, Nr. 2–4; Tab. 3.12, Nr. 6–8; Tab. 3.14, Nr. 11–12; Tab. 3.15, Nr. 1–4; Tab. 3.16, Nr. 9; Tab. 3.17, Nr. 1–4; Tab. 3.19, Nr. 12; Tab. 3.24, Nr. 37–45; Tab. 3.25, Nr. 1–3; Tab. 3.29, Nr. 13; Tab. 3.30, Nr. 7–8; Tab. 3.31, Nr. 5–9.
[3] *A Voyage round the World, in the Years MDCCXL, I, II, III, IV.*
[4] *De rebus gestis Alexandri Magni.*
[5] *Magazin des enfans [...]; Magazin des adolescentes [...].*
[6] *Vitæ parallelæ.*
[7] *The Old and New Testament Connected, in the History of the Jews and Neighbouring Nations: From the Declension of the Kingdoms of Israel and Judah, to the Time of Christ.*
[8] Siehe auch Lezay-Marnézia (1800) 23, 42. – Siehe auch Tab. 3.24, Nr. 35: «Oeuvres de Voltaire [in-8]».
[9] *El ingenioso hidalgo Don Quijote de la Mancha.*
[10] *Histoire de l'admirable don Quixotte de la Manche.*
[11] *The History of Tom Jones, a Foundling.*
[12] *The Spectator.*
[13] *De vita duodecim Cæsarum, libri XII.*
[14] *Un Tome des Lettres chrêtiennes et spirituelles sur divers objets* (12a); *Trois Tomes de Lettres chrêtiennes et spirituelles sur differents sujets* (12b).
[15] *Pensées de Mr. Pascal, 1 vol.*
[16] *De imitatione Christi.* – Erstausgabe: *Tractatus de ymitatione Christi.* Cum tractatulo de meditatione cordis. [Nürnberg], 1492, [6], 182 Bl. (in-8).
[17] *Kenpris [i. e. Kempis] imitation de Jesus Christ.*
[18] *Sermons sur diverses matieres importantes.*

(3) «Ansprüche»

Hinter den *tatsächlichen* verbergen sich *mögliche* Bibliotheken. Versuchen wir daher, den *realen* weiblichen Buchbesitz an einem imaginären *idealen* zu messen! Vergleichen wir die in Kapitel VI zusammengetragenen männlichen Lektüreempfehlungen mit den in Nachlass- und Versteigerungsinventaren gefundenen weiblichen Lesestoffen! Was sehen wir? Unsere Ratgeber haben anscheinend Mühe, die Angesprochenen mit ihren Vorstellungen und Ideen zu erreichen. Die Männer legen Werke nahe, für die sich Frauen nicht zu interessieren scheinen, und die Frauen besitzen Werke, die Männer nicht für lesenswert halten, in den Händen von Frauen nicht vermuten oder deren Lektüre sie ihnen nicht zutrauen. Trotzdem existiert eine Schnittmenge mit achtundzwanzig sowohl «von Männern empfohlenen» als auch «von Frauen erworbenen Werken» – Werken, die die Ansprüche der einen wie der andern erfüllten. Die Schnittmenge umfasst elf vorwiegend der Bildung, dreizehn der Unterhaltung und vier der Erbauung dienende Titel, die Heilige Schrift nicht mitgerechnet (siehe Tabelle 8.3).

(4) Entscheidungen

Schliesslich können die Bücher unserer Frauenbibliotheken nach der Art der Entscheidung aufgeteilt werden, die zu ihrem Erwerb oder – bei geschenkten und geerbten Titeln – zu ihrem Aufbewahren führten. Menschliches Handeln beruht in der Tat auf verschiedenartigen Entscheidungen.[15] Man handelt (1) nach einer persönlichen, von einer bestimmten Situation geforderten Entscheidung, (2) einer allgemeinen Gepflogenheit, Usanz, einem nachzuahmenden Verhaltensmuster folgend, oder (3) aufgrund einer vorgegebenen, institutionell verankerten und verinnerlichten Entscheidung.
Was heisst das für unser Korpus?
Eine Mehrzahl der Titel wurde, zumindest was die grösseren Bibliotheken betrifft, vermutlich aus einem persönlichen Bedürfnis heraus bei günstiger Gelegenheit erworben – und gelesen.
Aus Gewohnheit, nach dem Vorbild der Eltern oder auf Geheiss des Pfarrers lasen Protestantinnen in der Bibel.[16] Daneben frönten viele der Lektüre von gedruckten Predigten bekannter Kanzelredner[17] oder griffen gerne zu beliebten (reformierten) Erbauungsschriften:[18] etwa Johann Arndts «wahres Christentum»[19] und «Paradiesgärtlein»,[20] Charles

15 Zu den Entscheidungen ersten, zweiten und dritten Grades siehe Furrer (2014) 32-33.

16 Zum Besitz von Bibel und/oder Neuem Testament siehe Tab. 1 und 2, passim; Tab. 3.1, Nr. 7; Tab. 3.5, Nr. 6; Tab. 3.7, Nr. 13, 17; Tab. 3.9, Nr. 2; Tab. 3.10, Nr. 44–46; Tab. 3.11, Nr. 2–4; Tab. 3.12, Nr. 6; Tab. 3.15, Nr. 1–4; Tab. 3.16, Nr. 9; Tab. 3.17, Nr. 1, 4; Tab. 3.19, Nr. 12; Tab. 3.24, Nr. 37–39, 42–45; Tab. 3.25, Nr. 1; Tab. 3.27, Nr. 5: «Un Livre de Psaumes en Hebreu et en Latin»; Tab. 3.29, Nr. 13; Tab. 3.30, Nr. 7–8; Tab. 3.31, Nr. 5–6. - Siehe zum Vergleich Furrer (2012b) 536–537. - Siehe auch Furrer (2012b) 19, Anm. 4: «Avant que de souscrire des annonces, ou de bénir un Mariage, le Pasteur doit s'assurer par lui-même, que les Epoux ont une bible, & par un billet du Commandant-Militaire, que l'Epoux est pourvû de son uniforme & de ses armes.» (ACVD, Ba 40, sub dato: Recueil d'ordonnances pour les églises du Pays-de-Vaud. Bern, 1758, S. 25); «Dans chaque chaque Ecole il y aura au moins une Bible & plusieurs Nouveaux-Testaments.» (ibidem, S. 34). – «Im Jahre 1758 wurde erneut befohlen, wer heiraten wolle, müsse eine Bibel oder wenigstens ein Neues Testament, einen Katechismus und ein Psalmenbuch besitzen.» (Guggisberg 1958, 525). Ein diesbezügliches deutschsprachiges Mandat habe ich nicht gefunden. – Das vollkommene Fehlen von Büchern oder das Fehlen einer Bibel in der Mehrheit der Berner Haushalte in Stadt und Land deutet darauf hin, dass dem obrigkeitlichen Gebot des Bibelbesitzes im «Volk» – von Burgern wie Untertanen – wenig nachgelebt wurde. Zu den Stadtberner Haushalten des 18. Jahrhunderts siehe Furrer (2012b) 492–495, zu denen des 17. Jahrhunderts siehe Furrer (2018) 24–25. – Zur «Einführung der Piscatorbibel» in Bern siehe Guggisberg (1958) 373–378. Siehe auch Panchaud (1952) 186–187.

17 Siehe Tab. 2.1: Marie Des Champs (24. April 1789); Tab. 3.10, Nr. 53–57; Tab. 3.12, Nr. 12, 13; Tab. 3.15, Nr. 6; Tab. 3.16, Nr. 12; Tab. 3.19, Nr. 16, 17; Tab. 3.24, Nr. 49; Tab. 3.31, Nr. 13; sowie Tab. 8.3: John Tillotsons Predigten. – «Après diné mon Mari m'a lu un très beau sermon de Noêl de Mr. Stapfer,» (Text 7.4: 25. Dez. 1772); «Am abend hat uns mein Mann eine predig vom H[errn] Stapfer gelesen.» (Ibidem: 7. März 1773); «le soir mon Mari a lu un sermon.» (Ibidem: 4. Juli 1773).

18 Zur Lektüre von Erbauungsliteratur auf der Berner Landschaft schreibt Richard Feller (1974, III 682): «Auch der Landmann bekam den neuen Geist [der Aufklärung] zu hören, weil sich die Predigt wohlmeinend den Nützlichkeiten des Alltags zuwandte. Dass er daran sein Genüge nicht fand, deuten die zahlreichen geistlichen Schriften an, die auf dem Land Eingang fanden. ‹Die Nachfolge Christi› des Thomas a Kempis bewahrte ihre Wundergabe durch die Jahrhunderte. [Johann] Arndts ‹Wahres Christenthum›, die Schriften [Gerhard] Tersteegens und [Jacob] Böhmes, selbst [John] Bunyans ‹Pilgerfahrt› wurden gelesen. In der Mystik dieser Schriften erholte sich der Landmann von der Verweltlichung, die sich der Predigtkanzel bemächtigte. Hier wurde seine Einbildungskraft reich; hier strömte der Trost, der das Unrecht in der Welt überwand.» Vgl. Furrer (2012b) 36, Anm. 1.

19 Siehe Tab. 2.2: Maria Stauffer (11. Juli 1771); Tab. 3.9, Nr. 6.

20 Siehe Tab. 2.2: Anna Ryser (8. April 1756); Tab. 3.25, Nr. 6.

Drelincourts «Les consolations de l'âme fidèle contre les frayeurs de la mort»,[21] Lewis Baylys «La pratique de pieté».[22]

Im Vergleich verfügten die meisten Katholikinnen über ein reduziertes Repertoire von griffbereiter geistlicher Literatur. Das Lesen der Bibel in einer «Volkssprache» war ihnen auf päpstliches Geheiss untersagt,[23] und das Angebot an gedruckten katholischen Predigten war weit geringer als das an reformierten – und anglikanischen – Predigten.

Von vereinzelten «gallikanischen» Bibelübersetzungen[24] und Predigtsammlungen[25] abgesehen blieben ihnen daher zum alltäglichen Gebrauch nur die Andachts- und Trostbücher – allen voran die uralte «De imitatione Christi» des Thomas von Kempen[26] und unter den neueren katholischen «L'Ange conducteur» des Jacques Coret,[27] die «Introduction à la vie devote» des heiligen François de Sales,[28] «La vie des saints pour tous les jours de l'année» des Nicolas Fontaine[29] usw.

Frauen – und Männer – erwarben *nolens volens* zwei Druckerzeugnisse, die nach dem Willen und auf Anordnung der Obrigkeit in ihren Bibliotheken standen. Zum einen war dies der Katechismus[30] als Stütze des religiösen Unterrichts, zum andern – in reformierten

21 Siehe Tab. 3.1, Nr. 12; Tab. 3.10, Nr. 61; Tab. 3.11, Nr. 6; Tab. 3.12, Nr. 25.

22 Siehe Tab. 2.1: Françoise Presset (14. Nov. 1696), Marguerite Reveygé (20. Juni 1698), Elizabeth Detry (30. Jan. 1709); Tab. 3.1, Nr. 11; Tab. 3.12, Nr. 23.

23 Das Lesen der Bibel in einer «Vulgärsprache» wurde erstmals 1198 von Papst Innozenz III. untersagt. Das Trienter Konzil (1545–1563) anerkannte einzig die Vulgata als authentische Bibelübersetzung in der römisch-katholischen Kirche. Im Jahre 1622 verbot Papst Gregor XV. den Gläubigen das Lesen der Bibel in der Volkssprache. 1713 erliess Clemens XI. die Bulle Unigenitus, um der Verbreitung von Pasquier Quesnels Le Nouveau Testament en français avec des réflexions morales sur chaque verset (1692) entgegenzuwirken. 1757 gestattete eine Verordnung der römischen Bücherzensur ausschliesslich Übersetzungen mit erklärenden, aus den Kirchenvätern entnommenen Anmerkungen und mit päpstlicher Approbation. – Zum selektiven englischen Bibelverbot siehe Wiesner (2000) 152: «[...] an act of Henry VIII of England in 1543 [...] forbade women to read the Bible except for ‹noblewomen and gentlewomen [who] might read it privately, but not to others›.»

24 Siehe Tab. 3.2, Nr. 2 und Tab. 3.14, Nr. 11–12. – «Besonders bemerkenswert ist, dass sich die geistlichen Führer Frankreichs auch um eine gute Übersetzung der Bibel in die Volkssprache bemühten und diese in großen Auflagen drucken ließen. Sie waren dazu praktisch gezwungen, wollten sie die Hugenotten für den Katholizismus gewinnen; das im übrigen katholischen Europa geltende römische Bibelverbot ließen die Gallikaner unbeachtet. Ferner wurden damals ebenfalls nur in Frankreich liturgische Bücher, wie das Messbuch oder das Brevier übersetzt, wobei man die römischen Vorlagen etwas abänderte und einige Anpassungen an nationale Überlieferungen vornahm. Auf diese Weise konnten die Gläubigen die Messe mitfeiern, statt, wie anderswo vielfach üblich, einfach den Rosenkranz dazu beten.» (Hersche 2006, 140–141).

25 Siehe Tab. 3.21, Nr. 4, 5.

26 Siehe Tab. 8.3. – Thomas von Kempens vorreformatorisches Werk wurde, wie Richard Feller (1974, III 682) zu Recht schreibt, war auch unter Reformierten verbreitet. Siehe Tab. 3.7, Nr. 19; Tab. 3.10, Nr. 67; Tab. 3.30, Nr. 11.

27 Siehe Tab. 3.6, Nr. 7; Tab. 3.18, Nr. 5; Tab. 3.23, Nr. 5; Tab. 3.26, Nr. 1; Tab. 3.28, Nr. 6.

28 Siehe Tab. 2.3: Bibliothek Jeanne Hélène L'Hoste geb. Pallain (25. 10. 1715); Tab. 3.13, Nr. 10.

29 Siehe Tab. 3.8, Nr. 10; Tab. 3.18, Nr. 9.

30 «Un Catechsime d'Osterval[d] / Un grand Catechisme de Berne / Un dit de Superville» (Tab. 2.1: 28. 3. 1776); «1 Catechismi Famillaris» (Tab. 3.9, Nr. 4); «Un cathechisme de Superville» (Tab. 3.12, Nr. 9); «1 Fragenbuch» (Tab. 3.25, Nr. 4); «Cathechisme de Berne» (Tab. 3.27, Nr. 6). – Siehe Panchaud (1952) 158–180; Guggisberg (1958) 336–339, 405, 519–524, 791; Schmidt (2005) 461–465. – Siehe auch Spazier (1790) 51: «Mädchenschulen giebt es in beyden Städten [Basel und Bern?]. Aber auch hier besteht der ganze Unterricht wiederum in weiter nichts, als im Auswendiglernen des elenden Nachtmahlbüchleins, im Lesen, Schreiben und ein wenig Rechnen.» – Gemeint ist wohl: Christenliche Selbst-Bewährung, und geistreiches Nachtmahl-Büchlein. Enthaltend die gottselige Prüffung zu dieser Heil. Geheimnuß, nöthigen Vorbereit- und Danksagungen, die Heil. Handlung bey demselbigen, Capitel, so gelesen werden,

Gebieten – die (vertonten) Psalmen Davids[31] und Kirchengesangbücher[32] als Begleiter des Gottesdienstes.[33]

Die Leserinnen

(1) Leserinnen als Individuen

Frauen (wie auch Männer) unterscheiden sich in vieler Hinsicht.[34] Was die 166 Buchbesitzerinnen in Kapitel II und III betrifft, sind drei Merkmale für unsere Fragestellung relevant und zum Teil aus den Quellen ersichtlich: ihr *Alter,* ihr *«Zivilstand»* und ihr *Beruf* oder ihre Beschäftigung. Um Genaueres über ihren Bildungsstand, ihr Einkommen oder Vermögen und ihre Familienverhältnisse und Lebensumstände zu erfahren, bräuchte es zusätzliche Archivstudien.

Das *Alter* der Frauen zum Zeitpunkt der Inventarisierung ihrer Güter schwankt stark. Von den 77 Waadtländerinnen,[35] deren Lebensdauer wir genau oder in etwa kennen, war die jüngste 33,[36] die älteste ungefähr 93 Jahre alt.[37] 65 Prozent von ihnen waren älter als 61, 23,5 Prozent zwischen 41 und 60, 11,5 Prozent 40-jährig oder jünger.[38] Ihr Durchschnittsalter betrug rund 65 Jahre. Zum Vergleich: Das Durchschnittsalter von 22 Deutschbernerinnen[39] lag bei etwa 56 Jahren; dasjenige von 19 Pruntruterinnen[40] bei etwa 63 Jahren.

Fäst-Gebätter, samt den Gesangen. Aus Hrn. [Charles] Drelincourts französischem theil übersezet, theils mit etlichen schönen Gebätteren und eingründigen Herzens-Seufzeren vermehret. Samt der Historie von Christi Menschwerdung, Beschneidung, Leiden, Sterben, Begräbnuß, Himmelfahrt und Sendung des H. Geists. Zürich: getruckt in Bürklischer Truckerey, 1784, 240, 32, 40 S. (in-8).

31 «Les pseaumes de David / Les Pseaumes de David en Allemand avec des agrafes d'arg[ent]» (Tab. 3.1, Nr. 8–9); « Livre de psaumes revûs par Mr. Conrart / Des psaumes en nouvelle version couverture de chagrin à crochets d'argent / Paraphrase des psaumes par Godeau» (Tab. 3.7, Nr. 14–16); «Des Psaumes avec crochet d'argent / Des Psaumes avec gros caractères / Les Psaumes de David en vers françois / Les Pseaumes en prose, Latin & francois» (Tab. 3.10, Nr. 47–50); «Un pseaume à la nouvelle version / Un livre de pseaumes à crochets d'argent couvert de chagrin» (Tab. 3.12, Nr. 7–8); «Pseaumes de David [vol.] 1» (Bibl. Marie Françoise Simon: Tab. 3.13, Nr. 5); «1 psaume en gros Caractere[s] / 1 dit [psaume] avec des crochets d'argent» (Tab. 3.15, Nr. 2–3); «1 alt Psalmen Buch / 1 dito» (Tab. 3.17, Nr. 2–3); «Odes sacr[é]es ou Pseaumes en vers François / Pseaumes en musique» (Tab. 3.24, Nr. 40–41); «1 beschlagenes vier stimmiges Psalmbuch / 1 unbeschlagenes dito» (Tab. 3.25, Nr. 2–3); «2 Psalmen Bücher / 1 einstimmiges Psa[l]men Buch mit Fueter » (Tab. 3.31, Nr. 7–9). Siehe auch Tab. 2.1 und 2.2, passim. – Zu den «deutschsprachigen Berner Psalmeneditionen, 1655–1797» siehe Furrer (2012b) 541–550.

32 «1 Festgesang büchlein / Bernerlieder büchlein» (Tab. 3.25, Nr. 7, 8); «1 Festgesang Büchli» (Tab. 3.31, Nr. 10).

33 «Apprendre à chanter les psaumes en vue du culte public était une des tâches importantes imparties à l'école (cf. p. 113). Ces exercices se faisaient naturellement avec les psautiers en usage dans les églises.» (Panchaud 1952, 187).

34 Siehe Furrer (2014) 49-65, Tab. 12: Gesellschaftlich Variablen, Oppositionspaare und Markierungen (am Beispiel der Schweiz in der Frühen Neuzeit).

35 77 von 105.

36 Louise Zwygart geb. Portelettre (~1687–1720). Siehe Tab. 2.1.

37 Louise Tarson geb. Boutillier (~1648–1741). Siehe Tab. 2.1.

38 In absoluten Zahlen: 50, 18 und 9 Frauen.

39 22 von 28. - Zu den 22 Frauen zähle ich auch Margareth Galley geb. Bock (~1710–1788) aus dem von Bern und Freiburg gemeinsam regierten Murten; zu den 28 Frauen zähle ich auch Anna Gaberell geb. Käch aus Altavilla in der Landvogtei Murten (Tab. 3.17).

40 19 Pruntruterinnen von 31 Pruntruterinnen und Delsbergerinnen. – Zehn oder elf Frauen waren über 60 Jahre alt; drei unter fünfzig.

Mindestens zwei Drittel der Frauen waren *verheiratet* oder *verwitwet; ledig* war somit wohl weniger als ein Drittel.[41]

Der *Beruf* der Frauen ist nur in wenigen Fällen bekannt, nämlich der einer «boutiquière» (Jeanne Raphaël geb. Cailler), «vendeuse de vin» (Catherine Garnachon geb. Marchand), «tailleuse pour les dames» (Catherine Bruit), «contrepointière» (Lizette Fivaz);[42] Näherin (Maria Stauffer), Kellermagd (Christina Wadli), Wäscherin (Maria Senn);[43] «couturière» (Marie Thérèse Boichat);[44] Negotiantin (Margaretha Gruner);[45] «Zeughändlerin» und Strumpfweberin (Rosina Müller).[46] Das Tagwerk der meisten Ehefrauen und Mütter war das einer gemeinen «Hausfrau» oder ständischen «Hausherrin».[47]

(2) Kategorien von Leserinnen

Wir können unsere 166 Buchbesitzerinnen bzw. Leserinnen mehrfach in gegensätzliche Gruppen oder Kategorien aufteilen, die sich durch die Wahl ihrer Lesestoffe unterscheiden. Die Gruppen entstehen, wenn man (1) nach dem *Ort* fragt, wo die Leserinnen wohnen; (2) nach der *Sprache,* die sie sprechen; (3) nach der *Konfession,* der sie angehören, bzw. nach der Art ihres christlichen Glaubens; (4) nach dem *Stand,* in den sie hineingeboren wurden, und dem diesem entsprechenden Zugang zu materiellen und geistigen Ressourcen; (5) nach der *Generation,* der man sie zuordnen kann. In soziologischer Terminologie ausgedrückt erfolgt die Abgrenzung der Gruppen (1) diatopisch, (2) «diaglossisch», (3) «diadoxisch», (4) diastratisch oder «diataxisch» und (5) diachronisch.[48] Die Konturen der zweiten und dritten Gruppe und der «Oppositionspaare», die sie bilden,[49] erscheinen deutlich, die der anderen Gruppen(paare) bleiben verschwommen.

• *städtische vs. ländliche Leserinnen:*

Die allermeisten Frauen lebten, als man ihren Buchbesitz erfasste, in einer *Stadt* – sei es als Ansässige oder Zugewanderte, als Bürgerin oder «Hintersässin». Sie waren Bewohnerinnen einer der drei «Hauptstädte» Bern, Pruntrut und Neuenburg[50] oder einer der Landstädte

41 Auf 166 Frauen kamen mindestens 108 Verheiratete oder Witwen.

42 Siehe Tab. 2.1.

43 Siehe Tab. 2.2.

44 Siehe Tab. 2.3.

45 Siehe Tab. 3.30.

46 Siehe Tab. 3.31.

47 Zum «Arbeits-»Alltag der Berner Patrizierin Henriette Stettler-Herport (1738–1805) siehe Eibach (2022) 51-53, 58-59. Vgl. oben Text 7.4.

48 Siehe dazu Furrer (2002) I 136–142, 145–147, 147–149, 150–151; Furrer (2014) 77.

49 Zum Modell der Gegensatz- oder Oppositionspaare siehe Furrer (2014) 58–65.

50 Zum Zentrum der Stadt und Republik Bern siehe HLS II 234–242, Furrer (2012b) 13–17; zu Pruntrut (Porrentruy), Residenzstadt der Fürstbischöfe von Basel, siehe Leu XIV 675–677, HLS X 24–27; zu Neuenburg (Neuchâtel), «Haupt-Ort oder Stadt der von ihr den Namen habenden […] Landschaft und Souverainität gleiches Namens» siehe Leu XIV 86–102, HLS IX 149–153. – Bern zählte 14'219 Einwohner im Jahr 1700; 15'932 Einwohner im Jahr 1730; 14'515 Einwohner im Jahr 1764; 12'186 Einwohner im Jahr 1798 (HLS II 235); Pruntrut zählte im Jahr 1770 2'408 Einwohner (HLS X 24), Neuenburg zählte 3'600 Einwohner im Jahr 1750 und ca. 4000 Einwohner im Jahr 1800 (HLS IX 149).

Lausanne, Morges, Nyon, Payerne, Yverdon,[51] Delsberg[52] und Murten.[53] *Dorfbewohnerinnen* waren nur 13 der 166 Frauen, also knapp 8 Prozent, nämlich Madlena Thuli in *Hasliberg* (Tab. 3.9), Anna Gaberell in *Altavilla* (Tab. 3.17), Elsbeth Baumgartner in *Rüderswil* (Tab. 3.25) und Marianne Valker in *Auvernier* (Tab. 3.29); sodann die Waadtländerinnen Jeanne Bugnoux, Judith Bellon und Louise Dayoux in *Bière,*[54] Jeanne Berney in *Groinroud,* einem Weiler des Dorfes L'Abbaye,[55] und Jeanne Marguerite Gartling in *Chevroux;*[56] die Deutschbernerinnen Anna Ryser in *Kaltenherberge,* einem Weiler des Dorfes Roggwil,[57] Madlena Zybach in *Grindelwald,*[58] Christina Fuhrimann in *Leimiswil*[59] und Anna Maria Gunnier im aargauischen *Thalheim.*[60] Die dreizehn Frauen besassen zusammengenommen 77 Werke «samt etwelchen kleinen Büchlenen».[61] Neun der dreizehn Frauen besassen ausschliesslich geistliche Werke, vier von ihnen neben den geistlichen auch je ein weltliches Werk, und zwar «1 Büechli Heil Brunen genant»,[62] «1 Wörter Buch»,[63] «des almanach[s]»[64] und den «Avis au peuple [sur sa santé] en 4 vol.».[65]
Um die Existenz eines Stadt-Land-Gegensatzes beim weiblichen Buchbesitz zu belegen, reichen diese spärlichen Angaben natürlich nicht.[66]

• *französisch- vs. deutschsprachige Leserinnen:*
Die Bibliotheken unseres Korpus stammen aus Regionen dies- und jenseits der Sprachgrenze im Westen der Eidgenossenschaft – von den 166 Besitzerinnen waren 83 Prozent französischer und 17 Prozent deutscher Zunge; will heissen: 105 (einheimische oder zugewanderte) Waadtländerinnen, 31 «Jurassierinnen» und 2 Neuenburgerinnen gegenüber 26

51 Lausanne zählte 7'191 Einwohner im Jahr 1764, 8'900 Einwohner im Jahr 1790 und 9'820 Einwohner im Jahr 1798; Morges zählte 1'942 Einwohner im Jahr 1721 2'385 Einwohner im Jahr 1764 und 2'145 Einwohner im Jahr 1798; Nyon zählte 1'734 Einwohner im Jahr 1764 und 1'934 Einwohner im Jahr 1798; Payerne zählte 1'685 Einwohner im Jahr 1764 und 1'937 Einwohner im Jahr 1798; Yverdon zählte 2'484 Einwohner im Jahr 1798. – Siehe zu den fünf welschbernischen (waadtländischen) Landstädten und deren Einwohnerzahlen siehe Furrer 2016, 150–155.

52 Siehe Tab. 2.3: Marie Claire Humaire geb. Lintz (19. Aug. 1766). – Delsberg (Delémont) zählte 921 Einwohner im Jahr 1770 und 1'062 Einwohner im Jahr 1798 (HLS III 622).

53 Siehe Tab. 2.2: Margareth Galley geb. Bock (18. Mai 1789). – Murten zählte 1811 1'011 Einwohner (HLS IX 21).

54 Siehe Tab. 2.1: 28. März 1776 (Jeanne Bugnoux); 24. Nov. 1780 (Judith Bellon); 17. Dez. 1790 (Louise Dayoux).

55 Siehe Tab. 2.1: 13. Jan. 1792.

56 Siehe Tab. 2.1: 18. Jan. 1796.

57 Siehe Tab. 2.2: 8. April 1756.

58 Siehe Tab. 2.2: 11. Dez. 1758.

59 Siehe Tab. 2.2: 30. Juni 1764.

60 Siehe Tab. 2.2: 8. Juni 1767.

61 Die Leimiswilerin Christina Fuhrimann besass «1 Kleines Büchli. Die Glaubenswag [und] 1 Körbli samt etwelchen kleinen Büchlenen» (Tab. 2.2: 30. Juni 1764).

62 Tab. 3.9: Bibliothek der Madlena Thuli geb. Steudler, Nr. 1.

63 Tab. 3.17: Bibliothek der Anna Gaberell geb. Käch, Nr. 10.

64 Siehe Tab. 2.1: Bibliothek der Judith Bellon geb. Morellon, vom 24. Nov. 1780.

65 Siehe Tab. 2.1: Bibliothek der Jeanne Marguerite Gartling geb. Mottet, vom 18. Jan. 1796.

66 Vgl. Tabelle 8.1. – Siehe zum Stadt-Land-Gegensatz die kurze Bemerkung, Männerbibliotheken im Kanton Bern betreffend, in Furrer (2008) 230; zum ländlichen Buchbesitz siehe auch Furrer (2019) und besonders den Bericht des Pfarrers im Dorf Wiesendangen bei Winterthur aus dem Jahr 1709 über den Bücherbesitz seiner Pfarrkinder (Staatsarchiv Zürich, E II 700/124), zitiert in Wartburg-Ambühl (1981) 129.

Bernerinnen und 2 «Freiburgerinnen».[67] Dass die beiden Gruppen – trotz häufiger Grenzüberschreitungen – in sprachlich ziemlich klar getrennten Sphären lebten, manifestiert sich gerade auch in ihrem Buchbesitz. Werke in deutscher Sprache fanden kaum je ihren Weg in «welsche» Frauenbibliotheken.[68] Umgekehrt waren französischsprachige Werke in – kleinen – «deutschen» Frauenbibliotheken eher selten,[69] in grösseren aber wohl recht zahlreich, wie sie es in denen von Stadtberner Männern waren.[70]

• *reformierte vs. römisch-katholische Leserinnen:*
Quer durch die eidgenössische Sprachenlandschaft zog sich ein konfessioneller Graben, der die Geister und Seelen der Menschen viel weiter voneinander entfernte, als dies die Diversität ihrer Idiome vermochte. Das Zusammenleben im Rahmen des *Corpus helveticum* von Orten und Zugewandten römisch-katholischen, «papistischen» Glaubens mit «neugläubigen» reformierten Bundesgenossen zwinglianischer und calvinistischer Obedienz war schwierig, reich an Konflikten und mündete mehrmals in kriegerische Auseinandersetzungen.[71] Die Kirchenspaltung hinterliess tiefe Spuren im Handeln, Fühlen und Denken der Gläubigen – in ihrem alltäglichen Umgang mit Körper und Tod, mit Nahrung und Geld, mit Gesten und Wörtern. Wie stark sie im 18. Jahrhundert kulturell auseinandergedriftet waren, offenbart nicht zuletzt ein Vergleich der persönlichen Bibliotheken aus dem einen und dem anderen Lager.
Unser Korpus umfasst 135 Bibliotheken (81 Prozent) im Besitz reformierter und 31 Bibliotheken (19 Prozent) im Besitz katholischer Frauen, nämlich 105 Waadtländerinnen, 26 Bernerinnen, 2 «Freiburgerinnen» und 2 Neuenburgerinnen einerseits, 31 «Jurassierinnen» anderseits.
Um den Buchbesitz der beiden Lager zu vergleichen, müssen wir zwischen weltlichen und geistlichen Titeln unterscheiden.[72] *Grosso modo* las man in der Tat hier wie dort die gleichen antiken und modernen Autoren von belletristischen Werken und profanen «Sachbüchern». Bei geistlichen Werken hingegen wurden – von Frauen und Männern – die Publikationen der Andersgläubigen fast durchweg gemieden: die «heterodoxen» Katechismen, die gelehrten Schriften zu Glauben und Kirche,[73] die Gebet- und Gesangbücher, die gedruckten Predigten und unverzichtbaren Erbauungstraktate, nicht zuletzt

67 Ihre Muttersprachen waren in Wirklichkeit gewöhnlich ein nordfranzösisches oder frankoprovenzalisches Patois einerseits, eine hochalemannische Mundart anderseits. – Zu den «Dialekträumen in der Schweiz und im benachbarten Ausland» siehe Furrer (2002) I 127, Abbildung 1/1.

68 Ausnahmen: «quinze livres tant françois qu'allemands» (Tab. 2.1: Bibliothek von Louise Zwygart geb. Portelettre, 1720); «Un livre de prieres en allemand» (Tab. 2.1: Bibliothek von Louise Trachsel geb. Marty, 1796); «Les Pseaumes de David en Allemand avec des agrafes d'arg[ent]» (Tab. 3.1, Nr. 9); «un livre allemand pour le jardinage» (Tab. 3.14, Nr. 6); «Fables en 3 Langues [in-8]» (Tab. 3.24, Nr. 30); vielleicht: «lapis angularis» (Tab. 3.20, Nr. 31). – Auch in männlichen Privatbibliotheken sucht man auf Deutsch publizierte Werke westlich der Saane meist vergebens. Siehe z. B. Furrer (2012a).

69 «Oeuvres de Balsac» und «Imitation de Jesus Christ» (Tab. 3.30, Nr. 5 und 11); «Tome 2: du Spectateur anglais» und «Lettres du pape Clement 14» (Tab. 3.31, Nr. 1 und 3); «1 Grandmere» (Tab. 2.2: Bibliothek von Christina Traffelet geb. Werren, 1789).

70 Siehe z. B. Kap. IV, Tab. 4.1: Die virtuelle Bibliothek Julie Bondelis (1731–1778) anhand ihrer Briefe; und Kap. VII, Text 7.11. – Zur Präsenz französischer Titel – im Original oder als Übersetzung anderssprachiger Texte – in männlichen (Stadtberner) Privatbibliotheken siehe Furrer (2012b) 530, Tab. 30; Furrer (2018).

71 Siehe HLS VII 91–93: Kappelerkriege; HLS XII 898–899: Erster Villmergerkrieg, 899–900: Zweiter Villmergerkrieg.

72 Siehe dazu auch unten Tab. 8.4.

73 Ausnahmen: «Un livre de Paraphrase sur les Actes des Apotres» (Tab. 3.12, Nr. 3); «La politique du clergé de Fr[an]ce» (Tab. 3.29, Nr. 2); «Lettres du pape Clement 14» (Tab. 3.31, Nr. 3).

die dem konfessionellen Gegner geschuldeten Editionen und Übersetzungen des Alten und Neuen Testaments.
Verschont vom doktrinären Bannstrahl blieb immerhin die mittelalterliche *De imitatione Christi* des Augustinermönchs Thomas von Kempen (1379/80–1471), die in unzähligen Auflagen und Übersetzungen die Jahrhunderte überdauerte.

• *ständische vs. «gemeine» Leserinnen:*
Es lässt sich keinesfalls zwingend vom gesellschaftlichen Stand einer Frau auf eine diesem angemessene persönliche Bibliothek schliessen. Das Verlangen nach Druckwerken war von Individuum zu Individuum verschieden und beschränkte sich – auch im Ancien Régime – nicht auf eine bestimmte soziale Schicht.
Umgekehrt verrät die Präsenz zahlreicher gut gedruckter Bücher in einer Bibliothek gewöhnlich, dass ihre Besitzerin eine Person von Stand war und sich vom «gemeinen Volk» abhob. Dies auch dann, wenn die vorhandenen Titel einzig der Erbauung zu dienen scheinen und kein Bedürfnis nach Bildung oder Unterhaltung erkennen lassen.[74]

• *«alte» vs. «neue» Leserinnen:*
Das früheste Inventar unseres Korpus, datiert von 1696, und das späteste, 1802 entstanden, trennen gut 100 Jahre. Demografisch gesehen erstreckt sich die Reihe der Bibliotheksbesitzerinnen somit über vier oder fünf Generationen. Soziologisch betrachtet kämen ein paar weitere Generationen dazu.[75]
Die Titel der Bibliotheken lassen sich, wenn sie zahlreich genug sind, in diachronischer Hinsicht auf vier Schichten verteilen.
Die unterste Schicht besteht aus «zeitlosen», «universellen» Schriften – den heiligen Texten der Bibel, den Werken der «Klassiker» der griechisch-römischen Antike (hier: Homer, Plutarch, Vergil, Horaz, Ovid, Cicero, Caesar, Cornelius Nepos, Titus Livius, Quintus Curtius Rufus, Flavius Josephus, Sueton) und einigen Werken von Autoren der Spätantike und des Mittelalters: Augustinus,[76] Thomas von Kempen, Dante, Petrarca, Boccaccio.[77]
Eine zweite Schicht bilden jene Schriften von Humanisten, Reformatoren, Gegenreformatoren, Dichtern, Philosophen und «Spezialisten» des 15. bis 17. Jahrhunderts, deren Strahlkraft lange – nach Ort und Zeit unterschiedlich intensiv – anhielt und oftmals bis heute nicht erloschen ist.[78]

74 Siehe Tab. 3.6: Bibliothek der Pruntruter Bürgerin Anne Marie Buthod (1694–1733) anhand ihres Nachlassinventars vom 10. Juli 1733; Tab. 3.13: Bibliothek der Pruntruter Bürgerin Marie Françoise Simon († 1761) anhand ihres Nachlassinventars vom 21. Januar 1761; Tab. 3.18: Bibliothek der Pruntruter Bürgerin Marie Barbe Voisard, geb. Fromaigeat (~1717–1767) anhand ihres Nachlassinventars vom 21. Juli 1767. – Vgl. Tab. 8.4.

75 Wenn wir uns an den Massstäben des 20. und 21. Jahrhunderts orientieren würden. Siehe dazu Furrer (2014) 68, 70.

76 In unserem Korpus kommen die Meditationes des Augustinus allerdings nicht vor. Siehe aber Furrer (2012) 261, 384; Furrer (2018) 304. - Zum Kirchenvater und Theologen Aurelius Augustinus (354–430) siehe DNP II 293-301.

77 Auch das Dreigestirn des Trecento fehlt in unserem Korpus. Zu Francesco Petrarca (1304–1374) siehe aber Furrer (2012) 287, 348; zu Giovanni Boccaccio (1313–1375) siehe Furrer (2018) 553.

78 Beispiele in Tab. 3.5, Nr. 3: Michel de Nostredame, gen. Nostradamus (1503–1566); in Tab. 3.7, Nr. 4: Miguel de Cervantes Saavedra (1547–1616); in Tab. 3.20, Nr. 12: Baltasar Gracián y Morales (1601 bis 1658); in Tab. 3.33, Nr. 10: Pierre Corneille (1606–1684); in Tab. 3.30, Nr. 3: John Milton (1608–1674); in Tab. 3.7, Nr. 10, 11 / Tab. 3.10, Nr. 43: Paul Scarron (1610–1660); in Tab. 3.7, Nr. 6 / Tab. 3.24, Nr. 31: Jean de la Fontaine (1621–1695); in Tab. 3.10, Nr. 42: Molière (1622–1673); in Tab. 3.16, Nr. 4: Blaise

Eine dritte, breite Schicht umfasst Publikationen, die über Jahrzehnte rezipiert, immer wieder neu herausgegeben und oft in fremde Sprachen übersetzt wurden, die jedoch durch den Wandel der Dinge irgendwann obsolet oder durch aktuellere Werke ersetzt wurden.[79]
In die oberste Schicht wäre schliesslich der versprengte Haufen kurzlebiger Titel einzuordnen, die ihren Erfolg dem Zeitgeschmack oder einer Mode schuldeten[80] oder aus diesem oder jenem Grund das flüchtige Interesse eines lesenden Publikums weckten.[81]
Die mehrschichtigen Bibliotheken geben somit Auskunft darüber, in welchem Masse die Lesestoffe ihrer Besitzerinnen sich durch die Generationen veränderten oder gleich blieben. Wobei viele Unterschiede zwischen Bibliotheken älteren und jüngeren Datums ganz einfach am steten Wandel der Buchproduktion und des Buchhandels lagen. Jahr für Jahr brachten Verleger neue Publikationen – Erstdrucke oder neue Ausgaben früherer Editionen – auf den Markt und fanden dafür Kundinnen; gleichzeitig verschwanden ständig Publikationen vom Markt und gerieten in Vergessenheit.

(3) Typen von Leserinnen

Lesende Frauen unterschieden sich schliesslich voneinander im Blick auf die Intention und die Intensität, mit der sie zu lesen pflegten, auf ihre innere Distanz oder Nähe zu Büchern, auf die Emotionen und Einsichten, die sie sich vom Gelesenen versprachen. Man kann die Merkmale zusammenfassend den «Habitus» der Leserinnen nennen und anhand dessen eine Typologie der lesenden Frauen erstellen (siehe Tabelle 8.4). Nach unserem vereinfachenden Schema umfasst diese fünf Typen: (1) die widerwillige, missmutige Leserin; (2) die andächtige, fromme Leserin; (3) die vergnügte, belustigte Leserin; (4) die begierige, unersättliche, hingerissene Leserin; (5) die beharrliche, geduldige Leserin.
Individuen lassen sich natürlich nicht auf Typen reduzieren. Eine Frau konnte *mehr als einen* typischen Lesehabitus haben,[82] und sie konnte diesen im Laufe des Lebens *ändern*.[83] Es ist

Pascal (1623–1662); in Tab. 3.19, Nr. 4 / Tab. 3.30, Nr. 2: Samuel von Pufendorf (1632–1694); in Tab. 3.20, Nr. 26: Jean de La Bruyère (1645–1696); in Tab. 3.10, Nr. 39 / Tab. 3.20, Nr. 24 / Tab. 3.27, Nr. 12: Fénelon (1651–1715); in Tab. 3.19, Nr. 11: Jonathan Swift (1667–1745); in Tab. 3.33, Nr. 7: Montesquieu (1689–1755); in Tab. 3.33, Nr. 11: Henry Fielding (1707–1754); in Tab. 3.19, Nr. 8 / Tab. 3.20, Nr. 23: Claude Prosper Jolyot de Crébillon (1707–1777); in Tab. 3.10, Nr. 34 / Tab. 3.24, Nr. 35, 36: Voltaire (1694–1778).

79 Die Anmerkungen zu den Beschreibungen derartiger Titel in unserem Korpus enthalten ab und zu Hinweise auf deren Langlebigkeit. Siehe zum Beispiel Tab. 3.1, Nr. 14; Tab. 3.2, Nr. 3; Tab. 3.3, Nr. 1; Tab. 3.4, Nr. 1, 8, 13, 14, 15, 18, 20; Tab. 3.5, Nr. 5; Tab. 3.6, Nr. 2, 7, 10, 11, 16; Tab. 3.7, Nr. 3; Tab. 3.10, Nr. 13, 42, 59; Tab. 3.11, Nr. 8; Tab. 3.12, Nr. 18; Tab. 3.13, Nr. 1; Tab. 3.14, Nr. 5; Tab. 3.16, Nr. 1; Tab. 3.18, Nr. 4, 6, 11; Tab. 3.19, Nr. 16; Tab. 3.20, Nr. 11, 14, 34; Tab. 3.21, Nr. 2, 4, 5; Tab. 3.22, Nr. 3; Tab. 3.23, Nr. 6; Tab. 3.24, Nr. 51, 52; Tab. 3.28, Nr. 6, 8, 9, 10, 14, 15, 17, 22; Tab. 3.29, Nr. 3; Tab. 3.30, Nr. 9, 10; Tab. 3.31, Nr. 11, 12.

80 Beispiele in Tab. 3.1, Nr. 4, 6; Tab. 3.14, Nr. 7; Tab. 3.24, Nr. 28.

81 Beispiele in Tab. 3.2, Nr. 1; Tab. 3.10, Nr. 9, 12, 20, 22, 25, 28, 30, 54; Tab. 3.12, Nr. 3, 30; Tab. 3.13, Nr. 2, 9; Tab. 3.15, Nr. 5; Tab. 3.19, Nr. 18; Tab. 3.20, Nr. 13, 21; Tab. 3.22, Nr. 1, 4; Tab. 3.24, Nr. 24; Tab. 3.26, Nr. 2; Tab. 3.27, Nr. 2, 15; Tab. 3.28, Nr. 2, 7; Tab. 3.29, Nr. 2; Tab. 3.31, Nr. 1, 2, 13, 14; Tab. 3.33, Nr. 2, 9.

82 Wie wahrscheinlich die Berner Magistratengattin Henriette Stettler-Herport. Siehe Text 7.4.

83 «Von einer Bremer Kaufmannsfrau des 18. Jahrhunderts namens Margarethe Bagelmann heißt es noch, sie sei als Kind nur im Stricken, in Handarbeit, in der Bibel und im Katechismus unterwiesen worden und habe nie etwas gelesen, bis sie als älteres Mädchen als erstes Buch Richardsons ‹Pamela› las, ‹worin ihr eine neue Welt aufging›.» (Engelsing 1974, 309).

Tabelle 8.4: *Typen von Leserinnen im 18. Jahrhundert*

	Typ	Motivation[1]	Zweck	Beispiele
(1)	widerwillige, missmutige Leserin	Zwang, Not	Überleben	• Bräker, Baurengespräch (1777) 144–145: Gret[2]
(2)	andächtige, fromme Leserin	Erfurcht, Angst	Seelenruhe, -heil	• Grenaille de Chatounières, La bibliothèque des dames (1640) 5[3] • Henriette Stettler-Herport, Journal (1773)[4] • Poulain de la Barre, De l'égalité (1676) 210–211[5] • Lezay-Marnézia, Plan de lecture (1800) 50[6]
(3)	vergnügte, belustige Leserin	Neugier, Wissbegierde	Verstehen, Kenntnis	• Journal (1787) 190: Marianne Probst[7] • Prévost, Les voyages (1788) 145: Marianne Probst[8] • Klöden (1874) 79[9]
(4)	begierige, unersättliche, hingerissene Leserin	Sehnsucht, Träumerei	Entfliehen[10]	• Der Teutsche Bernerische Spectateur (1734) 30–31[11] • Swift, Regeln für Dienstboten (1745) 458[12] • Albertine de Saussure (1782/83)[13] • Heinzmann, Vom Bücherlesen (1784) 97[14] • Zimmermann, Den Freundinnen (1787) 97[15] • Hippel, Über die bürgerliche Verbesserung (1792) 251[16] • Wagner (1835) III 129[17]
(5)	beharrliche, geduldige Leserin	Wissensdrang, Beruf(ung)	Gelehrtheit,[18] Wissenschaft	• Poulain de la Barre, De l'égalité (1673) 211[19] • Julie Bondeli, Briefe (1759–1778)[20]

[1] Intrinsische und extrinsische.

[2] «Gret. [/] Nein, das Büchernaschen kann ich nicht ausstehn; dennk doch, wann du ein weib wärst; und dein Mann würde dich immer fliehn, jedes müsige weilchen verfliegen, oder mit einem Buch dahoken, kein wort sagen, kein mund regen, kein aug bewegen, als wann du ein stummer Hund wärest: würd dir dein Leben nicht saur, und ewig langweilig seÿn. – Nein, ich bin kein einfältiges geschöpf; ich verstehe mich ohne das Lesen noch beser aufs Haußhalten, als er mit allem seinem Lesen; das Lesen schikt sich nicht vor Leüte, die ihr Brodt mit Handarbeit suchen müsen; Ich dachte lange es würde einmahl ein ende nehmen; aber nein, der unnöthigen Bücher sind so vie als sand am meer; mann solt alle nehmen, und die Thur damit eindammen, Wuhren, und Wehren draus machen. [...].» (Text 7.6).

[3] «Quittez un peu les Romans pour trouver icy d'excellentes veritez, & ne faites pas plus d'estat de vostre satisfaction temporelle, que de vostre salut eternel.» (Text 7.1).

[4] «à la chandèle j'ai lu un très beau sermon de Cramer sur la Divinité de notre Sauveur, laquelle il mit en évidence, et prouve de la façon du monde la plus certaine, avec un ordre, et une précision admirable, j'ai fait cétte lecture avec une atantion, un plaisir, et une dévotion soutenue, dont j'ai remercié Dieu de tout mon cœur.» (Text 7.4: Eintrag vom 25. März 1772).

[5] «La danse, l'écriture, et la lecture sont les plus grands exercices des femmes, toute leur Bibliotheque consiste dans quelques petits Livres de devotion, avec ce qui est dans la cassette.» (Text 7.2).

[6] «La femme qui, de bonne heure, s'occupe du soin de cultiver son esprit et d'éclairer sa raison [...] Quand l'âge lui donnera le goût, on lui imposera la nécessité d'une vie plus retirée, elle ne sera point forcée, pour remplir le vuide immense de son cœur, de se jetter dans une dévotion sans lumières, qui ne la satisferoit pas, et ne lui feroit point acquérir l'estime des personnes raisonnables, parce qu'au lieu d'être un sentiment, cette dévotion ne seroit qu'un état.» (Text 6.9).

[7] «Une agreable païsanne [Marianne Probst] me conduisit dans une chambre tres propre, me dit ce qu'elle pouvait me donner à diner et, pendant qu'elle alla y donner ordre, j'ouvris une autre chambre où je trouvais ouvert sur la table *Meysner's Skitsen* [August Gottlieb Meißners Skizzen]. Quand elle revint, je lui demandais qui logeait dans cette chambre? – Personne. – & qui lit Meysner? – moi quand j'ai le tems. – aimez-vous la lecture? – extremement. – & avez vous beaucoup de jolis livres comme celui-là? – quelques-uns.» (Text 7.10).

[8] «‹Mon Dieu, Madame, me disait-elle [Marianne Probst], je ne sais pourquoi on vous a vanté une pauvre fille bien simple et bien peu instruite; occupée de mes travaux qui sont mes devoirs, il me reste fort peu de temps pour lire, mais j'avoue que c'est un grand plaisir pour moi, lorsque j'ai un moment de liberté›.» (Text 7.12).

[9] «Lange Zeit waren Beckers hausbackenes Noth- und Hülfsbüchlein und Till Eulenspiegels unfläthige Späße, die wir uns geliehen hatten, unsere einzige Lectüre. Meine Mutter, die sehr gern las, entbehrte dies schmerzlich. Sie wagte es einmal, den Rektor zu bitten, ihr irgend Etwas zum Lesen zu leihen. Der gab ihr: ‹Das Grab des Aberglaubens›, hatte aber nachher gegen Jemand geäußert: Eine Frau könne Klügeres thun, als Bücher lesen; das solle nur so was heißen, als wäre meine Mutter was Besseres als andere Weiber. Sie kam ihm natürlich nicht wieder.» Vgl. Engelsing (1974) 300–301.

[10] Lesesucht, Lesen als «Fluchthilfe». Siehe Schenda (1988) 68, 174, 204, 205, 245, 478–481, 600.

[11] «Die heutigen Romantisten haben nette Productionen, sie schreiben schön, und so engageant, daß wer in einem gewissen Alter sich befindet, gar leichtlich von ihnen eingenommen wird, und sich, von denselbigen Begirden voll, vast zum Blinden lieset; Sie können die zu Lüsten geneigte jungen Leuthe dermassen bezauberen, daß sie alles andere darüber vergessen, und das Lesen dieser ihnen so lieben Wunder-Schrifften zu ihrem einigen Geschäft machen. Und in der That, wer sich in einem Alter befindet, darinnen die lüsterenden Affecten über die Vernunft die Herrschaft bekommen, der kann sich vast nicht entbrechen von diesem so angenehm gemischten Gift angestecket zu werden, dazu ihme sein zur Liebe geneigtes Temperament über alle massen wohl zu Hülffe kommet, sonderlich weilen die Liebe alle *Romans* dictiret. Ist demnach der Ursprung der *Romans* die Liebe. Sind die *Romans*-Schreiber verliebte Leuthe, pflücken die Leser gewohnlich keine andere Früchte, als übermässige Verliebtheit.» (Der Teutsche Bernerische Spectateur, 1737, N°. IV: *Romans,* 30–31).

[12] *«Anweisungen für die Erzieherin oder Gouvernante* / Sagt, die Kinder hätten entzündete Augen; Miss Betty wolle nichts von Büchern hören, etc. [/] Laßt die Töchter französische und englische Romane und französische Romanzen lesen und alle Komödien, die zur Zeit von König Charles II. und König William geschrieben worden sind, damit sie ein weiches Gemüt und ein empfindsames Herz bekommen, etc.» (Swift 1697–1765, 458: Regeln für Dienstboten [1745]. Kapitel XVI).

[13] «Du Lundi 23 Sept. [1782]. [...] Cette après dinée j'ai lu de Pamela [de Samuel Richardson] en anglois; il n'est p[oin]t aussi interessant que Clarisse, cepend[an]t il attache aussi.»; «Du Vend[redi] 27 Sept. [...] Après diner mes yeux alloient mieux, j'ai lu de Pamela en anglois. Je suis indignée de ce qu'après les mauvais traitements qu'elle a reçus elle a la foiblesse de revenir vers Mr B. au lieu d'aller chez ses parents.»; «Du Lundi 14 Avril [1783]. [...] Je lus un peu m[oi]ns de Cesar & un peu plus d'Evelina [or a young lady's entrance into the world, de Fanny Burney] que je n'aurois dû.» (Bibliothèque de Genève, Ms fr. 4453: *Continuation du Journal d'Albertine de Saussure,* 1782–1783, S. 3, 7, 59). – Zu Albertine (Andrienne) Necker-de Saussure (1766–1841) siehe HLS IX 113.

[14] «Sie selbst bekommen eine Gleichgültigkeit gegen die Wirthschaft und das häusliche Leben, hängen zum Nachtheil desselben der *Begierde zum Lesen* nach, und verläugnen selbst in ihrer Liebe, zum großen Nachtheil derselben, die Natur.» (Text 7.7).

[15] «[Fräulein] v[on] Linden. Die Romanheldinnen glauben doch im Besitze ihres Abentheurers auf lebenslang ganz glücklich zu werden. [/] Klärchen. Und die Romanenleserinnen, denen der Kopf von solchen Träumereyen warm ist, schmachten gleichfalls nach so einer eingebildeten Glückseligkeit, die doch nirgends hienieden zu finden ist: ganz natürlich, wenn sie hernach nie mit ihrem gegenwärtigen Stande zufrieden sind. [/] v. Lin-

den. Ich kenne wirklich ein so albernes Mädchen, und ich fürchte sehr, es werde noch recht unglücklich werden.» (Text 7.8). – Vgl. Messerli (2009) 311.

[16] «[...] wenn wir [Männer] uns gleich die schnödeste Mühe geben, sie zu Romanen zu gewöhnen, um sie, kraft der Reminiszenzen dieser Lektüre, aus der wirklichen Welt hinauszubringen» (Text 7.13).

[17] «Aber auch in beinahe alle andren Classen drang jetzt die Liebe zur Lectur; – so daß nach und nach eine Menge öffentlicher Lese-Cabinete entstuhnden, wo jedermann, im Anfang meist recht gute, nach und nach minder gute Bücher; zuletzt leider meist nur Romane, und noch schlimmeres – finden konnte! – Diese Sucht zu lesen nahm endlich so zu; daß sie zu einer wahren Lese-Wuth wurde! – so daß bald kein Kammerkätzchen und keine Köchin mehr war, die den Robinson Crusoe, Werthers Leiden, oder den zärtlichen Siegwart [von Johann Martin Miller] – nicht gelesen hätte.» (Wagner 1835, III 129). Vgl. Furrer (2012b) 699–700.

[18] Zum «gelehrten Frauenzimmer» siehe z. B. Engelsing (1974) 313, Gössmann (1998), Flüchter (2009).

[19] «Et s'il arrive que quelques-unes se distinguent du commun par la lecture de certains Livres, qu'elles auront eu bien de la peine à attraper, à dessein de s'ouvrir l'esprit, elles sont obligées souvent de s'en cacher: La plus-part de leurs compagnes par jalousie ou autrement, ne manquant jamais de les accuser de vouloir faire les precieuses.» (7.2).

[20] «Hierbei fällt mir ein: Wo bleibt denn der dritte Band von Ihren Werken? Ich wünschte, daß alle sechs Theile vom *Agathon* gedruckt wären; ich sterbe vor Ungeduld, sie zu sehen.» (Bondeli 1759–1778, 274: Brief an Christoph Martin Wieland vom 5. Okt. 1762).

daher unmöglich, die lesenden Frauen einer bestimmten Gesellschaft anteilmässig auf die verschiedenen Typen zu verteilen; und es scheint mir illusorisch, für Gesellschaften oder soziale Gruppen eine klar ersichtliche, eindeutige allgemeine Entwicklung des weiblichen Lesehabitus über ein paar Jahrzehnte oder über Jahrhunderte erkennen zu wollen.[84]
Die vorgeschlagene Typologie ist zu verstehen «als Hinweis auf die Vielfalt und die Grenzen der konkreten Realität, auf das, was möglich ist und nicht übersehen werden sollte, auf das, was sich gegenseitig ergänzt und bedingt».[85]

Das weibliche Lesen und Nichtlesen

Wir sprachen weiter oben die *Modalitäten* des Lesens an – inwiefern gelesen wird, weil man lesen *kann, will, darf* oder *muss*.[86] Das gilt auch für Frauen (und Männer) des 18. Jahrhunderts. Sie lasen zudem oft, so ist anzunehmen, *obwohl* sie es *nicht* (richtig) konnten, wollten, durften oder mussten. Ich habe zeitgenössische Beispiele und Belege für die verschiedenen Modalitäten weiblichen Lesens gesammelt und sie in Tabelle 8.5 zusammengestellt. Sie stammen aus ganz unterschiedlichen Quellen, und ich habe sie meist zufällig gefunden; sie wären zu ergänzen oder durch treffendere zu ersetzen.
Was wir über die Modalitäten des weiblichen Lesens gesagt haben, können wir auf die Modalitäten ihres *Nichtlesens* übertragen. Demnach lasen Frauen *nicht,* weil sie es nicht konnten, wollten, durften oder mussten; und oft lasen sie nicht, *obwohl* sie es konnten, wollten, durften oder (eigentlich) mussten. Die einschlägigen Beispiele und Belege finden sich in Tabelle 8.6.

84 Mit einer Art Typologie der Leserinnen untermalt Stefan Bollmann (2005, 9) die Perioden seiner illustrierten Geschichte des weiblichen Lesens vom Mittelalter bis ins 20. Jahrhundert. Die Untertitel zu deren sechs Kapitel lauten: I Begnadete Leserinnen, II Verzauberte Leserinnen, III Selbstbewusste Leserinnen, IV Empfindsame Leserinnen, V Passionierte Leserinnen, VI Einsame Leserinnen. Jedes Attribut steht für das vom Autor diagnostizierte Aufkommen eines neuen Typs Leserinnen.

85 Furrer (2014) 10. – Die Leserinnen in ihrer Vielfalt zu betrachten fordert zum Beispiel auch Antje Flüchter (2009, 285–293).

86 Siehe supra Tabelle 1.2.

Tabelle 8.5: *Modalitäten des weiblichen Lesens*[1]

	Modalität	Motiv(ation)[2]	Beispiele
(1)	Lesen können	Fähigkeit, Möglichkeit	• Haller (1772) 6–8[3]
	Lesen ohne zu können[4]	Übermut, Spieltrieb	• Ewald (1801) 171–172[5] • Preiswerk (1797)[6]
(2)	Lesen wollen	Wunsch, Bedürfnis	• Zimmermann (1785) I 349–350[7] • Wysling (1983) 131[8] • Burschel (2022) 82–83[9]
	Lesen ohne zu wollen	Überwindung, Zwang	• Gottsched (1737) 4[10] • Zimmermann (1785) II 284–285[11]
(3)	Lesen dürfen	Erlaubnis, Bewilligung, Zulässigkeit	• Wieland (1791) 201–202[12]
	Lesen ohne zu dürfen[13]	Trotz, Widerstand	• Poulain de la Barre (1673) 211[14] • Bodmer/Breitinger (1746) 21[15] • Langhans (1773) 172[16]
(4)	Lesen müssen	Gehorsam, Unterwerfung	• Spazier (1790) 50–51[17] • Lezay-Marnézia (1800) 36[18] • Burschel (2022) 19, 23[19]
	Lesen ohne zu müssen	Freude, Lust	• Addison/Steele (1723) 267[20] • Henriette Stettler-Herport (1772)[21]

[1] Siehe dazu Furrer (2014) 33, 35.
[2] Intrinsische und extrinsische.
[3] «Ich weiß, daß eine Mutter, eine junge Mutter, daß eine Bürgerin einer vielleicht alzu-gesellschaftlich weder die morgenländischen Sprachen lernen, noch in mühsame Berechnungen der Zeiten, und in di fertigung alter Geschichte sich vertieffen kann. Es bleiben ihr aber dennoch genugsame Mittel übri Glauben zu gründen. Wir besizen in den bekanntesten Sprachen eine Anzahl von Vertheidigungen d gion, die zureicht, die erregten Zweifel zu entkräften. [...] Alle diese Bücher kann ein Frauenzimr stehn, und nichts soll ihrer Überzeugung fehlen, da sie gewiß seyn kann, es seye in dieselben keine ir schichte, und kein unrichtiger Beweiß eingeflossen.» (Text 6.5).
[4] Lesen ohne es gut zu können, ohne das Gelesene (wirklich) zu verstehen.
[5] «Ich möchte Sie aufmuntern, auch keine Gelegenheit ungenutzt zu lassen, wo Ihr Herz von einer chen Wahrheit in Bewegung gesetzt werden kann. Aber dunkle Weissagungen, deren Bildersprache nicht einmal verstehen, deuten zu wollen, über Einzelne Wahrheiten, über das: wie? der Christlichen ten und Behauptungen zu grübeln, die verschiedenen Vorstellungsarten derselben unter einander zu chen, sie mit einer herrschenden Modephilosophie, etwa mit der, von Ihrem Geschlechte so selten denen Kantischen Philosophie aufzustutzen, oder wol gar darnach zu formen; das scheint mir ein wah derben für Ihr Geschlecht.» – Zum reformierten Theologen, Pädagogen und Schriftsteller Johann Ewald (1748–1822) siehe ADB VI 444–446, NDB IV 693–694, DBE² III 186.
[6] «Schiller (Thalie 93. Jahr 3. Band) gelesen; wie verschieden waren die Eindrücke die diese Lecktur machte, niederschlagend war es für mich daß so vieles mir nicht deutlich genug war um mir ganz h griffe beizubringen, die Sprache der neuen Philosophie und Aestetik ist mir nicht bekannt genug. U

konnte ich die Sache nicht weglegen, sie war mir zu interessant, handelte über Gegenstände, über die ich so oft nachgedacht; die meisten Ideen schienen so sehr mit meiner Denkungsart über diese Gegenstände übereinzustimmen daß Argeniß über den geringen Grad meiner Kenntniße, und Freude über die Übereinstimmung meiner Ideen mit denen eines so hellen Kopfes abwechselten. Frapant und schmeichelhaft war für mich das Urtheil über einige Punkte der Kantischen philos[ophie] die sehr mit meinem Urtheil übereinstimmte.» (Anna Maria Preiswerk-Iselin, Tagebücher, Heft 5, S. 5: Eintrag vom 9. Aug. 1797). Siehe https://www.geovistory.org/projekt/924003/publication/text.

7 «Aber ich müßte mich sehr betrügen, wenn nicht Ihre Lesebegier bisweilen in Flatterhaftigkeit ausartete. Es ist dieß eine Schwachheit, die den meisten jungen Mädchen anhängt. Sie lesen insgemein nur um ihre Neugierde zu befriedigen. Daher kömmts, daß sie nicht genug eilen können, bis sie ein artiges Büchgen durchhüpft haben [...]» (Text 7.8).

8 «Wer las, und was wurde gelesen [im Zürich des 18. Jahrhunderts]? Von Gelehrten, Schülern und einigen Liebhabern abgesehen, waren es vor allem Frauen, die Zeit und Lust hatten, Bücher zu lesen.»

9 «Elisabeth Sophie Marie [von Schleswig-Holstein-Norburg (1683–1767)] war die dritte Ehefrau Herzog August Wilhelms [von Braunschweig-Wolfenbüttel (1662/1714–1731)], der wie sein Bruder Ludwig Rudolf dem Theater zuneigte. Als August Wilhelm 1731 starb, begann sie, Bibeln zu sammeln, die u. a. über Auktionen in ganz Deutschland und Europa erworben wurden. Obwohl sie strenge, demonstrativ strenge Lutheranerin war, die auch kämpferische religiöse Schriften verfasste, zeugt ihre Sammlung von einer durchaus bemerkenswerten inter- und transkulturellen Offenheit, bis hin zu arabischen, türkischen und tamilischen Ausgaben, wenn auch Übersetzungen der Lutherbibel im Mittelpunkt standen. 1765, zwei Jahre vor ihrem Tod, ließ sie die schon damals berühmte Sammlung – über 1100 Bibeln – von Braunschweig nach Wolfenbüttel bringen, wo sie mit den Bibeln von Herzog August [1579/1635–1666] vereint wurden.»

10 «Angelique. / [...] Tu sçais que par complaisance pour ma mere, il m[']a fallu apprendre presque par cœur le nouveau Testament de Quesnel, & je ne sçais combien de libelles; & que pour lui plaire j'ai paru jusqu'ici ne pas desapprouver ses sentimens; mais je suis enfin si rébutée que je ne puis plus y tenir [...].» (Bougeant 1730, 4). – «Jungfer Luisgen. / [...] Du weist, daß ich der Mama zu gefallen Speners Predigten von der Wiedergeburt, und so viel anderes Zeug, gantz auswendig gelernet habe. Ich habe mich bisher gestellt, als wenn ich mit ihr einer Meynung wäre; damit ich sie nur gewinnen möchte: Aber nun bin ichs auch überdrüßig. Ich kans nicht länger aushalten.» (Gottsched 1736, 4).

11 «*Anton*. [...] Sie beschämen alle französischseynwollende Dämchen, die mit ihrer Lektüre nur bey jungen Gecken eine Figur machen. [/] *Karoline*. Wer sind die jungen Gecken? [/] *Anton*. Weiber in Mannskleidern, die man sonst auch Stutzerchen oder Petitmäter[11] heißt. Die elendesten Geschöpfe, die nur zum Tändeln geschaffen zu seyn glauben. Die Frauenzimmer, die sich mit diesen Schmetterlingen abgeben, verlegen sich bekanntermaßen auf die Leseley; aber das muß meist etwas Französisches seyn, leicht, lustig, flüchtig, pour s'amüser (zum Zeittödten). Das Gute, Nützliche und Erbauliche erweckt ihnen sofort Vapeurs oder Übelkeiten.» (Text 7.8).

12 «Wo ehemahls in den höchsten Classen hier rund da einige Damen waren, die etwas Gedrucktes, ausser ihrem Gebetbuche und dem gemeinen Hauscalender, kannten, [...] – da ist jetzt das Lesen auch unter der Mittelklasse, und bis nahe an diejenige, die gar nicht lesen gelernt haben, allgemeines Bedürfniß geworden; und gegen Ein Frauenzimmer, welches vor funfzig Jahren ein zu ihrer Zeit geschäztes Buch laß, sind jetzt (um nicht zuviel zu sagen) hundert, zumahl in kleinern Städten und auf dem Lande, wo es an den Zerstreuungen der großen Städte fehlt – die Alles lesen, was ihnen vor die Hände kömmt und einige Unterhaltung ohne große Bemühung des Geistes verspricht.» (Christoph Martin WIELAND, Der Neue Teutsche Merkur vom Jahre 1791. Weimar, 1791, Bd. 1, S. 201–202). – Vgl. Engelsing (1974) 310.

13 Dem *römischen Bibelverbot* zum Trotz besassen die Pruntruter Bürgerinnen Marie Barbe Niejehan «une bible en français» (Tab. 3.2, Nr. 2) und Jeanne Ignace Triponez «la bible» sowie «les Evangiles 1 tom. 8vo» (Tab. 3.13, Nr. 11–12). – «Besonders bemerkenswert ist, dass sich die geistlichen Führer Frankreichs auch um eine gute Übersetzung der Bibel in die Volkssprache bemühten und diese in großen Auflagen drucken ließen. [...] das im übrigen katholischen Europa geltende römische Bibelverbot ließen die Gallikaner unbeachtet.» (Hersche 2006, 140–141).

14 «Et s'il arrive que quelques-unes se distinguent du commun par la lecture de certains Livres, qu'elles auront eu bien de la peine à attraper, à dessein de s'ouvrir l'esprit, elles sont obligées souvent de s'en cacher: La pluspart de leurs compagnes par jalousie ou autrement, ne manquant jamais de les accuser de vouloir faire les precieuses.» (Text 7.2).

15 «Orilla klagte sich insbesondere über einen gewissen jungen moralischen Scibenten, der in einem Sittenbuche so unbillig mit ihrem Geschlechte verfahren wäre, daß er eine Tochter für untüchtig zum heurathen erkläret hätte, wofern sie viel Wercks von Büchern und Lesen machete. Er hätte das Urtheil über sie ausgespro-

chen, eine Frauensperson, die verheurathet ist, oder sich verheurathen will, sollte die Bücher in Frieden und Ruhe lassen, diejenigen aber, die ausser der Ehe bleiben wollen, sollten sich wohl auf die Wissenschaften legen dörffen.» (Text 6.4).

[16] «Heisset dieses eine rechtschaffene Erziehung einer Tochter geben, wenn man sie ihre ganze Jugend hindurch, an statt ihre Seele an Tugenden und nützlichen Kenntnissen fruchtbar zu machen, mit lesen theatralischer Schriften für ihren Geist zu bilden, oder verderblicher Romanen, die das Herz vergiften, oder mit einem unnützen Nachdenken, wie sie mit einem äusserlichen Putze der Welt gefallen wolle, sich beschäftigen läßt, und die Mutter aus blinder Liebe und einer allzu zärtlichen Neigung gegen sie, ihr hierzu noch alle Gelegenheit und Aufmunterung durch ihre eigene Beyspiele verschaffet.» (Text 7.5).

[17] «Bey einer jeden von den vier Pfarrkirchen [Basels] ist eine Schule; in selbigen lernen die Knaben Deutsch lesen und schreiben, zu Hause müssen sie ein *Nachtmahlbüchlein* – wovon nachher – Kirchenlieder und lateinische Vokabeln auswendig lernen und sie dann in der Schule aufsagen. Das ist alles. [...] Mädchenschulen giebt es in beyden Städten [Basel und Bern?]. Aber auch hier besteht der ganze Unterricht wiederum in weiter nichts, als im Auswendiglernen des elenden *Nachtmahlbüchleins,* im Lesen, Schreiben und ein wenig Rechnen.» – Gemeint ist wohl: *Christenliche Selbst-Bewährung, und geistreiches Nachtmahl-Büchlein.* Enthaltend die gottselige Prüffung zu dieser Heil. Geheimnuß, nöthigen Vorbereit- und Danksagungen, die Heil. Handlung bey demselbigen, Capitel, so gelesen werden, Fäst-Gebätter, samt den Gesangen. Aus Hrn. [Charles] Drelincourts französischem theil übersezet, theils mit etlichen schönen Gebätteren und eingründigen Herzens-Seufzeren vermehret. Samt der Historie von Christi Menschwerdung, Beschneidung, Leiden, Sterben, Begräbnuß, Himmelfahrt und Sendung des H. Geists. Zürich: getruckt in Bürklischer Truckerey, 1784, 240, 32, 40 S. (in-8). – Französische Ausgabe: Charles DRELINCOURT, *Prières et méditations pour se préparer à la communion.* Genève: chez Pierre Jaquier, 1716, 78 S. (in-12). – Das Werk erfuhr zahlreiche französische und deutsche Ausgaben. – Zu Charles Drelincourt alias Philalèthe (1595–1669), «ecclésiastique protestant», siehe BUAM XII 19, DBF XI 741.

[18] «Nos Auteurs dramatiques sont si généralement connus, et jugés d'une manière si certaine, qu'il seroit bien superflu de rappeller ici leurs ouvrages: il en est de même du petit nombre d'excellens Poëtes que nous avons dans les autres genres. Il n'est point de femme qui ne connoisse, au moins, leur réputation, et qui ne sache qu'elle doit lire et relire cent fois ce bon La Fontaine, que, dans son enfance, on l'a mal adroitement forcée d'apprendre par cœur.» (Text 6.9).

[19] «Noch im Jahr seines Amtsantritts [1568] führte der neue Landesherr [Herzog Julius von Braunschweig-Wolfenbüttel (1528/1568–1589)] die lutherische Reformation ein, was nicht zuletzt die Klöster und Stifte in seinem Fürstentum zu spüren bekamen – und damit auch deren Bücher und Handschriften. Denn, so die einschlägigen Verordnungen, Drucke, Manuskripte, die ‹papistisch› seien, sollten eingezogen und nach Wolfenbüttel verbracht werden. [...] Im Gegenzug erhielten die Klöster und Stifte deutsche Bibeln in der Übersetzung Martin Luthers und reformatorische Schriften. In einigen Fällen auch neue Gesangbücher. Aus einem der einschlägigen Verzeichnisse geht hervor, dass Julius den Augustiner-Chorfrauen des Stiftes Steterburg mitteilen ließ, welche Schriften fortan zu lesen und wann sie in Wolfenbüttel abzuholen seien. Auf eigene Kosten, wie eigens vermerkt wird.»

[20] «Pendant tout ce tems *Mademoiselle Babet* continuoit à briller dans le grand monde; se mettant fort peu en peine de cultiver sa raison, elle donnoit tout son tems à des amusemens steriles; la lecture des Romans & des Comedies étoit son occupation serieuse dont elle se *délassoit* par la Danse, qu'elle possedoit dans la perfection.» ([Joseph ADDISON und Richard STEELE], *Le mentor moderne, ou: Discours sur les mœurs du siècle.* Traduits de l'anglois du Guardian de Mrs. Addisson, Steele, et autres auteurs du Spectateur [par Justus van Effen]. Tome troisieme. Den Haag, 1723, S. 267).

[21] «j'atands avec impatiance le retour de mon Mari, je voudrois avoir toujours mon Mari et mes Enfants à la maison, vivre ainsi tranquilement en fammille, n'avoir des visites que de mes proches parants, ou amis, les plus intimmes, et cela une fois par semaine seulement, le réste du tems je voudrois le donér à mon ménage, à l'education de mes Enfants, à la promenade, la *lecture,* l'ouvrage, ce seroit là mon plus grand bonheur [...].» (BBB, FA Stettler 12/3: Henriette Stettler-Herport, *Journal de mes actions – Tagebücher,* Bd. 3, S. 332–333: 11. Okt. 1772). – Vgl. Eibach (2022) 64, Anm. 94.

Tabelle 8.6: *Modalitäten des weiblichen Nichtlesens*

	Modalität	Haltung	Beispiele
(1)	nicht können[1]	Ohnmacht, Hilflosigkeit	• Altmann, XXXIV. Discours (1722) 271[2] • Julie Bondeli, Briefe (1759–1778) 149[3] • Zimmermann, Die junge Haushälterin (1785) II 283[4] • Lezay-Marnézia, Plan de lecture (1800) 14[5]
(2)	nicht wollen	Abneigung, Verweigerung	• Altmann, XXXIV. Discours (1722) 274[6] • Bräker, Baurengespräch (1777) 144–145[7]
(3)	nicht dürfen[8]	Hemmung, Angst	• Poulain de la Barre, De l'égalité (1676) 212[9] • Swift, Regeln für Dienstboten (1745) 458[10] • Bodmer/Breitinger, Der Mahler (1746) 25[11]
(4)	nicht müssen	Sorglosigkeit,[12] Unlust	• Altmann, XXXIV. Discours (1722) 271[13] • Bodmer/Breitinger, Der Mahler (1746) 24[14]

[1] «[...] auch die grossen Italiener werden [von Bodmer und Breitinger] noch nicht empfohlen, wohl weil noch immer die Übersetzungen fehlen.» (Wysling 1983, 134). – Siehe Text 5.3.

[2] «Daß aber gelehrter Dames Zahl nicht grösser, kommt allein daher, weilen es ihnen an *Occasion,* an Bücheren und an Lehr-Meisteren fehlet.» (Text 7.3)

[3] «Par une faveur singuliere on me prete des livres de la Bibliothèque de leurs Excellences, privilege qui n'est accordé qu'aux homes, encore faut-il qu'ils soïent gens de lettres a titre d'Ofice.» (Bondeli 1759–1778, 149: Brief an Suzanne Curchod vom 5. Jan. 1762).

[4] «*Karoline.* Aber ich höre, es gebe so viel schöne französische Bücher: das Frauenzimmer könnte sie ja nicht lesen, wenn es die Sprache nicht verstünde. [/] *Anton.* Ist ein solches Buch lesenswerth, so wird es von Gelehrten bald übersetzt. Und wenns allein Lektüre seyn soll, so haben wir eine solche Menge deutscher schöner Schriften, welche alle ausländische gar sehr hinter sich zurücklassen, und sie ziemlich entbehrlich machen.» (Text 7.8).

[5] «Après avoir vu les anciens Peuples dans leurs Histoires générales, il est important de connoître leurs grands Hommes, et de lire leurs vies particulieres. Celle des Hommes illustres de Plutarque sont des modeles qu'on n'a pas encore égalés [...] il est facheux que la charmante traduction d'Amiot soit dans un langage trop vielli pour qu'une femme le puisse entendre bien aisément.» (Text 6.9).

[6] «Auch bezeugen ins gemein dergleichen *Dames,* deren Sorg nur auf Vermehrung der Zahl ihrer Anbetter ziehlet, wenig Lust zu den Bücheren, wofern man die *Roman* nicht darunter zehlet.» (Text 7.3)

[7] «Gret. [/] Nein, das Büchernaschen kann ich nicht ausstehn; dennk doch, wann du ein weib wärst; und dein Mann würde dich immer fliehn, jedes müsige weilchen verfliegen, oder mit einem Buch dahoken, kein wort sagen, kein mund regen, kein aug bewegen, als wann du ein stummer Hund wärest: würd dir dein Leben nicht saur, und ewig langweilig seÿn. – Nein, ich bin kein einfältiges geschöpf; ich verstehe mich ohne das Lesen noch beser aufs Haußhalten, als er mit allem seinem Lesen; das Lesen schikt sich nicht vor Leüte, die ihr Brodt mit Handarbeit suchen müsen; Ich dachte lange es würde einmahl ein ende nehmen; aber nein, der unnöthigen Bücher sind so vie als sand am meer; mann solt alle nehmen, und die Thur damit eindammen, Wuhren, und Wehren draus machen. [...].» (Text 7.6).

[8] «Holbein [i. e. Bodmer und/oder Breitinger] hat von uns Befehl den Mahlerinnen absönderlich einen langen Catalogum der verbotenen Bücher zu übergeben.» (Bodmer/Breitinger 1721–1763, 18 – Text 6.2). – «[...] denn es giebt der gefährlichen und schädlichen [Bücher] so viele, daß eine gottesfürchtige Tochter keines lesen soll, welches ihr nicht von klugen und christlichen Freunden oder Freundinnen angerathen wird. Viele tausend junge Frauenzimmer sind schon durchs Bücherlesen elend verdorben worden.» (Zimmermann 1785, I 349 – Text 7.8). – Siehe auch Müller (1904); Furrer (2012) 625–626, Quellentext 15.

[9] «Pour ce qui est des filles de condition roturiere, contraintes de gagner leur vie par leur travail, l'esprit leur est encore plus inutile. On a soin de leur faire apprendre un mestier convenable au Sexe, aussi-tost qu'elles y sont propres, et la necessité de s'y employer sans cesse, les empéche de penser à autre chose» (Text 7.2).

[10] «*Anweisungen für die Erzieherin oder Gouvernante* / Sagt, die Kinder hätten entzündete Augen; Miss Betty wolle nichts von Büchern hören, etc. [/] Laßt die Töchter französische und englische Romane und französische Romanzen lesen und alle Komödien, die zur Zeit von König Charles II. und König William geschrieben worden sind, damit sie ein weiches Gemüt und ein empfindsames Herz bekommen, etc.» (Swift 1697–1765, 458: Regeln für Dienstboten [1745]. Kapitel XVI).

[11] «Aus dieser Ursache habe ich die Mühe ersparen können, an diese Bibliotheck noch ein Verzeichniß *verbothener Bücher* anzuhängen, welche die Frauenspersonen mit Fleisse meiden müssen, wiewohl sie bey den jungen Herren, die sich Witzes und Geschmackes anmassen, in grosser Hochachtung stehen.» (Text 6.4).

[12] Nichtbetroffensein.

[13] «Ich kan aber nicht begreiffen, sagte *Erasto,* worzu die Studien einem Frauen-Zimmer, so weder die Catheder und die Canzlen besteigen, noch zum Nutzen des Vatterlands solche anwenden kann, dienen solten. Ist es nicht genug, daß selbiges dem Haus-Wesen wohl vorstehen, und die Kinder wohl zu aufferziehen wüsse?» (Text 7.3)

[14] «Nachdem die Ansprache des Frauenzimmers auf die Wissenschaft sich nicht über das Maaß und den Charakter ihres Geschlechtes erstrecket, welcher in seinem Grunde, und nach der Übung aller Nationen eine gewisse Eingezogenheit und Einsamkeit erfodert, die sie von der Besorgung öffentlicher Ämter und Geschäfte entfernet, so habe ich ihnen etliche Hundert solcher Bücher ersparen können, welche die Staats- und Regierungs-Wissenschaft bis auf die niedrigsten Grade der Processierkunst den Mannspersonen nöthig machet.» (Text 6.4).

IX. Anhang

1. Abkürzungen und Siglen

Institutionen

AAEBS	Archives de l'ancien Evêché de Bâle (Porrentruy)
ACVD	Archives cantonales vaudoises (Chavannes-près-Renens)
ACJU	Archives cantonales jurassiennes (Porrentruy)
AEGE	Archives d'Etat de Genève
AENE	Archives de l'Etat de Neuchâtel
AKB	Aargauer Kantonsbibliothek
AVL	Archives de la Ville de Lausanne
BBB	Burgerbibliothek Bern
BMü	Bibliothek an der Münstergasse (Bern)
StAAa	Stadtarchiv Aarau
StABE	Staatsarchiv des Kantons Bern – Archives de l'Etat de Berne
StAFR	Staatsarchiv Freiburg – Archives de l'Etat de Fribourg
StALU	Staatsarchiv Luzern
StASO	Staatsarchiv Solothurn

Begriffe

Abb.	Abbildung
Bd.	Band
Bde(n).	Bände(n)
Bl.	Blatt, Blätter
bzw.	beziehungsweise
CC	Zweihunderter, Mitglied des Berner Grossen Rats
eigtl., eigentl.	eigentlich
erw.	erwähnt
et al.	*et alteri,* und andere
f.	folio, Blatt
gef.	gefaltet
gen.	genannt
i. e.	*id est,* das ist, das heisst
in-2	in folio, Folio
in-4	in quarto, Quart
in-8	in octavo, Oktav
in-12	in duodecimo, Duodez
in-16	in sedicesimo, Sedez
Jh.	Jahrhundert
n. Chr.	nach Christus
S.	Seiten
s. d.	ohne Jahr
s. l.	ohne Ort
Taf.	Tafel
v. Chr.	vor Christus
vgl.	vergleiche

2. Archivalien

Staatsarchiv Bern (StABE)
B IX 1416–1461: Geltstagsrödel für Geltstage im Bezirk der Stadt und des Stadtgerichts Bern, 1700–1797.
B IX 1463–1548: Geltstagsrödel (in Einzelstücken, in alphabetischer Folge der Geltstager), 2. Hälfte des 17. Jhs. bis 1831
Bez Aarwangen A 358: Geltstagsrödel des ehemaligen Amts Aarwangen, Bd. 14, 1763–1764, Nr. [3].
Bez Interlaken A 577: Geltstagsrödel des Amts Interlaken, 1757–1772, Nr. 1
Bez Oberhasli A 162: Geltstagsrödel des Amts Oberhasli, 1739–1790, Nr. 1
Bez Trachselwald A 1003: Geltstagsakten und -rödel [Trachselwald], Bd. [13], 1755–1759, Nr. 10.

Stadtarchiv Murten
I.A., IV/30c, Nr. 135 und Nr. 206.

Archives cantonales vaudoises (ACVD)
Bib [Cours de justice diverses du district d'Aubonne] 354, 355.
Bih [Cours de justice diverses du district de La Vallée] 65/1–17: Liasse d'inventaires de biens, 1788–1794.
Bik [Cours de justice diverses du district de Morges] 590, 595, 598.
Bim [Cours de justice diverses du district de Nyon] 84, 86, 88, 2066.
Bit [Cours de justice diverses du district d'Yverdon] 64, 59, 69/1, 88, 113, 114, 117, 137.

Archives de la ville de Lausanne (AVL)
Chavannes D 533: Inventaires de biens faits sur ordre du Conseil, 1694–1727.
Chavannes D 534: Inventaires de biens faits sur ordre du Conseil, 1726–1741.
Chavannes D 535: Inventaires de biens faits sur ordre du Conseil, 1742–1757.
Chavannes D 536: Inventaires de biens faits sur ordre du Conseil, 1757–176
Chavannes D 537: Inventaires de biens faits sur ordre du Conseil, 1763–1777.
Chavannes D 538: Inventaires de biens faits sur ordre du Conseil, 1777–1787.
Chavannes D 539: Inventaires de biens faits sur ordre du Conseil, 1787–1798.

Archives de l'Etat de Neuchâtel (AENE)
Archives judiciaires: Colombier, N° 51: Montes, 1787–1818.
Archives judiciaires: La Côte, N° 74: Montes, 1748–182
Archives judiciaires: [Ville de] Neuchâtel, N° 237: Montes (enchères), 1792–1811.

Archives de l'ancien Evêché de Bâle, Porrentruy (AAEBS)
Porrentruy, inventaires et partage, N° 18–35, 1710–1781.

3. Veröffentlichte Quellen (Q), Hilfsmittel (H) und Sekundärliteratur

Aa[1] I–XX — AA, Abraham Jakob van der, *Biographisch woordenboek der Nederlanden, bevattende levensbeschrijvingen van zoodanige personen, die zich op eenerlei wijze in ons vaderland hebben vermaard gemaakt.* Haarlem, 1852–1877, 20 Bde. (H)

Aa I–VII — AA, Abraham Jakob van der, *Biographisch woordenboek der Nederlanden.* Voortgesezet onder redactie van K. J. R. van Harderwijk en Dr. C. D. J. Schotel. Amsterdam, 1969, 7 Bde.[1] (H)

ABI — *American Biographical Index [...].* 2nd cumulated and enlarged edition. Compiled by Laureen Baillie. München, 1998, XXIV, 4200 S. (in 10 Bden.). (H)

ADB I–LVI — *Allgemeine Deutsche Biographie.* Hg. durch die historische Commission bei der Königlichen Akademie der Wissenschaften. Leipzig, 1875–1912, 56 Bde. (Reprint: Berlin, 1981). (H)

Adler/Bollmann (2011) — ADLER, Laure und Stefan BOLLMANN, *Les femmes qui lisent sont de plus en plus dangereuses.* [Traduit de l'Allemand par Lucien Spire. Paris, 2011, 135 S.

Alcover (1981) — ALCOVER, Madeleine, *Poulain de la Barre: Une aventure philosophique.* Paris, Seattle, Tübingen, 1981, 155 S.

Ammann (1971) — AMMANN, Fred, *Bernische Gasthäuser – Die Geschichte der Gaststätte im Kanton Bern und die bernischen Gasthäuser mit Geschichte: Eine heimatkundliche Zusammenfassung.* Biel, 1971, IX, 271 S. (Manuskript in BMü, Archiv 45)

Anderhub (1980) — ANDERHUB, Andreas, Grundzüge einer Quellenkunde zur Bibliotheksgeschichte, in *Bibliotheksgeschichte als wissenschaftliche Disziplin: Beiträge zur Theorie und Praxis.* [...] hg. von Peter Vodosek. Hamburg, 1980, S. 142–156.

Andrey (1986) — ANDREY, Georges, Madeleine Eggendorfer, libraire à Fribourg, et la Société Typographique de Neuchâtel (1769–1788), in *Aspects du livre neuchâtelois.* Etudes réunies à l'occasion du 450e anniversaire de l'imprimerie neuchâteloise. Publiées par Jacques Rychner et Michel Schlup. Neuchâtel, 1986, S. 116–157.

Arbour (2003) — ARBOUR, Roméo, *Dictionnaire des femmes libraires en France (1470–1870).* Genève, 2003, 750 (H)

Ball (2006) — BALL, Gabriele, Die Büchersammlungen der beiden Gottscheds: Annäherungen mit Blick auf die *livres philosophiques* L. A. V. Gottscheds, geb. Kulmus, in *Diskurse der Aufklärung: Luise Adelgunde Victorie und Johann Christoph Gottsched.* Hg. von Gabriele Ball [et al.]. Wiesbaden, 2006, S. 213–260.

Bauchart (1884) — *Bibliothèque de la reine Marie-Antoinette [1755–1793] au château des Tuileries.* Catalogue authentique publié d'après le manuscrit [de 1792] de la Bibliothèque Nationale par E[rnest] Q[uentin] B[AUCHART]. Paris, 1884, XXI, IX, 181, [2] S.[2] (Q)

BBI — *British Biographical Index [...].* 2nd cumulated and enlarged edition. Edited by David Bank & Theresa McDonald. München, 1998, XXVIII, 3179 S. (in 7 Bden.). (H)

[1] Innerhalb der einzelnen Bände beginnt die Paginierung bei jedem Buchstaben neu.

[2] S. [1–2]: Table des divisions – Religion (S. 1–22), Histoire (S. 23–82), Sciences et Arts (S. 83–115), Belles-lettres (S. 116–181).

BBKL I–XXXIII — *Biographisch-bibliographisches Kirchenlexikon.* Bearbeitet und hg. von Friedrich Wilhelm Bautz. Hamm, [dann] Herzberg, [dann] Nordhausen, 1975–2012, 33 Bde. (H)

Becker-Cantarino (1987) — BECKER-CANTARINO, Barbara, *Der lange Weg zur Mündigkeit: Frau und Literatur (1500–1800).* Stuttgart, 1987, IX, 402 S.

Benzing (1982) — BENZING, Josef, *Die Buchdrucker des 16. und 17. Jahrhunderts im deutschen Sprachgebiet.* 2., verbesserte und ergänzte Auflage. Wiesbaden, 1982, 565 S.

Berger/Raschke (2017) — BERGER, Günter und Bärbel RASCHKE, *Luise Dorothea von Sachsen-Gotha-Altenburg: Ernestinerin und Europäerin im Zeitalter der Aufklärung.* Regensburg, 2017, 231, XVI S.

Bergk (1799) — BERGK, Johann Adam, *Die Kunst, Bücher zu lesen.* Nebst Bemerkungen über Schriften und Schriftsteller. Jena, 1799, XVI, 416 S. (Reprint, mit einem Nachwort von Horst Kunze: Jena, 1966). (Q)

Bergk (1802) — BERGK, Johann Adam, *Die Kunst zu denken: Ein Seitenstück zur Kunst, Bücher zu lesen.* Leipzig, 1802, XXVIII, 447 S. (Reprint: Pullach bei München, 1973). (Q)

Bernhard (2022) — BERNHARD, Jan-Andrea, «Chi langola ais ün lader chi marita la fuorchia»: Das religiöse Buch als Zeugnis für die Schreibfähigkeit und das Leseinteresse der Bündner Frau im 17. und 18. Jahrhundert, in *«Seelenbeschreibungen»: Eine frühneuzeitliche Quellengattung und ihr konfessions- und bildungsgeschichtlicher Kontext.* Hg. von Heinrich Richard Schmidt [et al.]. München, Wien, 2022, S. 263–295.

Bernisches Freytags-Blätlein (1722/24) I–VI — *Bernisches Freytags-Blätlein. In welchem die Sitten unser Zeiten von der Neuen Gesellschafft untersucht und beschrieben werden.* Bern, 1722–1724, 6 Bde. (Q)

BGEC I–IX — HAYN, Hugo und Alfred N. GOTENDORF, *Bibliotheca Germanorum erotica & curiosa: Verzeichnis der gesamten deutschen erotischen Literatur mit Einschluß der Übersetzungen, nebst Beifügung der Originale.* Zugleich dritte, ungemein vermehrte von Hugo Hayna «Bibliotheca Germanorum erotica». München, 1912–1929, 9 Bde. (Reprint: Hanau, 1968, 9 Bde.). – *Register.* Bearbeitet von Holger Hansen. Osnabrück, 1990, 287 S. (H)

BIA — *Biographischer Index der Antike – Biographical Index of the Classical World.* Bearbeitet von / Compiled by Hilmar Schmuck. München, 2001, XIII, 1034 S. (in 3 Bden.). (H)

BIB — *Biografische Index van de Benelux [...].* 2e cumulatieve en vermeerderde editie. Samengesteld door Berend Wispelwey. München, 2003, XXII, 2253 S. (H)

BLAa — *Biographisches Lexikon des Aargaus 1803–1957.* Redaktion: Otto Mittler und Georg Boner. Aarau, 1958, 936 S. (H)

Bléchet (1991) — BLECHET, François, *Les ventes publiques de livres en France 1630 à 1750: Répertoire des catalogues conservés à la Bibliothèque Nationale.* Préface d'Emmanuel Le Roy Ladurie. Oxford, 1991, 156 S.

BLSK — *Biografisches Lexikon der Schweizer Kunst, unter Einschluss des Fürstentums Liechtenstein – Dictionnaire biographique de l'art suisse, Principauté du Liechtenstein incluse – Dizionario biografico dell'arte svizzera, Principato del Liechtenstein incluso.* Zürich, 1998, XVIII, 1195 S. (in 2 Bden). (H)

Bodmer/Breitinger (1721–1763) — BODMER, Johann Jakob und Johann Jakob BREITINGER, *Schriften zur Literatur [1721–1763].* Hg. von Volker Meid. Stuttgart, 1980, 380 S. (Q)

Bogel (1973) BOGEL, Else, *Schweizer Zeitungen des 17. Jahrhunderts: Beiträge zur frühen Pressegeschichte von Zürich, Basel, Bern, Schaffhausen, St. Gallen und Solothurn*. Bremen, 1973, 149 S.

Bollmann (2005) BOLLMANN, Stefan, *Frauen, die lesen, sind gefährlich*. Mit einem Vorwort von Elke Heidenreich. München, 2005, 149 S.

Bondeli (1759–1778) BONDELI, Julie, *Briefe [1759–1778]*. Hg. von Angelica Baum und Birgit Christensen unter Mitwirkung von Andreas Bürgi. Zürich, 2012, 1599 S. (in 4 Bden.) (Q)

Bougeant (1730) BOUGEANT SJ, P. Guillaume Hyacinthe, *La femme docteur ou la theologie tombée en quenouille: Comedie*. Liège: chez la Veuve Procureur, au vieux Marché, 1730, [13], 162 S. (Q).

Bräker (1768–1798) I–V BRÄKER, Ulrich, *Sämtliche Schriften [1768–1798]*. Hg. von Andreas Bürgi, Heinz Graber, Christian Holliger, Claudia Holliger-Wiesmann, Alfred Messerli, Alois Stadler. München, Bern, 1998–2010, 5 Bde. (Q)

Bräker (1777) I–II BRÄKER, Ulrich, *Räisonierendes Baurengespräch über das Bücherlesen und den üßerlichen Gottesdienst [1777]*. Hg. von Alois Stadler und Peter Wegelin. St. Gallen, 1985, 2 Bde.[3] (Q)

Brandes (1974) BRANDES, Helga, *Die «Gesellschaft der Maler» und ihr literarischer Beitrag zur Aufklärung: Eine Untersuchung zur Publizistik des 18. Jahrhunderts*. Bremen, 1974, 274 S.

Brandes (1994) BRANDES, Helga, Die Entstehung eines weiblichen Lesepublikums im 18. Jahrhundert: Von den Frauenzimmerbibliotheken zu den literarischen Damengesellschaften, in *Lesen und Schreiben im 17. und 18. Jahrhundert: Studien zu ihrer Bewertung in Deutschland, England und Frankreich*. [Hg. von] Paul Goetsch. Tübingen, 1994, S. 125–133.

Braun-Bucher (1995) BRAUN-BUCHER, Barbara, «Gott gäb mir gnad // Dass mir diss buch nüt schad»: Zum Bildungshintergrund des Berner Patriziats im 17. Jahrhundert, in *Im Schatten des Goldenen Zeitalters: Künstler und Auftraggeber im bernischen 17. Jahrhundert – A l'ombre de l'âge d'or: artistes et commanditaires au XVIIe siècle bernois*. Hg. von Georges Herzog [et al.]. Bern, 1995, Bd. 2, S. 1–33.

BUAM I–LXXXV *Biographie universelle ancienne et moderne, ou: Histoire, par ordre alphabétique, de la vie publique et privée de tous les hommes qui se sont fait remarquer par leurs écrits, leurs actions, leurs talents, leurs vertus ou leurs crimes*. Ouvrage entièrement neuf, rédigé par une société de gens de lettres et de savants. Paris, 1811–1862, 85 Bde. (H)

BUDH I–XXI *Biographie universelle ou dictionnaire de tous les hommes qui se sont fait remarquer par leurs écrits, leurs actions, leurs talents, leurs vertus ou leurs crimes, depuis le commencement du monde jusqu'à ce jour; d'après la Biographie universelle ancienne et moderne de Michaud; la Biographie universelle historique de Weiss; l'Encyclopédie nouvelle; le Dictionnaire de la Conversation; l'Art de vérifier les dates, etc., etc*. Par une société de gens de lettres. Edition augmentée de vingt mille articles. Bruxelles, 1843–1847, 21 Bde. (H)

Burschel (2022) BURSCHEL, Peter, *Die Herzog August Bibliothek: Eine Geschichte in Büchern*. Mit zahlreichen Abbildungen. Berlin, 2022, 122 S.

[3] Bd. I: Handschrift in originalgetreuer Wiedergabe; Bd. II: Umschrift mit Nachwort. – Vgl. Bräker (1768 bis 1798) IV 127–161.

Cambry (1800) I–II — CAMBRY, Jacques de, *Voyage pittoresque en Suisse et en Italie*. Paris, [1800], 2 Bde. (Q)

Catalogue (1765) — *Catalogue des livres de la bibliothéque de feue Madame la Marquise de Pompadour, Dame du Palais de la Reine*. Paris, 1765, XVI, 404, LXXII S. (Q)

Catalogue (1768) — *Catalogue des livres de Jean Charles de Boffe, libraire à Frybourg en Suisse.* [Fribourg], 1768, 70 S. (Q).

Catalogue (1773) — *Catalogue des Livres d'assortiment rangé par ordre alphabétique, de Magdelaine Eggendorffer, née Boffe, Libraire à Fribourg en Suisse, tenant le commerce de feu son pere.* [Fribourg], 1773, 96 S. (Q)

Catalogue (1794) — *Catalogue des livres de lecture du Cabinet littéraire de Marianne Mourer.* Orbe, 1794, 24 S. (Q)

Catalogus (1791) — *Catalogus librorum bibliothecæ aroviensis*. [s. l.], 1791, [3], 119 S.[4] (Q)

Cavallo/Chartier (2001) — *Histoire de la lecture dans le monde occidental.* Sous la direction de Guglielmo CAVALLO et Roger CHARTIER. Paris, 2001, 587 S.

Chapron (2012) — CHAPRON, Emmanuel, Ecoles charitables et économie du livre au XVIIIe siècle: les livres à l'usage des élèves des ursulines, in *Revue d'histoire moderne et contemporaine,* 50/4, 2012, S. 33–50.

Chartier (1996) — CHARTIER, Roger, *Culture écrite et société: l'ordre des livres (XIVe–XVIIIe siècle).* Paris, 1996, 240 S.

Chaurand (1999) — *Nouvelle histoire de la langue française.* Collectif dirigé par Jacques CHAURAND. Paris, 1999, 808 S.

Corsini (1993) — *Le livre à Lausanne: cinq siècles d'édition et d'imprimerie, 1493–1993.* Sous la direction de Silvio CORSINI. Lausanne, 1993, VIII, 391 S.

DAL I–VII — *Deutsches Anonymen-Lexikon 1501–1850.* Aus den Quellen bearbeitet von Michael Holzmann und Hanns Bohatta. Weimar, 1902–1928, 7 Bde. (H)

Dansk biografisk leksikon I–XVI — *Dansk biografisk leksikon*. Grundlaget 1887 af C. F. Bricka [...]. Tredje udgave. Redaktør Sv. Cedergreen Bech [...]. København (Kopenhagen), 1979–1984, 16 Bde. (H)

Darnton (1989) — DARNTON, Robert, *Das große Katzenmassaker: Streifzüge durch die französische Kultur vor der Revolution.* Aus dem Amerikanischen von Jörg Trobitius. München, Wien, 1989, (334 S.), S. 245–290: Leser reagieren auf Rousseau: Die Verfertigung der romantischen Empfindsamkeit.[5]

DBE² I–XII — *Deutsche Biographische Enzyklopädie (DBE).* 2., überarbeitete und erweiterte Ausgabe. Hg. von Rudolf Vierhaus. München, 2005–2008, 12 Bde. (H)

DBES I–L — *Diccionario biográfico español*. Dirección cientifica: Gonzalo Anes y Álvarez de Castrillón. [Madrid], [2009–2013], 50 Bde. (H)

DBF I ff. — *Dictionnaire de biographie française.* Commencé sous la direction de Jules Balteau, et Michel Prevost. Paris, 1933 ff., Bd. 1 ff. (H)

DBI — *Deutscher Biographischer Index [...].* 2. kumulierte und erweiterte Ausgabe. München, 1998, XXIV, 4017 S. (in 8 Bden.).[6] (H)

DBIT I–C — *Dizionario biografico degli Italiani.* Roma, 1960–2020, 100 Bde. (H)

[4] Exemplar in AKB, A 293.

[5] Originalausgabe: *The Great Cat Massacre and Other Episodes in French Cultural History*. New York, 1984, XIII, 298 S.

[6] Siehe auch: 3. kumulierte und erweiterte Ausgabe. Bearbeitet von Victor Herrero Mediavilla. München, 2004, XXXV, 6657 S. (in 8 Bden.).

DGS — *Dictionnaire du Grand Siècle.* Sous la direction de François Bluche. Paris, 1990, 1640 S. (H)

DHV I–III — *Deutscher Humanismus 1480–1520: Verfasserlexikon.* Hg. von Franz Josef Worstbrock. Berlin, New York, 2008–2015, 3 Bde.

DIJU — *Dictionnaire du Jura.* [Edité par la] Société jurassienne d'Emulation. – https://www.diju.ch/f/notices (H)

DLMV I–XIV — *Die deutsche Literatur des Mittelalters: Verfasserlexikon.* Begründet von Wolfgang Stammler; fortgeführt von Karl Langosch. Zweite, völlig neu bearbeitete Auflage [...]. Berlin, New York, 1978–2008, 14 Bde. (H)

DNP I–XIII — *Der neue Pauly: Enzyklopädie der Antike.* Hg. von Hubert Cancik und Helmut Schneider. Stuttgart, Weimar, 1996–2003, 12 Teile in 13 Bden. (H)

DPL — *Deutsches Pseudonymen-Lexikon.* Aus den Quellen bearbeitet von Michael Holzmann und Hanns Bohatta. Wien, Leipzig, 1906, XXIV, 323 S. (H)

DSAM I–XVII — *Dictionnaire de spiritualité ascétique et mystique: doctrine et histoire.* Fondé par M. Viller, F. Cavallera, J. de Guibert, S. J. [...]. Paris, 1937–1995, 17 Bde.[7] (H)

Dünnhaupt I–VI — DÜNNHAUPT, Gerhard, *Personalbibliographien zu den Drucken des Barock.* Zweite, verbesserte und wesentlich vermehrte Auflage des Bibliographischen Handbuches der Barockliteratur. Stuttgart, 1990 bis 1993, XXXVIII, 4723 S. (in 6 Bänden). (H)

Dupuy La Chapelle (1731) — DUPUY LA CHAPELLE, N. *Instruction d'un pere à sa fille, tirée de l'Ecriture Sainte, sur les plus importans sujets concernant la religion, les mœurs & la maniere de se conduire dans le monde.* Dediée à S. A. S. Madame la Duchesse du Maine. Par M. du Puy, cy-devant sécretaire au Traité de la Paix de Riswick. Troisième édition, revûë, corrigée, & augmentée. Paris, 1731, [14], 502, [4] S. (Q)

Eibach (2022) — EIBACH, Joachim, *Fragile Familien: Ehe und häusliche Lebenswelt in der bürgerlichen Moderne.* Berlin, Boston, 2022, IX, 288 S.

EI I–XXXV — *Enciclopedia italiana di scienze, lettere ed arti.* A cura dell'Istituto della Enciclopedia italiana. Roma, 1949, 35 Bde. (H)

Encyclopédie (1770–1780) I–XLVIII, planches I–X — *Encyclopédie, ou dictionnaire universel raisonné des connoissances humaines.* Mis en ordre par M. [Fortuné-Barthélemy] De Felice. Yverdon, 1770–1780, 42 Bde. + 6 Bde. *Suppléments* + 10 Bde. «Planches». (Q)

Engelsing (1974) — ENGELSING, Rolf, *Der Bürger als Leser: Lesergeschichte in Deutschland, 1500–1800.* Stuttgart, 1974, 375 S.

Engler (2008) — ENGLER, Claudia, Verbreiten und verbieten: Bibliotheken, Lesegesellschaften, Verlagswesen und Zensur, in *Berns goldene Zeit: Das 18. Jahrhundert neu entdeckt.* Hg. von André Holenstein [...]. Redaktion Charlotte Gutscher. Bern, 2008, S. 414–419.

EP — *Encyclopédie du protestantisme.* Directeur d'édition: Pierre Gisel. Paris, Genève, 1995, 1710 S. (H)

Erlach (1989) — ERLACH, Hans Ulrich von, *800 Jahre Berner von Erlach: Die Geschichte einer Familie.* Bern, 1989, 733 S.

Erne (1988) — ERNE, Emil, *Die schweizerischen Sozietäten: Lexikalische Darstellung der Reformgesellschaften des 18. Jahrhunderts in der Schweiz.* Zürich, 1988, 422 S.

[7] Bd. 17: Tables générales. Paris, 1995, 731 S.

Esprit (2017) — *Voller Esprit und Wissensdurst: Herzogin Luise Dorothea von Sachsen-Gotha-Altenburg (1710–1767)*. Mit einer kommentierten Edition ihres Nachlassinventars. Hg. von der Stiftung Schloss Friedenstein Gotha. Gotha, 2017, 331 S.

Ewald (1801) — EWALD, Johann Ludwig, *Die Kunst, ein gutes Mädchen, eine gute Gattin, Mutter und Hausfrau zu werden: Ein Handbuch für erwachsene Töchter, Gattinnen und Mütter [1798]*. Erstes Bändchen. Zweite vermehrte und verbesserte Auflage. Mit neuen Kupfern von Ramberg und Ridely und neuer Musik von Fränzl. Bremen, 1801, XVI, 336, [4] S. (Q)

Eymer (1997) — EYMER, Wilfrid, *Eymers Pseudonymen Lexikon: Realnamen und Pseudonyme in der deutschen Literatur.* Bonn, 1997, XV, 672 S. (H)

Fahrig (1992) — FAHRIG, Dieter, *Zum Kräuterbuch von Adam Lonitzer aus den Jahren 1569, 1587, 1630 und 1679.* Frankfurt a. M., 1992, 161, LVII S.

Feller (1974) I–IV — FELLER, Richard, *Geschichte Berns.* [3. Auflage]. Bern, Frankfurt a. M., 1974, 4 Bde.

Flüchter (2009) — FLÜCHTER, Antje, Gelehrte Empfindsamkeit: Sophie La Roche schreibt sich ihren Weg zwischen den Geschlechtern, in *Die lesende Frau.* Hg. von Gabriela Signori. Wiesbaden, 2009, S. 265–293.

Fluri (1914) — [FLURI, Adolf], *Chronologie der Berner Buchdrucker 1537–1831.* Mit besonderer Berücksichtigung des Kalender- und Zeitungswesens im XVII. und XVIII. Jahrhundert. Führer durch die historische Ausstellung [der] Schweizerische[n] Gutenbergstube. Bern, 1914, 52, VIII S.

Fluri (1919) — FLURI, Adolf, Samuel Kneubühler, der Buchdrucker von Bolligen († 1684), in *Blätter für bernische Geschichte, Kunst und Altertumskunde,* 15, 1919, S. 194–206.

FNID I–VI — *Frühe Neuzeit in Deutschland 1520–1620: Literaturwissenschaftliches Verfasserlexikon*. Hg. von Wilhelm Kühlmann [et al.]. Redaktion J. Klaus Kipf. Berlin, Boston, 2011–2017, 6 Bde.

Frels (1986) — FRELS, Onno Buch und Leser bei Johann Adam Bergk: Eine Studie zu Funktionsbestimmung und Didaktik des Lesens in der deutschen Spätaufklärung, in *Bibliothek: Forschung und Praxis,* 10, 1986, S. 239–276.

Freytags-Blätlein (1722–1724) I–VI — *Bernisches Freytags-Blätlein. In welchem die Sitten unser Zeiten von der Neuen Gesellschafft untersucht und beschrieben werden.* Bern, 1722–1724, 6 Bde. (Q)

Fürbeth (2009) — FÜRBETH, Frank, Deutsche Privatbibliotheken des Spätmittelalters und der Frühen Neuzeit: Forschungsstand und -perspektiven, in *Zur Erforschung mittelalterlicher Bibliotheken: Chancen – Entwicklung – Perspektiven*. Hg. von Andrea Rapp und Michael Embach. Frankfurt a. M., 2009, S. 185–208.

Furrer (1991) — FURRER, Norbert, *Glossarium Helvetiae historicum I: Ortsnamen – toponymes – toponimi – nums locals.* Hg. vom Historischen Lexikon der Schweiz. Bern, 1991, 199 S.

Furrer (2002) I–II — FURRER, Norbert, *Die vierzigsprachige Schweiz: Sprachkontakte und Mehrsprachigkeit in der vorindustriellen Gesellschaft (15. bis 19. Jahrhundert).* Zürich, 2002, 2 Bde.

Furrer (2008) — FURRER, Norbert, Bücher machen Leute: Berner Privatbibliotheken des 18. Jahrhunderts in gesellschaftlicher Perspektive, in *Berns goldene Zeit: Das 18. Jahrhundert neu entdeckt.* Hg. von André Holenstein [...]. Redaktion Charlotte Gutscher. Bern, 2008, S. 229–231.

Furrer (2012a) — FURRER, Norbert, La bibliothèque du conseiller lausannois Benjamin Milot en 1757, in *Revue historique vaudoise,* 120, 2012, S. 297–314.

Furrer (2012b) FURRER, Norbert, *Des Burgers Buch: Stadtberner Privatbibliotheken im 18. Jahrhundert*. Zürich, 2012, 824 S.

Furrer (2013) FURRER, Norbert, Les souscripteurs catholiques de la «Bibliothek der Schweizer-Geschichte» de Gottlieb Emanuel von Haller, in *L'expérience de la différence religieuse dans l'Europe moderne (XVIe-XVIIIe siècles).* [Actes du Colloque international à L'Université de Neuchâtel, 7–9 octobre 2010]. Edités par Bertrand Forclaz. Neuchâtel, 2013, S. 275–296.

Furrer (2014) FURRER, Norbert, *Geschichtsmethode: Eine Einführung für Humanhistoriker*. 2., überarbeitete und erweiterte Ausgabe. Zürich, 2014, 134 S.

Furrer (2016) FURRER, Norbert, *Schriftkunde und Textedition: Anleitung zum Umgang mit frühneuzeitlichen Manuskripten am Beispiel Berns*. Zürich, 2016, 228 S.

Furrer (2017) FURRER, Norbert, Buchbesitz und geistiger Horizont: Zur Rekonstruktion frühneuzeitlicher Privatbibliotheken, in *Z badań nad książką i księgozbiorami historycznymi,* 10, 2016, S. 79–94.

Furrer (2018) FURRER, Norbert, *Des Burgers Bibliothek: Persönliche Buchbestände in der Stadt Bern des 17. Jahrhunderts*. Zürich, 2018, 688 S.

Furrer (2019) FURRER, Norbert, Buchbesitz im Waadtländer Jura am Ende des Ancien Régime, in *Kreuz- und Querzüge: Beiträge zu einer literarischen Anthropologie*. Festschrift Alfred Messerli. Hg. von Harm-Peer Zimmermann, Peter O. Büttner und Bernhard Tschofen. Hannover, 2019, S. 149–165.

Furrer (2020) FURRER, Norbert, *Der arme Mann von Brüttelen: Lebenswelten eines Berner Söldners und Landarbeiters im 18. Jahrhundert*. Zürich, 2020, 229 S.

Gebauer (1981) GEBAUER, Hans Dieter, *Bücherauktionen in Deutschland im 17. Jahrhundert*. Bonn, 1981, 203 S.

Gleixner (2005) GLEIXNER, Ulrike, *Pietismus und Bürgertum: Eine historische Anthropologie der Frömmigkeit – Württemberg 17. bis 19. Jahrhundert*. Göttingen, 2005, 464 S.

Godenne (1970) GODENNE, René, *Histoire de la nouvelle française aux XVIIe et XVIIIe siècles*. Genève, 1970, 354, 28 S.

Goethe (1795/96) GOETHE, Johann Wolfgang, *Wilhelm Meisters Lehrjahre [1795/96]*. Hg. vom Ehrhard Bahr. Ditzingen, 2021, 786 S. (Q)

Gössmann (1998) GÖSSMANN, Elisabeth, Die Gelehrsamkeit der Frauen im Rahmen der europäischen «Querelle des Femmes»: Einleitung, in *Das wohlgelahrte Frauenzimmer*. [2., überarbeitete und erweiterte Auflage]. Weinheim, München, 1998, S. 9–31.

Gottsched (1736) [GOTTSCHED, Luise Adelgunde Victorie], *Die Pietisterey im Fischbein-Rocke, oder: Die doctormäßige Frau, in einem Lust-Spiele vorgestellet*. Rostock: auf Kosten guter Freunde, 1736, [14], 152 S.[8] (Q)

Goujon *Le Grand Siècle déshabillé: Anthologie érotique du XVIIe siècle*. Edition établie, présentée et annotée par Jean-Paul GOUJON. Paris, 2017, LIII, 969 S. (H)

Grenaille de Chatounières (1640) GRENAILLE DE CHATOUNIÈRES, François, *La bibliothèque des dames*. Paris, 1640, [20], 222 S. (Q)

Grenz (1997) GRENZ, Dagmar, Von der Nützlichkeit und Schädlichkeit des Lesens: Lektüreempfehlungen in der Mädchenliteratur des 18. Jahrhunderts, in

[8] Siehe auch die Neuausgabe: *Die Pietisterey im Fischbein-Rocke: Komödie [1736]*. Hg. von Wolfgang Martens. Ditzingen, Stuttgart, 171 S.

	Geschichte der Mädchenlektüre: Mädchenlektüre und die gesellschaftliche Situation der Frauen vom 18. Jahrhundert bis zur Gegenwart. Hg. von Dagmar Grenz [und] Gisela Wilkending. Weinheim, München, 1997, S. 15–33.
Greyerz/Bietenhard	GREYERZ, Otto von und Ruth BIETENHARD, *Berndeutsches Wörterbuch für die heutige Mundart zwischen Burgdorf, Lyss und Thun.* Neunte Auflage. Muri bei Bern, 2008, 429 S.
Grossmann (1991)	GROSSMANN, Fritz, *Adam Lonicers Kräuterbuch.* Zürich, 1991, 54 S.
Grosse (1900)	GROSSE, Constantin, *Die Alten Tröster: Ein Wegweiser in die Erbauungsliteratur der evangelisch-lutherischen Kirche des 16. bis 18. Jahrhunderts.* Hermannsburg, 1900, VI, 700 S.
Gsteiger (1985)	Une lettre de Julie Bondeli [du 2 juillet 1761] à Suzanne Curchod, [éditée par] Manfred GSTEIGER, in *Etudes de Lettres,* (Lausanne), janvier-mars 1985, S. 91–97.
Guggisberg (1958)	GUGGISBERG, Kurt, *Bernische Kirchengeschichte.* Bern, 1958, 810 S.
Guiguer (1771–1786) I–III	GUIGUER, Louis-François [und Matilda GUIGUER-CLEVLAND], *Journal 1771–[1786].* Edité et annoté par Rinantonio Viani. [Avec l'assistance de Chantal de Schoulepnikoff]. Introduction [et postface] de Chantal de Schoulepnikoff. Prangins, 2007–2009, 3 Bde. (Q)
GVDS I–CLXI	*Gesamtverzeichnis des deutschsprachigen Schrifttums (GV), 1700 bis 1910.* Bearbeitet unter der Leitung von Peter Geils und Willi Gorzny. Bibliographische und redaktionelle Beratung: Hans Popst und Rainer Schöller. München, 1979–1987, 162 Bde. (H)
Haller (1772)	[HALLER, Albrecht von], *Briefe über die wichtigsten Wahrheiten der Offenbarung.* Zum Druke befördert durch den Herausgeber der Geschichte Usongs. Bern: in Verlag der neuen Buchhandlung, 1772, [4], 223, [1] S. (Q)
Haller (1785–1788) I–VII	HALLER, Gottlieb Emanuel von, *Bibliothek der Schweizer-Geschichte und aller Theile, so dahin Bezug haben: Systematisch-chronologisch geordnet.* Bern, 1785–1788, 7 Bde. (Reprint: Vaduz, 1981).
HAS	*Historischer Atlas der Schweiz – Atlas historique de la Suisse – Atlante storico della Svizzera.* Hg. von Hektor Ammann und Karl Schib. 2. Auflage. Aarau, 1958, 36–67 S. (H)
HBLS I–VIII	*Historisch-biographisches Lexikon der Schweiz.* Neuchâtel, 1921 bis 1934, 8 Bde. (H)
Heinzmann (1780)	HEINZMANN, Johann Georg, *Die Feyerstunden der Grazien: Ein Lesebuch.* Bern, 1780, [2], 412, [4] S. (Q)
Heinzmann (1784)	HEINZMANN, Johann Georg, *Die Feyerstunden der Grazien.* Zweyte sehr veränderte und vermehrte Ausgabe. [Band 1]. Bern: in der Hallerschen Buchhandlung, 1784, [6], 476 S. (Q)
Heinzmann (1794–1796) I–II	[HEINZMANN, Johann Georg], *Beschreibung der Stadt und Republik Bern.* Nebst vielen nützlichen Nachrichten für Fremde und Einheimische. Bern, 1794–1796, 2 Bde. (Q)
Herman (2007)	*Mme Riccoboni, romancière, épistolière, traductrice.* Actes du colloque international, Leuven-Anvers, 18–20 mai 2006. Etudes réunies par Jan HERMAN [et al.]. Louvain, 2007, 352 S.
Hersche (2006)	HERSCHE, Peter, *Muße und Verschwendung: Europäische Gesellschaft und Kultur im Barockzeitalter.* Freiburg i. Br., Basel, Wien, 2006, 1252 S. (in 2 Bden.)
Hersche (2013)	HERSCHE, Peter, *Agrarische Religiosität: Landbevölkerung und traditionaler Katholizismus in der voralpinen Schweiz 1946–1960.* Baden, 2013, 399 S.

Hippel (1792)	HIPPEL, Theodor Gottlieb von, *Über die bürgerliche Verbesserung der Weiber [1792]*. Nachwort von Ralph-Rainer Wuthenow. Frankfurt a. M., 1977, 275 S. (Q)
HLS I–XIII	*Historisches Lexikon der Schweiz*. Hg. von der Stiftung Historisches Lexikon der Schweiz (HLS). Chefredaktor: Marco Jorio. Basel, 2002 bis 2014, 13 Bde. (H)
Holenstein (2006)	*Berns mächtige Zeit: Das 16. und 17. Jahrhundert neu entdeckt*. Hg. von André HOLENSTEIN unter Mitarbeit von Claudia Engler, Norbert Furrer, Heinrich R. Schmidt, Johanna Strübin Rindisbacher und Andreas Würgler. Redaktion Charlotte Gutscher. Bern, 2006, 630 S.
Holenstein (2008)	*Berns goldene Zeit: Das 18. Jahrhundert neu entdeckt*. Hg. von André HOLENSTEIN unter Mitarbeit von Daniel Schläppi, Dieter Schnell, Hubert Steinke, Martin Stuber und Andreas Würgler. Redaktion Charlotte Gutscher. Bern, 2008, 606 S.
Holenstein (2022)	*Handbuch der Schweizer Klosterbibliotheken – Répertoire des bibliothèques conventuelles de Suisse – Repertorio delle biblioteche degli ordini religiosi in Svizzera*. Hg. Von der Stiftsbibliothek St. Gallen; bearbeitet von Albert HOLENSTEIN. Basel, 2022, 507 S.
Holzhalb I–VI	HOLZHALB, Hans Jakob, *Supplement zu dem allgemeinen helvetisch-eidgenößischen, oder schweizerischen Lexicon, so von weiland Herrn Hans Jakob Leu, Bürgermeister Löbl. Frey-Staats Zürich, in alphabetischer Ordnung behandelt worden*. Zürich, 1786–1795, 6 Bde. (Q) (H)
Hörauf-Erfle (1991)	HÖRAUF-ERFLE, Ulrike, *Wesen und Rolle der Frau in der moralisch-didaktischen Literatur des 16. und 17. Jahrhunderts im Heiligen Römischen Reich Deutscher Nation*. Frankfurt a. M., Bern, [etc.], 1991, XII, 331 S.
HS I–X	*Helvetia Sacra*. Begründet von P. Rudolf Henggeler OSB. [Bearbeitet und redigiert von verschiedenen Autoren]. Basel, [dann] Bern, Basel, Frankfurt a. M., 1972–2007, 10 Abteilungen in 28 Bden. (H)
IBE	*Indice Biográfico de España, Portugal e Iberoamérica [...]*. 3a edición corregida y ampliada. Editado por Victor Herrero Mediavilla. München, 2000, XXXIII, 3586 S. (in 10 Bden.). (H)
IBF	*Index Biographique Français [...]*. 2e édition cumulée et augmentée. Compilé par Tommaso Nappo. München, 1998, XXIII, 3310 S. (in 7 Bden.).[9] (H)
IBI	*Indice Biografico Italiano [...]*. 3a edizione corretta ed ampliata. A cura di Tommaso Nappo. München, 2002, XXXV, 3647 S. (in 10 Bden.).[10] (H)
Juana Inés (1691)	Sor JUANA INÉS de la Cruz, *Die Antwort an Schwester Philothea*. [1691)]. Aus dem Spanischen von Hildegard Heredia. Mit einem Essay von Angelo Morino. Frankfurt a. M., 1991, 144 S.[11] (Q)
Jaumann	JAUMANN, Herbert, *Handbuch Gelehrtenkultur der Frühen Neuzeit. Bd. 1: Bio-bibliographisches Repertorium*. Berlin, New York, 2004, XVI, 721 S. (H)
Kamen	KAMEN, Henry, *Who's Who in Europe, 1450–1750*. London, New York, 2002, X, 321 S. (H)

[9] Siehe auch: 3e édition cumulée et augmentée. Compilé par Tommaso Nappo. München, 2004, XXXI, 4251 S. (in 7 Bden.).

[10] Siehe auch: 4a edizione corretta ed ampliata. A cura di Tommaso Nappo. München, 2007, XXXII, 3310 S. (in 10 Bden).

[11] Spanische Ausgabe: *Respuesta a Sor Filotea*. Barcelona, 2006, 53 S.

Klöden (1874)	KLÖDEN, Karl Friedrich von, *Jugenderinnerungen [1786–1824]*. Herausgegeben und durch einen Umriß seines Weiterlebens vervollständigt von Max Jähns. Mit einem Bildnisse Klödens. Leipzig, 1874, VIII, 532 S. (Q)
Knigge (1796)	KNIGGE, Adolf Freiherr, *Über den Umgang mit Menschen*. [5., verbesserte und vermehrte Auflage von 1796]. Hg von Karl-Heinz Göttert. Stuttgart, 1991, 477 S. (Q)
Körner/Furrer/ Bartlome (2001)	KÖRNER, Martin, Norbert FURRER und Niklaus BARTLOME, *Währungen und Sortenkurse in der Schweiz – Systèmes monétaires et cours des espèces en Suisse – Sistemi monetari e corsi delle specie in Svizzera, 1600–1799*. Prahins, 2001, 512 S. (H)
Krobb (2012)	KROBB, Florian, *Die schöne Jüdin: Jüdische Frauengestalten in der deutschsprachigen Erzählliteratur vom 17. Jahrhundert bis zum Ersten Weltkrieg*. Tübingen, 2012, 294 S.
KVK	*Karlsruher Virtueller Katalog*[12] im Internet: *http://www.ubka.uni-karlsruhe.de/kvk.html* (H)
LA	*Lexikon der Aufklärung: Deutschland und Europa*. Hg. von Werner Schneiders. München, 1995, (462 S.) S. 126–129: Frau (Helga Brandes); S. 129–130: Frauenzeitschriften/Modezeitschriften (Annemarie Kleinert).
Lacour (1862)	*Livres du boudoir de la reine Marie-Antoinette [1755–1793]*. Catalogue authentique et original publié pour la première fois, avec préface et notes par Louis LACOUR. Paris, 1862, LXV, 144 S. (Q)
Lacroix (1863)	*Bibliothèque de la reine Marie-Antoinette [1755–1793] au petit Trianon, d'après l'inventaire original dressé [en 1793] par ordre de la Convention*. Catalogue avec des notes inédites de marquis de Paulmy, mis en ordre et publiée par Paul LACROIX. Paris, 1863, XXVIII, 128 S.[13] (Q)
Lanczkowski (1993)	LANCZKOWSKI, Johanna, *Kleines Lexikon des Mönchtums*. Stuttgart, 1993, 280 S. (H)
Langhans (1773)	LANGHANS, Daniel, *Von den Lastern die sich an der Gesundheit der Menschen selbst rächen u. s. w.* Bern, 1773, 240 S. (Q)
La Roche (1783–1784) I–IV	LA ROCHE, Sophie von, *Ponoma für Teutschlands Töchter*. Speyer, 1783–1784, 12+12 Hefte in 4 Bden.[14] (Q)
Larousse I–XVII	LAROUSSE, Pierre, *Grand dictionnaire universel du XIXe siècle: français, historique, géographique, mythologique, bibliographique, littéraire, artistique, scientifique, etc., etc. [...]*. Paris, 1866–1890, 17 Bde. (H)
Lavater (1766)	[LAVATER, Johann Caspar], *Der Erinnerer [Bd. 2]: Eine Wochenschrift, auf das Jahr MDCCLXVI*. Zürich: bey Füeßli und Compagnie, 1766, II, 448 S. (Q)
Le Moyne (1647)	LE MOYNE SJ, P. Pierre, *Gallerie des femmes fortes*. Par le P. Pierre le Moyne de la Compagnie de Jesus. Paris, 1647, [1], [66], 378, [13], [8], [1] S. (in-2).[15] (Q)
Leu I–XX	LEU, Johann Jacob, *Allgemeines Helvetisches, Eydgenößisches, oder Schweitzerisches Lexicon, in welchem das, was zu wahrer Erkanntnuß*

[12] «Meta-Katalog zum Nachweis von mehr als 500 Millionen Büchern und Zeitschriften in Bibliotheks- und Buchhandelskatalogen weltweit».

[13] S. 102–128: Liste des livres absents, égarés ou volés lors de l'inventaire de la bibliothèque en 1793.

[14] Nachdruck, hg. mit einem Vorwort von Jürgen Vorderstemann. München, 1983, 4 Bde.

[15] Zu P. Pierre Le Moyne SJ (1602–1671), «prédicateur, poète et moraliste», siehe BUAM XXIV 68–70, DBF XXI 228–230.

	des ehe- und dismaligen Zustandes und der Geschichten der Helvetischen und Eydgenößischen oder Schweitzerischen, wie auch deroselben Zugewandten und Verbündeten Länderen, so dann derer darinnen befindlichen Orten, Geschlechtern, und fürnehmsten Persohnen, welche sich in Geist- und Weltlichem Stande, in den Wissenschaften und Künsten, in dem Krieg und sonsten hervorgethan und noch thun; erforderlich seyn mag. Aus allen denen hievon handlenden gedruckten und geschriebenen Büchern und vielen sonst erhaltenen schriftlichen Nachrichten, in Alphabetischer Ordnung vorgestellet wird. Zürich, 1747–1765, 20 Bde. (Q) (H)
Leu (2022)	LEU, Urs B., *Johann Jakob Scheuchzer (1672–1733): Pionier der Alpen- und Klimaforschung*. Zürich, 2022, 226 S.
Lezay-Marnézia (1784)	[LEZAY-MARNÉZIA, Claude François Adrien de], *Plan de lecture pour une jeune dame*. Paris, 1784, 18, 74 S. (Q)
Lezay-Marnézia (1800)	LEZAY-MARNÉZIA, Claude François Adrien, *marquis* de, *Plan de lecture pour une jeune dame*. Seconde édition. Augmentée d'un supplément et de divers morceaux de littérature et de morale. Lausanne, Paris, XII, 253, [2] S. (Q)
LGB I–III	*Lexikon des gesamten Buchwesens*. Hg. von Karl Löffler und Joachim Kirchner. Unter Mitwirkung von Wilhelm Olbrich. Leipzig, 1935 bis 1937, 3 Bde. (H)
LGB (2) I ff.	*Lexikon des gesamten Buchwesens: LGB (2)*. Hg. von Severin Corsten, Günther Pflug und Friedrich Adolf Schmidt-Künsemüller [...]. Zweite, völlig neubearbeitete Auflage. Stuttgart, 1987 ff., Bd. I ff. (H)
LM I–X	*Lexikon des Mittelalters*. München, Zürich, 1980–1998, 10 Bde. (H)
Lohner (1862)	LOHNER, Carl Friedrich Ludwig, *Die reformierten Kirchen und ihre Vorsteher im eidgenössischen Freistaate Bern, nebst den vormaligen Klöstern*. Thun, 1862, VI, 700 S. (H)
LR	*Lexikon der Renaissance*. Hg. von Günter Gurst, Siegfried Hoyer, Ernst Ullmann und Christa Zimmermann. Leipzig, 1989, 797 S. (H)
LTK I–X	*Lexikon für Theologie und Kirche*. Begründet von Dr. Michael Buchberger. Zweite, völlig neu bearbeitete Auflage. Freiburg i. Br., 1957 bis 1967, 10 Bde. (H)
Lutz	LUTZ, Markus, *Nekrolog denkwürdiger Schweizer aus dem achtzehnten Jahrhundert*. Nach alphabetischer Ordnung bearbeitet für Freunde vaterländischer Kultur und Geschichte. Aarau, 1812, 599, [1] S. (H)
Magendie (1932)	MAGENDIE, Maurice, *Le roman français au XVIIe siècle: de L'Astrée au Grand Cyrus*. Paris, 1932, 457 S.
Martens (1975)	MARTENS, Wolfgang, Leserezepte fürs Frauenzimmer: Die Frauenzimmerbibliotheken der deutschen Moralischen Wochenschriften, in *Archiv für Geschichte des Buchwesens,* 15, 1975, Sp. 1143–1200.
Marti (2013)	MARTI, Hanspeter, Frühneuzeitliche Buchbestände in und aus Schweizer Frauenklöstern: Ein Forschungsdesiderat, in *Schaukasten Stiftsbibliothek St. Gallen: Abschiedsgabe für Stiftsbibliothekar Ernst Tremp*. Hg. von Franziska Schnoor, Karl Schmuki und Silvio Frigg. St. Gallen, 2013, S. 208–213.
Matt (2014)	MATT, Peter von, Diese magnetische Anziehungskraft, in *Frankfurter Allgemeine Zeitung,* 29. August 2014, S. 9.
Medick (1996)	MEDICK, Hans, *Weben und Überleben in Laichingen, 1650–1900: Lokalgeschichte als Allgemeine Geschichte*. Göttingen, 1996, 708 S. – Siehe S. 447–560: Kapitel 6: Erbauliche Lektüre und lutherischer Pietismus: Buchbesitz und Religiosität am Ende der Frühen Neuzeit 1748–1820.

Meiners (1791a) MEINERS, Christoph, *Anweisungen für Jünglinge zum eigenen Arbeiten, besonders zum Lesen, Excerpiren und Schreiben.* Zweyte vermehrte Ausgabe. Hannover, 1791, 102 S. (Q)

Meiners (1791b) I–IV MEINERS, Christoph, *Briefe über die Schweiz.* Tübingen, 1791, 4 Bde. (Bd. 1–2: Zweite durchaus verbesserte und vermehrte Auflage). (Q)

Merz (1917) MERZ, Walther, *Wappenbuch der Stadt Aarau: Enthaltend die Siegel und Wappen der bis 1798 in Aarau verbürgerten Geschlechter.* Mit geschichtlichen Erläuterungen und Stammtafeln. Wappenzeichnungen von Guido Frey. Aarau, 1917, 329 S., VIII Taf. (Q)

Messerli (2002) MESSERLI, Alfred, *Lesen und Schreiben, 1700 bis 1900: Untersuchung zur Durchsetzung der Literalität in der Schweiz.* Tübingen, 2002, IX, 770 S.

Messerli (2009) MESSERLI, Alfred, Gebildet, nicht gelehrt: Weibliche Schreib- und Lesepraktiken in den Diskursen vom 18. zum 19. Jahrhundert, in *Die lesende Frau.* Hg. von Gabriela Signori. Wiesbaden, 2009, S. 295–320.

Monok (2011) MONOK, István, *Les bibliothèques et la lecture dans le bassin des Carpates, 1526–1750.* Paris, 2011, 276 S.

Monok (2014) MONOK, István, Les bibliothèques privées et la lecture à l'époque moderne: un aperçu des orientations de la recherche en Europe, 1958–2008, in *50 ans d'histoire du livre: 1958–2008.* Sous la direction de Dominique Varry. Villeurbanne, 2014, S. 151–167.

Montet I–II MONTET, Albert de, *Dictionnaire biographique des Genevois et des Vaudois qui se sont distingués dans leur pays ou à l'étranger par leurs talents, leurs actions, leurs œuvres littéraires ou artistiques, etc.* Lausanne, 1877–1878, 2 Bde. (H)

Mülinen (1879–1893) I–VI MÜLINEN, Egbert Friedrich von, *Beiträge zur Heimathkunde des Kann tons Bern deutschen Theils,* fortgesetzt von Wolfgang Friedrich von MÜLINEN. Bern, 1879–1893, 6 Hefte in 4 Bden. (Q)

Müller (1904) MÜLLER, Karl, *Die Geschichte der Zensur im alten Bern.* Bern, 1904, 208 S.

Nägeli (1995) NÄGELI, Markus, Kirchliches Leben im Wandel der Zeit, in *Geschichte der Gemeinde Vechigen.* [Vechigen], 1995, S. 173–219.

NBG I–XLVI *Nouvelle biographie générale depuis les temps les plus reculés jusqu' à nos jours.* Avec les renseignements bibliographiques et l'indication des sources à consulter. Paris, 1852–1866, 46 Bde. (H)

NDB I ff. *Neue Deutsche Biographie.* Hg. von der Historischen Kommission bei der Bayerischen Akademie der Wissenschaften. Berlin, 1953 ff., Bd. I ff. (H)

ODNB L–LX *Oxford Dictionary of National Biography: From the earliest times to the year 2000.* In Association with The British Academy. Edited by H. C. G. Matthew and Brian Harrison. Oyford, 2004, 60 Bde. (H)

Oehler (1949) OEHLER, Robert, *Die Frey von Aarau: 1773–1949.* Aarau, 1949, 327 S.

Oehler (1962) OEHLER, Robert, *Die Hunziker von Aarau: Familiengeschichte eines alten Aarauer Geschlechts.* Aarau, 1962, 304 S.

Panchaud (1952) PANCHAUD, Georges, *Les écoles vaudoises à la fin du régime bernois.* Lausanne, 1952, 390 S.

Pfister (1943) PFISTER, Willy, *Die Prädikanten des bernischen Aargaus im 16.–18. Jahrhundert 1528–1798.* Zürich, 1943, 220 S. (H)

PIB *Polsksi Indeks Biograficzny – Polnischer Biographischer Index – Polish Biographical Index.* Opracowany przez […]: Gabriele Baumgartner. München, 1998, XXI, 1467 S. (in 4 Bden.). (H)

Pompadour (1753–1762) I–IV — POMPADOUR, JeanneAntoinette Poisson, marquise de, *Lettres de Madame la Marquise de Pompadour, depuis 1753 jusqu'à 1762, inclusivement*. Tome premier[–quatrieme]. London, 1774, 4 Bde. (Q)

Poulain de la Barre (1673) — [POULAIN DE LA BARRE, François], *De l'égalité des deux sexes: Discours physique et moral, où l'on voit l'importance de se défaire des préjugez [1673]*. Seconde édition. Paris: chez Jean Du Puis, rue Saint Jacques à la Couronne d'Or, 1676, [14], 243, [5] S. (Q)

Poulain de la Barre (1674) — [POULAIN DE LA BARRE, François], *De l'éducation des dames pour la conduite de l'esprit dans les sciences et dans les mœurs: Entretiens [1674]*. Paris, 1679, [18], 353, [5] S. (Q)

Prévot (1785/88) — [PRÉVOST, Adélaïde-Edmée], *Les voyages en Suisse de Madame [Adélaïde] de la Briche en 1785 et 1788*. Publiés avec une préface, une introduction, des notes, un répertoire et 8 planches hors-texte par le comte Pierre de Zurich. Neuchâtel, Paris, 1935, 194 S. (Q)

Pückler (1808) — PÜCKLER-MUSKAU, Hermann Ludwig Heinrich (Fürst von), *Briefe aus der Schweiz [1808]*. Hg. und kommentiert von Charles Linsmayer. Zürich, 1981, 223 S. (Q)

Quéniart (1978) — QUÉNIART, Jean, *Culture et société urbaines dans la France de l'Ouest au XVIIIe siècle*. Paris, 1978, 590 S.

Quérard I–XII — QUERARD, Joseph-Marie, *La France littéraire, ou Dictionnaire bibliographique des savants, historiens et gens de lettres de la France, ainsi que des littérateurs étrangers qui ont écrit en français, plus particulièrement pendant les XVIIIe et XIXe siècles*. Paris, 1821–1864, 12 Bde. (H)

Raschke (2004) — RASCHKE, Bärbel, Fürstliche Privatbibliotheken im Zeitalter der Aufklärung: Ein Problemaufriß am Beispiel der Bibliothek Luise Dorotheas von Sachsen-Gotha und ihrer Voltaire-Sammlung, in *Bibliothek und Wissenschaft*, 37, 2004, S. 39–67.

Rautenberg (2003) — *Reclams Sachlexikon des Buches*. Hg. von Ursula RAUTENBERG. Stuttgart, 2003, 591 S. (H)

Renevey Fry / Michaëlis (1997) — *En attendant le prince charmant: L'éducation des jeunes filles à Genève, 1740–1970*. Sous la direction de Chantal Renevey Fry; avec la collaboration de Juliette Michaëlis. Genève: Service de la recherche en éducation et Musée d'ethnographie, 1997, 192, [3] S.

Reske (2015) — RESKE, Christoph, *Die Buchdrucker des 16. und 17. Jahrhunderts im deutschen Sprachgebiet*. Auf der Grundlage des gleichnamigen Werkes von Josef Benzing. 2., überarbeitete und erweiterte Auflage. Wiesbaden, 2015, XXXIV, 1181 S.

Richard (1983) — RICHARD, André, *Aspects de la vie domestique dans une ville du Jura sous l'Ancien Régime: Porrentruy dans la seconde moitié du XVIIIe siècle (1770–1780)*. Mémoire de licence en histoire. Genève, 1983, 156 S. (unveröffentlicht).

Rodt I–VII — RODT, Bernhardt von, *Genealogien burgerlicher Geschlechter der Stadt Bern*. Bern, 1950, 7 Bde. (Manuskript). (BBB, Mss. h. h. LII 9.1–7). (H)

SBI — *Scandinavian Biographical Index*. Edited by Laureen Baillie. London [u. a.], 1994, [23], 2432 S. (in 4 Bden.). (H)

SBK I ff. — *Svenskt biografiskt lexikon*. Redaktör: Bertil Boëthius. Stockholm, 1918 ff., Bd. 1 ff. (H)

Schenda (1988) — SCHENDA, Rudolf, *Volk ohne Buch: Studien zur Sozialgeschichte der populären Lesestoffe 1770–1910 [1970]*. Dritte Auflage. Frankfurt a. M., 1988, 607 S.

Scheurer (2022) — SCHEURER, Janine, Gachnang: Alphabetisierung und Schulwesen in einer ländlichen Gemeine im Thurgau im 17. und 18. Jahrhundert, in *«Seelenbeschreibungen»: Eine frühneuzeitliche Quellengattung und ihr konfessions- und bildungsgeschichtlicher Kontext*. Hg. von Heinrich Richard Schmidt [et al.]. München, Wien, 2022, S. 111–130.

Schmidt (2005) — SCHMIDT, Heinrich Richard, «Teutsche Schulen» in Worb, in *Worber Geschichte*. Hg. von Heinrich Richard Schmidt im Auftrag der Gemeinde Worb [...] Redaktion: Andrea Schüpbach und Daniel Weber. Bern, 2005, S. 450–471.

Schnegg (1999) — SCHNEGG, Brigitte, *«Die zweyte Seite auf dem Blatte der Menschheit»: Geschlechterdiskurse und Geschlechterverhältnisse in der Schweizer Aufklärung*. Inauguraldissertation an der Philosophisch-historischen Fakultät der Universität Bern zur Erlangung der Doktorwürde. Bern, 1999, 415 S. (unveröffentlicht).

Schnegg (2002) — SCHNEGG, Brigitte, Geschlechterkonstellationen in der Geselligkeit der Aufklärung, in *Schweizerische Zeitschrift für Geschichte*, 52, 2002, S. 399–413.

Schnegg (2004) — SCHNEGG, Brigitte, Tagebuchschreiben als Technik des Selbst: Das «Journal de mes actions» der Bernerin Henriette Stettler-Herport (1738–1805), in *Frauen in der Stadt: Selbstzeugnisse des 16.–18. Jahrhunderts*. 39. Arbeitstagung in Heidelberg, 17.–19. November 2000. Hg. von Daniela Hacke. Ostfildern, 2004, S. 103–130.

Schneider (1905) — SCHNEIDER, Ernst, *Die Bernische Landschule am Ende des XVIII. Jahrhunderts*. Bern, 1905, 203 S., XXIII Tab.

Schneiders (1995) — *Lexikon der Aufklärung: Deutschland und Europa*. Hg. von Werner SCHNEIDERS. München, 1995, 462 S.[16]

Schoulepnikoff (1991) — SCHOULEPNIKOFF, Chantal de, *Le Château de Prangins: La demeure historique*. Zürich: Musée national suisse, 1991, 80 S.

Schweizer (1847) — SCHWEIZER, Johann Conrad, *Fremdwörterbuch zur Erklärung aller in die deutsche Umgangssprache aufgenommenen fremden Wörter und Redensarten, mit Bezeichnung ihrer Aussprache und Herkunft*. Sechste, verbesserte und vielfach vermehrte Auflage von Conrad v. Orelli. Zürich, 1847, IV, 583 S. (H)

SI I ff. — *Schweizerisches Idiotikon: Wörterbuch der schweizerdeutschen Sprache*. Frauenfeld, 1881 ff., Bd. 1 ff. (H)

SKL I–IV — BRUN, Carl, *Schweizerisches Künstler-Lexikon*. Hg. vom Schweizerischen Kunstverein. Frauenfeld, 1905–1917, 4 Bde. (Reprint: Nendeln, 1982). (H)

SLG — *Schweizer Literaturgeschichte*. Hg. von Peter Rusterholz und Andreas Solbach. Stuttgart, Weimar, 2007, XII, 529 S.

Sommervogel I–XII — SOMMERVOGEL SJ, P. Carlos, *Bibliothèque de la Compagnie de Jésus*. Nouvelle édition. Bruxelles, 1890–1932, 12 Bde. (Reprint: Héverlé-Louvain, 1960). (H)

Spazier (1790) — SPAZIER, [Johann Gottlieb] Karl, *Wanderungen durch die Schweiz*. Gotha, 1790, [10], IV, 488, [5] S. (Q)

Steck (1897) — STECK, Rudolf, *Die Piscatorbibel und ihre Einführung in Bern im Jahre 1684: Eine Studie zur Vorgeschichte der schweizerischen Bibelübersetzung*. Bern, 1897, 64 S.

[16] Jochen HOOCK, Handel (S. 171–172).

Strehler (1967) STREHLER, Hermann, *Die Buchdruckerkunst im alten St. Gallen; Die Geschichte der Offizin Zollikofer; Vom «Wochenblatt» zum «St. Galler Tagblatt»*. St. Gallen, 1967, 239 S.

Stuurman (2004) STUURMAN, Siep, *François Poulain de la Barre and the Invention of Modern Equality*. Cambridge, Mass., 2004, X, 361 S.

Swift (1697–1765) SWIFT, Jonathan, *Satiren und Streitschriften [1697–1765]*. Ausgewählt, übersetzt und mit einem Nachwort versehen von Robert Schneebeli. Zürich, 1993, 542 S.

TLS *Theaterlexikon der Schweiz – Dictionnaire de théâtre en Suisse – Dizionario Teatrale Svizzero – Lexicon da teater svizzer*. Projektleitung: Andreas Kotte. Zürich, 2005, 2168 S. (H)

Trousson (1993) *Romans libertins du XVIIIe siècle.* Textes établis, présentés et annotés par Raymond TROUSSON. Paris, 1993, XCIX, 1329 S.

Viani (2007) VIANI, Rinantonio, Proposition d'identification des auteurs des portraits de Jean-Georges Guiguer, deuxième baron de Prangins, et de ses deux épouses, Elisabeth-Augustine Darcey et Marie-Louise Bazin – Une enquête, in *Bulletin [de l']Association des Amis du château de Prangins, N° 41, novembre 2007,* S. 3–8.

Viani (2010) VIANI, Rinantonio, La bibliothèque virtuelle de Louis-François Guiguer de Prangins, in *Zeitschrift für Schweizerische Archäologie und Kunstgeschichte – Revue Suisse d'Art et d'Archéologie,* 67, 2010, S. 227–245.

Viguerie VIGUERIE, Jean de, *Histoire et dictionnaire du temps des Lumières.* Paris, 1995, 1730 S. (H)

Voyer (1779) [VOYER, Antoine René de, marquis de Paulmy d'Argenson], *Bibliothèque historique à l'usage des dames, contenant un catalogue raisonné de tous les livres nécessaires pour faire un cours complet d'histoire en langue françoise [...].* Paris, 1779, XVI, 371, [1] S. (Q)

Wagner (1835) I–III WAGNER, Sigmund von, Novæ Deliciæ Bernæ, oder: Das goldene Zeitalter Berns [1835]. [Nach der Kopie von A. v. Tillier in Mss. Hist. Helv. X, 120 der Berner Stadtbibliothek mitgeteilt von Heinrich Türler], in *Neues Berner Taschenbuch,* 21, 1916, S. 226–285 (I); 23, 1918, S. 189 bis 246 (II); 24, 1919, S. 126–177 (III). (Q)

Wartburg-Ambühl (1981) WARTBURG-AMBÜHL, Marie-Louise von, *Alphabetisierung und Lektüre: Untersuchung am Beispiel einer ländlichen Region im 17. und 18. Jahrhundert.* Bern, 1981, 331 S.

Weber (1976) WEBER, Berchtold, *Historisch-topographisches Lexikon der Stadt Bern in ihren Grenzen vor der Eingemeindung von Bümpliz am 1. Januar 1919.* Bern, 1976, 320 S. (H)

Wegener (1780) [WEGENER, Carl Friedrich], *Raritäten: Ein hinterlassenes Werk des Küsters von Rummelsburg.* Sechster Theil. Nebst einer Vorrede über die Unentbehrlichkeit des schönen Geschlechtes, und mit vielen, blos zur Ausfüllung des Raumes dienenden Anmerkungen herausgegeben von Baldrain Schwarzpuckel, Enkel des wohlseel. Küsters. [s. l.], 1780, XVIII S., S. 19–196, [4] S.

Weller (1864–1867) I–III WELLER, Emil, *Die falschen und fingierten Druckorte: Repertorium der seit Erfindung der Buchdruckerkunst unter falscher Firma erschienenen deutschen, lateinischen und französischen Schriften.* Leipzig, 1864–1867, 3 Bde. (Reprint: Hildesheim, 1960–1961). (H)

Werdt [WERDT, Samuel von], *Bernische Pfarrer, 16. bis Anfang 19. Jahrhundert.* [Bern], o. J., 435 S. (StABE, DQ 537: Manuskript). (H)

Wiesner (2000) WIESNER, Merry E., *Women and Gender in Early Modern Europe.* Second edition. Cambridge, 2000, XIII, 325 S.

Wittmann (2011)	WITTMANN, Reinhard, *Geschichte des deutschen Buchhandels: ein Überblick.* [Auflage]. München, 2011, 493 S.
Wolf (1858–1862) I–IV	WOLF, Julius Rudolf, *Biographien zur Kulturgeschichte der Schweiz.* Zürich, 1858–1862, 4 Bde. (H)
Wollstonecraft (1792)	WOLLSTONECRAFT, Mary, *Vindication of the Rights of Woman: [With Strictures on Political and Moral Subjects].* [London, 1792]. Edited with an Introduction by Miriam Brody. Harmondsworth, 1985, 319 S. (Q)
Wray (1756–1760) I–IV	[WRAY, Mary], *Frauenzimmer-Bibliothek: Worinn nützliche Betrachtungen über wichtige Stücke der Sittenlehre fürnemlich zum Gebrauch des Frauenzimmers enthalten sind.* Nach der dritten französischen Ausgabe übersetzet [von Karl Friedrich Kretschmann]. Geschrieben von einem Frauenzimmer und herausgegeben von dem Herrn Ritter R. Steele. Hamburg, 1756–1760, [8], 1732, [2] S. in 4 Bden. (Q)
Wray (1765–1767) I–III	[WRAY, Mary], *Bibliothèque des dames: Contenant des règles générales pour leur conduite dans toutes les circonstances de la vie.* Ecrite par une Dame [i. e. Mary Wray], et publiée par Mr. le Chev[alier] R[ichard] Steele. Traduite de l'anglois [par François Michel Janiçon]. Quatrième édition. Revue et corrigée exactement, et augmentée d'un abrégé de la vie de R. Steele. Amsterdam, 1765–1767, 3 Bde. (Q)
Wysling (1983)	*Zürich im 18. Jahrhundert.* Zum 150. Jahrestag der Universität Zürich hg. von Hans WYSLING. Zürich, 1983, 332 S.
Zimmermann (1785) I–III	ZIMMERMANN, Joseph Ignaz, *Die junge Haushälterinn: Ein Buch für Mütter und Töchter.* Erstes[–drittes] Bändchen. Zweyte Auflage. Luzern, 1785, 3 Bde. (Q)
Zimmermann (1787)	[ZIMMERMANN, Joseph Ignaz], *Den Freundinnen der Jungen Haushälterinn.* Eine Nachlese von dem Verfasser derselben. Zweyte Auflage. Luzern, 1787, IV, 340 S. (Q)

4. Verzeichnis der Tabellen und Abbildungen

Tabellen

Inventare

Bücher

5. Register der in den rekonstruierten Bibliotheken (Kap. II und III) erwähnten Autoren, Übersetzer und Herausgeber

M

Weitere Bücher des Autors im Chronos Verlag

Das Münzgeld der alten Schweiz

Grundriss

1995. 288 S., 24 Abb. Geb. CHF 68 / EUR 39. ISBN 978-3-905311-64-8

Herausgegeben mit Lucienne Hubler, Marianne Stubenvoll, Daniele Tosato-Rigo

Gente ferocissima

Solddienst und Gesellschaft in der Schweiz (15.–19. Jahrhundert)

1997. 360 S., 16 Abb. Geb. CHF 48 / EUR 27. ISBN 978-3-905312-19-5

Die vierzigsprachige Schweiz

Sprachkontakte und Mehrsprachigkeit in der vorindustriellen Gesellschaft (15.–19. Jahrhundert)

2002. 1177 S., 68 Abb. s/w. 69 Tab., 94 Transkriptionen. 2 Bände. Geb. CHF 148 / EUR 99,90
ISBN 978-3-0340-0521-0

Was ist Geschichte?

Einführung in die historische Methode

2003. 203 S. 2. Auflage. Br. CHF 28 / EUR 18,60. ISBN 978-3-0340-0593-7 (vergriffen)

Des Burgers Buch

Stadtberner Privatbibliotheken im 18. Jahrhundert

2012. 824 S., 49 Abb. Geb. CHF 98 / EUR 80. ISBN 978-3-0340-1113-6

Geschichtsmethode

Eine Einführung für Humanhistoriker

2014. 2., überarbeitete und erweiterte Auflage. 134 S. Br. CHF 20 / EUR 16. ISBN 978-3-0340-1061-0

Schriftkunde und Textedition

Anleitung zum Umgang mit frühneuzeitlichen Manuskripten am Beispiel Berns

2016. 232 Seiten, 25 Abb. Geb. CHF 48 / EUR 48. ISBN 978-3-0340-1323-9

Des Burgers Bibliothek

Persönliche Buchbestände in der Stadt Bern des 17. Jahrhunderts

2018. 688 Seiten, 28 Abb. Geb. CHF 78 / EUR 78. ISBN 978-3-0340-1485-4

Der arme Mann von Brüttelen

Lebenswelten eines Berner Söldners und Landarbeiters im 18. Jahrhundert

2020. 229 Seiten, 13 Abb. Geb. CHF 38 / EUR 38. ISBN 978-3-0340-1558-5

Statt Gott

Die Geschichtsgläubigkeit des modernen Menschen

2021. 296 Seiten, 12 Abb. farbig und sw. Geb. CHF 48 / EUR 48. ISBN 978-3-0340-1617-9